変革期の国際法委員会

謹しんで

山田中正大使に捧げます

一　同

執筆者一覧 (執筆順)

山田中正（やまだ・ちゅうせい）	外務省参与，国際法協会日本支部理事
酒井啓亘（さかい・ひろのぶ）	京都大学大学院法学研究科教授
河野真理子（かわの・まりこ）	早稲田大学法学学術院教授
森田章夫（もりた・あきお）	法政大学法学部教授
奥脇直也（おくわき・なおや）	明治大学法科大学院教授
村瀬信也（むらせ・しんや）	上智大学法学部教授
兼原敦子（かねはら・あつこ）	上智大学法学部教授
岩月直樹（いわつき・なおき）	立教大学法学部准教授
土屋志穂（つちや・しほ）	上智大学法学部特別研究員
植木俊哉（うえき・としや）	東北大学大学院法学研究科教授
児矢野マリ（こやの・まり）	北海道大学大学院公共政策学連携研究部教授
柴田明穂（しばた・あきほ）	神戸大学大学院国際協力研究科教授
山本 良（やまもと・りょう）	埼玉大学教養学部教授
岩石順子（いわいし・じゅんこ）	上智大学客員研究員
坂元茂樹（さかもと・しげき）	神戸大学大学院法学研究科教授
真山 全（まやま・あきら）	大阪大学大学院国際公共政策研究科教授
中谷和弘（なかたに・かずひろ）	東京大学大学院法学政治学研究科教授
宮野洋一（みやの・ひろかず）	中央大学法学部教授
薬師寺公夫（やくしじ・きみお）	立命館大学大学院法務研究科教授
洪　恵子（こう・けいこ）	三重大学人文学部教授
前田直子（まえだ・なおこ）	京都女子大学法学部講師
岡野正敬（おかの・まさたか）	外務省欧州局ロシア課長

山田中正大使　近影

変革期の国際法委員会

山田中正大使傘寿記念

International Law Commission at a Crossroads

村瀬信也　編
鶴岡公二

Edited by Shinya Murase and Koji Tsuruoka

信山社

はしがき

　国連国際法委員会は1947年に設置され，1949年にその活動を開始して以来，国連の中心的な立法機関として，多くの多数国間条約の形成に貢献してきた。ジュネーヴ海洋法4条約，ウイーン外交関係条約，同領事関係条約，ウイーン条約法条約，国家管轄権免除条約，国際水路条約など，国際法委員会の手になる条約は枚挙に遑がない。また，未だ条約にはなっていないが，国家責任条文草案，越境帯水層（aquifer）条文草案など，草案の形で存在するだけで，すでに国際裁判で国際慣習法の証拠として援用され，あるいは，個別の地域的条約のモデルとされているものもある。

　この国際法委員会は，34名の委員が，国家の代表としてではなく「個人の資格で」選ばれて，国際法の法典化とその漸進的発達に関わるものであり，国連の立法機関としては異色の存在である。わが国からも，1957年以降，横田喜三郎博士，鶴岡千仭大使，小木曽本雄大使，山田中正大使および村瀬信也が委員を務めてきた。

　しかるに，国際法委員会は，現在大きな転換期を迎えており，課題の選択，作業方法等についても見直しが必要となってきている。そればかりか，同委員会の存在理由そのものが問われ始めているのである。そこで私共は，これまでの委員会の活動を総括し，将来の展望を切り拓くことが急務であると考え，本書の出版を企画したものである。

　私共は本書の企画について，これを山田中正大使の傘寿記念という形をお借りして，論文集として出版することを考え，幸い，大使からご快諾を頂くことが出来た。大使は，1992年から2009年まで17年間の長期にわたって国際法委員会の委員を務められ，2000年（第52会期）には同委員長に就任されたほか，2001年から2008年まで越境帯水層に関する特別報告者として条文草案を纏め上げるという偉業を成し遂げられた。山田大使はまた，長く日本の国連代表部にも事務官・参事官・大使として勤務され，国際法委員会の「親委員会」である国連総会第6（法律）委員会を担当されてきた。こうして山田大使は国際法委

員会の表も裏も知り尽くしておられる人物である。

　毎年の国際法委員会の会合（通常10週間）には，学界と外務省国際法局から日本の委員を補佐する方々が派遣されるが，私共は本書の企画において，それらの方々を中心にご協力を仰ぐこととした。そのほかにも，日頃から山田大使とご親交のある研究者の方々にも執筆をお願いした。こうして，本書は，日本における国際法専門家の総力を挙げてつくられたものであり，国際法委員会に関しては，本邦唯一の専門的かつ体系的な書籍であることに，私共としても，いささかの誇りを感じている。

　執筆者の方々には，各テーマについて，力のこもった立派な論文をご執筆頂き，心から感謝申し上げる。信山社出版には，本書の編集制作につき親身のご配慮を頂き，厚くお礼申し上げる。とくに，同社の袖山貴氏および稲葉文子氏には，献身的なご尽力を頂いた。また，本書のような地味な専門的研究書は，商業ベースの出版になじまず，苦慮していたが，幸い，社団法人・東京倶楽部から出版助成を受けることが出来た。記して，心からの感謝を申し上げる。同倶楽部への推薦の労をとって下さった外務省国際法局長・長嶺安政氏にも併せてお礼申し上げる。

　最後に，国際法の法典化に関する研究と実践について，これまで私共後進に温かい励ましとご指導を賜った山田中正大使に，改めて心からの御礼を申し上げるとともに，今後も引き続きご指導下さるようお願い申し上げたい。

　山田中正大使80歳のお誕生日を記念し，執筆者一同，心からの感謝をこめて，本書を献呈させて頂く。

　　2011年4月12日

村 瀬 信 也
鶴 岡 公 二

　　　助成：社団法人東京倶楽部

目　次

はしがき　　　　　　　　　　　　　　　　〔村瀬信也・鶴岡公二〕

第1部　国際法委員会の軌跡と展望

第1章　国際法委員会の創設と変遷………………〔山田中正〕…3
　　1　はじめに (3)
　　2　慣習国際法の法典化 (3)
　　3　国際法委員会の創設 (5)
　　4　国際法委員会の変遷 (7)
　　5　おわりに (16)

第2章　国連国際法委員会による法典化作業の成果
　　　　――国際法形成過程におけるその影響…………〔酒井啓亘〕…17
　　1　はじめに (17)
　　2　国連国際法委員会の目的の展開と法典化作業の成果 (20)
　　3　法典化作業の成果がもたらした国際法形成過程への影響 (32)
　　4　おわりに (47)

第3章　国連国際法委員会と国際司法裁判所………〔河野真理子〕…51
　　1　はじめに (51)
　　2　国家責任条文における国際違法行為の認定メカニズムと
　　　 ICJの判決 (52)
　　3　国家責任条文の個々の論点とICJ判決 (64)
　　4　ILCとICJの人的交流 (71)
　　5　国家責任条文とICJの裁判手続 (73)
　　6　おわりに (78)

第4章　国際法委員会における作業方法の問題点
　　　　――国家責任条文を例として………………〔森田章夫〕…79

1　はじめに（*79*）
　　　2　要件・効果の分離問題（*81*）
　　　3　要件・効果の分離による混乱（*83*）
　　　4　結びに代えて（*89*）

第5章　国連法体系におけるILCの役割の変容と国際立法
　　　………………………………………………………〔奥脇直也〕…*91*

　　　1　はじめに（*91*）
　　　2　国際法委員会（ILC）の作業の性質と手続の区分（*94*）
　　　3　法典化と立法（*96*）
　　　4　変化する国際法への作用とILCの役割の変化（*101*）
　　　5　国際法過程の管理モデルの台頭とILC（*109*）

第6章　国際法委員会の現状と将来の展望…………〔村瀬信也〕…*115*

　　　1　はじめに（*115*）
　　　2　課題の選定（*116*）
　　　3　最終形式（*125*）
　　　4　委員会の構成（*128*）
　　　5　結びに代えて（*132*）

　　付表：国際法委員会による法典化事業（*134*）〔廣見正行作成〕

第2部　1990年代以降における国際法委員会の具体的成果

第7章　国家責任条文第一部にみる法典化の方法論の批判
　　　的考察………………………………………………〔兼原敦子〕…*139*

　　　1　考察の視点（*139*）
　　　2　国家責任の発生要件からの過失の除外（*143*）
　　　3　法益侵害をめぐる議論（*148*）
　　　4　国家への行為帰属要件の設定における国家責任条文の消
　　　　極性と積極性（*157*）
　　　5　むすびにかえて（*164*）

第8章 国際法秩序における「合法性」確保制度としての
　　　国家責任法の再構成
　　　──国家責任条文第二部・第三部における国際法委員会
　　　　　による試みとその限界………………………〔岩月直樹〕…167

　　1　国際法委員会による国家責任法の再構成の試み（167）
　　2　規範平面における合法性確保装置としての国家責任法（170）
　　3　現実平面における合法性確保装置としての国家責任法（177）
　　4　結びに代えて──国際社会における「合法性」の確保と国
　　　家責任法（187）

第9章 外交的保護 …………………………………〔土屋志穂〕…193

　　1　は じ め に（193）
　　2　ILC外交的保護条文草案の制度概要（196）
　　3　外交的保護条文草案における外交的保護概念（204）
　　4　お わ り に（213）

第10章 国際組織の責任 ……………………………〔植木俊哉〕…215

　　1　ILCにおける「国際組織の責任」条文草案の起草作業（215）
　　2　「国際組織の責任」条文草案の方法論上の特徴と問題点（219）
　　3　「国際組織の責任」条文草案に関する個別の論点（224）
　　4　「国際組織の責任」条文草案の射程と適用対象（233）
　　5　お わ り に（236）

第11章 越境損害防止 ………………………………〔児矢野マリ〕…239

　　1　は じ め に（239）
　　2　法典化の背景と経緯（240）
　　3　越境損害防止条文草案の全体像（244）
　　4　越境損害防止条文草案の特徴（252）
　　5　越境損害防止条文草案の評価（264）
　　6　お わ り に（271）

第12章 危険活動から生じる越境被害の際の損失配分に
　　　関する諸原則 ……………………………〔柴田明穂〕…273

　　1　は じ め に（273）

2　損失配分原則の規範構造 (274)
　　　3　損失配分原則の理論的基盤と課題 (281)
　　　4　おわりに (295)

第13章　国際水路の非航行的利用における「衡平原則」の
　　　　現代的展開 ……………………………………〔山本　良〕…297
　　　1　はじめに (297)
　　　2　国際河川法における衡平原則の定位 (300)
　　　3　国際水路の非航行的利用における衡平原則の現代的展開 (308)
　　　4　おわりに (316)

第14章　共有天然資源──地下水に関する条文草案の概要と評価
　　　　…………………………………………………〔岩石順子〕…319
　　　1　はじめに (319)
　　　2　地下水をめぐる国際法 (320)
　　　3　越境帯水層条文草案の概要 (325)
　　　4　越境帯水層条文草案の評価 (333)
　　　5　おわりに (340)

第15章　「条約の留保」に関するガイドラインについての一
　　　　考察──人権条約の実施機関の実行をめぐって …〔坂元茂樹〕…345
　　　1　はじめに (345)
　　　2　人権条約の実施機関の実行 (351)
　　　3　ILCにおける作業 (358)
　　　4　ILCと条約実施機関の協議 (367)
　　　5　おわりに (369)

第16章　武力紛争の条約に及ぼす影響に関する国際法委員
　　　　会条文案の検討 ………………………………〔真山　全〕…375
　　　1　はじめに (375)
　　　2　適用対象条約の範囲と武力紛争の定義 (377)
　　　3　武力紛争の影響 (381)
　　　4　武力紛争による条約の終了等の通告とその効果 (388)
　　　5　武力行使の合法性判断に由来する問題 (392)
　　　6　おわりに (397)

第17章　国家の一方的宣言……………………………〔中谷和弘〕…399

 1　はじめに（399）
 2　「一方的宣言に関する指針」とコメンタリーの内容（400）
 3　国家実行をめぐって（405）
 4　省　　察（413）
 5　おわりに（421）

第18章　国際法の「断片化」……………………………〔宮野洋一〕…423

 1　国際法の「分断化/断片化」現象（423）
 2　報告書——作成経緯と概要（432）
 3　国際法委員会による「国際法の断片化」報告書——評価（444）

第19章　国連国家免除条約の起草過程及び条約内容の特徴
   ——法典化及び漸進的発達との関連で………〔薬師寺公夫〕…453

 1　はじめに（453）
 2　国連国家免除条約の起草過程の手続的特徴（455）
 3　国連国家免除条約の内容的特徴（470）
 4　むすびにかえて（503）

第20章　国際刑事裁判所規程……………………………〔洪　　恵子〕…509

 1　はじめに（509）
 2　1990年までの実行（511）
 3　1990年代における飛躍的な進展（518）
 4　おわりに（526）

第21章　国籍の国家承継……………………………………〔前田直子〕…529

 1　はじめに（529）
 2　国際法委員会における法典化作業の経緯（531）
 3　ILC草案における主要条文および起草過程の議論概要（535）
 4　ILC条文草案の意義と評価（542）
 5　おわりに（550）

あとがき——山田中正大使の偉業……………………〔岡野正敬〕…553

山田中正大使ご略歴・主要業績（巻末）

● 執筆者紹介 ●
(執筆順)

山田中正(Yamada Chusei)
巻末(山田中正大使「ご略歴」・「主要著作目録」)参照

酒井啓亘(Sakai Hironobu)
1963年10月生まれ。1987年京都大学法学部卒業,1992年京都大学大学院法学研究科博士課程単位取得認定退学。現在,京都大学大学院法学研究科教授。
〈主要著作〉「国連安保理の機能の拡大と平和維持活動の展開」村瀬信也編『国連安保理の機能変化』(東信堂,2009年),「ソマリア沖における「海賊」の取締りと国連安保理決議」坂元茂樹編『国際立法の最前線』(有信堂,2009年),「国際司法裁判所仮保全命令の機能㈠(二・完)——最近の判例の展開を踏まえて——」法学論叢163巻3号(2008年)・165巻1号(2009年)。

河野真理子(Kawano Mariko)
1960年10月生まれ。1983年東京大学教養学部卒業,1990年東京大学大学院法学政治学研究科単位取得退学,現在,早稲田大学法学学術院教授。
〈主要著作〉「みなみまぐろ事件仲裁判決の意義——複数の紛争解決手続の競合に伴う問題点」国際法外交雑誌100巻3号(2001年)110-144頁,E. McWhinney and M. Kawano, *Judge Shigeru Oda and the Path to Judicial Wisdom* (Brill, 2006),「国家免除における制限免除の存立基盤」国際私法年報10号(2008年)140-181頁。

森田章夫(Morita Akio)
1961年生まれ。1992年東京大学大学院法学政治学研究科修了(博士(法学))。現在,法政大学法学部教授。
〈主要著作〉『国際コントロールの理論と実行』(東京大学出版会,2000年),「国家管轄権と国際紛争解決——紛争要因と対応方法の分類に基づく解決方式の機能分化——」『国家管轄権——国際法と国内法——山本草二先生古稀記念』(勁草書房,1998年),小寺彰・岩澤雄司・森田章夫編『講義国際法〔第2版〕』(有斐閣,2010年)。

奥脇直也(Okuwaki Naoya)
1946年8月生まれ。1976年東京大学大学院法学政治学研究科博士課程(法学博士)。現在,明治大学法科大学院教授。
〈主要著作〉『現代国際法の指標』共編著(有斐閣,1994年),『国際法キーワード』共編著(有斐閣,1997年),『国家管轄権——国際法と国内法』共編著(勁草書房,1998年),「武力紛争と国際裁判」村瀬信也他編『武力紛争と国際法』(東信堂,2004年),「海上執行措置における国際協力」山本草二編『海上保安法制』(三省堂,2009年)。

村瀬信也(Murase Shinya)
1943年4月生まれ。1967年国際基督教大学教養学部卒業,1972年東京大学大学院法学政治学研究科修了(法学博士)。現在,上智大学法学部教授・国連国際法委員会委員。
〈主要著作〉『国際法の経済的基礎』(有斐閣,2001年),『国際立法——国際法の法源論』(東信堂,2002年),*International Law-An Integrative Perspective on Transboundary Issues* (Sophia University Press, 2011)。

兼原敦子（Kanehara Atsuko）
　1958年生まれ。1982年東京大学法学部卒業。現在，上智大学法学部教授。
　〈主要著作〉『プラクティス国際法講義』共編（信山社，2010年），"Challenging the Fundamental Principle of the Freedom of the High seas and the Flag State Principle Exproseed by Recent Non-flag State Measures on the High seas"（Japanese Yearbook of International Law, 2008），「行為帰属論の展開にみる国家責任法の動向」立教法学74号（2007年）。

岩月直樹（Iwatsuki Naoki）
　1973年8月生まれ。2002年東京大学大学院法学政治学研究科博士課程中退。現在，立教大学法学部准教授。
　〈主要著作〉"Procedural Conditions of Countermeasures," J. Crawford et als（eds.），*The Law of International Responsibility*（Oxford University Press, 2010）（in collaboration with Yuji Iwasawa），「現代国際法上の対抗措置制度における均衡性原則」立教法学78号（2010年），「現代国際法における対抗措置の法的性質」国際法外交雑誌107巻2号（2008年）。

土屋志穂（Tsuchiya Shiho）
　1981年10月生まれ。上智大学大学院法学研究科博士前期課程修了，同博士後期課程満期退学。現在，上智大学法学部特別研究員。
　〈主要著作〉「個人の国際法上の権利と外交的保護──国連国際法委員会の外交的保護草案の検討から──」上智法学論集第51巻2号（2007年），「Sanchez-Llamas v. Oregon事件──領事関係条約第36条に関する判決と国際法上の諸問題」上智法学論集第51巻3・4合併号（2008年），「国際裁判所と国内裁判所」（共著）上智法学論集第53巻2-4号（2010）。

植木俊哉（Ueki Toshiya）
　1960年9月生まれ。1983年東京大学法学部卒業。現在，東北大学理事・大学院法学研究科教授。
　〈主要著作〉『ブリッジブック国際法〔第2版〕』編著（信山社，2009年），『国際法・国際関係とジェンダー』共編著（東北大学出版会，2007年），「国際テロリズムと国際法理論」国際法外交雑誌105巻4号（国際法学会，2007年）。

児矢野マリ（Koyano Mari）
　1963年生まれ。1989年東京大学法学部卒業，1991年ケンブリッジ大学LL.M課程（LL.M）。現在，北海道大学大学院公共政策学連携研究部教授。
　〈主要著作〉『国際環境法における事前協議制度－執行手段としての機能の展開－』（有信堂高文社，2006年）（第40回安達峰一郎記念賞受賞），「国際条約と環境影響評価」環境法政策学会編『環境影響評価』（商事法務，2011年刊行予定），"Effective Implementation of International Environmental Agreements: Learning Lessons from the Danube Delta Conflict", in Komori, T. & K. Wellens（eds.），*Public Interests Rules of International Law: Towards Effective Implementation*, Ashgate Publishing, 2009。

柴田明穂（Shibata Akiho）
　1965年10月生まれ。1990年京都大学法学部卒業。1993年ニューヨーク大学ロースクール修士課程修了（LL.M.），1995年京都大学大学院法学研究科博士後期課程中退。現在，神戸大学大学院国際協力研究科教授（国際法）。
　〈主要著作〉「採択目前！LMO起因生物多様性損害に関する責任補足議定書成立の意義と課題」Law and Technology 49号（2010年），「南極条約体制の基盤と展開」ジュリスト1409号（2010年），"How to Design an International Liability Regime for Public Spaces: The Case of the Antarctic Environment"（T. Komori and K. Wellens eds., *Public Interest Rules of International Law: Towards Effective Implementation*, Ashgate, 2009）。

山本　良（Yamamoto Ryo）
1958年7月生まれ。1981年3月国際基督教大学教養学部卒業。現在，埼玉大学教養学部教授。
〈主要著作〉『国際法』（有斐閣アルマ）共著（有斐閣，2006年），植木俊哉編『ブリッジブック国際法〔第2版〕』分担執筆（信山社，2009年），「国連総会決議の法的効果」国際法外交雑誌88巻1号（1989年）。

岩石順子（Iwaishi Junko）
1978年6月生まれ。2008年上智大学大学院法学研究科博士後期課程満期退学。現在，上智大学客員研究員。
〈主要著作〉「国連海洋法条約の紛争解決手続における『紛争』概念」上智法学論集49巻3・4号（2006年），"The 88th Hoshinmaru Case and the 53rd Tomimaru Case: Application to the International Tribunal for the Law of the Sea by Japan for Prompt Release" (Japanese Yearbook of International Law, 2008)（共著），「国際裁判所と国内裁判所(1)(2)」上智法学論集53巻2号（2009年）及び53巻3号（2010年）（共同研究論文）。

坂元茂樹（Sakamoto Shigeki）
1950年5月生まれ。2007年神戸大学博士（法学）。現在，神戸大学大学院法学研究科教授。
〈主要著作〉『条約法の理論と実際』（東信堂，2004年），『講座国際人権法1・2』（共編著）（信山社，2006年），『国際法〔第5版〕』（共著）（有斐閣，2007年），『ブリッジブック国際人権法』（共著）（信山社，2008年），『国際立法の最前線』（編著）（有信堂，2009年）。

真山　全（Mayama Akira）
1957年10月生まれ。1987年京都大学大学院法学研究科博士課程単位取得満期退学。現在，大阪大学大学院国際公共政策研究科教授。
〈主要著作〉「国際刑事裁判所規程と戦争犯罪」国際法外交雑誌98巻5号（1999年），『武力紛争の国際法』共編（東信堂，2004年），「テロ行為・対テロ作戦と武力紛争法」初川満編『テロリズムの法的規制』（信山社，2009年）。

中谷和弘（Nakatani Kazuhiro）
1960年5月生まれ。1983年東京大学法学部卒業。現在，東京大学大学院法学政治学研究科教授。
〈主要著作〉『国際法』共著（有斐閣，2006年），『安全保障と国際犯罪』共編著（東京大学出版会，2005年），『国際化と法』共編著（東京大学出版会，2007年）。

宮野洋一（Miyano Hirokazu）
1978年中央大学法学部卒業。1980年中央大学大学院法学研究科博士前期課程卒業。現在，中央大学法学部教授。
〈主要著作〉「国際法学と紛争処理の体系」国際法学会編『日本と国際法の100年第⑨巻紛争の解決』（三省堂，2001年）所収，「「グローバル行政法論」の登場——その意義と背景」横田洋三・宮野洋一編『グローバルガバナンスと国連の将来』（中央大学出版部，2008年）所収，ウォルツァー『正しい戦争と不正な戦争』共訳（風行社，2008年），『プラクティス国際法講義』共著（信山社，2010年）。

薬師寺公夫（Yakushiji Kimio）
1950年5月生まれ。1979年京都大学大学院法学研究科博士課程単位取得満期退学。現在，立命館大学大学院法務研究科教授。
〈主要著作〉「船舶の国籍と旗国の国際請求権」日本海洋法研究会編『現代海洋法の潮流第3巻日本における海洋法の主要課題』（有信堂高文社，2010年），「国際人権法の現代的意義」世界法年報29号（世界法学会，2010年），「ジェノサイド条約適用事件ICJ本案判決——行為の帰属と国の防止義務再論」坂元茂樹編『国際立法の最前線——藤田久一先生古稀記念』（有信堂高文社，2009年）

洪　恵子（Ko Keiko）

1965 年 9 月生まれ。1989 年上智大学法学部卒業，1996 年上智大学法学研究科博士後期課程満期退学。現在，三重大学人文学部教授。
〈主要著作〉「国際刑事法の発展と国内法」ジュリスト 1232 号（2002 年），「国際刑事裁判所規程の批准と手続法の課題」法律時報 79 巻 4 号（2007 年），村瀬信也・洪恵子編『国際刑事裁判所——最も重大な国際犯罪を裁く』（東信堂，2008 年）。

前田直子（Maeda Naoko）

1971 年生まれ。1996 年京都大学法学部卒業，2010 年京都大学大学院人間・環境学研究科博士後期課程修了（京都大学博士（人間・環境学））。現在，京都女子大学法学部講師。
〈主要著作〉「ヨーロッパ人権条約における国内法の条約適合性確保義務——イギリスの国内的実施に関する検討——」人間・環境学（京都大学）7 巻（1998 年），「時間的管轄における「継続的侵害」概念——規約第 26 条との関係についての一考察——」社会システム研究（京都大学）6 号（2003 年），「欧州人権条約における判決履行監視措置の司法的強化——パイロット手続における二重の挑戦——」国際協力論集（神戸大学）18 巻 2 号（2010 年）。

岡野正敬（Okano Masataka）

1964 年 6 月生まれ。1987 年東京大学法学部卒業。現在，外務省欧州局ロシア課長。
〈主要著作〉「国際刑事裁判所ローマ規程検討会議の結果について」国際法外交雑誌第 109 号第 2 号（2010 年），「国境を越える子の奪取をめぐる問題の現状と課題」国際法外交雑誌第 109 号第 1 号（2010 年），"How to Deal with Border Issues: A Diplomat-Practitioneʀ' Perspective", Eurasia Border Review, Vol1, Slavic Research Center at Hokkaido University, Vol.1, No.1, Spring 2010。

変革期の国際法委員会

第1部

国際法委員会の軌跡と展望

第1章　国際法委員会の創設と変遷

山 田 中 正

1　はじめに
2　慣習国際法の法典化
3　国際法委員会の創設
4　国際法委員会の変遷
5　おわりに

1　はじめに

　国際法委員会は，国連憲章第13条1,aが「……国際法の漸進的発達及び法典化を奨励すること」を国連総会の任務として規定していることに鑑み，国際法の法典化のための基礎文書を作成する国連総会の下部機関として創設されたものである[1]。筆者は外務省在勤中に多くの国際法に関わる任務に従事してきたが，1992年から2009年に亘り国際法委員会委員として国連の国際法法典化に参画して初めて慣習国際法の法典化の意義が理解出来たと思う。筆者自身は実務家であり，この小論もアカデミックな分析ではなくあくまでも実務家としての観察に過ぎない。

2　慣習国際法の法典化

　外交に従事していると，国際法の二大法源，即ち条約と慣習国際法に関わることが日常茶飯事である。条約については，条約締結交渉並びに締結した条約の解釈及び実施がある。二国間条約と多数国間条約の間にやや違いがあるが，例えばその条文の解釈については締約国がその締結前に充分精査し記録を残しているのでそう難しいことではない。他方慣習国際法については，各国の解釈は必ずしも統一されたものではなくまた成文法として編纂されていないので抜け穴が間々あり，何が慣習国際法なのかの判断が極めて難しい。その例として

---

[1]　1947年総会決議 A/RES/174（II）

筆者が最初にこの問題に直面したのは，条約局（現在の国際法局）の国際協定課長として1970年に「窒息性ガス，毒性ガス又はこれらに類するガス及び細菌学的手段の戦争における使用の禁止に関する議定書」の締結につき国会の承認を求めることを担当したときのことである。同議定書は，交戦法規の法典化を行った1907年の第2回ハーグ平和会議で採択された「陸戦法規慣例ニ関スル条約」第23条イの「毒又ハ毒を施シタル兵器」を害敵手段として禁止としたものを発展させたもので，1925年にジュネーヴで作成された。我が国は同議定書が作成された日に署名をしたが，その後締結手続きを放置していたところ，1970年にジュネーヴ軍縮会議への加盟を認められた際に批准することとしたものである。実は第二次大戦の日米開戦の際に，日米両国は大量の毒ガス兵器を保持していたが双方とも同議定書を批准していなかった。開戦と同時にルーズベルト米大統領は当時中立国のアルゼンチンを通じてわが国に相互不使用の確認を求めて来た。これに対し我が国は「帝国軍隊は武士道を重んずる軍隊にして卑怯なる武器を使用することを快しとせず」と回答した。これが相手に通じたかどうか，むしろ報復使用の抑止力が働いたのか，結局大戦中に両国間で毒ガス兵器が使用されることはなかった。1970年当時，同議定書は既に慣習国際法になっているとするのが一般的趨勢であった。外務省設置法第4条5及び外務省組織令第12条3によると条約局（現国際法局）に「確立された国際法規の解釈──」の権能が与えられている。しかしこの権能を遂行するのは容易なことではない。この議定書を基に発展生成された慣習国際法で使用が禁止されている兵器の定義は，近代の科学の水準に照らせばその外縁が曖昧で判然としなかった。国会審議においてもベトナム戦争中に使用されたオレンジ剤（枯葉剤）やデモ鎮圧用の催涙剤Cがこの使用禁止に含まれるのかどうかが議論になった。また慣習国際法として確立しているのであれば，憲法第98条が「……確立された国際法規は，これを誠実に遵守することを必要とする。」と定めており我が国は既にそれに拘束されているので何故重ねて議定書を批准する必要があるのかなど，慣習国際法には実務家を悩ませる問題が多々ある。なお同議定書は使用禁止の対象としては第一次大戦において実際に使用されたものを想定していた。その後の科学技術の発展により神経ガスを初め多くの化学兵器が開発されたので，現在ではジュネーヴ軍縮会議が作成し1993年に条約として採択された「化学兵器の開発，生産，貯蔵及び使用の禁止並びに廃棄に関する条約」がその第2条及び

〔山田中正〕　　　　　　　　　　　　　　第1章　国際法員会の創設と変遷

付属書に化学兵器の詳細な定義を設けている。また生物兵器についても1972年に作成された「細菌兵器（生物兵器）及び毒素兵器の開発，生産及び貯蔵の禁止並びに廃棄に関する条約」がその第1条に定義をおいている。

3　国際法委員会の創設

　国連創設以前の政府間会議（国際連盟を含む）及び私的機関による慣習国際法の法典化の歴史の概要については，例えば国際法委員会の文書[2]が参考になる。サンフランシスコにおける国連憲章起草の過程においては，国連にあたかも世界議会の如き多数決で加盟国を拘束する法の制定権能を与えることには強い反対があった。他方国連総会に国際法法典化の研究及び勧告の権限を与えることには大方の支持があり，憲章第13条1,aが採択された。1946年に開催された第1回国連総会は，総会が憲章の同条項の任務を最も効果的に遂行するための方法並びに国連機関及び加盟国からの支援を受ける方法を検討させるため17ヵ国委員会[3]の設立を決定した[4]。17ヵ国委員会は1947年春にそれを審議し，その結果を基礎として同年の第2回国連総会は，第6委員会での審議を経た上で，国連総会の下部機関としての国際法委員会の設立と同委員会規定を定めた総会決議を採択した[5]。

　国連憲章第13条1,aには「国際法の漸進的発達」と「国際法の法典化」の二つの概念が含まれている。両者の間に区別があるのか否かは憲章の起草過程，特に17ヵ国委員会で議論になったが，結論として国際法委員会規定には別個のものとして規定されている。即ち同規定第15条は，「国際法の漸進的発達」は，「未だ国際法により規律されていないか或いは国家の慣行において法が未だ充分に発達していない主題について条約草案を準備すること」と定義し，他方「国際法の法典化」については，「既に広範な国家実行，先例及び理論が存在する分野の国際法の規則をより正確に形成し且つ組織化すること」と定義している。更に両者についてやや異なった委員会の作業方法も定めている。しかしこ

---

[2]　*The Work of the International Law Commission, Seventh Edition,* Vol. I, pps. 1-4
[3]　Argentina, Australia, Brazil, China, Columbia, Egypt, France, India, Netherlands, Panama, Poland, Sweden, USSR, UK, USA, Venezuela and Yugoslavia
[4]　1946年総会決議 A/RES/94（I）
[5]　1947年総会決議 A/RES/174（II）

こで問題となるのは，両者の間に判然とした区別が果たしてあるのか。更に一方「国際法の漸進的発達」と他方に広汎に行われている立法要素の多い条約交渉との境界線がどこにあるのかが問題となる。軍縮，経済，人権など多くの専門分野で立法的性格の一般条約が多数締結されているが，これらの作成に国際法委員会が関わることはない。その線引きの一例として，第一次国連海洋法会議で1958年に採択された4条約は国際法委員会が草案を作成した。これらは法典化条約と観念されたからであろう。他方第二次及び第三次国連海洋法会議には国際法委員会は関与していない。それは，両会議で交渉された主題例えば領海の新しい幅員や深海海底の制度は，法典化とは観念されなかったからであろう。先に述べた国連憲章の起草過程で多くの国が国連に立法機能を付与することを拒んだことを考えると，同憲章第13条1,aに規定する「国際法の漸進的発達」も「広義の国際法の法典化」の範囲内のものと考えるのが至当であろう。国際法委員会の実際の作業において，同委員会規定通りに両者を区別して行われたことはない，というよりも，そもそも両者を区別することは不可能である。狭義の「国際法の法典化」の場合でも，慣習国際法の規則をより正確に形成し且つ組織化するためには，何らかの新しい要素を追加せざるを得ない。何ら手を加えないで restatement のみで済むような完璧な慣習国際法は現実には存在しない。したがって両者の差は程度の問題であり，本質的なものではない。国際法委員会は1966年にこの問題を取り上げ，同委員会は当初より両者の複合的考え方を基礎として作業して来ており，両者を区別することは実行不可能であり，よって委員会規定から両者の区別は削除すべきと決定した[6]。国際法委員会が与えられた主題につき通常二読を経て作成する条約草案は国連総会に提出され，外交会議又は国連総会自身に於いて交渉が行われ，法典化条約として採択される。この最終的交渉の段階で更に新たな要素が付加されるのが通常である。したがって法典化条約であっても，その交渉会議での採択は条約の内容を確定するものに過ぎず，それが直ちに各国を法的に拘束する訳ではない。国家を法的に拘束するためには通常の条約締結手続き，即ち条約の受諾，批准等の手続きが必要とされ，その条約は締約国のみを拘束する。

---

(6)　*Yearbook of the International Law Commission, 1996*, vol. II (Part Two), paras. 147(a) and 156-159.

4　国際法委員会の変遷

　国際法委員会が創設から 60 周年を迎えた 2008 年の会期中の 5 月 19 日及び 20 日の両日に「International Law Commission: Sixty Years... and Now？」と題する記念シンポジウムがジュネーヴで開催された。各国政府の法律顧問，国際法委員会の前委員，国際司法裁判所裁判官，国際法学者の参加を得て国際法委員会のあるべき姿につき活発な議論が行われた。その中で欧米の国際法学者より国際法委員会の黄金時代は 1960 年代迄であったと懐古に更ける意見があり，他方開発途上国の政府関係者よりは反対意見として現在の国際法委員会を支持する発言があった。開発途上国の発言は，公式の場なので真綿に包んだものであったが，彼らとの日頃の会話から代弁すると次のようになる。国際法委員会の初期の法典化は，第二次大戦以前に欧米キリスト教国が自己の利益に沿うように定めた慣習国際法なるものを国際法委員会で主導権を握っていた欧米の学者及び欧米で教育を受けた途上国の委員が追認したものであって，その慣習国際法の成立に関わりのない開発途上国にとってそれが黄金時代であったなどと評価出来るものではない。まさにこのことが国際法委員会の変遷の原動力として働いている。国際法委員会の変遷は同委員会の成果に基づいて論じるのが本筋であろう。しかしその成果を大きく左右する同委員会の構成の変化，即ち委員の地域別構成及び専門を先ず見る必要がある。

一　国際法委員会の構成の変化

(1)　国際法委員会は，1949 年に委員 15 名で発足した。1956 年に 21 名に[7]，1961 年 25 名に[8]，さらに 1981 年に 34 名に増員され[9]現在に至っている。ちなみに，最初の定員増加が決定された 1956 年 12 月 18 日は我が国にとって国連との関係で意義の深い日である。我が国はサンフランシスコ平和条約が発効した直後の 1952 年 6 月 23 日に国連へ加盟申請書を提出したが，安全保障理事会におけるソ連の拒否権行使により度々葬られた。しかし 1956 年に至り，同年 12 月 12 日には日ソ共同宣言が発効して両国間の外交関係が回復し，同日国

---

[7]　1956 年総会決議 A/RES/1103（XI）
[8]　1961 年総会決議 A/RES/1647（XVI）
[9]　1981 年総会決議 A/RES/36/39

連安全保障理事会は我が国の国連加盟を承認した。これに続き，同年12月18日の午前にタイのワン・ワイタヤコン殿下総会議長の司会の下に開催された国連総会本会議に於いて我が国の国連加盟が全会一致（賛成77，欠席2）で可決され，我が国は80ヵ国目の国連加盟国となった。総会は，同日午後に国際法委員会の定員増化を議題とし，その決議への賛成が我が国にとって国連での最初の投票となる。また引き続きこの増員された国際法委員会の委員選挙も実施されて，横田喜三郎教授が選出され，そのとき以来我が国は同委員会の席を継続して占めている。なお同じ選挙で東京裁判のインドのRadhabinod Pal判事も選出されている。国際法委員会の定員増加は，国連加盟国の増加に対応するもので，創設時の15名が選出されたときの国連加盟国数は56ヵ国，21名になったときは80ヵ国，25名になったときは122ヵ国，ついで34名になったときは153ヵ国である。国連加盟国の増大は1960年代のアフリカ等の新興独立諸国の加入及び1990年代のソ連邦崩壊に伴う新独立国の加入の二つの大きな波があったが，後者に関しての定員調整は行われていない。国連加盟国の国際法委員会への代表率は，「1949年　26.8％，」「1956年　26.3％」「1961年　22.2％」「2010年　17.7％」の通り低減している。しかしこの低減はさしたる問題ではない。国際法委員会にとっては，現在の34名は円滑に機能する人数を既に超えていると思われる。

　(2)　むしろ問題とされたのは，地域グループの代表権である。国連の各機関への地域代表問題を考える際に，国の大小，国力，貢献度などは客観的指標を求めるのが難しく，一つの基準に過ぎないが国の数が一般的に使用される。当初の1949年の国連加盟国の地域グループ比率と国際法委員会内の地域グループの比率は次のとおりとなる。

	国　　連		国際法委員会	
アジア・アフリカ	21ヵ国	37.5％	3名	3％
西欧	14ヵ国	25％	6名	40％
ラ米	21ヵ国	37.5％	4名	26.5％
東欧	4ヶ国	7.2％	2名	13.3％

この数字から，西欧と東欧が極めてオーバー・レプリゼンテーションであり他方アジア・アフリカ（当時は両地域が統合した一つのグループであった）及びラ米が

アンダー・レプリゼンテーションであったことが判る。国連における開発途上国の主眼はむしろこの不均衡の是正であり，特に西欧が既得権の保持に固執したため定員を増加しアジア，アフリカ及びラ米への配分を増やす方向で進められた。

(3) 国際法委員会の場合，当初は国際司法裁判所と同様に，厳格な地域配分はなかった。現在では 1981 年の総会決議で定められた下記のものが適用されている。西欧グループを除き他の地域グループでは 5 年毎にフロートする 1 席があるが，基準年では下記のとおりである。西欧は未だにオーバー・レプリゼンテーションであり，ラ米及び東欧は略均衡がとれているが，アジア及びアフリカは依然としてアンダー・レプリゼンテーションといえる。なお東欧については，1991 年代の国連加盟国増加があるものの，元々以前はオーバー・レプリゼンテーションの状態であったので特に手当てをする必要はなかった。

	議席	委員会内の比率	国連内の比率
アジア	7 (8)	20.6% (23.5%)	27.6%
アフリカ	8 (7)	23.5% (20.6%)	27.6%
西 欧	8	23.5%	15.1%
ラ米・カリビア	6 (5)	17.7% (14.7%)	17.2%
東 欧	3 (4)	8.8% 11.8%	12%

注：括弧内定数は基準年後 5 年目の選挙に適用されるもの

(4) 国際法委員会の構成の他の要素は委員の専門である。1949 年の発足当時の委員は，Ricardo J. Alfaro（パナマ），Gilberto Amado（ブラジル），James L. Briery（英），Roberto Cordova（メキシコ），J.P.A. Francois（オランダ），Shushi Hsu（中国），Manley O. Hudson（米），Faris Bey-el-Khoury（シリア），Vladimir Koretsky（ソ連），Bengal N. Rau（インド），A.E.F. Sandstrom（スウェーデン），Georges Scelle（仏），Jean Spiropoulos（ギリシャ），Jesus M. Yepes（コロンビア）

第 1 部　国際法委員会の軌跡と展望

及び Jaroslav Zourek（チェコ）でその多くが著名な国際法学者である。一方現在の委員の専門をみると，純粋な学者は 15％に満たない。欧米委員の半数の Gaja（伊），McRae（加），Nolte（独）及び Pellet（仏）の 4 委員とアジアの村瀬委員の合計 5 名のみであり，最も多いのは外交官出身で約 20 名，検事総長出身 4 名などの行政官となっている。西欧以外の地域に国際法委員会に送れる国際法学者がいないわけではなく，この現象は将に国際法委員会 60 周年で表明された開発途上国政府の考え方，即ち初期の法典化作業では彼らの権益は擁護されなかったとの考えを反映しており，したがって交渉の専門的訓練を経ている行政官を送り込むことになったと思われる。

(5) 開発途上国側の委員数の増加及びその職種が行政官であることが，国際法委員会の作業を狭義の国際法の法典化から広義の国際法の法典化，即ち国際法の漸進的発達へ軌道変化をもたらしているといえる。何が慣習国際法かの議論よりも，規範として何を書くべきかの議論の方が横行しているのが現実である。国際法委員会としては，その存在理由のためには，国連加盟国の最大多数のニーヅに正面から応えることが必要であることは当然である。他方，国際法委員会はあくまでも国際法の専門的審議をする場であり，広義の国際法の法典化，即ち国際法の漸進的発達の枠を超えると却ってその存在理由を失うであろう。

二　国際法委員会の成果の変遷
(1) 国際法委員会の成果を見てみると，それを黄金時代と呼ぶか否かは別にして，1950 年代半ばから 1970 年代半ばにかけて確かに重要な法典化条約草案が次々と作成され，それらが条約交渉会議を経て条約として採択され且つ規定数の批准国を得て発効して行く。海洋法 4 条約，外交関係条約，領事関係条約，特別ミッション条約，外交官等保護条約，条約承継条約，国家財産等承継条約，条約法条約などがある。国際法委員会での最初の作業から条約採択迄の期間も 10〜20 年と比較的に短く，更にその後条約の発効までの期間も数年から 15 年程度と短い。これらの主題が国際法の専門家のみで処理出来るものであったこと，又当時の条約の多くがそのタイトルにウイーンの名を冠している如く法典化条約の作成に熱心であったオーストリア政府が条約交渉会議をウイーンに招致する便宜を提供したことがそれに貢献した。

(2) この時代が終わり1970年代の後半以降になると, 目立つ成果が少ないように思える。それには種々の原因が考えられる。先ず目玉になり且つ手頃な主題が少なくなってきた。この時期には, 国際法委員会は創設当初からの大きな主題である「国家責任」を引き継いでおりその審議の速度は遅々としていた。更に,「国家責任」では「国際違法行為」を要因とし,「損害」を要因としなかったために, それから派生した主題である「国際違法行為に起因しない損害に対する責任」(International Liability) が迷走を繰り返すことになる。「国家責任」については審議開始後半世紀を経た2001年に条約草案を完成したが同草案は微妙なバランスの上に作成されており, 国際法委員会としても条約採択会議が開催されれば収拾がつかなくなることを懸念し, 総会も目途が立たず棚上げの状態である。International Liability (予防及び損害配分) も条約草案は完成したものの同様の状況である。しかし国際法委員会の作業が条約の採択に至らなくとも本第1部第3章で論じられるとおり, その作業は国際裁判に反映されるケースも間々あり, これらの作業が無意義であったというわけではない。1981年にはもう一つの大きな主題である「人類の平和と安全に対する犯罪」の再審議を国連総会より指示された。この件は, 国際法委員会は既に1954年に条約草案を国連総会に提出していたが, 当時総会では「侵略の定義」が審議されており棚上げされていたものである。この主題についても国際法委員会では迷走状態であったが, 国連総会より国際刑事裁判所規程の審議開始に際し同規程草案の起案を求められた。国際法委員会では, これを分離して別途作業したものを国連総会に提出し, それを基に1998年のローマ会議が国際刑事裁判所規程を採択した。元々の主題はそもそも法典化の範囲をはみ出していたのが困難の原因であったかと思われる。

(3) この時期には更に3つの条約草案が採択されている。「非航行利用に関する国際河川条約」は1994年に草案が作成され, 1996年及び1997年の国連総会での審議を経て条約として採択された。同条約は, 採択後十数年を経過しているが未だ批准国が少なく発効の目途がついていない。その原因としては, 国際法委員会での条約草案作成の際, 従来の例にならい国際法の専門家のみで処理したため, 水資源管理の専門家から見れば種々の実務上の困難について, 特に水資源開発から生じる紛争の際の複雑な手続きが理論的に考案されたもので現実には機能しないとの批判がある。次に「国家免除 (主権免除) 条約」がある。

この条約草案は，東欧の社会主義国家及び開発途上国が絶対免除から制限免除へ移行する難しい時期に作成されたが，2004年に国連総会で条約として採択された。批准国も順調に増えており，比較的早い発効が期待され重要な法典化条約となるであろう。更に「外交的保護条約」草案が2006年に採択され総会に送付されている。2011年に国際法委員会で審議を了する予定のものに「国際機関の責任」の条約草案がある。「国際機関の責任条約」は，「国家責任条約」に対応するもので国際機関の違法行為につき国際機関のみならず加盟国の責任にも関わる重要なものである。しかしこの条約草案は国家責任条約草案を下敷きにして作成されており，両者には密接な関係があるので，これが国家責任条約と切り離して条約採択に持って行くことができるかについては疑問がある。

(4) この時期には「条約の留保」というやや通常とは趣の異なる作業が行われており，2011年に完了する予定である。条約法条約の留保規定は種々の問題を含んでいる。例えば多数国間条約の締約国の権利義務を二国間関係に分解しうるとの前提に立っていることである。即ち，条約法条約ではA国が留保を付した場合，当該留保を受託したB国はA国との関係において「留保に係る条約の規定を留保の限度において変更する」と規定し（条約第21条1），また当該留保に対し異議を申し立てたC国がA国とC国との間において同条約が効力を生ずることに反対しなかった場合には「留保に係る規定は，これらの二つの国の間において，留保の限度において適用がない」と規定している（条約第21条3）。これは当該条約が本来二国間関係であるものを多数国間のものにした場合，例えば欧州逃亡犯罪人引渡条約のようなものであれば機能する。しかし現行の多くの多数国間条約は，軍縮，人権，環境等の分野のものにみられる如く，云うならば条約社会全体に対する規範を定めたものであり，その条約上の権利義務を二国間関係にばらすことが出来ないものが殆どである。例えば我が国は社会権規約第13条2.(b)及び(c)の中等・高等教育の無償化に留保を付している。同留保に異議を申し立てた国はないが，例え当該留保を受託しまたは異議を申し立てる国があるとしても，それらの国が自国で採用する教育の制度は締約国別に定め得るものではない。即ち条約法第21条は多くの場合機能しない。条約法条約成立後，同条約の留保規定に定められていないもの，或いは一見同規定に反すると思えるものについての多くの国家実行が生まれて来ている。同規定に反するとも見える典型的なものに所謂 late reservation がある。条約法条

約第19条は留保を付することが出来るのは，条約への署名，条約の批准，受託若しくは承認または条約への加入の際と定めており，条約締結手続きが完了した後での留保即ち late reservation を認めていない。しかし現実にはそれを行う国があり，その場合寄託者たる国連事務総長はこれにつき判断を下さず各国にそれを通報し，12 カ月以内に反対が無い場合には当該留保を認める慣行が生まれている。万一それは条約法条約違反と唱える国があったとしたら，late reservation を付した国は一旦当該条約より脱退し，改めて留保を付した締結手続きを執ることができるから，この慣行は不都合なものではない。「条約の留保」は，このような条約法条約発効後の留保に関する多岐に亘る国家実行を調査してそのガイドラインを編纂せんとするものであり，条約法条約の手直しを考えたものではない。「条約の留保」の現行案は包括的で且つやや理論に重点をおき過ぎた嫌いがあるが，条約法条約成立後の国家実行を網羅しており，外交に従事する実務者にとっては guide to practice として有用なものである。このように法典化条約成立後の新しい事態に対応する国家慣行，特に条約作成当時に想定されていなかったものを，条約を修正することなく対応するためのガイドラインの作成は，国際法委員会が取り組むべき新しい任務になり得る。

　(5)　またこの時期には，適当な法典化の主題が見付からないために，種々の研究トピックが取り上げられている。その最たるものは「国際法の分極化」(fragmentation of international law) である。確かにこのトピックは「国際裁判所の拡散」や「法廷漁り」(forum shopping) とも関わりがある興味を引く問題ではあるが，国際法委員会の本務とは異なるものと思われる。作成された報告書は，余りにも膨大で国連は財政上の理由から国連文書として刊行できず，委員の多くも読んでいない状況である。

　(6)　また国際法委員会は2002年に「共有天然資源」の主題のもとに「越境地下水条約草案」の起草を開始し僅か7年間の審議を経て2008年にそれを完成して国連総会へ送付している。これは従来の法典化とはやや異質のものであった。先ず，地下水の問題は国際法の専門家のみでは対処しえないものであり，国連本部にも専門的知見を有する部局がない。幸い世界の水の問題についての国連諸機関の調整役であるユネスコが hydrogeology (水理学と地質学が結合した新しい科学) の専門家，地下水管理の行政官及び水資源の法律家からなるチームを編成し全面的に支援を行って呉れた。世界の地下水は，枯渇及び汚染で深刻な

状況にあり，極めて短期間に作業を完結する必要があった。国際法委員会としては，今後はあまり大きな主題ではなくとも世界が直面している問題に時宜を得た回答が出せるようなものを折々手掛ける必要がある。

（7）以上の通り見てくると，この最近の40年間はその前の25年間に比して確かにその成果において見劣りがする。そのことにつき国際法委員会自身にも責任があることはもちろんである。先に述べた国際法委員会の構成の変化は，本来であれば処理能力を高める筈であるが実際にはそうなっていない。開発途上国はせっかく多数の席を確保したのにその多くの委員の貢献度は現状では極めて限られている。しかしこれには，例えば最近の複雑な主題の特別報告者は，広範な調査・研究を必要とし，本国の政府及び学術機関などの支援が必要となるので開発途上国の委員ではなかなか務まらない状況がある。

この期間の成果の不足には外的要因もある。国際法の法典化は，そもそも国連総会の任務であり，国際法委員会はその下受け機関である。主題については，国際法委員会が発議するものと国連総会から指示されるものがあるが，前者についても国連総会の諒承が要る。それでは国連総会（実際には第6委員会）は主題についての長期的計画を建てるべきであるが，そのような審議はなされておらず，実際には時々の恣意的決定が多い。その結果，国際法委員会が作業を開始して加盟各国のコメントを求めても回答する加盟国は僅かである。また，この時期に作業が完結した「人類の平和と安全に対する罪」，「外交伝書使」，「国家承継に伴う自然人の国籍」，「国家責任」，「international liability」（予防及び損害の配分），「外交的保護権」及び「一方的行為」は，国連総会で宣言としての採択に留まるかまたは単にテークノートの処理をされ，棚上げまたは先延ばしにされている。

（8）これは，国連での法に対する意識が以前に比して低下している変遷が関係している気がする。1970年代までは国連の総会，各理事会，各主要委員会の場の議論において国連憲章，国連総会議事手続き規則との関係が頻繁に問題とされ，事務局法律顧問の出席を得てその解釈を求めるのが通例であった。恰も我が国の国会で内閣法制局に憲法・法律の解釈を求めたように。筆者が出席していた経済社会理事会で，交渉中の決議案が全会一致の段階に達していないのに議長より多数の国がコンセンサス採択を希望しているとして，その決議案を投票しないで採決することを投票にかけると提案したことがあった。筆者より

〔山田中正〕　　　　　　　　　　　　　第1章　国際法委員会の創設と変遷

議事手続きに疑義ありとし，これは国連憲章第18条に規定されている加盟国の投票権を否定することになりかねないと国連事務局法律顧問が呼ばれ，同顧問は議長の議事進行は国連憲章違反と断じ，議長は自身の提案を撤回した。ところがその後に開発途上国が新経済秩序を推進した際には国際連帯を示すためと称して投票回避を図り決議の without vote 採択を主唱して，決議に反対或いは棄権の国々は投票理由説明においてでそれぞれの立場を記録に留める方式が生まれた。所謂 Tyranny of Majority と称された時代である。現在でも多くの場でこの変則的方式が行われている。即ち国連では政治が法に優先する雰囲気が強くなっている。ここ数年国連では「法の支配」（rule of law）が声高くいわれているが，これはまさに国連での審議に法が軽視されている実情があるからに他ならない。

(9)　また，近年では条約交渉会議開催は，参加国数の増加，6公用語への通訳・翻訳，会議文書の作成などに莫大な経費を必要とする。先に述べたようにオーストリア政府は法典化に熱心で7つの法典化条約の交渉会議をウイーンに招請したが，1968年の「国際機関条約法条約」がその最後の招請の条約交渉会議となった。イタリア政府は1998年に「国際刑事裁判所規程」交渉をローマに招請したが，その完了前に予算を使い果たし，重要な構成条件である「侵略の罪」を積み残した。したがって現状では条約締結交渉はそれに必要な施設とスタッフを持っている国連に頼らざるを得なくなる。国際法委員会が関わった法典化条約でも「国際河川条約」及び「国家免除条約」は国連総会での交渉となった。しかし国連は緊急性のある立法条約交渉を多く抱えており，法典化条約交渉が割り込むのはなかなか容易ではない。

(10)　国際法委員会は，現在次の3つの地域の政府間法律機関と連携関係を有している。欧州評議会（47ヵ国加盟）の CAHDI（The European Committee on Legal Cooperation and the Committee of Legal Advisors of Public International Law），米州機構（35ヵ国加盟）の The Inter-American Juridical Committee 及びアジア・アフリカ法律諮問機関（Asian-African Legal Consultative Organization）である。特にアジア・アフリカ法律諮問機関は，日本を含めた7原加盟国により1956年に創設されたものであり現在はアフリカも含め47ヵ国が加盟している。日本は同機関では大きな発言権を有する指導的立場にあり，アジア・アフリカ諸国が国際法委員会の法典化作業に対し各国の立場を積極的に発信することを支援している。

アフリカ統一機構の African Union Commission on International Law も国際法委員会との協力関係設定を希望している。国際法委員会がこれら地域機関との協力を強めることは各地域の考えを吸い上げる点で意義がある。

(11)　また国連は 1965 年以来毎年の国際法委員会の会期に合わせてジュネーヴで国際法セミナーを開催している。このプログラムは各国の自発的拠出により支えられているもので，毎年約 25 名の若手の外交官や学者が参加している。プログラムには，国際法委員会の本会議傍聴，委員による講義が含まれており，慣習国際法の法典化作業を学ぶ意義ある機会を提供している。

5　おわりに

国際法委員会は，今やその真価と存在理由を問われる重要な時期に差し掛かっている。その将来については第 6 章にお任せするとして，先に述べたように国際法の法典化は国際法委員会と国連総会の共同作業である。と云うよりも国際法委員会は国連総会の下部機関に過ぎず国際法の法典化は国連総会がむしろ主役であるべきである。しかし国連総会がその指導力を発揮するためには先ず国際法委員会が国連総会を動かすような提案をする必要がある。国際法委員会は，この際その創設から現在までを客観的に検証した上で国連総会に将来のあるべき姿を提示することが必要であろう。

第2章　国連国際法委員会による法典化作業の成果
——国際法形成過程におけるその影響——

酒　井　啓　亘

1　はじめに
2　国連国際法委員会の目的の展開と法典化作業の成果
3　法典化作業の成果がもたらした国際法形成過程への影響
4　おわりに

1　はじめに

　およそ60年にわたる国連国際法委員会（ILC）の具体的な成果は本書の巻末にまとめて収録されている。それによると，2010年10月現在ですでにILCが完了した作業のうち，最終的に条約として採択されたものが，条約法条約，外交関係条約，領事関係条約など17（発効済が12，未発効が5），最終草案がガイドラインなどの形式で国連総会により「テイク・ノート（留意）」や「注意喚起」されたものが9，最終草案の審議が国連総会で未了のものが2となっており，全体の半分以上がいわゆる法典化条約を成果物としていることになる。しかも，ILC発足当時に求められた作業のほとんどが法典化条約として結実したことは特筆に値しよう。しかし時間的経過を振り返れば，そうした成果はほぼ1970年代までのものであり，最近20年間の作業で条約化に成功したのは，国際水路非航行的利用条約（1997年），国際刑事裁判所（ICC）ローマ規程（2002年），そして国連国家免除条約（2004年）のわずか3つにとどまる。したがってILCの法典化作業は，こうした法典化条約の採択（さらにはその発効）という成果がなしえたかどうかという観点からは，その前半期と，後半期，とりわけ1990年代から現在までとは評価が全く異なるということになる。しかし，国際法の発展に貢献してきたと考えられているILCの役割からすれば，はたしてこのような評価

が正当なものといえるのであろうか。

　ILCによる作業の成果を評価する場合，ILCの設置目的とは何か，そしてその目的を達成するための手段としては何が適当かという視点が重要となる。ILCの目的とそれに対応する目的の実現手段を基準としてあらためて過去のILCの作業を振り返ると，そこには別の評価も生まれてこよう。なぜなら，ILCの目的やその実現手段は，少なくとも国際法の形成に関係する側面に限れば，ILC自体が国際法形成過程にどのように関与するかによって，その内容や適切性も変容すると考えられるからである[1]。

　ILCは，国連憲章第13条1項aにいう「国際法の漸進的発達及び法典化」を国連総会が奨励する目的に対応して設置された。その目的は，ILC規程第1条1項によると，「国際法の漸進的発達及び国際法の法典化」(以下では後者を狭義の国際法の「法典化」とし，前者を含めて広義の国際法の法典化という)の促進である[2]。少なくともこの規程が国連総会決議で1947年に定められた当初は，同規程第15条にあるように，両者は区別して考えられていたが，狭義の「法典化」はもちろんのこと，国際法の漸進的発達を促進する場合においてもその作業は「条約草案を準備すること」が目標とされていた。つまり，ILCの目標は国際法の法典化であり，条約をもってこれを成し遂げることが意図されていたのである[3]。確かに，こうした目標設定からみれば，1970年代までのILCの作業は優れた成果を上げたものと見ることができ，逆にその後の状況は成果に乏しいものと評価せざるを得なくなる。

　しかし他方で，実際の作業においては国際法の漸進的発達と狭義の「法典化」を区別することが難しく，むしろ漸進的発達の要素が「法典化」よりも強く

---

[1]　もちろん実際には，後述する通り，ILCが従事した作業の結果を考慮して，国家が関連する国際法規則を遵守したり，国際裁判所や国内裁判所が判決内容を導き出したりするということはあろう。その意味で，ILCの果たす役割は国際法の形成に限らず，国際法の内容およびそれが守ろうとする価値を実現する過程(「国際法実現過程」)にも影響を与えているというべきである。ただし，本稿ではILC設置目的に鑑み，国際法形成過程での成果に限定して考察を進めることとし，慣習国際法の認定などに付随する判決形成過程への影響等については法形成過程に関係する限りで触れるにとどめる。

[2]　ILC規程は1947年11月27日に国連総会決議により採択された。GA Res.174(II). それ以降，1950年，1955年，1956年，1961年及び1981年に改正が行われて現行規程となっているが(GA Res.485(V); GA Res.984(X); GA Res.985(X); GA Res.1103(XI); GA Res.1674(XVI); GA Res.36/39.)，ILCの目的自体は変わっていない。

〔酒井啓亘〕　　　　　第2章　国連国際法委員会による法典化作業の成果

なっていったことに注目する必要がある[4]。またここでは，ILCの目標が法典化条約の最終的な採択にとどまらず，条約ではない手段によって国際法の発展に寄与するということを含む可能性が生じたことだけを指摘しておきたい。このようなILCの任務あるいはその目的という観点からすると，ILCの作業を経た法典化条約の採択数が少なくなったことが，そのままILCに対して低い評価を与えることにはならないということは言えよう。

　さらに，ILCによる成果が国際法にいかなる影響を与えたかという問題も，こうした成果の評価と密接に関係している。作業対象の主題や作業方法についてH.ラウターパクトの意向を強く受けた初期のILCの目標は国際法の全領域における法典化条約による国際法規則の確立であり，その成果が有する影響はまさしく「国際法の完結性」を条約規則の存在という手法により証明することであった[5]。しかし，ILCの任務が法典化条約の草案準備に限られないとすれば，その影響は条約による国際法規則の整備よりもさらに広く，慣習国際法も含む国際法形成過程一般に投射されることになろう。そしてそれは，ILC設置当時の関係者の認識と現在のILC関係者の認識との間にズレを生み，おのずと

---

(3) ILC設立直後にILCの将来の作業全般に関する準備作業を行ったのはハーシュ・ラウターパクトであった。B. G. Ramcharan, *The International Law Commission. Its Approach to the Codification and Progressive Development of International Law*（Nijhoff, 1977), p.25. 彼によれば，法典化は国際法の全領域に及ぶものと考えられていたのである。*Survey of International Law in relation to the Work of Codification of the International Law Commission. Preparatory Work within the Purview of Article 18, Paragraph 1, of the Statute of the International Law Commission*, A/CN.4/1/Rev.1, para.23, reproduced in M.R.Anderson, A.E.Boyle, A.V.Lowe, C.Wickremasinghe (eds.), *The International Law Commission and the Future of International Law*, (BIICL, 1998), p.86.

(4) 法典化作業におけるこれら2つの要素の区別の困難さは古くから指摘されるところであった。J.L.Brierly, "The Future of Codification", *BYBIL*, vol.XII (1931), p.3. ILCの具体的作業において国際法の漸進的発達の要素が支配的となってきたとの指摘も，すでに1960年代から存在していた。R.Y.Jennings, "Recent Developments in the International Law Commission: Its Relation to the Sources of International Law", *ICLQ*, vol.13 (1964), pp.385-397. またILC自身もまた比較的初期の段階で両者の区別の困難さを認識していたのである。*Report of the International Law Commission covering the work of its eighth session, 23 April – 4 July 1956*, A/3159, *YBILC 1956*, vol.II, pp.255-256, paras.25-26. *See also*, Sir Ian Sinclair, *The International Law Commission* (Grotius, 1987), pp.46-47. この点はラウターパクトも同様であった。H.Lauterpacht, "Codification and Development of International Law", *AJIL*, vol.49 (1955), pp.29-30.

ILCの法典化作業の方法の再定式化と，国際法形成過程におけるILCの役割の再検討を招くことになる[6]。言い換えれば，法典化（作業）を単に既存の不文規則を再述し成文化するという「入力」の観点からではなく，国際法体系にどのような成果が生じたか，あるいはいかなる影響を生じさせたのかという「出力」の観点からILCの作業が捉え直されることが必要となるのである。

このように，ILCの成果とその影響を評価するためには，その出発点としてILCの任務と目的を確定しなければならない。ILCの任務や目的を通じていかなる成果を求めることが期待されていたのかを理解して初めて，その具体的な成果を評価することが可能となるからである。そこで本章では，まずILCの任務と設置目的を確認した後，その目的に沿った最近の成果を概観するとともに，この成果を通じたILCの国際法形成過程への具体的貢献を検討することにしたい。

2　国連国際法委員会の目的の展開と法典化作業の成果

(1)　作業の目的と成果物の関係

ILCの目的は，前述のように，「国際法の漸進的発達及び国際法の法典化」の促進であり，その手段としては条約形式が主として念頭に置かれていた。他方で，ILC規程第23条によると，ILCは国連総会に対して，(a)すでに報告書が公表されていることをもっていかなる行動もとらないこと，(b)決議により報告書

---

[5]　*Survey of International Law*, para.19. この点はまさに法典化をどのように定義するかによる。ジェニングスによれば，法典化（codification）とは法典（a code）の創出であり，それは一定の重要な主題あるいは法領域を対象とする諸規則の完全なシステムを意味する。R.Y.Jennings, "The Progressive Development of International Law and its Codification", *BYBIL*, vol.XXIV (1947), p.302.

[6]　それを最もよく表しているのが，ILC設置50周年を記念してニューヨークとジュネーヴでそれぞれ国連主催により開催されたコロキウムやセミナーでの議論であった。国際法の主要分野における法典化作業が一段落したところで，ILC委員を含む参加者により，ILCの存在意義そのものを問い直すようなその役割の再検討に関する議論がそこでは繰り広げられたからである。これらの記録は以下の書物に収録されている。*Making Better International Law: The International Law Commission at 50. Proceedings of the United Nations Colloquium on Progressive Development and Codification of International Law* (United Nations, 1998); *The International Law Commission Fifty Years After: An Evaluation. Proceedings of the Seminar held to Commemorate the Fiftieth Anniversary of the International Law Commission, 21-22 April 1998* (United Nations, 2000).

〔酒井啓亘〕　第2章　国連国際法委員会による法典化作業の成果

に留意するか採択すること，(c)条約を締結するため加盟国に草案を勧告すること，(d)条約締結のための会議を招集すること，を勧告できるとされており，しかもこれらにはその間に優先順位も付されていない。したがってこの規定をみる限り，ILC にはその成果の形式について比較的広い判断の余地が残されていると考えられる。しかし，ILC 設立当初は既存の国際法規則の成文化を法典化作業の主軸に据えたことから，現実には法典化条約のための草案を作成し，これを採択する外交会議の開催を国連総会に求める事例が中心であった[7]。

具体的には，ラウターパクトが ILC による研究に含みうると判断した 26 の主題から ILC 自身は 14 を選択し[8]，結果として，条約法や海洋法，外交関係・領事関係法，国家承継法といった主要な領域を含む 11 の条約が外交会議を経て採択されている。各作業とも紆余曲折があったこと，ILC が常勤ではない委員による作業であることなどを考慮すると，設立からほぼ 30 年間の前半期における ILC の成果は，法典化条約の採択という最終目標の到達という観点からは，きわめて称賛に値する結果であったと言えよう[9]。

逆に，法典化条約の採択にまで進めなかった作業は，結果として失敗のレッテルを貼られることになる。そのような失敗例として，ILC の委員でもあったエコノミデスは，「外交伝書使・外交封印袋の地位に関する条文草案」と「最恵国条項に関する条文草案」を挙げた[10]。ここでは，外交会議等で条約を採択させることが最終的な目標として設定され，その目標にかなった成果が得られたかどうかが評価基準となっている。この目標からすると，それ自体が法として

---

[7] 1980 年代までのこうした法典化条約の例としては，無国籍削減条約（1961 年にニューヨークで採択），領海条約，公海条約，漁業条約，大陸棚条約のいわゆるジュネーヴ海洋法 4 条約（以上，1958 年にジュネーヴで採択），外交関係条約（1961 年にウィーンで採択），領事関係条約（1963 年にウィーンで採択），条約法条約（1969 年にウィーンで採択），条約の国家承継条約（1974 年にウィーンで採択），国家財産等の国家承継条約（1981 年にウィーンで採択），国際機構条約法条約（1986 年にウィーンで採択）がある。

[8] ILC が選択した 14 の主題は，(1)国家承認・政府承認，(2)国家承継・政府承継，(3)国家・国家財産の裁判権免除，(4)国家領域外で行われた犯罪に関する管轄権，(5)公海制度，(6)領海制度，(7)無国籍を含む国籍，(8)外国人待遇，(9)庇護権，(10)条約法，(11)外交関係と免除，(12)領事関係と免除，(13)国家責任，(14)仲裁手続であった。A/35/312/Add. 2, p.13. *YBILC, 1949*, p.280, para.14.

[9] Anderson, Boyle, Lowe, & Wickremasinghe (eds.), *The International Law Commission and the Future of International Law*, p. 7.

認められない作業の成果は，国際法規則の形成への「出力」として不十分とされるのである。

　ただし，法典化条約の採択に至った場合であっても，条約手段を通じて国際法規則の豊富化を図る以上，単なる条約採択ではやはり不十分であり，発効要件を充足して実定法上効力を有することがさらに求められることになる[11]。本来，既存の国際法規則を再述して成文化するだけの狭義の「法典化」であればさほど困難ではないはずだが，現実には国際法の漸進的発達と「法典化」とは明確に峻別されえないことはすでに述べたとおりであり，この国際法の漸進的発達の部分に国家は躊躇を覚え，最終的にその部分を含む条約全体を批准しないということも起こりうる[12]。そうした法典化の作業方法に伴う限界が，法典化条約の採択数と発効数を低める要因の一つになっていることは否めない。より根本的には，条約形式としての法典化条約が多数国間における規範的義務の設定を目的とすることから，一方で条約レジームの実質的価値を定式化する法典化条約の機能と，他方で条約形式自体が有する相互主義的な性格との間に齟齬が生じ，結果として当該条約レジームへの国家の参加が乏しくなりやすいという点において，法典化条約という手段に特有の問題もあるであろう[13]。

　さらに，ILC の作業が法典化条約の採択に直結しづらくなってきた外的要因もいくつか考えられる。狭義の意味での「法典化」に適した国際法分野の多くで法典化作業が完了してしまったことはよく指摘されるが[14]，そのほかにも，

---

(10)　これらは ILC が当該事項に関する国家実行に妥当な注意を払わなかったことが本質的な失敗の理由であって，法的というより政治的な理由からこのような結果となったことを指摘し，できる限り政治的領域から距離を置くことが ILC の利益となると主張された。C. Economides, "Exposé", in *The International Law Commission Fifty Years After*, p.17.

(11)　特にこの点から 1980 年代半ばまでの ILC の法典化作業による結果を期待はずれとする評価として，K. Zemanek, "Codification of International Law: Salvation or Dead End?" in *Le droit international à l'heure de sa codification. Études en l'honneur de Roberto Ago, I*, (Dott.A Giuffrb Editore, 1987), pp.587-590.

(12)　法典化条約の当事国にとっては *lex lata* であっても，非当事国にとっては *lex ferenda* と考えられる。しかし，いずれの部分が *lex lata* か *lex ferenda* かを確定することはきわめて困難である。*Voir*, M. Virally, "À propos de la ≪ lex ferenda ≫", in *Mélanges offerts à Paul Reuter. Le droit international: unité et diversité* (Pedone, 1981), p.523.

(13)　C. Brölmann, "Law-Making Treaties: Form and Function in International Law", *Nordic JIL*, vol.74 (2005), pp.383-404.

〔酒井啓亘〕　　　　　　第2章　国連国際法委員会による法典化作業の成果

1960年代に新興独立国が大挙して国際社会に参加を果たすことにより，それまでの自由主義諸国陣営と社会主義諸国陣営の対立以外に，先進国対途上国というもう一つの対立軸が導入されたことで，その当時の段階で国際法が実現すべき価値についての認識が一致しにくかったということも挙げられよう[15]。国家承継法に関する法典化作業をめぐる議論はその例である[16]。ここでは，法典化が国際社会の法的統合を目指す手段として用いられると，国際法の漸進的発達と狭義の「法典化」とを内包するがゆえに，一方でその成果物としての法典化条約により法的安定性と平和をもたらすことが期待され，しかし他方ではそれまで主として大国主導で形成されてきた慣習国際法の内容を変更して新たな国際法規則の形成に資することが求められるという相矛盾する性格を有することが明らかとなるのである[17]。

　もっとも，ILCの作業は，法典化条約採択のための準備作業と草案作成に限られていたわけではない。たとえば，ILC規程第24条に基づき，当初から報告書の作成と関係国・国際機構への勧告を目的とした「慣習国際法の証拠を利用しやすくする手段」(1950年報告書提出) というような主題がここに含まれる。そのほか，「多数国間条約への留保」(1951年)，「国際連盟主催の下で締結された一般的多数国間条約への参加拡大」(1963年) といった報告書も，当初から条約草案の作成を目指して行われていた作業の成果物ではなく，むしろ国連総会への助言を提供するものであった[18]。ただし，ILC内部ではその設立当初より，ILCの作業方法とその成果物に関する形式について対立があり，総会への勧告を行

---

(14)　A. Mahiou, "Exposé", in *Making Better International Law*, p.9.

(15)　ILCで扱われた主題は，ジュネーヴ海洋法4条約を除き，高度な政治的内容を有するものではなかったが，その後，東西対立や南北対立の中で，国際法の専門家集団たるILCには政治的な論点を含む主題を扱うことは不適当だという認識が国連総会で広まり，ILCをバイパスするようになったという。E. McWhiney, *United Nations Law Making. Cultural and Ideological Relativism and International Law Making for an Era of Transition* (Holmes & Meier, 1984), pp.98-100.

(16)　A. J. P. Tammes, "Codification of International Law in the International Law Commission", *NILR*, vol.22 (1975), p.321.

(17)　法典化が有するこうした社会的イデオロギー的意味について，*voir*, O. Corten, "Les aspects idéologiques de la codification du droit international", in R. Beauthier & I. Rorive (dir.), *Le Code Napoléon, un ancêtre vénéré? Mélanges offerts à Jacques Vanderlinden* (Bruylant, 2004), pp.495-520.

うことには躊躇があったことも事実である[19]。

　それゆえに,最終的に法典化条約とならなかったILCの作業においても,ほとんどの場合,条約草案や宣言草案が作成されていたことは当然のことであった[20]。つまり,条約化に至らなかった理由は各主題においてそれぞれ考えられるであろうが,それにもかかわらずILCが全体としてその後も条約草案の作成活動を継続したという事実の背景には,ILCとしては法典化条約の採択こそが法典化作業の最終目標であり,ILCの存在意義は法典化条約のための準備作業を行い,具体的にはその草案を準備することにあるとの意識が存在していたと推測される[21]。他方,そのように準備された条約草案に対して国連総会（第六委員会）が条約化になじまないものと判断したことは,少なくとも諸国の間には,当該草案の内容はまだ法典化の機が熟しておらず,せいぜい国際法の漸進的発達の側面が強く狭義の「法典化」には程遠いという印象が行き渡っていたことを例証するものでもあった[22]。ただし,こうした条約草案それ自体が法的ないし実際上どのような効果を有するかはまた別問題である。

　いずれにせよ,条約草案の作成が中心的な作業であることを強調し,一般国際法上重要な国際法の分野についてほぼ法典化作業が完了したことをもって,ILCの作業は国際法にとっては周辺的な領域しか残っておらず,ILCは国際法形成過程においてもはや中心的な役割を演じ得ないとする評価は[23],やはり短

---

[18] "The Achievement of the International Law Commission", in *International Law on the Eve of the Twenty-first Century. Views from the International Law Commission* (United Nations, 1997), pp.3-4.

[19] この点の設立初期におけるILCの実行については,H.W.Briggs, *The International Law Commission* (Cornell U.P., 1965), pp.308-315.

[20] その例として,「国家の権利義務憲章草案」(1949年),「人類の平和と安全に対する罪条文草案」(1954年),「無国籍者の除去・縮減に関する条文草案」(1954年),「仲裁モデル規則条文草案」(1958年),「最恵国条項に関する条文草案」(1978年),「外交伝書使・外交封印袋の地位に関する条文草案」(1989年)がある。

[21] それゆえにこそ,ILCは国家承継法の分野でもなお条約を法典化作業の成果物としようとしたのである。Sir Francis Vallat, "The Work of the International Law Commission. The Law of Treaties", *NILR*, vol.22 (1975), p.336.

[22] たとえば,仲裁手続に関する条文草案が条約化に失敗した理由について,*see*, S. Rosenne, "The International Law Commission: 1949-1959", *BYBIL*, vol.XXXVI (1960), p.151.

[23] M.El Baradei, T.Franck & R.Trachtenberg, *The International Law Commission: The Need for A New Direction* (UNITAR, 1981), p.3.

〔酒井啓亘〕　　　　第 2 章　国連国際法委員会による法典化作業の成果

絡的な議論といわなければならない。特に冷戦終焉後の国際社会の中で，科学技術の進展のほか，経済的社会的展開に早急に対応して国際法規則の形成に寄与し得る能力がILCにあるのかどうかということが議論され得るとしても，そうした中でもなお様々な経路を通じてILCが国際法形成過程で重要な役割を演じ得ることは，以下で見ていくように，最近のILCの活動からみても明らかだからである。

(2)　1990 年以降の成果の具体的内容
(a)　条約の採択

1960 年代という国際法の法典化の「黄金時代（golden era）[24]」，あるいはILC法典化作業の「脅威の 10 年間[25]」と呼ばれる時期が過ぎ去ったとしても，ILCによる法典化作業の有効性自体は疑われえない。したがって，1970 年代から 80 年代にかけて準備作業の時間がかかり過ぎるということはあったにせよ[26]，1990 年以降のILCの作業においても依然として法典化条約草案の準備が行われてきたということは十分に理解できる。ただし，国際法の主要な法領域において予定されていた法典化作業は，1970 年代までに，国家責任法の分野を除いてほぼ完了していた。それ以降のILCによる法典化の成果――この場合には法典化条約の採択の意となる――はきわめて乏しく，またわずかに法典化条約として採択されたものがあっても，そのほとんどが国家による必要な批准数を得られず，未発効のままにとどまるという状況だったのである[27]。

---

[24]　Sinclair, *The International Law Commission*, p.72.

[25]　G. Abi-Saab, "La coutume dans tous ses états ou le dilemme du développement du droit international général dans un monde éclaté", in *Le droit international à l'heure de sa codification. Etudes en l'honneur de Roberto Ago, I*, p.54.

[26]　ただし，それはILCだけの問題ではなく，国家がILCに政府コメントを返すのに時間がかかったことも原因の一つだという。P. Tomka, "Major Complexities Encountered in Contemporary International Law-Making", in *Making Better International Law*, pp. 218-219. 逆にいえば，国家が問題の主題に大きな関心を寄せていれば法典化作業の迅速化は可能である。例えば外交官等保護条約は，当時採択されたばかりの類似の条約を参考にしながら作業が進められたこともあるが，なによりも外交官に対するテロ行為の対策として注目していたことから，1971 年にILCが作業を開始して翌年には草案を採択，1973 年に国連総会で条約が採択されて，1977 年には発効したのである。*See*, Sinclair, *The International Law Commission*, pp.92-94.

こうした中,条約を通じた国際法の法典化の必要性を現実に体現し,ILCによる法典化作業の重要性を再認識させたのが,1974年から開始されていた国際水路の非航行的利用に関する法典化作業であり,その最終成果物である国際水路の非航行的利用の法に関する条約(国際水路非航行的利用条約)の採択であった[28]。この条約は1997年に国連総会により採択されたが,ILC草案を踏まえた法典化条約としては,1986年に外交会議で採択された国と国際機構との間又は国際機構相互の間の条約についての法に関するウィーン条約(国際機構条約法条約)以来[29],実にほぼ10年ぶりのことである。そしてその結果,後述のように,ILC内外における法典化作業への批判に対する回答としてのみならず,ILC自身の法典化作業への動機づけや意欲を向上させるきっかけを与えたものとも評されてきた[30]。実際にも,それと相前後するようにICC規程草案が作成され,1998年にはローマで開催された外交会議で同規程が採択されており[31],その後も,26年にわたる審議を経て国及びその財産の裁判権からの免除に関する国連条約(国連国家免除条約)が2004年に国連総会で採択されている[32]。これらにつ

---

[27] ILCが関与して1970年代から80年代に採択された法典化条約は,外交官等保護条約(1973年採択),条約に関する国家承継条約(1974年採択),普遍的性格の国際機関との関係における国家代表に関するウィーン条約(1975年採択),国家財産等の国家承継条約(1981年採択),国際機構条約法条約(1986年採択)であり,そのうち発効したのは,2011年1月現在で,外交官等保護条約(1977年発効),条約の国家承継条約(1996年発効)に限られる。

[28] *Convention on the Law of Non-navigational Uses of International Watercourses*, A/RES/51/229, Annex.

[29] *Vienna Convention on the Law of Treaties between States and International Organizations or between International Organizations*. A/CONF.129/15.

[30] Ch.Yamada, "The Asian-African Legal Consultative Organization and the United Nations International Law Commission", in Asian-African Legal Consultative Organization (ed.), *Essays on International Law. Forty-Fifth Anniversary Commemorative* (2001), pp. 89-90. *See also*, H. Owada, "The International Law Commission and the Process of Law-Formation", in *Making Better International Law*, p.176.

[31] *Rome Statute of the International Criminal Court*. UNTS, vol.2187, I-38544, pp. 90-158 (English text), pp.159-229 (texte français).

[32] *United Nations Convention on Jurisdictional Immunities of States and Their Property*. A/RES/59/38, Annex. 1991年ILC草案の諸規定が若干の修正を経てICCローマ規程に組み込まれている。H.Fox, *The Law of State Immunity, Second Edition* (OUP, 2008), p.373.

いては今のところ（2011年1月現在），ICC規程しか発効しておらず，実定法規範たる条約として国際法規則の豊富化に寄与するところはそれほど大きくはない。しかし，ILCの作業を国際法形成過程の中におきなおした場合，発効している条約はもちろんのこと，後述のように，未発効の条約もまた重要な役割を演じているということがいえるのである。

(b) 非条約形式

国際水路非航行的利用条約の採択を契機として法典化条約作成のモティベーションがILCにおいて上がってきたとはいえ，以前のように，すべての主題に関して法典化条約をめざすという政策をILCがとることにはやはり困難があった。このため主題の選択と作業方法が幾度も検討され，そうした中で作業の現実の成果物としては非条約形式の国際文書も再評価されるようになってきた。これは，法典化条約だけが国際法形成過程において重大な役割を果たすわけではないことが認識されてきた結果でもある[33]。

実際，ILCが作成した草案の中には，ILCの希望にもかかわらず，近い将来，条約として採択されるかどうか不明確なものもある。こうした草案は，それ自体としてはILCが採択した国際的な文書であることは疑いがなく，後述のように一定の法的効果を有する場合もあり，その国際法形成過程での役割を決して無視することはできない。たとえば，長年の審議の末ようやく2001年に採択された「国家責任条文」や[34]，2006年に同じく採択された「外交的保護に関する条文」は[35]，将来において条約として採択される可能性がないわけではないものの，現在の形式でも国際法形成過程において重要性を有する文書の例であろう。さらに山田中正大使が特別報告者となった共有天然資源に関する作業についても，2008年に「越境帯水層の法に関する第1読条文案」19カ条が採択さ

---

[33] D. M. McRae, "The International Law Commission: Codification and Progressive Development after Forty Years", *Canadian YIL*, vol. XXV (1987), pp. 363-364. この点は，1999年以降，特に顕著である。A. Pronto & M. Wood, *The International Law Commission 1999-2009. Volume IV: Treaties, Final Draft Articles, and Other Materials* (OUP, 2010), p. 2.

[34] *Report of the International Law Commission on the work of its fifty-third session (23 April – 1 June and 2 July – 10 August 2001)*, A/56/10, *YBILC 2001*, vol. II, pt. 2, pp. 20-143 (with Commentary).

[35] *Report of the International Law Commission on the work of its fifty-eighth session 1 May – 9 June and 3 July – 11 August 2006)*, A/61/10.

れ[36]，2011年に国連総会で審議が行われることになっているが，これも同様に考えることができる[37]。

他方で，法典化条約の採択を意図しない草案やガイドライン案がILCによって作成されるようになってきたのもこの時期の特徴である。もともとILC規程は成果物の形式やその法的効果について柔軟な対応を可能とし得るような条項を有していた[38]。これを生かして，最近の「条約の留保」に見られるように[39]，諸国家の行動を法的に義務付けるというより，条約法条約採択以後の国家実行に基づき，実務に資するように一定の方向付けを行うガイドラインのような手段もとられている[40]。現在作業中の主題についても，必ずしも条約化を必須とはしない条文草案がILCで準備される可能性は高いが[41]，それは，主題の性格と内容，そしてそれに対する諸国家や国際社会の反応を考慮して決められることになろう。作業の成果物として条約形式か非条約形式のいずれが選択されるかは抽象的に決定できることではなく，その主題の法典化の必要性やそれに対する国家の態度などを勘案して決められるものだからである[42]。ただ，1990年代までに法典化条約の形成に適した伝統的な国際法の分野の規則につ

---

[36] *Report of the International Law Commission on the work of its sixtieth session (5 May – 6 June and 7 July – 8 August 2008)*, A/63/10.

[37] 仮にこの条文草案が法典化条約に発展したとしても，衡平原則の適用による具体的な事案の個別的処理を内容としている以上，国際水路非航行的利用条約と同様に，諸国が批准をしてまで拘束される意思を有するかどうか疑わしいとする見解として，*see*, J. Rainne, "The Work of the International Law Commission on Shared Natural Resources: The Pursuit of Competence and Relevance", *Nordic JIL*, vol.75 (2006), pp. 337-338.

[38] Y. Daudet, "Actualités de la codification du droit international", *RCADI*, tome 303 (2003), pp.112-113.

[39] *Report of the International Law Commission on the work of its forty-ninth session (12 May-18 July 1997)*, A/52/10, Chapter V, Reservation to Treaties, *YBILC, 1997*, vol.II, pt.2, p.53, para.123.

[40] 「国家の一方的行為」についての作業も，2006年に「法的義務を創設し得る国家の一方的宣言に適用される基本原則案」を採択して完了した。*Report of the Internatinal Law Commission on the work of its fifty-eighth session 2006*, A/61/10, paras.170 *et seq*. この問題の評価については，*see*, Ch. Tomuschat, "Unilateral Acts under International Law", in *Droits et culture. Mélanges en l'honneur du Doyen Yadh Ben Achour* (Centre de Publication Universitaire, 2008), pp.1487-1507.

[41] Ch. Tomuschat, "The International Law Commission – An Outdated Institution?" *German YIL*, vol.49 (2009), pp.100-101.

いてはほぼ法典化が完了されてしまったことから ILC の存在意義が問い直されているという雰囲気が ILC 内に漂っていたことは確かである[43]。作業主題と方法の再構築を通じて、ILC の存在意義の再確認も含め、そうした閉塞状況を打破するために非条約方式の文書も法典化作業の成果物に積極的に組み込んでいく戦術がとられたと言えないことはない。

もちろん、前述のように、1990 年以前においても、条約（宣言）草案は作成されながら結果的に条約（宣言）として採択されなかったものは存在した。その多くは、ILC は条約採択を希望したにもかかわらず、様々な理由から国連加盟国やその意向を考慮した国連総会が条約採択に消極的となったことに起因する。しかし、1990 年以降の作業で特に顕著なのは、「国家責任条文」に代表されるこのような「ソフトな法典化 (soft codification)[44]」を志向する傾向であったことは指摘しておいてよいだろう。

(3) 主題の選択と法典化作業の成果との関係

すでにみたように、これまで ILC が扱ってきた主題は多岐にわたる。1973 年に ILC で検討された新しい主題案では、ラウターパクトが用意したものや当時 ILC がすでに検討を開始していたものも含め、17 の主題が提示された[45]。これは、将来の ILC の作業の地平を広げるとともに、国際社会が現に関係するより現実的な内容を含むものであった。

しかし、いまや ILC だけが現代的な主題やきわめて専門的な領域での法典化に適する機関ではもはやない。そうした状況はすでに 1970 年代から 80 年代にかけてすでに現れており、実際、国連総会は、当時、新しい問題が生じあるいは価値や規範が変動していた海洋法や宇宙法、経済法のような分野については、ILC をバイパスし、国家代表で構成される機関や、より問題の分野についての

---

[42] O. Schachter, "Recent Trends in International Law-Making", *Australian YBIL*, vol. 12 (1988-1989), p.7.

[43] F. Cede, "New Approaches to Law Making in the UN-System", *Austrian Review of International and European Law*, vol. 1 (1996), p.62.

[44] J.E. Alvarez, *International Organizations as Law-Makers* (OUP, 2005), p.383.

[45] Sinclair, *International Law Commission*, p.27. この決定は 1971 年に国連事務総長が準備した文書に基づいて行われた。*Survey of International Law*. A/CN. 4/245. *YBILC, 1971*, vol. II, pt.2, pp.1-2.

専門家が参加する委員会に任務を委託する状況が生じていた[46]。しかし，ILCは，個別分野の技術的専門性については他の専門的な機関に劣るとしても，国際法全般についてはきわめて専門性が高い機関であることは言うまでもなく[47]，こうした点を長所として国際法形成過程に参加することは依然として可能であろう。

上で概観したように，ILCは，さしあたりできる限り条文草案のかたちで議論を行うとともに，法典化の手段が多様であることを前提に自らが扱う様々な主題に適合した形式をその最終成果物として提示する傾向があることが看取できる。つまりILCは，短期的に関係国の利益を調整して権利義務関係を条約化するということだけではなく，むしろ長期的視野に立ち，国際社会全体に望ましい法規則の内容とその醸成に貢献する法典化手段を吟味した上で法典化作業を進める方策を採用しているのである[48]。この点で，そうした方策の実践的な手続きとして，「国家責任条文」や「共有天然資源第１読草案」で採用されたいわゆる「２段階アプローチ」は，今後の法典化作業にも大いに生かされることが期待される[49]。

最終成果物の形式の違いによりいかなる効果が生じたのかは次節の検討に譲るとして，ここでは最後にILCによる法典化の試みが行われた領域についての特徴をまとめておこう。

第１に確認しておきたいのは，法典化条約が実際に作成され実定法化した分

---

[46] Y.Daudet, "Rapport général", in SFDI (éd.), *La codification du droit international. Colloque d'Aix-en-Provence* (Pedone, 1999), pp.137-141; M. Rama Montaldo, "L'exemple des autre organismes des Nations Unies", in *La codification du droit international*, pp.193-206.

[47] V.Lowe, "Presentation", in *The International Law Commission Fifty Years After*, p.127.

[48] Y.Daudet, "Sujets futurs problèmes du processus législatif international", in *The International Law Commission Fifty Years After*, pp.119-120.

[49] このアプローチは，ILCが国連総会に対して，決議に付属させた条文案をテイク・ノートし，その後，条文を条約化するための交渉の会議を招集するかどうかを検討するというもので，条文案の最終的な形式に関する手続的な論争のために条文案の内容が実際の国家実行に移されることが阻害されないようにすることをその目的としている。山田中正「国連国際法委員会第60会期の審議概要」『国際法外交雑誌』第107巻4号（2009年）71頁参照。See also, J.Crawford, *The International Law Commission's Articles on State Responsibility. Introduction, Text and Commentaries* (Cambridge UP,2002), pp.59-60.

〔酒井啓亘〕　第2章　国連国際法委員会による法典化作業の成果

野は，条約法や外交関係法など，主として伝統的に国際関係における国家の行動全般を規律する分野であったということである[50]。その内容については国家間にそれほどの対立は見られず，これは国家間関係の規律自体が個別国家の利益と適合するとともに，国際社会全体の共通利益と調和的であったことがその理由であろう。

　とはいえ第2に，特に1990年代以降，そうした伝統的な国際法以外の分野にもILCの法典化作業の対象が拡大しているということは指摘しておかなければならない。そのもっとも注目すべき分野の1つが国際環境法である。この分野に関連しては，すでに1978年に「国際法によって禁止されていない行為から生じる有害な結果に対する国際責任」に関する作業が開始され，その後，1998年からは「危険な活動から生じる越境損害の防止」と「危険な活動から生じる越境損害による損失の配分」とに分けて作業が続けられて，それぞれ2001年と2006年に作業を完了して草案が作成された[51]。そのほかにも，国際水路非航行利用条約では，国際水路の衡平かつ合理的な利用や重大な危害を与えない義務，データや情報の定期的交換などの国際環境法に関わる実体的手続的原則が規定されており，また「共有天然資源」にかかる「越境帯水層」の問題も広い意味で国際環境法，さらには国際生態系法[52]に関係する。このような問題の法典化作業にILCが関係するということは，こうした法分野が決して専門的技術的な規則ばかりでなく，現代国際法の諸規則や諸原則にも通底する基本的な考え方も反映しているということを表しているとも考えられよう。

　第3に，以上のような法典化領域の拡大が法典化作業を通じての国際法の発展と強化であるとすれば，他方において，同一の領域における国際法規則の

---

[50] "The Achievement of the International Law Commission", in *International Law on the Eve of the Twenty-first Century.* pp. 8-10.
[51] *Draft Articles on Prevention of Transboundary Harm from Hazardous Activities, Report of the International Law Commission on the work of its fifty-third session (23 April – 1 June and 2 July – 10 August 2001),* A/56/10, *YBILC 2001*, vol. II, pt. 2, pp. 146-148; *Draft Principles on the Allocation of Loss in the case of Transboudary Harm arising out of Hazardous Activities, Report of the International Law Commission on the work of its fifty-eighth session 1 May – 9 June and 3 July – 11 August 2006),* A/61/10.
[52] A.M. Solntsev, "Activity of the International Law Commission on the Codification and Progressive Development of International Ecological Law", *Sudebnik*, vol. 11 (2006), pp. 605-615.

「精緻化 (elaboration)」、あるいは国際法規範の「濃密化 (densification)」が積極的に図られているということも重要である。条約法関係では、条約法条約を中心に、すでに採択された国際機構条約法条約や条約の国家承継条約のほか、現在審議中の「条約の留保ガイドライン条項草案」と「武力紛争が条約に及ぼす影響条文草案」、さらにスタディ・グループによる「時間の経過した条約」の研究がこうした条約法規則の精緻化に寄与している。また外交・領事関係法においても、外交関係条約と領事関係条約を中心に、特別使節団に関する条約、普遍的性格の国際機関との関係における国家代表に関する条約、外交官等保護条約、国連国家免除条約のほか、「外交伝書使・外交封印袋の地位に関する条文草案」や現在作業中の「政府高官の外国の刑事裁判権からの免除」がその種の例として挙げられる。こうした現象は、単に法典化条約を並べるだけではなく、条約化には至らない文書を含めて関連規則の整備がなされていると見るべきであり、その意味では法典化の最終成果物が多様化したことも大きく作用していると考えられる。

　以上のようなILCの法典化作業の拡大と深化が、国際法形成過程にいかなる具体的な影響をもたらしたのかを次に見ていきたい。さしあたり法典化の成果物の違いに応じて、すなわち、まずは条約化された文書やその準備文書である条約草案をとりあげ、次にそれ以外の文書を見ていくことにする。

3　法典化作業の成果がもたらした国際法形成過程への影響

(1)　条約形式を通じた国際法の形成

(a)　国際法規範の豊富化と一貫性

　ILCによる法典化作業の最終成果物の多くはいわゆる法典化条約であり、ILCもまたそうした条約の締結に至る準備作業の実施を自らの主たる任務と位置づけてきたことはこれまで見てきたとおりである。ILCは国際社会の基本的なニーズに対応して主題を決定し法典化作業を行うことから、その成果物としての法典化条約も、海洋法関係の条約や外交関係条約、条約法条約など、国際社会の基盤に関わる法規則を含むことが多い[53]。国際法が対象とする分野を横断するような統一的な法規則の作成がこれまで取り上げられ、最終的に成文法

---

(53)　A. Pellet, "Responding to New Needs through Codification and Progressive

として実定法化されたことはILCの最大の功績であろう。

　国際法の法典化作業における最近のILCの貢献の一つは，ICCを設置するローマ規程の採択に向けての準備作業である。ICC規程草案の準備については，ILCが「人類の平和と安全に対する罪に関する法典案」の準備を行っていたところ，1989年に国連総会がそうした犯罪の行為者を処罰する国際的な刑事裁判所の設置問題を扱うようILCに要請したのを受けてILCが1992年に作業部会を設置し，異例のスピードで1994年にはICC規程草案とそのコメンタリーを作成したということがある[54]。1998年にローマで開催された外交会議で採択されたICC規程は，2002年に発効し，いまや日本やドイツを含む114の締約国を数え（2011年1月現在）[55]，国際刑事法分野の主要な実定国際法上の地位を獲得しているほか，裁判所が処罰できる犯罪を明記して個人の刑事責任を追及するなど，主権国家を中心とした従来の国際法秩序に大きな影響を及ぼす重大な内容を携えている[56]。このようなICC規程の内容に深く関わり，同規程上の基本原則や，ICCと国家の刑事裁判権との補完的関係を打ち出したのはILCであった。その意味では，実定国際法規則の形成とその規則の実体面での発展という両面において，ILCは，ICCの設立文書の作成を通じて重要な実践的貢献を行ったと評価できるのである[57]。むしろ，ICC規程草案は，これまでの法典化作業以上に国際法の漸進的発達の側面が強く，ILCは立法者ではなく法典化

Development", in V. Gowlland-Debbas (ed.), *Multilateral Treaty-Making. The Current Status of Challenges to and Reforms Needed in the International Legislative Process* (Nijhoff, 2000), pp.22-23.

[54] *Report of the International Law Commission on the work of its forty-sixth session (2 May – 22 July 1994)*, YBILC 1994, vol.II, pt.2, pp.20-87.

[55] *Multilateral Treaties Deposited with the Secretary-General,* Chapter XVIII, 10. http://treaties.un.org/pages/ViewDetails.aspx?src=TREATY&mtdsg no=XVIII-10&chapter=18&lang=en　(last visited on 31 January 2011)

[56] ICCを含む国際刑事裁判権が従来の国際法秩序との関係で有する意義について，古谷修一「国際刑事裁判権の意義と問題―国際法秩序における革新性と連続性―」村瀬信也・洪恵子共編『国際刑事裁判所 最も重大な国際犯罪を裁く』（東信堂，2008年）33-34頁。なお，ICC規程の革新的な内容が，条約という伝統的な手段で創設されなかったという現段階での国際法秩序との矛盾を指摘するものとして，小和田恒「国際刑事裁判所設立の意義と問題点」『国際法外交雑誌』第98巻5号（1999年）24頁。

[57] R.O'Keefe, "The ILC's Contribution to International Criminal Law", *German YIL*, vol.49 (2007), p.248.

を行うものという見方を大きく逸脱する例外的な例とする見解さえある[58]。

既存の法規範の明確性という観点からは，慣習国際法規則の法典化を目的とする法典化条約が最も適合的であることは言うまでもない。条約というハードな手段であることから，法的安定性という点でも同様である。しかし，法典化条約の採択によってもなお，その規定の具体的適用に際しては解釈を伴わざるを得ないために，すべての規範上の不安定さが払拭されるわけではない。法典化条約の採択は，その時点での慣習国際法規則の明確化に寄与するものの，それを出発点として新たな慣習国際法が国家実行を通じて発展するきっかけとなるからである[59]。

(b) 条約の効力と慣習国際法との関係

法典化条約も条約の一形式である以上，当該条約の当事国のみを拘束することに変わりはなく，条約それ自体が非当事国を拘束することはない。したがって，発効した法典化条約を当事国が援用して自己の主張を正当化したり，逆に関係する他の当事国から問題となる法典化条約の関連規定の遵守を求められたり，あるいは国際司法裁判所（ICJ）などの第三者機関が当事国の関係する紛争その他に対して当該法典化条約の関連規定を適用したりすることは，その法形式からすると，当然のことといえる。ILC の法典化作業は条約という形式を通じて国際社会の行為規範の充実に寄与しているということが言えよう。

他方，法典化条約は，その性質上，慣習国際法の現段階を最大限反映したものであることが期待される[60]。このため，法典化条約に表された慣習国際法規則は，そのようなものとして，当該法典化条約の非当事国をも拘束することになる。たとえば，条約法条約についていえば，ICJ が領土紛争事件（リビア／チャド）判決やオイル・プラットフォーム事件先決的抗弁判決，カシキリ・セドゥドゥ島事件判決において，条約の解釈規則を定めた同条約第 31 条が慣習国際

---

[58] A.Pellet, "Between Codification and Progressive Development of the Law: Some Reflections from the ILC", *International Law FORUM du droit international*, vol. 6 (2004), p.16.

[59] 条約と慣習国際法の関係についての我が国における先駆的業績として，村瀬信也「条約規定の慣習法的効力―慣習国際法の証拠としての条約規定の援用について―」寺沢一・山本草二・波多野里望・筒井若水・大沼保昭編『国際法学の再構築 上』（東京大学出版会，1977 年）3-40 頁。

[60] R.R.Baxter, "Treaties and Customs", *RCADI*, tome 129 (1970-I), p.29.

法規則を表しているとして、いずれも当時は条約法条約の当事国ではなかった諸国が関与した事件に当該規則を適用し[61]、その後も同条約第31条と第32条が慣習国際法規則として広く認められている旨の判断を繰り返し明らかにしている[62]。もちろん、北海大陸棚事件判決での大陸棚条約第6条をめぐる判断にみられるように[63]、ICJは、すべての場合においてILCの作業を通じた法典化条約の法宣言的性質を認めるわけではない[64]。しかし、法典化条約上の規則が慣習国際法規則かどうかを判断する際には、国際法形成過程におけるILCの特別な役割に妥当な考慮を払っているのである[65]。また、こうした慣習国際法規則の適用はICJに限らず、他の国際裁判所においても数多くみられることを付言しておこう[66]。

さらに、条約法条約の非当事国でさえも自国の主張の正当化を目的として条約法条約の関連規則を慣習国際法規則のように援用することもある。たとえば米国は現在も条約法条約の当事国ではないが、1981年に当時の国務省法律顧問が、「米国は、ウィーン条約法条約を批准していないが、慣習国際法の法典化を構成するその規定は一貫して適用する」と述べ、条約解釈に関する第31条及び

---

[61] *Différend territorial (Jamahiriya arabe libyenne / Tchad), arrêt, CIJ Recueil 1994*, pp. 21-22, par. 41; *Plates-formes pétrolières (République islamique d'Iran c. Etats-Unis d'Amérique), exception préliminaire, arrêt, CIJ Recueil 1996*, p. 812, par. 23; *Kasikili/Sedudu Island (Botswana / Namibia), Judgment, ICJ Reports 1999*, p. 1059, para. 18.

[62] *LaGrand (Germany v. United States of America), Judgment, ICJ Reports 2001*, p. 501, para. 99; *Sovereignty over Pulau Ligitan and Pulau Sipadan (Indonesia / Malaysia), Judgment, ICJ Reports 2002*, p. 645, para. 37; *Avena and Other Mexican Nationals (Mexico v. United States of America), Judgment, ICJ Reports 2004*, p. 48, para. 83; *Legal Consequences of the Construction of a Wall in Occupied Palestinian Territory, Advisory Opinion, ICJ Reports 2004*, p. 174, para. 94; *Application of the Convention on the Prevention and Punishment of the Genocide (Bosnia and Herzegovina v. Serbia and Montenegro), Judgment, ICJ Reports 2007*, para. 160.

[63] *North Sea Continental Shelf, Judgment, ICJ. Reports 1969*, p. 38, para. 62.

[64] ICJは、問題となる規則の規範性に関するILCの判断にその判断根拠を求めるのではなく、当該規則の具体的な形成過程や規則形成に関する委員会内における意見分布などを参考にして自ら判断するからである。*Voir*, H. Torrione, *L'influence des conventions de codification sur la coutume en droit international public* (Éditions Universitaires Fribourg Suisse, 1989), p. 257.

[65] A. Boyle & Ch. Chinkin, *The Making of International Law* (OUP, 2007), pp. 203-204.

第32条を含む同条約の多くの規定が慣習国際法を宣言したものであることを認めている[67]。フランスもまた，条約法条約第31条と第32条が慣習国際法規則として自国に適用され得ることを具体的事案の中で主張していた[68]。

慣習国際法規則との関係でいえば，上記と同様の効果は発効済の法典化条約に限られるわけではない。未発効の条約でも，慣習国際法の存在を示す証拠として，国際法の発展に影響を及ぼす場合があるからである[69]。上記の条約法条約の解釈規則は，アイアン・ライン鉄道事件仲裁判決において，同条約の発効前に締結された条約に対しても適用される慣習国際法規則を反映したものであることが確認されているし[70]，古くは英仏大陸棚事件仲裁判決でもまだ発効していない条約法条約の留保の定義が引用されている[71]。そのほか，たとえば未発効の法典化条約に関して触れた国際裁判の一例として，国際水路非航行的利

---

[66] たとえばレインボウ・ウォリアー号事件仲裁判決は，条約法条約第26条，第60条，第70条がそれぞれ慣習国際法を表したものであることを認めている。*Case concerning the Difference between New Zealand and France concerning the Interpretation or Application of Two Agreements, concluded on 9 July 1986 between the Two States and which related to the Problems arising from the Rainbow Warrior Affair*, 30 April 1990, RIAA, vol. XX, p. 251, para. 75. ギニア／ギニア・ビサウ海洋境界画定事件仲裁判決では，条約法条約第31条と第32条の解釈規則が同条約の非当事国である両国に慣習法規則として適用された。*Affaire de la délimitation de la frontier maritime entre la Guinée et la Guinée-Bissau, Sentence du 14 février 1985, RSA*, tome XIX, p. 165, par. 41. 欧州人権裁判所については, *see, Bankovic and other v. Belgium and 16 other NATO Countries*, Decision, 12 December 2001, Application no. 52207/99, Reports 2001-XII, paras. 16-18. また WHO 紛争解決機関については，*US-Gasoline*, WT/DS2/AB/R, 16, *Japan-Alcoholic Beverages II*, WT/DS8, 10, 11/AB/R, 104. ICTY も条約法条約の解釈規則が慣習国際法規則を反映していることを確認している。*Prosecutor v. Delalić, Mucić, Delić and Landžo ("Čelebići Case"), Appeals Chamber Judgment*, 20 February 2001, IT-96-21-A, para. 67. しかし，ICTR は条約解釈規則について明言していない。*Prosecutor v. Akayesu, Trial Chamber Judgment*, 2 September 1998, ICTR-96-4-T, para. 501.

[67] "Contemporary Practice of the United States relating to International Law", *AJIL*, vol. 75 (1981), p. 147.

[68] *Affaire concernant l'apurement des comptes entre le Royaume des Pays-Bas et la République Française en application du Protocole du 25 septembre 1991 additionnel à la Convention relative à la protection du Rhin contre la pollution par les chlorures du 3 décembre 1976, Décision du 12 mars 2004, RSA*, tome XXV, p. 286, par. 43.

[69] Geraldo Eulalio do Nascimento e Silva, "Treaties as Evidence of Customary International Law", in *Le droit international à l'heure de sa codification. Etudes en l'honneur de Roberto Ago*, I, pp. 390-397.

用条約に言及したガブチコヴォ・ナジマロシュ計画事件 ICJ 判決がある[72]。このように現在は発効しているが，発効するまでに慣習国際法規則を有すると認定された法典化条約については他にも例がある[73]。

この点は国内裁判でも同様の現象を確認することができる。たとえば日本の最高裁は，2006 年に制限免除主義へと転換する画期的判決を下したが，その際に，制限免除主義に基づく国家実行の増加のほか，制限免除主義を採用する国連国家免除条約が 2004 年に国連総会で採択されたことを受けて，外国国家による私法的業務管理的行為が法廷地国の民事裁判権から免除される旨の「国際慣習法はもはや存在しない」と述べた[74]。これは，実質的に制限免除主義が慣習国際法として存在しこれを適用したものと解することができようが[75]，その証拠として，未発効で，しかも当時まだ日本が批准していなかった[76]国連国家免除条約が援用されたのである[77]。

(70) *The Iron Rhine ("Ijzeren Rijn") Railway between the Kingdom of Belgium and the Kingdom of the Netherlands, Decision of 24 May 2005, RIAA*, vol.XXVII, p.62, para.45.
(71) *Case concerning the Delimitation of the Continental Shelf between the United Kingdom of Great Britain and Northern Ireland, and the French Republic, Decision of 30 June 1977, RIAA*, vol.XVIII, p.40, para.55.
(72) *ICJ Reports 1997*, p.56, para.85, p.80, para.147.
(73) 1971 年のナミビア事件勧告的意見で ICJ は，条約違反を理由とした条約関係の終了に関する規則が，多くの点で既存の慣習法の法典化であるとした。*Legal Consequences for States of the Continued Presence of South Africa in Namibia (South West Africa) notwithstanding Security Council Resolution 276 (1970), Advisory Opinion, ICJ Reports 1971*, pp.46-47, para.94. また，ギニア／ギニア・ビサウ海洋境界画定事件仲裁判決は，条約の国家承継条約が当時未発効にもかかわらず，その関連規定が慣習国際法規則を表現したものとして一般に扱われていると認めている。*RSA*, tome XIX, p.165, par.40.
(74) 最二小判平 18・7・21 民集 60 巻 6 号 2542 頁。本判決の意義については，水島朋則「主権免除－最高裁 2006 年 7 月 21 日判決までとこれから」『ジュリスト』第 1321 号（2006 年）37-44 頁参照。
(75) 2009 年 4 月 24 日には「外国等に対する我が国の民事裁判権に関する法律」（民事裁判権法）が公布されたが（平成 21 年法律第 24 号），同法の制定は国連国家免除条約が慣習国際法を体現しているということを前提としているとされる。道垣内正人「外国等に対する我が国の民事裁判権」『ジュリスト』第 1387 号（2009 年）60-61 頁。
(76) なお，日本は 2010 年 5 月 11 日に国連国家免除条約の受諾書を国連事務総長に寄託している。*Multilateral Treaties Deposited with the Secretary-General, Chapter III, 13*. http://treaties.un.org/pages/ViewDetails.aspx?src=TREATY&mtdsg no=III-13&chapter=3 &lang=en （last visited on 22 September 2010）.

第 1 部　国際法委員会の軌跡と展望

　以上の事例によると，発効済・未発効のいずれにおいても，法典化条約の関連規定が，条約としての効力ではなく，慣習国際法規則としての効力を有するということが問題となっている。そうだとすれば，重要なのは当該条約を国家が批准するかどうかという形式性というよりも，それに従って実際にほとんどの諸国が行動しているかどうかということであろう。なぜなら，そうした諸国の行動パターンによって当該規則が慣習国際法規則としての地位を獲得しているとの推定が強くなるからである[78]。しかもその際には，そうした国家を法的に拘束する判断を下しうる国際的な裁判所の判断も重要な考慮要素となろう[79]。

　(c)　その後の法典化作業への影響

　法的効果というよりも実際上の効果として，法典化条約がその後の同分野における法典化作業の促進に影響を与える場合もある[80]。

　ILC による作業に直接影響を与えた法典化条約としては条約法条約が挙げられる。この条約の条文を実質的な基礎として，いわゆる「パラレリズム方式」という作業手法により国際機構条約法条約草案が ILC で準備され，最終的に

---

[77]　そのほかにも，たとえばスイス連邦裁判所は，フィリピンのマルコス元大統領夫妻の裁判権免除を否定する際に 1986 年 ILC 国家免除暫定第一読草案を援用している。*Marcos and Marcos v. Federal Department of Police, Switzerland Federal Tribunal, 2 November 1989, ILR*, vol.102, pp.202-203.

[78]　L.B.Sohn, "Unratified Treaties as a Source of Customary International Law", in A. Bos & H. Siblesz（eds.）, *Realism in Law-Making. Essays on International Law in honour of Willem Riphagen*（Nijhoff, 1986）, pp.245-246.

[79]　たとえば，非条約形式の文書に関する例ではあるが，「国際組織の責任条文草案」第 5 条と真っ向から対立する判断を下した欧州人権裁判所の立場をどのように理解するかは，その後の国家実行との関連で注目に値する。*Behrami and Behrami v. France, Saramati v. France, Germany and Norway*, App.Nos.71412/01 & 78166/01, Grand Chamber, Decision, 2 May 2007. See also, M.Milanović & T.Papić, "As Bad as It Gets: The European Court of Human Rights's *Behrami and Saramati* Decision and General International Law", *ICLQ*, vol.58（2009）, pp.267-296.

[80]　たとえばジュネーヴ海洋法 4 条約は ILC の作業を経て外交会議で採択された法典化条約だが，海賊関連規定や無害通航権規定のように，これら条約の規定が基礎となって，後の国連海洋法条約にその発展した規定が盛り込まれた場合もあることは確認しておいてよいだろう。むろん，国連海洋法条約は ILC を通さず，直接，主として国家間の外交会議で採択に至った文書であり，その内容も，海洋法秩序の再編成を目的として，排他的経済水域制度や深海底制度の導入など革新的な側面があることは言うまでもない。なお，ジュネーブ 4 条約の採択から国連海洋法条約の署名までの経緯と，その意義については，高林秀雄『国連海洋法条約の成果と課題』（東信堂，1996 年），7-24 頁参照。

1986 年にやはりウィーンでの外交会議で国際機構条約法条約が採択されたからである[81]。現在作業が進行中の「条約の留保」は条約法条約の関連条文を出発点として留保制度をより明確化しかつ現代の実行に適合した内容を与えていく作業であり，これもまた条約法条約の存在がこの作業の開始に大きな影響を与えたと言えるだろう[82]。同様に現在作業中である「武力紛争の条約に及ぼす影響」や 2008 年に作業部会で検討が開始されたばかりの「時間を経過した条約」に関する研究もまた[83]，広い意味での「条約法」の体系化の一環として位置づけられ，その中心にはやはり条約法条約が存在しているということができる[84]。外交関係条約との関連では「外交伝書使・外交封印袋の地位に関する条文草案」を作成した作業もこうしたカテゴリーに入るであろう[85]。こうした手法は，前述した国際法規範の「濃密化」を実現する上で非常に重要な実践としてとらえることができ，同種の領域における ILC の法典化作業の促進は国際法規則の「精緻化」に大きく寄与することになるのである。

(2) 非条約文書を通じた国際法形成過程への ILC の参加
(a) 一般国際法規則の存在証明とその内容の明確化

非条約形式の成果物であっても，未批准条約の場合と同様に，その内容が慣習国際法規則を表すようになることなどにより，国家実行に影響を与え，国際

---

[81] 条約法条約と国際機構条約法条約との「パラレリズム」については，拙稿「条約当事者としての国際機構（一）（二・完）—二つのウィーン条約の「パラレリズム」からみた地位—」『法学論叢』第 128 巻 3 号（1990 年）30-50 頁，第 129 巻 3 号（1991 年）85-107 頁参照。

[82] *First Report on the Law and Practice relating to Reservations to Treaties*, A/CN. 4 /470, *YBILC 1995*, vol.II, pt.1, p.141, para.94.

[83] *Report of the International Law Commission on the work of its fifty-seventh session (2 May – 3 June and 11 July – 5 August 2005)*, A/60/10, para.122; *Report of the International Law Commission on the work of its sixty-first session (4 May – 5 June and 6 July – 7 August 2009)*, A/64/10, para.221.

[84] 条約に関連する規則ということでいえば，条約の国家承継条約もここに含めることができよう。O.Dörr, "Codifying and Developing Meta-Rules: The ILC and the Law of Treaties", *German YIL*, vol.49 (2007), pp.158-163.

[85] Sir Ian Sinclair, "The Impact of the Unratified Codification Convention", in Bos & Siblesz (eds.), *Realism in Law-Making. Essays on International Law in honour of Willem Riphagen*, p.224.

第1部　国際法委員会の軌跡と展望

法規則の存在の証拠として法形成過程に寄与し得る[86]。その典型例は、いうまでもなく、2001年に国連総会で採択された「国家責任条文」である。

　この「国家責任条文」の具体的な条文が慣習国際法規則の存在を証明するために国際裁判で援用された例は、2001年採択前の「ILC国家責任条文草案」を含め、枚挙にいとまがない。ICJの最近の判例では、ガブチコヴォ・ナジマロシュ計画事件、ラグラン事件、逮捕状事件、アヴェナ他メキシコ国民事件、パレスチナの壁事件などで「国家責任条文（草案）」の関連規定の影響がみられるが[87]、「国家責任条文」における行為の国家への帰属に関連する規定のうち、第4条、第8条、そして国際違法行為の実行への支援に関する第16条が慣習国際法規則を反映した規定であるとした2007年のジェノサイド条約適用事件本案判決がとりわけ重要である[88]。さらに、仲裁では、レインボウ・ウォリアー号事件判決が「1980年ILC国家責任条文草案」の違法性阻却事由に関する規定（第29-35条）、その中でも特に不可抗力（第31条）、遭難（第32条）、緊急状態（第33条）を詳しく検討し、具体的事案への適用を考慮している[89]。そのほか、投資仲裁、欧州人権裁判所などの判例においても頻繁に援用されている[90]。このよ

---

[86] Ph.Cahier, "Rapport général", in *La codification du droit international*, p.264.

[87] Ch.Yamada, "Revisiting the International Law Commission's Draft Articles on State Responsibility", in M.Ragazzi （ed.）, *International Responsibility Today. Essays in Memory of Oscar Schachter* （Brill, 2005）, p.118.

[88] *ICJ Reports 2007*, paras.385, 398, 420.

[89] *RIAA*, vol.XX, pp.252-255, paras.76-79.

[90] たとえば、対抗措置に関する第22条が慣習国際法規則であると判断したNAFTA仲裁について、see, *Archer Daniels Midland Company and Tate & Lyle Ingredients Americas, Inc. v. United Mexican States* （ICSID Case No.ARB（AF）/04/05）, Award of 21 November 2007, paras.124-125; *Corn Products International Inc. v. United Mexican States, Decision on Responsibility* （ICSID Case No.ARB（AF）/04/01）, Award of 15 January 2008, para.145; *Cargill inc. v. United Mexican States*, Award （ICSID Case No.ARB（AF）/05/02）, Award of 18 September 2009, paras.420-430. また投資法の分野ではあるが、緊急避難に関する第25条を慣習国際法規則と認めたICSID仲裁廷の判断として、see, *CMS Gas Transmission Company v. Argentina Republic*, （ICSID Case No.ARB/01/08）, Award of 12 May 2005, para.315; *LG&E EnergyCorp, LG&E Capital Corp, LG&E International Inc. Argentina Republic* （ICSID Case No.ARB/02/1）, Decision on Liability of 3 October 2006, para.258; *Continental Casualty Company v. The Argentine Republic*, Award （ICSID Case No.ARB/03/9） Award of 5 September 2008, para.168.

〔酒井啓亘〕　　第2章　国連国際法委員会による法典化作業の成果

うに,「国家責任条文」は,非条約形式でありながら,あるいは非条約形式であるがゆえに[91],国際判例や国家実行を通じて国家責任法の一般法規則形成に大きな貢献を果たしているのである。

　「国家責任条文」のほかには,2006年にILCで採択され国連総会によりテイク・ノートされた「外交的保護に関する条文」も,外交的保護の定義を定めるその第1条がアーマドゥ・サディオ・ディアロ事件ICJ先決的抗弁判決で慣習国際法を反映していると確認されており[92],さらには当時ILCで審議されていた「国際組織の責任条文草案」も欧州人権裁判所で参照されるなど[93],こうした文書は条約化されていない段階においても国際裁判の判決形成や慣習国際法の明確化に影響を与えているのである[94]。さらに,「条約の留保」に関する作業も,より詳細な国家実行等のガイドラインという形式で国際法の一般規則の内容を整理しその明確化に寄与していると言えるであろう[95]。そのほか,「国家の権利義務憲章」の条文草案が友好関係原則宣言の内容に影響を与えたように[96], ILC条文草案が後の国連総会決議の形成に導く場合があり,これもまたILCによる非条約形式の成果物が,間接的にせよ,慣習国際法の明確化に道を

---

(91)　「国家責任条文」を条約形式とすることに消極的な意見として, *voir*, A. Pellet, "The ILC's Articles on State Responsibility for Internationally Wrongful Acts and Related Texts", in *The Law of International Responsibility*, p. 87; H. P. Aust, "The Normative Environment for Peace – On the Contribution of the ILC's Articles on State Responsibility", in G. Nolte (ed.), *Peace through International Law. The Role of the International Law Commission* (Springer, 2009), p. 44. *Voir aussi*, Ch. Dominicé, "Exposé", in *The International Law Commission Fifty Years After*, pp. 31-32; Débat, *ibid.*, p. 53 (L. Ferrari Bravo).

(92)　*Ahmadou Sadio Diallo (République de Guinée c. République démocratique du Congo), Exceptions preliminaries, 24 mai 2007, arrêt, CIJ Recueil 2007*, par. 39.

(93)　*Behrami and Behrami v. France and Saramati v. France, Germany and Norway*, Grand Chamber Decision as to the Admissibility, 2 May 2007, paras. 29-33, 121.

(94)　そのほか, ICTYでは,「人類の平和と安全に対する罪に関する法典案」が特定の事項につき,慣習国際法規則の証拠とみなされたり,あるいは慣習国際法の内容を明確にしうる手段として確認されている。*Prosecutor v. Furundžija*, Trial Chamber Judgment, 10 December 1998, IT-95-17/1-T, para. 227.

(95)　O. Corten et P. Klein (dirs.), *Les Conventions de Vienne sur le droit des traités. Commentaire article par article, I* (Bruylant, 2006), p. 645.

(96)　Sir Arthur Watts, *The International Law Commission 1949-1998, Volume III: Final Draft Articles not yet having resulted in the Conclusion of a Treaty and Reports Other Than Final Draft Articles* (OUP, 1999), p. 1646.

開く可能性を示している。

　また見落とされがちではあるが，ILC が作成した条約草案に付随するコメンタリーも慣習国際法規則の存在確認にとって重要な役割を演じている。ICJ はニカラグア事件本案判決において，武力行使禁止原則が慣習国際法規則であることを確認するために，条約法条約に関する ILC のコメンタリーを援用し[97]，またガブチコヴォ・ナジマロシュ計画事件判決では条約の国家承継条約第 12 条が慣習国際法であることを確認する際，ILC が採択した同条約のコメンタリーに大きく依拠した[98]。こうしたコメンタリーは，条約の準備作業の一部となると考えられるが，これを通じて一般国際法規則の明確化に寄与することになるのである[99]。また ILC の準備作業についてではあるが，逆に，北海大陸棚事件判決のように，問題となった条約規定が慣習国際法化していないことを確認するために ILC での議論が利用されるということもある[100]。

(b)　国際法の漸進的発達への触媒的効果

　狭義の「法典化」と国際法の漸進的発達が明確には分離できない以上，法典化作業の成果物には何らかのかたちで *lex ferenda* が入り込まざるを得ない。それは法典化条約の場合でも同様だが，「法典化」にまだ熟していない主題を扱う作業とその成果物，あるいはその過程で出現する主張には，さらに国際法の漸進的発達へと導く議論の色彩が濃く反映され，これがその後の国際法形成過程に影響を及ぼし得ると考えられることもある。たとえば条約法条約に導入された強行規範概念は，条約採択当時，明らかに *lex ferenda* であったが，最近の

---

[97]　*ICJ Reports 1986*, p.100, para.190.

[98]　*ICJ Reports 1997*, p.72, para.123. カシキリ・セドゥドゥ島事件判決でも条約法条約の解釈規則に関連して，ILC のコメンタリーが参照された。*ICJ Report 1999*, p.1075, para.49. また最近では黒海海洋境界画定事件判決でも 1958 年ジュネーヴ領海条約の草案に付された ILC のコメンタリーへの言及がある。*Délimitation maritime en mer Noire (Roumanie c. Ukraine), arrêt, CIJ Recueil 2009*, pp.106-107, par.134. ICTY では ICC 規程草案に関する ILC のコメンタリーが参照されている。*Prosecutor v. Furundžija*, paras.229-231.

[99]　ILC コメンタリーの性格について，*Voir,* Corten et Klein, (dir.), *Les Conventions de Vienne sur le droit des traités*, pp.1355-1356. なお，ロゼンヌは，コメンタリーの重要性から，条約を採択する会議では事務局がコメンタリーを用意する規則を設けるべきだと主張する。S. Rosenne, "Codification Revisited After 50 Years", *Max Planck UNYB*, vol.2 (1998), pp.13-15.

[100]　*North Sea Continental Shelf, Judgment, ICJ Reports 1969*, p.39, para.62.

ICJ の判例でその存在が確認されるにいたった[101]。また，「国家責任条文」でいえば，その一つが第2部第3章に規定された一般国際法の強行規範に基づく義務の重大な違反に関する国家責任制度であるが，これは，ILC が「国家の国際犯罪」概念を，一時期ではあるが，導入したことをきっかけとしたものであったことはよく知られている[102]。「外交的保護に関する条文」では lex ferenda であるとして最終的に除外されたが，伝統的に国家の権利とされてきた外交的保護の発動を一定の場合に国家の義務としようとした特別報告者の提案も，人権保護を促進する現代国際法の動向を考慮に入れたものと考えられよう。その後の ICJ の判例では外交的保護と人権の関係を肯定する指摘もみられるからである[103]。

ただ，ILC は，こうした効果を有するような作業結果を出すことを考慮して，今一度，国際法の漸進的発達と狭義の「法典化」とを区別する努力を行うことが重要であろう。繰り返しになるが，確かに現実の作業の中で両者を明確に切り分けることは困難なことが多いかもしれない。しかし，個別の規則の検討において，それが狭義の「法典化」を対象にしたものか，国際法の漸進的発達を意図したものかを認識することは必要であり，また不可欠でもあるからである[104]。

---

[101] *Activités armées sur le territoire du Congo (Nouvelle requête: 2002) (République démocratique du Congo c. Rwanda), compétence et recevabilité, arrêt, CIJ Recueil 2006*, p.32, par.64.

[102] 1980年の ILC 第1読草案第19条に入れられていた「国家の国際犯罪」概念は，特別報告者クロフォードの提案により最終的に削除された。その経緯については，拙稿「国連国際法委員会における「国家の国際犯罪」概念の取扱いについて―クロフォード第一報告書をめぐる議論を中心に―」『国際協力論集』（神戸大学）第7巻1号（1999年）143-163頁参照。特別報告者がこうした「重大な違反」を導入したのは，「国家の国際犯罪」概念を削除したことに対する妥協の意味もあったのである。J. Crawford, "International Crimes of States", in *The Law of International Responsibility*, pp. 409-410.

[103] *First Report on Diplomatic Protection*, A/CN. 4/506. See, J. Dugard, "Diplomatic Protection and Human Rights: The Draft Articles of the International Law Commission", *Australia YBIL*, vol.24 (2005), pp.79-83. *Voir, CIJ Recueil 2007*, par.39.

[104] G. Hafner, "The International Law Commission and the Future Codification of International Law", *ILSA J. Int'l & Comp. L.*, vol.2 (1996), p.673.

(c) その後の法典化作業への影響

条約形式の成果物と同様に，後のILCの法典化作業に非条約形式の成果物が影響を与えることは十分ありうる。たとえば「人類の平和と安全に対する罪に関する法典案」の延長線上にICCローマ規程が採択されたことはその歴史的経緯から明らかであろう[105]。また，「国家責任条文」もその後のILCの作業に影響を与えてきた。作業の主題として外交的保護が選択されたのは，明らかに，国家責任の一般法である「国家責任条文」，特にその第44条を補完する目的であったし[106]，「国際組織の責任条文草案」に至っては，条約法条約と国際機構条約法条約の関係と同様に，「国家責任条文」とのパラレリズムができる限り維持されているからである[107]。見方を変えると，ある特定の法分野の規則を明確にし規範を「濃密化」するために，さらなる法典化作業が求められることを意味している。

これは，ILCが少なくともその審議段階では条約の採択を目的として条約草案を準備するという実践的な側面が反映していることを表していよう。最終的に条約として採択されるか，「条文（草案）」という一種の「ソフト・ロー」にとどまるかは政治的判断にゆだねられるが，主題の選択やその作業手法について一定の範囲でILCのイニシアチブが認められる以上，条約草案の作成がまずは試みられ，その際に，関連する法典化作業の内容や手法が参照される。この点は，先行する法典化作業の成果物が条約化されていない条約草案の場合でも同様なのである。

(d) 国際法規則体系に対する視座の提供

ILCの法典化作業が，国際法規則の具体的な形成や法典化作業そのものの手法を超えて，広く理論的観点から国際法体系へのアプローチに関する方法論に影響を与えることも考えられないわけではない。いわゆる「国際法の分断化」に関する報告書が2006年に提出され，同年の国連総会でテイク・ノートされた

---

[105] Sir Arthur Watt, *The International Law Commission 1949-1998, Volume II: The Treaties, Part II* (OUP, 1999), pp.1449-1450.

[106] *Report of the International Law Commission of the work of its fifty-eighth session*, A/61/10, para.50 (2).

[107] 「国家責任条文」とのパラレリズムという方法論の問題点については，植木俊哉「国連国際法委員会による「国際組織の責任」に関する条文草案の批判的考察」『法学』第73巻6号（2010年）77-79頁参照。

が，これは個別の法制度のもとで関連国際法規則が発展し，その結果，全体としてみた場合に国際法が「分断化された」状況を描写するとともに，それに対する可能な処方箋の提示を試みるものであった[108]。あるいは，一般国際法規則への視座ということでいえば，よく言われるように，「国家責任条文」がいわゆる一次規則と二次規則を区別し，二次規則に特化した法典化作業を実施したということがその方法論上の最も大きな特徴の一つであるが，こうした一次規則と二次規則の区別もまた，国際法全般に対する視角として適当かどうかにつき理論的な議論を喚起していることは否定できない[109]。もとよりこのような研究がILCの目指す法典化のカテゴリーに含まれるかどうかは，たとえば「国際法の分断化」といった主題が法典化作業の一環としてILCで取り上げられる必然性は必ずしもないように[110]，きわめて微妙ではあろう。

(3) 法典化作業における法規範の法的安定性と柔軟性

ILCの成果物が国際法形成過程に及ぼす影響は，その成果物の形式に応じて違いが生じる部分と，影響の内容としては共通するところの両側面がある。実定国際法として法的拘束力を有する条約形式特有の影響は，まさに条約として効力を有することによる国際法規範の形成であり，この点は非条約形式の成果物には望むべくもないものである。しかし他方，慣習国際法の存在の証拠としての役割や国際法の漸進的発達への寄与といった法的効果を有する作用のほか，ある特定の領域における法典化作業の実施に関する実際上の影響については，

---

[108] *Fragmentation of International Law: Difficulties Arising from the Diversification and Expansion of International Law. Report of the Study Group of the International Law Commission. Finalized by Martti Koskenniemi*, A/CN.4/L/682; A/CN.4/L.682/Add.1.

[109] もちろんILCがそうした方法論を採用したのは，なによりも国家責任法の法典化の実現のためであり，その観点からいえば一次規則と二次規則の区別は成功であったと言えるが，他方，ILC自身が国家責任法の法典化に際してこの両者の区別を忠実に維持してきたかといえばその答えは否である。*See*, E. David, "Primary and Secondary Rules", in *The Law of International Responsibility*, pp.29-33. もっとも，現実にはILCの成果全般も一次規則と二次規則に区別することができ，後者の法典化がより成功しているとの評価もある。*See*, Y. Chen, "Structural Limitations and Possible Future of the Work of the International Law Commission", *Chinese JIL*, vol.9 (2010), pp.480-481.

[110] ILC内部からも，その作業に重要な意義は見出しつつも，国際法の法典化そのものではないとの意見がある。X. Hanqin, "Fragmented Law or Fragmented Order?", *Finnish YIL*, vol.XVII (2006), p.55.

条約形式・非条約形式のいかんを問わず，ILC の実行から確認できるものでもある。その意味において，ILC の成果物はいずれも国際法形成過程に何らかの影響を与える可能性を有している。ただし，条約形式の最終成果物は，発効要件を充足する限りでそれ自体が実定国際法としての効力を有することから，いわゆる形式的法源の分類を前提とすれば，その点での他の成果物との違いはそれでもなお決定的である。

　こうした法典化条約の最大の長所は，不文法たる慣習国際法規則が成文化することで，それが有する不明確さを除去し，代わって法的安定性を確保して法の適用・解釈を容易にすることにある[111]。しかし，法典化作業の最終段階として法宣言的な条約が締結され問題の国際法規則が明確となり，ひいてはこの条約を諸国が受諾する時から，実はすでに慣習国際法規則の変容過程は開始されていると言わなければならない[112]。慣習国際法の法典化をめざす条約は，それ自体が，その採択前の審議内容や採択という事実，さらには採択後の関係者の実行を通じて国際法形成過程に投げ込まれる。国家の動向や国際社会の変化に直面して，法典化を通じて一貫性を備えたはずの法規範も柔軟に対応することが必要とされるからである。

　その際，こうした法典化条約と慣習国際法の動的な関係を視野に入れるならば[113]，ILC が準備した条文草案が条約として採択されるかどうかはその政治過程の最終的な決定に委ね，ILC としては条文草案の実質につき最善を尽くすということがまずは重要であろう。それが法典化条約として採択されれば，将来の実定国際法規則の形成に対する重大な貢献となるし，法典化条約に至らなくても，条文草案やコメンタリーなどの準備作業の文書が慣習国際法の新たな展開に大きく寄与することになる。また主題によっては，条文草案ではなく，基本的な原則案を作成し提案することも考えられることから，こうした柔軟な対

---

[111] これは特に狭義の法典化についてあてはまる。Voir, Y.Daudet, "À l'occasion d'un cinquantenaire, quelques questions sur la codification du droit international", *RGDIP*, tome 102 (1998), p.600.

[112] R.R.Baxter, "Multilateral Treaties as Evidence of Customary International Law", *BYBIL*, vol.XLI (1965-66), p.299.

[113] G. Abi-Saab, "La Commission du droit international, La codification et le processus de formation de droit international", in *Making Better International Law*, p. 193.

応はILCにとっても有益なのではなかろうか[114]。法規範性の実質における法的安定性と柔軟性との間の緊張関係は，このように法典化作業のアプローチにも反映することになるのである。そうした観点からすると，ILCの主要な目的である条約草案の完成を視野に入れて審議を続けつつ，その最終成果物の形態については国家や国際社会の意向を受けて後の段階で決定しようとする「2段階アプローチ」は，条約規則としての法的安定性と一貫性の可能性を最大限に生かしながら，実定法化に至るまでのプロセスにおいて慣習国際法形成にILCの作業を極力反映させるという点で，有用性に富む実践的な手法であると考えられる。法典化作業が条約化の段階までたどり着けるかどうかは，結局のところ，当該主題に対してどれほど多くの国家が関心を寄せ，しかもその条約草案が内包する原則や規範内容について大方の支持が得られるかどうかにかかっているからであり，また，そうした条件が満たされないとすれば，ILCが用意した文書等を通じて，あらためて慣習国際法形成プロセスに当該主題を委ねることにならざるを得ないからである。

4 おわりに

　ILCは国際社会における立法機関ではない。国際法の法典化は国連総会の任務であり，ILCはあくまでもその国連総会の補助機関であって，それゆえに国連を構成する加盟国の意向を十分配慮する必要がある[115]。

　もちろんILCが行っている法典化作業は法典化条約（草案）を作成するだけの技術的な側面だけに限られない。むしろ，条約化されなかった文書，文書作成過程での議論，文書に付随するコメンタリーなどを通じて，ILCの見解が国際社会に発信され，それが国際法形成過程に投影され，新たな国際法の形成へとつながるという動的なプロセスの一部と考えるべきであろう[116]。法典化とは法典化条約の採択という一回限りの作業ではなく，むしろ法典化作業を担う機関が提出する文書の性格と内容，それに対して潜在的な名宛人となる国家の

---

(114) F. Orrego Vicuña, "Complexities in Contemporary International Law-Making: Challenges for the International Law Commission", in *Making Better International Law*, p.229.

(115) Ch. Yamada, "Comment: The ILC's Contribution to Peaceful Sharing of Transboundary Groundwater", in *Peace through International Law*, pp.173-175.

応答という一連のプロセスにおける絶え間ない対話で構成されるものだからである[117]。したがって，ILC 自身が認めるように，その活動が主として慣習法形成過程に統合される際に重要なのは国家との対話であり，そうした対話の主要な場である第六委員会との関係がその成功のカギとされる[118]。政治過程を代表する国連総会とその第六委員会や諸国の実行がどのように関与するのかは，法典化作業の手法を検討する中で種々議論されてきたが，特に ILC の今後の活動を発展させていく上で重要視されたのが，ILC と国連総会第六委員会の関係という問題であったのは理由のないことではない[119]。

もともと ILC は 2 つの条件の下に設立された。1 つは，国際法の漸進的発達と狭義の「法典化」の区別であり，もう 1 つは，ILC が世界の主要法系を代表する個人資格の国際法専門家により構成された非政治的機関であるということから，政治的機関である国連総会第六委員会との区別である。これらはいずれも，法と非法・政治を明確に区別しうるということを前提としたものであった。しかし，こうした 2 つの条件は必ずしも常に成立するわけではない。すでに述べたように，ILC の法典化作業における国際法の漸進的発達と狭義の「法典化」の区別は，ILC 自身が作業開始の比較的早い段階から認識したところであり，法典化条約でも両者が泰然と分けられて規定が盛り込まれているわけではない。また，個人資格により構成される ILC もその委員の言動は多分に出身国の影響や国際政治の影響を受けているとの見解があるほか[120]，国連総会第六委員会の

---

(116) A. Yankov, "Strengthening the Process of Codification and Development of International Law: The Evolving Functions of the International Law Commission and Increasing the Commitments of States", in *Proceedings of the United Nations Congress on Public International Law*, pp.230-240, see also, "his reply", ibid., pp.245-246.

(117) V.F.Cede, "Das künftige Arbeitsprogramm der ILC", in K.Ginther, G.Hafner, W. Lang, H.Neuhold. L.Sucharipa-Behrmann (hrsg.), *Völkerrecht zwischen normativen Anspruch und politischer Realität. Festschrift für Karl Zemanek zum 65. Geburtstag* (Duncker & Humblot, 1994), S.43.

(118) "Achievement of the International Law Commission", in *International Law on the Eve of the Twenty-first Century*, p.17.

(119) Owada, "The International Law Commission and the Process of Law-Formation", in *Making Better International Law*, p.178; A.Mahiou, "Exposé", in *The International Law Commission Fifty Years After*, p.11.

(120) ILC 委員の行動を統計的に調査・分析し，ILC も国際政治の影響を受けていることを主張した研究として，see, J.S.Morton, *The International Law Commission of the United*

[酒井啓亘]　　第2章　国連国際法委員会による法典化作業の成果

政府代表を兼ねる ILC 委員も存在することを考えると[121]、ILC は非政治的な専門家の機関、総会第六委員会は政府代表からなる政治的機関という二分法がどれだけ通用するかが問題となろう。そもそも法と非法を厳格に区別して限られた役割を ILC に求めるという発想自体が難しいのかもしれない。

ただ、これらは ILC の将来の作業にとって決して否定的な要素となるものではないこともまた確かである。国際法の漸進的発達と狭義の「法典化」の区別の希薄化は、成果物の形態如何も含め、ILC の法典化作業に柔軟性を与える契機を提供したものと捉えられるだろう。国家責任や主権免除のような伝統的な主題でさえ、国際法の漸進的発達を考慮することなしにはいずれも法典化はされえなかったはずである[122]。また、既存の国際法規則の再述のみならず国際法の漸進的発達をより重視するのであれば、現実の国際政治環境を視野に入れることが求められるため、ILC 自身による政治過程への関与は必要不可欠であることから、ILC と国連総会第六委員会との緊密な連携はむしろ望ましいともいえよう。そして、こうした視点は、すでに ILC の現状における問題を議論する中で想起されてきたところであり、ILC の改革を進める方向と一致するものでもある[123]。

ILC が生産する様々な文書が、それぞれの特質やその存在状況に応じて、実質的に国際法形成過程に影響を与え得るのだとすれば、最終的に生成される成果物は必ずしも条約にこだわる必要はない。主題をめぐり与えられた条件に応じて、その都度、適切な形式が求められるということになろう[124]。その意味に

Nations (University of South Carolina Press, 2000), pp.83-92.

[121] この点については、*see*, Sir Franklin Berman, "The ILC within the UN's Legal Framework: Its Relationship with the Six Committee", *German YIL*, vol.49 (2007), pp.110-112.

[122] B. Graefrath, "The International Law Commission Tommorow: Improving its Organization and Methods of Work", *AJIL*, vol.85 (1991), pp.599-600.

[123] むしろ ILC が有する正統性の淵源の一つが世界の主要法系を代表する国際法専門家からなるという事実であれば、その人員構成や出身地域の文化的多様性を尊重する作業手法の維持が重要となろう。こうした観点から現在の ILC を批判した見解として、*see*, S. Sucharitkul, "Legal Multiculturalism and the International Law Commission", in S. Yee & J.-Y. Morin (eds.), *Multiculturalism and International Law. Essays in honour of Edward McWhinney* (Brill, 2009), pp.301-314.

[124] Ch. Tomuschat, "L' exemple de la Commission du droit international", in *La codification du droit international*, pp.189-190.

おいて，ILC は依然として国際法の実質的な発展に貢献し続けるであろうし[125]，国際法形成過程において主要なアクターとして活動していく意義が認められるのである。

---

[125] Sir Arthur Watts, *The International Law Commission 1949–1998, Volume I: The Treaties, Part I*, (OUP, 1999), p.20.

第3章　国連国際法委員会と国際司法裁判所

河野真理子

1 はじめに
2 国家責任条文における国際違法行為の認定メカニズムとICJの判決
3 国家責任条文の個々の論点とICJ判決
4 ILCとICJの人的交流
5 国家責任条文とICJの裁判手続
6 おわりに

1　はじめに

　国連国際法委員会（ILC）は憲章13条1項(a)に基く総会の任務を果たすために設立された委員会である。国際司法裁判所（ICJ）は，憲章7条と第14章に基づく裁判所である。こうした機能に関して，両者はそれぞれ別の役割を果たしている。しかし，ILCが慣習国際法の内容を検討する際，ICJの判決が重要な資料となっていることは否定できない。また，ICJでは，当事者が慣習国際法の論証の根拠の一つとして，ILCの作業に触れることもしばしばであり，これを受けて，ICJ自身が個別の事件に適用すべき規則を決定する場合，ILCの作業に言及することも多くみられる。特に，1980年代以降の判決ではILCの作業の影響が大きくなっているように思われる。そして，ILCとICJは相互に影響を与えあっていることが，慣習国際法の明確化に寄与しているのではないだろうか。この章ではILCとICJの相互の関係を，国家責任条文草案およびコメンタリーとICJの判決等の関係，およびこれらの機関の間の人的交流の2つの側面から検討することを目的とする。

第 1 部　国際法委員会の軌跡と展望

2　国家責任条文における国際違法行為の認定メカニズムと ICJ の判決

(1)　ILC の作成した条約と ICJ 判決

ILC が作成した条約は様々な ICJ 判決で引用されている。ここではその例のいくつかを挙げておきたい。

まず、外交関係条約や領事関係条約の諸規定が引用されたた判決を挙げることができる。米国大使館員等人質事件では、紛争の主題が外交関係条約、領事関係条約の諸規定の違反に関するものであった[1]。また、米国の領事関係条約第 36 条の領事通報義務の違反は、3 つの事件で論じられた[2]。外交関係条約や領事関係条約は、その違反そのものが紛争主題ではない事件でもしばしば引用されている。外務大臣に対する逮捕状の発給と回覧が論点となった逮捕状事件では、当事者が外交関係条約と領事関係条約を引用した[3]。アーマドゥ・サディオ・ディアロ事件では、ギニア国民の逮捕、拘留、強制退去措置の違法性が主張されており、本案に関する申立ではその根拠の一つとして領事関係条約第 36 条 1 項(b)が引用されている[4]。2010 年の判決で、1995 年と 1996 年の彼の逮捕時の状況について、この主張が認められた[5]。

条約法条約の諸規定もしばしば引用されている。ニカラグア事件では、武力行使禁止原則の強行規範としての性格についての検討で、条約法条約のコメンタリーが引用されている[6]。カメルーン対ナイジェリア事件では、両国間の海

---

[1] *I. C. J. Reports 1980*, pp. 30-37, paras. 62-79, pp. 38-43 and paras. 84-92.

[2] ウィーン領事関係条約（*I. C. J. Reports 1998*, p.248）、ラグラン事件（*I. C. J. Reports 2001*, p.466）、アヴェナ他メキシコ国民事件（*I. C. J. Reports 2004*, p.12）は、管轄権の根拠を含め、法的論点のすべてが、領事関係条約第 36 条に関わるものである。

[3] 外交関係条約については、コンゴが請求訴状の中で、第 41 条 2 項の違反に言及した（*I. C. J. Reports 2002*, p. 6, para.1, and p. 10, para. 17）。これに対し、裁判所は、当事者が言及した外交関係条約や領事関係条約は、外務大臣の免除についての規定を置いていないと述べ、慣習国際法における規則に基づく判断をする立場をとった（*ibid*., p. 21 para. 5）。

[4] 2007 年の先決的抗弁判決では領事関係条約に関するギニアの申立は、先決的抗弁との関係でのみ取り上げられた（*Armadou Sadio Diallo, Judgment of 2007*, paras. 11, 17, 29, and 45）。

[5] *Armadou Sadio Diallo, Judgment of 2010*, paras. 90-97.

[6] *I. C. J. Reports 1986*, pp. 100-101, para. 190.

〔河野真理子〕　　第3章　国連国際法委員会と国際司法裁判所

洋境界画定についてのマルーア宣言（1975年）の有効性について両当事者が条約法条約に基づく主張をしたのに対し，裁判所は両当事国が条約法条約の締約国であると述べた上で，第2条1項，第7条2項，第46条2項に基づく判断を示した。なお，第2条1項については，慣習国際法であることも明言している[7]。G/N計画事件では，両当事国間の条約関係が主要な論点となったため，条約法条約の第60～62条が慣習国際法を示すものとの認定で引用された[8]。パルプ工場事件でも，ウルグアイ川の利用に関して両当事国間で1975年規程が結ばれており，これが管轄権の根拠ともなった[9]。裁判所は，この二国間条約の下での義務違反に関して，条約法条約第26条と第27条，第31条については，これらが慣習国際法を法典化したものであると認定した上で第57条については慣習国際法か否かについては言及しないもの，ILCの作成したコメンタリーに言及して，これらの規定を適用した判断を示した[10]。

G/N計画事件で裁判所は，国際水路の非航行的利用の法に関する条約の採択は，国際河川の利用における沿河国の衡平な利用の権利の発展と強化を示す証拠であると述べている[11]。ただし，国際河川の利用が問題になったパルプ工場事件で，当事者が，国際水路法という表現を用いたり，危険な活動から生ずる越境損害の防止に関する条文草案（2001年）を引用した主張を行ったりしたが，裁判所はこれらの文書に言及することなく判断を示した[12]。

G/N計画事件では，チェコスロヴァキアからスロヴァキアへの条約当事者としての地位の承継も論点の1つであり，両当事者は条約の国家承継に関する条約に基づく主張を行った。裁判所は，同条約第12条の他の領域的制度に関する規定は慣習国際法を反映したものであるとし，これに基づく判断を示した[13]。

─────────

[7]　*I. C. J. Reports 2002*, pp. 428-430, paras. 258-265.

[8]　第60条～62条の条約の終了と運用停止について，*I. C. J. Reports 1997*, pp. 36-38, paras. 42-47, pp. 59-68, paras. 94-114 and pp. 78-79。これらの規定が慣習国際法の内容を反映したものであることを認めた先例が，p. 38, para. 46に示されている。また，「合意は拘束する」原則と信義誠実の原則については，*ibid.*, pp. 78-79, para. 142.

[9]　*Pulp Mills, Judgment of 2010*, para. 1.

[10]　第31条について，*ibid.*, paras. 64-65，第27条について，*ibid.*, para. 121，第26条について，*ibid.*, para. 145，第57条について，*ibid.*, para. 141。

[11]　*I. C. J. Reports 1997*, p. 56, para. 85.

[12]　*Pulp Mills, Judgment of 2010*, paras. 55-63, 152-156, 203-205, and 215-216.

[13]　*I. C. J. Reports 1997*, pp. 69-72, paras. 117-123.

また，アーマドゥ・サディオ・ディアロ事件のように，裁判所が ILC の外交的保護に関する条文草案に言及し，国際的に保護されている人権に関する事項も外交的保護の対象となると述べた例もみられる[14]。

(2) 国家責任条文の特別な性格

前節でみたように，ICJ では，ILC の条文草案に基づいて作成された条約の諸規定に基づく主張がしばしば行われる。特に特定の規定を具体的に適用する場合，裁判所は，当該条約が両当事者に対して拘束力を持つか，あるいは慣習国際法の内容を反映したものであるかを注意深く認定していると言ってよい。ところが国家責任条文の扱いは若干違うのではないかと感じられる。この文書は 2001 年の第二読作業の終了後，国連総会決議に添付される形で一定の確認手続がとられたものの，拘束力ある文書としての地位が認められているわけではない。それにもかかわらず，国家責任条文は，ICJ 等の国際裁判に影響を与えているように思われる。これは国家責任条文の採択までの経緯によるものでもあるだろう。

国家責任は，ILC の設立当初に第六委員会によって指示された 14 のテーマの一つであった[15]。条約法や外交関係法等が 1960 年代から 1970 年代にかけて条約化されたことに比べると，国家責任法の法典化作業には非常に時間がかかったといえる。1970 年代に特別報告者を務めたアゴーがその基本方針を設定してから 2001 年の第二読の終了と国連総会決議までに約 30 年を要している。しかも，この文書の扱いについての判断は 2010 年の会期まで延期されている。すなわち国家責任条文は今も ILC のこの分野に関する作業の「成果」を示すものにとどまっている。その「成果」の意義はどのようなものであろうか。

ILC の国家責任条文の起草作業は，大きく 3 つの時期に分けることができる。第一に，アゴーが特別報告者を務めた第一部の条文の起草作業の終了までの時期，第二は，1996 年の条文草案全体の第一読の終了までの時期，そして最後は 2001 年の第二読の終了までの時期である。このすべての期間に多くの報告書と条文が作成され，ILC での一応の採択手続を経てきた。それらの文書は正式な拘束力を持つものでない。しかし，ICJ では，両当事者が，慣習国際法の規則

---

[14] *Armadou Sadio Diallo, Judgment of 2007*, para. 39.
[15] *The Work of the International Law Commission*, Seventh Ed. (2007), pp. 36-37.

〔河野真理子〕　　　　第3章　国連国際法委員会と国際司法裁判所

を示す証拠としてそれらをしばしば引用し，ICJ も判決でそれらの議論に応えてきたのである。第一部の条文の起草作業の終了のころから，現在に至る長い期間の間，ICJ の判断の一つ一つが，国家責任条文の内容の評価となり，当該判決後の ILC の作業に影響を与えてきたといえる。すなわち，国家責任条文の起草作業の特殊性が，ILC の ICJ の間の相互作用を生みだしてきたように思われる。この節と次の節で，その相互作用の内容を検討してみたい。

(3)　国家責任条文の国家責任追及のメカニズム

国家責任条文の特色としてまず指摘できるのは，国家責任の追及のために，国際違法行為の存在を認定し，その被害国を特定して，国際違法行為の結果としての責任を追及するという構造になっているということである。また，国際違法行為の認定においては，行為の国家への帰属と，適用される国際法規則のもとでの義務違反が検討される。そして，この2つの要件が満たされると，違法性阻却事由が認められるか否かが検討される。こうした論理が ICJ の判決の構成に徐々に反映されるようになっているように思われる。

(a)　第一読終了前後の国家責任条文草案と ICJ 判決

米国大使館員等人質事件は，紛争付託が 1978 年，判決が 1980 年であり，ILC が国家責任条文草案の第一部の検討作業を終えた時期と重なっている。このことを念頭に置いて，判決の論理構成を見てみたい。

裁判所はまず，大使館等の占拠，および大使館員等の人質の拘束という行為の実行者の行為のイランへの帰責性 (imputability) の可否を認定し，次にこれらの行為の国際法上の義務の違反を認定すると述べている[16]。裁判所は，行為の帰責性については，一連の行為を2段階に分け，前半の大使館等の襲撃とその後の占拠，人質の拘束等の行為について，それ自体はイランの行為とみなされないものの[17]，イラン政府がこれに対して適切な措置を取らなかったという不作為がイランに帰責し，これが国際法上の義務違反にあたるとした[18]。後半は，ホメイニ師と他の国家機関が大使館等の占拠や人質の拘束を容認したことによって，それらを国家の行為とみなしうるとし，国際法上の義務に違反すると

---

[16]　*I.C.J. Reports 1980*, p. 29, para. 56.
[17]　*Ibid.*, pp. 29-30, paras. 57-60.
[18]　*Ibid.*, pp. 31-33, paras. 61-68.

判断した[19]。またさらにこの事件についての裁判所や外務省の対応も，国際法上の義務に違反するような国家の行為である[20]と判断した。

　裁判所は続いて，上記のイランの国際法上の義務違反行為について，これが正当化されうるかを論じている。イランは，大使館の襲撃，占拠，そして人質の拘束等の行為は，単独で評価されるべきではなく，25年以上にわたるイランと米国の政治的な関係全体の中で評価されなければならないと主張した。また，イランは，米国が同国においてスパイ行為などの犯罪行為を行ってきたとも主張した。裁判所は，イランが出廷しなかったため，これらの点について何ら必要な証拠を提出していないとし，その主張は認められないとした[21]。米国の犯罪行為に関する主張について，裁判所はさらに，たとえそれらが証明されえたとしても，イランが継続的に行っている違法行為を正当化するものとならないとし，外交関係条約や領事関係条約はこうした犯罪行為について条約上の措置を設けているにもかかわらず，イランはそれらの措置をとっていないとも指摘している[22]。以上により，裁判所は，イランの国際法上の義務違反を正当化する要因は認められないとの結論に至った[23]。

　この判決では，まだ，帰属（attribution），あるいは違法性阻却事由（circumstances precluding wrongfulness）という言葉は用いられていない。しかし，判決の結論に至るまでの論理構成は，国家責任条文のそれと極めて似ているといってよいだろう。

　こうした裁判所の判決と国家責任条文の論理構成についての類似性は，ニカラグア事件の1986年判決でより明確になる。この事件で，ニカラグアは様々な事象について米国の行為や関与の違法性を論じた[24]。本案に関する判断で裁判所は，米国自身の武力行使にあたる行為[25]と反政府武装勢力であるコントラの行為についての米国の関与[26]を分けて事実を認定した。特にコントラの行為

---

[19] *Ibid.*, pp. 29-33, paras. 57-68.
[20] *Ibid.*, pp. 33-37, paras. 69-79.
[21] *Ibid.*, pp. 37-38, paras. 80-82.
[22] *Ibid.*, pp. 38-41, paras. 83-88.
[23] *Ibid.*, p. 41, para. 89.
[24] *I. C. J. Reports 1986*, p. 48, para. 81.
[25] *Ibid.*, pp. 48-53, paras. 81-92.
[26] *Ibid.*, pp. 53-69, paras. 93-122.

〔河野真理子〕　　第3章　国連国際法委員会と国際司法裁判所

に関して，米国の支配は一般的なものであり，米国の法的責任を発生させるために必要な実効的なものではなかったと結論付けた[27]。裁判所によれば，コントラの行為それ自体については，コントラが責任を負うが，米国はコントラの行為に関係する自国の行為については責任を負うと述べている[28]。こうした議論に続いて，裁判所は，集団的自衛権によって米国の行為が正当化しうるかを検討している。裁判所は隣国への武力進攻がニカラグアに帰責する（imputable）ことを認めたものの，このニカラグアの行為によって直接に被害を被っている国からの要請があったとは認められないので，米国の行為は集団的自衛権の行使の要件を満たしていないと結論づけた[29]。

　裁判所は，以上のような事実関係の認定の後，行為の違法性が排除されうるか否かを検討した。裁判所によれば，武力行使に当たる行為が自衛権の行使と認められる場合，武力行使に至らない行為については対抗措置の権利の行使である場合，行為の違法性が排除されうる（may exclude the unlawfulness）[30]。裁判所は，武力行使及び武力による威嚇の禁止に違反すると裁判所が判断した米国の行為について，その違法性を排除する集団的自衛権の行使の要件を満たしていないとの結論に達した[31]。次に裁判所は，武力行使に至らない米国の行為が国内問題不干渉義務の違反にあたると判断した上で，それらの行為を正当化できるような何らかの法的根拠があるか（justified on some legal ground）を検討した。裁判所は，要請，対抗措置という根拠について，これらによる正当化は認められないと判断した[32]。また領域主権の侵害についても，集団的自衛権や対抗措置によって正当化ができないとした[33]。

　米国大使館員等人質事件では，手続の最初から，ニカラグア事件では，先決的抗弁判決以降，被告側が出廷を拒否した。このため，裁判所の本案に関する議論の構成は，原告の主張に対応する形で，裁判所が判決の論理構成を決定したと考えられる。いずれの判決も，行為の国家への帰属，適用されるべき国際

---

[27]　*Ibid.*, pp. 64-65, para. 114.
[28]　*Ibid.*, p. 65, paras. 115.
[29]　*Ibid.*, pp. 70-88, paras. 126-166.
[30]　*Ibid.*, p. 106, para. 201.
[31]　*Ibid.*, pp. 118-123, paras. 227-238.
[32]　*Ibid.*, pp. 123-127, paras. 239-248.
[33]　*Ibid.*, pp. 127-128, paras. 250-252.

法規則の決定とそれに対する違反の認定の後に，当該違法行為の違法性を排除する根拠を検討し，それらが認められないことを認定した上で，被告の行為の違法性を最終的に判断し，責任の結果を認定している。こうした論理構成には，国家責任条文草案の影響を見ることができるのではないだろうか。

　国際法違反にあたる国家の行為の違法性が阻却されるという議論は，G/N 計画事件の 1997 年の判決で，より明確に国家責任条文の論理構成に従った形で展開されることになる。この事件では，両当事者の代理人や補佐人に ILC の当時の現役の委員が含まれていた。特にハンガリー側の代理人の一人は，当時国家責任で特別報告者を務めていた，クロフォードであった[34]。

　本件の事実関係の特色は，ハンガリーが工事を一方的に停止し，その後に放棄したことは，これに対応する措置として，スロヴァキアが暫定的な措置という名目で一方的に計画・実施したヴァリアント C も，条約の下での計画とは異なるものであったこと，そしてこの工事の実施を受けて，ハンガリーが条約を一方的に終了させたことである[35]。これらの一方的な行為は，条約の形をとった合意に従った行為と本質的に異なる性格を持つものであり，条約法と国家責任の両方の論点が交錯する事件である[36]。

　ハンガリーによる 1977 年条約に規定された工事の一方的停止とその後の放棄については，両当事者間で，ILC の国家責任条文草案第一読の 33 条の緊急状態の適用の可否が問題となることについて合意があった[37]。この点については，次節で検討することとする。この節の議論では，チェコスロヴァキア（当時）が計画，実施したヴァリアント C の違法性に関する裁判所の判断を検討することとする。スロヴァキアは，ヴァリアント C は，国際法上合法的な行為であると主張した。同国によれば，ヴァリアント C は条約の目的と，誠実な履行という継続的な義務の実施のための「近似的な適用原則（"principle of appropriate application"）」に基づくものである[38]。また，同国は，この措置はハンガリーの条約違反によって生じる存在を最小限にとどめるという義務のもとでの措置である

---

[34] *I.C.J. Reports 1997*, p. 14, para. 11.
[35] *Ibid.*, pp. 17-28, paras. 15-25.
[36] 裁判所は当事者の主張に両者の要素が含まれることを受け，この二つは別の機能を担っているとしている（*ibid.*, p. 38, para. 47）。
[37] *Ibid.*, p. 39, para. 49.
[38] *Ibid.*, p. 51, para. 67.

とも主張した[39]。同国はさらに，たとえヴァリアントCが国際法に違反するとしても，対抗措置として正当化しうるとも主張した。ハンガリーは，スロヴァキアのこれらの主張は認められないと反論した[40]。裁判所は，ヴァリアントCは，両国間の条約のもっとも重要な条件である，両国間の共同の投資による工事という点を満たしておらず，さらに，工事の結果は一方的にチェコスロヴァキアを利するものとなっているとした。その結果，ヴァリアントCについて，その計画は国際法に違反するとはいえないが，実施はチェコスロヴァキアの国際違法行為であると，裁判所は判断したのである[41]。その後裁判所は，違法性阻却事由としての対抗措置と認められるかを検討し，その要件は満たされていないと結論づけた[42]。よって，スロヴァキアはヴァリアントCの実施に対する国家責任を負うとの結論に至っている[43]。

(b) 第二読終了後のICJ判決における国家責任の認定メカニズム

コンゴ領における軍事活動事件の2005年の判決では，ウガンダの行為の国際法違反に関する第一，第二，第三の申立に関するそれぞれの議論[44]でILCの国家責任条文に沿った論理構成が見られる。

第一の申立は，ウガンダの軍事，および準軍事活動の違法性[45]に関するものである。この点ついての判断は，ニカラグア事件判決と似た論理構成になっている。裁判所は，まず当事者が提出した証拠の事実的，または法的認定で，ウガンダが主張した，同意と自衛に関する検討を行い，いずれの期間においても，同意，または自衛によって正当化されるような軍事活動ではないと判断した[46]。

---

[39] *Ibid.*, pp. 51-52, para. 68.
[40] *Ibid.*, p. 52, paras. 69-71.
[41] *Ibid.*, pp. 53-54, paras. 76-79.
[42] 次節を参照。
[43] *Ibid.*, pp. 57, para. 88.
[44] コンゴは，武力行使と国内管轄事項への干渉（第一の申立），同国の国民に対する殺害等の行為の違法性（第二の申立）と同国の天然資源の違法な開発（第三の申立）の3点について，ウガンダの行為の違法性を主張し，第四の申立でこれに対する責任を問う形をとった。また第五の申立では，仮保全措置命令の不履行についての責任が論じられている（*I.C.J. Reports 2005*, pp. 187-188, para. 25）。
[45] *Ibid.*, p. 187, para. 25.
[46] *Ibid.*, pp. 196-223, paras. 42-147. なお同意と自衛の認定の内容については，次節で検討する。

第1部　国際法委員会の軌跡と展望

このような事実と法に関する認定に基づき，裁判所は武力行使の禁止に関する国際法に基づく判断をしている[47]。まず，裁判所は1998年8月7日以降のウガンダの行為が合意と自衛によって正当化されないという上記の判断を確認し[48]，違法性阻却事由について判断することなく，行為の国家への帰属と当該行為の国際法違反の認定を行った[49]。裁判所は，ウガンダの行為がコンゴの主権と領土保全を侵害し，コンゴの国内管轄事項と内乱への介入にあたるとした。裁判所はさらに，これらの違法な軍事介入は，大規模で長期にわたるもので，憲章第2条4項の重大な違反であるとも述べている[50]。

次に裁判所は，第二と第三の申立における国家責任条文の影響を検討する。第二の申立について，ウガンダの占領国としての地位を認定し，その義務を論じた。第二と第三の申立については，ウガンダ人民防衛部隊（UPDF）の作為と不作為のウガンダへの帰属も論点の一つであった。裁判所は，この部隊は，ウガンダの国家機関であると認定し，慣習国際法上，UPDFの行為はすべて同国に帰属すると判断した[51]。また，1907年ハーグ条約と第一議定書第91条に示されている慣習国際法によれば，この部隊の兵士が与えられた指示に反したか，あるいは権限を踰越したか否かは，彼らの行為の国家への帰属の問題とは無関係であるとも述べている[52]。このようにUPDFの行為がウガンダに帰属することを認定したうえで，裁判所は，ウガンダの国際法上の義務の違反の有無の検討を行った。第二の申立について，裁判所はウガンダがUPDFとその兵士の国際人権法と国際人道法の違反行為，および占領国としての国際法上の義務の違反に対して国際責任を負うとした[53]。第三の申立については，裁判所は，UPDFの兵士によるコンゴの天然資源の略奪等の行為を十分に監督しなかったこと，および，占領国としての義務の不履行について国際責任を負うと判断した[54]。

---

[47]　*Ibid.*, pp. 223-227, paras. 148-165.
[48]　*Ibid.*, p. 224, para. 149.
[49]　*Ibid.*, pp. 223-227, paras. 148-164.
[50]　*Ibid.*, p. 227, para. 165.
[51]　*Ibid.*, p. 242, para. 213 and p. 251, para. 243.
[52]　*Ibid.*, p. , para. 214 and p. 251, para. 243.
[53]　*Ibid.*, p. 245, para. 220.
[54]　*Ibid.*, p. 253, para. 250.

〔河野真理子〕　　　　第3章　国連国際法委員会と国際司法裁判所

　以上のような国際違法行為に対する国際責任の結果として、裁判所は、ウガンダの行為によってコンゴが被った損害に対して、ウガンダは賠償義務を負うと述べた。ただし、裁判所は、適切な賠償の性質、形式及び金額については、両国間での合意が達成されない場合に裁判所が決定すべきであると、コンゴ自身が述べていることに留意し、正確な損害の提示と証明については、コンゴに猶予を与えるとの立場をとった。

　ジェノサイド条約の適用事件でも、裁判所は国家責任条文の論理構成に沿った論理構成をとったと言える。裁判所はまず、事実の認定に関し、1995年7月のスレブレニカの虐殺という特定の出来事のみにおいて、スルプスカ共和国軍（ボスニアのセルビア人部隊、VRS）のメンバーが指揮した活動の中で集団殺害行為が行われたことを認定し、他の出来事では集団殺害行為の構成要件として「特定の集団の破壊の意図」が証明されなかったと結論づけた[55]。

　このスレブレニカでの集団殺害行為についてのセルビアの国際責任について裁判所は、第一に、集団殺害行為のセルビアへの帰属、第二に、ジェノサイド条約第3条に規定されている実行行為以外の集団殺害行為に関係する行為（同条1項(b)～(e)）のセルビアへの帰属、第三に、ジェノサイド条約第1条の下で生ずるセルビアの義務の違反を検討すると述べている[56]。第一の論点について裁判所は、スルプスカ共和国、VRS及びスコーピオンズの行為が、国家責任条文第4条の国家機関、第8条の国家による指揮、命令を受ける個人又は集団の観点からセルビアに帰属するか否かを検討した。裁判所は、スレブレニカの集団殺害行為はセルビアに帰属しないとの結論に至った[57]。なお、裁判所がこの文脈で第4条と第8条だけでなく、第5条、第6条、第9条、及び第11条にも簡潔にではあるが言及している点も付言しておかなければならない[58]。次に裁判所は、第二の論点の集団殺害行為に関連する行為を検討した。裁判所は特に(e)の共犯についてのセルビアの責任を論じたが、これを問うために必要な条件が満たされるような証明がなされていないとの結論に至った[59]。最後の論点につ

---

[55] *Application of the Genocide Convention, Judgment of 2007*, paras. 242-376.
[56] *Ibid.*, para. 379.
[57] *Ibid.*, paras. 385-415.
[58] *Ibid.*, para. 414.
[59] *Ibid.*, paras. 416-424, 特に para. 423。なお、裁判所は、この第二の論点に関する議論で、ジェノサイド条約第3条1項(e)の共犯と国家責任条文第16条の支援または援助

いて裁判所は，セルビアが集団殺害行為の防止と処罰の義務に違反したと判断した[60]。

以上の検討から，裁判所は，セルビアは，ジェノサイド条約の下で，集団殺害行為の防止と処罰義務の違反に対する賠償を行う義務があるとした。この文脈でも裁判所は，賠償についての慣習国際法の規則として，ホルジョウ工場事件だけでなく，ILCの国家責任条文31条に言及している[61]。賠償の形態について，裁判所は，防止の義務の違反と処罰の義務の違反を区別して判断した。防止の義務の違反については，裁判所による国際違法行為の認定の宣言で十分な満足となるとした。また，処罰の義務については，原告は，金銭賠償を請求していたが，裁判所はこれを認めていない。

国家責任条文の論理構成の影響は勧告的意見にも見ることができる。パレスティナの壁事件では，裁判所は，総会によって提起された問題に応えるために適用すべき規則として，武力行使の禁止原則，人民自決原則，関係する国際人道法，関係する国際人権条約を挙げ[62]，イスラエルの行為はこれらの国際法上の義務に合致していないとした[63]。その行為の違法性が自衛権の行使と緊急状態によって阻却されるか否かを検討し，いずれの事由についてもその要件が満たされていないと判断した[64]。以上の理由により，裁判所はイスラエルの行為が国際違法行為であり，これに対する国際責任が生ずると判断したのである[65]。裁判所はイスラエルが行わなければならない賠償措置として，国際違法行為の停止，壁の建設の中止の義務があるとした。さらに，壁の建設による土地の収用，住居，仕事，農業施設の破壊による損害について賠償の支払い義務，および収用された土地等の不動産の返還義務とそれが不可能な場合の損害賠償の支払い義務を認定した[66]。

この勧告的意見で裁判所は，イスラエルの国際責任だけでなく，イスラエル

が実質的に同じであるとも述べている (*ibid.*, para. 420)。
[60] *Ibid.*, paras. 425-450.
[61] *Ibid.*, para. 460.
[62] *I.C.J. Reports 2004*, pp. 171-181, paras. 86-113.
[63] *Ibid.*, pp. 115-194, paras. 115-137.
[64] *Ibid.*, pp. 194-195, paras. 138-142.
[65] *Ibid.*, pp. 194-195, paras. 140-141.
[66] *Ibid.*, pp. 197-198, paras. 149-153.

〔河野真理子〕　　　　第3章　国連国際法委員会と国際司法裁判所

の壁の建設という国際違法行為の他国に対する結果についても言及した。裁判所は，イスラエルが違反した義務のうち人民の自決権と国際人道法の下でのいくつかの義務は対世的な性格を持つとし，これらの義務の履行について，国際社会のすべての国が関心を持たなければならないとした。さらに裁判所は，ジュネーヴ第四条約1条により，同条約のすべての締約国がこの条約の履行を確保する義務を負っているとしている。裁判所は，問題になっている権利と義務の性格と重要性に鑑み，すべての国家が以下のような義務を負っていると述べた。第一に，壁の建設によって生じた違法な状況を承認しないこと，第二に，そうした状況の維持に支援または援助を与えないこと，第三に，国連憲章と国際法を尊重し，壁の建設の結果生じた，パレスティナ人民の自決権の行使に対するいかなる障害も終了するよう注視すること。また，裁判所は，ジュネーヴ第四条約の当事国については，国連憲章と国際法を尊重し，ジュネーヴ第四条約に示されている国際人道法のイスラエルによる履行の確保の義務も負うとしている。そして，国連，特に国連総会と国連の安全保障理事会は，この勧告的意見に適切に留意しつつ，壁の建設によって生じた違法な状況を終了させるよう求められるとも付言している[67]。ただし，このような他の諸国の義務については，ヒギンズ裁判官が，こうした結論に至る過程で，対世的義務に言及する必要はなかったのではないかと疑問を呈している[68]。また，コーイマンス裁判官は，対世的な義務の違反の結果が他国の義務につながることに反対する意見を付している[69]。

(4) 国家責任の認定のメカニズムにおける国家責任条文の影響

　以上のようなICJの主要な先例で国家責任の認定がどのようなメカニズムに従って行われてきたかを時間の経過とともに比較してみると，ICJの判決の論理構成がILCの国家責任条文のものにより沿ったものとなってきたと言えると考えられる。30年間にわたるILCの国家責任条文の起草作業は，現状では拘束力のある条約の形をとっていないものの，国家責任の問題を論じる際の慣習国際法の認定において重要な資料であるとの了解が定着しつつあるといえよ

---

[67] *Ibid.*, pp. 199-200, paras. 154-160.
[68] *Ibid.*, Separate Opinion of Judge Higgins, pp. 216-217, paras. 37-39.
[69] *Ibid.*, Dissenting Opinion of Judge Koojimans, pp. 230-232, paras. 37-45.

う。

3　国家責任条文の個々の論点とICJ判決

　ILCの国家責任条文は，国家責任の追及メカニズム全体だけでなく，個々の論点の検討においても引用されることが多くなっている。この節では，それらのうち，私人の行為の国家への帰属，違法性阻却事由の2点を検討する。

(1)　私人の行為の国家への帰属
(a)　第一読条文草案における私人の行為の国家への帰属
　私人の行為の国家への帰属の可否は，国家責任の分野で重要な論点の一つとされてきた。ILCの第一読の条文草案では第8条で国家のために行動している私人，又は事実上政府的権能を行使している私人の行為の国家への帰属に関する条文が置かれている[70]。米国大使館員等人質事件での大使館の占拠や人質の拘束という私人の行為についてのイランの責任に関する判断は，この条文で対応可能な事態であった。しかし国家と私人の行為の関係は，この事件のような単純なものに限定されなくなっている。私人の行為の影響力が増大するとともに，そうした行為への国家の関わり方が変化したことにより，私人の行為への国家の責任を論じる際に検討されるべき要素が変化したと考えられる。
　このことを如実に示したのが，ニカラグア事件での米国とコントラの関係である。裁判所は，コントラと米国の関係について，「完全な依存」関係にあれば，国家機関とみなすことができ，また「実効的な支配」の関係にあれば，国家機関の行為ではなくとも，コントラの行為の米国への帰属の可否を検討した結果，これを否定した[71]。これは私人の行為が国家に帰属すると判断されるために必要な「支配」の程度についての一定の判断基準を示したものといえる。ところが，タジッチ事件で旧ユーゴスラヴィア国際刑事法廷は，この「実効的な支配」という判断基準とは別の判断基準で，国家機関ではない団体の行為の国家への帰属を認定した[72]。

---

[70]　J. Crawford, *The International Law Commission's Articles on State Responsibility* (2002), p. 349.
[71]　*I.C.J. Reports 1986*, pp. 63-65, paras. 113-116.
[72]　Judgment of 15 July 1999 in the Appeals Chamber, IT-94-1-A, pp. 40-62, paras.

(b) 第二読終了以降の ICJ 判決

前述のように2つの裁判所が異なる判断基準を適用したこと，そして国家と私人の間の関係は，第一読の条文草案が予想していたような伝統的なものに限定されなくなっているということを踏まえて，ILC の第二読の条文は作られている[73]。第二読の国家責任条文の内容がその後の ICJ 判決にどのように使われているかを検討する。ジェノサイド条約の適用事件では，第4条の国家機関と第8条の国家の指揮，命令を受けている個人又は集団の2つの条文が引用された。裁判所は，これら2つの条文が慣習国際法の規則を示していると明言している[74]。

この事件でセルビアへの帰属が問題になったのは，スレブレニカにおける集団殺害行為のセルビアへの帰属である。裁判所は，まず，当時のユーゴスラヴィア共和国連邦（FRY）軍がこの集団殺害の実行行為や準備，計画などに参加していたという証拠はないとした。またこれ以前の数年にわたる原告の領域内での軍事活動にボスニアのセルビア人とともに FRY 軍が直接，間接に参加していたことについての証拠はあるものの，スレブレニカでの集団殺害行為についてはそのような証拠がないとした。したがって，裁判所は，スレブレニカにおける集団殺害行為についてのセルビアの責任を問うためには，スルプスカ共和国，VRS，スコーピオンズの3つの団体の行為がセルビアに帰属するか否かの検討が必要であるとした。裁判所はまず，スルプスカ共和国と VRS について，これらの行為が FRY の国内法上，その国家機関とは位置づけられていないとした。原告は，VRS のすべての士官は FRY 軍の指揮の下にあったこと，彼らの給料を支払うなど，相当な金額の財政的な支援など FRY がをしていたことにより，これらが実質的に FRY の国家機関であったと主張した。これに対し裁判所は，彼らはボスニアのセルビア人のために行動していたのであって，FRY のために行動していたのではないとした[75]。スコーピオンズの行為の帰属についても，裁判所は，この団体は FRY の国家機関ではないとした[76]。裁判

99-145.

[73] Commentary to Article 8, paras.3-9, in Crawford, *op. cit*. (*supra* note 70), pp. 110-113.

[74] *Application of the Genocide Convention, Judgment of 2007*, para. 385 and para. 398.

[75] *Ibid.*, paras. 385-388.

[76] *Ibid.*, para. 389.

所はさらに，これらの団体が事実上の国家機関とみなされうるか否かを検討した。ニカラグア事件判決でコントラの行為の米国への帰属が否定された部分を引用し，国家責任の追及の文脈では，国内法上の国家機関でない者や団体の行為は，その行為が事実上ある国家に「完全に依存 (complete dependence)」する場合に当該国の国家機関とみなされるという判断基準を示し，この完全な依存という関係の判断のためには，国家と当該団体の間の具体的な検討が必要であるとした。そうした基準に照らした結果，3つの団体すべてについて，セルビアとの間にこうした完全な依存関係はないと判断した[77]。

次に裁判所は，国家責任条文第8条に言われる国家の指揮，または支配による行為の帰属の可能性を検討した。裁判所はこの点についても，ニカラグア事件の判決で，国家による実効的な支配のもとにある行為であれば国家への帰属が認められるとした部分を引用している。そして，国家機関の地位にあるものと同等とみなされるか否かの証明とは異なり，この実効的な支配という関係の証明のためには，国内法上国家機関ではない者や団体が一般的に国家への「完全な依存」関係にあるということではなく，彼らが国家の指揮のもと，あるいは「実効的な支配」のもとで行動していることの証明が必要であるとした。特に，「国家の指揮のもとでの行動」について，その者や団体が犯した違法行為の全般の一般的な支配ではなく，違法であると主張される個々の行為についての国家の指揮が証明されなければならないと述べている点は，第8条の適用における具体的な判断基準を示したという意味で注目される[78]。さらに裁判所は，この「実効的な支配」の認定に関して，ニカラグア事件判決とタジッチ事件の上訴裁判所判決が判断基準を用いたことに言及した。裁判所は ICJ と ICTY で，扱われる事案の性質，および国家と団体の関係が問題となった文脈の違いを指摘し，国家責任の追及の文脈では，「実効的な支配」の基準を用いるべきであるとした[79]。そして，このような基準に基づく検討の結果，スレブレニカでのスルプスカ共和国，VRS とスコーピオンズの集団殺害行為は，セルビアに帰属しないとの結論に至った[80]。

---

[77] *Ibid.*, paras. 390-395.
[78] *Ibid.*, paras. 398-400.
[79] *Ibid.*, paras. 401-407.
[80] *Ibid.*, paras. 408-412.

〔河野真理子〕　　第3章　国連国際法委員会と国際司法裁判所

コンゴ領における軍事活動事件では，コンゴ領域内の反政府組織であるコンゴ解放運動（MLC）の行為のウガンダへの帰属が論点となった。裁判所は，ウガンダ自身，MLC に訓練と軍事的な援助をしたことは認めていると述べたものの，その指導者がそのような援助を利用する際に，ウガンダの支配のもとにあったという証拠がないとした。したがって，MLC は国家責任条文，第 4 条の国家機関，第 5 条の国家の権限を国家に代わって行使するもの，第 8 条の国家の指揮，命令を受けているもののいずれにもあたらないので，MLC の行為はウガンダに帰属しないと判断した[81]。ただし，裁判所は，MLC の軍事部門にあたる ALC に対する訓練や軍事的な援助を行ったという点について，ウガンダの行為は，国際法の下での義務に違反すると判断した[82]。

(2) 違法性阻却事由の要件

前節で検討した事例ですでに言及したように，2001 年の国家責任条文で違法性阻却事由として列挙された事由のうち，ICJ 判決でその適用の可否が論ぜられたものは，自衛，対抗措置，緊急状態の 3 つである。ここでは，それらの議論によって，参照されるようになってきた適用基準をまとめておきたい。

(a) 同　意

「同意」という要素が違法性阻却事由になることは第一読の段階から明示されていた[83]。この事由が ICJ の判決の中で取り上げられたのは，コンゴ領における軍事活動事件においてである。この事件で，ウガンダは，自国の行為を 3 つの期間（1997 年 5 月から 1998 年 9 月 11 日まで，1998 年 9 月 11 日から 1999 年 7 月 10 日まで，1999 年 7 月 10 日以降．）に分け，第一と第三の期間については，コンゴの同意の下の軍事的，および準軍事的活動，あるいは軍隊の駐留であり，第二の期間については，自衛権の行使によるものであったとして，自国の行動が正当であると主張した[84]。裁判所は，当事者によって提出された証拠の事実的，法的認定を行った。裁判所は，まず，第一の時期における同意について，1998 年 8 月 8 日に閉幕したヴィクトリア滝サミットまでのウガンダ軍の駐留についての

---

[81]　*I. C. J. Reports 2005*, p. 226, para. 160.
[82]　*Ibid.*, pp. 226-227, paras. 161-165.
[83]　第一読の第 29 条を参照（Crawford, *op. cit.* (*supra* note 70), p. 355）．
[84]　*I. C. J. Reports 2005*, p. 196, paras. 43.

コンゴの同意は無制限なものではなかったこと，および，遅くともこの日までにコンゴの同意は撤回されたと判断した[85]。次に第三の時期については，ルサカ合意はウガンダの軍隊の駐留についての同意とはいえないと判断した[86]。

(b) 自衛

ニカラグア事件では，武力行使の禁止原則の例外としての集団的自衛権の行使の要件が論じられた。裁判所は，自衛権の行使の要件として，緊急性と均衡性を挙げ，さらに，集団的自衛の権利の行使のためには，直接に武力攻撃を受けた国による要請がなされなければならないとした。こうした規則に照らして事実関係を評価した結果として，裁判所は，米国の行為を集団的自衛権の行使によって正当化することは認められないとした[87]。

コンゴ領における軍事活動事件では，ウガンダは1998年9月から1999年7月の間の軍事活動を自衛によって正当化した。この主張について裁判所は事実関係を法的な観点から検討した結果，問題の時期のウガンダの軍事活動は自衛とは言えないとした。このため，自衛権の行使の要件である緊急性や均衡性の検討は必要がないと述べている[88]。

パレスティナの壁事件ではイスラエルが壁の建設が憲章第51条で国家の固有の権利とされる自衛権の行使であると主張したため，裁判所はイスラエルの国際違法行為の違法性を阻却する事由の一つとして，当該行為が自衛の要件を満たすか否かを検討した。イスラエルは自国の行為が憲章第51条と安保理決議1368 (2001) と1373 (2001) に合致したものであると主張した。これに対し，裁判所は，壁の建設の理由となった攻撃が外国国家に帰責することをイスラエルが証明していないこと，イスラエルはパレスティナ占領地域を支配しており，イスラエルが壁の建設を正当化する原因となった行為はイスラエルの領域外ではなく領域内で生じているものであるから，自衛の要件を満たしていないとした[89]。

---

[85] *Ibid.*, pp. 196-199, paras. 45-54.
[86] *Ibid.*, pp. 209-212, paras. 92-105.
[87] *I.C.J. Reports 1986*, pp. 102-105, paras. 193-200 and pp. 118-123, paras. 227-238.
[88] *I.C.J. Reports 2005*, pp. 213-223, paras. 106-147.
[89] *I.C.J. Reports 2004*, p. 195, paras. 138-139.

(c) 対抗措置

　ニカラグア事件では，武力攻撃には該当しない程度の武力の行使，すなわち不干渉義務の違反行為への対応として，対抗措置が位置づけられた。本件の場合，こうした武力の行使が，米国自身に対するものではなく，エルサルバドルとホンジュラス，コスタリカに対するものであったので，米国の行為が集団的自衛権に類するものとしての集団的対抗措置と認められるか否かが論じられた。裁判所は，直接の被害国によってなされる均衡性のある対抗措置のみが認められるとし，米国の行為は集団的対抗措置によって正当化できないと判断した[90]。また，米国の行為がOAS憲章の下での人権の尊重等の義務の履行の確保のための対抗措置として正当化できるか否かについても，裁判所はこれを認めないとの結論に至った[91]。

　GN計画事件では，チェコスロヴァキアのヴァリアントCの実施という国際違法行為についての違法性阻却事由として，対抗措置が論ぜられた[92]。裁判所は，ニカラグア事件判決，航空協定事件仲裁判決，第一読の国家責任条文草案47～50条に言及し，対抗措置の条件として，第一に，他国の違法行為が前置されていること，第二に違法行為の被害国が加害国に当該行為の停止，または賠償を要求した後の行為でなければならないこと，第三に対抗措置の効果が被害国の違法行為による損害と均衡性を持つものでなければならないことを挙げた。裁判所は，国際河川の非航行目的のための利用において，沿河国の完全が平等という原則が共通の法的基盤となっていること，そしてその原則が現代ではより強化されていることが1997年の国際河川の非航行目的のための条約の採択によって証明されると述べている。裁判所は，ハンガリーの行為が違法であること，チェコスロヴァキアがハンガリーに条約の履行の再開を何度も要求していることから，第一と第二の条件は満たされていると判断した。しかし，第三の要件について，チェコスロヴァキアのヴァリアントCの実施は共有資源の一方的な支配をもたらし，ハンガリーからドナウ川という天然資源の衡平かつ合理的な配分を奪うものであるため，均衡性の要件を満たしているとはいえな

---

[90] I. C. J. Reports 1986, pp. 110-111, paras. 210 and 211 and pp. 126-127, paras. 246-249.

[91] Ibid., pp. 130-135, paras. 257-269.

[92] I. C. J. Reports 1997, pp. 55-57, paras. 82-87.

とした。たとえ暫定的な措置であろうと，ハンガリーの同意なしに大半の水を一方的に分流する工事を行う権利はチェコスロヴァキアにはないと述べている。以上の理由から，裁判所は，チェコスロヴァキアのヴァリアントCによる水の分流は合法的な対抗措置とはいえないとの結論に達している[93]。

(d) 緊急状態 (State of Necessity)

緊急状態は，GN計画事件で，ハンガリーによる工事の停止と放棄という国際違法行為の違法性阻却事由として，その適用の可否が論ぜられた[94]。裁判所は，第一読の国家責任条文草案第33条を引用し，この事由は，例外的に厳格な要件で認められるべきことを確認した[95]。そして，この事由の基本的な条件として，第一に「国家の本質的な利益」が関わること，第二にそのような利益が「重大で急迫した危険」によって脅かされていること，第三にそのような利益を守るための「唯一の方法」であること，第四に義務の名宛人となっている国家の利益を重大に害さないこと，そして最後に請求国が当該事由の発生に寄与していないことの4つの条件が示された[96]。裁判所はこれらの条件のうち第一の条件は満たされているとした[97]。しかし，第二の条件について，裁判所は，ハンガリー自身がこの計画の環境への影響について科学的な「不確実性（"uncertainties"）」があることを認めていることを指摘した。そして両当事者の主張を検討した結果，ナジュマロシュとガブチコヴォの両地点で，緊急状態の条件を満たすような「重大で急迫した危険」があったとはいえないとの結論に至った。裁判所は，ハンガリーの条約の不履行による緊急状態の発生への寄与にも言及し，同国は自国が寄与した緊急状態によって義務の不履行を正当化することはできないとも述べている[98]。また，ヴァリアントCの稼働後のハンガリーの1977年条約の一方的な終了宣言について，ハンガリーは，これを正当化する理由の一つとして，緊急状態を援用した。これに対し，裁判所は，緊急状態は違法性阻却事由であり，緊急状態が消滅すれば，改めて条約の履行義務が生ずるとし，緊急状態を根拠として条約を一方的に終了することはできないとした[99]。

---

[93] *Ibid.*, pp. 55-57, paras. 83-87.
[94] *I.C.J. Reports 1997*, pp. 39-46, paras. 49-58.
[95] *I.C.J. Reports 1997*, pp. 39-40, paras. 50-51.
[96] *I.C.J. Reports 1997*, pp. 40-41, para. 52.
[97] *Ibid.*, p. 41, para. 53.
[98] *Ibid.*, pp. 41-46, paras. 54-57.

この判決が第一読の条文草案第33条に言及し，その内容に沿った判断を示したことは，当時進行していた第二読作業に大きな影響を与えた。このことは，第二読の国家責任条文25条のコメンタリーでこの事件への言及が非常に多いことにも反映されている[(100)]。

　パレスティナの壁事件で，裁判所は，違法性阻却事由としての緊急状態の要件として，ILCの国家責任条文第25条に言及し，この事由の要件として，「重大かつ差し迫った脅威から根本的利益を守るために当該国にとって唯一の方法」でなければならないと述べた。裁判所は，壁の建設がイスラエルの利益を守るための唯一の方法であったとはいえないと判断した。裁判所は，イスラエルが国民に対して多くの無差別な殺傷を引き起こす暴力行為に対応しなければならないという事実があり，同国には自国民の生命を守る義務があることを認めたものの，そのための措置は国際法に合致するものでなければならないと述べている。このような判断の際に，裁判所が第一読の第33条と第二読の第25条の英文の文言が若干異なることにも言及している点は，裁判所自身が国家責任条文の要件を注意深く検討したことを示すものと考えられる[(101)]。

4　ILCとICJの人的交流

　前節までの検討からみると，少なくとも国家責任の分野でのILCの条文草案作成作業の結果公刊されてきた文書は，1980年代の初頭から慣習国際法の証拠の一つとして様々な形でICJの判決に影響を与えてきたこと，そして，そのICJの判決がそれ以降のILCの条文草案作成作業に影響を与えてきたことがわかる。これは，ILCとICJの相互作用によって，慣習国際法の明確化，あるいは，社会の変化や実態により即した国際法の内容の発展が実現されてきたことを意味するのではないかと考えられる。公刊された文書だけでなく，ILCとICJの間の人的な交流もこうした相互作用を生む土壌がはぐくまれているように思われる。

---

(99)　*Ibid.*, p. 63, para. 101.
(100)　Commentary to Article 25, in J. Crawford, *op. cit.* (*supra* note 70), pp. 183-, paras. 15, 16 and 20.
(101)　*I.C.J. Reports 2004*, pp. 194-195, paras. 140-141.

第1部　国際法委員会の軌跡と展望

(1) ILC の委員と ICJ の裁判官

　後掲の表 (77頁) は，ILC の委員と ICJ の裁判官の双方の経験者のリスト (アルファベット順) である。ここから，ICJ の裁判官に多くの ILC 委員経験者がいることが明らかになる。ICJ の設立初期の 1950 年代からこの現象が見られたが，特に 2010 年 10 月時点での裁判官の構成を見ると，15 名中 7 名 (アル・ハサウネ，ベヌーナ，コロマ，セプルベーダ，トムカ，シュエ各裁判官) が ILC の委員の出身となっている。こうした ILC と ICJ の人的なつながりは，ICJ の裁判官が ILC の作業の内容と進行状況を十分に承知していることを意味するといえるだろう。

(2) ICJ の裁判の当事者としての ILC の委員

　もう一つ，見逃してはならないのは，ILC の委員がしばしば各当事国の代理人等を務めているという事実である。たとえば，国家責任条文に関して検討した多くの ICJ の事件で，当事者の代理人，補佐人，または弁護人に，ILC の委員経験者が含まれている。ニカラグア事件では，ニカラグア側にブラウンリーとペレがいる。G/N 計画事件では，ハンガリー側に，クロフォード，スロヴァキア側に，ミクルカ，ペレ，マカフリーが含まれている。また，この事件でスロヴァキアの代理人であったトムカは，その後 ILC の委員を経て，ICJ の裁判官となっている。ジェノサイド条約の適用事件では，ボスニア＝ヘルツェゴヴィナ側に，ペレ，セルビア＝モンテネグロ側にブラウンリーがついている。コンゴ領における軍事活動事件では，ウガンダ側にブラウンリーが含まれている。

　国際司法裁判所は，原則として当事者の主張に応える裁判所であるため，当事者の主張の内容や構成は判決に影響を与えることになる。当事者の代理人や弁護人に ILC の委員経験者が含まれていることは，彼らの主張に ILC の作業の内容を活かした議論が組み込まれる可能性が高いことを意味する。他方，ICJ の裁判官に ILC の元委員が含まれるということは，当事者の主張の背景に ILC の作業があること，そしてその作業にどのような論点が含まれているかを裁判官が十分に理解した上で，両当事者の主張の妥当性を判断することができることを意味する。

　裁判官の立場にせよ，当事者の代理人や弁護人等の立場にせよ，ILC と ICJ の間に人的交流があることは，慣習国際法の内容の発展への貢献をもたらすことにつながるのではないかと推測される。特に G/N 計画事件の場合は，紛争

〔河野真理子〕　　　　　　　　第3章　国連国際法委員会と国際司法裁判所

主題が，条約法，国家責任法，国際河川，国家承継というILCが検討課題としてきたものに密接に関連しており，両当事者がこれらを踏まえて書面を作成し，弁論を行ったことそして裁判官がそのことを十分に理解していたことが，ILCとICJの相互作用の一層の深化につながったと考えられる。とりわけ，当時国家責任について特別報告者であったクロフォードがこの事件に関わっていたことにはより大きな意味があったといえよう。

　人的交流について最後に指摘しておきたいのは，ICJの裁判官の中には，ILCの委員経験者ではないもののILCの作業に深い理解を示す裁判官がおり，その見識が個別意見に示されることがあるという点である。すでに引用したが，武力行使の合法性事件のヒギンズ裁判官の意見や，パレスティナの壁事件のヒギンズ裁判官とコーイマンス裁判官の意見はその例と言ってよいだろう。

5　国家責任条文とICJの裁判手続

　前節までに見たように，ILCとICJの相互作用は，慣習国際法の内容の明確化と変化する国際社会の実態への対応という積極的な効果を生んでいる。しかし，両者が異なった権限に基づき異なった機能を担っていることも忘れられてはならない。

(1)　継続的な国際違法行為の評価

　第一読の条文草案が第二読段階で修正された点の一つとして，第一部の国家の国際法上の義務のカテゴリーに関する条文の構成を挙げることができる。クロフォードは，第一読の条文草案が，行為の義務（第20条），結果の義務（第21条），防止の義務（第23条）の区別に関する規定と，時間的に継続的か継続的でないかで国際違法行為を区別する規定（第24条と第25条）を置いていたことについて，このような区別が国際違法行為の認定やその結果の追求という文脈で必ずしも必要なわけではないとし，これらの規定を大幅に見直した[102]。こうして，義務の種類の区別に関する規定が削除され，国際違法行為に時間的継続性があ

---

[102]　Second Report (A/CN.4/498), paras. 93-137, *Yearbook of the International Law Commission 1999*, Vol. II, Part 1, pp. 29-39 and International Law Commission, *Report on the Work of its Fifty-First Session (3 May-23 July 1999) (A/54/10)*, pp. 131-139, paras. 187-219.

るか否かを区別し，防止の義務に特に言及する第 14 条が設けられたのである。第 14 条のコメンタリーでは，国際違法行為の結果として，当該違法行為の停止という義務の履行が必要になるか否かという点で，国際違法行為の継続性の有無が，国際違法行為の結果の検討で重要な役割を果たすので，この条文が必要であるとの説明がなされている。ただし，コメンタリー自体，国際違法行為の継続性は個々の国際法上の義務の性質によるところも大きく，この条文だけでは継続的な国際違法行為に関わるすべての問題を解決できるわけではないことを認めている[103]。

　コメンタリーで指摘される，このような第 14 条では対応できない問題は，ICJ の裁判手続との関係で実際に現れるように思われる。裁判においては，国際違法行為の継続性の問題が ICJ の時間的管轄の制限とその制限を意識した上での紛争主題の特定のあり方という別の問題にもかかわってくるからである。武力行使の合法性事件で，ユーゴスラヴィアは，1999 年 4 月 25 日に強制管轄受諾宣言をし，同月 25 日に紛争を ICJ に付託した。この強制管轄受諾宣言には，宣言の日以降の事情又は事実に関して生ずる紛争についてのみ強制管轄を承認するとの留保が付されていた。ユーゴスラビアが違法性を主張した NATO 軍のコソヴォの空爆は 3 月 24 日に開始されていたため，ユーゴスラヴィア自身の留保の適用の可能性が論じられたのである。ユーゴスラヴィアは，空爆は継続的な行為ではなく，個別の空爆がそれぞれ新たな紛争を生むとの立場をとった。これに対し，裁判所は，仮保全措置命令で，空爆は 3 月 24 日に開始され，4 月 25 日以降も継続的に行われて来ており，ユーゴスラヴィアと NATO 加盟国の間の空爆の合法性に関する紛争は，4 月 25 日以前から生じているると判断した。裁判所はユーゴスラヴィアがそれまでの紛争と区別される新しい紛争が存在することを証明していないと述べて，強制管轄受諾宣言に基づく一応の管轄権はないとした[104]。この点については，ヒギンズ裁判官が個別意見で，継続的違法行為に言及し，本件の紛争は 3 月 24 日と 26 日に安保理でコソヴォの空爆が問題になった時点で，すでにマヴロマティス事件以降言われる「紛争の存在」の条件を満たしており，4 月 25 日以降に新たな紛争が生じたと

---

(103) Commentary to Article 14, para.1, *op. cit.*, p.135.
(104) *I. C. J. Reports 1999*, pp. 133-135, paras. 24-30.

は言えないと補足している[105]。

継続的な違法行為という概念では必ずしも説明できないものの，裁判における紛争の主題と，過去の事象と紛争の関連性が問題になった第二読の終了後以降の事例として，ある種の財産事件の「紛争主題」にも言及が必要である。この事件では，欧州紛争解決条約第1条が裁判所の管轄権の根拠として援用された。この管轄権につき第27条(a)は，紛争当事者間での条約の発効以前の事実または事情に関する紛争には条約が適用されないと規定している[106]。リヒテンシュタインとドイツの間で，この条約が発効したのは1980年であったため，第二次世界大戦の戦後処理に端を発する本件紛争についての裁判所の管轄権の有無が争点の一つとなったのである。リヒテンシュタインは，紛争主題を1990年代のドイツの国内裁判所の決定であるとし，この時間的管轄の制限は本件紛争に適用されないと主張した。これに対し裁判所は，本件紛争の根源は第二次世界大戦後のチェコスロヴァキアの収用措置にあり，1990年代のドイツの国内裁判所の決定は紛争の引き金になったにすぎないとし，時間的管轄の制限に該当すると判断した[107]。

(2) 国際責任の認定と賠償の認定の乖離

前節で述べたように，ニカラグア事件とジェノサイド条約の適用事件判決では，被告の国際法違反についての原告の訴えの一部が容認され，その理由の論理構成が，国家責任条文の趣旨に沿ったものであったことは，前節で述べた通りである。しかし，これらの事件で裁判所は，原告が請求した賠償措置である，金銭賠償の義務，あるいはその金額を決定していない。ニカラグア事件で，裁判所は，被告の金銭賠償義務の存在それ自体は認めたものの，裁判所が認定した国際違法行為の結果生じた損害に対する賠償としての金額の算定のために十分な証拠が提出されていないとし，原告にそのような証拠の提出を命じ，金額の認定を別途の判決によるとした[108]。その後，ニカラグアの政権の交代により，同国自身が訴訟の取下げため，裁判所は金銭賠償額を決定する判決を出すこ

---

[105] *Ibid.*, Separate Opinion of Judge Higgins, pp.162-164, paras. 4-8.
[106] *I.C.J. Reports 2005*, pp. 15-16, para. 18.
[107] *Ibid.*, pp. 22-27, paras. 39-52.
[108] *I.C.J. Reports 1986*, pp. 142-143, para. 284.

第1部　国際法委員会の軌跡と展望

とはなかった[109]。

　ジェノサイド条約の適用事件で，国際責任の結果としての賠償について，原告が金銭賠償を求めていたのに対し，裁判所はこれを認めなかった。防止の義務について，裁判所は，この義務はジェノサイド条約に規定されており，所与の状況において何らかの程度で集団殺害行為の行使の抑止に貢献する措置を自らの権限内でとることが，条約上の国家の義務の内容であるとした。したがって，この義務によって締約国が，防止の義務の履行のための措置によって，確実にそうした行為の発生を防ぐことを求められているわけではないとした。裁判所によれば，本件での被告の義務違反の認定の理由は，スレブレニカで行われた集団殺害行為の防止の義務の違反がなければ，実際にそのような行為が行われていなかったということにはならないとしている[110]。こうした判断は，防止の義務の違反と原告が主張する損害の間に十分に直接的な関係はないとの結論につながる。裁判所によれば，原告が主張する国際違法行為全部が認められていれば，原告が主張するような損害もそうした違法行為の結果として生じたといえたのかもしれない。しかし，裁判所は，スレブレニカでの集団殺害行為の防止の義務の違反と原告が主張する損害の間には因果関係が証明されていないとし，その結果，この義務違反に対する賠償として，金銭賠償は適切ではないとの結論に至ったのである[111]。

　ニカラグア事件判決とジェノサイド条約の適用事件判決はいずれも被告の行為の国際法上の違法性を認定し，それに対する責任があることを認めた。しかし，これらの判決では，実際に生じている損害と切り離した形で国際法の下での義務の違反があるか否かの認定によって行為の違法性が決定され，その結果としての国家責任が認定された。これらの判決が損害賠償の支払いに直接つながらなかったことは理論的に一貫性を持っている。しかし，その結論には，国家責任条文が国際違法行為と国家責任を極めて理論的，かつ抽象的に説明したことの限界が反映されているように感じる。こうした理論的かつ抽象的な国家責任論が真に国際紛争の解決につながるような結論をもたらしうるのかについては，今後の事例の蓄積を注視していかなければならないだろう。

---

[109]　*I.C.J. Reports 1991*, p. 48.
[110]　*Application of the Genocide Convention, Judgment of 2007*, para. 461.
[111]　*Ibid.*, para. 462.

〔河野真理子〕　　　　　　　　　第3章　国連国際法委員会と国際司法裁判所

氏名	出身国	ILC委員の期間	ICJ判事の期間
R. Ago	イタリア	1957-1978	1979-1995
B. A. Ajibora	ナイジェリア	1987-1991	1991-1994
R. J. Alfaro	パナマ	1949-1953	1959-1964
A. S. Al-Khasawneh	ヨルダン	1987-1999	2000-
M. Bedjaoui	アルジェリア	1965-1981	1982-2001
M. Bennouna	モロッコ	1987-1998	2006-
R. Córdova	メキシコ	1949-1954	1955-1964
A. El-Erian	エジプト	1957-1958 1962-1978	1979-1981
N. Elaraby	エジプト	1994-2001	2001-2006
T. O. Elias	ナイジェリア	1962-1975	1976-1991
J. Evensen	ノルウェー	1979-1984	1985-1994
L. Ferrari Bravo	イタリア	1997-1998	1995-1997
Sir Gerald Fitzmaurice	英国	1955-1960	1960-1973
A. Gros	フランス	1961-1963	1964-1984
L. Ignacio-Pinto	ダホメイ	1967-1969	1970-1979
E. Jiménez de Aréchaga	ウルグアイ	1960-1969	1970-1979
V. M. Koretsky	ソ連	1949-1951	1961-1970
A. G. Koroma	シエラレオネ	1982-1993	1994-
S. B Krylov	ソ連	1954-1956	1946-1960
M. Lachs	ポーランド	1962-1966	1967-1993
Sir Hersch Lauterpacht	英国	1952-1954	1955-1960
Z. Ni	中国	1982-1984	1985-1994
L. Padilla Nervo	メキシコ	1955-1963	1964-1973
Sir Benegal N. Rau	インド	1949-1951	1952-1953
J. M. Ruda	アルゼンチン	1964-1972	1973-1991
S. M. Schwebel	米国	1977-1980	1981-2000
B. Sepúlveda	メキシコ	1997-2005	2006-
J. Sette Câmara	ブラジル	1970-1978	1979-1988
J. Shi	中国	1987-1993	1994-2010
B. Simma	ドイツ	1997-2002	2003-
N. Singh	インド	1967-1972	1973-1988
J. Spiropoulos	ギリシア	1949-1957	1958-1967
P. Tomka	スロヴァキア	1999-2002	2003-
V. Vereshchetin	ソ連（ロシア）	1992-1994	1995-2006
Sir Humphrey Waldock	英国	1961-1972	1973-1981
H. Xue	中国	2002-2010	2010-

変革期の国際法委員会　　　　　　　　　　　　　　　　　　　77

6　お わ り に

　国家責任条文の起草作業とその後の経緯等を見る限り，ILC と ICJ の間には慣習国際法の内容の明確化や発展につながる相互作用が見られるといえよう。国家責任条文に限らず ILC が示した条文は，当事者がその内容に沿った主張を組み立てたり，慣習国際法の内容を示す証拠の一つとしてこれを引用したりすることで，ICJ の具体的な事例に活かされることになる。そして，その主張を受けて，ICJ は引用された条文の慣習法性を認定した上で，具体的な事例に適用するのである。さらに，その結果を示す判決は，ILC の議論の内容の根拠づけや具体化，あるいは場合によっては問題点の指摘につながり，ILC の議論を充実させることにつながってきた。第二読作業の終了を受けて，それがどの程度活かされていくかは，今後の ICJ の事例で当事者が第二読国家責任条文をどのような事実関係にどのように引用するのか，また ICJ がそれにどのように応えるかに依るところが大きいといえよう。

第4章　国際法委員会における作業方法の問題点
——国家責任条文を例として——

森田章夫

1　はじめに
2　要件・効果の分離問題
3　要件・効果の分離による混乱
4　結びに代えて

1　はじめに

　本稿に割り当てられた使命は，国連国際法委員会（以下，国際法委員会）の作業方法の問題点を提示することにある[1]。国連時代の法典化作業において輝かしい栄光をもつ国際法委員会の「機能低下」が語られ始めたのは，早くも1970年代のことであった[2]。それ以後も「地盤沈下」が語られ[3]，以来，既に20数余年が経過している。さらに，国際法委員会創設の50周年[4]と60周年[5]につい

---

(1) 本稿は，筆者が2009年度会期において，村瀬信也委員の補佐として外務省から派遣され，その作業を間近で見た経験も反映されている。そのことを最初にお断りしておくと共に，この場をお借りして，村瀬委員，前委員としての経験をお伝え下さった山田中正大使，外務省の関係者等，お世話になった方々への謝意を申し上げたい。
(2) 波多野里望「国際法委員会の再検討」寺沢一・山本草二・波多野里望・筒井若水・大沼保昭編『国際法学の再構築　下』（東京大学出版会，1978年）225-256頁。
(3) 村瀬信也『国際立法——国際法の法源論——』（以下，村瀬『国際立法』）（東信堂，2002年）第3章第2節（初出，「国際法委員会における立法過程の諸問題」『国際法外交雑誌』第84巻6号（1986年）25-64頁）221頁。
(4) 国連から以下のものが，50周年時前後の主要な学術的成果として出版されている。
International law on the Eve of the Twenty-First Century: Views from the International Law Commission, 1997; *Making Better International Law: The International Law Commission at 50 : Proceedings of the United Nations Colloquium on Progressive Development and Codification of International Law*, 1998; *The International Law Commission Fifty Years After: An Evaluation: Proceedings Of the Seminar held to commemorate the Fiftieth Anniversary of the International Law Commission, 21-22 April 1998*, 2000.

第1部　国際法委員会の軌跡と展望

ては，国連の対応にも大きな変化が見えるとも言われている。もとより，歴史の流れと共に，過去の栄光をそのままの形で復活させることは，無理でもあり，望ましくないとも言えるかもしれない。しかし，少なくとも，国連，ひいては国際社会の尊敬を勝ち得るためには，国際法委員会の作業方法のいくつかには，改善が必要であり，また，可能な部分があるのではないか，それが本稿の問題意識である。この点で，本稿は，内容的には，国際法委員会に対する痛烈な批判となるかもしれず，また，後世から見た「結果論」も多いことは認識する。しかし，これは何よりも，今後の国際法委員会を思ってのことと，読者には了解願いたい。すなわち，国際法委員会が今後共果たすべき極めて重要な国際社会への貢献を期待した「建設的批判」となりたいと願うものである。

国際法委員会の作業において，まず，重要な特徴ないし必要な点と言えば，「課題」（topic）の的確な選択[6]，特別報告者の適切な選任[7]と「適切な」時期・内容での報告書の提出が挙げられるのは言うまでもない。これらは，当然すぎるほどに当然であり，かつ，最も重要であると考えられるが，他方で，これらに関しては，いわば時の「運」も作用するため，国際法委員会側からの改善には限界があるであろう。

これに対して，作業方法に関しては[8]，本稿では，作業対象となる国際法規の内容に直結する問題を取り上げたい[9]。すなわちこれは，ある国際法委員会

---

[5]　60周年時前後の学術的成果としては，国連から出版されたものでないが，Georg Nolte ed., *Peace through International Law: the Role of the International Law Commission: A Colloquium at the Occasion of its Sixtieth Anniversary*,（Springer, 2009）．

[6]　この問題に関しては，村瀬『国際立法』，特に，217-224頁。特にこの課題に関しては，国連第6委員会との関係も，問題となる。国連総会への配慮という，相互関係に関しては，Pemmaraju Sreenivasa Rao, "International Law Commission (ILC)," para. 29, *Max Planck Encyclopedia of Public International Law*, at www.mpepil.com （last visited on 10 Oct 2010）．

[7]　特別報告者に関しては，いくら強調してもし過ぎることはないであろう。国際法委員会の審議方法自体が「特別報告者主導型」とも呼ばれる。「座談会　八〇年代の国際立法－曲り角に立つ国際法委員会－」『ジュリスト』714号（1980年）88頁（鶴岡千仭），91-92頁も参照。その影響力の大きさは，ある会合で委員長は，"prerogative"と呼んだことに見られるように，尊重されていた。例えば，Liabilityや，一方的行為は，課題それ自体は非常に重要かつ興味深いものであったとも考えられるが，特別報告者に恵まれなかったと言えるかもしれない。

[8]　これに関する，優れた先行業績として，村瀬『国際立法』225-230頁。

委員が筆者に語った言葉を借りれば,国際法委員会で重要な点は,いかに委員会会合において「良き討論」(Good Argument)ができたかどうかにあると述べた点を敷衍するものである。具体的な作業の上で,この点につき重大な問題と感じられたのは,いわば作業の分断化である。これは,条文が個別バラバラに提出されることに伴う問題であり[10],国際法規の内容に関して言えば,要件・効果の分離問題となって現れる。筆者は,この問題が,近時に限ったものではなく,国際法委員会の日常作業に伴い,長期に亘って存在する,相当に根深いものではないかと受け止めており,改善が必要と考えるものである。

2　要件・効果の分離問題

　国際法学に限らず法律学一般において基本となる,要件と効果は,一体のものとして,法解釈の三段論法を構成する基礎である。しかしながら,国際法委員会では,この要件・効果を分離して議論した実例がいくつか存在する。ここでは,上述の問題意識を踏まえて,その素材として,国家責任条文(the articles on responsibility of States for internationally wrongful acts)作成過程における,国家の「国際犯罪」(international crimes)と「国際不法行為」(international delicts)の分類に伴う作業方法を,その典型例として取り上げ,その要件・効果の分離により生じた問題点を浮き彫りにするものである。なお,本稿は,あくまでも,作業方法の問題点を指摘するための素材として,この例を取り扱うものであり,この分類の適否自体を問題とするものではないことを最初にお断りしておく。

(1)　国家の「国際犯罪」と「国際不法行為」の分類
　従来の伝統的な「国家責任」概念と異なり,国際法委員会において国家の「国際犯罪」と「国際不法行為」の分類を提起したのは,Ago特別報告者による草案(第18条)[11]であった。これが委員会での議論を経て,国際法委員会草案(第1読,第19条)[12]として採択されたのである。ここでは,条文構成上,「国家の国

---

[9]　本書の編者であり,村瀬信也現国際法委員会委員の見解によれば,スタディー・グループ(Study Group)の増加を問題として捉えられているようである。確かに,通常の課題において特別報告者がもつような責任の所在が明らかでなく,条文化に「結実」しにくいという,制度内在的な問題はあろう。

[10]　「さみだれ式」として,既に,波多野教授による批判がある。波多野「前掲論文」(注2)238-239頁。

第1部　国際法委員会の軌跡と展望

際責任」に関する要件・効果が分離され，第1部では，要件のみが議論されたのである。他方，その後の第2部（及び第3部）では，効果に該当する部分が議論され（第2部については，後述，3(3)），第1読草案が完成した。第1読では，以上のような経緯を辿ることとなった。

(2)　第2読と最終結果[13]

このように要件・効果を分離して議論した草案が，国際法委員会において最終的にどのような結末を迎えたのかを，ここでは確認することとしよう。

国際法委員会は，「被害国」(The injured State) 概念を設定し，「被害国」による責任の追及 (Invocation)（第42条）が，具体的には2つの効果，すなわち，まず，第2部第2章の「被害に対する賠償」(REPARATION FOR INJURY)，次に，第3部第2章の「対抗措置」を生じさせるものとする。他方で，「被害国以外の諸国」(States other than an injured State) も，責任を追及する権利が認められ（第48条1項），請求内容が定められる（第48条2項，without prejudice 条項として，第54条）。さらに，これらとは別個に，「一般国際法の強行規範に基づく義務の重大な違反」とその「特別の結果」(Particular consequences) が定められたのである（第40, 41条）。

このようにして，国家責任条文においては，最終的に，要件・効果が，3分類の範疇として整理されたのである[14]。

---

[11]　"Fifth report on State responsibility, by Mr. Roberto Ago, Special Rapporteur—the internationally wrongful act of the State, source of international responsibility," *Yearbook of the International Law Commission*, 1976, vol. II, Part One, p. 54.

[12]　"Draft articles on State responsibility", *Yearbook of the International Law Commission*, 1976, vol. II, Part Two, pp. 95-96. これは，起草委員会後の文言（*Yearbook of the International Law Commission*, 1976, vol. I, p. 239）と基本的に同一である。

[13]　以下の条文も含めて，Responsibility of States for Internationally Wrongful Acts, Res. 56/83 of 12 December 2001. 国際法委員会による条文は，*Yearbook of the International Law Commission*, 2001, vol. II, Part Two, pp. 28-54.

[14]　この点，条文の構成上は，ここで提起したのと異なる分類，例えば，第2部「国家の責任の内容」(Content of the international responsibility of a State) に対応した，効果の3分類もあり得よう。ここで提示したのは，第1読と比較対照した要件からの分類であることを指摘し，なお，第1読草案と最終形態の重要な相違を確認すれば足りるであろう。

(3) 小　括

　ここでは，当初の Ago 草案とそれを受け入れた国際法委員会第 1 読草案と最終草案との相違を確認すれば足りるであろう。もちろん，一般論としていえば，このような相違は，国際法委員会がそのシステムとして，第 1 読と第 2 読を予定している以上，問題ではないということもできる。むしろここで問題とされるべきなのは，このような結果が，それぞれの読会において十分に審議・熟慮された上での結果かどうかである。結論からすれば，第 1 読の結論が維持できなかったというこのような変更は，国際法委員会での検討方法に重大な問題があったことに，多少なりとも[15]起因すると考えられるのである。以下では，そのような原因となった，要件・効果の分離がどのような混乱を生ぜしめたかを，具体的に検討することとしよう。

3　要件・効果の分離による混乱

　国際法委員会における国家の「国際犯罪」と「国際不法行為」の分類に際し，要件・効果が分離され，第 1 部で，まず，要件のみが議論されたことは既に述べた。現在となっては，異常とも言えるこのような作業は，どのような経緯により生じたものであろうか。また，そこからどのような問題を生じたのかを，以下で明らかにする。

(1) 要件・効果の分離の経緯

　以下では，まず，要件・効果が分離された経緯を明らかにする。

　国家責任条文の起草過程において，その取り上げるべき内容がまず整理されたのが，1969 年 Sub-Committee においてであった。そこでは，要件・効果が，

---

[15] 本稿の性質上，「国家の国際犯罪」概念ないし提示された条文そのものに潜む，内在的な問題点には言及しない。国際法委員会としては，まず参照すべきものとして，First report on State responsibility by Mr. James Crawford, Special Rapporteur, *Yearbook of the International Law Commission*, 1998, vol. II, Part One, pp. 9-23. 文献は，極めて多数に及ぶが，以下の文献と，そこで掲げられた諸文献を参照されたい。吉野（佐藤）宏美「国家責任法における『国家の国際犯罪』」『本郷法政紀要』第 3 号（1994 年）389-420 頁，Weiler, J. H. H., Cassese, A., Spinedi, M. eds., *International Crimes of State, A Critical Analysis of the ILC's Draft Article 19 on State Responsibility*, (Walter de Gruyter, 1989).

それぞれ，First point: Origin of international responsibility と Second point: The forms of international responsibility に分けて整理されたものの，それは両者の検討の順序を示したものではなく，重要な論点を整理したに過ぎなかった[16]。その両者を，検討の「順序」に変更して提示したのは，Ago 特別報告者である[17]。結果として，国際法委員会は，特別報告者の提案に基づき，このような検討の「順序」を受け入れることとなる[18]。しかし，この時点では，このよう

---

[16] 1969 年 Sub-Committee による，関連部分は，以下の通りである（下線，筆者強調）。
91.…the Sub-Committee…decided unanimously to recommend to the Commission the following main points for consideration in connexion with the general aspects of the international responsibility of the State, the understanding being that these points might serve as a guide to the special rapporteur to be appointed by the Commission.

Preliminary point: Definition of the concept of the international responsibility of the State.

First point: Origin of international responsibility.
(1) International wrongful act: …
(2) Determination of the component parts of the international wrongful act. …
(3) *The various kinds of violations of international obligations.* …
(4) *Circumstances in which an act is not wrongful.* …

Second point: The forms of international responsibility.
(1) *The duty to make reparation,* …
(2) *Reparation.* …
(3) *Sanction.* …
Yearbook of the International Law Commission, 1969, vol. II, p. 139.

[17] 以下は，Ago 発言である（下線，筆者強調）。ただし，ここではまだ，要件・効果は密接に関連している点を理解しており，さらには，効果から要件を検討する姿勢も残されている点が興味深い。
20. The members of the Commission seemed to be unanimous in recognizing the need first to establish the basic conditions of State responsibility and then to determine its consequences. … The consequences of a wrongful act certainly depended on the nature of the obligation violated. Similarly, there could be different degrees of gravity in the violation itself, irrespective of the importance of the obligation violated, and there again the consequences would not be the same. In that case, it would be necessary to go back to the primary rules and, without defining them precisely, to classify them according to the consequences of their breach. The violation of some obligations entailed only the duty to make reparation, whereas the violation of others also entailed a sanction.
Yearbook of the International Law Commission, 1969, vol. I, pp. 240-241.

〔森田章夫〕　第4章　国際法委員会における作業方法の問題点

な検討の「順序」が，条文の全体構造と議事にどのような影響を与えるのかは，まだ，十分に理解されていなかったと言うことができよう。これが，条文第1部，第2部，第3部という形に整理された上で[19]，なおかつ，Ago 特別報告者は，実体法上の義務をその内容によって二分化し，さらにその検討をまずは要件面でのみ行い（第1部），効果面（第2部，第3部）の検討を切り離すことを明確に示すこととなる[20]。ここに至って，その問題点も，一部の国際法委員会委員や政府により，認識されるようになったのである。

(2)　国際法委員会と政府コメントにおける批判的見解

以上のように，特別報告者は，実体法上の義務をその内容によって二分し，さらにその検討をまずは要件面でのみ行い，効果面の検討を先送りするというアプローチをとったことが明らかにされた。ここでは，それに対して向けられた批判を検討することにより，その問題点を浮き彫りとすることとする。

(a)　国際法委員会

Ago 草案第18条についてのコメントとして注目されるのは，以下のようなものである。まず，一般的な指摘としては，鶴岡委員より[21]，認定や救済措置

---

[18]　（下線，筆者強調）
　80. .... The aim, then, will be to establish, in an initial part of the proposed draft articles, the conditions under which an act which is internationally illicit and which, as such, generates an international responsibility can be imputed to a State. This first stage of the study will include the definition of the objective and subjective conditions for such imputation; the determination of the different possible characteristics of the act or omission imputed, and of its possible consequences; and an indication of the circumstances which, in exceptional cases, may prevent the imputation....
　81. Once this first essential task has been accomplished, the Commission proposes to proceed to the second stage, which concerns determination of the consequences of imputing to a State an internationally illicit act and, consequently, the definition of the various forms and degrees of responsibility....
　Yearbook of the International Law Commission, 1969, vol. II, p. 233.

[19]　(1) Part 1 : The origin of international responsibility...
　　(2) Part 2 : The content, forms and degrees of international responsibility ...
　　(3) Possible part 3 : The settlement of disputes and the "implementation" ("mise en œuvre") of international responsibility ...
　Yearbook of the International Law Commission, 1975, vol. II, pp. 55-59, paras. 38-51, esp. 41.

第1部　国際法委員会の軌跡と展望

の決定機関や含めて,実際の適用がどうなるかが答えられて始めて,その評価が可能となる点の指摘があった。より具体的なものとしては,違反によって被害を被った国のみならず,国際社会についても履行請求や違法行為によって崩されたバランスの回復を求めることができるかという,原告適格に関する効果の相違が,Calle y Calle 委員により指摘された[22]。他方で,不法行為性（culpability）と懲罰的制裁の要素の相違に基づいて,国際犯罪においても,異なるレジームの相違に応じて違反の範疇を区別すべき点を指摘した,El-Erian 委員[23]等の意見があった。これらはすべて,提示された要件のみならず,効果にも着目したものとして注目されるものである。しかし,これに対する Ago 特別報告者の応答は,時期尚早を理由とする,説得力に欠けるものであったに過ぎなかった[24]。

　さらには,起草委員会後も,Reuter 委員から,国際犯罪のレジームが定まっておらず,二分論も単純に過ぎると痛烈な批判があったことが極めて注目される[25]。これに対し,Ushakov 委員が,特別報告者に対する唯一,積極的に肯定的な弁護を行い,確かに,義務の二分論が,委員会が今後行う議論を先取りし

---

[20]　... On the other hand, the time has not yet come to specify which regime of responsibility should be applicable to the various types of internationally wrongful acts distinguished. We shall have to take a position on the latter question when we deal with the problem of the content and forms of responsibility. Of course, we should already be aware that in making a distinction between internationally wrongful acts on the basis of the degree of importance of the content of the obligation breached we shall necessarily be obliged subsequently to draw a distinction also between the regimes of responsibility to be applied. We have already emphasized that the distinction in question is a "normative" distinction: it has no place in our draft unless it leads to a difference in the consequences entailed respectively by certain more serious offences and by other breaches of international obligations. From the standpoint of the scheme of our draft, however, the two tasks must, of course, be performed separately.
　"Fifth report on State responsibility, by Mr. Roberto Ago, Special Rapporteur," *Yearbook of the International Law Commission*, 1976, vol. II, Part One, p. 52, para. 146.

[21]　Mr. TSURUOKA, *Yearbook of the International Law Commission*, 1976, vol. I, p. 78, para. 2. 起草委員会後の以下の発言も参照。Ibid., p. 250, para. 26.

[22]　Mr. CALLE Y CALLE, ibid., p. 65, para. 34.

[23]　Mr. Abdullah EL-ERIAN, ibid., p. 86, paras. 7-9.

ているという懸念は理解するが，効果から議論したとしても，同様の危険性は異ならない，と述べている[26]。しかしこれは規範的な説得力に乏しい上に，そもそも，Reuter 委員の論旨を正確に理解したものかどうかも疑わしく，単なる見解の表明に終わっていると理解されよう。

このように，国際法委員会での議論は，全体として，法的な説得力に欠けるものであった。

(b) 政府コメント

これに対して，政府コメントでは，より一層端的に，効果を示す条文の必要性を強く指摘する見解が，以下のように見られた。例えば，第2部（part 2）を見なければ（草案の是非を）判断できないとし，草案の不完全性を指摘する見解（Austria）[27]，国際犯罪に関する違反の実際上の意義に関する条文案が存在しない状況では，確固たる立場を形成するのは不可能であり，立場は留保するとの見解（Canada）[28]，（草案が提示した）区別は詳細な説明に欠けるため，意見（observations）の形成が極めて困難であり，区別にどのような「結果」（consequences）が付されるのかがわかるまでは，区別自体も，第19条における国際犯罪のリストに関しても留保するとし，国際犯罪列挙事項間でも結果の相違に着目する見解（The Netherlands）[29]等，注目すべき見解が見られたのである。

これらの見解は，本稿の立場からすると，極めて良識的な法的理解に基づく

---

(24) Ago 答弁は，以下の通りである（下線，筆者強調）。

32. In Mr. Tsuruoka's opinion, the justification for paragraphs 2 and 3 would depend on the effects which the provision would give rise to. He had suggested that the commentary to article 18 should briefly indicate the regimes of responsibility envisaged. However, even a mere outline of those regimes of responsibility would inevitably lead Governments to raise questions prematurely. It would therefore be better for the Commission to confine itself for the present solely to the question of determining the obligations whose breach constituted an international crime. It should also refrain from defining the content of international obligations. ...

Ibid., p. 90.
(25) Mr. REUTER, ibid., p. 245, para. 61-63.
(26) Mr. USHAKOV, ibid., p. 248, para. 8.
(27) *Yearbook of the International Law Commission*, 1980, Volume II, Part One, pp. 89-90, paras. 9-21.
(28) Ibid., p. 94, para 5.
(29) Ibid., p. 103, para. 10.

第 1 部　国際法委員会の軌跡と展望

ものであり，今後の国際法委員会の議論に反映すべきものであると考えられよう。

(3)　第 1 読第 2 部
(a)　第 1 読第 2 部の構造

　草案作成は，Ago 特別報告者が国際司法裁判所判事に転出したため，特別報告者が Riphagen に交代して，継続された。Ago 特別報告者を引き継いで，彼が作成した条文案は，以下のような経緯を辿ることとなった。条文としての具体化は，第 3 報告書での提示に始まるが（国際犯罪により生じる独特の義務に関する，第 6 条，以下の第 14 条）(30)，第 6 報告書で本格的な条文案が提案された(31)。本稿に係る点で重要なのは，「被害国」(injured State) について，その詳細な定義が置かれたこと（第 5 条），国際犯罪については，国際不法行為のすべての効果以外に，他のすべての国に独特の義務が生じること（第 14 条）(32)である(33)。

　これを受けた国際法委員会草案(34)は，大筋でこれを踏襲し，上記の第 5 条は，最終的に第 40 条となった。さらに具体的効果を規定したのは，第 2 部第 2 章（被害国の権利及び国際違法行為を行った国の義務），第 3 章（対抗措置）であり，第 4 章（国際犯罪）において，以上と異なる特別の効果を規定したのであった（第 51-53 条）。ここでは，国際不法行為と国際犯罪との二分論が，効果をも貫く形で，よ

---

(30)　"Third report on the content, forms and degrees of international responsibility (part 2 of the draft articles), by Mr. Willem Riphagen, Special Rapporteur," *Yearbook of the International Law Commission*, 1982, vol. II, Part One, p. 48.

(31)　以下の条文については，"Sixth report on the content, forms and degrees of international responsibility (part 2 of the draft articles); and "Implementation" (mise en œuvre) of international responsibility and the settlement of disputes (part 3 of the draft articles), by Mr. Willem Riphagen, Special Rapporteur," *Yearbook of the International Law Commission*, 1985, vol. II, Part One, pp. 5-6, 13-14.

(32)　本条の分析に関しては，森川幸一「国家の『国際犯罪』の法的帰結に関する一考察——国家責任に関する Riphagen 草案第二部第 14 条にいう『他のすべての国の義務』の検討を中心に——」『専修法学論集』第 55・56 号合併号（1992 年）465-500 頁。

(33)　それ以外にも，効果に関するものとしては，国連憲章との関係で，確認規定が置かれた（第 15 条）。

(34)　"TEXT OF THE DRAFT ARTICLES PROVISIONALLY ADOPTED BY THE COMMISSION ON FIRST READING," *Yearbook of the International Law Commission*, 1996, vol. II, Part Two, pp. 58-65.

り明確に規定となって現れたのである。

(b) 評価

本稿の関心から，この第1読草案をどのように評価すべきであろうか。この点についての重要な問題は，草案第2部に対して，定義された「被害国」を，効果の点からより一層精密に分析すると，「直接被害国」と「間接被害国」というように，二つに分類されるのではないか，ないしは，再分類すべきではないかという，根本的な疑問が提起されたことである[35]。本稿では，国家責任条文草案（当時）それ自体の当否を議論するものではないが[36]，本稿の目的から見て何よりも問題とすべき点は，特に第2部における議論が第1部における二分論に引きずられたまま，結論に至ったのではないかという疑問である。実際に，この二分論の軛(くびき)が解かれるのは，第2読における，クロフォード特別報告者によって行われた，徹底した再検討を待たなければならなかったのである。

4　結びに代えて

当初の構想と最終結果の相違は，以上で見てきたとおりである。その間の混乱について注目すべき点としては，第1読において，一部の委員，政府が，時宜を得た的確なコメントを出すことができず，いわば宙ぶらりんの状態が続いたこと，また実際に，その点の的確な批判も存在したことが，本稿の分析により明らかとなった。また，組織体としての委員会自体も，十分な検証を得ないまま，暫定的な結論に拘束され続けたということができよう。

このような事態に対し，果たして「処方箋」は存在するのであろうか。理論的な分析も含めて，以下では，これに対する提言をもって結びに代えることとしよう。教科書的，或いは論理的には，法制度において，要件に該当すれば効果を生じることとなる。このこと自体は当然と言えば当然のようにも見えるが，重要な点は以下の点にある。例えば，国内法においても，「効果は要件にはね返

---

[35] この問題に関しては，既に多くの論稿があるが，国際法委員会草案に関する緻密な分析として，川崎恭司「国家の国際責任法における『被害国』概念について(一)(二)(三・完)」『修道法学』第11巻第2号（1989年）179-213頁，第12巻第1号（1990年）95-120頁，第13巻第2号（1991年）1-38頁。

[36] 本稿の目的から離れるため，この点についてはここでは詳述しないが，第1読草案に対する筆者の分析については，拙著『国際コントロールの理論と実行』（東京大学出版会，2000年），特に，88-97頁。

る」と呼ばれ⁽³⁷⁾，一定の体系書においては，意図的に，効果を先に書き，要件を後に書いているものさえ存在する⁽³⁸⁾。国際社会においては，国内社会におけるのと同様の法執行機関による実効性の確保手段は原則として存在しないため，効果の問題は，より一層枢要な問題と考えるべきであろう。

　本稿で取り上げた作業に当てはめて具体的に述べれば，「賠償」や「制裁」といった，効果の相違に関する分析から出発し，要件を洗練させた方が，むしろより混乱が少なかったとさえ見えるのである。これは，若干の誇張を孕むものとも見えるかもしれないが，少なくとも要件・効果はセットで考えるべきという点には同意が得られるであろうし，あるいは，常識ではないかと賛同して頂けよう。しかし，残念ながら，国際法委員会では，このような常識的な点が，作業方法として貫徹されなかった経験もあり，そのために，議論の混乱や，時間のロスを生んできたと言わざるを得ないのである。

　本稿の指摘は，何も国家責任条文だけに該当する問題ではない。例えば，条約の留保でも，他の委員から「最も重要な」点とさえ指摘されている「効果」が，最終盤にまで持ち越されてしまったことも事実として指摘し得る⁽³⁹⁾。このような点に鑑みると，特に，特別報告者が国際法委員会において有力者である場合，あるいは，議事の対象となる報告書が数の上で不十分な場合には，同様の現象が繰り返される危険性は常に存在すると見るべきであろう。その対策としては，委員会全体として，部分的な草案の提出，特に，効果が明確となっておらず，要件のみを規定する報告書に対しては，例えば，審議は行わずに，書き直しを要求するという，「蛮勇」も必要となるであろう。

　本稿が示唆するのは，いわば「急がば回れ」ということであり，常識的な，あまりにも常識的な結論に過ぎないかもしれない。しかし，日々の作業に追われることで，国際法委員会はこのことが十分に守れていないのが現実であった。この提言は，場合によっては，会期の短縮につながりかねない提案という意味で，「劇薬」となる可能性もあろう。しかし，国際法委員会が築いてきた栄光を維持し，発展させていくためには，必須とさえ考えられるのである。

⑶⁷　ドイツ民法では，"Die Rechtsfolge schlägt auf den Tatbestand einer Norm zurück."と呼ばれるものである。簡略な説明として，米倉明『民法の聴きどころ』（成文堂，2003年）48-50頁。

⑶⁸　例えば，星野英一『民法概論Ⅳ　第1分冊　契約総論』（良書普及会，1975年）参照。

⑶⁹　国際法委員会研究会「国連国際法委員会第61会期の審議概要」『国際法外交雑誌』第108巻第3号（2009）101-109頁，特に，106頁（森田章夫）。

第5章 国連法体系における ILC の役割の変容と国際立法

奥 脇 直 也

1 はじめに
2 国際法委員会 (ILC) の作業の性質と手続の区分
3 法典化と立法
4 変化する国際法への作用とILC の役割の変化
5 国際法過程の管理モデルの台頭と ILC

1 はじめに

「国連法体系」というのは，かつて私が「現代国際法における合意基盤の二層性」[1]と題する論文の中で，多数国間条約と国連総会決議（とくに法原則宣言）との関係について論じた際に用いた概念である。その後，この概念は色々な意味で用いられるようになっているが[2]，私がそこにおいて焦点を当てたのは，国際法定立過程における近代国際法から現代国際法への変化，なかでも多数国間条約が増大した20世紀への転換点からの半世紀，そして第二次世界大戦後に国連が創設された後の多国間主義の時代における国際法の秩序形成機能から見た法定立過程の特色であった[3]。多国間主義は国連の時代に一層重要性を増し，国際法の規律分野の拡大とともに各種の条約が締結され，またその条約機

---

[1] 拙稿（河西直也）「現代国際法における合意基盤の二層性」『立教法学』第33号（1989年）98~138頁。なお「国連システムと国際法」岩波講座『社会科学の方法』第6巻「社会変動のなかの法」50~87頁（1993年）も参照。
[2] 藤田久一『国連法』（東京大学出版会, 1998年），秋月弘子『国連法序説―国連の自立的補助機関の法主体性に関する研究』（国際書院, 1999年）などがある。
[3] Oscar Schachter & Christopher Joyner, United Nations Legal Order (Cambridge, 1995) も，国連体系が国際法の法源として国際秩序の形成にいかなる貢献をしたかという同じ問題意識を含んでいる。なお拙稿（河西直也）「国際立法の世紀のジレンマ」永井陽之助編『二十世紀の遺産』（永井教授還暦記念論文集, 1985年）435~440頁も参照。

関による過剰といってもいいほどの規範の新規の導入，議定書の採択，各種基準の設定が進められた。また新たな人間活動の発展や規範意識の変更に伴って規律すべき適切な法がない（＝法の欠缺）場合には，類似の事項を扱う条約機関が相争って，また場合によっては条約の本来の目的を超えて，新たな規範を形成するようになってきている。さらに条約に固有の制約としてのその第三者効力の桎梏を乗り越えるための，条約の慣習法化の論理の多用や，条約解釈の方法としての発展的解釈（evolving interpretation），柔軟解釈（liberal interpretation）などの手法が蔓延するようになってきている。それらは従来の厳格な合意主義の限界を乗り越える努力ではあるが，同時に条約義務を弛緩させ，条約体制への信頼性やその厳格な運用を毀損する場合も多い。こうした傾向は，国連の専門機関の活動とも連動しており，その意味で国連法体系の発展は，場合によっては国家が直接関係する他の国家との間で具体的問題を解決しながら二国間の特別秩序を形成することを阻害することも危惧される。

　他方，『国際立法』（International Legislation）という概念は，アメリカの国際法学者ハドソン（Manley O. Hudson）がその著書の題名として用いた[4]ものであるが，その著書は当時の多国間の立法的（law-making）条約を収集したものである[5]。収集された条約の中で際立っているのは労働関係の条約，とくにILO労働条約であった。周知のように，ILO労働条約はその締結過程が通常の条約とは異なり，ILOの総会が起草した条約案が署名を経て確定された後に，一般的外交会議を経ることなく，直ちに諸国の批准の手続に移されるものであった。つまり国内において議会が法案を審議し採択するのと同じように，ILOが実質的にいわば条約を作成し，あとは各国によりこれが批准されるかどうかだけが主権国家の選択に委ねられたのである。この後者の点でそれは，議会が議決すれば一般的な拘束力をもつ議会制定法と異なるが，条約内容がILO機関で確定されてしまう点では，まさに国内の立法作業と類似する。ILOがこのような手続を定めたのは，政府代表，雇用者代表，労働者代表の三者が加わって条約案

---

[4] M.O. Hudson, International Legislation, 9 vols. 1931-1950.

[5] Hudson はその序文（1931）においてすでに国際立法の用語について，「それは国際法（law of nations）を追加しまたは変更する意識的な努力の過程と結果の双方を記述するのに大変に便利なもののように見える。この用語は一見新奇なもののようではあるが，それを使うことが一般的になってきており，今や何らの躊躇もなく用いることができる」と書いている。Id., International Legislation, Vol.1, Introduction, p.xiii.

〔奥脇直也〕　第5章　国連法体系におけるILCの役割の変容と国際立法

を審議するというILO独特の構成によるものである。つまり，三者構成の手続を経てその妥協として採択された条約案を，通常の条約締結手続と同様に，更に一般的外交会議にかけることは，三者構成による審議の意味を無に帰せしめることになるからである。国際連盟の時代には，ILOだけでなく，すでに多くの国際行政連合や国際委員会が活発に活動し，国家間の関係の緊密化に応じて生じる諸種の問題を調整するために多様な国際基準が作られるようになっていたのである。

　国際社会には国内法と同一の意味において立法権をもつ専属的機関があるわけではないが，主権国家の合意を国際法の拘束力の基盤としてきた厳格な合意主義のみをもって，現代国際法の形成過程をすべて説明しようとすると，かなり無理な論理操作を行う必要が生じる。それは多数国間条約の慣習法化という議論に端的に表れる。慣習国際法の拘束力の根拠が従来「黙示の合意」によって説明できたのは，古い時代からそうした慣行が行われ，それが確固たるものとして疑問の余地なく諸国に受け入れられていたからであり，慣習法の成立要件に関する議論もいわば紛争解決の中で紛争発生の時点においてすでにそうした確固とした規則が存在したということを確認するためのものであり，慣習国際法が何時成立したかを科学的に特定するための要件であったわけではない。こうした確固たる規範の存在は，国際法の議論の中では，慣習国際法のみならず，国際法を通底するものとして国際法の原則と法の一般原則あるいはさらにそれらの根底にある一般法理 (general jurisprudence) として前提とされてきたはずである[6]。それらは国家間の合意によって基礎づけられるものではない。多数国間条約の慣習法化という議論はその意味で慣習国際法の概念の内実を変更するものである。そこでは国際法は，大国を含む新たな規範が規律する事項について重要な利害関係を有する大多数の国家が受容した法と定義[7]した方が現実の法形成過程の説明として適合的であることになる。そうであるならば，多数国間条約の慣習法化による法形成の過程を「国際立法」と言い換えても何ら支障がないように思われる。

---

(6) Nuclear Tests (Australia v. France), I.C.J. Reports 1974, p. 253, とくに paras. 46, 51, 60.

(7) Jonathan Charney, Universal International Law, 87 Am. Jour. Int'l L. (1993). pp. 529 et seq.

第1部　国際法委員会の軌跡と展望

2　国際法委員会（ILC）の作業の性質と手続の区分

　ところで国連憲章は，それ以前の法典編纂の経験を踏まえながら，国連の役割の一つとして，国際法の「漸進的発達および法典化」（progressive development of international law and codification）を掲げ（第13条），国連はそのための機関として，国連国際法委員会（ILC）を設置した。ILC は国際公法に特化した機関として設置されており，国際私法その他の分野における作業は当初から ILC からは切り離されることとなった[8]。国連憲章には，若干意外ではあるが，国際法に言及する規定は前文と第1条の「目的」のところにそれぞれ一回出てくるのを除いて，唯一，この第13条に出てくるだけである。この点は，国連が連盟規約のリーガリズムとは異なるより政治的な作用を期待されるものとして創設されたことと無関係ではなかろう[9]。またそれゆえに，同じ法典化でも連盟期の法典化の必要性についての当時の認識と，国連の中での法典化についてのそれが同じである必然性もない。

　国際法の漸進的発達と法典化の概念的区別の問題は，ILC の委員に推挙される人員の資格や人数とも関係する問題であったが，さらには ILC の任務の範囲確定の問題として ILC 規程の起草段階でかなり突っ込んだ議論が行われている[10]。とくに両者について異なる手続を採るべきかどうかという議論を巡って，両者の区別が議論されている。国際法の漸進的発達は，国際法の規則が諸国の慣行を通じて十分に発達しているとはいえない，あるいは国際法が規律していない分野において，新たな条約案を起草するものである。他方で法典化は，すでに国家慣行として確立した法規の不明確な部分や欠損部分を補充し，あるいは一貫性を欠く部分があればこれを是正しつつ，規則の体系として現行法規（*lex lata*）を定式化して取りまとめる作業をいう（ILC 規程第15条）。しかし概念的にはそのように区別できるとしても，実際には現行法規の体系化の作業にも新たな規範定立の要素が介在し，両者を明確に区分することは可能ではないと

---

[8]　国際私法の分野でも法典編纂は活発化し，UNCITRAL，私法統一国際会議（UNIDROIT），ハーグ国際私法会議（Hague Conference on Privaite International Law, HCCH）などが，私法，取引法，仲裁法などの分野で法形成を行っている。

[9]　連盟期リーガリズムにおける法と政治の分離については，拙稿，前掲注(3)文献，参照。

[10]　Herbert W. Briggs, International Law Commission （1965），pp.129 et seq.

〔奥脇直也〕　第5章　国連法体系における ILC の役割の変容と国際立法

いう見解が広く示されていた。ILC 規程は両者の概念的な区別の上に立って，法の漸進的発達と法典化に分けて手続きを分離して規定しているが，当初からそれは柔軟な運用を否定するものとしてあったわけではないし，ILC のその後の活動においても，必ずしも厳格な区別が維持されたわけではない。

　国際法の法典化と漸進的発達について ILC 規程が定める手続の違いの主要点は以下の点にある。第一に，国際法の漸進的発達については，そのイニシアティブをもつのは国連総会（第16条）または各加盟国，国連の総会以外の主要機関，専門機関，国際法の漸進的発展及び法典化を促進するために政府間協定によって設置された公式の機関（第17条）であることが予定されている。これに対して，法典化については，ILC 自身が法典化に適する事項を選定する目的で国際法の分野全体を検討し，選定された事項を総会に勧告し，総会の設定する優先順位にしたがって作業に着手するものとされている（第18条）。また第二に，漸進的発達の場合には，ILC が直接に加盟国政府に取り上げる事項に関連する情報や文書の提出を求め，作業の結果取りまとめた委員会文書は事務総長が委員会報告として公刊した後，委員会がこれについての意見を加盟国から聴取して最終案を採択して，事務総長を通じてこれを国連総会に付託することとされている。なおその際，ILC は総会に対する勧告を付することができるが，その内容は規定されていない。これに対して法典化の場合には，ILC は，事務総長を通じて各加盟国政府に対し，法典化に係る事項に関する各国の国内法令，判例，条約，外交文書などについて詳細な要請を発出し，それを受領して検討した後（第19条），条文草案の形で総会にこれを提出すべきものとされている（第20条）。なおこの条文草案には，国家慣行のほか，先例，条約，判例及び学説を含む関連あるデータの十分な紹介と，条文ごとに国家慣行や学説における意見の合致の範囲，相違や不一致の所在，その解決方策についての議論などを含めることが要求されている（第20条）。ILC がこれをうけて満足できる草案の起草に至った場合には，事務総長を通じてこれを公刊し，委員会がこれについての意見を加盟国から聴取して最終草案及び注釈書を起草し，事務総長を介してこれを総会に提出するところまでは漸進的発達の場合と同じである。しかし，法典化の場合には，総会に提出する際に，ILC は総会に対して次のいずれかの勧告を行うことができるものと特定的に明記されている（第23条）。すなわち(a)報告書の公刊以上の何らの行動も採らないこと，(b)決議によって報告書に留

意 (take note) し，またはこれを採択 (adopt) すること，(c)条約の締結のために加盟国に条文草案を勧告すること，(d)条約の締結のための会議を召集すること，である。

　国際法の法典化と漸進的発達とにおけるこのような手続きの違いは，ILCの作業がいずれの場合でも多かれ少なかれ政治的な意味をもちうること，それゆえILCと国連総会との責任の分担を整え，ILCの作業の成果がもつ影響をどのような手続きを通じてコントロールすることが適正であるかについての規程起草委員会の判断を反映したものであった。ILC規程の手続きにおいて，ILCは直接に条約編纂の方法 (convention method) をとらず，法の漸進的発達のための草案作成の場合はもちろん，法典化に適するものとしてすでに慣習法が熟していると思料される場合における国際法の法典編纂 (実質的には法の科学的restatement) の場合でさえ，国連総会に対する勧告を通じて条約締結の一般外交会議の開催を求めるにとどめられているのは，1930年の第一回ハーグ法典化会議の失敗の轍を踏まないという知恵の反映でもあったであろう。漸進的発達の場合の法典作成は，実質的には立法 (legislation) としての意味をもつのであり，そうした法定立過程の組織化は多様な利害をもつ諸国にとって受け入れ可能ではないという判断が，ほぼ共有されていたというべきであろう。ILC規程が，慣習国際法の法典化については条文草案という形式での作業を明文で求めているのに対して，漸進的発達についてはそうした規定は設けられていない点に，両者の違いについての考え方が端的に表れている。また法典化が単なる現行法の科学的restatementにとどまらないことについても当初より意見の一致があり，ILCの法典化作業の中でILC規程の手続の区分は柔軟に取り扱われるようになっていくことになる。

3　法典化と立法

　法典化は，新たな法規範 (*lex ferenda*) の採択としての立法とは異なるものと観念されるものの，そこにも現行法の不備の補充や修正あるいは非一貫性の排除などの点で，程度の差はあっても立法的要素を必然的に介在する。それゆえ先に述べたように，ILCは総会に条文草案を提出する際にその後のその取扱いについて総会に勧告ができることが規定されるにとどまった。これは法典化が，すでに諸国を拘束しているはずの現行法を法典編纂にすぎないのであり，それ

ゆえ条文草案が自動的に法的な権威をもつはずであるから、これを直ちに条約化（convention method）しても同じことのはずであるという単純な思考が成り立たないことを意味している。実際、ILC が条文草案を提出した場合に、総会がこれに留意（take note）するにとどめるか、これを採択（adopt）するかは、政治的にはその条文草案の権威づけに大きな違いが生じる。もし総会が条文草案を採択すれば、それは現行法の法典化として諸国の規範意識を反映したものとみなされる可能性があり、またそれゆえたとえば国際裁判においてそれが、少なくとも法則決定の補助手段（ICJ 規程第 38 条 1 項(d)）として使うことの正当性が高まるであろうし、また場合によっては慣習国際法の証拠（同条 1 項(b)）として引用されることになる。ILC の条文草案にそのような権威づけがなされるとすれば、ILC の法典化作業は実質的には諸国を一般的に拘束する立法として作用する側面が強められることとなろう。ILC がその条文草案を総会に提出する際に付する総会に対する勧告が、加盟国に対して条約化を勧告するよう求める場合や、条約として締結するための一般的外交会議を開催することを求める場合には、条約化されれば条約として拘束力をもつし、条約化できなかった場合には拘束力の根拠が減殺されることになる。これに対して総会が条文草案を take note するか adopt するかは、ILC の法典化作業およびそれが作成する条文草案の政治的作用ゆえに、総会にとって大きな問題となる。漸進的発達の手続の場合でも、特定的には明記されていないものの、同じことが生じるであろう。

　いずれにしても、ILC が作成する条文草案が、総会のイニシアティブによって ILC に付託された議題についてのものであるか、ILC 自らが適当と判断して選定した議題についてのものであるかは、ILC 規程の手続の区別にかかわらず、必ずしも ILC の作業が国際法の漸進的発達であるか現行法の法典化であるかにとって決定的ではない。実際にも、ILC が条文草案の形での規範の定式化を進める場合には、両者の手続は交錯する。たとえば領海、接続水域、公海の議題は、ILC の 1949 年会合で採択された 14 個の法典化のための議題（provisionally selected topics for codification）に含まれ[11]、また優先順位のある議題リスト（list of topics given priority）とされたが[12]、実際のこの議題の審議の過程では、漁

---

[11]　A/CN. 4/13 and Corr. 1-3, Report of the International Law Commission on the Work of Its First Session, 12 Aug. 1949, ORGA, 4th Session, Suppl. 10, p.281.
[12]　ILCYB 1949, 270th Plenary Mtg., 6 Dec. 1949.

業の問題と公海レジームおよび大陸棚の問題については法典化と漸進的発達を区別することが不可能であること，領海レジームについての審議の結論と接続水域の問題は分離することが不可能であることから，総会の勧告により一括して扱うこととされた。1958年のジュネーブ海洋法4条約の起草をめぐるこの経緯は，第三次海洋法会議がILCの手を離れて多国間で直接に海洋法の問題を審議し，海洋法についての包括的な枠組（深海底機関という国際組織の創設する設立文書をも含むという点では，「余りに包括的な」枠組とすらいえる）となる1982年の海洋法条約（UNCLOS）を採択する過程にも反映されている。UNCLOSが直接に国連の外交会議で起草されているのは，一方で新たに導入されたEEZの制度，国際海峡の制度，深海底の制度，海洋環境の保護・保全，海洋科学調査などについて，主として海洋沿岸国と海洋利用国，海洋先進国と発展途上国との間での利害調整と妥協が必要であり，そのために一括して採択する（package deal）ことが必要であったからであるが，同時に，これら分野での作業が法典化に含まれる立法的要素を超えて，むしろ海洋規範秩序を新規に創設する意味を多分に持っていたからでもある。

　1949年のList of topicsに含まれる事項のうち，条約法，外交関係法などについては，現行法規の法典化という側面が強く現れているが，それでもウィーン条約法条約の強行法規（*jus cogens*）や留保に関する規定など，法の漸進的発達といえる（あるいは革命的発達とすらいえる）条項も含まれている。仲裁規則の法典化に関しては，特に外国仲裁裁定の承認・執行のようなこれまで国家慣行として確立していない規則も含まれ，それゆえ文書の形式も「仲裁手続に関するモデル規則」という形に落ち着いた経緯がある。いずれにしても1960年代から1970年代にかけてILCが条文草案を作成し，あるいは報告書を提出した事項については，法典化という要素が重視され，慣習国際法として確立した規範を括り出すために諸国の国家実行や外交慣行や外交文書，裁判判例などの資料の収集と検討，分析の作業に多くの時間が費やされた。それゆえまた結果として提示されて文書は比較的に概念的整理が行き届いており，義務違反を認定して国家責任を追及する場としての裁判手続において使用するのに耐えうる内容となっていた。また条文として定式化すること自体がもつ規範の選択と明確化を通じて，広く国家間での外交交渉において援用されて新たな政治的影響力をもつと同時に，紛争解決過程における国家による紛争主題の共通の認識の形成に

〔奥脇直也〕　第5章　国連法体系におけるILCの役割の変容と国際立法

も大きな影響をもったのである。ただし法典化の要素が強いがゆえに、国家慣行の集積がある部分は多分に国家が実務的な処理を行ったことの結果として規範として定着してきた可能性もあり、ILCはどちらかというとそこに漸進的発達の要素を付け加えることには謙抑的であり、場合によってはILCの保守性が国際社会の現実の必要を阻害するという事態も生じかねないものであったともいえる[13]。

　国際法の最も伝統的な分野でありかつList of topicsに掲げられた国家責任の問題のように、伝統的な国際法の実務的処理が外交保護のような責任の極めて限定された局面について成立しているにとどまると考えられるような場合には、これを法典化するだけでは国際社会の現実の必要に応じきれないというジレンマも生じる。その場合に、条文草案の規律範囲を広げれば当然に法の漸進的発達の要素も多くなるし、また草案そのものが実務処理から離れて過度に理論的にもなりかねないことになる。こうしたことから、国家責任条文草案については、ILCの勧告に従って、国連総会も単にこれをtake noteするに留めた[14]。もっとも、国際社会の現代的な必要を反映しあるいは後に述べるような予防司法的なICJの作用の強調にとって極めて重要な作用をもちうる第三者による責任追及に関する規定（第48条）は、漸進的発達としての要素の強いものであるが、すでに日本の調査捕鯨をICRWへの違反と主張するオーストラリアのICJの提訴の実体法上の基礎ともされており[15]、これについてICJがどのような判断を下すか、世界が注視しているところである。ICJが、およそ「被害」というものが認識できない場合に、第48条の規定を慣習法化したものとして、これを本案を提起する基礎として認めるところまで踏み切ることができるかはなお疑問であるが、最近のICJの予防司法機能の強調のなかでの暫定措置の運用の仕方を見れば、本案の扱いとのバランスで暫定措置の前提となる一応の管轄権の存在を第48条に基づいて認める余地が、ICJの司法政策上の判断として広くなる可

---

[13]　文中に述べた条約法条約草案における強行法規（*jus cogens*）の規定や国家責任条文草案における国家の国際犯罪（ただしILCによる国家責任審議の範囲内ではないということで結局は削除された）、ICJの判断に即応した対世義務（obligation *erga omnes*）と第三者対抗措置（被害国以外の国による責任追及）など、国際法の漸進的発達に相当に踏み込んだ場合もある。

[14]　A/RES/56/83, 12 Dec. 2001.

[15]　南氷洋捕鯨事件（Australia vs. Japan）, ICJ Press Release, 2010/16, 1 June 2010.

能性は高いようにも思われる。その際に，ILC が作成した国家責任条文草案が総会によって take note されたことだけでも，それがもつ意味は大きいであろう。

　主権免除の問題もまた新たな法の変化をあるべき方向を目指して確定しようとするもので，作業全体が法の漸進的発達としての意味を持っていたともいえる。ILC は，その報告書を総会に提出するに際して，ILC 規程第 23 条(d)により，総会に対して条約を採択するための一般的な外交会議を開催するよう勧告した[16]。結局，国連主権免除条約[17]が結ばれることとなるが，この条約は全体としてみれば制限的免除を採用することが許容されることを確定したのみで，制限免除を取ることを義務づけているわけではないから，この条約の締約国となったとしても絶対免除主義を維持することができないわけではない。また何を商業的行為と判断するかも，国家の判断基準を提供はするとしても，その基準は十分に客観化されているわけでもなく，商業的行為の範囲も免除を認めない最大限の範囲を示したものであるから，これを最小限に解して免除を広く認めることも締約国の判断に委ねられている。その意味でそれはすでに制限的免除主義を取っている国の立場を補強しただけであるともいえ，各国国内裁判所が制限的免除に踏み切る可能性を広げたかもしれないが，制限的免除の導入によって免除そのものがすでに義務から礼譲へとその性質を変化させたと考えられるのであれば，結局は，新たな慣習国際法の法典化ということはありえず，また法の漸進的発達にすらあたらないといえるのである。それは単に制限的免除をとることが違法ではないとしてすでに一部の国で国内裁判所が採用している制限免除を後付で正当化したことで，絶対免除の義務から国家を解放したにとどまるともいえる。それは，何が違法でないかを確認したにとどまり，何が合法的措置であるかを指示していないのである。つまりそれは本質的には「許容の国際法」を示しただけで，「禁止の国際法」を示していない，あるいは主権的行為については免除付与の義務があることを確認したにとどまり，いわゆる業務管理行為の内容としてこれまで国家が主権への礼譲 (comity) の立場から独自に判断してきたことを裏書したに過ぎないともいえる。こうした ILC の作

---

[16]　ILC YB 1991, Vol.II (Part II), paras. 25-26.
[17]　United Nations Convention on Jurisdictional Immunities of States and Their Property（国連国家免除条約，2004 年国連総会採択）．

〔奥脇直也〕　第5章　国連法体系における ILC の役割の変容と国際立法

業がもつ意義をどのように理論的に性質づけるかは難しい問題であるが，少なくとも許容の国際法を authorize することにより，制限免除の慣行を助長し，国家間での無用な紛糾を避けながら，その枠組みのなかで comity に基づく国家間関係の調整を円滑化することを期待することはできるであろう。

4　変化する国際法への作用と ILC の役割の変化

(1)　ILC の委員構成と管理のツールとしての国際法

　ところで現行法規の restatement としての法典化は，まさに有能な国際法学者のアカデミックな適性に見合った仕事である。当初の議題リストにはそのようなすでに確立した現行法規が存在すると思われるような事項が多く盛り込まれていた。またそれゆえ ILC の委員に指名された者も，歴史の流れの中から国家実行，裁判判例，国内法規定などの資料を丹念に収集し，そこから一定の法命題を括り出す専門家としての専攻国際法学者，大学教授としての常勤の職をもつ者の割合が高かったといえる。1949 年の ILC 設立時点においては，著名な国際法学者を含め，全委員 15 名の内の 9 名が国際法学者であった。この比率は，委員が 25 名になった 1960 年代から 70 年代にかけては学者委員 14〜15 名，実務家委員 10〜11 名というようにやや低減し，1972 年の改選期以後この比率は逆転して，学者委員 6〜7 名，実務家委員 18〜19 名となり，39 会期（1987 年）以後，定員 34 名中，学者委員が概ね 11〜15 名[18]に対して実務家委員が 19〜23 名と変化している。その後冷戦終結後の時期を通じて外交官や国際組織出身の実務家の割合が増加し，現代では専攻国際法学者といえる委員の数は定員 6 名程度（約 2 割弱）にすぎない。こうした学者委員・実務家委員の比率の傾向は理由のないことではない。

　一つには，法典化に適する分野がすでに概ね終了し，同じ法典化でも過去の国家慣行を時代の変化に応じて変更し，新たな規範を付加し修正するような立

---

[18]　詳細には，現在の 34 名の委員定員に対して，常勤職の学者の数は，第 39〜43 会期（1987〜1991 年）は 11 名，第 44〜48 会期（1992〜1996 年）は 15 名，第 49〜50 会期（1997〜1998 年）は 13 名，第 51 会期（1999 年）は 13 名，第 52〜53 会期（2000〜2001 年）は 14 名，第 54 会期（2002 年）は 13 名，第 55〜60 会期（2003〜2008 年）は 13 名，第 61〜62 会期（2009〜現在）は 11 名である。委員の中には学者・実務家を兼ねている人もあり正確に数えることはできないが，その履歴から判断して主としてどちらに属するかを基本にした（末尾別表，参照）。

法的な要素への配慮が不可欠であるような分野が残されたこと，それに対応して確立した現行法規の忠実な再現である法典化よりも，新たな秩序の制度設計における実務的な判断能力をもつ政策マインドをもった委員がより必要となってきていること，地球的問題群の多発により従来国際法が規律してこなかった事項に関して新たな規範が必要となってきたという理由が考えられる。こうした問題に関して，実定国際法学者に「あるべき法」の探求をどこまで求めることが適当かという問題が委員を推薦する国家の側に生じることになる。Restatement としての法典化の場合でもそうであるが，全体として法の漸進的な発達の要素が強い条文草案の作成の場合には，過去の国家慣行が十分に蓄積されていないことが多く，また ILC 条文草案が国連総会に提出され，総会がこれを take note するだけでも，いわゆる各種の私的条約草案とは異なる一定の強い事実上の政治的効果をもつから，それにどのような新規の規範が盛り込まれるかは，国家の利害関係を大きく影響しかねないのである。従って，国家は縁遠い学者委員よりも，その影響力の下にあり，またその考え方や行動背景を十分に知悉する者を委員として送り込む願望をもつことになる。ILC 委員はあくまで個人の資格において草案作成に加わるわけで，それゆえ国家は委員の人選に慎重にならざるを得ない面がある。

　もう一つは，現代国際法の秩序の維持・形成機能に大きな変化が生じていることである。従来の ILC の作業が法典化にせよ漸進的発達にせよ，いずれも国家間の紛争を解決するために規範を明確化すること，とりわけ紛争解決の原理が国際義務の違反を客観的に特定して違法の責任を追及することを前提として組み立てられてきていた。ところが現代における ILC の作業はそうした前提とは異なる要素を取り込まざるを得ない。すなわち現代においては多くの国際組織や条約履行機関が，必要に応じて事情適合的な規範を随時生み出しているが，それら規範の役割は，その多くがいわばガイドラインとして国家による規範適合的な国内政策を誘導し，諸国の国際協力によって国際組織や多国間条約体制の目的を維持発展させていくことを目指すものとなっている。こうして国際組織設立条約あるいはその他の多国間条約の解釈として生み出される多様かつ膨大な規範は，いずれかの国の義務への違反の責任を追及する根拠として機能するよりも，それら条約の締約国による（あるいはそれを超えて国際社会の意思として条約の非締約国を含めて），その条約への遵守（compliance）を誘導し，条約上の

〔奥脇直也〕　第5章　国連法体系におけるILCの役割の変容と国際立法

義務と齟齬する状態がある場合には，これを国際社会に対して説明する必要がある（transparency の要請）という認識を深めることを通じて，規範適合的な秩序を形成しようとするものである。それゆえ条約の目的的解釈，発展的解釈といった条約規定のリベラル解釈が広範に行われるようになる。国家による条約の遵守は，解釈によって同定される義務の内容に国家が誠実に従うだけでなく，それぞれの国家が条約の趣旨・目的に従いこれを実現するよりよい方策を工夫して，解釈を通じて評価基準を高めていくことに貢献する責任（accountability）を負っているともいえる。これが現代国際社会の「法化」（legalization）あるいは「立憲化」（constitutionalization）といわれることの実質的な中味である。こうした方向での発展は，それぞれの国際組織や条約体制の中で，義務履行を促進するための様々な新たな基準や手法を生み出してきている[19]。また条約体制によっては独自の紛争解決手続を準備しているものもあり，その中には第三者による裁定と当事者主義，裁定の理由の明記など，司法類似の手続を採用するものもあるが，仔細に検討すれば明らかなように，それはいずれもいわゆる司法手続きとは本質的に異なる面を持つ。それゆえ国際社会において法化が進んでいることを直ちに「司法化」（judicialization）と等置することはできない[20]。このような現代国際法の秩序維持の方式は，従来二国間で行われてきた外交交渉を，多国間の公のフォーラムを通じて行うという方向への変化として性質づけることができる。この変化は国際社会のグローバル化にも対応するものであり，多国間外交交渉のフォーラムには様々な利害関係者が参加するようになるが，そのことは国家による compliance や transparency や accountability の重要性の認識を一層高めるようになる。こうした順循環が条約の枠組みを超えて推進されるようになったとき，国際法の機能を説明する枠組みは相当に今とは異なるものとなろう。

　実はこうした方向への変化は，国家によるICJの利用のあり方やICJ自身の変化としてもすでに顕在化してきている。すなわち，交渉命令判決の要求や暫

---

[19]　履行確保のためのより柔軟でよりソフトな手段，たとえば incentive の方式 とか，capacity-building とか，technical and financial assistance とかが，自主的な高い基準の受容（pledge and review の方式）や基準の差異化（common but differentiated responsibility）と組み合わされて，自生的で実行的な部分秩序の形成を促進している。

[20]　ここで想定しているのは，WTOの紛争解決小委員会・上級委員会，国際人権規約の人権委員会，WTOの監察委員会（inspection panel），環境条約の不遵守手続などである。

定措置を主たる目的とした紛争の悪化・拡大の防止のための提訴，例外的な事例とはいえ訴訟の休眠化という形でのICJによる紛争過程の監視[21]などである。またICJが近時において強調する予防司法[22]も，結局は，司法による紛争の法的解決，勝訴・敗訴の二者択一という紛争解決の論理の妥当性を疑うもののようでもある。暫定措置にせよ予防司法にせよ，法に基づく決定による紛争の法的解決という出口を目指すというよりは，紛争の深刻化・膠着状況から脱出するための糸口を紛争当事者に与え，また相互の妥協という出口に至る紛争過程を管理することを目指すものである。その管理の過程では，国際法は外交交渉によって合意に達するための新たな法的土俵を紛争当事者に提示することはあるが，法が明確であることがそれら管理を有効にするわけではない。それゆえ，裁判官には法を管理のツールとしてどう使うかという知恵が求められる。司法過程はその限りで調停者として機能し，紛争の当事者による外交的解決を側面から支援するものとなる。そこでは，裁判官には，国際法についての知識は当然としても，同時に外交交渉過程に対する理解と経験が望ましい資質として求められるようになる。国際法をツールとして用いるということは，国際法が実現しようとする目的，国際社会の全体秩序についての明晰な理解が必要となる。つまりは，かつての英国の衡平法裁判所の大法官のような力量が求められると

---

[21] 前出，核実験事件についての注(6)参照。
[22] ここで予防司法というのは，司法裁判所が本来の作用である国家の違法行為責任の追及を通じて紛争を解決する機能だけでなく，予防外交(preventive diplomacy)の作用の一翼を積極的に担おうとする傾向のことである。ICJは国連の主要機関とされたことから，PCIJとは違って，その当初より勧告的意見の手続通じて国連の活動に積極的に参加する姿勢を示してきた。ITLOSもまた勧告的意見に活路を見出そうとしており，2011年に初の勧告的意見が出された（ITLOS, Deep Seabed Chamber, Advisory Opinion（深海底活動の保証国の責任），1 February 2011）。またICJは最近では，紛争の悪化・拡大を防止するために本来は裁判付随的手続であるはずの仮保全措置の手続の枠組を超えて，独立手続化としての暫定措置として用いることにより，紛争解決の条件整備だけでなく現に進行中の紛争過程を裁判所が監視しコントロールするための手続として用いる例が増えてきており，またこうした予防司法的な暫定措置をICJから引き出すことをむしろその目的とするような提訴も増えている（拙稿，「武力紛争と国際裁判：暫定措置の法理と機能」村瀬信也他編『武力紛争の国際法』（2004年）784～827頁参照）。なお，A. Adede, Judicial Settlemnet in Perspective, A. Muller, D. Raic, M. Thuranszky (eds.), The International Court of Justice: Its Future Role after Fifty Years (1997), pp.47 et seq., M. Schwebel, The International Court of Justice: As a Partner in Preventive Diplomacy, UN Chornicle (Summer, 1999)など参照。

〔奥脇直也〕　第5章　国連法体系におけるILCの役割の変容と国際立法

いうことになる。いずれにしても，こうした方向への変化はILCよりは遅いペースとはいえ，すでに以前から始まっており，それゆえICJの裁判官にも，かつてのような世界的に著名な国際法学者であると同時に，国際組織の役職を経験した者や各国の外交関係者の比率が増えてくることになる[23]。

(2)　ILCのジレンマ

　国際法のこうした秩序形成機能の変化に応じて，ILCについても，法の漸進的発達への取り組みを積極的に展開する要請が強まることとなるが，国際組織や条約の履行監視機関，あるいはICJの予防司法への取り組みの場合と異なり，ILCは不利な立場におかれる。それはILCが一般国際法を対象とすることである。つまり法典化にせよ漸進的発達にせよ，それまでILCの作業を根拠付け客観化してきたものは，それら一般国際法を支える国家実行であり，これを発見しあるいは結晶化の端緒を開くことがILCの作業の主柱であった。

　国際組織や条約の履行監視機関の場合には，それぞれの組織や条約の枠内で必要と判断される規範を作成して調達すればよく，それはそれぞれの組織や条約体制が事情の変化に応じて，臨機にかつ柔軟に，その目的達成への実効性を確保することに専念できる。もちろんそれには場合によって異なる国際組織あるいは条約レジームの間で相互に矛盾ないし抵触する規範を形成するというコストもかかる。いわゆる法の分断化（fragmentation）の危険である。つまりそれぞれのレジームの内部的規範が，相互に無関連のままに発展させられ，一つの問題の異なる側面を規律する結果，調整を経ないままに矛盾した結論に至ることである[24]。それぞれのレジームの自己完結性が強いほど内部的実効性は確保できる可能性が高まるが，そのレジームが国際社会全体の将来秩序に一体どの

---

[23]　拙稿「現代国際法と国際裁判の法機能：国際社会の法制度化と国際法の断片化」『法学教室』281号（2004年）29～37頁参照。

[24]　法の分断化に伴う法廷狩りを回避するためには，司法的機関相互の管轄の優先性についてのcomityの配慮が必要となる。MOX Plant事件や南マグロ事件でも法廷によって判断が異なりうる可能性が生じた。当事者間での合意によって解決がなされた紛争でも，EUとチリの間のSwordfish漁業に関する入港規制事件のように紛争当事者がWTOとITLOSの紛争解決手続の選択で争った事例もある。Marcos Orellana, The EU and Chile Suspend the Swordfish Case Proceedings at the WTO and the International Tribunal of the Law of the Sea, ASIL Insights, February 2001.

ようにかかわるという観点は抜け落ちていくことになる。つまりは各レジームの内部秩序を通底する一般法理（general jurisprudence）をそこに読み取ることが困難となる。またICJの予防司法機能の場合は、あくまでICJが個別紛争を対象とすること、またとくに暫定措置については、本案の問題への予断を排除することが原則となるから、直ちに一般国際法に影響を持つわけではない。ICJは個別紛争の解決において、極めて外交的な判断を行い、紛争の主題にかかわる一般国際法の困難な判断を回避することも可能である[25]。

これに対してILCの場合には、まさに一般国際法に関連した作業が行われるわけであるが、国際組織にせよ条約レジームにせよ、極端にいえば、その内部的規範を通底する一般法理との関連性が断たれている場合には、これらの規範を貫く一般法理をそこに見出し、これを現行一般国際法の根拠となる国家慣行としてとらえ、それが確立したものとして現行法のリステートメントとして法典化することが原理的にはできなくなる。つまりそれぞれのレジーム内の国家実行が同時に一般国際法を支える国家慣行であるわけではないから、これら国家実行が集積されたとしても、ILCの作業の客観性が担保されないのである。その意味で、ILCは新たな一般国際法の発展に軸足を移さざるを得ないが、その際に依拠できる先例や国家慣行の素材を国際組織や条約レジームの中に見出せることができるわけではない。国家間に新たな規範の必要が生じる場合、これに即応して事情適合的に定立するためには国際組織や特定事項についての条約体制の方が有利であり[26]、それらに先手をとられたILCに残された課題は量的には少なくならざるをえない。ILCはその付託事項をじっくり審議する時間が必要である[27]。

そうした中でILCができることは必然的に限られてくる。第一に、新たな完結的な制度や組織の構築を目指すことが考えられる。たとえば、常設国際刑事裁判所（ICC）の創設に関する草案作成のような場合である。このICC規程草案の作成はニュールンベルグ原則や侵略の定義に関するILCの初期の作業を実

---

[25] 例えば最近のICJのコソボの一方的独立宣言の合法性に関する勧告的意見はその典型例といえるであろう（ICJ, Advisory Opinion, 22 July 2010）。そこでは一般国際法の最も困難な問題であり、個別の事情によって判断が難しい少数民族の分離権（外的自決権）の問題を扱うことが慎重に回避されている。評価はいろいろありうるが、コソボ紛争の経緯からみて、国家の内に少数民族を留めおいて内的自決権の拡張に期待することは無理であるという政治的判断があったのではないかと推察される。

〔奥脇直也〕　第5章　国連法体系におけるILCの役割の変容と国際立法

質的に引き継ぐものとしてILCが所掌することとなったものであろう。第二に、国際河川の非航行利用あるいは共有天然資源の利用のような、特定の限られた国家間に主として関わるがゆえに、他の国際組織や一般的な条約レジームでは扱われない主題について条約草案を作成することに活路を見出すことである。ここでは国家実行が希薄で散在する中での作業であることもあり、また実際的にもそれぞれの河川や共有天然資源に応じて事情が相当に異なるために、一般的な規範を起草することには困難があり、また規範が条文化されても、その内容は規範の大きな枠組みを示す程度のものにならざるを得ない。つまりそこでは紛争を裁断するための裁判所の行為規範としての利用に耐えうる法の基準の明確化が求められるわけではなく、むしろ多様で不確定な関連要因を考慮しつつ、個別の事情に応じて、関係国が柔軟に合意を形成して特別の自生的部分秩序を形成できるようにするための管理のツールとしての一般法が求められることとなる。つまりILCの作業は個別の紛争において当事者の合意形成を誘導することが可能な原則の定式化に向かうこととなる。第三に、ILCが起草しこれをもとに条約化が達成された事項について、その後の実行を通じて生じた問題について再検討する作業である。この作業は条文草案の作成を直接に目指すものではないため、いわゆる研究グループを設けて検討が行われることとなる。

　こうしてILCの作業には、紛争当事者による外交交渉を通じての合意形成の過程を常に念頭において、その合意形成を誘導することができる仕組みを作り

---

(26)　ただし国際社会の発展に伴って生じる新たな課題は複数争点のものが多いから、少しでもレジームに関係するところがあると、複数のレジームがその所掌事項に取り込もうとして競合する結果、相互に相矛盾する規則や決定がなされる危険も増大する。古くはガット・WTOの中での貿易と環境、貿易と社会権といった問題にそれはあらわれるが、そのほかでもワシントン条約（CITES）と大西洋マグロ類保存国際委員会（ICAT）や、鉄散布を巡るIMOと生物多様性条約（CBD）など、さらに場合によっては「条約枠組みの流用」とさえいえるような条約手続の濫用（IWCによる捕鯨モラトリウムと調査捕鯨問題やSUA条約改正議定書）も生じている。なお鉄散布問題については拙稿「ロンドン（ダンピング）条約と海洋肥沃化実験——CO2削減の技術開発をめぐる条約レジームの交錯『ジュリスト』1409号（2010年）38～46頁参照。
(27)　同様の趣旨で、YifengChen, Structural Limitations and Possible Future of the Work of the International Law Commission, 9 Chinese Journal of International Law (2010), 473-484, 参照。

上げることに主眼が置かれることとなる。そこでは伝統的な規範に新たな規範を接木することによって国際社会の必要を満たすことを求められるが，同時に新たな規範が現行国際法の土台をあまりに急進的に掘り崩すことを回避することにも配慮する必要があり，それだけにその作業は，国際組織や条約レジームが提示する事情適合的な規範に比べて，管理のツールとしては不徹底なものになる余地を残す[28]。以上のような現代国際社会における国際法が作用するあり方の変化，それに伴う紛争の現出形態の多様化，さらに国際法が争われる場の多様化，さらにそれに伴って国際と国内の狭間における国際法の秩序実現過程の複雑化といった現象が，一体，一元的に把握できるのか，できるとすればそれをどのように理論化するかといった問題が検討される必要がある。この検討は本来，学者の任務であり，その中にILCの役割を位置づけあるいは評価して，ILCの現代における任務について新たな展望を開いていく必要があろう。そうでなければ実務家出身委員が比重を増したILCの作業に一般国際法やその背後にある国際社会の本質に由来する一般法理との接合を求めることは酷である。

いずれにしても現代国際法において，これまで主権国家が，自己の行動の最

---

[28] 国際河川の非航行利用と共有天然資源に関するILCの作業結果の齟齬はこの点に関連する。つまりこの課題は水資源（fresh water）に関する一連の作業として位置づけられ，当初は transboundary confined groundwater の問題を扱う予定であった（なお石油・天然ガスも含むものとして課題設定されたが後に切り離された）が，国際河川の非航行利用についての国際水路条約（International Watercourse Convention）でも地表水およびこれと一体をなす地下水について既に規定されたため（2条(a))，後者では共有天然資源としての水資源（地表水と一体をなすものではない共有地下水 transboundary groundwater および埋蔵水 transboundary aquifer and aquifer system）を取り上げることとされた。後者は前者の条約の枠組みを引き継ぎながら審議されたが，地表水と一体をなす地下水と共有地下水および地下埋蔵水との厳格な区別は必ずしも容易でないところ，前者の条約では関係国間での衡平利用が強調され，かつ他国に重大な損害を与えないよう回避する義務を規定したため，上流国と下流国との間の義務の衡平性が問題となっていた。これを受けて，共有天然資源としての水資源の草案では，資源に対する領域国の主権を規定せざるを得なかった。このため後者を前者の Watercourse Convention とどのように関係付けるかという問題が残されることとなっている。なおK. Mechlem, Moving Ahead in Protecting Freshwater Resources: The Inernational Law Commission's Draft Articles on Transboundary Aquifers, 22 Leiden Journal of International Law, 2009, pp. 801-821, S. McCaffrey, The International Law Commission Adopts Draft Articles on Transboudary Aquifers, 103 Am. Joun. Int'l L. [Current Developments], No.3, 2009, pp.272-293.

終的判定者として行動するauthorityをもっているという絶対主権の教義を盾に，これに対してあまり好意的には受けとめて来なかった裁判ないし裁判類似の手続を，これほど多く新たに創設あるいは利用するようになったのはなぜなのか，また多くの国家が懐疑的であった国際組織に実質的に多くの規範（soft law）を提示し創出する権限をあたえ，また多くの多数国間国際条約にコミットするようになったのはなぜなのか，そうした問題意識をもちながら，先に述べたような問題をどう理論化するかは，国際社会のグローバル化と21世紀国際法秩序の発展の方向を見定めながら，同時に，これまでの国際法学の伝統が維持できるのか，また維持できないとすればそのどの部分をどのように修正して理論化すればよいのかという問題を解明していく必要が生じている。すでに現在の国際社会の構造変動については様々な議論が提示されているが，これを国際法学の立場から洗い直し，今後の議論における認識の共有化を図ることが何よりも必要である。

5 国際法過程の管理モデルの台頭とILC

(1) 「調停モデル」の含意

上に述べたようなILCの作業する環境の歴史的変化は，簡単に言えば，国際法が管理のツールへと転換することであり，それに伴う分断化とレジーム内での規範の過剰生産であり，それはまたレジームの実効化という隠れ蓑のもとに，事項ごとのレジームが自足化，自閉化の傾向を強める。これに対してILCに求められてきた作業は一般国際法としての規範の明確化と発展であり，そのために各種規範を法文の形に定式化して表現することにあるが，このILCの作業の過程は必然的にILC自身が分野横断的な国際法の一般法理に引照していることを意味する。一般法理とは既存の国際法規則の中に貫かれている論理である。この論理を理解し，その枠組みの中で法の発展を誘導することがILCの役割であり，この論理を変更することが役割であるわけではない[29]。ILCの退潮を憂いて先を急いで新奇の規範を創出して，国際法の分断化（fragmentation）の推進

---

[29] Allain Pellet, Responding to New Needs trhough Codification and Progressive Development, in Gowlland-Debbas (ed.), Multilateral Treaty-Making: The Current Status of Challenges to and Reforms Needed in International Legislative Process, 2000, pp.13, 17.

第1部　国際法委員会の軌跡と展望

の片棒を担ぐ必要はない。

　かつて筆者は「法の裁判モデル」に代えて「法の調停モデル」(law as intermediary model または law as implicit mediator model) を建てて，国際紛争における法の機能をモデル化した。そこで主張されたのは外交交渉において国際法規範が対抗的に援用されることが紛争解決にとってどのような意味をもっていたか，また紛争当事者による法を援用して行う交渉の過程が紛争解決を導く場合に，なぜ法が調停者たり得るか，その解決が両当事者によって受け入れられるだけでなく，国際社会によって正統なものとして承認され，それゆえに先例価値を有するといえるとすれば，それは何故なのかという問題の立て方をすることが必要であるということであった。詳細はそれら論文に譲るとして，それらの考察を経て私が到達した結論は，法が法としての固有の紛争解決機能を営むためには，法が様々な紛争の中で解釈され，適用される過程を通じて，紛争状況に応じてさまざまな詳密な法命題として分化され，それが蓄積されていくこと，つまり法命題や相互に関連した概念の引出しを沢山もつ法体系に成熟し，外交交渉過程において両当事者が先例に裏打ちされた共通の概念や法命題の引き出しを多くもてばもつほど，議論による説得という紛争解決の技術も向上するということであった。実力の支配（実効性の優位）に対抗して，国際法が独自の技術として国際秩序の維持に貢献できるためには，こうした過程がうまく機能する必要があり，そのためには交渉者が法遵守 (compliance) を重視するのでなければならない。すでに述べたようにこの法遵守行動は法に単に拘束されるという意味ではない。それはトンネルの中の蛇に似て，国家に国益追求の裁量の余地を広く残しながらも，結果においては国際社会の利益につながるトンネルの出口に向かって進むように誘導する過程である[30]。

　こうした枠組にとって，一方では，法命題を使って結論が導き出される過程が判決理由として明白であり，かつそれゆえに多くの新規な概念や法命題が詳密化される場としての国際裁判の研究が重要となる。他方で，裁判準則としては直接には適用されない規範，とりわけ国際組織の決議やその他の非拘束的な

---

[30]　拙稿「国際法における合法性の観念」『国際法外交雑誌』第80巻1号 (1981年) (1～45頁), 2号 (1～59頁), 同「国際紛争の平和的解決と国際法：国際法適用論への覚書」寺沢他編『国際法学の再構築（下）』(高野雄一先生還暦記念論文集, 1978年) 51～105頁.

〔奥脇直也〕　第5章　国連法体系におけるILCの役割の変容と国際立法

規範文書についても同様の指摘が可能であり，多数国間条約に含まれる曖昧な規定や勧告的な (hortatory) 義務づけ規定や国連の決議その他の非拘束的な規範文書も，それがそれぞれの分野の問題解決を目指しながらそれら問題の処理の過程で国際法の一般法理への暗黙の参照を行っている限り，国際法による秩序過程の重要な要素となる[31]。この暗黙の参照は，それら規範文書に含まれる概念や命題を用いる交渉者がその一貫性 (coherency or consistency)，統合性 (integrity)，詳密性 (preciseness) を可及的に追求することの中で，初めて現実のものとなる[32]。それは筆者の国際立法論にも，紛争解決論にも貫かれた考えであった。

(2) 管理モデルの台頭とILCの役割

ところで現在における管理のツールとしての国際法ということについても，同様の指摘が可能である。その中でILCの作業の指針は，国家の行動を基準付け一定の方向に誘導していくことにある。それは国際組織が国家の行動を審査し勧告することを通じて一定の方向に導き，また多国間の条約がその履行機関の監視を通じて，紛争の発生を防止し規範認識の共有化を導く過程に類似する。こうした過程は国際法の管理モデル (managerial model) といわれることもある[33]。ICJの予防司法も同様である。

管理モデルが，それまでの裁判モデルや調停モデルと異なるのは，それが国家の違法への事後的責任追及に関するものではなく，それゆえ厳密な法と非法

---

[31] これが筆者のソフト・ロー論の中核的な考え方でもある。前掲（注1）論文，参照。

[32] 国際法規範の正当性を規範の形成手続ではなくその内的質に求める議論としては，Thomas Franck, The Power of Legitimacy Among Nations (1990), id., Fairness in International Law and Institution (1998) がある。また同様の指摘は国際関係理論においては，Anne-MarieSlaughter, Kenneth Abbott, Robert Keohane et al, The Concept of Legalization, International Organization vol. 54 (2000), pp.401 et seq., Ratner, S.R., and Ann-Marie Slaughter (eds.), Symposium on Method in International Law: A special issue of AJIL (1999), Judith Goldstein et al (eds.), Legalization and World Politics (2001).

[33] Abram Chayes & Antonia Chayes, The New Sovereignty: Compliance with International Regulatory Agreements, Harvard UP, 1996, id., On Compliance, Int'l Org. vol. 47 (Spring, 1993), pp.175-205, Compliance Without Enforcement: State Behavior Under Regulatory Treaties, 7 Negotiation Journal (1991) 311, Koh, Harold, "Transnational Legal Process," 75 Nebraska Law Review (1996) 181, H. Buxbaum,

の区別には拘らないことである。国際組織や条約レジームの場合には，法と非法が混在しても，それら組織やレジームの目的による統合・自己組織化が機能する。一般国際法の側から見れば，レジームの手続きは法と非法を弁別しないままに説得的な結果を導いてレジームを維持することを目的とし，その作用を通じて少なくともレジーム規範の内容を明確にしていく。しかしそれはレジーム法への違反を認定し，責任追及を契機に法を回復することによってそうするわけではない。それは不遵守であれ利益侵害であれ，レジーム維持にとって不都合な国家の行動を矯正することを通じて，国家間関係を次の段階に進め，またそこにおいて国家の新たな国益追及行動を容認する。その繰り返しの中で，順次，システムの目的の達成が進んでいくのである[34]。

そうした特定された目的を欠く ILC が，管理モデルが支配する国際社会の中でその役割を果たすのは相当に困難である。とはいえ，ILC も法と非法を区別することが困難な領域で作業することで，法の漸進的発達を誘導せざるを得ないのである。現行法の法典化の作業が一段落した後に，国際過程を manage することへの傾斜が生じ，それが徐々に委員の構成にも反映されて実務政策的なシフトが行われることが必然的であったということである。国際法がダムとしての機能（禁止の国際法）から堤防としての機能（許容の国際法）へと変化し，国際組織や条約履行機関が国家のレジーム維持規範の遵守を監視し，ICJ が暫定措置を通じて紛争の管理と予防司法に乗り出すのも，同じ流れの中にある。ILC はつとに法典化から国際法の漸進的発達へと大きく舵を切ってきたのであり，それゆえこうした国際法の機能の変化をこれまでの作業の中でも先導してきている。委員構成の変化もこうした変化の反映でもあろうが，ただそれによってILC の作業の困難さが緩和されるわけでもない。国家実行の集積が不十分であ

Transnational Regulatory Litigation, 46 Virginia J. Int'l Law (2006), Tractman, Regulatory Competition and Regulatory Jurisdiction, J. of Economic Law (2000), 331, Id., The Domain of WTO Disputes Resolution, 40 Harvard I.L.J. (1999), 333, Deborah Cass, The Constitutionalization of the WTO (2005) esp. Ch. 3., Benedict Kingsbury, "The Administrative Law Frontier in Global Governance," 99 Proceedings of the American Society of International Law (2005), Benedict Kingsbury and Nico Krisch, Symposium on Global Governance and Global Administrative Law in the International Legal Order, 17 European Journal of International Law (2006) 1-278, など参照。

(34) ICJ の交渉命令判決も類似の機能を営む。この点については，拙稿「現代国際社会における調停制度の展開」『立教法学』50 巻 34～96 頁（1998 年）参照。

〔奥脇直也〕　　第5章　国連法体系におけるILCの役割の変容と国際立法

るが国際社会が何らかの一般法の必要性を感得した時，それを受け止めうる機関はILCと国連の事務局しかない。国連海洋法条約の経験が示すように，国連海洋法会議という場で直接的に条約審議がなされる場合には，新しい制度を作り出すことはできても，それが伝統的な海洋法あるいはそれら制度の導入以前の海洋法とどう接木されたのか，不明なままに残される部分が多い。それはILCと異なり，審議過程の公式の記録が存在しないからでもあり，政治的妥協として法文案が作成されるからでもある。その意味で，国連にその作業結果が提出されtake noteという形であっても公式なものとされたILCの文書に，その趣旨説明がコメンタリーとして作成されることは，作成された文書そのものが条約化されて拘束力をもつに至るかとは別に，国際法の管理モデルの中においてILCの文書が非常に大きな役割を果たすことを担保するものである。その意味で，ILC委員がこれまでその成果を説得するべく詳細な説明を付する努力を継続してきたことには，その成果の形式や量といった問題を超えて，大いに敬意を表するところである。

【別表】　ILCの委員構成
● 1949年ごろ
　第1～5会期（1949～1953年）まで，委員15名中，常勤職学者9名，外交官実務家6名
● 1960から70年代
　［1960年代初頭は学者11～12名，外交官実務家9～10名］
　　第12会期（1960年）（委員21名中，常勤職学者12名，外交官実務家9名）
　　第13会期（1961年）（委員21名中，常勤職学者11名，外交官実務家10名）
　［1960年代大半を通して，学者14～15名，外交官実務家10～11名］
　　第14～15会期（1962～1963年）（委員25名中，常勤職学者14名，外交官実務家11名）
　　第16会期（1964年）（委員25名中，常勤職学者15名，外交官実務家10名）
　　第17～18会期（1965～1966年）（委員25名中，常勤職学者15名，外交官実務家10名）
　　第19～21会期（1967～1969年）（委員25名中，常勤職学者14名，外交官実務家11名）
　　第22～23会期（1970～1971年）（委員25名中，常勤職学者14名，外交官実務家11名）
　［1972年に構成が変わった際に，初めて学者と実務家の数が逆転］
　　第24会期（1972年）（委員25名中，常勤職学者10名，外交官実務家15名）
　［1970年代大半を通して，学者6～7名，外交官実務家18～19名で推移］
　　第25会期（1973年）（委員25名中，常勤職学者7名，外交官実務家18名）

第 1 部　国際法委員会の軌跡と展望

第 26～7 会期（1974～1975 年）（委員 25 名中，常勤職学者 7 名，外交官実務家 18 名）
第 28～29 会期（1976～1977 年）（委員 25 名中，常勤職学者 6 名，外交官実務家 19 名）
第 30 会期（1978 年）（委員 25 名中，常勤職学者 7 名，外交官実務家 18 名）
第 31～32 会期（1979～1980 年）（委員 25 名中，常勤職学者 7 名，外交官実務家 18 名）
●冷戦期以後
第 39～43 会期（1987～1991 年）（委員 34 名中，常勤職学者 11 名，外交官実務家 23 名）
第 44～48 会期（1992～1996 年）（委員 34 名中，常勤職学者 15 名，外交官実務家 19 名）
第 49～50 会期（1997～1998 年）（委員 34 名中，常勤職学者 13 名，外交官実務家 21 名）
第 51 会期（1999 年）（委員 34 名中，常勤職学者 13 名，外交官実務家 21 名）
第 52～53 会期（2000～2001 年）（委員 34 名中，常勤職学者 14 名，外交官実務家 20 名）
第 54 会期（2002 年）（委員 34 名中，常勤職学者 15 名，外交官実務家 19 名）
第 55～60 会期（2003～2008 年）（常勤職学者 13 名，外交官実務家 21 名）
第 61～62 会期（2009～2010 年）（常勤職学者 10 名，外交官実務家 20 名）

（調査：西本健太郎（東京大学大学院公共政策学研究部助教）

第6章　国際法委員会の現状と将来の展望

村 瀬 信 也

1　はじめに
2　課題の選定
3　最終形式
4　委員会の構成
5　結びに代えて

1　はじめに

　国際法委員会の「地盤沈下」が囁かれて久しい[1]。国際法委員会は果たしてその使命を終えたと見るべきなのか，それともこの委員会には，未だその存在理由が認められ，期待される任務が残されていると見るべきか。こうした問題が提起されるそもそもの理由は，何よりも，最近の国際法委員会による成果が，量的にも質的にも，乏しいことにある。概観すれば，1950年代・60年代の委員会は，巻末の表（国際法委員会による法典化事業）に示されるように，海洋法，外交・領事関係法，条約法などの法典化について輝かしい成果を挙げた。それと対照的に，1970年代・80年代は，国際機構条約法や国家承継法の分野で幾つかの草案が生み出されたが，国家実行に対する影響という観点からは，ややインパクトの希薄なものであったし，「最恵国条項」や「外交伝書士・外文嚢」など，総会で「留意」さえされない条文草案もみられた。しかし1990年代に入ると，「国際水路の非航行的利用」や「国際刑事裁判所 (ICC) 規程草案」，「国家の管轄権免除」，「国家責任」や「危険活動から生じる越境損害の防止」について見るべき進展があった（最後の二つの採択は2001年）。しかるに2000年代になってからは，山田中正委員が特別報告者として纏め上げた「越境帯水層」に関する条文草案など一部を除き，全体としては成果に乏しい時期であったと言わなけれ

---

[1] 村瀬信也「国際法委員会における立法過程の諸問題」『国際立法』（2002年，東信堂，原載『国際法外交雑誌』84巻6号，1986年）221頁。

ばならない。たしかに数の上ではこの10年もそれほど遜色はないかも知れない。しかし形式的にも条文草案ではなくガイドラインなどソフトロー的なものが多く，内容的にも，法典化の作業としては，委員会が誇るべき成果を挙げたということは難しい。

　こうして国際法委員会の存在理由については様々な疑念が提起されているのであるが，この問題に対する責任の大半は，後述するように，国際法委員会それ自体にあるのではなく，総会第6委員会にある，というべきである。とはいえ，国際法委員会の将来は，新たな委員が選挙されて始まる次の五年の任期（2012年から2016年）で，どのような成果を示せるかにかかっているということも事実であろう。筆者は1980年代初頭に国連法務局法典化部の法務担当官として国際法委員会の作業に関わったほか，2009年以降，山田中正委員の後を受けて委員となり，本稿執筆の時点で2会期を経験したが，国際法委員会がこの30年間に大きく変わってきており，今や委員会が深刻な危機的状況にあることを痛切に感じている。このような状態を招来した要因は何か，こうした危機を克服するためにはいかなる方策が講じられなければならないか，そして国際法委員会になお存在理由があるとすれば，その将来の在り方，役割はいかにあるべきか，これらの問題を検討するために，ここではとくに，(1)委員会が扱う課題（トピック）の選定，(2)成果の最終形式，(3)委員会の構成，の三点に焦点を合わせて，考察しておきたい。

2　課題の選定

　まず，国際法委員会の委任事項（mandate）についてみると，同委員会規程1条2項では「委員会は，第一次的には国際公法に関わるが，国際私法の分野に関与することを妨げない」とし，さらに18条1項では「委員会は，国際法の全分野を検討し……法典化のための課題の選定を行う」と規定している。このように，国際法委員会に委ねられた任務が，国際法の「全分野」を視野においた極めて広汎なものであることが確認されるのである。

　これを前提として，規程15条では委員会の任務を，「便宜上」，狭義の「法典化」と「漸進的発達」に区分して定義している。すなわち，狭義の「法典化」とは，「広汎な国家実行，先例および学説が存在している分野において，国際法の規則のより正確な定式化および体系化」を意味するものとされる。また「漸

進的発達」とは,「未だ国際法によって規律されていないか,国家の実行において法が未だ十分に発達していない問題について,条約草案を準備すること」を意味する。

もっとも「法典化」と「漸進的発達」の区別は,元来,相対的なものである。広い意味での「法典化」を観念的に類型化すれば,(1)「慣習法規則の複写的再記述」という最も狭義の「法典化」から,(2)「法が未発達ないし不明確な部分の定式化」という広汎な中間地帯,さらに(3)「新たな法規則の定立」という形態まで,様々な位相の違いが存在する。国際法委員会自身も,ごく初期の時期を除いては,実際の起草作業において「法典化」と「漸進的発達」を区別していない。一つの条約中に両者が混在することはいうまでもない。ただ,一般的傾向としてみるならば,1950・60年代には「法典化」に傾斜する伝統的国際法分野のトピックが多かったが,1966年に「条約法草案」が完了した後は,(1970年代の「国家の管轄権免除」,1980年代の「国家承継」,2001年までの長期を要した「国家責任」を別として),1970年代以降では,「漸進的発達」の色彩の強い課題が増えてきたことは明らかである。こうして,「新規立法」の要素が増えるに従い,国家間の政治的対立も深まり,国際法委員会の作業も次第に困難になってきたことは否めない。

ただここで注意すべきことは,課題の選定について,規程上,「法典化」と「漸進的発達」には,異なる手続きが用意されているという点である。すなわち,「法典化」の場合には,国際法委員会自身が課題を選定出来るのであるが,「漸進的発達」に関するトピックは,総会(第6委員会)が,課題の発議その他において,イニシアティヴを発揮することが規定されているのである。しかし実際には,第6委員会が国際法委員会に対して「漸進的発達」の課題を付託したことはこれまで一度もない。第6委員会は,国際法委員会が提案するトピックについて,それを了承するのみである。「法典化」課題であれ「漸進的発達」のトピックであれ,いずれも実質的に国際法委員会がそのイニシアティヴの下で決めることが出来るというこれまでの体制は,国際法委員会にとっても好ましいものとされてきた。しかし,「漸進的発達」については第6委員会が第一次的責任を負っているのであるから,国際法委員会の独立性を尊重しつつ,第6委員会が適切なトピックを示唆することでより積極的な役割を果たすことも考慮されるべきではないかと思われる。

第1部　国際法委員会の軌跡と展望

　国際法委員会は自らの成功の犠牲者であるともいわれる[2]。すでにこれまでに良いトピックについて条文草案を完成させてしまったため，残された国際法分野で相応しい課題を見つけることが難しくなったといわれるのである。しかしそれは必ずしも妥当な見解ではない。後でも触れるように，国際法の法典化と漸進的発達が求められている問題領域は，未だ広汎に残されているのである。そこで問題は，どのようなトピックが委員会の作業の対象として適切か，望ましい課題選定の基準は何か，という点をまず確認しておかなければならない。

　国際法委員会は1997年から98年にかけて，新しい課題の選定に関するガイドラインを次のように定式化している。すなわち，漸進的発達と法典化について，「その課題が諸国家の必要性（need）を反映していること」，「国家実行からみて，その課題が充分に成熟した段階（sufficiently advanced in stage）にあること」，さらにそれが「具体的で実施可能（concrete and feasible）なものであること」である。加えて，委員会は，「伝統的なトピックに限定することなく，国際法の新たな発展を考慮し国際社会全体の重要な関心事項を反映するような課題を選択すべき（it should not restrict itself to traditional topics, but could also consider those that reflect new developments in international law and pressing concerns of the international community as a whole）ものとしている[3]。

　換言すれば，「実施可能性」（feasibility）の観点における課題選定の基準は，概ね，次の3つのレベルで考慮されなければならない。第1は，課題の「技術的評価」（evaluation of technical feasibility）である。すなわち，そのトピックに関し，条約慣行や慣習規則，国家実行がどの程度存在するか，換言すれば，国際法の現状からみて，それが法典化課題としての「成熟性」をそなえているか，という側面についての判断である。この条件を充分に充たさない課題は尚早な（premature）な選択として，条文の起草過程で困難に直面することになる。技術

---

[2] Michael Wood, "The General Assembly and the International Law Commission: What Happens to the Commission's Work and Why?", I. Buffard, et al., eds., *International Law between Universalism and Fragmentation, Festschrift in Honour of Gerhard Hafner*, 2008, pp. 373-388, "In a sense, it is the victim of its own success". p. 386; See also, Christian Tomuschat, "International Law Commission: An Outdated Institution?", 49 *German Yearbook of International Law*, 2006, pp. 77-106.

[3] *Yearbook of the International Law Commission*, 1997, vol. II, Part Two, para. 238; *Ibid.*, 1998, Part Two, para.553.

〔村瀬信也〕　　　　　　　　第6章　国際法委員会の現状と将来の展望

的考慮としては，さらに，法典化の完了まで要すると思われる期間やコスト，他の立法機関との重複の有無等についても慎重に検討されなければならない。

　第2の基準は，課題の「実際的評価」(practical evaluation) に関わる。すなわち，その問題の法典化に果たして必要性 (need) が認められるか，そのトピックに，個別の国家ないし国家群の利害を超えた国際社会全体としての普遍性・重要性が存在するか，換言すれば，その課題を国際的規律に委ねることについて，各国政府や関係の国際組織などの間に，これを支える要請や期待があるか，といったことに対する判断である。

　課題の選定基準として第3に重要なものは，その「政治的評価」(political evaluation) である。すなわち，あるトピックが技術的に見て法典化に相応しく，かつ実際上その必要性があると認められても，その法典化について深刻な政治的障害が存在する限り，その課題の選定は望ましくないということになる。したがって，その課題がカバーする基本的な論点について，各国の間でコンセンサスを得る可能性があるかどうかという点を見極めておくことも，選定においては重要なポイントである[4]。もっとも，あらゆる問題は多少なりとも政治的要素を含んでおり，その要素を過大評価するならば，国際法委員会がとりあげられるテーマは限られてしまうことになりかねないから，そのことにも注意しておく必要があろう。

　こうして例えば，2009年に国際法委員会では「共有天然資源」の枠組みの下に「石油および天然ガス」の問題を扱うか否かが審議され，新任の筆者に実行可能性 (feasibility) の観点からその是非を検討することが委嘱された。筆者は上記3つの課題選定基準に照らして，この課題を扱うことは適当ではないとする報告書を纏めたが，2010年，委員会はこれを了承して「石油・天然ガスの問題をこれ以上追求することは妥当ではない」としたのである[5]。

---

[4] 村瀬・前掲論文220頁。B.G. Ramcharan, *The International Law Commission: Its Approach to the Codification and Progressive Development of International Law*, 1977, pp. 60-63; Yifeng Chen, Structural Limitations and Possible Future of the Work of the International Law Commission, 9 *Chinese Journal of International Law* (2010), 473-484.

[5] このトピックは，2002年に委員会で採択された作業計画に基づき，「共有天然資源」の枠組みで，先ず「越境地下水」(transboundary aquifer) を扱うこととし，その終了後に「石油・天然ガス」を取り上げることが一応合意されていたものである。もっともその後，国際法委員会が石油・ガスを扱うことについては，第6委員会で反対が強く表明される

第1部　国際法委員会の軌跡と展望

　現在（2010年），委員会に係属中の議題は，「条約の留保」[6]「国際組織の責任」[7]「武力紛争の条約に与える影響」[8]（これらは何れも2011年に終了予定）のほか，「外国人の追放」「引渡か訴追の義務」「政府職員の刑事責任免除」「災害における人の保護」などである。このうち，「外国人の追放」および「引渡か訴追

ようになったので，国際法委員会でその取扱いに関し再検討することとなり，筆者にその是非を考察する報告書の執筆が求められたのである。2010年3月に提出した報告書では，各国から提出された意見書および第6委員会で表明された各国代表の意見を整理し，以下のような取り纏めを行った。すなわち，第1に，石油・ガスの存在態様と物理的特性は地下水と近似している面があるとはいえ，その法的性質はかなり大きく異なること，第2に石油・ガスの問題は，個々に固有の性質をもち，関係二国間で解決されることが望ましく，一般的な多数国間条約の規定を作ることは却って問題解決を阻むおそれがあること，第3に，石油・ガスが海洋に存在する場合，境界画定問題が避けられないことが多く政治問題化する危険性がある，などの理由から法典化課題としては適当ではない，というものである。意見を表明した46カ国のうち，石油・ガスを取り上げるべきだと主張した国は15％にとどまり，取り上げるべきではないとした国は55％，中間派の国は30％であった。こうしたことから，筆者は，石油・ガスの問題をこれ以上追求することは望ましくないと勧告し，国際法委員会としてもこれを了としたのである。"Shared natural resources: feasibility of future work on oil and gas, paper prepared by Shinya Murase," A/CN. 4/621 (2010).

[6]　このトピックの下で行われている作業は，いわゆる法典化ではなく，「実務上の指針」（a guide to practice）の作成である。2010年の会期で16年を経た作業は暫定草案という形で纏まり，2011年の会期で最終草案の採択が予定されている。実務参考資料とはいえ，200カ条に上る詳細な条項が果たして必要か否か，大いに疑問とされる。

[7]　2009年に第1読を終了したが，この分野は国家実行も少なく，かつ，この草案は2001年の国家責任条文草案に倣ってそれとのパラレリズムで作成されており，そうした方法論については大いに疑問とされる。国家の場合には，その大小，政体の違いなどあっても，法的には一元的に扱いうるのに対して，国際組織の場合にはそれぞれが設立条約の内容如何で大きく異なり，一元的に扱うことが難しく，かつ，適当でもないからである。加盟国によって構成される国際組織が意図的に不法行為を行う可能性は低く，そうした問題が起こるとすれば，例えば，国際組織の解体や破産によって第三者が損害を受けたような場合の責任の問題であろう（村瀬信也「朝鮮半島エネルギー開発機構（KEDO）をめぐる国際法上の問題点―国際組織および加盟国の第三者責任を中心として」『原子力平和利用をめぐる国際協力の法形態』（日本エネルギー法研究所刊，2000年）35－55頁参照）。実際に起こりそうな場合を想定して条文草案の作成を行わない限り，机上の空論に終わる可能性が高く，実際的必要性は乏しい。

[8]　このトピックはウイーン条約法条約73条（75条も関連）で積み残された問題であり，法典化を行う意味はあろう。もっとも国家実行に乏しく，起草された条文は必ずしも出来が良くなく（3条のコア条項，13条の自衛権，15条の侵略に関する規定など），そのままでの条約化は難しいものと思われる。

〔村瀬信也〕　　　　　　　　　第6章　国際法委員会の現状と将来の展望

の義務」のトピックについては，国際法委員会の議題として適当かどうか，深刻な疑念が提起されているし，「災害における人の保護」のトピックについても，同様である[9]。現在の委員会が扱っているトピックは，総じて，条約法と人権法の分野に偏重しており，他の重要分野に対する目配りが不足しているものと思われる。このほか，「条約と時間的経過」[10]および「最恵国条項」[11]について「研究グループ」が設置されている。

　現在の国際法委員会委員の任期は2011年で終了し，同年秋に行われる国連総会での選挙を経て，委員会は翌年新たに構成されるが，2012年以降の委員会が扱うべきトピックについては，委員会の中に設けられている「長期計画作業部会」で検討されてきている。これまでに提案されているトピックとしては，

---

[9]　私見によれば，「外国人の追放」のトピックは，そもそも「追放」の概念が曖昧な上，「偽装追放」などの条項に主観的・恣意的な基準が導入されており，基本的人権尊重義務の範囲についても深刻な対立があることを考えると，国際法委員会が扱うトピックとしての適性が疑われる。「引渡か訴追の義務」のトピックは，関連の条約を離れて「引渡・訴追」を義務付けることは困難であり（この義務を国際慣習法上に基礎づけることは不可能と考えられる），やはりトピックとして適当か否か疑わしいと言わなければならない。「災害における人の保護」は，関連条約も少なく，殆どの関連文書はソフトローにとどまる。このトピックについて現在の段階で法典化の必要性は認められないように思われる。

[10]　このトピックについては，ノルテ委員（ドイツ）の提案で研究グループが設置された。ウイーン条約法条約31条3項(a),(b)の「後からの合意および実行」に焦点を合わせて研究を行うというものであるが，最終成果物に関する見通しがはっきりせず，単なる「研究」に終わる可能性が強い。そもそも，後からの合意・実行については，明確な基準を立てることが望ましいか否かについても見解が分かれる。曖昧なままにしておくことが，この規則の存在理由とも考えられ，国家実行の蓄積により，自然に解釈基準が結晶化されていくことの方が望ましいとも言える。なお，西元宏治「条約解釈における『事後の実行』」本郷法政紀要6号（1997年）207-240頁参照。

[11]　最恵国条項については，国際法委員会は1978年に条文草案を完成し，第6委員会に送付している。当時この条文草案は主として貿易事項に関する適用を念頭に置いて起草されたが，その後，最恵国条項は，投資協定に挿入されるようになり，多くの仲裁判例で条項の解釈が争われるようになってきている（西元宏治「投資協定における最恵国待遇条項の適用範囲」公正貿易センター『投資協定仲裁研究会報告書』（2009年）45－89頁参照）ため，新たな視点から1978年草案を再検討する必要があるとして，マクレイ委員（カナダ）およびペレラ委員（スリランカ）の提唱により研究グループが設置されたものである。筆者は2010年にこの研究グループにペーパーを提出した。Shinya Murase, "Review of 1978 Draft Articles of the Most-Favored-Nation Clause", Paper presented to the Study Group on MFN Clause, 62nd Session of the International Law Commission. このペーパーで筆者は，単なる研究では無意味であり，研究グループは改組して特別報告者を任命し，1978年草案の改訂を目指すべきだと主張した。

第1部　国際法委員会の軌跡と展望

(1)「域外管轄権」[12]，(2)「国際慣習法の形成と証拠」[13]，(3)「国際投資法における公正・衡平原則」[14]，(4)「サイバー犯罪」[15]，(5)「条約の暫定適用」[16]，およ

---

[12] このトピックは言うまでもなく伝統的な国際法の主要問題であり，国際法委員会による法典化に相応しいテーマであるが，前会期から提案されているものの，一部の国の反対が強く採択されるに至らなかったと言われる。

[13] このトピックは，英国の Michael Wood 委員の提案によるもので，1951年に委員会が作成した Ways and Means of Making the Evidence of Customary International Law More Readily Available, *Yearbook of ILC*, 1950-II, pp. 367-374. の改訂版を作ることを目指し，国際法協会 (ILA) が，2000年に採択した「一般慣習国際法の形成に関するロンドン・ステートメント」をモデルにしている。The *London Statement of Principles Applicable to the Formation of General Customary International Law*, with commentary: Resolution 16/2000 (Formation of General Customary International Law), adopted on 29 July 2000 by the International Law Association: see *International Law Association, Report of the Sixty-ninth Conference, London*, p. 39. pp. 712-777, 922-926.

　筆者は長期計画作業部会で，このトピックには批判的な立場を表明している。その理由は，本トピックが法典化になじまない，という点のほか，慣習法形成の問題が優れて方法論的な問題であるという点である。すなわち，慣習法の考察においては，法の「生産者」(producer) の立場と「消費者」(consumer) の立場の違いをまず認識しておかなければならない。上記1950年の ILC 文書は，前者の立場から，国際法委員会が法典化作業を始めるに当って，委員会メンバーの認識を共有することが大きな目的であったのであり，その内容も，慣習法を見出すための基礎資料（条約集や判例集）を羅列したものに過ぎない。後者の立場からは，名宛人 (addressees) が誰かを明確にする必要がある。ある慣習規則が問題となっている場合に，それが紛争当事国 (a party to a dispute) の「主観的」視点で争われているか，それとも紛争解決に当る裁判官のような第三者 (a third-party decision maker) の「間主観的」視点で見ているのか，あるいは学者のように距離を置いた観察者 (a detached observer) の「客観的」視点で捉えようとしているかによって，大きく異なるからである。また，このトピックの表題に「形成」(formation) と「証拠」(evidence) が並列されていることも問題である。前者は法を時間的経過における「過程」として動態的な観点から捉える立場と思われるが，後者は「時間を止めて」静態的な観点から法を確定することが前提となるからである。仮に何らかの規範的文書を委員会が作ったとしても，結局，自明のこと，そうでなければ，曖昧なことの記述に終わることが予想されると思われる（The project may end up either with stating the obvious or stating the ambiguous），と。上記 ILA 委員会に15年間携わった経験から，筆者には，このトピックは不毛な結果しか生まれそうにないと思われるのである。

[14] 本トピックはジャメイカのヴァシアニ委員の提案であるが，国際投資法という特殊な法域に関するテーマは国際法委員会に相応しくないとして反対が強い。

[15] 現国際法委員会委員の高い平均年齢からみても，インターネットを使いこなせる委員はおらず，仮にこのトピックを委員会が扱うことになるならば，インターネットに強い高校生の協力が不可欠であろう，などと揶揄されている。

[16] ウイーン条約法条約25条の解釈適用に関するガイドライン作成を目的とする。イタ

び，(6)「大気の環境保護」[17]などがあり，2010年8月現在，(3)(4)以外については，委員会の長期計画に含めることが決まっている。（このうち，(2)と(3)は研究グループで扱うトピックとして提案されている）。

このほか，興味深いトピックとしては，1948年の原リストにあった「国家および政府の承認」[18]をはじめ，「自衛権」[19]，「侵略の定義」[20]，「国家の一方的

リアのガヤ委員の提案による。恐らく数カ条の条文草案を作成すれば済むものと思われる。

[17] 本トピックは筆者の提案による。越境大気汚染のみならず，オゾン層保護，気候変動等のグローバルな問題も含めて，国連海洋法条約第12部（海洋環境保全）と類似の「大気」に関する包括的な条約作りを目指す。海洋汚染の場合には，領海，接続水域，経済水域，公海など領域的基準（area-based approach）で管轄権を設定しているが，大気の場合には，その高度な移動性から，領空，公空などの領域的基準で捉えきれず，むしろ大気は環境上一体性（ecological unity）において機能的，非領域的に捉えること（functional, non-territorial approach）が必要となる。もとより，気候変動など政治的な対立の激しい問題も含まれるが，国際法委員会としては，政治的要素を極力排除して法的な側面に極限して法典化をはかることになる。「大気の保護」は，有害物質の大気への投入を防止すること，および気候変動のような大気のバランスの変更に起因する行為の防止という両側面を，一元的に規律することが必要である。その前提として，「国際社会の共通関心事項」としての「大気の法的地位」を確立することが，この提案の大きなチャレンジでもある。詳しい内容については，別稿を予定している（村瀬信也「『大気の保護』に関する法典化」薬師寺公夫他編『現代国際法の思想と構造（松井芳郎先生古稀記念論文集）』東信堂，2011年刊行予定）。

[18] 国家承認の問題は，コソヴォの独立宣言をめぐって国際司法裁判所で2010年7月22日に勧告的意見が出された事件でも争われたように，政治的対立が厳しく，国際法委員会が現時点でこれを扱うことには相当の困難が予想される。他方，政府承認については，1980年代以降，英連邦諸国がこれを「廃棄」する政策をとってきたが，「廃棄」といってもそれは単なる「黙示承認」に過ぎないという見解もあり，法的な問題として扱うに相応しいトピックと考えられる。村瀬信也「日本の国家実行における政府承認の手続および判断基準」国際法事例研究会『国交再開・政府承認』（日本の国際法事例研究(2)）慶応通信（1988年）239-254頁参照。

[19] 2001年9月11日の同時多発テロ事件以降，国際テロリズムとの関連で自衛権概念の拡張傾向が見られるが，法執行活動と区別した上で，自衛権の行使の要件と効果を定式化することは，極めて重要である。村瀬信也「国際法における国家管轄権の域外執行—国際テロリズムへの対応」上智法学論集49巻3・4号（2006年）119-160頁。Shinya Murase, "Unilateral Responses to International Terrorism: Self-defense or Law-enforcement?", in Sienho Yee & Jacque-Yvan Morin, eds., *Multiculturalism and International Law, Essays in Honour of Professor Edward McWhinney*, Martinus Nijhoff, 2009, pp. 429-444. しかし言うまでもなく，この自衛権については大きな政治的障害が立ちはだかっているというのが一般的受止め方である。

措置」[21]なども構想されようが，いずれも政治的障害が大きく，採択される見通しがないとして提案されてもいない。しかしこの点は再考されるべきではないか。政治的障害を過大評価して自主規制してしまうならば，国際法委員会は国際法の核心的な問題については永久にこれを扱うことが出来ないということになってしまうであろう。かつて国際司法裁判所は，ニカラグア事件など政治性の高い事件の受理可能性を認めて批判されたことがあるが，裁判所はそうした批判に対して，あらゆる国際紛争は政治的要素と法律的要素の双方を含むが，裁判所は法律的要素を取り上げ，それについて裁判を行うのであり，ある紛争が政治的要素を含むからといって，そのことが直ちに裁判所の不受理を必要とするわけではない，との態度を明確にした。国際法委員会も同様であるべきである。あらゆる法典化課題は法律的要素と政治的要素の双方を含むものであり，法律的要素としての条約慣行，国際判例，国家実行が充分に存在している課題であれば，それに含まれる政治的要素を極力排除しつつ，法典化活動の対象としていくことは充分可能であると考えられる。

　もとより，国際法委員会は，あくまでも，既存の (existing)，あるいは生起しつつある (emerging) 国際慣習法規則の存在を前提に「法典化と漸進的発達」を行うための機関であり，新規立法を行うための機関ではない[22]。国際法委員

---

[20]　周知のように，2010年のカンパラにおける国際刑事裁判所規程（ローマ規程）再検討会議で「侵略」の定義および「侵略犯罪」の要件について新たなルールが採択されたが，その曖昧な定義と不十分な要件規定で果たして個人を訴追し裁くことが出来るか，深刻な疑義が提起されている。そもそもローマ規程の原案は国際法委員会の起草によるものであり（ローマ会議で大幅に改定されたが），侵略についても，同委員会に委ねられるべきであったと思われる。

[21]　国際法委員会は1996年以降，「国家の一方的行為」について検討し，2006年に「国家の一方的宣言」についての「指導原則」(Guiding Principles) を採択したが，不十分な成果に終わっている。本来，一方的行為 (unilateral acts) とともに，一方的措置 (unilateral measures) についても定式化されるべきであったと思われる。村瀬信也「国家管轄権の一方的行使と対抗力」山本草二先生古稀記念論文集『国家管轄権——国際法と国内法』（勁草書房，1998年）61-82頁。"Unilateral Measures and the Concept of Opposability in International Law", *Thesaurus Acroasium*, Thessaloniki Institute of International Public Law, vol.28, 1999, pp.397-454.

[22]　M.R. Anderson, et al., eds., *The International Law Commission and the Future of International Law*, 1998, p.17; V. Gowlland-Debbas, ed., *Multilateral Treaty-Making: The Current Status of Challenges to and Reforms needed in International Legislative Process*, 2000, pp.13-23 (Alain Pellet's remark).

〔村瀬信也〕　　　　　　　第6章　国際法委員会の現状と将来の展望

会の将来は，良い法典化（広義）トピックを選定できるかどうかにかかっている[23]が，先にも述べたように，「漸進的発達」のトピックについては，規程上，総会（第6委員会）のイニシアティヴが規定されていることも考えると，第6委員会の積極的な関与が望まれるところである[24]。

　課題選定の次に検討されなければならないのは，国際法委員会における作業方法の問題であるが，これについては本書で別稿が予定されているのでそれに譲るとして，次に項を改めて，最終形式の問題を考察しておきたい。

3　最終形式

　国際法委員会の作業の成果をいかなる形式にするかという問題について，委員会規程23条1項は次のように定める。
「委員会は総会に対し，次の何れかの勧告を行う。
　a　その報告がすでに公表されていることに鑑み，何らの行動もとらない。
　b　その報告を決議により留意または採択 (take note of or adopt) する。
　c　その草案を加盟国に対し，条約として締結するよう勧告する。
　d　条約締結のための会議を開催する。」

　上記の条文をめぐっては，1947年の総会における起草段階から，国際法委員会の成果の最終形式を「条約」だけに限るのか，それとも非条約形式の文書として残す余地も認めるかで見解は分かれたが，初期（1950-60年代）においては，「仲裁裁判規則」が第6委員会の反対にあって「モデル規則」になったが，これはあくまでも例外的な事例であった。それ以外には，条約法条約草案の起草過程において，最初の二人の特別報告者 ―ブライアリーとラウターパクト― は，その最終形式を「条約」にするという前提で作業を進めていたが，三代目のフッツモーリスは，これを「解説的綱領」(expository code) として採択することが望ましいと考え，国際法委員会も1956年のその時点ではこれを承認したのである。その理由は，主に，条約法の多くの部分が抽象的な原則で占められて

---

[23]　Alain Pellet, "Between Codification and Progressive Development of the Law: Some Reflections from the ILC", *International Law FORUM du droit international* 6, 2004, pp. 15-23.

[24]　Franklin Berman, "The ILC within the UN's Legal Framework: Its Relationship with the Sixth Committee", 49 *German Yearbook of International Law*, 2006, pp. 107-127.

いるため，厳格な権利義務関係を規定する「条約」よりも，宣言的ないし解説的資料を盛り込んだ「綱領」にした方が実り多いと考えられること，とされていた。しかるに，1961年にウォルドックが四代目の特別報告者に就任した時点で，再び「条約」を最終形式とすることが決定されたのであるが，その理由は，「解説的綱領」の形式では実効性が期待しえず，条文草案に確固たる基礎を与えるためには，国連総会決議による確認では不十分であって，やはり外交会議による条文草案の審議および条約の採択という形式が望ましい，というものであった。もっとも，当時は未だ狭義の法典化の課題が多く国際法委員会に係属している時代であり，こうした議論は，条約法という課題の特殊性から生じたという側面が大きい。

　しかるに，1970年代以降，狭義の法典化トピックの作業がほぼ終了すると，漸進的発達への傾斜とともに，条約以外の最終形式を模索する動きが出てくる。1971年に長期計画を審議した際，委員の間では見解の相違が明らかとなった。ロゼンヌは「国際法委員会の起草したものがすべて『条約』になる必要は必ずしもなく，個々のトピックに見合った多様な形式が追求されるべきだ」という考えを示していた。しかしこれに対し，ルーテルは，アゴーなどと共に，「国際法委員会の権威は『条約』のための素材を提供することにあり，条約という形式から乖離するのであれば，委員会は全く別の機関になってしまう」と考えていた。この後者の意見のように，この時代においても，一般的には，国際法委員会の仕事が，将来の条約草案を起草することにあるという前提は，殆ど自明なこととされていたように思われる。

　ところが，2001年に国際法委員会最大の課題であった国家責任条文草案が完成すると，それ以降，国際法委員会の雰囲気は大きく変わってくる。条約草案作成という本来の作業よりも，「研究」を行うということに関心が移行してくるのである。その理由は，1970年代以降，第6委員会が，ひいては国連加盟国が，国際法委員会が作る草案の「条約化」に，次第に消極的になってきたのではないかという感覚である。条文草案を作っても第6委員会が「留意」するのみか，留意さえしないケースも増えてきている。また，仮に条約化しても，「国際河川の非航行的使用」に関する条約のように，締約国数が少数にとどまる場合も少なくない。こうしたことから，国際法委員会の委員の中にも，条文草案の作成よりは，そのほかの形式を模索する傾向が強くなってきたように思われる[25]。

〔村瀨信也〕　　　　　　　　第6章　国際法委員会の現状と将来の展望

　そうした背景のもとに設置されたのが，「国際法の分断化」（Fragmentation of International Law）に関する「研究グループ」（Study Group）である。コスケニーミ（Martti Koskenniemi）委員を委員長とするこの研究グループは，2006年に英語による300頁を超す「分析的ペーパー」（analytical paper）を採択した。このペーパーの学問的意義は非常に高い。しかし，このペーパーは国際法委員会として採択されたものではなく，委員会のホームページで閲覧できるのみで，国連文書として他の5カ国語に翻訳されることもなかった。総会第6委員会には短い「結論」（Conclusion）が送付されたのみで，総会はこれを「留意」するにとどまったのである。このペーパーは，コスケニーミ委員が殆ど一人で書いたものであって，彼のone-man showだったと批判する委員も多く，実際，委員の中でこのペーパーを読んでいる人は少ない。第6委員会でこれをきちんと読んでいる政府代表の割合は一層少ないであろう。

　それにもかかわらず，その後も，国際法委員会は引き続きこの種の研究グループを設置してきている。先にも触れたように，「条約と時間的経過」および「最恵国条項」に関する二つの研究グループである。さらに，委員会の長期計画作業グループでは，2012年以降のテーマとして「国際慣習法の形成と証拠」や「国際投資法における公正衡平原則」が提案されているが，これらも，条文草案作成ではなく，研究グループの設置を目的としているのである。こうした「研究グループの拡散」現象こそ，現在の国際法委員会の病理を象徴していると言ってよい。

　こうした研究グループの在り方については，少なくとも二つの深刻な問題が提起される。第1は，そもそも国際法委員会は，こうした純粋な「研究」を行うために設置された機関ではない。国際法委員会の作業の第一次的な名宛人は（addressees）は，あくまでも「国家」であるべきであって，学界や市民社会ではない。国際法委員会は，条文案作成という作業を通して国家に国際法の形成を促すことが期待されてきたのであって，この委員会が権威と尊敬をかち得てきたのは，何よりもそれが将来の条約案を作成してきたからである。世界の学会

---

(25)　マクレイはかつて国際法委員会の草案が条約化されたかどうかでその成功・失敗をはかるべきではないと述べている。D. M. McRae, "The International Law Commission: Codification and Progressive Development after Forty Years", 25 *Canadian Yearbook of International Law*, 1987, pp. 355-368.

で評価されることがその目的ではない。各国政府の法律専門家は，国際法委員会から条文草案が示されれば，それに賛成するか反対するかは別としても，真剣にその内容を検討する。しかし，委員会が「研究」を発表しても，それがアカデミックなものにとどまる限り，殆ど関心を向けることはない。第2には，現在の国際法委員会に世界の学界で評価されるような成果を期待することは，そもそも不可能だということである。1950年代の委員会であれば，あるいは世界の学界のリーダーという自負があったかも知れない。それに相応しい「大物学者」の委員が多数を占めていたからである。現在の委員会は大きく様変わりしている。「研究」を行うならば，国際法委員会の外で，個別テーマに即して学者グループを組織した方が，余程レベルの高い成果が挙げられるはずである。

総会第6委員会や加盟国が一般に条約化に消極的だからとして，条文草案作成という本来の任務から乖離して研究グループの設置に走るのは，敗北主義であり逃避主義である。国際法委員会としては，あくまでも条文草案作成を本務として，それに邁進すべきである。もとより，国際法委員会の草案を条約化するか，それとも留意するに止めるかは，総会第6委員会の判断に委ねるほかない。しかし仮に草案が条約として採択されなくても，それは国際慣習法の証拠として国際裁判所で援用される場合もあり，また裁判規範としての地位を持たないまでも，各国が遵守すべき行動規範としての意味を付与されることは充分に考えられよう。国際法委員会の存在理由はまさにそうした条文草案作成にあるということを再度確認しておく必要がある。

4　委員会の構成

1949年の発足当初（1956年まで），国際法委員会の委員数は，国際司法裁判所の裁判官と同数の15名であった。これは，委員会を国際司法裁判所の「鏡像」（mirror image）として位置づけるという発想に基づいていたと言われる[26]。しかしその後，国際法委員会の定数は，国連加盟国数の増加に対応するためとして，21名（1957年 - 1961年），25名（1962年 - 1981年）と漸増され，1982年以降は，当

---

[26] 国際法委員会と国際司法裁判所との関係については，Rosalyn Higgins, "Keynote Address Given at the 60th Anniversary of the International Law Commission", *Themes and Theories: Selected Essays, Speeches, and Writings in International Law*, Oxford University Press, 2009, p. 1350.

〔村瀬信也〕　　　　　　第6章　国際法委員会の現状と将来の展望

初の倍以上の34名となっている。

　こうした数的増大は，国際法委員会の質的転換を不可避なものにしている。それは端的に，委員会における議論の質に反映されている。委員会の全体会議における各委員の発言は，多くの場合，あたかも総会第6委員会の審議における各国代表の議論と同じように，特別報告者に賛成・反対ということ以外に内容に乏しいものが多い。かつてのように，広汎に判例・学説を引用しつつ，独自の立場を展開するような議論は極めて少ない。そもそも報告書を事前に詳しく検討した上で自己の批判を展開するという委員は少なく，大半の委員は，他の委員の見解を聞いた後でそれをもとに自分の考えを纏めるということが多く，それらの意見が，概して皮相なレベルにとどまることは避けられない。

　委員会に出席して発言する委員は，まだ良い。少なからぬ委員は，年10週間の会期中，数日間ないし数週間のみしか出席しない。出席しなければ，委員会の作業に何の貢献も出来ない。それらの人々は出身国で司法長官，法務副大臣，検事総長，法律顧問，国防大臣，国会議員といった「要職」に就いているため，委員会出席が叶わないという。定足数 (18名) が満たされず，条文草案が採択出来ないという事態も生じている。予め全会期の出席が見込まれないような人が何故候補になるのか，そしてそれらの人を総会はなぜ選出するのか，この問題はやはり総会・第6委員会の責任である。(事務局が委員の出欠を会期終了後に公表し，少なくとも，問題のある委員が次の選挙で再選されないようにする必要があろう)。

　国際法委員会の委員の選挙は5年ごとに総会で行われる。委員は「個人の資格」で選ばれるが，選挙自体は各国政府が推薦した候補について各国政府が投票する。34名の委員は，予め，地域配分の紳士協定で，アジア7名，アフリカ8名，欧州およびその他8名，東欧4名，ラ米7名（但し，5年ごとにローテーションで，アジア8名，アフリカ9名，ラ米6名，東欧3名となる）と決められており，各国政府はそれぞれに地域別に配分された数の投票を行う，いわば「大選挙区制」の選挙である。委員候補を推薦している国は，同様に候補を出している国々との間に「相互支持」を取り決めることも多く，候補を出していない国も，国連の他の選挙に候補を出している場合には，「クロス支持」の取極めを行う。候補者国はその他の国からも「一方的支持」を求めるが，その場合も，当該二国間関係の取引が考慮されることが多い。選挙はあくまでも各国政府の手で行われるから，国家関係への考慮が優先し，候補者個人の資質・能力はどうしても二

変革期の国際法委員会

の次となる。各国の持つ票数が，各地域1票という「小選挙区制」，あるいは各地域あたり数票という「中選挙区制」になれば，あるいは国家関係よりも候補者個人の資質を優先した選挙になるかも知れないが，現行制度の下では，国家優先の選挙とならざるを得ないのである。

　すでに国際法委員会が各国の国家的な立場や利益を反映する国家代表に近い委員で占められているとするならば，いっそのこと，個人資格の委員会をやめて殆どの国連機関と同じように国家代表機関とするのはどうかという考え方もあろう。国際商取引法委員会（UNCITRAL）は，国家代表によって構成される委員会であるが，そこに派遣される各国代表は，逆説的だが，商取引法の学者が多い。その理由は，UNCITRALの扱う問題が高度にテクニカルであること，個別国家の国益が関わるような問題が比較的少ないことなどが考えられる。国際法委員会の対象とする問題は，法律問題とはいえ，政治的重要性が極めて大きい。だからこそ逆に，個人資格の委員会として，個別国家の国益に左右されない自由な立場から，条文草案を作る意味があるとも言えるのである。個人資格を放棄すべきではない。

　それでは，個人資格の委員会のメリットを生かしつつ，現在の選挙制度の変革を，どのように実現することが出来るか。私見では，次のような改訂が考慮されてもよいかと考えられる（選挙制度の変更は各国政府の権限に属し，国際法委員会にはない。ここでの見解はあくまでも筆者の私見にすぎない）。まず，現在の定数および地域配分はそのまま残すとして，これに併せて，世代別および性別配分を重ねることである。すなわち，34名の委員は，就任時（1月1日）の年齢を基準として，40代以下12名，50代12名，60代以上10名として世代別に得票数の高い候補者から各地域の当選者とするとともに，各地域の配分枠は男性・女性各半数とする（奇数配分の場合は何れかが1名多くなってもやむを得ない），というものである。これにより，圧倒的に若手委員が増大するとともに，「老・壮・青」のバランスが図られることになる。また半数が女性委員で占められることにも大きな意義がある。現在の圧倒的多数は60代以上の男性で占められているので，新方式のもとでの最大の「犠牲者」は，これらの人々となるが，それは致し方ない。この改革が実現すれば，欠席者などまず出ることはないであろうし，委員会が活性化されることは間違いないと思われる。こうした新たな方式を第6委員会で検討してはどうであろうか。どのような制度も，それを動かすのは人

〔村瀬信也〕　　　　　　　　第6章　国際法委員会の現状と将来の展望

であり，良いメンバーを得ることは，国際法委員会が期待される任務を果たすための必須の条件である。その意味で，第6委員会の責任は大きい。

　国際法委員会の役員人事の在り方も，やや問題である。委員長，第1副委員長，第2副委員長，起草委員会委員長，（一般）報告者（これらの人々が執行部Bureauを務める）は，会期ごとに地域別ローテーションで選ばれる。委員長は通常，その地域で最も長く委員を務めている者の中から選ばれ，必ずしも能力適性に応じて選ばれるわけではない。任期は何れの役員についても1年限りである。そのため，執行部は長期的課題に取り組むことに消極的とならざるを得ない。委員長の任期を延長するなど，長期的に指導力を発揮しうる執行部体制をつくることが必要であろう。

　国際法委員会を取りまく外的条件についても触れておきたい。かつては委員会の各メンバーには謝金（honoraria）が支給され，特別報告者や委員長には特別手当が支給されていたが，2002年以降，謝金は年1ドルとされ，手当は全て廃止された。報告書を準備するために必要な書籍すら購入出来ないと嘆く特別報告者も少なくない（研究面における事務局のサポートは，かつてと比べて，かなり少ない）。日当（滞在費）の支払いが遅れて悲鳴を挙げる委員もいる。「貧すれば鈍する」の喩え，委員会の成果が乏しくなってきた理由は，案外，こうした条件の劣悪化によるかも知れない。加えて，窓のない地下室のような会議室で毎年10週間（5年目の最後の年は12週間）を過ごすのは，精神的にも肉体的にもかなりの苦痛を強いられる（空調の管理がうまく出来ないためか，会議室は必要以上に寒く，それで体を壊す人もいる）など，委員の不満は枚挙に遑がない。毎年5月初旬の開会当初は，各委員とも穏やかな思いやりに満ち溢れているが，会期終盤ともなると，委員の多くは苛立ちを募らせ，往々，敵対的になってくることが観察されて，心理学者ならずとも興味深い。

　しかし他方，それ以上に深刻な問題は，委員自身の責任感の欠如である。過去2会期だけの筆者の印象であるが，一般に委員の士気は低い。委員会は，月曜日は午後3時から開会，金曜日は午後1時に閉会となる。国連の委員会で，こうした慣行を享受しているのは国際法委員会だけである。月曜日の午前と金曜日の午後が休会になっているのは，委員が図書館で研究調査をする必要があるためということになっている（図書館には国際法委員会の期間中，委員用の特別の机とコンピューターが用意されている）が，この時間帯に図書館で見掛ける委員は，通

常2名ほどにとどまる。欧州出身の委員の多くは週末，自国に戻るが，月曜日と金曜日も週末と考えて，委員会には週3日間だけ出席という人もいる。その他の委員も，会期の期間をヴァカンスと考えている人は多く，週末にジュネーヴにとどまっているのは少数である。

　特別報告者にも責任感の希薄なケースが見られる。「政府高官の刑事免責」および「引渡か訴追の義務」に関する特別報告者は，報告書の提出を約束しながら，この2年間，提出していない。本来ならば，特別報告者を辞任すべき事柄である。また，「外国人の追放」に関する特別報告者は，報告書の審議に必要な時に委員会を欠席したため審議が1年遅れることとなった。こうした怠慢に対し，委員会は間接的・曖昧に遺憾の意を表わすのみで，厳重注意や制裁を科すこともない。

　総じて，国際法委員会のメンバーに，現在の委員会が直面している危機の意識は希薄である。筆者には，それこそが最大の危機の要素であるように思われる。

5　結びに代えて

　本稿で概観したような現状を前にして，国際法委員会の将来を楽観的に展望することは，かなり難しいと言わざるを得ない。仮にそのような展望が可能であるとすれば，2012年以降の新たな委員会に出来るだけ多くの若い新人が迎え入れられることが，まず何よりも必要である（その兆候はある。2011年の選挙では，かなり若い（中には30代の）法律専門家を推薦している政府もある）。個人資格の立法機関としての任務を果たすためには，委員会は，それに相応しい能力をもった人々を委員として確保しなければならない。

　その上で，次期の国際法委員会には，何よりも，「魅力的な」トピックを設定することが強く求められる。魅力的なトピックとは，現代の国際社会がその法典化と漸進的発達を真に必要としている課題である。そうした観点から，筆者は2009年の就任直後から「大気の保護」の問題を取り上げるよう，国際法委員会の長期計画作業部会に提案してきた（注17参照）。幸い，作業部会では2010年の会期で，このトピックを長期計画に含めることが決定された。越境大気汚染をはじめ，オゾン層破壊，気候変動など，大気をめぐる問題は益々深刻な状況にある。2012年以降に「大気の保護」が正式に国際法委員会のトピックとし

〔村瀬信也〕　　　　　　　　第6章　国際法委員会の現状と将来の展望

て採用されるならば，山田中正委員の「越境帯水層」に続く重要課題として，国際法委員会は大きな貢献をすることができるはずである。20世紀における国際法上の最大の成果は「海の憲法」としての国連海洋法条約であったが，21世紀における類似の企画として「大気の憲法」を構想することは，あながち「空をつかむ」ごとき夢物語ではなく，歴史的必然性に支えられた大事業となるのではないだろうか。それはまた，危機に直面する国際法委員会にとっても，起死回生の機会をもたらすことが期待されよう。

(付表)

国際法委員会による法典化事業

(1) 国際法委員会による法典化作業が完了しているもの

条約名	発議	国際法委員会 特別報告者(研究代表者)	研究開始	最終草案提出	所用年数	条約採択	条約発効	締約国数(2010年5月現在)
(1)無国籍削減条約	ILC原リスト ECOSOC	Hudson Córdova	1951	1954	3	1961.8.30 NY 30ヵ国	1975.12.13	37
(2)領海条約	ILC原リスト	Françoise	1951	1956	7	1958.4.29 ジュネーヴ 86ヵ国	1964.9.10	52
(3)公海条約			1949				1962.9.30	63
(4)漁業条約							1966.3.20	38
(5)大陸棚条約							1964.6.10	59
(6)仲裁規則	ILC原リスト	Scelle	1949	1958	9	(1968.11.14 総会「留意」決議)		
(7)外交関係条約	ILC原リスト	Sandström	1954	1958	4	1961.4.18 ウィーン 81ヵ国	1964.4.24	187
(8)領事関係条約	ILC原リスト	Zourek	1955	1961	6	1963.4.24 ウィーン 95ヵ国	1967.3.19	172
(9)特別使節団条約	ILC	Sandström Bartoš	1958	1967	9	1969.12.16 総会	1985.6.21	
(10-a)国家と国際組織との関係(国際組織の国家代表の地位、特権及び免除)	総会	El-Erian	1962	1971	9	1975.3.13 ウィーン 81ヵ国	未発効	33
(10-b)国家と国際組織との関係(国家代表でない国際組織職員、専門家及びその他の個人の地位、特権及び免除)		El-Erian Diaz-Gonzalez	1976	1991	15	(1992.12.25 総会決議により審議打切)		
(11)外交官等保護条約	総会	作業部会(Kearney)	1971	1972	1	1973.12.14 総会	1977.2.20	
(12)条約法条約	ILC原リスト	Brierly Lauterpacht Fitzmaurice Waldock	1949	1966	18	1969.5.23 ウィーン 110ヵ国	1980.1.27	110
(13)最恵国条項	ILC	Ustor Ushakov	1967	1978	11	(1991.12.9総会「注意喚起」決議)		
(14)国際機構条約法条約	(条約法会議)総会	Reuter	1970	1982	12	1986.3.21 ウィーン	未発効	
(15)条約の国家承継条約	ILC原リスト	Lachs Waldock Vallat	1962	1974	12	1978.8.22 ウィーン 94ヵ国	1996.11.6	22
(16)国家財産等の国家承継条約	ILC原リスト	Bedjaoui	1967	1981	14	1983.4..8 ウィーン 75ヵ国	未発効	
(17)国連国家免除条約	ILC原リスト	Sucharitkul 小木曽	1978	1991・1999、作業部会で審議	13	2004.12.2 国連総会	未発効	3
(18)外交伝書使・外交嚢	総会	Yankov	1979	1989	11	(1995.12.11 総会「注意喚起」決議)		
(19)人類の平和と安全に対する罪	総会	Spiropoulos Thiam	1949 1982再開	1996	47	(1996.12.16 総会「注意喚起」決議)		
(20)国際水路非航行的利用条約	総会	Kearney Schwebel Evensen McCaffrey Rosenstock	1974	1997	23	1997.5.21 国連総会	未発効	

(21)国際刑事裁判所規程	総会	作業部会 (Thiam) (Crawford)	1990	1994	4	1998.7.17 ローマ 160カ国	2002.7.1	110
(22)国籍の国家承継* (自然人の国籍の国家承継)	総会	Mikulka	1993	1999	6	(2000.12.12 総会「留意」 決議)	未発効	
(23)国家責任	ILC原リスト	Amador Ago Riphagen Arangio-Ruiz Crawford	1955	2001	46	2001.12.12 国連総会	未発効	
(24-a)国際法によって禁止されていない行為から生じる有害な結果に対する国際責任* (危険な活動から生じる越境損害の防止)	総会	Quentin-Baxter Barboza Rao	1978	2001	24			
(24-b)国際法によって禁止されていない行為から生じる有害な結果に対する国際責任* (危険な活動から生じる越境損害による損失の配分)	総会	Quentin-Baxter Barboza Rao	1978	2006	29	(2006.12.4 総会「留意」 決議)		
(25)国家の一方的行為 (一方的宣言)	総会	Rodrigues-Cedeño	1998	2006	9	(2006.12.4総会「留意」決議)	*ガイドラインの作成のみ	
(26)外交的保護	総会	Bennouna Dugard	1998	2006	9	(2006.12.4 総会「留意」 決議)		
(27)国際法の分断化	総会	(Simma) (Koskenniemi)	2002	2006	5	(2006.12.4総会「留意」決議)	*42の結論を報告	
(28)共有天然資源* (越境帯水層)	総会	山田	2002	2008	6	(2011年に審議予定)		

* 課題「国籍の国家承継」は、第一部「自然人の国籍の国家承継」と第二部「法人の国籍の国家承継」から構成された。委員会は、第二部「法人の国籍の国家承継」について、国家から積極的な意見が寄せられなかったことから、第二部を検討することなく、第一部の採択をもって審議を終了した。
* 課題「国際法によって禁止されていない行為から生じる有害な結果に対する国際責任」は、1997年まで「防止」と「国際責任」とを統一して検討していたが、同年、委員会は「危険活動から生じる越境損害の防止」と「危険活動から生じる越境損害による損失に対する国際責任」とを分けて審議することとした。
* 課題「共有天然資源」の下では、「越境地下水」終了後、「石油・天然ガス」について検討することが予定されていた。2010年、委員会は、「石油・天然ガス」については、加盟国から積極的な支持がなかったことから、この問題は取り上げないこととした。

(2) 2010年現在の国際法委員会による法典化作業

課題名	発議	国際法委員会 特別報告者 (研究代表者)	研究開始	現在までの所用年数	進捗状況 (2010年5月現在)
(1)条約の留保	総会	Pellet	1993	17	2010年にガイドライン作成 2011年に第二読草案採択予定
(2)武力紛争の条約に及ぼす影響	総会	Brownlie Caflisch	2000	10	2008年に第一読草案採択 2011年に第二読草案採択予定
(3)国際組織の責任	総会	Gaja	2000	10	2009年に第一読草案採択
(4)外国人の追放	総会	Kamto	2004	6	
(5)引渡か訴追かの義務	総会	Galicki	2005	5	
(6)災害時における人の保護	総会	Valencia-Ospina	2007	3	
(7)政府高官の刑事管轄権からの免除	総会	Kolodkin	2007	3	
(9)時間の経過した条約	総会	(Nolte)	2008	2	研究部会にて検討
(10)最恵国条項(第二部)	総会	(McRae & Perera)	2008	2	研究部会にて検討

(廣見正行作成)

第 2 部

1990年代以降における
国際法委員会の具体的成果

第7章　国家責任条文第一部にみる法典化の方法論の批判的考察

兼　原　敦　子

1　考察の視点
2　国家責任の発生要件からの過失の除外
3　法益侵害をめぐる議論
4　国家への行為帰属要件の設定における国家責任条文の消極性と積極性
5　むすびにかえて

1　考察の視点

(1)　二次規則たる国家責任法

(a)　国連国際法委員会（以下，ILC）は，1955年より外国人が損害を受けた場合の国家責任の問題から検討に着手した。そして約半世紀を経て，2001年に国家責任に関する条文案が採択された（以下，国家責任条文）。長期にわたる作業の成果ではあるが，国家責任条文の条約化の目途は，まだたっていない。国際司法裁判所（以下，ICJ）の援用により，いくつかの条文の「適用」に近い実践が現れているが[1]，今は，国家責任条文の実践を通じた条文解釈や適用の展開を論ずる段階にはない。そこで，本稿ではILCの採用した二次規則という方法論に注目して，次の問題意識から国家責任条文第一部を考察してみたい。

国家責任条文は，諸国のもつ多様性を国家責任法に反映させず，国家を一義的な想定でとらえる側面をもち，国際社会の現実に即した価値・政策判断や利益衡量を捨象することを，二次規則たることの意味とする傾向があるようである。けれども，はたしてこれは，国家責任法を二次規則とする方法論を採れば，

---

[1]　たとえば，主要な争点に関してICJが1996年暫定条文草案を援用した例としては，ガブチコボ・ナジマロシュ計画事件がある。同じくICJが国家責任条文を援用した例としては，ジェノサイド条約適用事件（ボスニア・ヘルツェゴビナ対セルビア・モンテネグロ）（本案）がある。

当然にもたらされる結論なのであろうか。

　(b)　国家責任条文の最も重要な特徴は，二次規則たる国家責任法は，一次規則の義務内容にはふれないという方針の採用である[2]。それは，外国人の受けた損害に関する国家責任を法典化する試みが，一次規則の内容に関する激しい対立のために頓挫したことを，最たる理由とする。かつ，国家責任法は，外国人が損害を受けた場合という文脈に限定されない。あらゆる一次規則の義務違反の法的結果を規律する法である国家責任法は，いわば総則法理として一般規則たることが求められるようになった[3]。

　二次規則として国家責任条文が規定する国家責任法は，次の意味で抽象的な性質をもつ。それは，具体的な規則の内容や規律対象たる事実，国際法規則が実現しようとする特定の価値や利益といった実体的な内容には関わらないこと，いわば「超実体的（trans—substantive）」な法という性質である[4]。同時に国家責任法は，あらゆる一次規則の違反の法的結果を定める規則として，一般規則の性質をもつ[5]。抽象的で一般的という相互に関連する性質は，国家をおしなべて一義的な想定でとらえることにも反映される。国家を具体的な事実状況にすえて，個々の国家の事情や能力を考慮するという発想がかなりの程度に排除さ

---

(2)　ILCにおける方法論の推移について，松井芳郎「国際連合における国家責任法の転換」——国家責任法の転換——（二・完）『国際法外交雑誌』第91巻4号（1992年）1頁以下。

(3)　この点につき，国家責任条文の起草をになった特別報告者クロフォードは，一次規則の内容が多様である場合に，いずれか一つを選択して二次規則がそれに対応するのではなく，すべての一次規則（の違反）に対して適用できる二次規則を設定するという意味で，二次規則たる国家責任法は一般規則であるととらえているようである。法益侵害や過失などの具体的な論点に即しても確認するが，ここでは以下を参照。J. Crawford, *The International Law Commission's Articles on State Responsibility-Introduction, Text and Commentaries* (hereinafter referred to as Crawford, *ILC Articles*) (2002), pp. 12-13.

(4)　ここにいう一次規則の内容に拘わらず，一次規則上の義務の違反を一次規則との連結点として二次規則の適用が生ずる。二次規則が超実体的性質をもつことを含めてその性質を検討するものとして，たとえば，以下を参照。D. D. Caron, "The ILC Articles on State Responsibility: The Paradoxical Relationship between Form and Authority," *AJIL*, Vol. 96 (2002), p. 861; Ph. Allot, "State Responsibility and the Unmaking of International Law," *Harvard International Law Journal*, No. 1 (1998), pp. 7-12.

(5)　二次規則「だけ」で一次規則からは独立に定式化できるという意味で，自己充足的な二次規則が想定されている点に関して，拙稿「国家責任法の『一般原則性』の意義と限界」『立教法学』第55号（2000年）134-136頁。

〔兼原敦子〕　　第7章　国家責任条文第一部にみる法典化の方法論の批判的考察

れるのである。これらの点につき，簡潔に敷衍しておこう。

(2)　二次規則たる国家責任条文に対する批判的視点
(a)　一次規則が個々の対象事項につき利益衡量を含めて政策・価値判断を反映させているのに対して，二次規則はそれらには拘わらない。けれども，それは，二次規則がそれ自体の政策・価値判断を含むことを否定しない。国家責任法が判断をすべき根本的問題が存在する。いかなる根拠により国家は責任を負うべきか，責任の原因行為となる国家行為をいかにとらえることにより，国家が行為体を規律し支配することを促すか，救済や合法状態の回復などを含みいかなる法状態を創出すべきかなどである。そもそも，国家責任が国際違法行為責任であることは，最たる価値判断の一つであろう[6]。しかし，国家責任条文や特別報告者の主張およびILCの議論をみると，主として二次規則という想定ゆえに，いくつかの点で国家責任法がなすべき政策・価値判断を回避する結果を導いているようである[7]。

(b)　国家責任法が抽象的で一般的性質の規則であることは，国家を一般化した一律の想定でとらえ，個別具体的な事情や能力といった国家の「顔」をみない側面にも表れる。国家責任条文は，国家行為は何よりもまず国内法の定める国家機関の行為であるとして，諸国の実際の政治体制や統治機構の如何にかかわらず一般規則を規定した。また国家責任条文は，国家の意図や過失ないしは注意義務の懈怠を一次規則の問題とした。つまり，具体的な事実状況での国家の意思選択や能力・手段保持に照らして注意の懈怠があったかを考慮することを，二次規則からは排除した。はたして，国家の「顔」をみない方針により，現代の国際社会の要請に応える国家責任法を導出することができるのであろうか。

20世紀以来の国際社会の主たる特徴は，諸国の政治的・社会的・経済的・文化的・歴史的等の要因における著しい多様性にある。それは，諸国の統治・規

---

[6]　この点で，ILCでの作業が実を結んだとはいえないことにも表れているが，国際法に違反しない行為から生ずる結果に関する国家の責任観念，端的にいえば，合法行為責任の観念は，国際法では定着していない。
[7]　一次規則が実現しようとする政策・価値が，二次規則たる国家責任法でも反映される場合があることについて，拙稿「行為帰属論の展開にみる国家責任法の動向」（以下，兼原「行為帰属論」）『立教法学』第74号（2007年）27-31頁。

律・支配の態様や能力の多様性でもある。20世紀前半の社会主義国の出現，20世紀後半に加速した旧植民地の独立国としての国際社会への参加がその背景をなす。そして，最近の現象に注目すると，「破綻国家（a failed state）」や保護責任（responsibility to protect）をめぐる議論は，主権国家の典型的想定ではとらえることのできない，統治や支配能力に支障のある国家の出現を示唆する[8]。また，国際テロリストを領域内にもつ国家の国家責任をめぐり，損害防止のための注意基準が議論されているが，そこでも，国家の個別具体的な事情を考慮する必要性が認識されている[9]。

諸国のもつ多様性ゆえに，具体的な事実状況における国家の事情や能力を考慮しなければ，国際法は適当で実効的な法を生み出せない。それは，国家責任法においても該当するはずである。そして，国家責任法自体が示すべき政策・価値判断は，まさに諸国のもつ多様性という現実に根ざした判断でなければならないはずである。

国家責任条文は，国際法の基本構造をなすといえる国家責任法において，根本的に欠くことのできない政策・価値判断や利益衡量を果たしているのであろうか。それに際して国家責任条文は，現代の国際社会の特徴と要請に対応する法を創出しているであろうか。そうした視点から，国家責任条文第一部を検討

---

[8] 保護責任についての文献はすでに多数存在するが，さしあたり以下を参照。Société française pour le droit international, *La responsabilité de protéger, Colloque de Nanterre* (2008), 「破綻国家」も含めて保護責任の対象とされる国家の態様に注目したものとして，Y. Daudet, "Les responses curative: responsabilité de protéger et reconstruction de l'état," ibid., pp. 288-291

[9] このような領域国の義務やテロリストと領域国との関係の多様性を論ずる文献は多いが，さしあたり以下を参照。P. -M. Dupuy, " State Sponsors of Terrorism: Issues of International Responsibility," A. Bianchi ed., *Enforcing International Legal Norms against Terrorism* (2004), pp. 3-16; P.-M. Dupuy and C. Hoss, " Trail Smelter and Terrorism: International Mechanism to Combat Transboundary Harm," R. M. Bratspies and R. A. Miller eds., *Tranboudary Harm in International Law- Lessons from the Trail Smelter Arbitration* (2006), pp. 232-235; W. M. Reisman, " International Legal Responses to Terrorism," *Houston Journal of International Law*, Vol. 22 (1999), pp. 30-55; T. Becker, *Terrorism and the State? Rethinking the Rules of State Responsibility* (2006), particularly, Part II, 4.4, 5.2, 7. 5. and 7. 6; V.-J Proulx, " Babysitting Terrorists: Should States Be Strictly Liable for Failing to Prevent Transborder Attacks?" *Berkley Journal of International Law*, Vol. 23 (2005), pp. 641-643.

する。第一部は国家責任の発生要件を扱っているが，それぞれに固有の理論状況の中でここに指摘した問題を表している。

2　国家責任の発生要件からの過失の除外

(1)　事実状況から切断した抽象的観念体としての国家の想定

(a)　国家責任条文は，過失を国家責任の発生要件とは認めない[10]。故意・過失，あるいは注意義務違反といった要因は，それを考慮するか否かは一次規則の問題であり，二次規則たる国家責任法の問題ではないというのがその理由である[11]。これらの要因は，主観的要因とか過失と表現されるが，本稿では比較的多く用いられる過失という語を用いる[12]。

国家責任条文は，この点で，法実証主義の学説に基づく国家責任法論の中では有力な，いわゆる客観説を採用している。客観説によれば，国家の作為・不作為が示す事実と，国際法規則が示す事実の間に客観的なずれがあれば，国際義務違反が認定される。作為・不作為に伴う国家の意思選択や，あるいは，それらを導いた国家の個別具体的な事情や能力および手段保持などを考慮することは，国家責任法の射程から除外される[13]。

(b)　一次規則が義務内容を詳細に規定しており，具体的な状況で国家の意思選択の余地がなく，国家がはらうべき注意の基準なども客観的に規定している場合はあろう。そこでは，個々の国家の事情や能力などに関する基準は，義務内容に反映される。ゆえに，国家の作為・不作為が義務内容に適合しているか

---

[10]　国家責任条文第12条は，国家行為が国際義務に適合しないときに義務違反があるとするが，過失という要因に関する客観説を反映していると解される。国家行為と国際義務規定の内容とが，事実として客観的に相違していれば，国際義務違反があるのであり，そこで意図や過失，具体的な状況における注意の懈怠等の要因は考慮されないということである。

[11]　Crawford, *ILC Articles*, p. 13; Commentary to Article 2 (10), Commentary to Articles on the Responsibility of States for Internationally Wrongful Acts（hereinafter referred to as Commentary), Reports of the ILC, 53rd Session, *ILC Yearbook 2001*, Vol. II (2).

[12]　意図的要因や注意義務の懈怠といった要因に関する，学説や実践および概念の用い方については，拙稿「国際違法行為責任における過失の機能」（以下，兼原「過失の機能」）『国際法外交雑誌』第96巻第6号（1998年）27-36頁。

[13]　過失に関する学説や実践の歴史的展開については，山本草二『国際法における危険責任主義』（1982年）第二章。

を判断すれば,それらの要因も同時に考慮される。

ただし,注意すべきことは,国家責任条文の方法論では,それをあくまで一次規則の問題とすることである。二次規則たる国家責任法は,国家の作為・不作為をめぐる国家の個別の事情や能力,意思選択などを考慮する機会をもちえない(14)。ここで国家は,具体的な事実状況から切断された観念体という想定でとらえられる。

(c) このような国家の観念体としての想定については,国家責任法が理論化された時期の法実証主義における国家のとらえ方とも関連していよう。近代では,欧州諸国の多くが君主制を採用しており,具体的な君主の人格や行為において国家および国家行為をみた。その後,諸国が統治機構を整備するようになると,統治機構により代表される統一体として国家がとらえられるようになった。

このような国家の理解は,君主の人格や行為という実体でとらえるよりも,国家を抽象的にみる傾向を生ずる。それを背景として,国家責任条文は,さらに国家を具体的な事実状況から切断してとらえる点で,国家を一層抽象的な観念体としてとらえているといえよう。

(2) 国家の有責性の根拠に関する判断の回避

(a) 過失を国家責任の発生要件とするか否かは,国家の有責性の根拠を何に求めるかの問題である。国際違法行為責任の観念が定着していることから,まず,主権国家に責任を負わせるためには,義務違反が要件となることは明らかである。それに加えて,過失をもって国家の有責性の根拠とするか否かは,国家責任法が判断すべき問題である。

国家責任条文が過失を一次規則の問題に放逐する理由としては,次のような説明がなされている。過失に関する一次規則は多様であり,一般化した結論は導きえない。二次規則たる国家責任法は,一般的に適用のある規則であるべきである。よって,二次規則では過失についての規定をしないということである(15)。この説明が,過失は国家の有責性の根拠の問題であり,国家責任法が判

---

(14) 必ずしも趣旨は明確ではないが,特別報告者クロフォードは,過失の意義が全く否定されるわけではないという言及も行っている。Crawford, *ILC Articles*, p. 13.

(15) Ibid., Commentary to Article 2 (10).

〔兼原敦子〕　第7章　国家責任条文第一部にみる法典化の方法論の批判的考察

断すべき問題であることを認識してのものかは不明である。

　(b)　義務規定によっては,「適当な措置をとる」とか「必要な措置をとる」義務や「相当の注意」義務として，個別具体的な事情において国家の能力や手段保持などを柔軟に考慮する余地を与えている。他方で，そうした考慮の余地のない規定もあろう。在テヘラン米国大使館事件（人質事件）（本案）で適用のあったウィーン外交関係条約22条を例にとると，22条1項は公館の不可侵を規定しており，国家の行為により不可侵が否定されれば，過失の考慮の余地はなく，義務違反が発生して国家責任が追及されうる。他方で，22条2項で，国家以外の行為体の行為により公館の不可侵が否定されるときには，国家はこれを「適当な措置」をとって防止しないときに義務違反を問われる。後者の場合には，同事件でICJは，イランの全くの不作為という事実だけではなく，義務の認識，手段保持，損害の悪化の予見可能性などを考慮して義務違反を認定した[16]。これは，それらを有していたにも拘わらずイランが全くの不作為であったことに，イランの意思選択を見出しているともいえよう。ニカラグァ事件（本案）では，人道法に関するジュネーヴ四条約共通第1条が慣習法規則として適用された。ここでもICJは，人道法の尊重を確保する義務につき，米国が心理作戦マニュアルを供与したという作為の事実だけで，義務違反を認定してはいない。義務違反の認定に際してICJは，コントラが義務違反にあたる行為を行うことに関する，米国の認識と予見を考慮している[17]。

　これらが，一次規則である関連条文の解釈によって決定されることはそのとおりである。けれども，国家責任条文やコメンタリーの説明では，国家責任法こそが判断すべき有責性の根拠の問題につき，それを一次規則の規定振りとその解釈の問題に放逐しているようである。つまり，次の問題は，国家責任法こそがこたえる問題であることが，国家責任条文の方法論では，意識されているようにはみえないのである。それは，義務規定と国家の行為との事実における客観的なずれだけで国家は有責となるのか，それとも，人質事件やニカラグァ事件でICJが考慮したような諸要因が伴ってこそはじめて，国家は有責となるのか，という問題である。こうした問題が意識されていないのであるならば，国

---

[16]　ICJ Reports, 1980, para. 68.
[17]　ICJ Reports, 1986, para. 256.

第2部　1990年代以降における国際法委員会の具体的成果

家責任条文の方法論は，国家責任法がなすべき判断を回避しているといわざるをえない。

(3)　国家の個別具体的事情の多様化に対応した国家責任法の要請

(a)　先に国際社会を構成する諸国の多様性を確認した。それは，国家が義務を遵守し国際損害の発生を防止する意思や能力においても，国家間で差異が顕著であることを意味する。

いわゆる「破綻国家」や保護責任の議論は[18]，主権国家として通常であれば当然に備えているべき統治や支配の能力をもたない国家が生じていることの証左である。テロリストを領域内にもつ国家が負う，国際テロリズムによる有害行為を防止する義務，そのための注意義務の程度についても，個別具体的な国家の意思・能力・事情を考慮する必要性が認識されている[19]。また，たとえば，ジェノサイド条約適用事件（ボスニア・ヘルツェゴビナ対セルビア・モンテネグロ）（本案）[20]およびジェノサイド条約適用事件（クロアチア対セルビア）（先決的抗弁）[21]にみるように，内乱や国家再建時の民族対立という特有の状況での大量殺害に対して，国家がそれを防止するために，どの程度の注意義務を負うかが争われている。

こうした現状に直面して，個別具体的な事情や能力に関心をはらうことをせず，「いかなる事情や状況で，何を怠れば，国家は責任という法的な非難を受けるか」という有責性の根拠を一次規則の問題であるとするならば，そのような国家責任条文の方法論は適当であろうか。

(b)　実践でも，条約や慣習法を適用して国家の損害防止義務の違反を認定するに際して，個別具体的な事情や能力を考慮して判断することが多い。

条約実践としては，先に挙げた裁判例で争点となった条約規定の適用に関する実践があるが，慣習法については一層重みをもつ実践があることに注目しておきたい。

まず，領域国が在留外国人に適当な処遇を与える義務につき，国家の過失を

---

[18]　前注(8)の文献を参照。
[19]　前注(9)の文献を参照。
[20]　Available at: *http://www.icj-cij.org/docket/files/91/13685.pdf.*
[21]　Available at: *http://www.icj-cij.org/docket/files/118/14891.pdf.*

〔兼原敦子〕　第7章　国家責任条文第一部にみる法典化の方法論の批判的考察

考慮する実践は相当な数にのぼる。それらにおいては，個々の事例の具体的な事実状況において，損害の予見可能性・当該状況において領域国に合理的に期待できる能力・領域国が実際にとりえた手段ないし措置・侵害行為に関する領域国の了知などが考慮されている。その上で，領域国の相当の注意の欠如や非難に値する過失があったかが認定されている[22]。また，領域使用の管理責任原則が適用されたと解されている事例には，アラバマ号事件[23]，トレイル熔鉱所事件（最終判決）[24]，コルフ海峡事件（本案）[25]がある。同原則の適用でも，領域国が外国や外国人に損害を与えるような領域使用を許可しない義務は，相当の注意を払う義務と解されている。そしてこの義務の違反認定では，国家の行為あるいは不作為だけをみて判断されているのではない。個別具体的な状況において要求される注意の程度が考慮されたり，損害の予見可能性や有害行為の了知などがあったにもかかわらず，作為あるいは不作為があったかという判断が行われているのである[26]。さらに，ストックホルム人間環境宣言第21原則および環境と開発に関するリオ宣言第2原則にいう，国家は管轄あるいは管理の下にある活動が国際環境損害を発生させないように確保する責任も，相当の注意をはらって国際環境損害を防止する義務として一般的に解されている[27]。

　これらの慣習法は，国家の有害行為が個別具体的な条約上の義務に違反していないとか，関連する条約があっても当該国が条約当事国ではなくてその適用がない場合に，有害行為の違法性を認定する根拠を与える。つまり国際違法行為責任の適用基盤を与える原則であり，これらの慣習法の適用可能性は高く期

---

[22] いくつかの具体的な実践例とその紹介は，兼原「過失の機能」13-16頁にゆずる。

[23] J. B. Moore, *History and Digest of the International Arbitration to Which the United States Has Been a Party*, Vol.1 (1898), p.496.

[24] Trail Smelter, United States/ Canada, 1938, 1941, *RIAA*, Vol.3, pp.1965-1966.

[25] ICJ Reports, 1949, p.22.

[26] 領域使用管理責任原則に関する実践とその緻密な分析として，山本・前掲書（注13）第二章第二節。領域主権の相対化という観点から，領域使用の管理責任原則が相当の注意義務を領域国に要求する原則であり，それにより対抗する複数の領域主権間の調整を図っていることにつき，拙稿「領域使用の管理責任原則における領域主権の相対化」村瀬・奥脇編集代表『山本草二先生古稀記念　国家管轄権—国際法と国内法』（1998年）188-193頁。

[27] 領域使用の管理責任原則と，その発展としての国際環境損害防止原則における過失の機能につき，兼原「過失の機能」21-22頁。

第 2 部　1990 年代以降における国際法委員会の具体的成果

待できる(28)。そうした国際違法行為責任の適用基盤を与える原則上の義務の違反には，過失の認定が不可欠であることは，相応の重みをもつ実践としてふまえるべきであろう。

(c)　国家の統治能力における差異が拡大すれば，国家の個別具体的な事情を考慮したり，その中に国家が作為・不作為に至った具体的な意思選択を見出すことの重要性が，ますます高まる。国家責任の認定においてそうしなければ，国家の責任を追及することを通じて，実効的な国際規律をはかることは期待できない。同時に，なぜ国家に責任を負わせることが合理的であるかという，有責性の根拠の観点から，国家の統治や支配の能力の格差は，無視できない事情となるはずである。それに鑑みると，ここで確認した国家責任条文の立場は，国家責任法における有責性の根拠の問題を認識しているか不明であるし，一次規則の問題に委ねるという結論それ自体が，適当であったとは評価しにくい(29)。

3　法益侵害をめぐる議論

(1)　法益侵害の概念と意義

(a)　国家責任条文は，法益侵害を国家責任発生の独立の要件としては認めない。あらゆる国際義務の違反には，必然的に権利侵害が伴っているので，権利侵害ないしは法益侵害を国家責任発生の独立の要件とする必要はないということである(30)。これは，特別報告者アーゴの提示した見解である(31)。最後の特別報告者クロフォードの見解は，やや，ニュアンスが異なる。それは，国家責任の発生要件を規定する第 2 条や，国際違法行為により引き起こされた法益侵害

---

(28)　これらの一般的な内容をもつ慣習法上の原則を適用して，有害行為の違法性をいうことができれば，国際「違法」行為責任の発生を認める可能性が生ずる。そうした意義につき，同上 18-21 頁。

(29)　義務違反の認定に際して，それに伴う注意義務の欠如は個別具体的な事情を考慮して認定されるのであり，ここに注意義務の独自の機能が認められる。そのような過失の機能を二次規則上のものとして理解しない ILC の方法論に対する批判として，山本『前掲書』，前掲注(13)，94-99 頁。

(30)　特別報告者アーゴ第二報告書，*Yearbook of ILC 1970*, Vol. II, Part One, pars. 46, 54.

(31)　これはアンチロッチの見解とも一致している。D. Anzilotti, *Cours droit international*, Premier Volume: Introduction, Gilbert Gidel trans. (1929), p. 493; D. Anzilotti, La responsabilité international des états à raison des dommages soufferts par étrangers, *Revue générale de droit international public*, Tome XIII (1906), pp. 13-14.

148

〔兼原敦子〕　第7章　国家責任条文第一部にみる法典化の方法論の批判的考察

(injury) の救済 (reparation) を規定する第31条のコメンタリーなどで，次のように説明される。国家責任を発生させる要件である国際違法行為は，損害 (damage) を要件とするものではない。国際違法行為が損害 (damage) を伴うか否かは一次規則の問題であり，それにつき一般化できる規則は認められないということである[32]。

(b)　本稿の対象は国家責任条文第一部であるが，法益侵害と国家責任法の機能を考察するに必要な限りで，第二部と第三部にも目を向ける。

　国家責任条文における法益侵害 (injury) という概念の意味は，必ずしも明らかではない。第31条2項にみるように国際違法行為により引き起こされる法益侵害 (injury) は，有体損害 (material damage) も非有体損害 (moral damage) も含む (include)[33]。損害 (damage) と法益侵害 (injury) の使い分けも含めて不明な点が残る。

　第31条の規定する法益侵害 (injury) を，国際違法行為が伴うすべての状況を指す概念とすることもできる。けれども，第31条は，救済に関する一般原則を規定しており，第31条の法益侵害と同じく，第二部第二節のタイトルは「法益侵害の救済 (reparation for injury)」である。また，第34条は法益侵害 (injury) の救済として，原状回復・金銭賠償・サティスファクションを規定する。これらに鑑みると，法益侵害は，国際違法行為が伴うすべての状況ではなく，一定の事実および法状態であり，第34条が規定する具体的な救済の態様が，実際の意義を持つ状態が生じていることや，救済を請求する根拠となるような利益が侵害されていることを指す概念と解することもできよう。

　さらに国家責任条文第42条は，「被害国 (an injured state)」という概念を用いて，責任を追及する主体を特定している。ただし，ここでの「被害」の概念は，第31条・34条の国際違法行為により引き起こされる法益侵害 (injury) と同じ語であるが，第31条・34条と第42条とで，法益侵害と被害とが同じ意味で用いられているかは，第42条の被害の意味により判断することになる。第42条に

---

(32)　たとえば，国内法の制定だけをもって法益侵害が発生したとみなすのか，その具体的な適用をまって法益侵害が発生したとみなすのか，いずれもありうるとする。そして，法益侵害の概念についても，injury, damage など，その内容において統一的な用語で法益侵害を語ることは困難であるとする。Crawford, ILC Articles, pp. 12-13.

(33)　Commentary to Article 31 (5).

第2部　1990年代以降における国際法委員会の具体的成果

いう被害国とは，違反された義務が個別的に当該国に対するものである場合には，その当該国である（第42条(a)）。他方で，違反された義務が集団や国際社会全体に対して負われているときには，義務違反が特別に影響を与える国があれば，それが被害国である（同(b)(i)）[34]。また，違反されている義務が負われているすべての他国の立場を，その義務の履行の継続につき根本的に変更するような性質の義務違反であれば，すべての他国が被害国となる（同(b)(ii)）。

このように被害国は，第一に，義務がどの国に対して負われるかという，義務の方向性を基準とする。第二に，義務が集団や国際社会の全体に対して負われている場合には，第42条(b)(ii)にいう義務違反の性質が基準となる[35]。被害国が何よりもまず義務の方向性により決定されることに注目して，第31条の法益侵害は国際違法行為により生ずるすべての状況と解すれば，法益侵害と被害とを統一的に解することはできる。

(c)　ところで，義務の方向性という論理をより明確にし，かつ，二次規則たる国家責任法上で考えうる法益侵害の定義を提示する見解がある。それは，法的損害（préjudice juridique, legal injury）論である[36]。

法的損害論では，A国がB国に対して義務を負っているときに，A国の義務違反によりB国には当該義務の履行を請求する利益に対する侵害が発生する。これが「法的損害」である。B国は一国とは限らず，当該義務が集団に対して

---

[34] 第42条(b)(i)にいう特別に影響を受ける（specially affected）ことと，第31条や第34条の救済の対象となる法益侵害との関係も明らかではない。コメンタリーでは，第42条(b)(i)は条約法条約60条にならった表現であると説明がある。Commentary to Article 42 (4).

[35] 義務が集団や国際社会全体に対して負われている場合に，集団や国際社会に属する国で第42条(b)の要件を満たさず被害国とならない国は，第48条の規定する責任の追及を行うことができる。

[36] B. Bollcker-Stern, *Le préjudice dans la théorie de la responsabilité international* (1973). 主として集団や国際社会に対して負われている義務を想定した議論であるが，法的損害の説明については，ibid., pp. 50-58. 同様の見解として，C. Annacker, "The Legal Regime of Erga Omnes Obligations in International Law," *Austrian Journal of Public and International Law,* Vol. 46 (1994), p. 137; A. Tanzi, "Is Damage a Distinct Condition for the Existence of an Internationally Wrongful Act?," Spinedi & Simma eds., *United Nations Codification of State Responsibility* (1987), pp. 8-10. 法的損害論に対する批判的考察として，拙稿「国家責任法における『一般利益』概念適用の限界」（以下，兼原「一般利益」）『国際法外交雑誌』第94巻第4号（1995年）1頁以下。

〔兼原敦子〕　　第7章　国家責任条文第一部にみる法典化の方法論の批判的考察

負われているときには，B国は複数となる。義務の方向性，すなわち義務が二国間で相互に負われているのか，多数国間条約の全ての国といった国家集団や国際社会全体に対して負われているのかという方向性に依拠して，義務違反により法益侵害（法的損害）を受ける国が決まる[37]。

　国家責任法上で法益侵害が一律にもつ内容として，「義務の履行を請求する利益の侵害」を想定することはできる。そう考えれば法的損害論は，二次規則上の法益侵害の定義を提示しているといえよう[38]。かつ，法的損害を根拠として国家責任の追及を認めるのであるから，少なくとも論理的には，法的損害論は法益侵害を国家責任の発生要件としている。ただし，端的にいえば，法的損害はいわば論理としてのみ存在する法益侵害であり，義務違反を法益侵害と読みかえることに限りなく近似する[39]。

　(d)　国家責任条文は義務の方向性を基準として被害国を決定する側面をもち，その限りで法的損害論と一致する。しかし，法的損害論に比して，国家責任条文では被害国概念との関係で，先に述べたように法益侵害の意味が必ずしも明らかではない。それでは，国家責任条文は国家責任法における法益侵害の意義をいかにとらえているのであろうか。

(2)　国家責任法上の法益侵害の意義に伴う不明確さ
　(a)　第42条に基づき，国家責任を追及するためには，被害国たることが意義をもつ[40]。被害国の要件を充足する国の存否に拘わらず国家責任が発生するのか，仮に被害国がない場合を想定するのであれば，その法状況はいかなるものか。たとえば，公海上の漁業規制への違反などを想定すると，第42条(b)の場合

---

[37]　これに比して国家責任条文第42条(b)(ii)は，義務違反の方向性の点では集団や国際社会の全体に負われている義務の違反であっても，その義務違反がそこにいう性質を持つ場合にのみ，すべての国に被害国の地位を認める。

[38]　かかる主張が明確になされている。B. Stern, "A Plea for "Reconstruction" of International Responsibility Based on the Notion of Legal Injury," M. Ragazzi ed., *International Responsibility Today* (2005), p. 93 et seq.; B. Stern, "The Element of an Internationally Wrongful Act," Crawford, Pellet & Olleson eds., *The Law of International Responsibility*, (hereinafter referred to as Crawford et als ed., *International Responsibility*) (2010), pp. 194-199.

[39]　なお，法的損害論も，法的損害と同じく非有体法益侵害として，たとえば，国家の主権・名誉・威信などに対する侵害がありうることは認めている。

第2部　1990年代以降における国際法委員会の具体的成果

で，(b)(i)と(b)(ii)のいずれにも該当しない場合を考えうる。これに関しては，コメンタリーで，国家責任の追及 (invocation) がなくても国家責任は発生するという言及はある。また，国際違法行為があっても，法益侵害が発生しないとか，被害国がない場合を認めるとしても，第30条で責任国の違法中止と再発防止保証の義務があることは理解できる[41]。

法益侵害の国家責任法上の位置づけは，国家責任法がいかなる法状況を実現する法か，つまり国家責任法の機能という問題に関わる。国家責任法が法益侵害を救済し，発生した国際違法行為に対して合法状態を回復する機能をもつことは，一般的に承認されている[42]。

国家責任条文の第31条の原則と第34条により，第42条の要件をみたす被害国は救済（原状回復・賠償・サティスファクション）を請求することができる。さらに，第48条は，集団や国際社会に負われている義務の違反につき，第42条の要件をみたさず被害国とはならない国家が，国家責任を追及する場合を定める。それらの国家は，第48条(2)(a)により，違法中止と再発防止保証を請求できるし，同条(2)(b)により，被害国および受益者の利益のためであれば，第34条以降にいう救済の義務の履行を請求できる。このように，国家責任条文の立場が，被害に対する救済と合法性回復を国家責任法の機能とするものであることは明らかである。

第48条(2)(a)に注目すれば，請求の内容は違法中止と再発防止保証に限られるが，同条は国家責任法の合法性回復の機能を明確に規定したといえる。これは，19世紀後半以来集積してきた国家責任をめぐる実践では，ほとんどが二国間で救済をはかる例であることからして，国家責任条文の特徴的な点である[43]。

---

[40] 特別報告者クロフォードは，法益侵害 (injury) や損害 (harm or damage) は，国際違法行為の要件ではないが，国家責任の追及においては有意味 (relevant) であるとする。有意味という含みをもつ表現であるのは，第48条で被害国以外の国家が国家責任の追及をすることを，限定的にではあるが認めているからであろうか。Crawford, *ILC Articles*, p. 12.

[41] Commentary to Article 42, introductory remarks.

[42] この点に関する学説などにつき，兼原「一般利益」8-9頁およびそこに挙げた学説を参照。

[43] ILCの起草過程で国家責任の発生要件から法益侵害が除外されたことを受けて，学説では，国家責任法の合法性回復機能に注目するものが多数現れている。前注36の文献および兼原「一般利益」に挙げた文献を参照。

(b) ところが，第31条や34条にいう法益侵害と被害国の基準たる義務の方向性との関係が不明であるために，いくつかの疑問が残る。法益侵害（injury）を義務違反と同義でとらえて，国際違法行為に伴うあらゆる事実および法状態を意味するとすれば，法益侵害と義務の方向性基準とは整合的にとらえられる。しかし，上に述べたように，第31条や第34条の法益侵害は，第34条にいう具体的な救済が実際の意味をもつとか，救済を請求する根拠となるような利益が侵害されているといった，特定の状態を指す概念として考えられているとみることもできる。それを前提とすると，法益侵害は被らないが義務違反が自国に向けられている国，つまり被害国が生じうるか，生じうるとすれば，かかる被害国はいかなる請求をなしうるか。そもそも第42条(b)(i)の「特別に影響を受ける」ことと法益侵害を被ることとの異同は何か[44]。

これらの疑問が生ずるのは，義務違反から生ずるあらゆる状態を認識し，これにいかなる対応を認めることを国家責任法の機能とするかという問題意識に基づく，十全な整理を伴って条文が起草されていないからであろう。国家責任の発生要件から法益侵害を除外し，被害国を義務の方向性を基準として決定する方針を採る以上，この問題にこたえなければならなかったはずである。かりに，国際違法行為が伴う事実や法状態が，一次規則の内容に依拠して多様であるとしても，国家責任法上で救済の対象とする法益侵害を，二次規則として決定することはありえたであろう。適否はともかく，法的損害論はそのような論理を展開している。

また国家責任条文では，不明確な点はあるものの，第42条(a)，同(b)(i)，同(b)(ii)それぞれにいう被害国，集団や国際社会に対して負われている義務についての被害国ではないが集団や国際社会に属する国家といった類型が存在しうる。多様な類型を認めるのであれば，それらが国家責任を追及する際に行う請求の内容を一層緻密に整理して，条文を設ける方法があったであろう。そのような整理がなされていれば，国家責任条文が，法益侵害の救済と合法性回復という国家責任法の機能につき，いかなる政策・価値判断をしているか，それらをど

---

[44] これが条約法条約60条にならった表現であることはすでに述べたとおりである，前注34。「特別に影響を受ける」とは，義務違反がそれに対して向けられている国のことと推測できる。しかし，国家責任条文では，法益侵害（injury）や被害国（an injured state）と混乱を生じない概念が用いられるべきであったといえよう。

第2部 1990年代以降における国際法委員会の具体的成果

のように類型化し比重を置いているかが明らかになったといえる。
　ところが，特別報告者クロフォードは，国際違法行為が損害を伴うか否かにつき一次規則は多様であり，一次規則により決定されるとして，二次規則たる国家責任法においてなすべき判断を回避しているようである。国家責任条文第一部で法益侵害を国家責任の発生要件から除外するという判断のもつ重みが，第二部および第三部の起草に際しては，十分には意識されなかったといえるのではないだろうか。

　(3)　実践に照らした評価
　(a)　ここで確認したように，国家責任条文は，いくつかの類型の主体が救済や合法性回復を請求することができるとしている。この方針は，実践の支持を受けているのであろうか。
　国家のみが国家責任法の法主体である以上，法益侵害は国家のそれとなる。外国人が損害を受けた場合の国家責任の問題では，少なくとも事実として外国人の身体や財産に対する損害を前提とすることができる。これに比して人のような実体をもたない国家の法益侵害は，抽象的になる傾向をもち，非有体損害でとらえられる可能性は高い[45]。国家を具体的な事実状況から切り離してとらえれば，国家の法益侵害も抽象的で観念的な概念になりやすい。このことは，法益侵害を抽象的で一義的にとらえること，たとえば法益侵害を義務に対応する権利の侵害や法的損害論にいう「義務の履行を請求する利益の侵害」ととらえること，また，被害を義務違反の方向性でとらえることに，一定の根拠を与えよう。
　ところで，実践では国家の非有体損害は実質的で具体的な内容を与えられ，むしろそれが定着してきている。実際の事実状況に即して，国家の非有体損害が，具体的な内容を伴って定式化されてきているのである。たとえば，主権侵害や干渉，国家の威信・名誉などの侵害が，国家の非有体法益侵害として確立してきている。コルフ海峡事件でICJは，沿岸国の合意を得ない領海内の掃海と機雷除去を主権侵害とした[46]。核実験事件における「オーストラリアの合意

---

[45]　Anzilotti, op cit., supra note 31 （Cours…）, p. 493.
[46]　Supra note 25, pp. 11, 35.

を得ない放射性降下物のオーストラリア領土への堆積と領空への拡散は，領域主権への侵害であり，領土に関する国家の決定権への侵害である」という原告の主張は，領域主権への侵害や不干渉原則違反による国家の法益侵害を，具体的に定式化している[47]。レインボーウォーリア号事件の仲裁判決でも，ニュージーランドとその最高司法権および執行権の威厳や威信に対する侵害のように，精神的・政治的・法的な性質の法益侵害があることを認めた[48]。外交保護権を行使する根拠となる「自国民が，在留国で国際法に従って処遇されるように請求する権利」も，一応は一定の内容をもつ法益侵害の定義とみることもできる。

また，国家の有体法益侵害についても，実践により具体的な内容が提示されてきている。たとえば，トレイル熔鉱所事件でアメリカが受けた領土保全への侵害や，同国が主張した損害の調査費用がある[49]。また，コンゴにおける軍事活動事件（コンゴ対ウガンダ）でICJは，大使館への攻撃や外交官への非人道的な行為が外交関係条約22条および29条に違反し，それらの侵害は派遣国であるウガンダに帰属するという主張を確認している[50]。

実践におけるこうした法益侵害の内容の実質化に鑑みると，法益侵害を国家責任の発生要件としないことに対して，やはり疑問が生ずる。それのみならず，法益侵害の内容は一次規則の問題であるとすることは，はたして適当であろうか。たしかに，法益侵害の具体的な内容は一次規則の問題かもしれない。しかし，法益侵害の類型化を図るとともにそれに対応した救済の態様を考案するなど，実践に根差しつつ二次規則としての法益侵害に関する処理を定めることもありえたと考えられるのである。

(b) 国家責任の発生要件から法益侵害を除外することの主たる意義は，国家責任法の機能として合法性回復の比重が高まりうることにある。それが適当であるかも，実践に照らして評価されよう。

合法性回復機能が顕著になるのは，とくに，被害国ではない国が第48条(2)(a)の請求をする場合であろう。現代の国際社会において，二国間で相互的に解消

---

[47] *ICJ Pleadings, Oral Arguments, Documents, Nuclear Test Cases*, Vol. 1 (1973), p. 14.
[48] *RIAA*, Vol. XX (1990), pp. 217, 267.
[49] Supra note 24, pp. 1932-1933.
[50] Available at: http://www.icj-cij.org/docket/files/116/10455.pdf, pars. 330-331.

第2部　1990年代以降における国際法委員会の具体的成果

されず，また価値の重みや利益の共通性の点で，「一般利益（a general interest）」ないし「集団的利益（a collected interest）」が承認されつつあることは否定できない。

　コメンタリーは，ウィンブルドン号事件，南西アフリカ事件，バルセロナトラクション事件などを，集団的利益めぐる訴訟として例示している[51]。筆者は別稿で論じたので詳細はそれにゆずるが[52]，これらの事例で，一般利益を根拠とする原告適格や，すべての国がもつ法的利益について議論がなされたことは事実である。けれども，ウィンブルドン号事件，南西アフリカ事件のいずれをみても，原告は一般利益を根拠として請求をしてはいるが，国家責任を追及しているとこれらを解する必然性はない。原告諸国が主張したり裁判所が認めた一般利益は，裁判所の権威的解釈を求める一般利益や，義務の履行監視のための義務違反認定を求める一般利益と解することができるからである[53]。バルセロナトラクション事件では，普遍的義務につき全ての国家が当該義務の履行について法的利益をもつとされた。しかし，それが国家責任法による救済や合法性回復の機能によって実現される性質のものであると，ICJ が明言しているわけではない[54]。

　（c）　かりに，国家責任条文の立場が，義務違反に対するおよそすべての対応を国家責任法の機能とするというものならば，ここでみた権威的解釈や履行監視のための義務違反認定の請求も，国家責任法のそれに含めることはできるかもしれない。それも国家責任法の機能に関する，一つの価値・政策判断である。けれども，かかる広範な機能について，国家責任条文やコメンタリーがそもそも認識を示しているわけではない。

---

[51]　第48条1項(a)にいう集団に対して負われている義務の例として，コメンタリーは，環境保護・安全保障・人権保障に関する地域条約をあげる，Commentary to Article 48, (7). 国際社会に負われている義務の例としては，同じくバルセロナトラクション事件にいう普遍的義務をあげて，何が普遍的義務にあたるかは一次規則の問題であるとする，ibid., (8), (9). さらにコメンタリーは，ウィンブルドン号事件や南西アフリカ事件をあげて，固有の法益侵害を受ける国家以外の国家が国家責任の追及をすることはできるが，請求の内容は違法中止や違法宣言の請求に限られることを説明している，ibid., (11).

[52]　兼原「一般利益」三。

[53]　ウィンブルドン号事件について，同上20-29頁，南西アフリカ事件について，同上，29-37頁。

[54]　この点につき，同上12-14頁。

156

4 国家への行為帰属要件の設定における国家責任条文の消極性と積極性

(1) 国内法による国家機関の決定

(a) 国家行為の同定は，主権国家を法主体とする国際法に固有の問題である。同時に，一次規則を通底して国家行為とは何かを決定することは，まさに二次規則が決定すべき問題である。したがって，国家行為の同定は，一次規則に委ねるとか，一次規則の内容が多様であり二次規則で一般化することはできないため二次規則では規定を設けない，といった処理で済ませることはできない。つまり，二次規則たる国家責任法の法典化は，この問題に正面からとりくむことになる。

国家責任条文は，一方で，国家行為の決定を実質的には国内法による国家機関の決定に委ねるという国際法の機能の消極性を示す。他方で，近年の実践を踏まえて起草の最終段階で設けた規定群により，国際法こそが国家行為を決定するという積極性を強化している。しかも，後者においては，実際の国家の統治・規律・支配の態様に注目して，国家の行為体に対する関与の多様性を考慮しうる判断枠組を提示している。前者からみていこう。

(b) 国家責任条文第4条1項は，骨子として国家機関の行為をもって国家行為とするという規定であるが，これは慣習法の反映である。そして第4条2項と同条のコメンタリーは，国家機関の決定は国内法および実践に委ねるという[55]。背景には，法実証主義の二元論に基づく考え方がある。

二元論によれば，国際法の平面では国家のみが主体であり，国家の行為によってのみ国家責任が発生する[56]。国家機関の行為を国家行為とすることは実践で確立しているが，国家体制の決定は主権国家の裁量であり，国家機関の決定は国内法に委ねられる。かつ，国際法上の国家責任の発生要件を定めるのは国際法でなければならないから，次の論理操作が行われる。国家機関を定める

---

[55] Commentary to Article 4 (11).
[56] 二元論に基づけば，論理必然的に，個人が国際法上の行為を行う主体にはならないという結論は導かれる。けれども，論理必然的であるということは，換言すれば，国家責任法においてなぜ個人の行為は事実にとどまるかについて，何も根拠や理由を説明をしていないともいえる。こうした問題意識につき，兼原「行為帰属論」7-10頁。

第2部　1990年代以降における国際法委員会の具体的成果

のは国内法だが,「国内法により定められた国家機関の行為をもって国家行為と定めているのは,国際法たる国家責任法である」という論理である[57]。

　行為帰属の問題については一次規則に委ねるという方途は考えにくいが,二元論に基づき国家機関の決定を国内法に委ねる点で,国家責任法は実質的な判断を回避したといえる。

　(c)　国家責任条文第4条1項とコメンタリーが説くように,国家機関については,国家機関の権限の種類や性質,地位の高低,国か地方のいずれの機関かによる区別はない[58]。国家行為とみなすに適当な国内機関を,国際法が限定するという方法もありえたであろうが,そのような実質的な判断はなされない。第4条には,二つの特徴がある。

　第一に,国家行為の同定において,個々の国家の国内政治体制や統治機構の具体的な態様が考慮されることはない。独裁体制における国家機関であれ,三権分立が確立している国家体制における国家機関であれ区別はない。国家機関にあたる行為体は国内法と国内実践により決定されるし,それがいかなる種類や地位のものであれ,国際法が限定を設けることはない。それらはすべて国家機関であり,その行為は国家行為とみなされる。第二に,国家機関という地位により国家行為が同定されるのであり,その地位をもつ行為体の行為は,包括的に国家行為となる[59]。個別具体的な行為に着目して,国家行為たるべきことを検討する必要はない。なお,国内法の決定に依拠することのできない問題として,権限逸脱や国内法違反の国家機関の行為を国家に帰属させるかについては,国際法たる国家責任法に判断が求められる。これに関する国家責任条文の方針は後述する。

　他方で,次にみるように国家責任条文は,国際法が要件を設定して,国家機関ではない行為体の行為を,国家に帰属させる場合に関する規定を充実させた。

---

[57]　アンチロッチによる国際法から国内法への送致 (renvoi) の論理につき, Anzilotti, op cit., supra note 31（Cours…）, pp. 468-469.

[58]　国家は統一体 (unity) としてとらえられるために,ここにいういかなる区別も不要であるとする, Commentary to Article 4 (5).

[59]　なお,国際連合総会の第六委員会で確認された諸国の見解によれば,国家機関の行為を,権力行使にあたる行為と業務管理にあたる行為とに区別して,国家行為を前者に限定する必要はないということである, Commentary to Article 4 (6).

(2) 国家行為の決定における国家責任条文の積極性

(a) 国家責任条文は，主に裁判実践をふまえて，国家機関ではない行為体の行為が国家に帰属する場合を規定する。ここでは，国家体制の決定は主権国家の裁量であり，国家機関の決定は国内法に委ねるという考え方とは異なり，国際法こそが国家行為を同定する[60]。以下では第8条に焦点をあてるが，第11条についても簡潔に考察する。

国家責任条文第8条は，行為を遂行するに際しての国家による指示あるいは指揮もしくは支配（instruction, direction, control）が及ぶ行為を国家に帰属させる。これは，主としてニカラグァ事件判決に基づいた規定である。ニカラグァ事件では，国家と行為体との間に「完全な依存（complete dependence）」があれば，当該行為体を事実上の国家機関とみなすとした[61]。またICJは，特定の行動や作戦に対して国家が実効的支配（effective control）を及ぼしていれば，当該行動や作戦の遂行を国家に帰属させるとした[62]。これらの判断基準は，ジェノサイド条約適用事件（ボスニア・ヘルツェゴビナ対セルビア・モンテネグロ）（本案）でも踏襲されている[63]。

第8条は，特に実効的支配の基準をふまえている[64]。コメンタリーは，タジッチ事件で控訴審判決が提示した「全般的支配」の基準[65]も参照した上で，特定の行為が国家の指示・指揮・支配により行われたかは個々の事例での評価によるが，指示・指揮・支配は当該行為に関わるものでなければならないとする[66]。第11条では，行為の時点で国家の関与がなくても，事後に国家がそれを是認・受諾する場合には，遡及的にそれを国家に帰属させることが可能になる。これは人質事件に基づく規定とされる[67]。

---

[60] Luigi Condorelli and Claus Kress, "The Rule of Attribution: General Considerations," in Crawford et als eds., *International Responsibility*, p. 233; C. Kress, "L'organ de facto en droit international public réflexions sur l'imputation à l'état de l'acte d'un particulier à la lumiére des dévelopments récents," *Revue générale de droit international public*, Tome 105 (2001), p. 96.

[61] Supra note 17, para. 115.

[62] Ibid., pars. 107-110.

[63] Supra note 20, pars. 392-393, 396-400.

[64] Commentary to Article 8 (3), (5), (6) and (7).

[65] Case IT-94-1, Prosecutor v. Tadić, *ILM*, Vol. 38 (1999), pp. 1544-1546.

[66] Commentary to Article 8 (5) and (7).

(b) これらの条文では，国際法たる国家責任法が，国家行為を同定するための実質的な基準を定める。かつ，これらの条文には，第4条の国家機関の行為の判断枠組がもつ特徴と比較して，次の特徴を見いだせる。第一に，国家の実際の規律や支配の態様，国家の行為体への関与の態様といった事実状況に関心がはらわれること，第二に，行為体の地位や資格によりその行為が国家に帰属するのではなく，個別具体的な行為に着目して，それをめぐる国家の行為体への関与により，国家行為が認定されることである。

第一の点についてみると，本稿の冒頭で確認したように，現代の国家は，統治体制や法による規律や支配の態様および能力における多様性を特徴としている。そこで第8条や第11条は，実際に国家が行為体に対して多様な態様で関与している実態を考慮することを可能にする。その意味で，これらの条文は，国家の実際の統治・支配・規律などの態様や個人への関与の態様の多様性に直面して，行為帰属の要件論が対応しようとした成果と評価することはできる[68]。

第二の点についてみると，第8条や第11条は，次のように解すれば，国家機関の行為という類型とは異質の類型を導入して，国家行為を同定するとみることもできる。国家機関の行為については，行為体の地位が確認できれば，当該行為体の行為は包括的に国家行為とみなされる。よって，個別の行為につき国家行為であることを，あらためて認定する必要はない。これに対して第8条や第11条では，特定の行為において，国家の行為体に対する関与の態様がそれらの規定の定めるものであれば，当該行為が国家行為と認められる。

(c) 国家責任条文が，仮にここで述べたように質的に相違する類型を規定しているとすれば，行為帰属論の全体をいかに整理するかという観点から問題となるのは，国家機関の権限逸脱や国内法違反の行為と，事実上の国家機関の行為である。

権限逸脱や国内法違反の行為については，国家責任条文第7条は，「その資格で」という要件で，これらの行為を国家行為とする。この規定が，実践で採用

---

[67] 人質事件は事後的な是認の事例とはいえず，第11条がこの実践に基づくとはいえないという指摘がある。Condorelli and Kress, op cit., supra note 60, pp. 231-232; Kress, op cit., supra note 60, pp. 121, 136-137.

[68] こうした問題意識については，別稿で詳述したのでそれにゆずる，兼原「行為帰属論」20頁以下。

されてきた「外観論」と実質的にどのような差異をもつかは疑問であるが，ここでは指摘にとどめる[69]。

コメンタリーは，第7条がこのような規定をした理由として，国際関係の明確性と安定 (clarity and security) のためということに言及している[70]。たしかに，権限逸脱や国内法違反の国家機関の行為の問題がとくに議論された20世紀前半には，学説でも同様の見解があった[71]。コメンタリーは，それを踏まえてのことであるかもしれない。けれども，このような政策的判断の言及には唐突な印象を否めない。政策判断をするというのであれば，権限逸脱や国内法違反の国家機関の行為を国家に帰属させる理由において，他の国家行為の類型との関係で整合的かつ均衡のとれた政策判断が必要であろう。第8条では，国家機関の地位をもたない個人の行為でも，特定の行為に関して国家による指示・指揮・支配があれば，国家に帰属しうる。「国家機関の地位にある行為体がその資格で行う行為」と，「個人が行う行為で，国家の指示・指揮・支配を受ける特定の行為」がいずれも国家行為とみなされるが，それぞれの根拠とその根底にはいかなる政策判断があるのであろうか。

コメンタリーによれば，権限逸脱や国内法違反の行為ついては，行為体が国家機関であるという地位の要素が重視されているようである。コメンタリーは，国家機関によるそれらの行為と，個人の行為とは区別されるという[72]。しかし，たとえば，国家機関がその権限をもたずに虚偽の査証を他者に発行する場合と，個人が国家機関を装って同じ行為を行う場合を想定すると，前者は第7条の問題であり，後者は個人の行為の問題であり第8条などの要件を充たさなければ，国家行為の問題にはならない。両者は，なぜこのように実質的に相違するのか。第7条の「その資格で」の解釈にもよろうが，当該行為者が国家機関の地位をもつこと自体を重視することに根拠がない限り，両者の相違は説明しにくい[73]。

---

[69] 7条のコメンタリーでは外観論にたつ過去の実践が挙げられているが，それと「その資格で」という要件との差異は明確ではない。Commentary to Article 7 (3) and (5).

[70] Commentary to Article 7 (3).

[71] 保証責任論は，国際関係の信頼と安定性の確保を理由として，国家機関による権限逸脱や国内法違反の行為も国家行為とする。たとえば，Anzilotti, op cit., supra note 31 (Cours…), pp. 13-15. 国際関係の安定性に関する主張につき，Triepel, H. *Voelkerrecht und Landesrecht* (1899), ch. I § 13, p. 349.

[72] Commentary to Article 4 (13).

第 2 部　1990 年代以降における国際法委員会の具体的成果

(d)　次に，事実上の国家機関については，国家と行為体との関係性から事実上の国家機関という「地位」を認定すればよく，行為体の特定の行為について国家の関与を検討する必要はないという論理は成り立つ。その論理を採れば，特定の行為に関して国家による指示・指揮・支配を要件とする第 8 条は事実上の国家機関の行為についての規定ではない。事実上の国家機関の問題は，第 4 条の解釈に含められることになる。前記のジェノサイド条約適用事件はこの立場をとる[74]。学説では，この点について必ずしも一致はみられない[75]。

　もっとも，実際上は，事実上の国家機関という類型がそれほど固有の意義をもつかは疑問である。実践では，事実上の国家機関の地位を認める基準である「完全な依存」と，国家責任条文第 8 条の基礎となった「実効的支配」の基準があるが，両者の差異は質的ではなく程度の問題であると解されうるからである[76]。ニカラグァ事件をみると，財政的・軍事的支援，訓練や装備の供与，行為体たる集団の当該国家による創設などが検討されている。それらは，ここにいう二つのいずれの基準を適用するに際しても，同様に考慮される事実要因である[77]。これらの要因の考慮に際して，行為体の「地位」や国家機関との関係か，

---

[73]　同様の問題意識を示すものとして，Olivier de Frouville, "Attribution of Conduct to the State: Private Individuals," in Crawford et als eds., *International Responsibility*, p. 263.

[74]　Supra note 20, para. 392.

[75]　第 4 条とみると解される学説として，M. Milanovic, " State Responsibility for Genocide," *EJIL* , Vol. 17 (2006), p. 602; A. J. Hoogh, " Articles 4 and 8 of the 2001 ILC Articles on State Responsibility, the Tadić Case and Attribution of Acts of Bosnian Serb Authorities to the Federal Republic of Yugoslavia," *BYIL* , Vol. 72 (2001), p. 268. ジェノサイド条約適用事件が，事実上の国家機関の問題を第 4 条のそれとし，実効的支配による個人の行為の国家への帰属を第 8 条の問題としたことに対する批判として，de Frouville, op cit., supra note 73, pp.268-269.

[76]　P. –M. Dupuy, " Crime sans chatiment ou mission accomplice?," *Revue générale de droit international public* , Tome 111 (2007), pp. 249-251.

[77]　国家への行為帰属が認められる場合と，個人の行為に関して国家の義務違反が問われる場合との相違も，やはり程度の差といえるのではないかという疑問も生じうる。私人の有害行為を相当の注意をもって防止する義務を国家は負うが，相当の注意を払うことが個人の行為に対する一定の支配であると考えると，それは，「実効的支配」の基準と程度の差でとらえられるのではないかという疑問である。国際テロリズムに関する国家責任の問題においてこの点を指摘するものとして，Dupuy and Hoss, op cit., supra note 9, p. 236.

〔兼原敦子〕　第7章　国家責任条文第一部にみる法典化の方法論の批判的考察

それとも行為体による特定の行為かいずれに焦点があてられているかという区別が意義をもつであろうか。その区別の意義が明確でない限りは，事実上の国家機関という類型の固有性は維持されにくい。

　このように，第4条と第8条とでは異なる類型の国家行為を認めているとすれば，それぞれの間の境界事例についての処理が問題として残るといえる。

　(e)　ここまで第8条や第11条の意義を明らかにしてきたが，実践や学説によりとくに第8条の類型が重視されてきていることは注目に値する。諸国の統治・政治体制や法による規律の態様などにおける多様性に対応して，事実状況に即して国家行為を認定すること，特定の行為をめぐる国家の行為体への関与に着眼して国家行為を認定することが，まさに現代の国家責任法に求められているといえるからである。そして，繰り返し述べたように，第8条，第11条の国家行為は，国家機関の決定を国内法に委ねてその行為を国家行為とする場合とは異なり，国際法たる国家責任法こそが決定する国家行為である。

　第8条や第11条のような類型が重みをもつようになるとすれば，そのことが，従来の基本的規則であった，国家機関の行為を国家行為とする規則の重みが相対的に低下することもありえよう。そして，国家機関の行為と，国家機関ではない行為体の行為という二つの類型の間に位置しうる境界事例の問題が残るであろう。これらの類型や境界事例をもって国家行為と認める以上は，すべてを整合的に整理することを可能にするような政策判断が，根底に存在する必要があろう。それは，何をもって国家行為とし，国家責任を追及することが適当といえるかという政策・価値判断である。権限逸脱や国内法違反の国家機関の行為に関してのみ，国際関係の明確性と安定という政策判断を示すだけでは，国家行為を同定するすべての規定に通底する政策判断の説明としては，十分であったとはいえない[78]。

---

[78]　学説では，たとえば，国際法が何を国家行為として責任の根拠とするかは，国内の公的領域と私的領域をいかに分化するかの国家政策に影響を与えうることに着目して，この観点から国家責任法の政策・価値判断を検討するものもある。たとえば，G. A. Christenson, "Attributing Acts of Omission to the State," *Michigan Journal of International Law* (1991), p. 312 et seq; W. Friedman, "The Growth of State Control over the Individuals, and Its Effect upon the Rules of International State Responsibility," *BYIL*, Vol. 19 (1949), p. 118 et seq.

5　むすびにかえて

　本稿では，国家責任条文第一部を対象として，法典化の方法論という視点から検討を行ってきた。国家責任条文第一部は，国家責任の発生要件を規定しているので，要件論から過失，法益侵害，国家への行為帰属という三つの論点をとりあげた。各々の理論状況において固有の態様で，法典化の方法論の特徴が表れていた。それをふまえて，法典化条文としての国家責任条文の適否にふれることで，むすびにかえたい。

　国家責任条文における法典化の方法論は，何よりも国家責任法を二次規則として法典化することであった。それは，二つの表裏をなす特徴として実現されたようである。

　第一に，国家責任法として政策・価値判断をなすべき問題について，一次規則の問題としてこれを回避していた。具体的には，一次規則の内容が多様であるとか実践が多様である場合には，一次規則や実践にその処理を委ねて，二次規則たる国家責任法は規定を設けない方針がみられた。国家責任条文は，過失の意義を否定しないとしながらも，過失に関する規定を設けない。法益侵害も，国家責任の発生要件規定ではふれられていない。救済や被害国といった法益侵害と密接にかかわる概念があるものの，それらが明確に整理されているかは疑問である。また，行為帰属では，一次規則に委ねることはなされえなかったが，国家機関の行為の決定は，二元論に基づいて実質的には国内法に委ねられていた。国際法が積極的に国家行為を認定する類型も設けられたが，それらと，国家機関の行為を基本とする伝統的な国家行為類型との整合的な処理という問題を残していた。

　これらの要件論の根底には，国家の有責性の根拠に注意の懈怠や意思選択を含むか，国家責任の機能は法益侵害の救済に主眼をおくか，どの行為を国家行為として国際法上で国家の責任を追及すべきかといった，国家責任法の核心をなす問題がある。それゆえにこそ，これらの問題については，まさに国家責任法としての政策・価値判断を求められたはずである。けれども，国家責任条文は，そうした判断を回避しているか，少なくともそうした判断を明確に意識して条文に反映させることは回避していた。

　一次規則の内容が多様であるから，二次規則では規定を設けないという説明

が，国家責任条文のコメンタリーなどで随所にみられる。けれども，二次規則は一次規則上の義務違反の法的結果を定める規則であり，二次規則たることは，一次規則の内容から最大公約数を抽出することではない。あるいは，一次規則の内容が多様であるために，二次規則に関する実践も多様であり，実践に基づいて二次規則を法典化することは困難であるということはありえよう。けれども，過失についても法益侵害についても，本稿で検討してきたように，過失や法益侵害を国家責任の発生要件から除外するという国家責任条文の方針は，実践で支持されているとは必ずしもいえないのである。

　実践が定着していないために二次規則を設定できないという考え方は，逆からみれば，二次規則に一般規則たることを求める考え方につながりうる。実践が多様であるから規則を設定できないというのは，つまりは，一般規則を設定できないということであり，だから二次規則に規定を設けることができないということでもあるからである。そして，これが国家責任条文の第二の特徴をなすのであり，第一と第二の特徴は，表裏をなすといえる。

　第二に，二次規則たる国家責任法の設定は，あらゆる一次規則の義務違反の法的結果を定める規則の設定であり，そこには一般規則を設定すべしとの力学が働く。そして，一般規則たることを求めれば，抽象化した内容の規則を設定するか，もしくは一般規則を導か(け)ないで実践に処理を委ねて規則を設けない傾向が生ずる。この傾向は，国家責任条文では，国家を実際の事実状況から切断することに反映された。国家責任条文は，過失の考慮を排除して，特定の作為・不作為をめぐる国家の意思選択や具体的な事情および能力や手段保持などに関心をはらわない。国家責任条文は，法益侵害を国家責任発生要件とはせず，被害国を義務の方向性と義務違反の性質を要件として決定する。そこでは，実践により，実際の事実状況で国家が被る法益侵害が，実質的で具体的な内容を備えてきていることが反映されない。国家責任法が全く選別をせずに，国内法上のあらゆる機関の行為を一律に国家行為とみなすことは，国家の多様な政治体制や統治機構の実態に関心をはらわないことである。他方で，国家の指示・指揮・支配がある行為を国家行為とした点は，国家責任条文が，特定の行為をめぐる国家の行為体への関与という実態に注目する必要性を示している。

　現代の国際社会では，諸国が統治や支配の態様および能力などの点で多様性を示し，諸国のもつ利害関係も著しく複雑化している。そこでは，国家の具体

的な事情および能力や，国家が享受する法益とその侵害の実質を，むしろ積極的に反映させて内容に織り込む国家責任法が求められているともいえるのではないだろうか。

　国家責任条文の特徴をみると，法典化とはいかにあるべきかという問いがあらためて想起される。利害関係が複雑化した国際社会において，確立し成熟した実践をそのまま成文化するという，静態的な法典化ないしは狭義の法典化をのぞむことは著しく困難であろう。法典化には，一定の実践の定着と一定の利害対立の存続に対峙して，誤解を恐れず述べれば，必要不可欠かつ適度な創造をもって，法規則を定式化していくことが求められるのではないだろうか。実践に現れる諸国の規範意識をくみ取りながらも，同時にあるべき方向へ諸国の規範意識を誘導することが求められるのではないだろうか。それが，現代において，ILCに狭義の法典化だけではなく，国際法の漸進的発達を促す機能が与えられていることの意味であると考えられる。

　国家責任条文は，国家責任の発生要件という，国家責任法の根幹をなす問題について政策・価値判断を回避し，問題を一次規則や実践の多様性の中に放逐している。しかも，一般規則をめざすことにおいて，現代の諸国がもつ多様性に対して，弾力性のある規則を導出しようとはしていない。それらに鑑みると，国家責任条文が，第一部に限定してではあるが，法典化条文として肯定的に評価されるかについては，疑問の余地が残るのではないだろうか。

第8章　国際法秩序における「合法性」確保制度としての国家責任法の再構成
―― 国家責任条文第二部・第三部における国際法委員会による試みとその限界 ――

岩月直樹

1　国際法委員会による国家責任法の再構成の試み
2　規範平面における合法性確保装置としての国家責任法
3　現実平面における合法性確保装置としての国家責任法
4　結びに代えて――国際社会における「合法性」の確保と国家責任法

1　国際法委員会による国家責任法の再構成の試み

　国家責任条文は国家責任の発生条件として損害の存在を定めていない（第2条）。これは，損害の存在を前提として，その発生に違法性を認めることができるか，そしてそれに対する救済がいかなる国によって与えられるべきかを中心的な問題としてきた伝統的な国家責任法のあり方とは大きく異なる[1]。確かに，違法行為が犯された場合には常に国際法が定める法的関係の侵害という意味での損害（法的侵害）があるのであり，国家責任条文も損害を責任発生の条件としてきた伝統的な立場の延長線上に位置づけられると言いうるかもしれない。しかし，損害を責任発生における独立した条件としては認めないとする国家責任

---

[1] 参照，松井芳郎「伝統的国際法における国家責任法の性格」『国際法外交雑誌』第89巻1号（1990年）1-52頁，同「国際連合における国家責任法の性格」『国際法外交雑誌』第91巻4号（1992年）1-43頁。See also, E. Jiménez de Aréchaga," International Law in the Past Third of A Century," *Recueil des cours* àl' *Académie de droit international*, tome 159（1978）, pp. 267-269（hereafter *Recueil des cours*）; B. Stern, "The Elements of an Internationally Wrongful Act," in J. Crawford *et al*（eds）, *The Law of International Responsibility*（2010）, pp. 194-197.

第2部　1990年代以降における国際法委員会の具体的成果

条文の立場は，国家責任をもっぱら損害填補の問題としてきた伝統的な理解を批判し，むしろ違法行為に対する法的非難を及ぼすことにより侵害された法的関係の正常化（国際法秩序における合法性の確保）をはかることこそが国家責任の問題であり，そのための法制度として国家責任法を再構成しようとする試みの土台を用意するものであったといえる。国家責任法における視座を大きく転回しようとする国際法委員会の態度が，そこには示されているわけであるが[2]，こうした転回の具体的な帰結は，国家責任の内容においてこそ現れる。

　国家責任が損害を中心として論じられるかぎり，責任はもっぱら賠償（réparation）の問題として把握され，損害の回復をはかるための方法がその中心的な内容とされる。それに対し，国家責任が違法性に対する法的非難を中心として論じられる場合，責任は合法性の回復・確保（la garantie de la légalité）の問題として把握され，侵害された法的関係の正常化をはかるための方法がその内容とされる[3]。実際，国家責任条文では，第2部において，違法行為をおかした国家に対して侵害された法的関係の正常化を義務づけると共に，第3部において，一定の国家に対してそうした正常化過程の当事者としての資格と権限を定めている。このような第一次的法的関係（legal relationship constituted by primary rules）とは別の第二次的法関係（legal relationship constituted by secondary rules）を提示することを通じて，違法行為によって乱された一次的な法的関係の正常化へ向けた道筋を示すことが，国家責任条文には期待されたわけである[4]。

　むろん，国家責任条文が果たすべき役割については委員の間で必ずしも認識が一致していたわけではなく，また諸国家が無批判に委員会の立場を支持していたわけでもない。2001年国家責任条文はそれらによる批判，とりわけ暫定草案（1996年草案及び2000年草案）に対する諸国家からの反応を踏まえて採択されたものであり，必ずしも国家責任法における視座の転換がそのままに徹底できているわけではない。本章ではこのような観点から国家責任条文第2部および

---

[2] A. Pellet, "The Definition of Responsibility in International Law," *ibid.*, pp. 8-10.

[3] B. Graefrath, "Responsaibility and Damages Caused: Relationship between Responsibility and Damages," *Recueil des cours*, tome 185 (1984), pp. 34-37. *Cf.* 山本草二『国際法〔新版〕』(1994年) 627-629頁。

[4] See, W. Riphagen, "Preliminary Report on State Responsibility," *Yearbook of the International Law Commission 1980*, vol. II part 1, p. 112, para. 27. (Hereafter cited as *Ybk ILC*.)

168

第3部を分析することで，国際法委員会による国家責任法の再構成の試みについて，その意義と限界を検討することとしたい。

なお，本稿では国家責任条文がどの程度において慣習法の法典化と認められるものであり，また採択された当初は漸進的発達と見られるものがその後の諸国家および国際判例によりどの程度において実定法として受容されているか，といった問題には立ち入らない。本稿が検討の対象とするのはあくまで国際法委員会による国家責任法の再構成の試みであり，そうした試みの結果としての国家責任条文である。

ところで，国際法委員会は第2部に関する審議の当初においては，原状回復・金銭賠償・精神的満足などと対抗措置を区別せず，いずれも違法行為の法的結果たる国家責任の内容として扱っていた[5]。しかしその後，アランジォ＝ルイツの提案に従い，対抗措置を原状回復や金銭賠償の実施を促すための手続的結果であるとして区別し[6]，最終的には対抗措置を含む手続的結果を国家責任の実現 (the implementation of the international responsibility of States) に関わるその他の手続的な規定と併せて整理しそれを第3部とした[7]。こうした経緯に照らす限り，第2部と第3部の区別は極めて技術的なものに過ぎないように見えるかもしれない。しかし，国家責任条文のこうした構成は理論的にみても重要な意味を有する。第2部は原状回復など義務違反が犯された場合に違法行為国が従うべき新たな義務を定めるわけであるが，これはそうした新たな義務（責任の内容）を提示することによって第一次的法関係の正常化をいわば規範的な平面ではかるものであると言える。もっとも，これはあくまで規範平面の問題であり，第一次的法関係の正常化を現実にもたらすためにはそうした義務の実施をはかるための具体的な対応がはかられる必要がある。第3部はそのためにどのような対応を，いずれの国が，どのようにとることができるのかを定めることで，第一次的法関係の正常化を実践的な平面ではかるものである[8]。そこ

---

[5] R. Ago, "Note," *Ybk ILC 1967*, vol. II, p. 326; W. Riphagen, "Preliminary Report on State Responsibility", *Ybk ILC 1980*, vol. II, part 1, p.112, paras. 27 *et seq*.

[6] G. Arangio-Ruiz, "Third Report on State Responsibility," *Ybk ILC 1991*, vol. II, part 1, p. 7, para. 1; *idem*, "Fourth Report on State Responsibility," *Ybk ILC 1992*, vol. II, part 1, pp. 6-13.

[7] J. Crawford, "Third Report on State Responsibility," UN Doc. A/CN.4/507, pp. 4-9, paras. 5-10; *ibid*., UN Doc. A/CN.4/507/Add.2, pp. 3-5, paras. 224-231.

で以下では，国家責任条文第2部と第3部につき，それぞれ「規範平面における合法性確保装置としての責任」と「現実平面における合法性確保装置としての責任」とし，それぞれについて特に注目すべきものを取り上げ，検討することとしたい。

2 規範平面における合法性確保装置としての国家責任法

(1) 回復義務

国家責任条文は国家責任の内容に関する一般原則として，「責任を負う国は，国際違法行為により生じた被害（injury）に対して十分な回復を行う義務を負う」（第31条1項）ことを定め，さらに「国際違法行為により生じた被害に対する十分な回復は……原状回復，金銭賠償および精神的満足の方式を単独でまたは組み合わせて行われる」としている。こうした回復義務は，ホルジョウ工場事件常設国際司法裁判所判決[9]をはじめとする国際実践および学説により一致して認められてきたものである。もっとも，伝統的な国家責任法においてはあくまで当該義務により回復されるべき対象は義務の履行によって特定の国家に与えられるはずであった保護法益（その欠損としての損害（damage））であるのに対し，国家責任を合法性確保のための法制度として捉える場合には，回復義務は規範平面における合法性確保装置の一つとして位置づけられることになる。たとえ形態としては被害国に対する個別的な救済として原状回復・金銭賠償が行われるとしても，それは違法行為によって毀損された一次的法関係の回復措置であることを法的性質として有するというわけである[10]。

国家責任条文の定める回復義務がこのような性質を有するものであることは，回復方法における原状回復の優先性，懲罰的損害賠償の可否に関する国際法委員会における審議過程においてよく示されている。

---

[8] J. Crawford, *The International Law Commission's Articles on State Responsibility: Introduction, Text and Commentaries* (2002), p.254. See also, J. Crawford, "Overview of Part Three of the Articles on State Responsibility," *op. cit., supra* note 1, pp. 931-932.

[9] *CPJI, série A, n° 17*, p. 47.

[10] Graefrath, *op. cit., supra* note 3, pp. 62 & 66; P.-M. Dupuy, " Quarant ans de codification du droit de la responsabilité des Etats: un bilan," *Revue générale de droit international public*, tome 107 (2003), pp. 323-324.

(a) 回復方法における原状回復の基本性

　違法行為による被害の回復方法については従来から原状回復，金銭賠償，そして精神的満足（satisfaction）が挙げられてきたが，これらのいずれによるかは個々の状況次第とされてきた。国家責任が損害填補をその内実とする限りにおいては，被った損害に適した方法によって十分に損害が回復しさえすればよく，それゆえにどのような形態が適切であるかはまずもって被害国の選択にまかされ，最終的には交渉を通じて適切な回復方法が特定されるものとされた[11]。

　この点，国家責任条文も「国際違法行為により生じた被害に対する十分な回復は……原状回復，金銭賠償および精神的満足の方式を単独でまたは組み合わせて行われる」と定め（第34条），いかなる方法によるべきかは，被害国が違法行為国に対して通告するものとしている（第43条2項b）[12]。しかし，国家責任条文については，この回復方法の選択において一定の序列あるいは制約を課していることが注目される。

　先に示したように，国家責任条文第34条は回復方法について諸方式を通じて行われるとしているが，個々の回復方法を定めた各条文において，①原状回復が物理的に不可能である場合あるいは不適当な場合を除き，原状回復によるべきこととし（第35条），②原状回復によっては十分に回復されない限りにおいて金銭賠償を認め（第36条），さらに③原状回復と金銭賠償のいずれによっても十分な回復がなされない限りにおいて精神的満足を与える義務を負うものとしている。つまり，被害の回復は原則として原状回復によるべきこととされ，金銭賠償と精神的満足はそれに対する代替的あるいは補完的な回復方法として位置づけられているわけである[13]。

　もちろん，国際法委員会もこうした序列を絶対的なものとして定めているわけではなく，とりわけ問題となる義務が二国間関係に関わるに留まるものである限りは，回復方法の選択においても柔軟性が認められるべきものと考えられている。しかし，あくまで回復義務が違法行為の「法的および物理的結果」の払拭をその内実としていることから当然に導かれるものとしての原状回復の優

---

(11) Y. Kerbrat, "Interaction between the Forms of Reparation," in J. Crawford *et al* (eds), *op. cit., supra* note 1, pp. 574–579.
(12) J. Crawford, *op. cit., supra* note 8, p. 262.
(13) *Ibid.*, pp. 218 & 231.

第2部　1990年代以降における国際法委員会の具体的成果

先性（primacy of restitution as a matter of legal principle）を強調しているところに[14]，被害の回復が単に被害国に対する主観的救済に留まらず，侵害された一次的法関係の正常化に向けられたものであることが示されている。またそれゆえに，問題とされる義務が普遍的義務のように国際社会全体に対して負うものである場合には，直接的な被害国による回復方法に関する選択は，当該義務の十全な履行を損なうものであってはならないものと考えられている[15]。

(b)　懲罰的（加重的）損害賠償

懲罰的損害賠償（punitive damage, exemplary damage）とは，「加害行為の悪性が高い場合に，加害者に対する懲罰および一般的抑止効果を目的として，通常の填補損害賠償の他に認められる損害賠償」のことを言う[16]。国家責任が損害填補を目的とする法制度である限り，こうした懲罰的損害賠償を認める余地はなく，また実際に従来の学説においても一般には否定されてきた[17]。

しかし，国家責任法を合法性確保のための法制度として捉える場合には，損害填補に留まらず違反態様の重大性をふまえ，懲罰的損害賠償を認めることはあり得る。違法行為国がその義務にかかわらず自国の政策判断を優先して損害賠償を支払ってでもその実施をはかるような場合や，違法行為が極度に重大性を帯びるものである場合には，第一次的法関係の正常化をはかる上で通常の金銭賠償に留まらず，加重的な賠償を求めることが適当な場合があることは否定し得ない。実際，国際法委員会はアランジョ＝ルイツによるそのような趣旨に基づく提案を受け[18]，あくまで刑事的な意味での懲罰ではないことを確認しつつ，1996年の第1読草案において「名目的損害賠償」と「侵害の重大性を反映する損害賠償」の支払いを精神的満足の一形態として認める規定を採択した（1996年第1読草案第45条2項bおよびc）[19]。第2読作業においては，精神的満足

---

[14]　*Ibid.*, pp. 213 & 218.

[15]　See, J. Crawford, "Third Report on State Responsibility," UN Doc. A/CN. 4 /507/Add.2, pp. 5-6, paras. 232-233; J. Peel, "Notice of Claim by an Injured State," J. Crawford *et al* (eds), *op. cit., supra* note 1, pp. 1032-1033.

[16]　田中英夫（編）『英米法辞典』（1991年）685頁。

[17]　S. Wittich, "Punitive Damages," in J. Crawford *et al* (eds), *op. cit., supra* note 1, pp. 667-669. *Cf.* L. Oppenheim, *International Law*, vol. 2-Peace, 7th ed. by H. Lauterpacht (1948), pp. 320-321.

[18]　*Ybk ILC 1989*, vol. II, part 2, pp. 41-42, paras. 140-147.

[19]　*Ybk ILC 1993*, vol. II, part 2, pp. 76-81.

〔岩月直樹〕第8章 国際法秩序における「合法性」確保制度としての国家責任法の再構成

はあくまで原状回復および金銭賠償によっても回復されない金銭的評価が困難な被害に対する回復方法であることが強調され、名目的損害賠償に関する規定は削除されることとなったが[20]。しかし、国際法委員会はとりわけ重大な違法行為の場合には加重的損害賠償を認めることで第一次的法関係の回復がはかられる場合があり得ることを否定せず、そのために「国際共同体全体に対する義務の重大な違反」の場合には「侵害の重大性を反映する損害賠償」が認められうるという形で修正することとした（2000年第2読暫定草案第42条）[21]。

これは違法行為の性質に比例した加重的損害賠償であるとされ、あくまで侵害結果と無関係に課される懲罰的損害賠償とは区別されるものと説明されている[22]。しかしいずれにせよ、国家責任が第一次的法関係の正常化をはかるための仕組みとして機能するためにはこのような金銭賠償の余地を認めることが法の漸進的発達として適当である、と国際法委員会は考えたわけである。

こうした国際法委員会の提案はしかし、それがあくまで金銭的評価の可能な被害に応じた金銭賠償であるのであれば不要な規定であり、他方で通常の金銭賠償とは異なるものであれば実損害とは別の懲罰的損害賠償を認めるものと解されるという曖昧さを有するものであったと言える。実際、この条文草案に対しては諸国家から、懲罰的損害賠償を認めるものと解することができる限りにおいて修正あるいは削除するのが適当であるとの批判が向けられた[23]。

このような経緯から、2001年に最終的に採択された国家責任条文では、懲罰的損害賠償に関して何らの明示的な規定も設けないこととされた。もっとも、国家責任条文は「一般国際法の強行規範に基づく義務の重大な違反」に伴って生じる国家責任について、本条文が示すものは「本章が適用される違反に国際法が付与するその他の帰結を妨げるものではない」としている。違法行為の重

---

[20] Statements of the Chairman of the Drafting Committee (2001) (available at < http://www.lcil.cam.ac.uk/projects/state_responsibility_document_collection.php >, last visited September 14, 2010.)

[21] *Ybk ILC 2000*, vol. II, part 2, pp. 40-42, 61-62 & 69; *Ybk ILC 2000*, vol. I, p. 391, para. 33 & p. 393, para. 44.

[22] J. Crawford, "Fourth Report on State Responsibility," UNDoc. A/CN. 4 /517, pp. 17-18, para. 45.

[23] "Comments and Observations received from Governments," UN Doc. A/CN. 4 /515, p. 49 (Japan); *ibid*., p. 55 (U.S.A.); *ibid*., p. 57 (Korea); A/CN. 4 /515/Add. 2, p. 13 (France).

第2部　1990年代以降における国際法委員会の具体的成果

大性をふまえた加重的損害賠償についてはこれを支持する国家もおり[24]、この留保条項によって、2000年第2読暫定草案において規定されていたような加重的損害賠償が将来的には認められる余地を、国際法委員会は残したものと言える[25]。

(2)　違法行為の中止と再発防止の保証

国家責任条文は国家責任の内容として回復義務の他に、それと併せて違法行為が継続している場合における当該行為の中止と、適当な再発防止の保証の提供を行うべきことを定めている（第30条）。

もっとも、違反された義務がなお有効である限り当該法関係に基づく義務を履行すべきことは当然であり、違法行為の中止は国家責任法の作用によってはじめて求められるものではない。再発防止の保証は、従来は回復義務（精神的満足による救済）の一態様として論じられてきたものであるが[26]、国際法委員会はむしろこれを違法行為の中止と併せて違反された義務の有効性の再確認をはかるものとして位置づけた[27]。しかしそうであれば、逆に、それを国家責任の内容として取り上げるのは奇妙であると言える。第一次的法関係における義務の有効性と行為の適法性は条約や慣習法、あるいは条約法などそれらの成立に関わる国家責任法とは別の法（制度）によって決定されるためである。その意味では、国家責任条文第30条はそうした決定を確認するものでしかないとも言え、実際、国際法委員会自身もこうした規定がいわゆる一次規則と責任法との「中間に位置する（in between）」とするなどしている[28]。ただやはり、そうであれば

---

[24]　*E. g.*, Comments and Observations received from Governments, A/CN. 4 /515, p. 47　(U.K.); *ibid.*, pp. 54 & 56　(Netherlands).

[25]　S. Wittich, "Punitive Damages," in J. Crawford *et al* (eds), *op. cit., supra* note 1, pp. 672-674.

[26]　アランジョ＝ルイツも再発防止の保証を精神的満足の一形態として規定することを提案していた。G. Arangio-Ruiz, "Second Report on State Responsibility," *Ybk ILC 1989*, vol. II, part 1, pp. 42-43, paras. 148-149. しかしむしろ将来的な予防に向けられたものである点で精神的満足とは区別されるべきであるとされたことから、1996年第一読草案では別に独立した規定として採択された。*Ybk ILC 1993*, vol. II, part 2, pp. 81-82, para. 1.

[27]　Crawford, *op. cit., supra* note 8, pp. 197-198, paras. 5 & 9.

[28]　*Ybk ILC 1993*, vol. II, part 2, p. 55.

〔岩月直樹〕第8章 国際法秩序における「合法性」確保制度としての国家責任法の再構成

なおこと履行すべき義務の継続を定めた第29条（「国際違法行為の法的帰結は，責任を負う国が違反した義務を履行すべき義務の継続に影響を与えるものではない」）で足りるといえ，それとは別に違法行為の中止と再発防止の保証を国家責任の内容として挙げることの意義には疑問が生じる。

それにもかかわらず，国際法委員会があえてこれらの規定を国家責任の内容に関する一般原則として提示したのには，それが国家責任法を第一次的法関係の正常化をはかるための制度として捉える限り，それを国家責任の内容として扱うことはむしろ適当かつ必要なものと考えられたためである。この点は，コメンタリーにおける以下のような説明に明らかである。

国家責任条文のコメンタリーによれば，違法行為の中止と再発防止の保証はいずれも「違反によって影響を受けた法的関係の修復を示している（aspects of the restoration and repair of the legal relationship affected by the breach）」とされる。違法行為の中止は，当該行為を停止させることによって一次規則の妥当性と実効性がなお引き続き認められるものであることを確保することに向けられたものであり，その点においてそれは，「被害国の利益と，法の支配（the rule of law）の維持とその信頼に国際共同体全体が有する利益との双方を保護する」ことが期待される，という[29]。加えて再発防止の保証は，第一次的法関係における信頼の回復をはかるものであり，将来的な義務の履行を確保することに向けられたものであるとされる[30]。違法行為が義務の将来的な履行に対する信頼を損なうような場合に，再発防止の保証がなされることによって信頼を回復し，なお有効な第一次的法関係を強化することが期待される，というわけである。また，そうした将来的な志向を有する点において，それは精神的満足の一形態としてではなく，むしろ第一次的法関係の修復に向けられたものとして扱うのが適当である，という[31]。

---

[29] Crawrford, *op. cit.*, *supra* note 8, p. 197, para. 5.

[30] *Ibid.*, p. 198, para. 9.

[31] *Ibid.*, p. 199, para. 11. 違法行為を繰り返さないという単なる宣言では陳謝と変わるところがないのに対し，精神的満足とは区別されるものとしての再発防止の保証としては将来的な義務違反を予防するための具体的な措置が求められるとも言われる。G. Palmisano, " Les garanties de non-répétition entre codification et realization juridictionnelle du droit," *Revue générale de droit international public*, tome (2002), pp. 781-784. もっとも，このような意味での再発防止の保証の提供が実定国際法に基づ

第2部　1990年代以降における国際法委員会の具体的成果

　こうした説明から明らかなように，国際法委員会は，違法行為の中止と再発防止の保証を違法行為によって損なわれた第一次的法関係の尊重とそれに対する信頼の修復の問題としてとらえており，その点において「被害」の回復に関わる義務とは別の義務としてそれらを扱ったわけである(32)。

　ところで，違法行為が当然に法的侵害としての損害を伴い，回復義務がそうした広い意味での損害の填補・払拭を意味するのであれば，違法行為の中止および再発防止の保証が対象とする「第一次的法関係の尊重とそれに対する信頼」もそれに含まれることとなり，それらと回復義務の対象が重複することになるとも考えられる(33)。この点につき国際委員会は，回復義務の対象となる「被害」について，それは「物質的であるか精神的であるかを問わず，国の国際違法行為により生じたいかなる損害も含む」もの（第31条2項）としながらも，これには「違反によって個別的な影響を受けていない (individually unaffected) 国家が有する単なる抽象的な関心や一般利益」は排除されているとしている(34)。この指摘をふまえるならば，回復義務の対象は個別的な影響としての被害に限定されており，それに含まれない「第一次的法関係の尊重とそれに対する信頼」に対する正当な関心あるいはその履行に関わる利益については違法行為の中止および再発防止の保証によって対応するものとされていると考えることができ

　　いて求められるところとなっているか，またその実際上の適用可能性については消極的な見解も見られる。R. Higgins, " Overview of Part Two of the Articles on State Repsonsibility," in J. Crawford *et al* (eds), *op. cit.*, *supra* note 1, pp. 542-543; S. Barbier, " Assurances and Guarantees of Non-repetition," *ibid*., pp. 555-561.

(32)　このような整理に関連して，違法行為の中止を国家責任法に基づいて認められるものとして位置づける上では単に一次規則の尊重あるいは履行の利益に基づかせるのではなく，国家責任法に基づく救済としての意義を認め，それに適した要件を特定すべきとの見解も見られる。兼原敦子「国家責任法の『一般原則性』の意義と限界」『立教法学』第55号（2000年）150-151頁。

(33)　たとえばリップハーゲンは，第2部で扱われる責任の内容・程度・態様はおしなべて侵害された一次規則の規範性（彼の言葉によれば規範としての威信 (credibility)）を回復し確保するための法的反応 (reaction; response) として捉えていた。Riphagen, "Preliminary Report on State Responsibility", *Ybk ILC 1980*, vol. II part 1, p. 112, para. 27. See also, W. Riphagen, "State Responsibility: New Theories Of Obligation in Interstate Relations", R.St.J. MacDonald & D. M. Johnston eds., *The Structure and Process of International Law: Essays in Legal Philosophy, Doctrine and Theory* (1983), p. 582.

(34)　Crawford, *op. cit.*, *supra* note 8, p. 202, para. 5.

る。このような整理は，次に論じる被害国の特定という問題にも関係している。

3 現実平面における合法性確保装置としての国家責任法

(1) 「被害国以外の国」による責任追及

　国家責任が違法行為によって新たに生じる第二次的法関係であるとすれば，その当事者は当然に違法行為国と被害国に限られると考えられる。しかし奇妙なことに，国家責任条文は第48条において「被害国以外の国による責任の追及」として，①違法行為が自らを含む一定の国家の集団に対して，それらの集団的利益を保護するために設けられた義務に違反する場合，あるいは②違法行為が国際共同体全体に対する義務である場合には，「被害国以外の国」であっても，違法行為国に対する責任追及として(a)国際違法行為の中止及び再発防止の保証，および(b)被害国（者）[35]の利益のための回復義務の履行を求めることができるとしている。（第48条）

　もっとも，このような規定は，国際法委員会が構想する国家責任法の前提に照らすならば，実は奇妙なものではない。既に指摘したように，国際法委員会によれば国際違法行為はその定義上，常に第一次的法関係に対する侵害を伴っているのであり，当該法関係の当事者である国家はこの法的侵害を根拠として，第一次的法関係の正常化に関与することが認められると考えられるためである。第48条が予定しているような普遍的義務の場合には，条約に基づくものであればそのすべての当事国が，また一般慣習法に基づくものであればすべての国家が第一次的法関係の当事者であり，当該法関係の侵害が国家責任法において考慮される「損害」として認められる限り，責任関係の当事者としての資格を認められてしかるべきであるということになる[36]。このように見るならば，奇妙なのはむしろ，第48条が「被害国以外の国」による責任追及としている点で

---

[35] ここで「被害者」というのは国際人権保障に関わる義務の場合における人権侵害を被った個人であり，条文上は「違反された義務の受益者」と呼ばれている者を意味する。国家が自国民に対する重大な人権侵害を行うような場合には，被害国は存在しないとしてもこうした被害者は存在し，彼ら／彼女らのために「被害国以外の国」が責任追及を行うことができるというわけである。Crawford, *op. cit., supra* note 8, p. 279, para. 12.

[36] G. Gaja, "States Having an Interest in Compliance with the Obligation Breached," in J. Crawford *et al* (eds), *op. cit., supra* note 1, p. 957.

第 2 部　1990 年代以降における国際法委員会の具体的成果

あると言える。義務違反によって生じる法的侵害も国家責任法が対象とする「損害」に含まれると言うのであれば，そうした法的侵害を被った国家はすべて「被害国」であるとも言える。実際，1996 年第 1 読草案は，「被害国」を第一次的法関係の設定する権利義務関係の他方当事国（違反された義務に対応する権利を有する国家）であるとし，そのために被害国は個々の一次規則の解釈を通じて特定されるとした。そのような理解の上で，第一次的法関係における権利義務関係の類型を義務の淵源ごとに整理したのが第一読草案第 5 条であり，あくまで同条は一般的な類型に基づく推定を定めたものであるとされた[37]。そしてそこでは，「［条約あるいは慣習国際法に基づく］権利が人権および基本的自由の保護について創設あるいは確立されている場合」や，「国家の行為により侵害された権利が多数国間条約から生じる場合で，当該権利がかかる条約において当事国の集団的利益の保護のために明示的に定められていることが確認されるときには，当該多数国間条約の他のすべての当事国」も被害国と認められる，とされていた（1996 年第 1 読草案第 40 条 2 項(e)(iii)および同(f)）。コメンタリーを参照する限り，国際人権保障に関わる義務によって保護される利益は特定の国家に分配しえず（not allocatable），それゆえに「多数国間条約の当事者，あるいは慣習国際法の関連規則によって拘束される全ての他の国家をまず被害国とみなす必要がある」としており[38]，国際人権保障に関する規定は普遍的義務の一例として挙げられていることが明らかであることからすれば，これらは併せて 2001 年国家責任条文第 48 条が想定する国家を示していると考えてよい[39]。

2001 年国家責任条文では，国家が「被害国」と認められるのは，①「違反された義務が個別的に当該国に対するものである場合」，および②「違反された義務が当該国家を含む国家の集団あるいは国際共同体全体に対するものであり，かつ当該義務の違反が(i)当該国家に特別に影響を及ぼす場合，あるいは(ii)当該義務の履行の継続について他のすべての国の立場を根本的に変更する性格のものである場合」に限られるものとされた（第 42 条）。とはいえ，第 48 条に見ら

---

[37]　*Ybk ILC 1985*, vol. II, part 2, pp. 25-26, paras. 4-6.

[38]　*Ibid.*, p. 27, para. 20.

[39]　J. Crawford, "Third Report on State Responsibility," UN Doc. A/CN. 4 /507, pp. 46-47, esp. para. (b)；川崎恭治「国家の国際責任法における『被害国』概念について(二)」『修道法学』第 12 巻（1990 年）102-105 頁および 113-114 頁。

〔岩月直樹〕　第8章　国際法秩序における「合法性」確保制度としての国家責任法の再構成

れるように，第一次的法関係の当事者を第二次的法関係（責任関係）の当事者として認めるという点においては，1996年第一読草案と2001年国家責任条文とで違いはない。両者の間で決定的に異なるのは，前者においてはすべての被害国が国家責任の全ての内容（違法行為の中止，原状回復，金銭賠償，精神的満足，対抗措置）に関する請求権あるいは権限を認められうるものであったのに対し，後者においてはそれらを包括的に認められる国家が「被害国」とされ，それらの請求権・権限を限定的にしか認められない責任関係の当事者が「被害国以外の国」とされているところにある[40]。つまり，2001年国家責任条文では責任関係の当事者資格として「被害国」を捉えるのではなく，国家責任の現実的な実現への干与という観点から，その実現過程に包括的に干与することができる国家を「被害国」と呼ぶこととしたわけである[41]。

　こうした変化は，単に技術的な問題に留まるものではない。むしろ合法性を確保するための装置として国家責任法を再構成するという試みがもっとも先鋭化した形で現われた結果であると見ることができる。

　1996年第1読草案に対しては諸国家から支持と批判の双方を受けたが，支持される場合であってもとりわけすべての被害国が原状回復や金銭賠償を請求し，また対抗措置を執る権限が認められうる規定ぶりとなっていることに対して懸念が示された[42]。こうした懸念は，違法行為によって被害国とされる国家の中でもそれが被る損害には違いがあるのであり，そうした違いを無視してすべての国が同様の請求権・権限を認められることの不合理さ，あるいはそれが導く

---

[40]　第2読作業で問題とされたのは普遍的義務違反の場合に全ての国を被害国としていたことではなく，これらの国がいわゆる直接の被害国と常に同様の権利・権限を認められるような規定ぶりとなっていたことである。そのためクロフォードは被害国の特定の問題を扱うに際しては，違反により被った「影響」の質的相違に着目しつつ，当該影響の性質に応じた責任追及方法を示すことが重要であるとした。See, J. Crawford, "Third Report on State Responsibility," UN Doc. A/CN. 4 /507, pp. 42-53, esp. p. 48 *et seq.*

[41]　このような意味において，第2読作業によってもたらされたものは確かに被害国概念の変質であったと言える。*Cf.* 萬歳寛之「対世的義務に対する責任追及——「被害国」概念の変質」『早稲田大学法学会誌』第52巻（2002年）273-283頁。

[42]　とりわけフランスと米国のコメントがこうした点についての強い懸念を示している。See, Comments and Observations received from Governments, UN Doc. A/CN. 4 /488, pp. 95-102. See also, J. Crawford, "Third Report on State Responsibility," UN Doc. A/CN. 4 /508, pp. 33-36.

濫用に対する危険性に基づくものであったと言える。

　もっとも、1996年第1読草案がこうした懸念にまったく応えられないものであったわけではない。同草案第40条の原案を提案したリップハーゲンは、違法行為国が負う責任の内容について、それは一般的には均衡性原則により定められるとし、違法行為の性質と程度に応じて異なるものとしていた[43]。そのために、同じ違法行為による被害国であってもある国家については原状回復に加えて対抗措置が認められるのに対し、他の被害国は単に原状回復を求めることができるに留まるものとされる場合もあり得た。こうした均衡性を各国家が被る損害を基準として定式化することによって、上記のような批判に対して応えることもできなかったわけではない。たとえば、被害国が追及しうる責任の内容をそれが被った損害に対応させ、物理的あるいは精神的損害を伴わない、まったくの法的損害（préjudice juridique）しか有しない被害国については、当該損害の性質上、原状回復あるいは違法行為の中止を求めることができるに留まり、対抗措置に訴える権限は認められないと考えることは可能であり、かつ国家責任法の制度的統一性を確保する上では必要であるとする見解も見られる[44]。

　このような見解は、つまるところ、伝統的な国家責任法の立場を基本的に維持し、あくまで損害の回復の問題として国家責任を把握することを試みようとするものであったといえる。しかし、第2読作業の特別報告者を務めたクロフォードには、そのような立場はもはや一般的な妥当性を有するものとは認められないものと考えられた。クロフォードによれば、例えば国際人権保障条約を例にとれば、ある国家が自国民に対する人権侵害を行うことで義務に違反したことによって国家責任を負うとしても、それによって権利を侵害されるのは当該個人であり他国ではない。このような場合に違法行為国と他の当事国との間において生じる第二次的法関係が目指すものは国家が被った損害に対する塡補なのではなく、むしろ侵害を被った個人に対する救済であり、それが現実に果たされることで第一次的法的関係が正常化されることである。この場合、他

---

[43] W. Riphagen, "Preliminary Report on the Content, Forms and Degrees of International Responsibility," *Ybk ILC*, vol. II, part 1, p. 123, para. 79. See also, *ibid.*, pp. 128-129, paras. 95-100.

[44] B. Stern, *op. cit.*, *supra* note 1, pp. 197-200. Voir aussi, B. Stern, " Et si on utilisait le concept de prejudice juridique?," *Annuaire française de droit international*, tome 47 (2001), pp. 3-44.

〔岩月直樹〕第 8 章 国際法秩序における「合法性」確保制度としての国家責任法の再構成

の条約当事国は自らが被った損害に基づくものとしてではなく，あくまで普遍的義務を定める条約の当事国として，当該条約に基づく第一次的法関係の正常化を求めることが認められるわけである。換言すれば，このような普遍的義務の場合には，他の国家は義務の実施を求める利益を有するのであり，当該利益を基礎として国家責任を追及する資格が認められるべきである，というわけである[45]。

もっとも，このように考えるのであれば，これらの国が国家責任を追及することができるのは第一次的法関係の当事者として特に問題とされる義務の履行を求める利益を有しているためであり，それはあくまで第一次的法関係の再確認に過ぎないとも言える[46]。しかし，理論的にはたとえそうであるにしても，それが現実に第一次的法関係の回復という国家責任法の目的に適う限り，それを国家責任条文の中に位置づけることは必要であり，適切なものと考えられたわけである。

(2) 対抗措置の国家責任法への取り込み
(a) 対抗措置と国家責任法の関係

伝統的に対抗措置は国家責任法の問題ではなく，むしろ平和的紛争解決の問題として扱われ，戦争を回避しつつ救済を得るための強制的紛争処理手続として扱われてきた[47]。こうした伝統的な見解を批判し，対抗措置を国家責任の問

---

[45] J. Crawford, "Third Report on State Responsibility," UN Doc. A/CN. 4/508, pp. 46-47 & UN Doc. A/CN. 4/508/Add. 4, pp. 6-7.

[46] See, J. Gaja, *op. cit.*, *supra* note 36, pp. 960-962.

[47] この点の詳細については，次の拙稿を参照。「伝統的復仇概念の法的基礎とその変容——紛争処理過程における復仇の正当性」立教法学第 67 巻 (2005 年) 23-83 頁。もっとも，自然法に基づく古典的国際法の時代から見るならばもともと対抗措置 (復仇) は責任の問題の一部として扱われていたところ，アンツィロッティ (D. Anzilotti) などによる国家責任法の理論化がはかられる中で対抗措置がいわば国家責任法から排除されたと説明する見解も見られる。G. Nolte, "De Dionisio Anzilotti à Roberto Ago," dans P.-M. Dupuy (sous la direction de), *Obligation multilatérale, droit impératif et responsabilité internationale des Etats* (2003), pp. 6-18. このような説明については，しかし，古典的国際法の時代にはたして「国家責任」観念が妥当していたのかが，そもそも問題となろう。この点についてはさしあたり，次を参照。西村弓「国家責任法の誕生——国際法における責任原則とその適用対象の一般化」『変容する社会の法と理論』(2008 年) 247-275 頁，とりわけ 249 頁 (注 8)。

第 2 部　1990 年代以降における国際法委員会の具体的成果

題として扱うべきとする見解が示されるようになったのは戦間期以降のことである。また，対抗措置を国家責任法の問題として論じる場合であっても，その包摂の仕方には様々な見解が見られる。例えばシュトルップ (K. Strupp) は，対抗措置を権限行為としては捉えず，ただ相手国が違法な行為を先行して行っている限りにおいて違法性を阻却されるにすぎないものとし，その性質はもっぱら違法性阻却事由でしかないとした[48]。それに対してアーゴ (R. アーゴ) は（少なくとも特別報告者となる前においては），対抗措置を制裁権限の問題であるとし，それは賠償義務の問題とは別個独立した結果であって賠償義務の履行に向けられた手段としては捉えていなかった[49]。

　シュトルップにせよ，アーゴにせよ，彼らの議論は伝統的には対抗措置が国家責任の問題としては論じられてこなかったことをふまえ，それを国家責任の問題として捉え直そうとする試みであったと言える。国際法委員会はこうした対抗措置の国家責任法への取り込みという試みを引き継ぎ，最終的にはそれを「国家責任の実現」手段という形で位置づけることとした。国家責任条文第 49 条は次のように定めている。

　　「被害国は，国際違法行為の責任を負う国に対して［違法行為の中止・再発防止の保証，および被害の十分な回復に関する］義務の履行を促すためにのみ，対抗措置をとることができる。」

　このように，国際法委員会は対抗措置を国家責任の実現をはかるためのいわば強制執行手続として位置づけたわけであるが，このような立場を国際法委員会が最終的に示すこととなったということについては，奇妙なようにも思われる。というのも，「国家責任の実現」とされてはいるものの，条約規則の履行にせよ，賠償義務の履行にせよ，それらの現実平面における実現は基本的には国際紛争処理の問題であると言え，国家責任法に固有の問題ではないためである。あくまで規範的な平面で見るならば，国家責任に関わる規則は一次規則たる条約規則等の違反があった場合に問題となるものとして区別されるかもしれない。しかし具体的な実施に関わる平面において見るならば，それらはいずれも実体

---

[48]　K. Strupp, *Das völkerrechtliche Delikt* (1920), pp. 180-186.

[49]　R. Ago, "Le délit international", *Recueil des cours*, tome 68 (1939), pp. 524-531.

的規則とみなされるのであり，むしろそうした実体的規則とそれらの実際的な実施に関わるいわば手続的規則との相違に注意が払われなければならない[50]。そうであるとすれば,「国家責任の実現」をはかるための実際的な手段をその作業対象に取り込んだことによって，国際法委員会は「違法行為の法的結果」としての国家責任のみを取り上げるという当初の試みを最終的には放棄してしまったかのようにも見える。実際，第2読作業の特別報告者として最終草案のとりまとめに多大な影響を及ぼしたクロフォードは，対抗措置を違法行為の直接的な結果として定めた1996年第1読草案を批判し,「対抗措置を正当化する必要性は一次的な義務が違反されたことそれ自体からではなく，責任として課せられる義務に従わなかったというその後の違反が犯されるという事情から生じるのである[51]」とし，また機会があるたびに繰り返し対抗措置が「責任の履行を相手国に促すための強制力の行使」である点にその本質があることを指摘している[52]。

　もっとも，あくまで国家責任を第一次的法関係の正常化に向けられた法的装置として捉える限り，上のような批判は必ずしも的を射たものではないということになろう。国家責任法を国際違法行為によって侵害された法的関係の正常化をはかるための法的仕組みとして捉えるならば，単に規範的な平面において賠償義務など新たに違法行為国が負うこととなる義務を示すだけではなく，現実的な平面においてその実現をはかるための仕組みを示すことも国家責任法の

---

[50] 対抗措置を強制執行手続として捉える立場は古くは戦間期に万国国際法学会によって，近年においてはゾレェ（E. Zoller）の研究によって示されていたものでもある。See, "Régime des représailles en temps de paix", *Annuaire de l'Institut de droit international*, Session de Paris（1934）, pp. 708-711; E. Zoller, *Peacetime Unilateral Remedies: An Analysis of Countermeasures*（1984）, pp. 70-75. こうした見解は今日広く見られるようになっているが，それらは国家責任法とは独立した法制度として対抗措置を捉え，論じている。See, P.-M. Dupuy, *Droit international public*（6ᵉ éd., 2002）, p. 497; M. Noortmann, *Enforcing International Law: From Self-help to Self-contained Regimes*（2005）.

[51] J. Crawford, "Third Report on State Responsibility", UN Doc. A/CN. 4/507/Add. 3, p. 23, para. 332.

[52] J. Crawford, "Second Report on State Responsibility", UN Doc. A/CN. 4/498/Add. 4, p. 3, para. 364; Crawford, "Third Report on State Responsibility", UN Doc. A/CN. 4/507/Add. 3, p. 3, para. 287; *ibid.*, p.5, para. 294; *ibid.*, p.18, para. 321; *ibid.*, pp. 32-33, para. 358. See also, *idem, op. cit., supra* note 8, pp. 38-56.

第2部　1990年代以降における国際法委員会の具体的成果

対象とすべきものであるとも考えられる。またむしろ，そうした手続を伴わなければ国家責任法は結局のところ何ら条約規則などの一次規則と変わらず，法的関係の正常化のための法的仕組みとしての実効性を特別に有しないということになりかねない。このような観点からすれば，対抗措置は国家責任法がその固有の機能を果たす上で欠くことのできないものであり，そのような意味において国家責任法における不可欠の構成要素をなすとみなされることになる（むろん，こうした構想が規範的な意味での国際法秩序の「完全性」をもたらすものであるとしても，現実平面においても安定的な国際秩序をもたらしうるものとなっているかは，別問題である[53]）。

(b)　「被害国以外の国」による対抗措置

このように，対抗措置を合法性確保のための重要な手段として捉える見方がより鮮明に現れるのが，「被害国以外の国」による対抗措置についての国際法委員会の対応である。

国家責任条文は第一次的法関係の正常化をはかることを国家責任法の重要な機能と見ており，そのために責任の実現をはかる上で「被害国以外の国」に対しても責任を追及する資格を認めている（第48条）。こうした「被害国以外の国」に対抗措置に訴える権限までもが認められるかはきわめて議論の多いところであるが[54]，対抗措置を国家責任法に固有の機能を果たす上での不可欠な構成要素と見る限り，これに対しては少なくとも国家実行によって明示的に否定

---

[53]　むしろ国際秩序を阻害することになり得るとの批判的見解を示すものとして，次を参照。M. Koskenniemi, "Solidarity Measures: State Responsibility as a New International Order?," *British Year Book of International Law*, vol. 72 (2001), pp. 337-356.

[54]　近年では，もっぱら国家実行を基に「被害国以外の国」による対抗措置を積極的に支持する見解も見られる。Ch. Tams, *Enforcing Obligation Erga Omnes in International Law* (2005), pp. 198-251; M. Dawidowicz, "Public Law Enforcement without Public Law Safeguards? An Analisys of State Practice on Third-Party Countermeasures and Their Relationship to the UN Security Council," *British Year Book of International Law*, vol. 77 (2006), pp. 333-418; E. K. Proukaki, *The Problem of Enforcement in International Law: Countermeasures, the Non-injured State and the Idea of International Community* (2010). しかし問題は，そうした実行がどこまで一般性を持ちうるかであり，その評価に際しては「被害国以外の国」による措置がどのような根拠に基づいて認められるものとして行使されたものと評価できるのか，その理論的根拠の問題を問わないわけにはいかない。

〔岩月直樹〕 第8章 国際法秩序における「合法性」確保制度としての国家責任法の再構成

されていない限りは，肯定的に答えるべきものとも考えられる。実際クロフォードは，重大かつ明白な普遍的義務の違反が生じた場合を念頭に置きつつ，そうした場合には諸国家による集団的な対応をはかることが求められるが，そうした手続が欠如している以上は各国家による個別的措置を認めるべきであると国際法委員会において主張した。そしてこうした「被害国以外の国」による対抗措置は慣習国際法上確立しているわけではないことはクロフォード自身も認めていたものの，しかしその点においてあまりに慎重な態度をとる必要はないとした[55]。こうした提案を受けて国際法委員会は，2000年に採択した第2読暫定草案において，①違法行為が自らを含む一定の国家の集団に対して，それらの集団的利益を保護するために設けられた義務に違反する場合，②違法行為が国際共同体全体に対する義務である場合，および③違法行為が国際共同体全体に対して負う義務であり，その基本的利益の保護にとって重要な義務の重大な違反である場合には，「被害国以外の国」も対抗措置に訴えることができるものとし，ただその際にそれらの国家は対抗措置の規制条件に加え，被害国の要請に従うものとし，かつその実施に際しては相互に協力すべきこととした（同草案第49条）[56]。

このような国際法委員会の提案に対しては，それを支持する国家も見られたものの，そうした規定の漸進的発達としての適切さを強く批判する見解や，より慎重な態度をとるべきことを求める見解などが諸国家から示された[57]。そのために，国際法委員会も2001年条文では「被害国以外の国」による対抗措置については，それを明示的に承認する規定とはせず，「被害国以外の国」が「違反の中止および被害国または違反された義務の受益者の利益のための賠償を確保するために，責任を負う国に対してとる合法的な措置（lawful measures）を妨げるものではない」とする留保条項に修正することとした（国家責任条文第54条）。

---

(55) *Ybk ILC 2000*, vol. I, pp. 302-303. See also, J. Crawford, "Third Report on State Responsibility," UN Doc. A/CN. 4/508/Add. 4, pp. 19-21, 25.

(56) Draft Articles Provisionally Adopted by the Drafting Committee on Second Reading, UN Doc. A/CN. 4/L.600.

(57) とりわけ日本は本条文案について法の漸進的発達を飛び越えた「革命的」であるとさえ呼んで強く批判した。See, Comments and Observations by Governments, UN Doc. A/CN. 4/515, pp. 87-90; UN Doc. A/Cn. 4/515/Add. 1, pp. 9-12; UN Doc. A/Cn. 4/515/Add. 2, pp. 18-18; UN Doc. A/Cn. 4/515/Add. 3, p. 9.

ここに言う「合法的な措置」に対抗措置が含まれるか否かは，今後の国家実行の展開にゆだねられているとの趣旨である[58]。

すでに見たように，国際法委員会は普遍的義務に関する限り，「被害国以外の国」も当該義務について「履行の利益」を有しており，それを基礎として国家責任を追及する資格が認めらるものと考えている。そのため問題は，そうした利益がどのような追及方法までをも基礎づけるかという点にあり，対抗措置がそうした方法に含まれるとすることは理論的には妨げられないことになる。この点は結局，政策問題であり[59]，それは今後の国家実行によって確定されざるを得ないというわけであるが，「被害国以外の国」による対抗措置も理論的には認められうるものであるとの立場を国際法委員会が示したこと自体が，今後の国家実行に影響を及ぼす可能性もあろう。

---

[58] Crawford, op. cit., supra note 8, p. 305, paras. 6-7. 起草過程を踏まえるならば第54条をこのように解しうるものの，しかし国家責任条文の文言を見る限りでは，逆に，被害国と「被害国以外の国」との違いは結局，対抗措置に訴える権限を有するか否かのみとなっているために，ここに言う「合法的な措置」には対抗措置は含まれないとも解しうる。See, D. Alland, " Les contre-mesures d'intérêt général," Pierre-Marie Dupuy (sous la direction de), *Obligations Multiralerales, droit impératif et responsabilité internationale des Etats* (2003), pp. 179-180; B. Stern, " The Elements of an Interantionally Wrongful Act," op. cit., supra note 1, p. 200.

[59] Crawford, op. cit., supra note 8, p. 302, para. 1. なお，同様のことは国際裁判における原告適格（出訴権）についても問題となるが，国際法委員会はこの点について何らの言及も示していない。しかし，「履行の利益」に基づいて「被害国以外の国」に対抗措置に訴える資格を認めつつ，普遍的義務違反の認定を求めて提訴する場合における「被害国以外の国」の原告適格を認めないとするのは，奇妙であろう。See, Gaja, op. cit., supra note 36, p. 962; S. Villapando, *L'émergence de la communauté internationale dans la responsabilité des Etats* (2005), pp. 280-298, 364-365. 普遍的義務違反の場合における原告適格を広く認めることに積極的な学説も，対抗措置に訴える資格の拡大には慎重な立場を示している。例えば，万国国際法学会は2005年に採択した「国際法における普遍的義務および権利」に関する決議において，普遍的義務の違反をめぐる紛争についてはすべての国に原告適格が認められ，また裁判機関はそれらの国に訴訟参加資格の可能性を認めるべきであるとする一方で（決議第3条および第4条），対抗措置は重大かつ広くその違法性が認められた普遍的義務違反である場合にとることができるとするに留めている（同第5条 c 項）。Résolution sur les obligations et droits erga omnes en droit international, available at < http://www.idi-iil.org/idiF/resolutionsF/2005_kra_01_fr.pdf > （last visited at September 30, 2010）参照。岩沢雄司「国際義務の多様性

4　結びに代えて——国際社会における「合法性」の確保と国家責任法

　2001年国家責任条文は，国家の基本的権利の相互調整としてではなく，客観的秩序としての国際法秩序の形成，とりわけ武力不行使原則や国際人権保障・環境保護をはじめとする国際社会における共通利益の保護をはかる一次規則の展開を前提として，それを国家責任法の側でも受け止め，より確固たる法秩序として国際法秩序を提示することを試みたものとして評価しうるかもしれない。そうした試みにおいて，国家責任法を第一次的法関係の正常化・合法性確保をはかるための法的装置として捉え直し，再構成しようとしたことは，それ自体としては必ずしも非難されるべきものではない。

　しかし問題は，果たしてそのような試みを国家責任法によってどこまで実現することが可能であり，また適当であるのか，という点にある。あるいは，損害という縛りから解き放たれた国家責任法の法制度としてのアイデンティティをどこに求めるのか（国家責任法が固有に対象とするのはどのような問題であり，それに対してどのように応じようとするものであるのか），という問題であるとも言える[60]。この点，国際違法行為を原因として追加的・付加的に生じる結果を規範的に示すに留まるのであれば[61]，別段に問題はないようにも思われる。それとは別個の規範的結果が存在する場合でも，それについては一般法と特別法の問題として規範的に（規範平面において）処理することもできる。しかし，2001年国家責任条文に見られるように，国際社会における合法性の現実的・実効的な確保に関わるいわば手続的問題までをも扱おうとするならば，それに関わる様々な手続，とりわけ平和的紛争解決原則を基本とする国際紛争処理手続・制度，条約の実施手続としての協議手続や履行確保手続，またさらには集団的安全保障制

　　——対世的義務を中心に」中川淳司・寺谷広司（編・著）『国際法学の地平——歴史・理論・実証』（2008年）155-162頁。
(60)　国家責任法を二次規則と規定することは，この点に関して意義に乏しく，また逆にそのように言うことが国家責任法の固有性を見失わせることとなっていることについて，次を参照。兼原・前掲論文（前掲注32）157-159頁。
(61)　違法・義務違反の問題は条約の無効原因をはじめとする国家行為の国際法上の対抗力に関わる問題を扱う諸規則によっても扱われるが，これらは新たな義務を追加的に付加するものではない点で責任の問題とは区別される。濱本正太郎「国際法における無効の機能——責任との比較において」『国際法外交雑誌』第102巻（2004年）656-668頁。

第 2 部　1990 年代以降における国際法委員会の具体的成果

度などもが関係してくるのであり，それらと国家責任法の相互関係に関する検討を欠いたままに，国家責任法を「国際社会における合法性の現実的・実効的な確保」に関する一般法と位置づけることはおよそできないと言わなければならない。

　むろん，こうした手続・制度との関係について国際法委員会が意識してこなかったわけではない，むしろこの点は国家責任条文の審議においてもっとも委員会の内外において関心を集め，見解の激しい対立を招いた問題でもあった。しかし，こうした，まさに同条文の妥当性を大きく左右する問題について，最終的に採択された 2001 年国家責任条文はきわめて不十分な回答しか示していない。

　例えば，国際紛争処理手続との関係はもっぱら対抗措置の手続的な規制条件の問題として取り上げられるに留まり，わずかに回復義務の履行要求と交渉の申出を行うことを定めているにすぎない（第 52 条 1 項）。しかも，権利を保全するために必要とされる緊急の対抗措置に訴えることができるものとされている（同 2 項）。こうした規定の採択に至る過程において，国際法委員会は対抗措置を「係争中の紛争の解決を通じて当事国間の関係が正常化（normalization）することをみこした仮保全措置」[62]として捉えるべきであるとの認識を示している。しかし最終的に採択された 2001 年国家責任条文の上記のような規定ぶりは，実際にはむしろ，国際違法行為の唯一の帰結は対抗措置（制裁）であり，被害国は賠償を提供することによってそれを回避することができるに過ぎないとする立場[63]へと容易に反転しかねないものとなっている[64][65]。

---

[62]　Crawford, "Second Report on State Responsibility", UN Doc. A/CN. 4 /498/Add. 4, p. 14, para. 386. なお，クロフォードは特別報告者に任命される以前から，すべての対抗措置は仮保全措置として把握されるとしており（J. Crawford, "Counter-measures as Interim Measures", *European Jouranl of International Law*, vol. 5 （1994）, pp. 65-76）またそのようなものとしての対抗措置が伝統的国際法における復仇措置とは異なるものであることを自覚していた。J. Crawford, "The Relationship between Sanctions and Countermeasures," in V. Gawlland-Debbas （ed.）, *United Nations Sanctions and International Law* （2001）, p. 66 （this article is a contribution to the Colloquium of the Graduate Institute of International Studies （Geneva） on United Nations Sanctions and International Law held on June 1999）.

[63]　H. Kelsen, " Théorie générale du droit international public," *Recueil des cours*, tome 84 （1954）, pp. 30-34.

〔岩月直樹〕 第8章 国際法秩序における「合法性」確保制度としての国家責任法の再構成

また，2001年国家責任条文第40条が想定する「一般国際法の強行規範に基づいて発生する義務の国による重大な違反」の場合への対応は国連憲章第7章にもとづく集団安全保障と密接に関係するものであることは国際法員会においても常に意識されてきた。このような場合についても国家責任法の観点から損なわれた「合法性」を強制的に回復するために「被害国以外の国による」対抗措置をも認めるとすることは，まずは現実的な事態の沈静化を強制措置によってはかったうえで，合法性の回復・確保については別途紛争処理手続にゆだねるものとする集団安全保障の論理とは大きく異なる。前者の立場を貫こうと思えば集団安全保障との関係における実際的な調整についての見通しつけることが不可欠である[66]。しかしこの点について国際法委員会は，最終的には「［本国家責任］条文は国際連合憲章に影響を及ぼすものではない」とする留保条項を置くだけに留まり（第58条），コメンタリーにおいても何らの説明もなされていない。

もっとも，こうした2001年国家責任条文がこうした規定ぶりとなるのはある意味必然であったとも言える。対抗措置をあくまで国家責任法の観点から取り上げ，位置づけようとするならば，そこには違法行為を犯した国とそれを追及する国が存在するのであり，責任の発生そのものについては所与の前提とされる。そこでは現に責任が発生したと言えるのか，責任の解除のためになされるべきものは何であるのか，いわば責任をめぐる紛争はすでに存在しない。問題とされるのはただ，違法行為国が責任を解除するための行動をとることであ

---

[64] 山本草二「国家責任成立の国際法上の基盤」『国際法外交雑誌』第93巻（1994年）303-304頁。

[65] この点，1996年第1読草案には紛争処理に関する詳細な規定が含まれており，とりわけ対抗措置に関しては交渉義務の存在をまず示した上で，対抗措置の対象国はその適法性について仲裁手続に一方的に付託することができることとしていた（1996年第1読草案第48条，第54条，および第58条2項）。後者の一方的付託を定めた点において確かに論争的な条文案であったとは言えるが，しかし交渉をはじめとする友好的紛争解決手続の優先性を明示的に示している点において，それは平和的紛争解決原則の意義をふまえたものであり，一つの調整のあり方を示していたものと言える。それはまた，筆者の見るところ，適切なものであった。参照，拙稿「現代国際法における対抗措置の法的性質——国際紛争処理の法構造に照らした対抗措置の正当性根拠と制度的機能」『国際法外交雑誌』第107巻第2号（2008年）72-105頁。

[66] See, M. Forteau, *Droit de la sécurité collective et droit de la responsabilité internationale de l'Etat* (2006), pp.3-45

第2部　1990年代以降における国際法委員会の具体的成果

り，それを促すための責任追及国の対応のみである。

　しかし，現実にはまさに違法行為の存在に関して関連国際法規則の解釈をめぐり紛争が生じ，また被害の回復としてどのような方法によるべきか，どの程度の金銭賠償が認められるべきかをめぐってもまた紛争が生じる。その点で国家責任法は他の実体法規則と異ならず，それをめぐる紛争もまた平和的紛争解決原則を基礎とする交渉や条約上の手続を通じて実現がはかられるべきものである[67]。そしてまた，こうした手続を通じて確保されるべきは，国家の行為と国際法規範との齟齬に対する単なる非難ではなく，むしろ国家行政における措置の正当な指針としての，あるいは国際紛争において他国に対抗しうる法的主張の基礎としての国際法の実効性（efficacy）であろう[68]。国家責任法を通じた合法性の確保は，こうした実効性を国際法が国際社会によって認められるための一つの要素であるに過ぎない。

　また，国連憲章第7章をはじめとする集団安全保障体制との関わりについては，これに踏み込むことは国家責任法の検討という作業の対象を超えるだけではなく，国連憲章の解釈に踏み込むことがあれば，それは国際法委員会の権限を越える作業ともなりかねないものであった[69]。その意味では，国際犯罪あるいは「一般国際法上の強行規範に対する重大な違反」に関する限り，国際法委員会はもともと完遂することのできない試みに取り組み，問題の提起とそれを論じる際の一方の視点あるいは論理を提示することでその役割を終えることとしたと見ることもできる。ただしかし，国際連盟における安全保障体制として採用された「違法な戦争に対する制裁を通じた国際秩序の維持」という論理に対する反省の上に，国連憲章においては「平和に対する脅威・平和の破壊・侵略行為に対する強制（警察的）措置による国際秩序の維持」という異なる論理に

---

[67]　J. Combacau & S. Sur, *Droit international public* (8e éd., 2008), p. 526. See also, P. -M. Dupuy, "International Control and State Responsibility," in K. Herausgegeben von Ginther *et al* (eds), *Vöelkerrecht zwischen normativem Ansprich und politischer Realität* (1994), pp. 307-309.

[68]　参照，大沼保昭「国際社会における法と政治」国際法学会（編）『日本と国際法の100年　第1巻　国際社会の法と政治』(2001年) 1-34頁，河西直也「国際紛争の平和的解決と国際法——国際法『適用論』への覚え書き」寺沢一（他・編）『国際法学の再構築 下』(1978年) 51-105頁．See also, I. Brownlie, "Reality and Efficacy of International Law," *British Year Book of International Law*, vol. 52 (1981), pp. 1-8.

[69]　See, *Ybk ILC 2000*, pp. 399-400, para. 91.

〔岩月直樹〕第8章　国際法秩序における「合法性」確保制度としての国家責任法の再構成

基づく安全保障体制の構築が試みられたという歴史をふまえるならば，2001年国家責任条文が示す「違法性」に対する非難を通じた国際秩序の維持というスキームの際限のない一般化は，大きな問題を提起するものでもある。

　このように，2001年国家責任条文が採択されたとはいえ，それは国家責任法を超える問題を扱いつつも，もっぱら国家責任法の観点（第一次的法関係の正常化）からのみそれらを捉える一つの立場の明確化を試みたものである。そうであれば，少なくとも「国家責任の現実平面における実現」に関わる限り，2001年国家責任条文は未完の試みにおける暫定的な結論であるとも言え，今後におけるその妥当性の検証と再検討に対して開かれていると考えられなければならない。

第9章　外交的保護

土屋志穂

1　はじめに
2　ILC 外交的保護条文草案の制度概要
3　外交的保護条文草案における外交的保護概念
4　おわりに

1　はじめに

　国連国際法委員会（International Law Commission；ILC）は1996年にBennounaを特別報告者として外交的保護に関する条文草案の審議を開始した。Bennounaが1999年にILC委員を辞したため，ILCはDugardを第2特別報告者として選出し，その報告書をもとに2004年には第1読草案を採択するに至った。各国にコメントを募り，2006年に第2読を終了した外交的保護に関する条文草案[1]は全19条からなる。数多くの外交的保護に関する国際判例や国家実行の集積による発展を取り入れた慣習法規則の法典化がなされた。

　外交的保護条文草案の作成には，ILCで2001年に採択された「国際違法行為に対する国の責任」に関する条文草案[2]（以下，国家責任条文草案）が深く関係している。第1に，国家責任条文草案作成の出発点が外交的保護に関する規則の法典化であったことである。国家責任条文草案第1特別報告者のGarcía-Amadorが1956年から1961年に作成した6つの報告書では，国際法の具体的な権利・義務を規定する実体規則（1次規則）を含んで法典化することに焦点が当てられ[3]，これに基づいた条文案が作成された[4]。しかし，1962年

---

[1] *Yearbook of International Law Commission*, 58th Session (2006) (hereinafter *YBILC 2006*), A/CN. 4 /559, pp.13-100. なお，2006年の国連国際法委員会の審議概要につき，山田中正「国際法委員会第58会期の審議概要」『国際法外交雑誌』第105巻4号（2006年）150-154頁。
[2] 国家責任に関する ILC の作業については，第7・8章参照。
[3] Chittharanjan Amerasinghe, *Diplomatic Protection* (Oxford, 2008), p.59.

に特別報告者として選出されたAgoは，国家の国際責任を規律する一般規則に焦点を絞ることを提案し[5]，国家責任条文草案では国家責任の一般法として1次規則の違反及びその法的帰結に関する規則を扱う2次規則のみの法典化方式が採用された[6]。従って，個人損害を基礎とする国家責任の法的帰結としての外交的保護は国家責任の一般法から明確に区別され，2001年国家責任条文草案第44条「請求の許容性」の規定に国内救済完了規則が残されるのみとなったのである。

他方，外交的保護条文草案では，国家責任条文草案の1次規則と2次規則の区別が踏襲された。在外自国民の被った損害についての実体的な権利義務，すなわち外交的保護の1次規則については，その法的帰結を規定する2次規則の法典化に必要な限りでの議論とすべきだという第1特別報告者のBenounaの提案[7]にILCも賛成した[8]ため，本草案は国家責任条文草案での当該区別に大きく影響されることとなったのである[9]。後述するように，この1次規則と2次規則の区別が外交的保護草案の法典化を可能にしたといっても過言ではなく，

---

(4) *YBILC 1956*, vol. II, pp.173-231（A/CN. 4/96）; *Ibid., 1957*, vol. II, pp.104-130（A/CN. 4/106）; *Ibid., 1958*, vol. II, pp.47-73（A/CN. 4/111）; *Ibid., 1959*, vol. II, pp. 1-36（A/CN. 4/119）; *Ibid., 1960*, vol. II, pp.41-68（A/CN. 4/119）; *Ibid., 1961*, vol. II, pp. 1-54（A/CN. 4/134）. なお，これらの報告書および法典草案につき，*YBILC 1961, Ibid.*, pp.46-54; F.V García-Amador, Louis B. Sohn, and R.R. Baxter, *Recent Codification of the Law of State Responsibility for Injuries to Aliens*,（Oceana Publications Inc. 1974），pp. 1-132. また，1961年報告書付属の法典草案につき，安藤仁介「『自国領域内で外国人の身体・財産がこうむった損害に対する国家の責任』に関する法典草案（資料）」『京都大学教養部政法論集』第3号(1969年)149-169頁も参照。

(5) *YBILC 1963*, vol. II（A/CN. 4/152），p.228, para. 5．

(6) この区別につき，James Crawford, *The International Law Commission's Articles on State Responsibility, Introduction, Text and Commentaries*（Cambridge, 2003），pp. 14-16; なお，小畑教授は当該区別について，国際法委員会は1次規則と2次規則の峻別を受け入れて責任法の各則に立ち入らないことで，国家以外の主体の問題が責任法に生じるのを避けたと考えられると指摘する（小畑郁「国際責任論における規範主義と国家間処理モデル」『国際法外交雑誌』第101巻1号（2002年）26-29頁）。

(7) Mohamed Bennouna, Preliminary Report on Diplomatic Protection, *YBILC 1998*, A/CN. 4/484, pp.15-18.

(8) *UN General Assembly Official Records, 53th Session (2000), Supplement* No. 10（A/53/10），p.48, para.99.

(9) Marjoleine Zieck, "Codification of the Law on Diplomatic Protection: the First Eight Draft Articles", *LJIL*, vol. 14（2001），pp.209-211.

194

［土屋志穂］　　　　　　　　　　　　　　　　　　　　第9章　外交的保護

国家責任条文草案の1次規則と2次規則の区別を用いることで，外交的保護の保護法益を定める1次規則を明確にしない形式を取っている[10]。

さらに，行為の国家への帰属や賠償の形式については本草案では検討されておらず，国家責任条文草案に依拠している。この意味でも外交的保護条文草案は，責任の一般法としての国家責任条文草案を合わせて考慮しなければならない[11]。

ところで，本草案における最大の関心事項は，従来の理論上もそうであったように，外交的保護権の権利の主体が誰であるか，すなわち国籍国の権利か，被害者個人の権利かということであった。従来，判例上も理論的にも外交的保護権は国家の権利であるとされ，当該権利の行使にあたり，国際平面において個人の存在は捨象されてきた。ところが，第二次世界大戦以降，各種条約，とりわけ人権条約において個人が国際法上の権利義務の主体と認められ，現代国際法においては個人の法主体性を一定程度承認するに至っている。このような状況においては必然的に，個人の保護が本国の媒介なしに当該個人本人のイニシアティブに委ねられるよう指向される[12]ということとなるが，このことが外交的保護制度にどのような影響を及ぼすのか。

Bennounaはその第1報告書で，伝統的見解と後の発展，とりわけ個人が国際法上の権利保持者として認められているという状況に鑑みて，「国際請求を行うに際して，国家は自らの権利を主張するか，それとも，損害を被った国民の権利を主張するか[13]」という問いを立てている。仮に，国際法上の権利を侵害された個人が，これに自ら対処する国際的手続を持たない場合には，国籍国が従来と同様な形で外交的保護を行うのか。そもそも国際法上の個人の権利に基づいて外交的保護権を行使しうるのか。これらの疑問からは必然的に現代における外交的保護制度再考が要請されているといえよう[14]。従って，ILCの外

---

[10] この指摘につき，Annemarieke Vermeer-Künzli, " As If: The Legal Fiction in Diplomatic Protection", *EJIL*, Vol.18（2007），No.1, pp.48-56; James Crawford," The ILC's Articles on Diplomatic Protection", *South African Yearbook of International Law*, vol.31（2006），pp.22-24.

[11] Amerasinghe, *supra* note 3, p.62.

[12] 筒井若水「国際法に基づく個人の保護―外交保護と個人直接性―」『法曹時報』第45巻4号（1993年）1055頁。

[13] Bennouna, *supra* note 7, p.15.

[14] Bennouna, *supra* note 7, p. 2; Alain Pellet, " Le projet d'article de la C.D.I. sur

交的保護草案作成過程において，現代の外交的保護権の保持者が国家から個人へ変更されているかの検討は不可避である。

そこで，本稿はILC外交的保護条文草案を紹介するとともに，以上の問題意識に基づいて本草案が基軸とする外交的保護の概念を明らかにし，その問題点を検討する。以下，2において，ILCの採択した2006年外交的保護条文草案の制度概要を紹介する。その上で，本草案における外交的保護の概念につき，伝統的な外交的保護の観点から，とりわけ，個人の権利と外交的保護との関係の観点から若干の検討を加える（3）。そして，今後の外交的保護草案についての展開を検討しつつ結びにかえたい（4）。

2 ILC外交的保護条文草案の制度概要

(1) 外交的保護の定義と範囲

ILCは外交的保護を「国際違法行為の結果損害を被った国民を保護し，賠償を得るために，当該国民の国籍国が行う手続[15]」と定義する。これに従い，第1条は「本条文の適用上，外交的保護とは，国が，自国民である自然人又は法人が国際違法行為により被った損害について責任を有する他の国の，かかる責任の履行に関して，外交的行動その他の平和的解決の手段により，実施することをいう[16]」と規定された。この規定からも一見して明らかなように，ILCの外交的保護の定義と範囲には，外国人への損害に関する国際違法行為の内容，すなわち，外交的保護制度の1次規則を内包しない。

外交的保護は，伝統的には国民である個人に加えられた損害を国籍国に加えられた損害とみなす擬制（fiction）を前提として，国籍国に当該損害の賠償を保証するメカニズムであるとされてきた[17]。この擬制は，Vattelの言説[18]や，マ

---

la protection diplomatique, une codification pour (Presque) rien", in M.G.Kohen (ed.), *Promoting Justice, Human Rights and Conflict Resolution through International Law, Liber Amicorum Lucius Caflisch* (Nijhoff, 2007), p.1140; Mohamed Bennouna, "La protection diplomatique, un droit de l' Etat?", *Butros Boutrous-Ghali Amicorum Discipulorumque Liber. Paix, Développement, Démocratie*, vol. 1 (1998, Bruxelles), p. 249; 筒井・前掲論文（注12）1053-1057頁。

(15) *YBILC 2006, supra* note 1, p.24.
(16) *Ibid.*
(17) *Ibid.*, p. 23.
(18) 「市民を不当に扱った者は誰でも，当該市民を保護しなくてはならない国家に間接的

〔土屋志穂〕　　　　　　　　　　　　　　　　　　　第9章　外交的保護

ヴロマティス事件にその根源を置く[19]。常設国際司法裁判所（Permanent Court of International Justice; PCIJ）によれば，「国民の請求を取り上げることによって，および，外交的行動ないし請求者（である国民）の代わりに，国際裁判に訴えることで，国家は実際に自己の権利を主張している[20]」のである。しかし，ILC は，「実際に（in reality）」主張される権利は損害を受けた個人のものであること[21]，また，現在の外交的保護の多くの規則が当該擬制を正しく用いておらず，国家が自国の外交的保護権を主張する場合，実際には損害を被った個人の権利も主張していると指摘する[22]。

　ILC の分析によれば，個人損害を国家損害と看做すという擬制が採用されてきた背景には，個人が国際法上何らの地位も有さず，外交的保護は損害を被った在外自国民が利用できる唯一の手段であったという事情が存在する。しかし，今日では個人が慣習法及び条約上多くの1次規則の主体となっており，これはラグラン事件[23]，アヴェーナ事件[24]で国際司法裁判所（International Court of Justice; ICJ）も認めているところである。ところがその反面，救済手段はほとんどない。このような状況において，外交的保護制度は人権[25]を侵害された個人の保護にとっても国家間レベルでの重要な救済手段であるとするのである[26]。ところが，ILC は，外交的保護権が個人の権利であることは否定する。これは

　　な損害を与えている」("whoever ill-treats a citizen indirectly injures the State , which must protect that citizen,") see E. de Vattel, *The Law of Nations, or, The Principles of Natural Law : Applied to the Conduct and to the Affairs of Nations and of Sovereigns*, (1758, English translation by C.G. Fenwick, Carnegie Institution, Washington 1916) p.136.

(19)　*YBILC 2006, supra* note 1, p.25.

(20)　*Mavrommatis Palestine Concessions*, Merits, *PCIJ Series A, No.2*, 1924, p.12. ただし，同判決は個人損害を国家損害とみなすと述べてはいないことには注意する必要がある。

(21)　*YBILC 2006, supra* note 1, p.25.

(22)　*Ibid.*

(23)　*LaGrand case,* Judgment, *ICJ Reports 2001*, p.466.

(24)　*Avena and Other Mexican Nationals*, Judgment, *ICJ Reports 2004*, p.12.

(25)　ここで，ILC は"individual rights"ではなくあえて"human rights"とする。ILC の想定する個人の権利には人権も当然に含まれているからである。他方で，ラグラン事件では ICJ が LaGrand 兄弟の権利を人権として扱うことに慎重であったことにも留意するべきであろう。（*LaGrand case, supra* note 23, para.78.）

(26)　*YBILC 2006, supra* note 1, pp.25-26.

第2条[27]から明らかなように、あくまで国家の権利としての外交的保護権という慣習法規則の法典化なのである[28]。

また、第2条の規定は外交的保護権が国家の権利であるということと同時に、外交的保護が国際法上の義務でない旨も意図されている規定である。各国の実行[29]や判例[30]により、外交的保護を国家の義務と看做す発展も生じているが、たとえ漸進的発展だとしても外交的保護を国家の義務と看做すことは受け入れられていないとしている[31]。

(2) 国　　籍

第3条は国籍に関する一般原則、第4条から第8条は自然人の国籍に関する規定、第9条から第13条は法人の国籍について規定する。第3条が規定するように、本草案において国籍国の外交的保護権行使の基礎が当該国家と国民との間の国籍という紐帯であることについては争いがない。

(a) 自然人の国籍に関する一般原則

自然人の国籍の一般原則は、チュニス・モロッコ国籍法事件[32]を反映し、国内法に基づき誰に国籍を付与するべきかを判断するのは国家であること、及び、国籍の承認については国際法による制限が課されることを前提として、第4条に規定されている[33]。

第4条は、ノッテボーム事件で述べられた在外自国民とその国籍国間の実効的ないし真正の結合の要件[34]を排除する[35]。ILCのノッテボーム事件の分析に

---

[27] 第2条の規定は以下の通りである。「国は、本条文に従って外交的保護を行使する権利を有する」(*Ibid.*, p.28)。

[28] 第2条の規定につき、ILCはバルセロナ・トラクション事件でICJが述べた一節に依拠する。すなわち、「国家は保護が認められるか否か……について決定する唯一の決定者とみなされなければならない。」(*Barcelona Traction, Light and Power Company, Limited, Second Phase,* Judgment, *ICJ Reports 1970,* para.79.)

[29] John Dugard, the First Report of the Special Rapporteur on Diplomatic Protection, *YBILC 2000,* A/CN. 4/506, para.80.

[30] See e.g., *Samuel Kaunda and Others v. President of the Republic of South Africa and Others, ILM,* vol.44 (2005), pp.173-233; *Rudolf Hess case, ILR,* vol.90 (1962), p.387.

[31] *YBILC 2006, supra* note 1, pp.29-30.

[32] *Nationality Decrees in Tunis and Morocco case, PCIJ Ser. B, No.4,* 1923, p.24.

[33] *YBILC 2006, supra* note 1, pp.31-32.

[34] *Nottebohm case, Second Phase,* Judgment, *ICJ Reports 1955,* p.23.

〔土屋志穂〕　　　　　　　　　　　　　　　　　　第9章　外交的保護

よれば，ICJは，すべての国家に適用可能なものとして真正結合の要件を示したというよりむしろ，ノッテボームとの密接な国籍の結合を有していたグアテマラの外交的保護権を認めるために相対的要件を提示したにすぎない[36]。また，ノッテボーム事件で求められた真正の結合要件を厳格に適用するとき，現代国際社会において多くの人々を外交的保護の恩恵から排除することになりかねない[37]。この二点を前提としてILCは国籍国と国民との間の国籍の存在を極めて形式的なものとしている。

(b)　国籍継続の原則

第5条が規定する国籍継続の原則は十分に確立している原則ではあるが，請求の基礎となる損害の被害者個人が請求国の国籍を請求提起の時点まで継続して有していることの必要について批判がないわけではない[38]。しかし，ILCは，外交的保護の濫用を防ぎ，「国籍のつまみ食い("nationality shopping")」を避けるために，国籍継続の原則を慣習法として包括的に規定した[39]。原則として，損害の発生時に国籍国の国籍を有し，請求の提起まで継続して国民であったことが必要とされる[40]。ただし，請求の日に請求国の国籍を有している国民が，損害の日に当該国籍を有していなかったとしても，例外的に保護が認められることがある[41]。これは，保護を求める個人が先行国の国籍を有していたもしくは以前の国籍を喪失していること，当該個人が請求とは無関係に外交的保護権を行使する国の国籍を獲得すること，国際法に抵触しない方法による獲得であることを条件とする[42]。

---

[35]　国籍の真正の結合要件については，ILC外交的保護条文草案以前よりノッテボーム事件で示された原則を用いることに批判があった。実際に，真正結合の要件を退けたケースとして，*Flegenheimer case*, *UNRIAA*, vol.XIV (1958), pp.375-378, para.62.

[36]　*YBILC 2006, supra* note 1, p.33.

[37]　*Ibid.*

[38]　See e.g. Separate opinion of Judge Sir Gerald Fitzmaurice in *Barcelona Traction case, supra* note 28, pp.100-103.

[39]　請求の提起以前に損害の結果ないし後日亡くなった私人を相続した者が，他国の国籍を有している場合，故人の国籍国による保護を受けることは可能か等の問題は残されている（*YBILC 2006, supra* note 1, pp.40-41）。

[40]　第5条1項においては，国籍の継続なしに，損害発生時と請求提起時の国籍が同一であることを要求することは不合理であるとして，漸進的発展を含んで規律された。(*Ibid.*, p.36.)

[41]　ILCは国家承継や国際結婚・養子縁組等の例を想定する（*Ibid.*, pp.38-39）。

[42]　*Ibid.*, p.38.

変革期の国際法委員会　　　　　　　　　　　　　　　　　　*199*

第 2 部　1990 年代以降における国際法委員会の具体的成果

(c)　重国籍者及び無国籍者・難民の外交的保護

　重国籍者について従来問題となってきたのは，重国籍者の国籍国が当該重国籍者の国籍国でない国に対して外交的保護権を行使しようとする場合，または，重国籍者の一の国籍国が他の国籍国に請求を提起する場合であった[43]。ILC は当該 2 つの分類を用いて規定している（第 6 条，第 7 条）。第 6 条は，第 4 条と同様に，請求を提起する国家と重国籍者との間に真正のもしくは実効的な紐帯を必要としない[44]。他方，第 7 条では，損害の発生時及び請求の提起時双方において，他の国籍国に優越的（"predominant"）な国籍の紐帯を有する国家に外交的保護権の行使を認める。歴史的に重国籍者の一国籍国が他の国籍国に対して外交的保護権を行使することを認めない見解[45]と，他に優越する国籍国に外交的保護権の行使を認める見解[46]とに分かれていたが，ILC は後者の立場を採用したのである[47]。

　無国籍者及び難民の外交的保護については，自国民のみが外交的保護の利益を享受することができるとする伝統的な規則[48]と異なり，合法的に当該国に居住し，当該国に常居所を置く無国籍者及び難民の外交的保護を認めている。ILC がこれらの者に対する外交的保護を認めた背景には，無国籍者および難民に関する条約の存在がある。従って，第 8 条ではこれらの者に関する定義は置かず[49]，当該条約により認められた範囲での被保護者の資格である。ただし，

---

[43]　John Dugard, "Diplomatic Protection", in James Crawford, Alain Pellet and Simon Olleson (eds.), *The Law of International Responsibility* (Oxford, 2010), Chapter 73, p. 1055; Wilhelm Karl Geck, "Diplomatic Protection", Rudolf Bernhardt (ed.), *Encyclopedia of Public International Law*, vol. 1 (1994), pp.1050-1051.

[44]　*YBILC 2006, supra* note 1, pp.42-43; see also, *Salem case, UNRIAA*, vol.II, pp. 1187-1188.

[45]　例えば，1930 年の国籍法の抵触に関するハーグ条約第 4 条，外国人の損害に関する国家の責任に関する条約草案（ハーバード草案）23 条 (5)（García-Amador, Sohn, and Baxter, *Recent Codification of the Law of State Responsibility for Injuries to Aliens*, supra note 4, p. 299; reproduced *AJIL*, vol.55 (1961), p.548.）; *Reparation for Injuries Suffered in the Service of the United Nations, ICJ Reports 1949*, p.186.

[46]　*Mergé case, UNRIAA*, vol.XIV, pp.246-248. なお，García-Amador もこの立場を採った（*YBILC 1958, supra* note 4, p.61, draft article 21 para. 4）。

[47]　*YBILC 2006, supra* note 1, pp.44-46.

[48]　See e.g., *Dickson Car Wheel Company v. United Mexican States, UNRIAA*, vol.IV, p. 678.

[49]　*YBILC 2006, supra* note 1, p.48.

〔土屋志穂〕　　　　　　　　　　　　　　　　第9章　外交的保護

ILC は，第 8 条の規定がこれらの者について受入国の国籍を認めるわけではなく，当該個人の保護のため常居所を置く国家の裁量により外交的保護が行われることを強調する[50]。

(d)　法人の国籍

外交的保護草案の第 9 条から第 13 条は法人の外交的保護について規定を置く。本草案での法人の外交的保護は，第 1 に法人に代わって国籍国が外交的保護を行いうるか，第 2 に他国に本拠地を置く法人の株主である自国民の外交的保護を行いうるか，という問題が中心である[51]。

第 9 条及び第 10 条では，第 1 の類型の外交的保護を扱う。第 9 条によれば，法人の外交的保護は第 1 に設立準拠法の国家に認められ，当該本国に経営もしくは財務上の実質がない場合には，これらの実質が置かれる国に外交的保護権が認められる。法人の外交的保護はその設立と登録された営業所の所在地に基礎を置く。しかし，法人の外交的保護にはさらに「恒久的かつ密接な関係[52]」が必要であるとされる。従って，第 9 条は，バルセロナ・トラクション事件が示した設立準拠法国に外交的保護を認めるという前提を受け入れつつも，政策的及び公平性の観点から，設立準拠法国に経営の実態がなく，他国が当該法人と強い結びつきを有する場合には，当該他国に外交的保護を認めるというバルセロナ・トラクション事件とは異なる立場を採用している[53]。

他方で，法人が被った損害について株主の本国による外交的保護が認められないとする第 11 条の規定は，バルセロナ・トラクション事件で確認されてきた原則[54]に従ったものである。また，第 12 条の定める株主の権利の直接侵害については，配当金に関する権利や株主総会での出席権及び投票権，会社の清算における残余財産の分配権等「国内法上，会社の権利と区別される株主の権利

---

[50] *Ibid.*, p.51.

[51] John Dugard, the Fourth Report of the Special Rapporteur on Diplomatic Protection, *YBILC 2003*, A/CN. 4 /530, pp. 2 -19.

[52] *Barcelona Traction case, supra* note 28, para.71.

[53] *YBILC 2006, supra* note 1, pp.52-54.

[54] *Barcelona Traction case, supra* note 28, para. 46; see also, *Case concerning Elettronica Sicula S. p. A (ELSI)*, Judgment, *ICJ Reports 1989*, p.15; Diallo 事件でも，バルセロナ・トラクション事件の原則を根拠として株主の本国が会社の代わりに外交的保護を行うことを認めなかった（*Case concerning Ahmadou Sadio Diallo*, Preliminary Objections, paras.76-94, at http://www.icj-cij.org/docket/files/103/13856.pdf.）。

変革期の国際法委員会　　　　　　　　　　　　　　　　　　　　　　　　*201*

が存在することは十分に認め[55]」られており，これらの権利の侵害について株主の国籍国による外交的保護が認められる。ただし，第12条の権利については会社の権利との間で厳密に区別されること以外の限定がなく，裁判所に株主の権利の限界について決定する裁量が与えられている[56]。

(3) 国内救済完了原則

外交的保護のもう1つの要件とされる国内救済完了の原則については，第14条が一般的かつ包括的な国内救済完了原則を定める。第15条は学説・判例により確立されてきた例外として，①実効的救済の合理的可能性がない[57]，もしくは存在する救済手段が無益な救済である場合，②不当な遅延，③被害者と責任を有すると主張される国家との間に関連する結びつきがない場合[58]，④被害者が国内救済を尽くすことが明らかに妨げられている場合，⑤責任を有すると主張される国家が国内救済完了要件を放棄した場合に，国内救済を尽くす必要がないとする[59]。

外国人は自らの国籍国に外交的保護を訴える前に，加害国の国内法が規定する利用可能な法的救済手続をすべて尽くさなければならない。このような国内救済完了の原則は慣習法の原則であり[60]，ILC の国家責任条文草案においては判例・国家実行・条約・学者の学説によって支持されている「国際法の一般原則」であると認識されていた[61]。国内救済手続として要求されるのは，裁判所の形態を問わず，行政手続も含む国内法により規定される法的な救済手段の総体[62]であり，実効的かつ十分な救済である[63]。

---

[55] *Barcelona Traction case, Ibid.*, para.47.

[56] *YBILC 2006, supra* note 1, p.67.

[57] See e.g., Separate Opinion of Judge Sir Hersch Lauterpacht in *Case of Certain Norwegian Loans*, Judgment, *ICJ Reports 1957*, p.39.

[58] たとえば，環境越境損害や航空機の撃墜（See e.g. *Case concerning the Aerial Incident of July 27th, 1955*, Judgment, *ICJ Reports 1959*, p.127）が想定されている（*YBILC 2006, supra* note 1, p.81）。

[59] *YBILC 2006, Ibid.*, p.77-86.

[60] *Interhandel case*, Preliminary Objections, *ICJ Reports 1959*, p.27; *ELSI case, supra* note 54, para.50.

[61] Article 44 on Second Reading, *UN General Assembly Official Records, 56th Session (2001), Supplement* No.10 （A/56/10），pp.120-121.

〔土屋志穂〕　　　　　　　　　　　　　　　　　　第9章　外交的保護

(4)　人権保護と外交的保護

　雑則を定める第4部[64]のうち，本稿では人権保護制度と外交的保護という観点から第16条と第19条について扱う。人権保護制度と外交的保護の制度的関係について規定するのが第16条，人権保護の救済手段として外交的保護を選択した場合に推奨される賠償を規定するのが第19条である。

　第16条は「国際違法行為の結果被った損害の救済を確保するために，国際法に基づいて外交的保護以外の行動ないし手続に訴える国家，自然人，法人もしくは他の主体の権利は，本草案により影響を受けない」と規定する。文言上は外交的保護以外の行動ないし手続につき何らの言及もない。しかし，コメンタリーによれば，本条文が人権諸条約と外交的保護の関係を意図して規定されていることは明白である。第16条は個人が人権条約等で実体的に権利を有している場合で，これに対する特別の手段を備えている場合には，本草案の外交的保護制度が当該手段による個人保護制度を害するものではない[65]とする留保条項（saving clause）である。

　第19条は外交的保護権を行使した国家に推奨される（"should"）[66]実行である。「本条文に従って外交的保護を行使する権限を有する国は，次のことを行うべきである。

　(a)　特に重大な損害が発生した場合には，外交的保護を行使する可能性について妥当な考慮を払うこと，…
　(c)　損害について責任を有する国から得たすべての賠償金は，合理的な控除を条件に，被害者に引き渡すこと。」

　第19条につき，当初Dugardは，重大な人権侵害からの保護は強行規範であり，その場合の外交的保護は国籍国の義務であると提案していた。Dugardは，外交的保護は原則として国家の義務でなく国家の自由裁量であるが，一定の場

---

[62]　*Ambatielos case, UNRIAA*, vol.XII, p.120.
[63]　*YBILC 2006, supra* note 1, p.72.
[64]　第4部には第16条から第19条が含まれる。第17条は特別法との関係，第18条は船舶の外交的保護について規定する。いずれも重要な論点ではあるが，ここでは扱わない。
[65]　*Ibid.*, pp.86-89.
[66]　19条では"shall"でなく"should"が用いられている。この条文が漸進的発展を実現するものとして規定され，勧告の形式を採用していることには十分に注意する必要がある。

合には個人が外交的保護の請求権を持つべきであると述べ，限定的にこれを支持する国家実行[67]が生じていることを指摘した[68]。これに対して，ILC の多くの委員からは，学説上は外交的保護を義務とみなす考え方がほとんどないこと，国内法については国内政策についての表明であり国際法上の義務を生じさせるものではない等批判された[69]。また，外交的保護と人権の区別は明確にすべきこと[70]や強行規範に対する国家責任法の規定との関係からの批判[71]もなされ，結果的にこの提案は削除されることとなった。

しかし，この提案は Dugard の第 7 報告書において形を変えて再登場し，最終的には勧告の形式で採択された。Dugard 当該提案の骨子は人権侵害など「重大な損害」の場合に，外交的保護権を行使する国家の裁量性を制限することにあった。Dugard は，外交的保護権を行使する際，国籍国が自国民に生じた損害を考慮して算定された国家損害[72]の基礎となるものが「重大な損害」の場合には，賠償金の還付など当該個人への妥当な考慮が払われるべきであるとし，これを ILC も承認したのである[73]。

3　外交的保護条文草案における外交的保護概念

各国は，ILC の外交的保護条文草案を慣習法の法典化という意味において歓迎している。しかし，本草案に対して批判的なコメントを寄せた諸国がその対象としたことの 1 つは，ILC が強行規範の違反に対する義務的な外交的保護を推奨したこと，すなわち第 19 条であった[74]。各国は外交的保護が国家の義務

---

[67] イタリア，スペイン，フランス，トルコ，ウクライナ，韓国等の国家は憲法等に外交的保護を国民が請求する権利を有する，もしくは，国家が国民を保護する義務があるという規定を設けている（Dugard, First Report, *supra* note 29, p.30）。また，そのような実行の一例として，*Kaunda case, supra* note 30, pp.173-233.
[68] Dugard, First Report, *supra* note 29, pp.27-34.
[69] *A/53/10, supra* note 8, p.156.
[70] *Ibid*.
[71] *Ibid*., pp.156-157.
[72] *Case concerning the Factory at Chorzów*, Merits, *PCIJ Series A, No. 17*, 1928, p.28.
[73] *YBILC 2006, supra* note 1, pp.94-100.
[74] 各国の批判は主として第 19 条の形式に集中している。すなわち，第 19 条が勧告の形式で挿入されていること自体が外交的保護権の性質を混乱させ，条約の成立に対する弊害になることである。(See, Comments of Russian Federation, United Kingdom of

〔土屋志穂〕　　　　　　　　　　　　　　　　　　　　　　　　第9章　外交的保護

でなく国家の権利であることを改めて確認している[75]。さらに，フランスは，ILCが外交的保護制度の特殊な性質を考慮せずに，その範囲外の事項をも内包しようとしているとして，第8条及び第19条を挙げ，これらの規定が外交的保護よりも人権保護の概念を強く反映するものであると批判する[76]。ILCのように「国際法上個人が有する権利」の侵害に対して行われる外交的保護という理解をとるのであれば，外交的保護を通して責任追及すべき対象として，人権侵害と特定の属性を有する者に与えられた個人の権利侵害を区別せず同様に扱うことがむしろ自然かもしれない。しかしながら人権は国籍とは無関係にすべての個人に保障されることを基礎とし，また逆に，二国間条約で規定するような個人の権利の中には必ずしも普遍的な人権制度になじまないものも存在する。これらを考慮すると，人権と特定国の国民であることを理由に認められる個人の権利の異同を考慮せず，外交的保護権行使の基礎として同列に扱ってよいのかという疑問[77]はなお残るのである。

　そこで，本項では，第1にILCの外交的保護概念を伝統的な外交的保護の概念と比較してその相違を分析する(1)。その上で，国家責任法上の人権侵害に対する救済手続と外交的保護の救済との関係について述べておく(2)。

(1)　伝統的外交的保護概念とILCの外交的保護概念の相違

　既に述べたように，ILC外交的保護草案の第1条及び第2条は，マヴロマ

Great Braitain and Northern Islands and United States of America, in *UN General Assembly Official Records, 62th Session (2007)*, Report of the Secretary-General, A/62/118; Commetns of France, in *UN General Assembly Official Records, 62th Session (2007)*, Report of the Secretary-General, Addendum, Comments and observations received from Governments, A/62/118/Add.1.)

[75]　Comment of United States of America, *A/62/118, Ibid.*, p. 9 and Comment of France, *A/62/118/Add. 1, Ibid.*, p. 2；第6委員会において，ドイツ，ロシア，ヴェネズエラ，イランは外交的保護が国家の権利であることを確認している（see, *Summary record of the 10th meeting, A/C. 6/62/SR. 10*）。これに対して，ポーランド代表からは，自国民の要請に基づいて外交的保護権を行使することは国籍国の義務であるとの発言がなされている（see, *Ibid.*, p. 4）。

[76]　Comment of France, *supra* note 74, p. 2．

[77]　西村弓「国際法における個人の利益保護の多様化と外交的保護」『上智法学論集』第49巻3・4号（2006年）26-28頁; Giorgio Gaja, "Is a State Specially Affected When Its Nationals' Human Rights Are Infringed ?", in L. C. Vohrah *et al.* (eds.), *Man's Inhumanity to Man*, p. 374

第2部　1990年代以降における国際法委員会の具体的成果

ティス事件で示された外交的保護制度の理解を法典化したものとされる。ところが，ILC が採択した本草案は，判例・学説を含む外交的保護の理解に則った定式化を行ったとしつつも，請求の基礎となる侵害法益の範囲については加害国内で個人に生じた損害に限定せず，個人の国際法上の権利侵害，人権の侵害にまで拡大している。このことは，個人が国家請求に埋没すると考える伝統的な理解とは直ちに整合しないように思われる。

　学説上，伝統的外交的保護は，マヴロマティス事件を用いて，個人が国際裁判を提起する権利を持ち得ない以上，個人に対する他国の違法行為責任を追及するためには個人の損害を国籍国の法益侵害として自らの権利に「変換 (transformation)」して，国家は外交的保護権を行使するとされてきた。そして，外交的保護権が国籍国の権利であることから，裁判の結果得られた賠償金を個人に還付するか否かも国家の裁量に服すると説かれた（外交的保護権の国家性ないし国家的性格）[78]。とりわけ Borchard は，「請求が取り上げられたとき，私的な請求は公的な政府の請求の中に埋没し (merged in)，そのことにより，国際的な見地からすると，政府が自己の請求とすることによって，請求者としての性格を帯びることになるのである[79]」と述べた。この言説を根拠に「個人請求の国家請求への埋没」という見解が，外交的保護制度の通説的な理解とされてきた[80]。学説上の外交的保護権の伝統的理解において，国家が個人に代わって現れることで外国に対する請求は本来の個人請求と全く異質な，国家自身が自己のためになす請求へと転化すると考えられてきた[81]。従って，外交的保護の目

---

[78]　外交的保護の国家的性格について，加藤信行「外交保護に関する『埋没理論』の再検討」『北大法学論集』第 32 巻 4 号（1982 年）959-1003 頁．

[79]　Edwin Borchard, *The Diplomatic Protection of Citizens Abroad or the Law of International Claims* (1915), pp.356-357. ただし，Borchard 自身が，法的擬制により完全に個人が国家請求に埋没すると考えていたかについては不明確である．むしろ，個人が国際法上権利を持たない以上，外交的保護権の行使は国家の裁量であるが，それによって確保される利益は国民に対して認められた特別の救済 (extraordinary legal remedy) であるとも述べている (*Ibid.*, pp.352-353)．

[80]　この理解に基づき，田畑教授は，外交的保護の国家的性格が法的擬制によって維持されてきた理由として重商主義の影響を指摘する．重商主義の下で個人の貿易は国家の問題としても捉えられていた．従って，個人が外国で危害を加えられた場合，その個人が属する国家の問題としても考えられたのである．（田畑茂二郎「外交的保護の機能変化」(2)『法学論叢』第 53 巻 1 号（1947 年）393-403 頁）．

[81]　田畑茂二郎「外交的保護の機能変化」(1)『法学論叢』第 52 巻 4 号（1946 年）198 頁．

的は個人の保護ではなく、国家自身の法益侵害の救済であると考えられていたのである。

　こうした伝統的理解の背景となっていたのは、個人は国際法平面において権利義務の主体足りえないとする国際法と国内法の二元論的なアプローチ[82]であった。個人が他国において損害を被った場合にはまず国内で可能な救済を尽くすべきであり、それでも問題が解決しなかった場合には、国籍国が国際的なレベルで個人損害を取り上げるために国際法の権利問題を再構成する法的擬制（legal fiction）を行うという二段構成がとられたのである[83]。このような伝統的な外交的保護概念とILCの外交的保護概念の相違はどこから生じたのであろうか。

　ここで注目すべきは、判例の立場である。マヴロマティス事件も含め、判例は必ずしも「個人請求の国家請求への埋没」を明言してきたわけではなかった[84]。パネヴェジス・サルディティキス鉄道事件でPCIJが述べたように、損害ではなく被害を被った個人とその国籍国との間の国籍のみが国家に外交的保護権を与えるものであるとして、国籍という紐帯にのみ請求の基礎を見出したのである[85]。こうした理解はICJにも受け継がれてきた[86]。従って、判例は国籍を外交的保護権の基礎としているだけであり、その点では学説上の説明[87]と判

　　ただし、この法的擬制による「国家的性格」は外交的保護制度の濫用の原因であるとしてしばしば批判の対象とされてきた。なぜならば、国家、特に強国は、その政治的・経済的必要性から自国民の些細な損害を口実として外国に過大な請求を行ってきたからである。この指摘につき、松井芳郎「伝統的国際法における国家責任法の性格」『国際法外交雑誌』第89巻1号（1990年）13-14頁。

(82) Dionisto Anzilotti, "La responsabilité internationale des États á raison des dommages soufferts par des étrangers", *RGDIP*, tome. 13 (1906), pp.5-7.

(83) 萬歳寛之「国家責任の認定過程における国内法の機能と役割」『早稲田大学大学院法研論集』第94号（2000年）178頁。

(84) 萬歳寛之「国家責任法における個人損害」『国際経済法と地域協力 櫻井雅夫先生古稀記念論文集』石川明編集代表（2004年、信山社）104頁。

(85) *The Panevezys-Saldutiskis Railway Case* (Preliminary Objections), *PCIJ, Series A/B, No. 75* 1938, p. 16.

(86) See e.g., *Nottebohm case*, supra note 34, p.23; *Barcelona Traction case*, supra note 28, p.44.

(87) ただし、少数説の中には、個人の権利を外交的保護の実体、国家の権利を手続と考える学説もあった。この指摘につき、加藤・前掲論文（注78）、988-991頁。また、そのような学説として、Jan Hostie, "A Systematic Inquiry into the Principles of International

例の立場は必ずしも同一ではなかった。ILCは，個人損害を国家損害に擬制するのではなく，国籍のみを基礎とする判例の立場に依拠することで，外交的保護の実体的規則を定める1次規則がどのような権利であろうと区別しないとする解釈の余地を見出しているのである。従って，個人の権利侵害を救済するため，損害を被った個人が自国民であり，加害国内で必要とされる救済を尽くしている場合であれば，極めて形式的に外交的保護を認め，個人損害を国家損害として再構成しないという点で，伝統的な外交的保護とILCの外交的保護は異なっている。その結果，ILCは，個人が多くの国際法規則の1次規則の権利義務の主体として認められており，今日では疑いなく国際法上の権利を有していると述べる一方で，その権利侵害に対して当該個人が利用しうる救済手段がほとんど存在しないことを指摘し，国家による外交的保護は個人の保護にとっても重要な救済手段であるとするのである[88]。

このような解釈は，そもそも人権も含む個人の国際的権利の承認と保護の充実という国際社会の要請を取り入れた2人の特別報告者の提案による。両報告者の提案は，その手法に差異はあれども，個人の保護を目的とした外交的保護制度を再構成するものであった。Bennounaは，伝統的な外交的保護における個人損害を国家損害とみなす法的擬制を批判し，これを排除した上で，外交的保護権を個人の権利として制度自体を再構成することが望ましいとした[89]。他方，Dugardは，外交的保護を私人の請求を国際的な法関係に転換させるプロセスと捉え，このプロセスを実現するものとして法的擬制は維持したまま，純粋に技術的意味において外交的保護が国家の国際責任を追及する手段の1つであるとした[90]。Dugardは，判例や学説を通じて国内救済原則や国籍継続の要件と個人損害を国家損害として認定する手段が確立されてきた事実を受け止め

Law Dealing with Diplomatic Protection", *Tulane Law Review*, vol.19（1944-1945），pp. 79-131.; Maximilian Koessler," Government Espousal of Private Claims before International Tribunals", *The University of Chicago Law Review*, vol.13（1945-1946），pp.180-194.

[88] *YBILC 2006*, *supra* note 1, pp.25-26.

[89] Bennouna, *supra* note 7, para.10.; Mohamed Bennouna," La protection diplomatique, un droit de l'Etat?", *Butros Boutrous-Ghali Amicorum Discipulorumque Liber. Paix, Développement, Démecratie*, vol.1（Bruxelles, 1998），pp.249-250.

[90] Dugard, *supra* note 29, pp. 6 -10.

〔土屋志穂〕　　　　　　　　　　　　　　　　　　　　第9章　外交的保護

た上で，伝統的な外交的保護の法的擬制を否定するのではなく，むしろその技術的側面が個人の保護に対して有用であると積極的に評価したのである。

　Dugardは救済の側面についても，判例に依拠して個人の保護のために国家の裁量性を一定程度制限しようとした[91]。判例は，在外自国民の損害を国籍国が国際請求として提起する際の賠償では請求国の損害のみを賠償したものとしてきた。しかし，他方で，個人の損害を実質的に補填するものとして外交的保護制度を位置づけてきたことも否定しえない[92]という事実に依拠することで，外交的保護制度が個人の保護という目的のために用いることが可能であるとしたのである[93]。しかし，これまでは実質的には個人損害であったとしても，個人が国際平面において請求権を持ち得なければ問題とならなかった。ところが，本草案の外交的保護制度では，1次規則と2次規則の区別を媒介として，個人が有する国際法上の権利保護にまでその効果が及ぶ。そして，個人の保護を目的とする外交的保護制度では，必然的に国家の保護権行使の結果に対する裁量性の制限へと指向していくことになるのである[94]。

　これらのDugardの基本的立場は最終的にILCの他の委員によっても受け入れられた[95]。条文上はILCの規定した外交的保護条文草案は，あくまで他国領

---

[91]　*Ibid.*, pp.27-34．

[92]　ホルジョウ工場事件においては，国家損害の算定基準として個人損害を「便宜的基準」として用いられ（*Chorzów case, supra* note 72, p.28），今日においても，国家損害の算定方法として当該原則が採用されている（YBILC 2006, *supra* note 1, p.97）また，アイム・アローン号事件において，仲裁裁判所は米国が撃沈したカナダ船舶の所有者が事実上米国民であったことを理由に，米国が船舶に関する損失の賠償は認めなかったが，米国による当該船舶撃沈の違法行為を認め，カナダ政府に対して陳謝および損害賠償を支払うとともに，密輸に関係のない船長および船員について生じた損害についても賠償するように勧告している（"*I'm Alone*" *case*, *UNRIAA*, vol. III, pp.1617-1618）。アイム・アローン号事件は，個人損害が用いられる以上，外交的保護における救済が実質的には個人損害の補填という性格を有していることを示す例として引用される。

[93]　Dugard, *supra* note 43, pp.1051-1052．

[94]　Alain Pellet, "The Second Death of Euripide Mavrommatis? Notes on the International Law Commission's Draft Articles on Diplomatic Protection", *The Law and Practice of International Courts and Tribunals*, vol. 7 (2008), p.53; Nobuyuki Kato, "The role of Diplomatic Protection in the Implementation Process of Public Interests", in Teruo Komori and Karel Wellens (eds.), *Public Interest Rules of International Law Towards Effective Implementation* (Ashgate, 2009), pp.196-197．

[95]　*A/53/10, supra* note 8, p.146．

域で国際違法行為によって損害を被った個人の請求を法的擬制によって国際的なレベルに移行する「手続」ないし「メカニズム」である。しかし，この「メカニズム」の下で外交的保護制度は，個人の権利が侵害された場合にそれが人権であろうとなかろうとその救済を国家間交渉や訴訟手続で実現するための手段として位置づけられるとの解釈が可能となっているのである。

　ところが，このような「メカニズム」の下では，1次規則上の個人の損害が「重大な損害」であるか否かを区別する根拠が明らかでない。従って，そのような損害において，個人への賠償の還付や限定的ではあるが義務的な外交的保護，すなわち外交的保護権行使における国家の裁量を制限するとする第19条は，その根拠を何に求めるのか，個人の1次規則上の権利を国家の2次規則上の権利に転換する擬制は純粋に手続的である以上，第19条の個人への賠償の還付義務まで導き得ないのではないか[96]という疑問が必然的に生じよう。とりわけILCが外交的保護の実体規則を明確に規定しない以上，手続的権利の法典化のみでは人権侵害であることに基づく裁量性の制限には限界がある。従って，1次規則上で外交的保護制度が人権制度によりどのように影響されているかを検討することが必要とされることとなる。

(2)　国際人権保障における国家責任制度と外交的保護制度

　ILCの想定する重大な損害としての人権侵害という概念は，国家責任法における国際共同体全体に対する義務に関する議論の影響を大きく受けていると予想されるが，ILCが人権侵害の救済における外交的保護制度と国家責任法との関係が明らかにしていないという点でも問題がある。人権と外交的保護権の区別についてはバルセロナ・トラクション事件でICJが概念的に区別するべきであると指摘した[97]。そして，これを受けて人権侵害について全ての国家が請求権を持ちうるかが国家責任の提起の文脈で問題にされてきた[98]。人権は違法行為のあった領域国と被害者の国籍国との二国間関係に縛られない性格[99]のものであり，その侵害の場合に誰がその責任を追及しうるかということは対世的義

---

[96]　Annemarieke Vermeer-Künzli, *supra* note 10, p.62.
[97]　*Barcelona Traction case*, *supra* note 28, para.33.
[98]　*Ibid.*, para.34.
[99]　*Ibid.*

〔土屋志穂〕　　　　　　　　　　　　　　　　　　　　　　第9章　外交的保護

務違反の問題の核心だからである(100)。他方，バルセロナ・トラクション事件は，人権侵害に対してすべての国家が利害を持つことが国籍国の特別の利害を否定する性質のものなのか，すなわち人権侵害について国籍国が外交的保護権を行使できるかについては何の判断も行っていない。そのため，Gaja をはじめ多くの学者が指摘するように，人権侵害の場合にそれに基づいて外交的保護権の行使は認められるかという疑問が生じていたのである(101)。

　この点，国家責任最終条文草案では，請求を提起できる国家を第42条の被害国と第48条の利益関係国に分け，人権侵害の場合は，たとえその国籍国であっても42条の被害国でなく48条の利益関係国として責任追及をなすと位置づけている(102)。学説上も外交的保護と人権侵害に対する救済制度をかなり慎重に区別してきた(103)。

　この点に鑑みると，本草案第16条はこれまでの人権侵害に対する救済制度

---

(100) 西村・前掲論文（注77），28頁．

(101) Gaja, *supra* note 77 p. 374; Giorgio Gaja, " Droits des Etats et des indivus", Jean-François Flauss（dir.）*La protection diplomatique –Mutations contemporaines et pratiques nationals–*, (Bruylant, 2003), pp. 65-67; Enrico Milano, "Diplomatic Protection and Human Rights before the International Court of Justice: Re-Fashioning Tradaition?", *Netherlands Yearbook of International Law*, vol. 35 (2004), pp. 109-119; Serena Forlati, "Protection diplomatique, droits de l' homme et reclamations «Directes» devant la cour internationale de justice quelques réflexions en marge de l' arrêt Congo/Ouganda", *RGDIP*, t. 111-1 (2007), pp. 95-97; Pieter H. Kooijmans, "Is the Right to Diplomatic Protection a Human Right?", in *Studi di diritto internazionale in onore di Gaetano Arangio-Ruiz*, (Napoli, 2004), vol. 3, p. 1978; Vasileios Pergantis, " Towards a " Humanization" of Diplomatic Protection?", *ZaöRV*, vol. 66 (2006), pp. 362-366.

(102) James Crawford, *supra* note 6, pp. 254-260 and pp. 276-280.

(103) See e.g., Iain Scobbie, "The Invocation of Responsibility for the Breach of 'Obligations under Peremptory Norms of General International Law'", *EJIL*, vol. 13 (2002), No. 5, pp. 1201-1220; Edith Brown Weiss, "Invoking State Responsibility in the Twnety-First Century", *AJIL*, vol. 96 (2002), p. 799-809; Theodor Meron, *The Humanization of International Law* (Nijhoff, 2006), pp. 256-265; Riccardo Pisillo-Mazzeschi, "International Obligations to Provide for Reparation Claims?", Alberto Randelzhofer and Christian Tomuschat（eds.）, *State Responsibility and the Individual, Reparation in Instances of Grave Violations of Human Rights*, (Nijhoff, 1999), pp. 149-172; 藤田久一「国際法における個人請求権の理論的基盤」松井芳郎・木棚照一・薬師寺公夫・山形英郎編『グローバル化する世界と法の課題』（東信堂，2006年）465-504頁．

と外交的保護との区別を維持しているように見える。人権諸条約は国籍に関係なく個人を保護するための規則として規定されており，その与える保護，国際的な人権尊重の義務は被害者である個人の国籍を基礎とする外交的保護制度とは基礎を違えるものであるとされていた[104]。しかし，既に指摘したように，ILCは人権侵害の救済手段として外交的保護を位置づけており，同時に外交的保護が人権条約に固有の救済手続を害しない[105]。この意味で第16条は，従来の両制度の区別の維持というよりむしろ両制度が「相互補完的[106]」に利用し得ることに重点が置かれたのである。従って第16条の規定は，人権侵害に対して人権条約所定の救済手段及び国家責任法上の救済のみならず，外交的保護制度を人権侵害の救済手段として用いることも予定されることが明らかにされたという点でこれまでの責任法上の議論とは異なる。

確かに，本草案において1次規則で人権制度と外交的保護制度が重複しあう以上，これに基づく判断を行えば，2次規則上も両方の制度が重複しあうことになる。たとえば，コンゴ民主共和国対ウガンダ事件において，人権侵害に基づくウガンダの外交的保護権行使は，自国民であることの立証を欠くとして棄却された[107]。ただし，外交的保護権の根拠が人権侵害であることについてまでICJは否定していない。また，ディアロ事件先決的抗弁判決において，多数意見が本草案第1条を引用して外交的保護の事項的管轄に人権を含むことを述べた[108]のもこの趣旨といえよう。

---

[104] See e.g. Geck, *supra* note 43, pp.1060-1061; なお，小畑教授は，トリーペルの理論が外交的保護の前提として国家の国際責任を設定することを可能にしたが，その責任の根拠となる正当化原理として人権概念が取り入れられことによって，外交的保護はその法的基礎を掘り崩されてしまうこととなると指摘する。（小畑郁「個人行為による国家責任についてのトリーペル理論―「外国人が受けた損害についての国家責任」研究ノート―」『神戸商船大学紀要 第1類文化論集』第36号（1987年）16-18頁。）

[105] *YBILC 2006, supra* note 1, p.26.

[106] *Ibid.*, p.86.

[107] *Case Concerning Armed Activities on the Territory of the Congo*, Judgment, paras. 306-330, at http://www.icj-cij.org/docket/files/116/10455.pdf.

[108] *Diallo case, supra* note 54, para.39. なお，Diallo事件本案判決では，先決的抗弁判決で人権侵害についても外交的保護を利用しうるとしたことに基づき，コンゴの自由権規約・アフリカ憲章違反を認定し，金銭賠償の形式で賠償を行うよう命令されている。（*Case Concerning Ahmadou Sadio Diallo*, Judgment, paras.63-97 and paras.160-164, at http://www.icj-cij.org/docket/files/103/16244.pdf.）

〔土屋志穂〕　　　　　　　　　　　　　　　　　第9章　外交的保護

　しかし，国籍国が42条の直接被害国としての地位で訴えることを外交的保護で可能としてしまうことは，48条が人権の保障の国際公益性に鑑みて，その公益を違反国に実現させるため第三国に可能な請求として規定された[109]という42条との区別を失わせるようにも思われる。Simmaは，人権違反について自国民に生じた損害と証明しなくても国家責任条文草案第48条に基づいて訴えることができると述べた[110]。その意図するところは，国籍が証明できていれば国家責任条文草案第42条が規定するところの国籍国の訴え，つまり外交的保護を利用できるが，同時に第48条1項の被害国以外の国家が国際社会全体の義務の違反として訴える権利をも有するということであると考えられる[111]。しかしそうだとしても，Mazzeschiが指摘するようにILCは第16条でこれを指摘するにとどめて，この問題を解決していない[112]。ILCの2つの草案が密接に関係しあうからこそ，人権侵害にも外交的保護を用いることができるという見解については両草案を包括的に更に検討することを必要とする。そして，ここにおいても，1次規則における人権保障の外交的保護への影響を考慮することを要するのである。

4　お わ り に

　本草案に対する検討から，以下の結論が導かれよう。第1に本草案は非常に手続法的性格が強く，そうすることで人権を含む個人の国際法上の権利の保護もその射程に入れようとする意図が明白となっていることである。確かに，本草案が人権保障制度の発展により外交的保護制度は不要ないし廃れたとする主張に対しては，慣習法の法典化として外交的保護制度に再度光を与えたとも言える。しかし，伝統的外交的保護が個人の保護を目的としていなかった以上，

---

(109) 兼原敦子「国際義務の履行を「確保する」義務による国際規律の実現」『立教法学』第70号（2006年）275-277頁．

(110) Separate Opinion of Judge Simma, in *D. R. Congo v. Uganda case, supra* note 107, paras.16-41.

(111) このような見解をとるものとして，Riccardo Pisillo-Mazzeschi, " Impact of the Law of Diplomatic Protection", in Menno T. Kamminga and Martin Scheinin （eds.）, *The Impact of Human Rights Law on General International Law* （Oxford, 2009）, pp. 211-233; Annemarieke Vermeer-Künzli, " A Matter of Interest: Diplomatic Protection and State Responsibility *Erga Omnes*", *ICLQ*, vol.56 （2007）, pp.553-582.

(112) Pisillo-Mazzeschi, *Ibid.*, p.230.

このようなILCの外交的保護制度が伝統的な外交的保護制度と同一のものであると直ちには判断できないように思われる。第2に，ILCは人権侵害についても外交的保護制度を用いうるとしたが，これまで見てきたように，ILCは外交的保護の実体規則を定める1次規則において，人権制度が外交的保護制度にどのように影響を与えているかを検討していない。これを考慮しなければ，国籍と無関係に保障される人権と国籍を基礎とする外交的保護制度との理論的整合性を説明することはできないのではないか。とりわけ，国籍国の国民であることにより個人に認められる国際法上の権利と人権との相違に目を向けずに，人権侵害について外交的保護を可能とすることは，国際社会全体の義務としての人権保障義務に関する国家責任法上の議論との整合性の点でも問題となる。

本草案は，第6委員会においても，議論が尽くされているとは考えられておらず，更なる議論を尽くすために再度各国の見解が求められている[113]。外交的保護条文草案が条約化を果たすのには更なる検討が必要とされよう。本稿においても，外交的保護制度が基礎とする1次規則すなわち，外国人待遇の基準と人権制度の関係についてはILCの外交的保護条文草案の批判的検討に留まり，具体的な検討に及ばなかった。以上の2点の分析・検討については今後の課題として本稿の結びとしたい。

---

[113] *UN General Assembly Official Records, 65th Session (2010)*, Report of the Sixth Committee, A/65/468.

第10章　国際組織の責任

植木　俊哉

1　ILCにおける「国際組織の責任」条文草案の起草作業
2　「国際組織の責任」条文草案の方法論上の特徴と問題点
3　「国際組織の責任」条文草案に関する個別の論点
4　「国際組織の責任」条文草案の射程と適用対象
5　おわりに

1　ILCにおける「国際組織の責任」条文草案の起草作業

(1)　はじめに

　国連の国際法委員会（International Law Commission；以下，ILC）において，「国際組織の責任」(Responsibility of International Organizations) の立法化作業は，2000年のILC第52会期においてILCの長期作業計画 (long-term programme of work) のテーマの1つに加えられ，2002年の第54会期において正式に作業計画 (programme of work) の中で起草作業のテーマとして取り上げることが決定された[1]。「国際組織の責任」というテーマが，ILCにおいて具体的に取り上げられることになったのは，ILCが「国家責任」に関する条文草案の起草作業を2001年の第53会期において完了したことと密接に関係するものと考えられる[2]。国際法

---

[1] *Official Records of the General Assembly, Fifty-fifth session, Supplement No. 10* (A/55/10), para. 729; *Ibid., Fifty-seventh Session, Supplement No. 10* (A/57/10 and Corr. 1), paras. 461-463.
[2] 周知のように，2001年にILCが採択した「国家責任」（正式名称は「国際違法行為に対する国の責任」(Responsibility of States for internationally wrongful act)）に関する条文草案 (A/CN.4/L.602/Rev.1) は，最終的に正式の国家間条約として外交会議等において採択に付されることはなく，2001年12月12日の国連総会決議56/83の添付文書という形で採択され，その意味では形式上は正式の条約ではなく国際法上の一種のガイ

第2部　1990年代以降における国際法委員会の具体的成果

上の責任（いわゆる「国際責任」）に関する法規範全体の成文化という作業を考えた場合，国家が責任主体となる場合としての国家責任に関するルールの成文化作業が完了すれば，次の段階として国際組織が責任主体となる場合，すなわち国際組織の責任に関するルールの起草作業が課題となることが想定されるからである[3]。しかし，国際社会における豊富な国家実行と学説上の議論の蓄積を背景として有する国家責任に関する規則の条文化作業と，これと比較すれば国際社会での実行の蓄積に乏しく理論上の検討も必ずしも十分とはいえない国際組織の責任に関する規則の条文化作業との間には，さまざまな面についておのずと大きな方法論上の差異等があってしかるべきであるとも考えられる。このことは，本章の2で検討する国際組織の責任に関する条文草案の起草作業の非常に大きな問題点である国家責任との「パラレリズム」という方法論の妥当性という点とも関連するものである。

(2)　起草作業の展開

2002年5月に，ILCは「国際組織の責任」のテーマに関する特別報告者（Special Rapporteur）として，イタリアのGiorgio Gaja委員を指名した。特別報告者Gajaは，2003年のILC第55会期に第1報告書を提出し，2009年の第61会期に提出した第7報告書に至るまで合計7つの報告書を提出し，起草作業の検討のたたき台となる条文の原案を提案するなど，本条文の起草作業をリードした[4]。ILCでは，イタリアのRoberto Agoが1969年から1978年まで国家責

ドライン的な位置づけの国際文書となった。しかし，このことは同条文の有する法的重要性を必ずしも全否定するものではなく，むしろ重要な内容を含む文書であるからこそ，国際社会を構成する各国は正式の条約ではない（緩やかな形での）成文化を望んだ，という側面も考え得るであろう。

[3]　このような国際責任理論における国家責任と国際組織責任の位置づけと相互関係については，拙稿「国際組織の国際違法行為と国際責任——国際責任法への一視座」『国際法外交雑誌』第90巻4号（1991年）48-82頁，特に49-56頁，拙稿「国際組織の国際責任に関する一考察（7・完）——欧州共同体の損害賠償責任を手がかりとして」『法学協会雑誌』第110巻11号(1993年)118-206頁，特に192-199頁，Toshiya Ueki, "Responsibility of International Organizations and the Role of the International Court of Justice", Nisuke Ando, Edward McWhinney and Rüdiger Wolfrum （eds.）, *Liber Amicorum Judge Shigeru Oda, Vol. 1* (Kluwer Law International, 2002), pp.248-249.

[4]　第7報告書は，*Seventh Report on Responsibility of International Organizations, by Giorgio Gaja, Special Rapporteur*, on 27 March 2009 （A/CN. 4/610）。なお，第1報告

〔植木俊哉〕　　　　　　　　　　　　　　　　第10章　国際組織の責任

任に関する起草作業の特別報告者を務め，国家責任条文草案の全体像の構築に大きな実質的影響を与えたことは周知の通りである。Ago の系譜を引くイタリアの Gaja が本テーマの特別報告者として起草作業をリードしたことは，本条文草案の作成過程に実質的に大きな影響を与えたものと考えられる。このことは，特に，国家責任との「パラレリズム」を基本として国際組織の責任に関する条文案の起草を行うという方法論，具体的には国家責任条文草案の個別の条項に必要最小限の修正を加えてそのまま国際組織の責任条文草案に移し替えるという方式での起草作業という形で，実際に体現されることになる。

　ILC における本テーマに関する条文草案の起草作業は，2003年から2009年にかけての ILC の会期において極めて順調に進展し，2009年の ILC 第61会期において全66条からなる条文案の第1読草案全体が採択された[5]。その後 ILC は，各国政府及び各国際組織に対して2011年1月1日までにこの第1読条文草案に対する意見及びコメントを提出するように求めた。これらの各国政府及び各国際組織の意見とコメントを踏まえて，特別報告者 Gaja が第1読条文草案に関する第8報告書を2011年の ILC 第63会期までに提出し，2011年の ILC 第63会期において最終の条文草案の採択が行われる予定である。

(3)　第1読草案の基本構成

　2009年に採択された第1読草案の全体構造は，基本的に国家責任条文草案の例に倣ったものであるといえる。具体的には，第1部「序」(Introduction)（第1条～第2条）の後に，第2部「国際組織の国際違法行為」(The Internationally Wrongful Act of an International Organization)（第3条～第26条），第3部「国際組織の国際責任の内容」(Content of the International Responsibility of an International Organization)（第27条～第41条），第4部「国際組織の国際責任の履行」(The

---

　　書から第7報告書までの7つの報告書は，いずれも国連文書として国連のホームページ等で公開されている。第1報告書（A/CN. 4 /532），第2報告書（A/CN. 4 /541），第3報告書（A/CN. 4 /553），第4報告書（A/CN. 4 /564 and Add. 1 and 2），第5報告書（A/CN. 4 /583），第6報告書（A/CN. 4 /597）。
(5)　2009年の第61会期において ILC の起草委員会が ILC の全体会合に提出した本テーマに関する第1読の条文案全66条に関しては，*Draft Report of the International Law Commission on the Work of its Sixty-first Session, Chapter IV, Responsibility of International Organizations, Addendum*, on 9 July 2009 （A/CN. 4 /L.748/Add. 1）参照。

第2部　1990年代以降における国際法委員会の具体的成果

Implementation of the International Responsibility of an International Organization)（第42条~第56条），第5部「国際組織の行為との関係での国の責任」(Responsibility of a State in connection with the Act of an International Organization)（第57条~第62条），第6部「一般規定」(General Provisions)（第63条~第66条）という構成が採用されている。このような本条文草案の全体構成は，2001年に採択された国家責任条文草案の全体構成を実質的にほぼ踏襲したものであり，ここに本条文草案と国家責任条文との間の構造上の「パラレリズム」を明確に読み取ることができる[6]。

このように，2009年に一応の採択をみた国際組織の責任に関する第1読草案は，条文の内容面においても，また条文の起草作業の具体的な手法においても，国家責任との「パラレリズム」という特徴を色濃く有している。国家責任条文草案に対応する規定が存在しない国際組織の責任に関する条文草案に独自の部分は，第1部「序」を除けば，実質的には第5部の「国際組織の行為との関係での国の責任」(Responsibility of a State in connection with the Act of an International Organization)の部分のみである。また，国際組織は，国家の場合とは異なりその多様性が固有の特徴であるといえるが，このような国際組織の多様性がその国際責任の問題にどのように反映されるのか，あるいは国家責任における違法性阻却事由に関する規則は国際組織が責任主体となる場合にも同様に妥当するのか，など多岐にわたる問題が存在する。以下では，特に国家責任条文草案との関係を念頭に置きつつ，国際組織の責任に関する条文草案についてこれらの問題の検討を行うこととしたい。

---

[6] 国家責任条文は，第1部「国の国際違法行為」(The Internationally Wrongful Act of a State)，第2部「国の国際責任の内容」(Content of the International responsibility of a State)，第3部「国の国際責任の履行」(The Implementation of the International Responsibility of a State)，第4部「一般規定」(General Provisions)という全体が4部で構成されているが，一見して明らかなように，国際組織責任条文草案の第2部の表題は国家責任条文の第1部の表題の"a State"の部分を"an International Organization"に変更したものであり，同草案の第3部及び第4部の表題も，それぞれ国家責任条文の第2部及び第3部の表題中の"a State"を"an International Organization"に変更しただけのものである。国家責任条文に関する4つの部と各条文については，A/CN. 4/L.602/Rev. 1参照。

〔植木俊哉〕　　　　　　　　　　　　　　　　第10章　国際組織の責任

2　「国際組織の責任」条文草案の方法論上の特徴と問題点

(1)　国家責任との「パラレリズム」という方法論

　国際組織の責任に関する第1読条文草案の内容を考察する際に，まず検討が必要とされるのは，先にも言及した国家責任条文との「パラレリズム」を前提とした起草作業の方法論の問題である。

　すなわち，本条文草案の作成にあたっては，2001年に採択された「国家責任」条文草案の具体的な各条文の文言を「国」から「国際組織」に置き換え，これに伴う必要最小限の修正を加えることによって条文案を作成する，という方法が採られた。例えば，特別報告者である Gaja は，国際組織の責任に関する条文草案起草作業の基本方針を示した第1報告書の中で，「国家に関するそれとパラレルである国際組織に関するこの問題（責任に関する問題：筆者注）について異なるアプローチを採用することは，そのようにすべき特別の理由が存在しない限り，ILC にとって非合理的であろう。」と述べている[7]。Gaja は，これに続けて，「このことは，これらの問題が同様とみなされることや類推的な解決が導かれるとの仮説を意味するものではない」と述べて一定の留保を付しつつも，「その唯一の意図するところは，国際組織に関する特定の問題に関する検討が ILC による国家責任の分析によって到達された結論と異ならない場合には，一般的な枠組と新たな条文の文言の双方に関して国家責任条文がモデルとして従われるべきである，ということである」とその意味するところを具体的に説明している[8]。

　本条文草案に関する以上のような起草手法に関しては，ILC の場でも繰り返し一定の疑問が提起されたが，結局他に適切な方法が考えられにくかったこともあり，特別報告者である Gaja の提案したこのような方法が最後まで一貫して採用されることとなった[9]。

　このような国際組織の責任に関する条文草案の具体的な起草作業に関する

---

[7] *First Report on Responsibility of International Organization, by Mr. Georgio Gaja, Special Rapporteur*(A/CN.4/532), p.6.

[8] *Ibid.*, pp.6-7.

[9] ILC 本会議におけるこのようなこのような国家責任とのパラレリズムに関する議論については，例えば，山田中正「国連国際法委員会第五七会期の審議概要」『国際法外交雑誌』第104巻4号（2006年）123頁参照。

第2部　1990年代以降における国際法委員会の具体的成果

「国家責任とのパラレリズム」とも呼ぶべき方法論は，どのように評価され得るであろうか。

　国際組織の責任に関する規則は，国家責任に関する規則と比較すれば歴史的にも国際社会での実行が蓄積が乏しく，いわば国際法の「法典化」(codification) ではなく国際法の「漸進的発達」(progressive development) としての性格，換言すれば新たに規範を「創設」するという側面が強いものと解せる。従って，国際社会での豊富な国家実行と長年にわたる学説上の議論に基礎づけられ形成されてきた国家責任に関する規則を参考にしながらこれに倣いつつ規則の成文化を図るという手法自体は，実際上やむを得ない選択であると評価し得るであろう。また，このような方法論は，国家責任と国際組織の責任に共通して妥当する国際責任法の一般的な規範の探究という観点からすれば，むしろ理論上も望ましいアプローチであると考えられるかもしれない。

　他方で，以上のような国家責任との「パラレリズム」を前提としたアプローチを採った場合，国際組織の責任に関する規則の大枠とその実質的な内容は，基本的に国家責任に関する規則に従って定められることになる。従って，その場合には，国家責任の分野には存在しない国際組織の責任の分野に固有ないしは独自の特徴を踏まえた規則をどのように確保し創設していくのかが，実質的な大きな課題となる。国家責任の問題と国際組織の責任の問題との間の最大の相違点は，国際法主体としての国家が少なくとも法的には強い同一性を有するものとして扱われるのに対して，国際組織は極めて多様な法的能力を有する国際法主体として捉えられるという点にある。すなわち，国家の場合，大国であれ小国であれ，国家が有する国際法上の権利能力や法的権能は同一であり，国家責任に関しても以上のような国家の法主体としての「同一性」を前提として理論が構築され規則が設けられている。これに対して，国際組織の場合には，個別の国際組織がそれぞれ有する国際法上の権能や組織法秩序は極めて多様であり，国際組織の責任に関する法理論及び具体的な規則の内容は，このような国際組織の法的な「多様性」を前提として構築される必要がある。この点こそが，国家責任とは異なる国際組織の責任に固有の根源的な特質であるといえ，国際組織の責任に関する具体的な法規範は，以上のような特質を踏まえて成文化される必要があるものと考えられる[10]。

　このような国家責任理論と国際組織責任理論との間の本質的な差異を前提と

した場合，国際組織責任の「独自性・固有性」を確保するために法的に鍵を握る重要な概念が，本条文草案の規定の中に登場する「組織の規則」（the rules of the organization）という概念である。この点に関しては，本章の3(1)において，国際組織の責任に関する条文草案中の「組織の規則」概念の分析を手がかりとして，さらに踏み込んだ検討を行うこととしたい。

(2) 「加盟国責任」の位置づけ――国家責任と国際組織の責任との結節点

国家責任の問題と国際組織の責任の問題との関係について，2001年にILCが採択した国家責任条文草案は，第4部「一般規定」（General Provisions）の中の第57条に次のような規定を設けた。「これらの条文は，国際組織の国際法上の責任又は国際組織の行為に対する国の国際法上の責任に関するいかなる問題にも影響を及ぼすものではない。」[11]

ILCによる国際組織の責任の問題に関する法典化作業は，国家責任条文草案のこの規定の存在を前提として開始されることになったものであり，その意味でこの第57条は，国家責任と国際組織の責任という2つの責任に関する法規範相互の関係を考える場合の出発点と位置づけられるものでる。実際に，ILCにおいて国際組織の責任に関する特別報告者を務めたGajaは，国際組織の責任に関する条文草案の起草作業を開始するにあたり，2003年のILC第55会期に提出した国際組織の責任に関する第1報告書の中で，国家責任条文草案第57条の規定に言及し，同条の起草過程でILCは国際組織の責任に関する問題の存在を自覚していたが，この問題に関する法規則の定立作業に立ち入ることはせず，国家責任条文草案の起草にあたっては純粋に「国」が責任主体となる場合に関する規則の成文化にその作業範囲を限定し，国際組織が責任主体となる場

---

(10) このような国際組織の「多様性」に対する配慮の必要性については，2007年のILC第59会期においても議論が提起され議論がなされている。この点に関しては，山田中正「国連国際法委員会第五九会期の審議概要」『国際法外交雑誌』第106巻3号（2007年）91頁，93頁参照。

(11) 草案第57条の原文は，次の通りである。"These articles are without prejudice to any question of the responsibility under international law of an international organization, or any State for the conduct of an international organization." *Text of the draft articles on responsibility of international organization adopted by the Commission on first reading* (A/CN. 4/L.748/Add. 1), p.15.

合の問題についてはこれを後の検討に委ねた，と指摘している[12]。この国家責任条文草案第57条の規定は，同条文草案が国際組織の責任の問題，さらに「国際組織の行為」(the conduct of an international organization) に対する国家責任の問題に「影響を及ぼすものではない」(without prejudice to) と明記することによって，国際組織の責任の問題及び国際組織との関係での国家責任の問題に関して，国家責任条文草案はこれらの問題を直接の規律対象としておらず，これらの問題は国家責任条文草案ではいわば未確定のまま残されたことを示唆したものと解される。

以上の点を踏まえた上で，2001年に採択された国家責任条文草案と2009年に採択された国際組織の責任に関する第1読条文草案の2つの草案の全体像を比較した場合，前者の国家責任条文草案に対応する規定が存在しない後者の国際組織の責任に固有の第1読草案の規定は，第1部「序」の規定を除けば，実質的には第5部の「国際組織の行為との関係での国の責任」の部分の規定のみである。その観点からすれば，この第5部の規定こそ，国家責任法との「パラレリズム」を離れて国際組織の責任に固有の規則が設けられた部分であると考えられるかもしれない。ところが，実際には，この国際組織の責任に関する第1読草案の第5部の規定は，「国際組織の行為」(Act of an International Organization) との関係での「国の」責任に関する規則を定めたものである。このような第5部の規定する「国際組織の行為」との関係での「国の」責任の問題は，果たして国際組織の責任に関する法分野に属するものと位置づけられるであろうか，それとも国家責任の法分野に属するものと捉えられるべきであろうか。あるいは，この問題は，両分野にともに関係する法規則，換言すれば国家責任と国際組織責任の両者にまたがる法規則，あるいは両者を架橋する法規則と位置づけられるであろうか。この点に関して，本第1読草案の第1条2項は，「本条文草案は，国際組織の国際違法行為に対する国の国際責任にも適用される。」と明記していることが特に注目される[13]。

---

[12] *First Report on Responsibility of International Organization, by Mr. Georgio Gaja, Special Rapporteur* (A/CN. 4 /532), pp. 6 - 7 .

[13] 草案第1条2項の原文は，次の通りである。"The present articles also apply to the international responsibility of a State for the internationally wrongful act of an international organization." *Text of the draft articles on responsibility of international organization adopted by the Commission on first reading* (A/CN. 4 /L.748/Add. 1), p.

この点に関しては，責任主体が「国際組織」ではなく「国」である以上，国際組織との関係での国家の責任の問題は「国際組織の責任」ではなく「国家責任」の範疇に属するものと理論上は考えることもできる。他方で，このように「責任主体」を基準としてこれら2つの責任を区分するのは形式論理に過ぎ，これはあくまで「国際組織」に関連して発生する責任であり，国家間関係における責任という意味での従来の「国家責任」とは異なる性質の責任である以上，「国際組織責任」の領域に属する新たな責任類型と捉えることもできよう。第1読草案第1条2項に関するILCのコメンタリーでは，同項は前述の国家責任条文草案第57条の規定を受けて設けられたものであり，国際組織の責任に関する第1読草案では，国際組織が国家又は他の国際組織による国際違法行為を支援（aid）又は援助（assist）する場合（第13条），指揮（direct）又は命令（control）する場合（第14条），強制（coerce）する場合（第15条）のそれぞれに関する具体的な規定を国家責任条文草案に倣って設けているが，これらに該当しないケースについても国際組織との関係で国に責任が生じ得る場合があることを想定した規定であると説明されている[14]。

　国際組織の加盟国が当該国際組織の行為との関係で負うべき責任を「加盟国責任」と呼ぶとすれば，国際組織の責任に関する条文草案の以上のような基本的姿勢は，「加盟国責任」の問題を「国際組織責任」の一部として位置づけた上で，このような「加盟国責任」の法体系の輪郭をおぼろげながら浮かび上がらせたものと評価できよう[15]。「加盟国責任」の問題に関しては，1995年の万国国際法学会（Institut de Droit international）のリスボン会期で，「加盟国責任を肯定するような国際法は存在しない」という原則と同時に「加盟国責任の問題は当該組織の規則に照らして決定される」旨が決議されている[16]。国際組織の責任

2．

[14] *Text of the draft articles on responsibility of international organization adopted by the Commission on first reading, Text of the draft articles with commentaries thereto* （A/CN. 4/L.748/Add.2), p.4-5．

[15] この点に関しては，田中清久「国際組織の加盟国の国際責任(1)——国際人権条約との関連における加盟国責任を中心に——」『法学』第72巻5号（2008年）40-58頁参照。

[16] *Annuaire de l'Institut de Droit International*, Tome 66-Ⅱ (1996), p.449. なお，このInstitutのリスボン会期における決議をめぐる議論等に関しては，Ian Brownlie, "The Responsibility of States for the Acts of International Organizations", Maurizio Ragazzi (ed.), *International Responsibility Today, Essays in memory of Oscar Schachter*

第 2 部　1990 年代以降における国際法委員会の具体的成果

に関する条文草案の起草過程での議論の蓄積は，この問題に関する新たな発展の手がかりとして重要な意義を持つものと考えられる。

3　「国際組織の責任」条文草案に関する個別の論点

(1)　「組織の規則」(the rules of the organization) の法的地位と役割

　国家の場合とは異なり，国際組織は各組織に独自の目的と機能，組織構造と権限を有する国際法主体であり，その意味で組織固有の法構造を有する存在である。従って，このような「多様性」を有する国際組織に妥当する責任法の規則について検討する場合，すべての国際組織に共通して妥当する法規則がどこまで存在し得るのか，言い換えれば，個別の国際組織ごとに存在する独自の法規則がどの範囲内で適用され得るのか，という点が実質的に重要な意味を持つこととなる。

　国際組織の責任に関する条文草案では，各国際組織に固有の規則を指すものとして，「組織の規則」(the rules of the organization) という概念が用いられている。条文草案の「用語の定義」(Use of terms) を定めた第 2 条は，その(b)項で，「『組織の規則』(rules of the organization) とは，とりわけ，基本文書，基本文書に従って採択された組織の決定，決議その他の行為及び組織の確立された慣行をいう。」と定めている[17]。この草案第 2 条(b)の「組織の規則」の定義規定は，ILC が起草作業を行い 1986 年に採択された国際組織締結条約法条約（「国家と国際組織の間又は国際組織相互の間の条約法に関するウィーン条約」(Vienna Convention on the Law of Treaties between States and International Organizations or between International Organizations)）の第 2 条 1 項(j)が定める「国際組織の規則」の定義規定とほぼ同一のものである[18]。

　　(Martius Nijhoff Publishers, 2005), pp.355-362.
　　田中・前掲論文（注(15)) 41-47 頁，江藤淳一「国際機構の国際法人格——非加盟国に対する対効力」島田征夫・古谷修一編『国際法の新展開と課題（林司宣先生古稀祝賀）』（信山社，2009 年) 322-325 頁，等参照。
[17]　草案第 2 条(b)の原文は，次の通りである。"Rules of the organization' means, in particular, the constituent instruments, decisions, resolutions and other acts of the organization adopted in accordance with those instruments, and established practice of the organization." *Text of the draft articles on responsibility of international organization adopted by the Commission on first reading*（A/CN. 4 /L.748/Add. 1), p. 2.

224

〔植木俊哉〕　　　　　　　　　　　　　　　　第10章　国際組織の責任

　この「組織の規則」(the rules of the organization) という用語は，個別の条文草案のいくつかの重要な条項の中に盛り込まれている。具体的には，「責任の帰属」に関する規則を定めた第5条2項，「国際義務の違反」に関する規則を定めた第9条2項，禁止される「対抗措置」について定めた第21条2項(b)，「組織の規則」の非関連性を定めた第31条，国際組織の加盟国による「対抗措置」について定めた第51条，「特別法」(Lex specialis) に関する規則を定めた第63条，などである。

　このうちの最後の第63条は非常に重要な規定であり，本章でも以下で取り上げて具体的に検討することとしたいが，この第63条の規定と並んで重要な意義を有するものが，第31条の規定である。第31条は，「組織の規則の非関連性」(Irrelevance of the rules of the organization) と題する規定であり，同条1項は，「責任を負う国際組織は，この部の下での義務の不遵守を正当化するために当該組織の規則を援用することはできない。」と規定する[19]。同項に関するILCのコメンタリーによれば，この第31条1項の条文の文言は，国家責任条文草案第32条の規定中の「国」(State) を「国際組織」(international organization) に，「その国内法」(its national law) を「その（組織の）規則」(its rules) に，それぞれ置き換えたものであると説明されている[20]。このような第31条1項の規定は，「当事国は，条約の不遵守を正当化する根拠として自国の国内法を援用することが

---

[18]　国際組織締結条約法条約第2条1項(j)の規定と異なる唯一の点は，本条文草案第2条(b)では，「基本文書に従って採択された組織の決定，決議」と並んで「その他の行為」という文言が加えられている点であるが，この変更の意図について，草案第2条(b)のコメンタリーによれば，国際組織の「行為」(acts) の多様性を踏まえたものであると説明されている。*Text of the draft articles on responsibility of international organization adopted by the Commission on first reading, Text of the draft articles with commentaries thereto* (A/CN. 4 /L.748/Add. 2), pp.14-15.

[19]　草案第31条1項の原文は，次の通りである。"The responsible international organization may not rely on its rules as justification for failure to comply with its obligation under this Part." *Text of the draft articles on responsibility of international organization adopted by the Commission on first reading* (A/CN. 4 /L.748/Add. 1), p. 12.

[20]　国家責任条文第32条は，「責任を負う国は，この部の下での義務の不履行を正当化するために当該国の国内法の規定を援用することはできない。」と規定する。*Text of the draft articles on responsibility of international organization adopted by the Commission on first reading, Text of the draft articles with commentaries thereto* (A/CN. 4 /L. 748/Add. 2), p.81.

第 2 部　1990 年代以降における国際法委員会の具体的成果

できない。」と定めた条約法に関するウィーン条約第 27 条本文の規定を想起させるものである。実際，第 1 読草案第 31 条 1 項に関する ILC のコメンタリーは，1986 年に採択された国際組織締結条約法条約の第 27 条 2 項の規定及び条約法条約第 27 条本文の規定を，同項の規定の源となるものとして言及している[21]。このような第 31 条 1 項の規定は，国家が自国の国内法を援用して自らが負う国際法上の義務を免れることが許されないのと同様に，国際組織は当該組織の規則を援用して自らが負う国際法上の義務を免れることができないことを定めるものである。以上のような観点からすれば，国際組織に関する「組織の規則」は，当該組織の内部関係を規律する独自の法規範であるという意味で，国家に関する「国内法」に対応するものとして位置づけられることになる。

他方で，第 1 読草案第 31 条には，1 項に続いて 2 項が設けられており，次のように規定している。「1 の規定は，国際組織の加盟国又は加盟する組織に対する国際組織の責任に関する当該組織の規則の適用を妨げるものではない。」[22] 国際組織が負うべき責任は，組織外の第三者に対する対外的責任と，国際組織の内部における加盟国（又は加盟組織）に対する責任である内部的責任の二つに区別される。第 1 読草案第 31 条は，このうちの前者の問題，すなわち国際組織の対外的責任の問題に関しては，「組織の規則」を援用して責任を免れることは許されないことを 1 項で規定すると同時に，後者の問題，すなわち国際組織のその構成員との関係での内部的責任の問題に関しては，「組織の規則」に従って各国際組織に固有の規則に従った処理を認めることを 2 項で定めたものと解せる[23]。

---

[21]　*Ibid*., pp.81-82. なお，国際組織締結条約法条約は，国家間条約に関する規則を定めた条約法に関するウィーン条約が 1969 年に採択された後，国際組織が締結主体となる場合の条約に関する規則を定める条約として ILC が起草作業を行ったもので，1986 年に採択された。正式名称は，「国と国際組織との間又は国際組織相互の間の条約に関するウィーン条約」（Vienna Convention on the Law of Treaties between States and International Organizations and between International Organizations）である。

[22]　草案第 31 条 2 項の原文は，次の通りである。"Paragraph 1 is without prejudice to the applicability of the rules of an international organization in respect of the responsibility of the organization towards its member States and organizations." *Text of the draft articles on responsibility of international organization adopted by the Commission on first reading*（A/CN.4/L.748/Add.1），p.12.

[23]　なお，この草案第 33 条の原文は，特別報告者 Gaja が 2007 年の ILC 第 59 会期に提出

〔植木俊哉〕　　　　　　　　　　　　　　　第 10 章　国際組織の責任

　国家とは異なる「国際組織」が有する最大の特徴は，国際組織の機能の「個別性」と「多様性」である。このような相反する性格を有する2つの要請を，この「組織の規則」という概念の適用によってどこまで実質的に保障することができるかという点は，本条文草案が実質的に成功を収めるか否かの重要なポイントであるとも考えられよう。もしも仮に，各国際組織がそれぞれ固有に有する「組織の規則」に国際組織の責任に関する実質的な規律をすべて委ねてしまった場合には，条約法における「国際法の関連規則」(the relevant rules of international law)（条約法に関するウィーン条約第 31 条 3 項(c)）や国家責任法における「国際法の特別の規則」(special rules of international law)（国家責任条文草案第 55 条）という概念とは異なって，「（国際）組織の規則」の内容は各国際組織ごとに千差万別であるため，国際組織の責任に関する条文草案の実質的内容は，「国際組織の責任に関する具体的なルールの内容は，各国際組織の固有の規則に従う」ということを意味するのみにとどまることとなり，条文自体としての内容が実質的に空洞化してしまう恐れがあると考えられる。

　その意味で，「組織の規則」の適用可能性を国際組織の「対外的責任」に関しては否定し，「内部的責任」に関しては肯定するという現在の第1読草案第 31 条の 1 項と 2 項の規定は，この問題に関する一つの実質的な解決基準を提示したものとして重要な意義を有するものいえよう。

　この点に関連して，さらに検討が必要とされるのが，第 1 読草案第 63 条の規定する「特別法」(lex specialis) の規則との関係である。先に検討した草案第 31 条の規定は，同条 1 項で「この部の下での義務」，すなわち草案第 3 部の「国際組織の国際責任の内容」(Content of the International Responsibility of an International Organization) の規定の下での義務に関してのみ国際組織がその「組織の規則」

した第 5 報告書の中で第 35 条として提案されていたものであるが，当初は 1 項と 2 項に分けられておらず，次のような条文が提案されていた。"Unless the rules of the organization otherwise provide for the relations between an international organization and its member States and organizations, the responsible organization may not rely on the provisions of its pertinent rules as justification for failure to comply with the obligation under this Part". *Fifth Report on Responsibility of International Organization, by Georgio Gaja, Special Rapporteur* (A/CN.4/583), pp.11-12. この条文では，前段の読み方によっては国際組織が「組織の規則」を根拠として責任を回避することに利用される恐れがあるということで，同条の文言が修正されていくこととなった。この点に関しては，山田・前掲論文（注 10）93 頁，95 頁参照。

第 2 部　1990 年代以降における国際法委員会の具体的成果

を援用して当該義務を免れることができないことを規定したものであり，同項の適用対象を草案第 3 部の規定（第 27 条〜第 41 条）に限定している。これに対して，第 1 読草案の最後の第 6 部「一般条項」（General Provisions）の中に置かれた第 63 条は，国際組織の国際違法行為の存在に関する条件，国際組織の国際責任の内容若しくは履行，又は国際組織の違法行為に対する国の国際責任の内容若しくは履行に関して，「国際組織とその構成員の間の関係に適用される組織の規則を含む国際法の特別の規則」が適用される場合には，その範囲において本条文草案は適用されない，といういわゆる「特別法優位」の原則を規定したものである[24]。ここでは，本条文草案の規定に優先して適用されるべき「特別法」（lex specialis）としての「国際法の特別の規則」（special rules of international law）の中に，「国際組織とその構成員の間の関係に適用される組織の規則」（rules of the organization applicable to the relations between the international organization and its members）が含まれることが明記されている点に特に注意すべきであろう。第 63 条に関する ILC のコメンタリーの中では，本条は国家責任条文第 55 条の「特別法」に関する規定をそのまま国際組織の責任の場合に移し替えたものであり，ここで優先して適用されるべき「特別法」の内容を具体的に特定することは不可能であると説明されている[25]。このように第 1 読草案第 63 条の末尾に「（国際組織とその構成員の間の関係に適用される）組織の規則」が優先されるべき「特別法」の中に含まれることが明記されたこととの関係で，「組織の規則」の適用に関して国際組織の対外的責任と内部的責任とを区別してその適用の規則を定めた第 1 読草案第 31 条の規定とこの第 63 条の規定がどのように調和的に解釈され得るのか，今後さらに検討の余地があるように思われる。この点に関しては，2007 年の ILC 第 59 会期における議論の中でも，国際組織はそれぞれが多様な内部規則を有しており，それらがすべて「国際法の特別の規則」となり得ると解釈することへの疑問も提起されている[26]。

---

[24]　*Text of the draft articles on responsibility of international organization adopted by the Commission on first reading*　（A/CN. 4 /L.748/Add. 1), p.25.

[25]　*Text of the draft articles on responsibility of international organization adopted by the Commission on first reading, Text of the draft articles with commentaries thereto*　（A/CN. 4 /L.748/Add. 2), pp.146-148.

[26]　山田・前掲論文（注 10）93 頁。

228

〔植木俊哉〕　　　　　　　　　　　　　　　　第10章　国際組織の責任

(2)　違法性阻却事由に関する問題——国際組織による「対抗措置」と「自衛」

　国際組織の責任に関する第一読条文草案に関する大きな問題の1つは，同草案が規定する国際組織の責任に関する違法性阻却事由をめぐるものである。第1読草案では，この点に関しても国家責任条文の構成に倣って，第2部第5章に「違法性阻却事由」（Circumstances precluding Wrongfulness）に関する規定を置き，国家責任条文第1部第5章に完全に対応する形で，「同意」（Consent）（第19条），「自衛」（Self-defence）（第20条），「対抗措置」（Countermeasures）（第21条），「不可抗力」（Force majeure）（第22条），「遭難」（Distress）（第23条），「緊急避難」（Necessity）（第24条），「強行規範（peremptory norms）の遵守」（第25条）という規定がそれぞれ設けられた。

　そもそも，国家と国際組織という性質を異にする国際法主体に関して，まったく同一の違法性阻却事由が妥当すると考えられるか否かについては，検討の余地があるものと思われるが，特にこのうちの「自衛」と「対抗措置」に関しては，ＩＬＣの場でもさまざまな議論が行われてきた。

(a)　違法性阻却事由としての国際組織による「対抗措置」

　まず，国際組織による「対抗措置」に関しては，国際組織自身により発動される対抗措置と国際組織の加盟国により発動される対抗措置との関係を，「違法性阻却事由」としてどのように区別できるのかという点がまず問題となる。さらに，国家責任条文草案では，国家が違法性阻却事由として「対抗措置」を発動することが認められるためには，原則として当該国がある国際違法行為の「被害国」としての地位にあることが必要とされる（国家責任条文第42条）。同様に，国際組織自身が違法性阻却事由として「対抗措置」を発動するためには，当該国際組織自身が特定の国際違法行為により被害を被っていること（いわば「被害組織」としての地位にあること）が必要とされるのか否か，また必要とされるとした場合に，それは具体的にいかなる要件を満たす場合か，といった問題も提起されることになる。

　また，「対抗措置」を違法性阻却事由の1つとして理解するとすれば，「対抗措置」として発動される措置自体は本来は「違法」なものであることが前提とされるが，国際組織が発動する措置の多くは合法的な「制裁」として位置づけられるものが多いと考えられる。実際に，特別報告者 Gaja が2006年の第58会期に提出した第4報告書では，「対抗措置」に関する規定については現時点で

第2部　1990年代以降における国際法委員会の具体的成果

は空白にするという「選択肢 A」と，現在の草案第 21 条に対応する条項を設けるという「選択肢 B」とが併記されており，ILC 本会議での議論の中では前者の選択肢を支持する意見も一部の委員から示されていた[27]。このように対抗措置に関する規定を違法性阻却事由の一つとして国際組織の責任に関する条文草案の中に設けるべきか否かに関しては，ILC の委員の間でも意見が激しく対立したため，2008 年の第 60 会期では作業部会が設置されて議論が闘わされた。その後，作業部会での議論でもこの点に関しては意見がまとまらなかったため，最後には投票に付された結果，賛成 7，反対 4 で作業部会として対抗措置に関する規定を置くことが決定され，最終的に 2009 年の第 61 会期において現在の第 1 読草案第 21 条の規定が取りまとめられることとなったのである[28]。

なお，国際組織が対抗措置を発動するにあたっての手続や要件等については，第 1 読草案第 4 部第 2 章（第 50 条～第 56 条）にさらに詳細な規定が設けられているが，これらの条項は国家責任条文草案が規定する国家による対抗措置の発動のための要件（国家責任条文第 3 部第 2 章：第 49 条～第 54 条）に実質的にほぼ合致するものであり，国際組織の責任に関する草案に独自の規定は，第 51 条の「国際組織の構成員による対抗措置」（Countermeasures by members of an international organization）の規定のみである。この第 51 条の規定では，責任を負うべき国際組織の構成員である国又は国際組織が被害を受けた場合には，当該責任を負うべき国際組織に対して対抗措置を発動することは原則として許されないが，これが例外的に許されるための条件の 1 つとして，「当該対抗措置が組織の規則と両立しないものでないこと」が挙げられており，先に本章の 3 (1) で検討した「組織の規則」（the rules of organization）という概念がここでも重要な基準として用いられている点が特に注目される[29]。

---

[27] *Fourth Report on Responsibility of International Organization, by Georgio Gaja, Special Rapporteur* (A/CN. 4 /564), p. 9．この点に関する ILC 第 58 会期における議論については，山田中正「国連国際法委員会第五八会期の審議概要」『国際法外交雑誌』第 105 巻 4 号（2007 年）165 頁参照。

[28] 2008 年の ILC 第 60 会期での作業部会における対抗措置に関する規定を設けることに関する賛否の主張及びそれぞれの根拠に関しては，山田中正「国連国際法委員会第六〇会期の審議概要」『国際法外交雑誌』第 107 巻 4 号（2009 年）92-94 頁参照。

[29] 草案第 51 条の原文は，次の通りである。"An injured State or international organization which is a member of a responsible international organization may not take countermeasures against that organization under the conditions set out in the present

(b) 違法性阻却事由としての国際組織による「自衛」

　国際組織に関する違法性阻却事由の中で,「対抗措置」と並んでもう 1 つの大きな問題と考えられる点が, 国際組織による「自衛」に関する問題である。国際組織の責任に関する第 1 読草案は, 第 20 条に国際組織に関する違法性阻却事由の一つとして「自衛」(self-defence) に関する規定を設けたが, 同条の具体的な文言は, 国家責任条文における国家に関する違法性阻却事由としての「自衛」に関する規定 (国家責任条文第 21 条) と実質的にほぼ同一である[30]。

　「自衛」を国際法上の「権利」として捉えるべきであるのか, あるいは「違法性阻却事由」の一つとして理解すべきであるのかについては, 国家の発動する「自衛」との関係でさまざまな議論が展開されてきたことは周知の通りであるが, 国連憲章第 51 条は, 国連加盟国との関係に限定してではあるが,「自衛」を「固有の権利」(the inherent rights; au droit naturel) であると規定している。無論, 現在国際法上存在する「自衛」に関する法規則が, 国連憲章第 51 条のみに限定される, と解されるわけでは必ずしもない[31]。国連憲章以外にも「自衛」

---

　　chapter unless: (a) The countermeasures are not inconsistent with the rules of the organization; and (b) No appropriate means are available for otherwise inducing compliance with the obligation of the responsible organization under Part Three." *Text of the draft articles on responsibility of international organization adopted by the Commission on first reading* (A/CN. 4 /L.748/Add. 1), p.20.

[30]　国家責任条文第 21 条は, "The wrongfulness of an act of a State is precluded if the act constitutes a lawful measure of self-defence taken in conformity with the Charter of the United Nations"と規定しているのに対して, 国際組織の責任に関する条文草案第 20 条は, "The wrongfulness of an act of an international organization is precluded if and to the extent that the act constitutes a lawful measure of self-defence under international law."と規定する。この 2 つの条文は, ①後者では"if"に加えて"to the extent that"という条件節が加えられていること, ②前者では「『国連憲章に従った』自衛の合法的措置」とされている部分が, 後者では「『国際法の下での』自衛の合法的措置」とされていること, の二点を除けば, 前者の規定中の「国」(a State) という文言を「国際組織」(an international organization) という文言に交換しただけのものである。但し, このうちの②の相違点は, 本文中でも述べるように国家の自衛権に関する国連憲章第 51 条の規定の位置づけとの関係で, 一定の重要な意味を持つものであると考えられる。

[31]　1986 年のニカラグア事件本案判決の中で, 国際司法裁判所 (ICJ) は, 米国が ICJ 規程第 38 条 2 項に基づく強制的管轄権受諾宣言を行う際に付したいわゆる「多数国間条約留保」の効力を認め, 国連憲章が同事件に対して適用されないことを認めながら, 自衛に関する国際慣習法上の規則が適用されることを認め, これに照らして両国の行為に関する法的な評価を下した。Military and Paramilitary Activities in and against

に関する国際法規範は国際慣習法又は一般国際法上存在し得，その中には国連憲章を離れて存在する国際慣習法上の「国」の自衛権に関する規則の他に，「国」以外の国際法主体，例えば「国際組織」が有する「自衛」に関する規則も含まれている，と考えることは観念的には可能であると思われる。そして実務上も，国際法上の「権利」としてであるか，あるいは「違法性阻却事由」としてであるかは別として，国連による平和維持活動や強制行動など，国際組織が武力活動に従事する場合が現実に存在することを踏まえれば，第1読草案第20条に関するILCのコメンタリーが述べるように，国際組織に関しても「自衛」という概念が認めらるべきであると考えることもできるよう[32]。

しかし他方で，「自衛」に関する国際法規範の歴史的な形成過程や，この問題に関する国際社会における実行等を振り返れば，国際社会における「自衛」という概念は，国家の有する国際法上の権利，すなわちいわゆる国家の「基本権」の1つとして，そしてその中でも最も重要なものとして位置づけられ，認識されてきたことは否定できない事実である。また仮に，国家以外の国際法主体である国際組織にも「自衛」が認められると解した場合にも，これが認められる要件等に関しては，例えば「武力攻撃の発生した場合」(if an armed attack occurs) など，国家が主体となる場合の「自衛」と同一であると解されるか否かは検討の余地があるものと思われる。また，国連憲章第51条が規定する安全保障理事会に対する報告義務といった手続的要件に関して，国際組織が「自衛」を発動する場合にも同様に適用されるか否かは，確認が必要であろう。

2006年のILC第58会期においても，国際組織の「自衛」という問題に関しては，さまざまな疑問点等が委員の間から提起された[33]。その後も，国際組織の責任に関する条文草案の中に「国際組織の自衛」に関する規定を設けることに関しては，2009年の第61会期に至るまで一部の委員から反対論が出された

Nicaragua (Nicaragua v. United States of America), Merits, *ICJ Reports*, 1986, pp. 14-150. このことは，国際法上の自衛に関する規則が国連憲章という形式のみならず，その他に国際慣習法という形でも存在していることをICJが認めたものと理解することができよう。

(32) 草案第20条に関するコメンタリー参照。*Text of the draft articles on responsibility of international organization adopted by the Commission on first reading, Text of the draft articles with commentaries thereto* (A/CN.4/L.748/Add.2), pp.63-65.

(33) これらの意見の内容に関しては，山田・前掲論文（注27）164-165頁参照。

〔植木俊哉〕　　　　　　　　　　　　　　　第10章　国際組織の責任

が，結局国際組織の「自衛」に関する規定は，第1読草案第20条において国際組織に関する違法性阻却事由の1つとして規定されることとなった。

　この国際組織の「自衛」という問題に関しては，今後さらに詳細な議論が展開され，より一層踏み込んだ検討が行われることが強く期待されるところである。

4　「国際組織の責任」条文草案の射程と適用対象

(1)　条文草案の適用対象となる「国際組織」の定義と要件

　国際組織の責任に関する条文草案の起草過程においては，本条文草案の適用対象となる「国際組織」(international organization) の定義をめぐって一定の議論が行われた。本条文草案における「国際組織」の用語の定義に関して，特別報告者 Gaja は，2003年の ILC 第55会期に提出したその第1報告書の中で，国際組織の定義に関しては，「国際機関とは，政府間機関をいう。」という条約法に関するウィーン条約第2条1項(i)をその確立した定義として理解しつつ，本条文草案においてはさらに詳しい定義が必要であるとして，現在の草案第2条の原案として，「本条文草案の適用上，『国際組織』とは，その構成員に国を含み，ある特定の政府機能をそれ自身の権能において行使する組織をいう。」との条文案を提案した[34]。特別報告者 Gaja が提案したこの原案は，「国際組織」の具体的要件として，①国家をその構成員として含むものであること，②ある特定の政府機能 (governmental function) を行使するものであること，③それ自身の権能を有するものであること，の3つを挙げるものであったが，これら3つの要件に関しては，ILC の場でさまざまな議論が行われた[35]。

　このような ILC での議論を踏まえ，第55会期において採択された条文草案第2条の条文は，次のようなものとなった。「本条文草案の適用上，『国際組織』

---

[34]　その原文は，次の通りである。"For the purposes of the present draft articles, the term 'international organization' refers to an organization which includes States among its members insofar it exercises in its own capacity certain governmental functions." *First Report on Responsibility of International Organization, by Mr. Georgio Gaja, Special Rapporteur* (A/CN. 4 /532), p.18.

[35]　ILC 第55会期におけるこの点に関する議論の詳細については，山田中正「国連国際法委員会第五五会期の審議概要」『国際法外交雑誌』第102巻4号 (2004年) 140-142頁参照。

第2部　1990年代以降における国際法委員会の具体的成果

とは，条約又は国際法によって規律される他の国際文書により創設され，それ自身の国際法人格を有するものをいう。国際組織は，国に加えて，他の団体をその構成員に含むことができる。」[36]　従って，この2003年にILCで採択された条文草案第2条の条文では，「国際組織」の要件として，①条約又は国際法によって規律される他の国際文書により創設されたものであること，②それ自身の「国際法人格」(international legal personality) を有するものであること，③その構成員として，国家のみならず，団体 (entity) を含み得るものであること，の3つが規定されることとなったのである。

その後，この草案第2条の規定は，2009年のILC第61会期で採択された第1読草案の第2条(a)としてそのまま維持され，第1読草案における「国際組織」の定義規定として暫定的に確定することとなった。「国際組織」の定義に関しては，1969年に採択された「条約法に関するウィーン条約」の第2条1項(i)の規定が，1975年に採択された「普遍的国際組織との関係における国家代表に関するウィーン条約」(Vienna Convention on the Representation of States in their Relations with International Organizations of a Universal Character) の第1条1項(1)，1978年採択の「条約の国家承継に関するウィーン条約」(Vienna Convention on Succession of States in respect of Treaties) の第2条1項(n)，そして1986年採択の「国際組織締結条約法条約」の第2条1項(i)において，それぞれそのまま踏襲されたが，本第一読草案第2条(a)において初めて明確に一般的な「国際組織」の実質的な定義規定が設けられたことは，この問題に関する今後の学説上の議論の発展にとって大きな意義を有するものといえよう[37]。

---

[36]　その原文は，次の通りである。"For the purposes of the present draft articles, the term 'international organization' refers to an organization established by a treaty or other instrument governed by international law and possessing its own international legal personality. International organizations may include as members, in addition to States, other entities." *International Law Commission, Report on the work of its fifty-fifth session (5 May to 6 June and 7 July to 8 August 2003), General Assembly Official Records, Fifty-eighth Session, Supplement No. 10* (A/58/10), p.38.

[37]　以上のようなこれまでの一般的な多数国間条約における「国際組織」の定義に関する規定の分析に関しては，Maurice Mendelson, "The Definition of 'International Organization' in the International Law Commission's Current Project on the Responsibility of International Organizations", Maurizio Ragazzi (ed.), *International Responsibility Today, Essays in memory of Oscar Schachter* (Martius Nijhoff Publishers,

〔植木俊哉〕　　　　　　　　　　　　　　第10章　国際組織の責任

(2)　条文草案で除外された問題と残された課題

　最後に，国際組織の責任に関する法的問題の中で，第1読条文草案では直接の規律の対象として整理されなかったいくつかの問題について，ここで簡単に触れておくこととしたい。

　本条文草案の適用対象を定めた第1条1項は，「本条文草案は，国際法の下で違法な行為に対する国際組織の国際責任の問題に適用する。」と規定している[38]。従って，たとえ国際組織が負うべき責任であっても，「違法」でない行為（国際法上禁止されていない行為）に起因する賠償責任（liability）の問題などは，本条文草案の適用対象には含まれないこととなる[39]。また，本条文草案の適用対象は，「国際法の下で」発生する国際組織に関する法的責任の問題に限定されるため，例えば国内法上の民事責任や契約責任等の問題に関しては，たとえ国際組織が責任主体とされる場合であっても，本条文草案の適用対象とはならない[40]。この点に関しては，国際組織の法的責任について，実務上は国内法上の民事責任や契約責任等の問題が極めて重要であり，これらの問題に関する明確な規定を本条文草案中に設けるべきであるという考え方も，当然のことながら存在する。

　さらに，国際組織の職員個人による違法行為（例えば，汚職・腐敗等）と職員自身の個人責任（民事責任・刑事責任）の問題についても，これらが国際組織自身の国際責任を惹起する原因となり得ることは本条文草案の規定するところであるが，その結果として職員個人が負うべき法的責任については，民事責任と刑事責任，国際法上の責任あるいは国内法上の責任のいずれに関しても，本条文草案では規定が設けられなかった。これらの問題に関しては，例えば国連腐敗防

2005），pp.371-389. 特に p.374-375 参照。

[38]　第1条1項の原文は，次の通りである。"The present draft articles apply to the international responsibility of an international organization for an act that is wrongful under international law".
　　Text of the draft articles on responsibility of international organization adopted by the Commission on first reading（A/CN.4/L.748/Add.1），p.2.

[39]　草案第1条1項に関する ILC のコメンタリー参照。*Text of the draft articles on responsibility of international organization adopted by the Commission on first reading, Text of the draft articles with commentaries thereto*（A/CN.4/L.748/Add.2），p.3.

[40]　Ibid..

止条約（腐敗の防止に関する国際連合条約；United Nations Convention against Corruption）等の中にも一定の関連規定が設けられているが，現代の国際社会において国際組織の活動のアカウンタビリティーや透明性をさらに高めるためにも今後に残された重要な検討課題であるといえる。

5　おわりに

以上，本章で検討した通り，ILC が 2003 年以降 7 年間にわたり検討を重ねた結果として 2009 年に具体的な条文案とそのコメンタリーという形で結実した国際組織の責任に関する条文草案の第 1 読草案は，ILC による一定の成果を示すものと評価することができよう。他方で，本条文草案の内容に関しては，本章で取りあげたようないくつかの具体的な問題点や，国家責任との「パラレリズム」を基調とした起草の方法論に関する問題などが存在しており，さらに検討すべき課題も多く残されていると考えられる。

国際組織に関する一般規則の条文化においては，現実に国際社会でさまざまな活動を行っている具体的な国際組織にとって受け入れ可能なルールを成文化することが重要であり，そのような実際の国際組織の実行から乖離した規則を法典化しても，そのような作業は実質的な意義に乏しいものとなってしまうであろう。他方で，過度に一般的・抽象的な規則のみを条文化する場合には，条約という形での法定立が果たして妥当かという疑問も提起されることになる。また，国際組織に関する規則を条約，とりわけ国家間条約という形で条文化する場合，国際組織の側での当該規則の受け入れ可能性という問題とは別に，国際組織とは別個の法主体である国家がそのような国際組織に関する条約を批准して締約国となることの動機づけという問題も存在する。いかに国際組織の側にとって有益な規則を条約という形で ILC が起草しても，一定数の国家がそれを批准して締約国となることがなければ，当該条約自体が発効しない結果となる。特に，国際組織と国家（あるいは具体的に当該組織の加盟国としての国家）との関係を考えた場合，必ずしも両者の利害関係が常に一致するわけではないため，そもそも国際組織に関する一般規則を「国家間」条約という形で定立することに関する矛盾が，何からの形で噴出する可能性もないわけではない。

しかし，今日の国際社会において国際組織が現実に担っている重要な機能と役割に鑑みれば，国際組織に関してもその法的責任に関するルールが明確にさ

れることが必要であること自体は異論のないところであろう。今後，本条文草案に関してさらに深く掘り下げた検討が行われ，国際社会における国際組織の実際の活動にとって有益な最終の条文草案が確定されることが強く期待されるところである。同時に，国際法理論上も，この国際組織の国際責任の問題は，個人の国際責任の問題とともに，国際法上の責任理論が伝統的な「国家責任」論の呪縛から解き放たれて一般的な「国際責任」理論として再構成されることが可能であるか否か，またそのような方向性自体が望ましいか否かを考える場合の鍵を握る重要な問題として，大きな学問的関心が払われるべき課題であるということができよう[41]。

---

(41) なお，本章の内容は，筆者の別稿「国連国際法委員会による『国際組織の責任』に関する条文草案の批判的考察」『法学』73巻6号（2010年1月）70-101頁を基礎として，これに加筆補正を行ったものである。

第11章　越境損害防止

児矢野マリ

1　はじめに
2　法典化の背景と経緯
3　越境損害防止条文草案の全体像
4　越境損害防止条文草案の特徴
5　越境損害防止条文草案の評価
6　おわりに

1　はじめに

　国連国際法委員会（ILC）は第53会期（2001年）において，「危険な活動から生じる越境損害の防止に関する条文草案」（以下，越境損害防止条文草案とする。）を採択した[1]。これは，「国際法によって禁止されていない行為から生じる有害な結果に対する国際責任」（以下，liabilityとする。）の法典化作業のうち，防止（prevention）に関する部分の成果である。そして，この条文草案はliabilityの主題の下でのもう一つの成果，すなわち「危険を内包する活動から生じる越境損害における負担の分配に関する原則案」[2]とともに，政府のコメントを受け，国連総会第65会期（2010年）で最終的な採択形式の検討も含め審議される[3]。

　越境損害防止条文草案は，相当の注意義務として国家に越境損害の防止を求め，そのための協力として関係国がとるべき具体的な手続を条文化したものである。その法典化作業は，越境環境損害のリスクへの対処を主な課題の一つと

---

[1] Prevention of Transboundary Harm from Hazardous Activities, 2001. *Official Records of the General Assembly*（hereinafter referred to as, ORGA）, 56th Session, Supplement No. 10（A/56/10）.本条文草案とコメンタリー全文の和訳は，臼杵知史『「危険活動から生じる越境損害の防止」に関する条文草案』『同志社法学』60巻5号（2008年）497-530頁。本条文草案について，加藤信行「ILC越境損害防止条約草案とその特徴点」『国際法外交雑誌』104巻3号（2005年）29-43頁。

[2] ILC第57会期（2006年）採択。*Yearbook of the International Law Commission*（hereinafter referred to as, YbILC）, 2006, vol. II, Part Two.本原則案について，本書第12章。

[3] 国連総会決議62/68，A/RES/62/68．

し,環境保全に関する国際法,すなわち国際環境法の発展状況も考慮しながら進められた。

本稿では,以上の越境損害防止条文草案について,その全体像を示したうえで,特徴を整理し,現段階における本条文草案の意義と課題を明らかにする。

2 法典化の背景と経緯

(1) 起源・背景

越境損害防止に関する法典化作業は,国連総会が1978年に国家責任に関する法典化とは別にliabilityの主題を扱う旨決定したことに始まる[4]。そこには,国際法上「違法でない」行為(活動)によっても国家の国際責任は発生しうるとの考えがあった。これは,ILCにおける国家責任法の法典化の過程で現れ,主に宇宙,原子力活動等,社会的に有用だが高度に危険な活動から生じる損害についての,厳格責任主義に基づく賠償責任に関する条約を念頭におく[5]。

(2) 起草作業の展開[6]

(a) R.Q.Quentin-Baxter の下での作業(1980〜84年):「国際協力義務」の構想

初期の起草作業は,特別報告者Robert Q.Quentin-Baxterの下で進行した。彼は,第3報告書で構想の概要 (a schematic outline) を示し[7],第5報告書で5カ

---

[4] 国連総会決議32/151, YbILC 1978, vol.II (Part Two), pp. 150-152.

[5] 臼杵知史「越境損害に関する国際協力義務——国連国際法委員会におけるQ. バクスターの構想について」『北大法学論集』40巻1号 (1989年) 6頁。A. Boyle, "State responsibility and international liability for injurious consequences of acts not prohibited by international law: a necessary distinction?," ICLQ, Vo.39 (1990) pp. 2-3。

[6] 要点について,臼杵「前掲論文」(注5);薬師寺公夫「越境損害と国家の国際適法行為責任」『国際法外交雑誌』93巻3・4号 (1994) 111-126頁;加藤「前掲論文」(注1) 29-31頁; A. Boyle, "Codification of International Environmental Law and the International Law Commission: Injurious Consequences Revisited," in A. Boyle & D. Freestone (eds.), *International Law and Sustainable Development: Past Achievements and Future Challenges*, Oxford University Press, 1999, pp.73-79; ; M.A. Fitzmaurice, "International Protection of the Environment," *Recueil des Cours*, Tome 293, 2001, pp. 232-254; G. Hafner & H. L. Pearson, "Environmental Issues in the Work of the International Law Commission," *Yearbook of International Environmental Law*, Vo. 11 (2000), pp. 23-26; D. B. Magraw, "Transboundary Harm: The International Law Commission's Study of "International Liability"," AJIL, Vol. 80 (1986), pp.306-316.

〔児矢野マリ〕　　　　　　　　　　　　　　　　　　第11章　越境損害防止

条の条文草案を提案した[8]。その基礎は，国家が負う，自国の領内又は管轄もしくは管理下でなされる活動に伴う越境損害のリスクを回避，最小化及び是正する義務である。これは防止と救済の連続を内実とする。そして，国家は具体的には，関係国間の利益調整を本質とする「国際協力義務」（事前・事後の交渉義務）を負う。その不履行は相手国に訴権を発生させず，国家責任を発生させる違法行為ではないという。

　Quentin-Baxterによる以上の構想は，国家の主権平等に基づき，行為の絶対的自由と損害からの絶対的自由のいずれも認めず，社会的に有用な活動の負担は衡平に配分されるべきとの発想に基づく。そして，「いずれも禁止されず義務的でなく，かつすべてが交渉可能な世界」[9]を追求するものであった[10]。この提案について，ILCではさまざまな点で賛否両論があったが[11]，Quentin-Baxterの急逝により，彼の構想それ自体は未完に終わった。

　(b)　J.Barbozaの下での中期の作業（1985～97年）：作業の難航と主題の二分化による打開

　二人目の特別報告者Julio Barbozaは，当初Quentin-Baxterの概念と概要に若干の修正を加え（補償における厳格責任の重視，事前交渉義務の不履行による訴権の発生等），作業を進めた。しかし，ILCでは本主題の対象，アプローチ，基礎となる原則等，基本的な問題をめぐり意見が対立して作業は難航し，Barbozaは当初の提案を修正しつつ調整に努めた[12]。

---

(7)　*Third report on international liability for injurious consequences arising out of acts not prohibited by international law, by Mr. Robert Q. Quentin-Baxter, Special Rapporteur*, A/CN.4/360, YbILC 1993, vol. II, Part Two, pp.62-64, paras. 50-53.

(8)　*Fifth report on international liability for injurious consequences arising out of acts not prohibited by international law, by Mr. Robert Q. Quentin-Baxter, Special Rapporteur*, A/CN.4/383 and Add.1, YbILC 1995, vol. II, Part Two, pp.155-156, paras. 1-2.

(9)　Boyle, *supra* note 5, p.5.

(10)　Quentin-Baxterの構想の詳細な分析と評価について，臼杵「前掲論文」（注5）。

(11)　eg. *The Report of the International Law Commission*（hereinafter referred to as, *ILC Report*), 36th session, 1984, ORGA, Supplement No.10（A/39/10), pp74-77. 主な論点と議論について，臼杵「前掲論文」（注5）43-62頁。なお，ILCにおけるliabilityの概念の捉え方（義務違反を伴う場合に該当する国家責任とは区別される，合法活動又は違法な行為を伴わない活動に関する概念）に対する批判として，Boyle, *supra* note 5; I. Brownlie, *State Responsibility, Part I*, Oxford Clarendon Press, 1983, p.23. この点について，臼杵「前掲論文」（注5）43-51頁。

変革期の国際法委員会

第2部　1990年代以降における国際法委員会の具体的成果

　第44会期（1992年）には，委員が一部交代したこともあり調整がより難しくなったため，ILCは今後の作業方針に関する作業部会の勧告を受け，方針を変更し打開を図った。つまり，これまでの作業では，本主題の広範な領域と外延は明確化されつつも正確な範囲は未確定なままであるが，作業の迅速な進行を優先させて，本主題が含む防止と救済について，前者から段階的に進めることを決定した[13]。

　これに従い翌年からILCで作業が進み，第48会期（1996年）までに，三つの章（一般規定，防止，補償又はその他の救済）の22ヵ条から成る条文草案がコメンタリーとともに採択された。この草案は，防止については，中心となる防止義務を相当の注意の義務とし，六つの手続的要素（事前許可，リスク評価，通報と情報提供，協議，一方的防止措置，防止義務における相当の注意の基準）から成るレジームを含む[14]。これを受けて翌年，ILCは作業部会の勧告に基づき，概念及び理論上の難しさ，本主題の適切さ，「国家責任」との関係等の問題から，本主題の範囲と内容はいまだ不明確であることを認めたうえで，まず一定程度進捗のある防止につき第一読の終了をめざすことを決定し，特別報告者Pemmaraju Sreenivasa Raoを指名した[15]。

　(c)　P.S.Raoの下での最終作業（1998年～2001年）：「防止」に関する第一読と第二読の終了

　ILCは第50会期（1998年）において，Raoの第1報告書に基づき，1996年採択の条文草案を検証し内容を整理して，第一読を終了した[16]。Raoの提案は，1996年の草案を基本的に踏襲して，それに若干の修正を加えたものであり，第一読で大幅な修正はなかった。そして，翌年からILCは，諸国政府のコメント

---

[12]　Barbozaの提案とILCでの議論等について，薬師寺「前掲論文」（注6）117-126頁；Boyle, *supra* note 5, pp. 6-8；Fitzmaurice, *supra* note 6, pp.237-244.

[13]　*ILC Report*, 44th session, 1992, ORGA, Supplement No.10 （A/47/10）, p.51, paras. 341-349.

[14]　*ILC Report*, 47th session, 1995, ORGA, Supplement No.10 （A/50/10）, p.89-99, paras.405-408；*ILC Report*, 48th session, 1996, ORGA, Supplement No.10 （A/51/10）, p.78, paras.97-100, 100-132 （Annex I）.

[15]　*ILC Report*, 49th session, 1997, ORGA, Supplement No.10 （A/52/10）, p.59, paras. 162-168.

[16]　*ILC Report*, 50th session, 1998, ORGA, Supplement No. 10 （A/53/10）, paras. 46-55.

に配慮したRaoの第2及び3報告書に基づき，第二読を行った。

　Raoは，第2及び3報告書で以下の立場を示した。すなわち，本条文草案は防止に関する一次規則の作成をめざしており，その主な内容は，原因国と被影響国との間の手続上の義務である。また，本条文草案の対象は，越境損害を発生させるリスクを伴うあらゆる活動であり，国際法上禁止されているかどうか不明な活動も含む。そして，本条文草案は最終的に枠組条約としての形式をとるべきである，とした[17]。

　2001年のILC第53会期では，本格的な審議の末，最終条文草案がコメンタリーとともに採択され，第二読が終了した。これを受けILCは，本条文草案を審議して推敲し条約の形で採択するよう，国連総会に勧告することを決定した[18]。

　全体として，この時期におけるILCの起草作業は，それまでに比べて驚くほど速いスピードで進行した。「国際法によって禁止されない」活動という文言の要否，国際環境法における予防 (precaution) 等の概念の明示の適否，防止義務の不履行の法的効果（国家責任との関係）の問題を除いては，激しい見解の対立もなく，各国政府からも全体として否定的なコメントはなかった[19]。最終的に採択された条文草案も，第一読の採択条文草案に起草上の技術的修正を施し，前文と緊急事態に関する2ヵ条を追加した[20]にとどまる。これは，紆余曲折を経て防止を救済と切り離すという作業方針が功を奏したこと，迅速な作業の遂行を優先させるべきとの認識をILC委員が一定程度共有していたこと，長年の議論を経て，かつ1980年代以降の環境条約の発展を前提に，防止に関する規定

---

[17] *Second report of international liability for injurious consequences arising out of acts not prohibited by international law (prevention of transboundary damage from hazardous activities)*, A/CN. 4 /501; *Third report of international liability for injurious consequences arising out of acts not prohibited by international law (prevention of transboundary damage from hazardous activities)*, A/CN. 4 /510.

[18] *ILC Report*, 53rd session, 2001, ORGA, Supplement No.10 (A/56/10), pp.366-436, paras.78-97.

[19] 第六委員会でのコメント以外に，国連総会の要請を受けた各国政府の文書によるコメントについて，*Report of the Secretary-General*, A/CN. 4 /509; *Report of the Secretary-General*, A/CN. 4 /516.

[20] これは政府からのコメントを受けたものである。*ILC Report*, 52nd session, 2000, ORGA, Supplement No.10 (A/55/10), p.277, para.690.

第2部　1990年代以降における国際法委員会の具体的成果

内容につき現実的に合意可能なラインが委員の間で見えてきたこと，ILCで作業が先行した「国際水路の非航行利用の法に関する条約」（以下，国際河川条約とする。）を大いに参照したこと，等の事情によるものと思われる。

3　越境損害防止条文草案の全体像

(1)　趣旨・目的

越境損害防止条文草案は，関係国の利益のバランスを保ちながら，危険活動（hazardous activities）から生じる越境損害の防止をめざす。そのために，国家に対して，自国の領域内又は管轄もしくは管理下にある越境危険活動について，越境損害の防止又はそのリスクの最小化のための相当の注意義務（防止義務）を課す。そして，許可制の導入，リスクの評価，通報，協議等の協力を関係国に要求し，越境危険活動に手続的観点から対処する。

以上の構想は，科学技術の進歩に伴う現代的な事象を背景に，これまでの諸国の実行を受けて，越境損害のリスクに対応するものである。すなわち，社会的に有用な活動から生じる越境損害への懸念が高まっていることに対して，賠償，救済又は補償に対置される防止の意義に着目する。そして，国家の自由を不当に制限せずに対処するべく，手続的な観点から相互の利益のための協力と調整を促進することをめざす。

(2)　全体の構造

越境損害防止条文草案は，前文と全19ヵ条から成る。前文は，ILCや第六委員会等での見解対立を止揚するため，ILC条文草案としては例外的に挿入された[21]。天然資源に対する国家の恒久的主権とそれへの制限を明記し，環境と開発に関するリオ宣言に言及する。

本文は章構成等をとっていないが，各条文が扱う事柄の性質及び内容から，全体構造は以下のように整理できよう。

Ⅰ　本条文草案の対象・射程範囲：範囲（第1条），用語（第2条）
Ⅱ　国家（関係国）の義務
　　A　一般的な義務：防止義務（第3条），協力義務（第4条），実施の義務（第5

---

[21]　*Summary record of the 2641st^h meeting*, A/CN. 4 /SR.2641, p.228, paras.10 & 22.

244

条）

B　具体的な手続的義務
(a) 越境危険活動の実施前の義務
　(i) 原因国の一方的な措置：許可制の導入（第6条），リスク評価の実施（第7条）
　(ii) 関係国間の措置：通報と情報提供（第8条），防止措置に関する協議（第9，10条），通報がない場合の手続（第11条）
　(iii) 私人との関係における措置：公衆への情報提供（第13条），無差別（第15条）
　(iv) 例外：国家の安全保障及び産業上の機密（第14条）
(b) 越境危険活動の実施中・後の義務
　(i) 関係国間の措置：情報の交換（第12条），防止措置に関する協議（第9，10条），通報がなかった場合の対応（第11条）
　(ii) 私人との関係における措置：公衆への情報提供（第13条），無差別（第15条）
　(iii) 例外：国家の安全保障及び産業上の機密（第14条）
(c) 緊急事態にかかる義務（第16条：緊急事態計画作成義務，第17条：通報義務）
Ⅲ　国際法の他の規則との適用関係：国際法の他の規則との関係（第18条）
Ⅳ　紛争の解決手続：紛争の解決（第19条）

(3) 主な内容（中軸となる主要な条文の規定内容）
(a) 対象・射程範囲：範囲（第1条），用語（第2条）

　本条文草案は，「国際法によって禁止されていない活動であって，その物理的帰結を通じて重大な越境損害を生じるリスクを伴う活動」(activities which involve a risk of causing significant transboundary harm)（以下，重大な越境危険活動とする。）に適用される（1条）。コメンタリーによれば，この活動への該当性は次の四つの基準で判断される[22]。その活動が，1）「国際法により禁止されていな

---

[22] *Commentary, supra* note 1, article 1, paras. 3-5. 起草過程では，該当する可能性のある活動の種類をリストで示すことも検討されたが，越境危険活動の一般性等に鑑み不適切とされた。*Ibid.* なお，国家の軍事活動が射程範囲に含まれるか否かにつき，本条文草案及びコメンタリーは明示しない。オランダは政府コメントで否定的な理解を示し

い」，2)「国家の領域内又はその管轄権もしくは管理（control）下で計画され，又は実施される」，3)「重大な越境損害を生じるリスク」を伴う，4)「物理的な帰結」により重大な越境損害を生じるリスクを伴う，というものである。

　第一の基準は，国家責任の主題から liability の主題を分離するためである[23]。第二の基準では，領域的な管轄権が主な要素であり，その活動につき管轄権が競合する場合には，これが優先する。また，領域的リンクのない管轄権行使もあり，その典型例として船舶に対する旗国の管轄権がある。さらに，管理の概念の下で，たとえ国家が法律上管轄権をもたない場合でも事実上管轄権を行使しているような事態を含む[24]。第三の基準にいうリスクとは，予見可能なものであり，客観的に把握される。ただし，本条文草案は継続的に機能するので，時間の推移に伴う知見の変化により，新たにそうしたリスクが認知されることもある[25]。「重大な越境損害を生じるリスク」とは，「大規模な越境損害を生じる低い蓋然性又は重大な越境損害を生じる高い蓋然性」を含む（第2条(a)）。つまり，事故発生の蓋然性とその有害な影響の規模が結合した効果として，把握される。通常「重大な」リスクとは，「探知可能な」（detectable）もの以上だが，「深刻な」（serious）又は「相当な」（substantial）レベルである必要はない。ただし，リスクが重大なものか否かは個別事案で，また，事実上の及び客観的な基準により決定される[26]。また，「損害」（harm）とは，人間，財産又は環境に対する損害を意味する（(b)）。さらに，「越境損害」とは，その活動を管轄する国（以下，原因国とする。）以外の国の領域又は原因国の管轄もしくは管理下にあるその他の場所で生じた損害を意味する（(c)）。これは，それら関係国が国境を共有し

　　たが，Rao は第二読で起草委員会の結論を指摘して逆の理解を示した。*Summary records of the 2628th meeting*, A/CN. 4 /SR/2628, p.232, para.58.

[23] *Commentary, supra* note 1, article 1, para.6.この文言は，本条文草案の扱う防止の問題が損害の国際補償責任とは切り離された以上，必要なものではなかろう。起草作業でもその要否が議論になった。しかし，国家責任と区別される liability の観念の下での法典化であることを意識し，最終段階での混乱を避けるため挿入された。*ILC Report*, 2000, *supra* note 20, pp. 279-280, paras. 700-706; *Draft preamble and draft articles adopted by the Drafting Committee on second reading, Corrigendum*, A/CN. 4 /L. 601/Corr.1, pp.3-4.この点について，加藤「前掲論文」（注1）35-36頁。

[24] *Ibid*. paras. 7 -12.

[25] *Ibid*. paras.13-15.

[26] *Commentary, supra* note 1, article 2, para. 1-6.

〔児矢野マリ〕　　　　　　　　　　　　　　　　　　　第11章　越境損害防止

ているか否かを問わない。したがって、公海上の他国の管轄する船舶や構築物に損害を与える活動も含む[27]。第四の基準によれば、金銭、社会、経済等に関する国家の政策から生じる越境損害は含まれない[28]。

(b) 国家（関係国）の義務（第3−17条）

① 一般的な義務（第3−5条）

重大な越境危険活動について、関係国（原因国・潜在的被影響国）は、防止義務（第3条）、協力義務（第4条）及び本条文草案の実施義務（第5条）という、三つの一般的義務を負う。第一に、本条文草案の中核にある義務として、原因国は重大な越境損害を防止し又はいかなる場合にもそのリスクを最小化するために、あらゆる適切な措置を取らなくてはならない（第3条）。コメンタリーによれば、この防止義務は「他人を害しないように汝のものをつかえ」(sic utere tuo ut alienum laedasa) という基本原則を基礎とし、国連人間環境宣言第21原則に反映している。また、重大な越境損害を生じるリスクを伴うことが既に明確な活動のみならず、そうしたリスクを伴う活動を同定するために適切な措置をとることまで含む[29]。そして、防止義務は相当の注意義務である。相当性の基準は、その個別事案において良き政府に期待されるものであり、その活動に伴うリスクと均衡のとれたものである。また、科学技術の発展等、時間の推移に伴い変化する[30]。さらに、この義務は個別事案において、「十分な注意をもって、たとえ完全な科学的不確実性がないところでも、深刻又は回復不能な損害を回避するために適切な措置をとることを含みうる (could)」[31]。こうして、コメンタリーは予防的アプローチの適用可能性を明示する。

第二に、関係国は、防止義務の履行に際して信義誠実に協力し、必要なときには権限ある国際機関の援助を求めなくてはならない（第4条）。協力の内容は、次に続く手続的義務に具体化されている[32]。第三に、関係国は本条文草案を実施するために、必要な立法、行政又はその他の行動をとる義務を負う（第5条）。この義務も継続的な性格をもつ[33]。

---

[27] *Ibid*. paras. 14 & 15.
[28] *Ibid*. para.16.
[29] *Commentary, supra* note 1, article 3, paras. 1 & 5.
[30] *Ibid*. paras. 7−13, 17 & 18.
[31] *Ibid*. para.14.
[32] *Commentary, supra* note 1, article 4, para. 1.

第 2 部　1990 年代以降における国際法委員会の具体的成果

② 具体的な手続的義務（第 6 - 17 条）
1 ） 重大な越境危険活動の実施前の義務（第 6 - 11 条）
（ⅰ） 原因国の一方的な措置：許可制（第 6 条），リスク評価（第 7 条）

国家は，重大な越境危険活動を許可制に服せしめ（第 6 条），かつ，許可の決定は，その活動から生じうる越境損害のリスクの評価に基づかなくてはならない（第 7 条）（傍点筆者）。

許可制に服するのは，重大な越境危険活動の実施・変更と，ある活動をそのような活動に変更する計画（第 6 条 1 項）である。また，既存の活動も再審査を行う（第 2 項）。事業者が許可条件に従わない場合には，原因国は適宜許可の取消等の必要な措置をとる（3 項）。

次に，許可の発給に先立ち，環境影響評価（environmental impact assessment: EIA）を含むリスク評価を実施する（第 7 条）。コメンタリーによれば，その活動に伴うリスクの程度と性質を決定し，とるべき防止措置のタイプを決定するためである。ただし，評価の実施者と内容は各国の判断による[34]。特筆すべきは，リスク評価の義務に予防の概念が組み込まれていることである。第 7 条のコメンタリーはこのことを示唆し[35]，第 8 条との連関でもこれは明瞭である。つまり，リスク評価は，重大な越境損害のリスクを伴う可能性はあるが，それが必ずしも科学的に明白ではない活動についても行わなくてはならない。

（ⅱ） 関係国間の措置：通報と情報提供（第 8 条），防止措置に関する協議（第 9，10 条），通報がない場合の手続（第 11 条）

第 8 条に基づく評価により，重大な越境損害を生じるリスクが示されれば，関係国は以下の手続をとらなくてはならない。第一に，原因国は潜在的被影響国に通報し，利用可能な技術情報等の関連情報を提供する（第 8 条 1 項）。コメンタリーによれば，関係国間で利益のバランスをとるため関係国に対応方法を見出すべく合理的な機会を与えるためである[36]。ただし，通報の方法は原因国が自由に決定できる[37]。通報を受けた国は 6 ヶ月以内に回答し[38]，その期間中

---

[33] *Commentary, supra* note 1, article 5, para.1.
[34] *Commentary, supra* note 1, article 7, paras.5-8.
[35] *Ibid.* para.4.
[36] *Commentary, supra* note 1, article 8, paras.3-5.
[37] *Ibid.* para.7.
[38] *Ibid.* para.9.

〔児矢野マリ〕　　　　　　　　　　　　　　　　　　第11章　越境損害防止

原因国は許可を決定しない（2項）。

　第二に，関係国はいずれかの要請があれば，重大な越境損害の防止又はそのリスクの最小化のためにとられるべき措置について，関係国にとって受容可能な解決に達するために協議を行う（第9条1，2項）。協議では10条に掲げる関連要因を考慮し（第10条），利益の衡平なバランスに基づく解決を追求する。コメンタリーによれば，協議は信義誠実に行われねばならず，また，潜在的被影響国に拒否権を与えるものでもない[39]。

　考慮すべき関連要因と事情は，例えば，相互に優劣関係にない以下のものを含む。これらを考慮すれば，関係国は個別事案で費用と便益とを比較できる[40]。列挙されているものは，(a)重大な越境損害のリスクの程度と，損害防止，リスクの最小化又は損害賠償手段の可能性，(b)潜在的被影響国にとっての損害との比較における，原因国にとっての活動の重要性であって，社会的，経済的及び技術的な性格の全体的な利益を考慮に入れたもの，(c)環境に対する重大な損害のリスクと，損害防止，リスクの最小化又は環境の修復の可能性[41]，(d)原因国及び適当な場合には潜在的被影響国が防止の費用を負担する程度，(e)防止の費用，他の場所で又は他の方法で活動を実施する可能性又は他の活動による代替可能性との関係における，活動の経済的な実行可能性，(f)潜在的影響国が同一の活動又は類似の活動に適用する防止の基準と，類似の地域的又は国際的な慣行において適用される基準，の六つである（第10条）。

　協議を経て関係国が受容可能な解決に合意できなかった場合には，原因国は潜在的被影響国の利益を考慮のうえ，当該活動を許可できる（第9条3項）。コメンタリーによれば，これは潜在的被影響国の権利に配慮したものである。

　第三に，第8条による通報を受けなかった国家が，合理的な理由に基づき，他国における活動が重大な損害を自国に与えるリスクがあると信じるような場合についても，一定の手続がある。まず，そのように信じる国は原因国に対して，その根拠を文書で説明し，第8条に基づく通報を要請できる（第11条1項）。この要請を受け，原因国は自身の評価と結論を見直すが，それでもそのようなリスクはないと判断したときには，合理的な期間内に判断根拠を文書で示しそ

---

[39]　*Commentary, supra* note 1, article 9, paras.2, 3 & 4.
[40]　*Commentary, supra* note 1, article 10, para.2.
[41]　コメンタリーは，予防的アプローチの適用可能性に言及する。*Ibid.* para.6.

変革期の国際法委員会　　　　　　　　　　　　　　　　　　　　　　249

の旨を通報する。この判断に要請国が満足しない場合には，同国の要請により両国は第9条に定める方法で迅速に協議を行う（3項）。さらに，協議の過程で同国から要請があれば，原因国はリスクを最小化するための適切かつ実行可能な措置を導入し，また，場合によってはその活動を合理的な期間停止する（3項）。

(iii) 私人との関係における措置：公衆への情報提供（第13条），無差別（第15条）

重大な越境危険活動に関して，関係国は私人との関係で二つの義務を負う。これらは，公衆又は利害関係者に対して関連手続への関与を保障する義務である。第一には，関係国は可能なときには適切な手段により，公衆に情報を提供し，かつ彼らの見解を確認する（第13条）。コメンタリーによれば，公衆とは，個人，利益団体（NGO）及び独立専門家を含む。また，情報の提供と見解の確認の方法は，関係国の政策及び国内法によるが，これは，リスク評価の段階で行われると有益である。また，国境を越える公衆との直接のコミュニケーションが難しい場合には，関係国間の斡旋を通じて行われうる。本条は，国際法一般及び環境法における新しい傾向，とくに1990年代以降の環境問題を扱う多くの国際文書の著しい傾向に触発された。政策的な観点から，公衆参加の促進は国家の決定の正当性とその遵守を高めるために望ましく，人権法の文脈でも，これは国際法及び国内法上伸張しつつある権利である[42]。

第二に，国家は，重大な越境損害の潜在的被影響者に対して，国籍もしくは居住地又は損害発生場所による差別なしに，自国の司法その他の手続へのアクセスを認める（第15条）。その先例として，コメンタリーは北欧環境保護条約（1974年）とOECD理事会勧告（同年）を挙げる。ただし，関係国は自国の法制度に従い一定の裁量をもつ。また，関係国はより良い保護と救済を提供するための特別の協定を結ぶことができる[43]。

2） 重大な越境危険活動の実施中・後の義務（第9-12条）
(i) 関係国間の措置：情報の交換（第12条），防止措置に関する協議（第9, 10

---

[42] *Commentary, supra* note 1, article 13, paras. 3, 4, 7, 9 & 10.
[43] *Commentary, supra* note 1, article 15, paras. 2, 4, 5 & 6.

〔児矢野マリ〕 第11章 越境損害防止

条），通報がない場合の手続（第11条）

　以上の手続を経て活動が実施された場合に，関係国は，損害の防止とそのリスクの最小化のために，その活動に関する全ての利用可能な情報を，時宜にかなった方法で交換しなくてはならない（第12条）。コメンタリーによれば，防止義務は継続的な性質をもつからである。関係国は，その活動の継続中，活動実施のモニタリングについて情報を交換する。さらに活動の終了後も，適宜情報の交換を続ける。例えば原子力活動のように，それから重大な越境損害を生じるおそれのある物質が生じる場合である[44]。そして関係国は，防止措置に関する協議義務も負う（第9，10条）。通報がない場合の手続（第11条）も適用される。

　(ii)　私人との関係における措置：公衆への情報提供（第13条），無差別（第15条）

　重大な越境危険活動が実施されてからも，関係国は，前述した(a)(iii)の義務を負う。とくに無差別の原則は，司法又はその他の救済手続への被害者のアクセスに適用される。

　(c)　紛争の解決手続：紛争の解決（第19条）

　本条文草案の解釈・適用に関する紛争が生じた場合には，当事国は相互に合意する平和的解決の手段により迅速に解決せねばならず，6ヶ月以内に解決手段につき合意が成立しないときには，いずれかの要請で事実認定委員会が設置される（第19条1，2項）。委員は，本条に従い選出された，各当事国の指名する2名と「中立的な」1名（合計3名）である（3-5項）。委員会は多数決で報告を採択し，当事国はそれを誠実に考慮せねばならない（6項）。

　本条は残余的に適用され，また，関係国が適切な協議と交渉を通じて利用可能なすべての手段を尽くした後でのみ適用される。事実認定委員会は事実を調査し明確にする任務を負い，それに付随して当事国の意見を聴取し，証言を検討し，かつ現地調査もできる[45]。

---

[44]　*Commentary, supra* note 1, article 12, paras. 1, 2 & 6.

[45]　*Commentary, supra* note 1, article 19, paras. 2, 6 & 7.

第2部　1990年代以降における国際法委員会の具体的成果

4　越境損害防止条文草案の特徴

(1)　射程・趣旨・骨格

本条文草案の射程，趣旨及び構造については，主に四つの特徴がある。第一に，本条文草案の射程は，原因国と潜在的被影響国間の権利義務関係という，バイラテラルな国家間関係に限定されていることである。本条文草案は，国家の領域内又は管轄もしくは管理の下での場所における人，財産及び環境に対する越境損害の問題を扱う一方で，地球温暖化や公海の汚染等，グローバル・コモンズの問題には及ばない[46]。

第二に，本条文草案の中心は「ハード・ロー」としての防止義務であり，その不履行は国家責任を発生させることである。この点は防止義務の法的性質ともあいまって，長年，ILCでは一つの論点であった。紆余曲折の末[47]，最終的

---

[46]　この立場は1994年にILCが暫定的に採択した条文草案で明確となり，それ以降ILCでは異論はない。

[47]　国際協力義務を提案したQuentin-Baxterは，危険活動の実施条件の合意形成を妨げることを懸念し，前述したように，事前交渉義務の不履行が国家責任を発生させることについて，否定的な立場をとった。*supra* note 7, pp.58-59, paras.32-33; *ILC Report*, 1984, *supra* note 11, p.76, para.231；臼杵「前掲論文」(注5) 53-55頁。Barbozaは当初，義務の実効性を重視し何らかの訴権が生じるとしたが (*Third report of international liability for injurious consequences arising out of acts not prohibited by international law, by Mr. Julio Barboza, Special Rapporteur*, pp.153-154, paras.38-40)，1996年のILC作業部会は，防止の義務は手続的義務を含め，国家責任を伴うようなハードな義務ではないとした (*Commentary*, Annex I, *ILC Report*, 1996, *supra* note 14, article 22, para.2)。Raoは当初，損害が生じなければ防止義務の不履行又は行為の義務の不遵守はいかなる法的効果も生じないとしたが (*First report of international liability for injurious consequences arising out of acts not prohibited by international law (prevention of transboundary damage from hazardous activities)*, A/CN.4/487/Add.1, p.35, paras.113-116)，ILCでの逆の意見も考慮し第一読では保留とした (*Summary records of the 2528th meetings*, A/CN.4/SR.2528, pp.69-70, paras.48-57; Summary Record of the 2530th meeting, A/CN.4/SR.2530, pp.82-83, paras.50-52.)。そして第2報告書でRaoは，第六委員会における諸国政府の見解に言及し (Rao第2報告書，*supra* note 17, pp.2-5, paras.2-16)，次のように述べた。すなわち，相当の注意義務の実施を重視すれば，潜在的被影響国は，防止義務の不履行の場合に損害の発生前でも救済を求める機会を与えられる。これは，相当の注意義務の多様な構成要素の具体的な実施を要求する性質による。ここでは，協議，通報等の義務に加え，国家責任の程度に応じて，その活動の停止，サティスファクション及び損害賠償又は補償の支払いのような他の救済も想定されうる (*Ibid.* p.11, para.35)。さらに，救済措置と同様に重要なのは遵守文化の

〔児矢野マリ〕　　　　　　　　　　　　　第 11 章　越境損害防止

には ILC の第二読で，防止義務は相当の注意を国家に要求する「ハード・ロー」の義務として決着した。したがって，ILC は明示を避けているとの指摘もあるが[48]，その違反は国家責任を生じさせることになるだろう[49]。

　第三に，本条文草案は，具体的な手続的義務の定式化を通じて関係国が行うべき協力の内容を明示することにより，越境損害の防止における相当の注意について，具体的な客観化を図っていることである[50]。これは，明示された手続の実施自体が相当の注意の一つを構成し[51]，また，それらの実施を通じて，とられるべき防止措置の内容，すなわち相当の注意の具体的な内容も明らかになる，という二重の意味においてである[52]。

　最後に，本条文草案は，越境危険活動の実施前・中・後を包摂する継続的な監視のレジームを，構築していることである。ここでは，潜在的被影響国はその活動を拒否する権利を有しないが，通報及び情報提供を受けるとともに，協議を要請し実施する権利を認められ，越境危険活動についての継続的な「相互監視」の過程に参加できる。これは，関係国間のバランスに着目したリスクへの対処である。

　　向上と遵守の奨励であるとし，既存の環境条約の遵守確保手続に関する先行研究を検討しつつも，この問題は本作業の範疇外とした (*Ibid.* pp.11-15, paras.35-49.)。第二読の審議でも Rao は同立場を繰返し (*supra* note 21, pp.227, para. 6)，本条文草案が条約として採択された場合，特定の汚染につき条約の下で特別の手続が発展しなければ，本条約の不遵守は国家責任を伴うであろうとした (*ILC Report*, 52rd session, 2000, ORGA, Supplement No.10 （A/55/10），p.278, para.695.)。

(48)　加藤「前掲論文」（注 1 ）38 頁。
(49)　*Ibid.* Fitzmaurice は，1996 年採択条文草案と 2000 年条文草案（最終条文草案と同一）とでは，防止義務の法的性質が異なることを指摘する。Fitzmaurice, *supra* note 6 , pp. 254-255.
(50)　同様に捉えるものとして，松井芳郎『国際環境法の基本原則』（東信堂，2010 年）100-101 頁。
(51)　第 3 条のコメンタリーによれば「「あらゆる適切な措置」という文言は，越境損害の防止と最小化に関して諸条項で特定されるあらゆる特定の行動と措置をいう。」*supra* note 29, para. 4 .
(52)　この点を条約上の事前協議義務一般に即して指摘するものとして，拙著『国際環境法における事前協議制度──執行手段としての機能の展開』（有信堂高文社，2006 年）233 頁。この点に関する考察として，松井『前掲書』（注 50）98-100 頁。

第 2 部　1990 年代以降における国際法委員会の具体的成果

(2)　基礎にある配慮
(a)　関係国間の利益の衡平なバランスの実現
　本条文草案は，相互の利益の衡平なバランスへの配慮を関係国に求める。これは，本条文草案の最大の特徴の一つである。具体的には，関係国は協議において衡平な解決を追求せねばならず(第9条2項)，費用便益計算も含みうる利益衡量が要求される(第10条)。
　他方で，以上の要求は3条の定める防止義務を緩めてしまう，との懸念が表明されている[53]。例えば英国は，第一読終了後の第六委員会で，また ILC に送付したコメントにおいて，防止義務と利益衡量に基づく協議との関係が曖昧なので明確化が必要，と指摘した[54]。それに対して Rao は，その懸念は一般的でなく，むしろ本条文草案のあり方は近年の国家実行に合致するとし，また，利益の衡平なバランスは関係国間で満足のいくよう防止義務をよりよく実施するためのレジームの基礎となるもので，英国の懸念は誤りとした[55]。さらに，第 3 報告書における条文草案の末尾に，前述両条文は相互作用関係に立ち，後者はいかなる場合にも防止義務を緩和せず，この義務を関係国が相互に満足いくよう実施することのみをめざす旨，注記した[56]。ILC の第二読でも，Rao の説明に対して異論は出なかった[57]。英国は再びコメントを提出し懸念を表明したが，前述ラオの注記は支持し，条文規定でのその明記を提言した[58]。最終条文草案は，第3条のコメンタリーでこれに応えた[59]。
　けれども，越境危険活動一般の防止措置の協議で利益衡量を義務づけることには，やはり疑問が残る。必ずしも十分な先例に基づくものではなく，また，政策的な観点からも，理論上及び実践上幾つかの問題を孕みうるからである。まず，先例については，本条文草案のコメンタリーすらも有効な事例を示し得

---

[53]　この点について，加藤「前掲論文」(注 1) 41-42 頁；Fitzmaurice, *supra* note 6 , pp. 249-251.
[54]　*Report of the Secretary-General*, A/CN. 4 /509, pp.12-13.
[55]　Rao 第 3 報告書，*supra* note 17, p. 5, para.10 & p.11, para.21.
[56]　*Ibid.* p.22.
[57]　*supra* note 21, pp.227, para. 6.
[58]　*Report of the Secretary-General*, A/CN. 4 /516, pp. 3 .
[59]　「第 3 条は第 9 及び 10 条を補足し，それら規定は全体として調和がとれた構成である。」*supra* note 29, para. 4 .

〔児矢野マリ〕　　　　　　　　　　　　　　　　第 11 章　越境損害防止

ておらず[60]，トレイル溶鉱所事件の仲裁判決における衡平な解決は当事国の要請に基づくもので，先例とはいい難い[61]。また，国際水路，公海漁業及び海洋の境界画定は，越境損害への対処とは必ずしも問題状況が同一ではないので，衡平な解決のための交渉義務に関する条約や国際判例は，必然的に先例となるわけではなかろう。このようにして，十分な国家実行に基づくものではない。

　次に，政策論としても，個別事案の処理及び長期的な効果という二つの点で，妥当性に疑問が残る。第一に，利益衡量に基づく調整は，関係国間の力関係に左右され，内容がどうであれ事実上相対的に力の強い国に有利にはたらく可能性が高い。既に防止義務において，相当性の基準に国家の能力格差等も含め諸要因の考慮が含まれている以上，あえて利益衡量を要求する必要はなく，むしろ逆にそれは相当性の基準を形骸化し，既存の法規則を緩めてしまうかもしれない[62]。とすれば，前述した英国の懸念も誤りとはいえない[63]。そして，英国が指摘した協議義務（第9，10条）と防止義務（第3条）との曖昧な関係は，第3条のコメンタリーの記述[64]によって解決されたともいえまい。この点に関連して，本条文草案は，全体として原因国の経済利益を重視し過ぎており，かつ，経済利益と環境利益とを量的に測ることの困難さを過小評価している，との指

---

(60) ダニューブ河水位低下事件（Donauversinkung）決定以外では，当事国が義務意識に基づき行動したのかは不明な幾つかの合意事例を挙げるにとどまっている。*Commentary, supra* note 1, article 9, para. 4.
(61) ベーリング海オットセイ事件仲裁判決も同様。P. Birnie, A. Boyle & C. Redgewell, *International Law and the Environment*, 3rd ed., Oxford University Press, 2009, p.181; Boyle, *supra* note 6, pp.80-81.
(62) Boyleによれば，利益衡量がほぼ間違いなく損害防止に資するのは，防止措置において原因国が相当の基準を充たしても甚大な越境リスクが生じる場合，例えば原子力発電所の建設や操業の場合に限られる。また，想定される最も高い相当の基準を充たす経済的能力を原因国がもっておらず，相対的に経済的先進国である潜在的被影響国からの支援提供が期待される場合にも，機能しうる。しかし，それ以外の場合には，不安定で予測不能な利益衡量に依拠することは，相対的に力の弱い国にとって損害防止の観点から不利に作用するおそれが高い。むしろ，諸要因を読み込んだうえで相対的に安定し予測可能な基礎を提供する法規則に依拠する方が，適切である。Boyle, *supra* note 6, pp. 82-84; Birnie, Boyle & Redgewell, *supra* note 61, p.181.
(63) この点に関連して，問題の性質は必ずしも同一でなかろうが，国際河川条約上の損害防止義務と衡平利用義務の関係をめぐる論争が想起される。後掲注87。加藤「前掲論文」（注1）42頁。
(64) *supra* note 59.

第2部　1990年代以降における国際法委員会の具体的成果

摘もある(65)。また，防止義務と協議における利益衡量の規定の並存は，本条文草案を全体として中途半端なものにしている，という論者もいる(66)。さらに，とりわけ第三者機関による強制的な紛争解決手続のないところでは，前述の点からも，実質的に「衡平な」解決が達成されるのか定かではない，という問題もある(67)。そして，以上のことから第二に，協議で利益衡量を要求する条文が，将来，越境危険活動からの損害防止に関する実体的規則の生成を妨げる可能性もないわけではない。このようにして，長期的な立場に立つ立法論的な観点からも懸念がある。

一般に防止措置においては，負担の配分という面に衡平のモメントはあるだろうし，関係国が彼らの判断で協議において利益の衡平なバランスに配慮することもある。けれども，条文草案に基づき常に利益衡量を要求するかどうかは，それとはまた別の問題であろう。

(b)　越境環境損害のリスクへの対処

本条文草案では環境損害は越境損害の一つだが，ILC は，起草作業で環境損害を強く意識していた。本条文草案も，基本的構造，概念及び具体的内容に国際環境法の発展段階を取り込み，さらにそれを超える仕組みまでも導入している。

第一に，防止に関する一般的義務を設け，防止のための具体的措置として関係国に諸手続を要求する，という基本的構造である。これは，近年の環境保全に関する条約（以下，環境条約とする）の一つのパターンである。とくに，事前通報，協議に加え(68)，事前許可制，リスク評価，情報交換，緊急事態への対処まで含む，越境リスクに関する継続的な監視メカニズムの構築は，とりわけ 1990 年代以降の環境条約の発展に着想を得たものである(69)。

---

(65)　P. Okowa, "Procedural Obligations in International Environmental Agreements," BYBIL Vol.50 (1996), pp.311-313.

(66)　J. H. Knox, "The myth and reality of transboundary environmental impact assessment," AJIL Vol.96 (2002), pp. 291-319.

(67)　Boyle, supra note 6, p.84; Biernie, Boyle & Redgewell, supra note 61, p.181.

(68)　事前通報，協議の義務は，19 世紀から国際水路の非航行利用について，河岸国間の平等に基づき競合利益を調整するための手段として条約で明記され始め，20 世紀半ばには国際水路法で一般規則として確立していることが確認されている。拙著『前掲書』（注 52）7-8，41-43 頁。ラヌー湖事件仲裁判決（1957 年），24 ILR（1957），p. 101.

(69)　コメンタリーも随所でこの点に言及する。例えば，Commentary, supra note 1,

〔児矢野マリ〕　　　　　　　　　　　　　　　第11章　越境損害防止

　第二に，本条文草案は国際環境法における重要な概念を導入している。前文はリオ宣言に言及し，個別条文は予防の概念，汚染者負担の原則，公衆の手続参加等をとりこむ。前二者を含め，政策上の配慮から条文規定で明示されていないものが多いが[70]，これらの導入は，条文草案の構造，規定ぶり及びコメンタリーにおいて明かである。

　そのなかで，とりわけ予防の概念の位置づけは特異である。前述したように，この概念は防止義務（第3条）の解釈・適用で考慮されうる。この義務の一般性に鑑みれば，このことは主に三つの観点から大きな意味をもつ。一つめは，既に本条文草案の全体構造のなかに，リスク評価（第7条）の位置づけを通じて予防の概念が埋め込まれていることである。つまり，リスク評価は予防的な措置とされている。ここでは，重大な越境損害の発生が必ずしも明白に予見可能でなくても，その可能性があれば国家はリスク評価義務を負う。

　現段階の国際環境法の発展状況を考慮すると，これは革新的である。なぜなら，EIAを含むリスク評価義務を定める条約は増えているが，そのうちこれを明確に予防的措置と位置づけるものは，特定種類の活動に関する僅かな例を除いて殆どないからである[71]。とはいえ，リスク評価義務に予防概念を読み込む

---

　　　article 7, para. 3.
(70) ILCでは，例えば予防の概念を条文上明記すべきと強く主張した委員もいたが，Raoは第二読で，これは防止原則，事前の許可及びEIAに既に含まれ，それと不可分であり，条文にも既に組み込まれているので，明示せずとも十分である，とした。*ILC Report*, 2000, *supra* note 47p.282, para.716; *Summary record of the 2643rd meeting*, A/CN. 4 /SR.2643, p.244, para.27-28.
(71) 僅かな例として，海洋投棄規制ロンドン条約4条2項（1996年改正議定書第4条1項），バイオセーフティに関するカルタヘナ議定書（第10条1項，15条）等。なお，本条文草案のコメンタリーが「先進的」と評価するECE越境EIAエスポ条約（以下，エスポ条約とする）の下では，条約規定で予防概念の明示はなく，条約起草過程でも言及がなかったが，不遵守手続による事案処理の過程で，履行委員会及び締約国会合が実質的に予防概念を条約解釈にとりこんだと思われる事例がある。ECE/MP.EIA/2008/ 6, paras. 48-49; ECE/MP.EIA/2008/10, paras. 7 -14. この点の分析について，拙稿「多国間環境条約の執行確保と複数の条約間の調整──『ダニューブ・デルタ事件』の分析を中心に」中川淳司・寺谷広司編『国際法学の地平──歴史，理論，実証　大沼保昭先生記念論文集』（東信堂，2008年）616頁; M. Koyano, "The Significance of the Convention on Environmental Impact Assessment in a Transboundary Context (Espoo Convention): Examining the Implications of the Danube Delta Case,"*Impact Assessment and Project Appraisal*, Vol. 26, No.4 (2008), pp.306. EIAと予防原則・予防的アプローチとの関係

第2部　1990年代以降における国際法委員会の具体的成果

ことは，論理的に正当であり，実践上も有用である。なぜなら，評価をしてみなければ重大な越境損害のリスクの有無は判断できないため，そうしたリスクの存在が評価の前提になるというのは合理的ではない。また，可能性はあるが不確実なリスクも明示的に評価の対象となれば，蓋然性が立証されないから評価しないということは認められず，原因国の不適切又は恣意的な判断の回避にも貢献できよう[72]。また，リスク評価のような手続的措置では，実体的規制の場合と比べて，予防概念の読み込みによる過剰規制のおそれは相対的に低い。したがって，手続実施におけるコスト等，技術上の問題さえ解決できれば，この方向での展開は有益である。

次に二つめには，実際の本条文草案の適用に際して，リスク評価以外でも関係国の判断に基づき，予防的な防止措置がとられうることである。第10条(c)のコメンタリーもその可能性を示唆する。そして最後に，そのような国家実行が広範囲に蓄積し，また，国家の義務意識が醸成されれば，将来，予防概念を真正面から読み込んだ3条の解釈が確立する可能性もある。こうして，本条文草案は，第3条の防止義務に予防の概念を黙示的に組み込むことにより，予防的なレジームとして展開する可能性を示唆しているといえよう[73]。

第三に，本条文草案の具体的な内容も国際環境法の発展を取り込む。なかでもとくにリスク評価（第7条）と，私人との関係における二つの義務（第13, 15

について，拙稿「国際条約と環境影響評価」環境法政策学会編『環境影響評価』商事法務，2011年刊行予定。

[72] Birnie, Boyle & Redgewell, *supra* note 56, p.171. 現実にも，損害発生のリスクの有無に関する関係国間の判断の相違が，EIA義務をめぐる国際紛争の要因となることは多い。例えば，海洋関連活動に関する3つの事件（核実験事件（再審請求），MOX工場事件，ジョホール海峡埋立事件）。この点について，拙稿「環境影響評価」臼杵知史・西井正弘編『テキストブック国際環境法』（有信堂高文社，2011年）173-175頁，189頁; 拙稿「前掲論文」（注71）。

[73] 同様の評価をするものとして，A. Boyle, "Soft law in international law-making," M. Evans (ed.), *International Law*, 3rd ed., Oxford University Press, 2010, p.133. 条約規定で予防の概念を明記しないのにその解釈・適用の過程で予防が読み込まれる可能性は，エスポ条約でも確認できる。前掲注64。Boyleは予防の概念のこうした機能に着目し，予防原則・予防的アプローチを「意思決定者及び裁判所が，判決を下し条約を解釈するときに依拠することのできる法の一般原則」と捉える。*Ibid.* このようなBoyleの「予防概念＝国際法の原則」論について，堀口健夫「国際海洋法裁判所の暫定措置命令における予防概念の意義(1)」『北大法学論集』61巻2号（2010年）20-27頁。

〔児矢野マリ〕　第11章　越境損害防止

条）が注目される。

　まず，リスク評価（第7条）については，次の四つの点が重要である。一つめには，本条文草案は近年の環境条約におけるEIAの重視の傾向[74]を背景に，リスク評価の典型としてEIAを念頭におくことである。これは，「EIAを含む」という文言を末尾に含む7条の規定ぶり，ILCでの議論[75]，ILCにおける度重なる7条のタイトルの変更[76]に現れている。二つめには，近年の環境条約におけると同様，事前通報及び協議の義務との結合において，リスク評価がきわめて重要な手続と位置づけられていることである。この手続は，本条文草案の適用対象を同定する手続として継続的な監視レジームの前提となると同時に，具体的な防止措置を検討する際の客観的な基礎を提供する手続でもある。こうした重要性は，リスク評価に独立した条文が与えられていることにも反映している[77]。三つめには，前述したように本条文草案では，リスク評価が明確に予防の概念と結合していることである。

　最後に，リスク評価の実施方法，内容，実施者等はその国の裁量に任されていることである。本条文草案が越境危険活動一般を広く適用対象とすることを考慮すれば，これは現実的に妥当である。また，既存の国際環境法の動向も十分に踏まえている[78]。そして，リスク評価が形式にとどまり実質が確保されな

---

[74]　この点について，拙稿「前掲論文」（注71）。
[75]　A/CN.4/L.601/Corr.1, *supra* note 23, p.9; *Summary records of the 2675th meeting*, A/CN.4/SR.2675, p.61, para.11.
[76]　本条文のタイトルは，第一読では「影響評価」（impact assessment）だったが，Raoの第3報告書では「環境影響評価」（EIA）となり，第二読の起草委員会では「リスク評価」として決着した。以上の変更は意味内容の変更を意味しない。A/CN.4/L.601/Corr.1, *supra* note 23, pp.9-10.
[77]　この点は国際河川条約と対照的である。同条約はEIAを含むリスク評価の独立規定を含まず，重大な越境危険活動の事前通報の内容にEIAの結果が含まれる旨明記する（第12条）。条約の採択会議では，EIAを独立した規定とする提案が否決され，第12条は妥協の産物として成立した。S.C. McCaffrey, *The Law of International Watercourses, 2nd ed.*, Oxford University Press, 2007, p.475.
[78]　EIAの内容に関わる事項を明記する条約は稀である。エスポ条約，特殊な法体制を前提とする南極条約環境保護議定書，及び，海洋投棄の具体的な実体的規則を定めるロンドン条約とその1996年改正議定書は，例外的にEIAに関する具体的な規定を含むが，EIA文書に記載すべき事項を条約規定又は附属書で明記し，具体的なEIAの実施方法，内容，実施者等は各国の判断に任せる。但し，これらも含め多くの条約の下では，締約国会議等が，EIAの内容等についてガイドラインを採択している。しかしUNCLOSは

第2部　1990年代以降における国際法委員会の具体的成果

いおそれに対しては，通報がない場合の手続（第11条）がある。ここでは，リスクの存在を主張する国に，リスク評価の再実施も含めて原因国に判断の見直しを迫る権利を認め，評価の内実の確保を図っている。

次に，私人との関係における二つの義務，すなわち公衆への情報提供（第13条）及び無差別（第15条）は，まさに本条文のコメンタリーが示すように，先進的な環境条約等の内容を先取りしたものである。いずれも，国内事情による各国の裁量を認めつつ，重大な越境危険活動をめぐる私人，具体的には公衆一般（第13条）と（潜在的）被害者（第15条）の利益の保護のために，一定の手続的権利の保障を関係国に要請する。第15条は，1970年代以降の条約等が導入した無差別原則[79]のうち，とくに（潜在的）被害者の手続的利益を保護する側面に着目する。これは第13条と同様に，リオ宣言第15原則にも現れた，近年の国際環境法における非国家行為体の役割の重視[80]と連動する。

(3)　起草作業の基礎
(a)　国際河川条約の条文規定

越境損害防止条文草案の起草作業は，国際河川条約にかなり依拠した。とくに，通報，協議，情報交換及び緊急事態の対応という，本条文草案の骨格を成す具体的な手続的義務の規定は，構造，基本的発想及び規定ぶりにおいて，概ね同条約の関連規定をモデルとする。

そのうちとくに注目されるのは，通報と協議に関する規定である。国際河川条約の方がより詳細な規定を含むが[81]，本質的には同質である[82]。協議におけ

その例外である。拙稿「前掲論文」（注71）。
[79]　北欧環境保護条約（1条）等における無差別原則は，（潜在的）被害者の救済も含めより広い射程をもつ。すなわち，これは，環境危険活動を許可するか否かの考慮において，その活動が他国内にもたらす損害をその活動が行われる国における損害と同等に評価する原則である。山本草二『国際法における危険責任主義』（東京大学出版会，1982年）339-341頁。
[80]　拙稿「国際環境リスク－国家は何ができるか」『ジュリスト』1378号（2009年）138-141頁。
[81]　同条約は9ヵ条（第Ⅲ部11-19条），越境損害防止条文草案は2ヵ条（第9，12条）。
[82]　但し，協議の実施中における原因国の義務は，若干異なる。同条約は，相手国の要請があれば，6ヵ月間，原因国は計画措置を実施してはならない（第18条3項）が，越境損害防止条文草案では，リスクを最小化する措置をとり，適切な場合には，合理的な期

260

〔児矢野マリ〕　　　　　　　　　　　　　　　　　　　第11章　越境損害防止

る利益衡量の明示的な関連要因は，同条約の方が具体的だが，両者とも関係国の社会・経済的ニーズの考慮と計画措置又は活動の代替案の評価を要求する点は共通する。また，越境損害防止条文草案の紛争解決手続も，基本的に同条約の手続を踏襲した[83]。すなわち，当事者による手段の選択，協議と交渉による解決の優先，及び，協議と交渉が機能しない場合の一方当事国の要請による事実認定委員会の設置である[84]。

　これを促した根本要因は，本条文草案の基本的アプローチが同条約のそれと類似し，また，射程範囲及び内容も部分的に重なることである。本条文草案は，国際法により禁止されない自国領域内又は管轄もしくは管理下にある活動を扱う点で，河岸国による国際水路の非航行利用を含む。そして，両文書とも越境損害の防止を主要な目的に含み，そのために相当の注意義務としての防止義務を定める[85]。ここでは，原因国と潜在的被影響国間のバイラテラルな国家間関係を念頭におく。また，具体的には関係国に事前通報，協議等の義務を課し，手続的な相互協力のアプローチを採用する。さらに，国際河川条約は25年近くに及ぶILCでの綿密な議論を経て採択された[86]ため，完成度の高いものとして，本条文草案の作業ではきわめて信頼度が高かったこともあるだろう。

　けれども，国際河川条約が，果たして本条文草案が依拠したほどに本主題の基礎となりうるものか否かは，理論上も実践上も一考の余地がある。第一に，同条約と本条文草案とでは射程と基盤が異なる。まず，同条約は国際水路という特定の資源について，損害防止も含むその利用に関する規則を包括的に扱う。また，全体として国際水路法と呼ばれる一定の基盤がある。すなわち，膨大な

間その活動を停止しなくてはならない（第11条3項）。
(83)　ILCの起草委員会は，本条文草案と同条約との全体的な類似性を考慮し，同条約の事実認定委員会の規定については，起草過程で慎重に議論されたことを重視し採用した。A/CN. 4/L.601/Corr. 1, *supra* note 23, p.18; *Summary record of the 2675rd meeting*, A/CN. 4/SR.2675, p.63, para.32）。
(84)　本条文草案と同条約を比較分析し，両者間の酷似性を指摘しつつ，前者はリスク評価の独立条項と公衆への情報提供の規定を含む点でより先進的，と評価するものとして，Hafner & Pearson, *supra* note 6, pp. 34-38.
(85)　但し，同条約は国際水路の衡平かつ合理的な利用義務も根幹に据える点で，大きく異なる。
(86)　同条約の起草の歴史について，A. Tanzi & M. Arcari, *The United Nations Convention on the Law of International Watercourses*, Kluwer Law International, 2001, pp.35-45.

第 2 部　1990 年代以降における国際法委員会の具体的成果

数の個別条約や裁判例等を含む長年の国家実行の蓄積と，それに基づき確立してきた一般国際法上の規則である。そこでは，共有資源をめぐる河岸国の対等な権利の相互尊重を基礎に，衡平利用の原則が妥当してきた。さらに，歴史的に河岸二国間合意に基づいて合同委員会が設置される例も多く，その場合には，同委員会を通じて利害調整が行われてきた。そして国際河川条約は，損害防止や環境保全等の配慮を組み込み，現段階における国家間の妥協の産物として成立した[87]。

また第二に，既存の膨大な個別条約の存在を前提に，想定される同条約の機能も独特である。つまり，同条約は個別条約に優先される「モデル条約」として，現実には既存の多くの条約の背後に退く[88]。他方で，越境損害防止条文草案の扱う主題は，特定の部門に限らない越境危険活動一般であり，その主眼は損害防止である[89]。また，越境危険活動一般については，領域使用の管理責任を端緒とする一般的な防止義務を超えては，欧州・北米諸国間の幾つかの環境条約が存在するにすぎない。この状況のなかで条約として採択されれば，欧州・北米地域以外では，既存の条約が適用される僅かな特定部門を除いて，一般的な条約として機能する。以上の相違を考慮すれば，越境損害防止条文草案

[87]　但し，同条約の起草過程では衡平利用義務と損害防止義務との関係が大問題となり，条約採択後も論争は続いている。同条約が，この点も含めて妥協の産物であることを反映してか，また，本文で次に述べるように単なるモデル条約であるためか，現段階で同条約を批准する国は少なく，同条約は未発効である。

[88]　国際河川条約を「枠組条約」と呼ぶ論者は多いが，同条約は，とくに手続面では既存の個別条約と比べてもかなり具体的な規定を含み，その法的効果においても個別条約の枠組みになるようなものではない。この点に着目すれば，「モデル条約」と呼ぶ方が正確だろう。

[89]　越境損害防止の本質を，共有資源の利用につき競合する権利の調整と捉え，国際水路の非航行利用に関して妥当してきた平等な権利を調整する原理としての衡平利用原則が妥当するとし，ここに衡平の概念の機能の余地をみる，という立場もありうるかも知れない。この立場では，国際河川条約と越境損害防止条文草案は，後者が他国領域への越境損害を念頭におく場合には，基本的発想において本質的に異なるものではないとされるのかも知れない。しかし，損害防止と共有資源の利用とを本質的に同じものと捉えることの適否は，とくに国際環境法との関連でも根本的な問題であり，慎重な検討を要する。また後者は，その射程を国家領域のみならず，国家の管轄又は管理の下にある場所への損害にも広げており，国際水路の場合とは異なり，必ずしも領域性を前提とする調整に限られない点にも留意する必要がある。紙面の都合もあり本稿ではこの問題に踏み込まないが，別の機会に論じたい。

〔児矢野マリ〕　　　　　　　　　　　　　　　　　　　　第11章　越境損害防止

の起草作業では，国際河川条約に依拠することについて，個別規定の具体的吟味も含め，もう少し踏み込んだ検討があっても良かったのではないかと思われる。

　(b)　環境条約・その他の環境保全に関する国際文書

　越境損害防止条文草案の起草作業は，さまざまな点で環境条約，とくに欧州・北米諸国間のそれ[90]と，国連総会決議等を含む環境分野の国際文書をかなり参照し，その仕組みや明示された概念等を相当引用した。これは条文草案のコメンタリーからも明らかである。

　その背後には，越境損害の防止一般に関する法規則は，環境の分野以外では国際文書であまり成文化されていない，という事情がある。また，関連する国際判例も僅かしかないため，判例に依拠できる事項も限られている。さらに，国家実行の検証として，バイラテラルな通報や協議，リスク評価等の手続に関する実践を扱うことは，現実に容易ではない[91]。とくに開発途上地域に至っては，関連する個別条約すら殆どない。こうした状況では，関連手続に関する国家実行を普遍的に検討するのはきわめて困難である。したがって，実質的に限られた範囲の環境条約その他の国際文書を参照するしかなかったといえよう。

　とはいえ，本条文草案の起草作業では，既存の環境条約の具体的な内容や文脈，また判例の位置づけについて，吟味不足の点も散見される[92]。したがって，

---

[90]　例えばエスポ条約，ECE公衆参加オーフス条約，米加大気質協定等。前二者には非ECE諸国も加入できるが，現段階でそのような動きはない。また，前者については北米諸国が，後者については米国が批准していない。したがって現段階では，いずれも実質的に欧州地域の条約である。

[91]　ILCの調査報告書（1985年）も，実質的に既存の条約，国際・国内判例，国際組織の決議等の解説にとどまる。*Survey of State practice relevant to international liability for injurious consequences arising out of acts not prohibited by international law, prepared by the Secretariat*, A/CN. 4 /384, YbILC 1985, vol.II(1)/Add. 1 .

[92]　例えば，本条文草案のコメンタリーが個別条文の先例とする環境条約の規定につき，内容の理解が適切でないものがある。その例は第11条のコメンタリー第6段落。さらに判例について，例えば第8条のコメンタリーは，コルフ海峡事件ICJ判決を「他国に対する相当な損害の危険を当該他国に通報する義務」を確認したものとして，越境危険活動の事前通報義務の先例とするが，国際環境法の主要文献は，同判決を緊急事態の通報義務を確認したものとする。Birnie, Boyle & Redgewell, *supra* note 61, p.182; P. Sands, *Principles of International Environmental Law, 2nd ed.*, Cambridge University Press, 2003, p.842; A. Kiss & D. Shelton, *International Environmental Law, 3rd ed.*, Transnational Publishers, 2004, p. 191; P. Okowa, *State Responsibility for*

第2部　1990年代以降における国際法委員会の具体的成果

やや安易に依拠し過ぎているのではないか，という面も否めない。

5　越境損害防止条文草案の評価

(1)　到　達　点
(a)　「二律背反的な」性格——「保守性」と「革新性」

越境損害防止条文草案には，対極的な方向性をもつ二つの要素が併存する。このようにして，本条文草案は「二律背反的な」性格をもつ。すなわち，一方では，長年の国家実行を通じて発展してきた国際水路法のエッセンスに範をとり，協議の過程で利益衡量を要求し，関係国間の利益の衡平なバランスを重視する。他方で，国際環境法，なかでも1990年代以降の環境条約の動向を強く意識し，越境損害防止の面では予防の概念等を含むかなり先進的な要素を条文草案に埋め込む。そして本条文は，「手続的には厳しく，しかし実体的には緩やかに」越境危険活動に対処するものとなっている。

このようにして，本条文草案は越境損害防止の観点からは，「保守性」と「革新性」の両面を内包する。また以上の点を反映して，全体として一貫性に欠け[93]，また，個別条文では抽象的又は具体的なバランスに欠ける面もある。

以上のことは，本条文草案の構造及び規定内容を，本条文草案のコメンタリーが「先進的な」先例として頻繁に引用するECE越境EIAエスポ条約（以下，エスポ条約とする。）と比較すると明かである。すなわち，エスポ条約は，まず，締約国の管轄権下にある地域（area）に全部又は一部所在し，他の締約国の管轄の下にある地域（area）に悪影響を与えるおそれのある越境危険活動に適用される。つまり，ここでは条約の射程範囲に含まれる越境危険活動について，締約国の法律上の管轄権が前提とされ，締約国の管理（control）の概念はない。そして，領域的リンクのない管轄権については，少なくともこれまでの条約実行では想定されていないようである。また，明文上EIAを予防の概念と結合させていない。さらに，重大な越境損害のリスクの有無について関係国間で最終的に見解が一致しない場合には，一方の関係国の要請があれば，事実審査委員会

Transboundary Air Pollution in International Law, Oxford University Press, 2000, p. 167; Okowa, *supra* note 65, p.330-331.本条のコメンタリーが多くの環境条約を先例として引くならば，この点にも留意すべきではなかったか。

(93)　Knox, *supra* note 66, pp. 291-319.

〔児矢野マリ〕　第11章　越境損害防止

は設置されるものの、直ちに関係国間の協議が要求されるわけではない。そして、締約国に潜在的被影響者の手続参加の確保を要求するが、公衆一般の参加確保までは求めない。また、活動実施後のモニタリングは任意である。他方で、同条約は、まず、原因国が作成するEIA文書の記載事項を附属書で列挙することにより、EIAの内容を一定程度明確化する。しかし、関係国間の協議において、費用便益の配慮を含む関係国間の利益衡量を要求しない。また、原因国は、協議を経て行った最終決定を、潜在的被影響国に送付する義務を負う。さらに、紛争解決について包括的な規定をおき、一方当事国の要請による強制的な事実審査と、任意的な仲裁及び司法手続を明記するとともに、事実審査と仲裁手続については、別途附属書で詳細な規定を含む。そして、義務の遵守確保にも考慮を払う。以上のように、越境損害防止条文草案は、「先進的」と評されるエスポ条約すら導入しない仕組みを内包する一方で、越境損害防止という実体的な方向に向け協議の実質を確保するために同条約が備える仕組み[94]は、取り込んでいない。

(b)　慣習国際法との関係－国際法の「法典化」と「漸進的発達」

越境損害防止条文草案は、既存の慣習法を成文化した規定を含むが、全体としては国際法の「漸進的発達」としての性格が強い[95]。本条文草案を、おおむね既存の慣習法の明文化と捉える論者もいる[96]。けれども前述したように、本条文草案は、文脈や基盤を異にするさまざまな概念や規則の混合体という側面もあり、既存の慣習法との関係はそれほど単純なものではない。本条文草案のコメンタリーも、先例として多くの既存の条約その他の国際文書を列挙する一方で、各条文の規定内容が既存の慣習法を定式化したものか否かについて、注意深く明記を回避していると思われる点もある。例えば、第8及び9条である。

本条文草案の個別規定は、既存の慣習法との関係では、主に次の三つのカテゴリーに分けられる。第一に、既存の慣習法を明記したものとして、防止（第3条）及び協力（第4条）に関する二つの一般的義務と、緊急事態の通報義務（第17

---

[94]　このような仕組みについては、拙著『前掲書』（注52）209-212頁。

[95]　ILC Report, 2000, *supra* note 47, p.274, para.675.

[96]　eg. 加藤「前掲論文」（注1）39-40頁；P. Birnie, A. Boyle & C. Redgewell, *supra* note 61, p.141; Boyle, *supra* note 6, p.85. 但し、Boyleは協議のうち利益衡量に基づく部分は例外とする。

第2部　1990年代以降における国際法委員会の具体的成果

条）がある。前者は，コメンタリーも示すように国際裁判の判決で明確に確認されており，後者も，コルフ海峡事件 ICJ 判決で確認されている[97]。以上の義務が確立していることについては，学説上も争いがない。

第二に，リスク評価義務（第7条）のうち予防の概念と結合しない EIA 義務，通報と情報提供の義務（第8条），及び，協議義務（第9条）のうち利益衡量を必ずしも前提としない部分は，確立しつつある慣習法の定式化を試みたものである。

他方で，以上の EIA，通報と情報提供及び協議の義務については，慣習法上の義務として既に確立しているとする論者もいる[98]。確かに国際水路の非航行利用の分野では，通報及び協議の義務が既に確立している[99]。けれども，EIAの実施義務がこの分野で明確に確立しているかどうかについては，肯定する論者は多いものの，非欧米・北米諸国の状況一般を考慮すると，断言することには躊躇せざるを得ない[100]。そして，越境危険活動一般に関しては，EIA，事前通報及び協議の義務の存在を論証するのは難しい[101]。なぜなら，これらの義務を定める条約は増えているが，このことは直ちに慣習法上の義務の存在を意味するものではないからである[102]。また，海洋環境以外では，特殊な体制を前提

---

[97] なお，本条文草案のコメンタリーが同判決を第8条の先例とすることについて，前掲注92。

[98] Birnie, Boyle & Redgewell, *supra* note 61, p.177; Sands, *supra* note 92, p.838; Kiss & Shelton, *supra* note 92, pp.197-201. また，とくに越境 EIA について，J. Holder, *Environmental Assessment: The Regulation of Decision Making*, Oxford University Press, 2004, p. 53; O. Mclntyre, *Environmental Protection of International Watercourses under International Law*, Ashgate, 2007, pp. 229-239.

[99] ラヌー湖仲裁判決，前掲注(68)。

[100] 拙稿「前掲論文」（注71）。なお，ガブチコボ・ナジュマロス事件 ICJ 判決は，この点について示唆しつつも明言していない（*Judgement, Case concerning the Gabčikovo-Nagymaros project (Hugury v. Slovakia)* ICJ Reports 1997, paras.112 & 140）。拙稿「前掲論文」（注72）175-176頁。国際河川条約の採択会議の状況（前掲注77）からも，この義務の存在は明らかではない。

[101] 事前通報と協議の義務について，拙著『前掲書』（注52）292頁注1。この点をめぐる論争について，松井『前掲書』（注50）96-98頁。EIA 義務について，拙稿「前掲論文」（注71）；拙稿「前掲論文」（注72）178-179頁。

[102] とくに EIA の義務について，Craik, *The International Law of Environmental Impact Assessment: Process, Substance and Integration*, Cambridge University Press, 2008, pp.121-122; K. Bastmeijer & T. Koivurova, "Conclusions: Globalization of Trans-

〔児矢野マリ〕　　　　　　　　　　　　　　　　第11章　越境損害防止

とする南極条約環境保護議定書や，緩和条件も多く一般的な努力義務にとどめる生物多様性条約等を除いて，主に欧州・北米諸国間の条約に限られる。さらに，筆者による実態調査によれば，越境環境協力が相対的に進んでいる西・北欧地域ですら，越境環境損害又は悪影響一般につき各国政府内外でこれら手続の現実の実施について議論され始めたのは，エスポ条約の発効を目前にした1990年代半ば以降である[103]。それ以外の地域の状況は，語るべくもない。事前通報及び協議につき詳細な実証分析を行った別の論者も，少なくとも1990年代半ばまでの欧州地域の実行では，事前協議の主な実施事例の殆どは既存の条約規定に基づくものであり，それ以外に関係国が法的義務と認識して行った事例は確認できないとして，否定する[104]。そして，少なくとも通報と協議の義務の慣習法上の存在を判決が説得的に示し得ている国際判例は，国際水路の非航行利用以外ではない[105]。とはいえ，近年の関連条約やその他の国際文書の激増，関連する国際判例[106]等に見られる国家実行の展開を考慮すれば，一般国際法上のこの義務の確立の必要性に関する認識と，その確立に向けた動きは，確認することができよう。したがって，現段階ではこの義務は確立途上にあるというのが妥当だろう[107]。そして，これらの規定は関連する国家実行を促し，将

---

boundary Environmental Impact Assessment," in in K. Bastmeijer & T. Koivurova (eds.), *Theory and Practice of Transboundary Environmental Impact Assessment*, Martinus Nijhoff Publishers, 2008, pp. 355-357.

[103]　拙著『前掲書』(注52) 292頁注1。

[104]　P. Okowa, *supra* note 92, pp. 154-166; Okowa, *supra* note 65, pp.318-320.

[105]　ラヌー湖事件仲裁判決は，あくまでも国際水路法における同義務の存在を確認したものである。児矢野マリ「37：ラヌー湖事件」杉原高嶺・酒井啓亘編『国際法基本判例50』148-149頁。また，国際水路の河岸地域の利用に関するウルグアイ河パルプ工場事件 ICJ 判決は，共有資源に重大な悪影響を与えるおそれのある産業活動一般について，一般国際法上の同義務の存在に肯定的な見解を示した。*Judgement, 20 April 2010, Case concerning Pulp Mils on the River Uruguay (Argentina v. Uruguay)*, para. 204. しかし，その推論はいささか簡略すぎて，必ずしも説得的とはいえない。例えば，ICJ は，自身の肯定的な判断の根拠とした国家実行の内容や，国家間で必ずしもコンセンサスがあるとはいえない共有資源の概念の内容等について，言及していない。

[106]　南米地域の諸国間で争われたウルグアイ河パルプ工場事件（アルゼンチン対ウルグアイ，2010年 ICJ 判決，前掲注(105)）では，関連条約において EIA の実施義務が明示されていないにもかかわらず，ウルグアイは EIA を実施していた。

[107]　慣習法上の義務の存否を判断するための一つの有力な方法は，諸国の国内法制におけるこれら手続の実施措置を検証することだが，現段階でこのような実証研究はない。

第2部　1990年代以降における国際法委員会の具体的成果

来に向けた慣習法規則の醸成を促進するだろう。

最後に，本条文草案における上記以外の手続的義務，すなわち，通報がない場合の手続（第11条），情報の交換（第12条），公衆への情報提供（第13条），無差別（第15条）及び緊急事態計画の作成を含む緊急事態への対処（第16条）の義務は，現段階で慣習法上確立しているとはいえない。これらの条文は，国際法の漸進的発達として位置づけられよう。

(2)　機能と限界

以上の考察を前提にすると，越境損害防止条文草案は，国家により受容されれば，主に次の点で積極的な機能を担うことが期待される。第一に，個別の適用事例において，越境危険活動のリスクが関係国間で「手続的には厳しく」管理されることである。とくに，明文上はリスク評価の局面に限られるにせよ，予防の概念に基づく管理が可能になることの意味は大きい。第二に，本条文草案を受容した国家間では，具体的な手続的義務の国内実施措置を通じて，越境危険活動に関する国内法制の平準化，すなわち越境危険活動の継続的監視に関する国内システムの国際的調和が進むことである。これは，許可制という実体的規制と，予防概念に基づくリスク評価，関連情報の収集と公表，私人の手続参加を含む手続的規制という，二つの面に及ぶ[108]。第三に，本条文草案の下で協議を経て関係国間の合意が蓄積されれば，長期的には，関係国間又は究極的には一般的な国家間関係において，越境危険活動に関する実体的な規制基準が醸成される可能性もあるだろう。第四に，国家の受容と具体的な適用が一般化していけば，本条文草案の内容全体，すなわち予防の概念を内包する継続的な監視のレジームが，越境危険活動一般について慣習法として確立する可能性もある。最後に，以上のことに伴い，関係国間又は国家と私人間の関係で関連手続の透明性が高まり，越境危険活動をめぐる関連措置の正当性と実質的な意味における実効性が向上しうることである[109]。

けれどもその一方で，本条文草案の「二律背反的な」性格のゆえに，前述の機能は期待通りに発揮されない可能性もある。むしろ逆に，消極的にさえ機能

---

(108)　この点を越境EIAの文脈で論じるものとして，拙稿「前掲論文」（注71）。
(109)　拙稿「前掲論文」（注72）189頁。

〔児矢野マリ〕

するかもしれない。第一には，前述した利益衡量を要求する関係国間の協議について想定されうる問題がある。第二には，本条文草案における予防の概念と結合したリスク評価が，実際にはその実施におけるコスト等，技術上の諸問題[110]により，規定通り実施されるとは限らない点である。となれば，既に述べた本条文草案におけるリスク評価の位置づけゆえに，それに続く一連の手続も実質的に形骸化するおそれがある。予防の概念は必ずしも挙証責任の転換までも意味するものではないため，結局のところ原因国が重大な越境損害のリスクを伴う可能性はないと判断すれば，本条文草案の適用可能性はゼロとなる[111]。このようにして，本条文草案に基づく規制は「絵に描いた餅」で終わらないとも限らない。第三には，となれば結局重要なのは，個別事案における本条文の「適正な」解釈・適用の確保と，関係国間で争いが生じた際の「適正な」解決である[112]。しかし，この点で本条文草案には制度上の限界がある。本条文草案のコメンタリーが先例とする環境条約や国際河川条約とは異なり，本条文草案は，条約実施機関の恒常的活動を想定せず，それを基盤とする遵守確保や紛争解決は予定しない[113]。また，事実認定手続はあるが，その現実の実施をめぐる技術的な諸問題への対処や，勧告の効力しかない事実認定のフォローアップにはとくに配慮していない[114]。先例とされる条約の実施状況を考慮すれば，これらの点は大きな弱点となりうる[115]。

---

(110) 手続的義務の実施では，現実にこの問題は大きい。拙稿「前掲論文」(注71)。
(111) この点で，評価の対象たりうる活動の種類をリストで例示することには意味がある。例えばエスポ条約。なお，潜在的被影響国がその可能性を立証しリスク評価を要請する国際請求を行えば，本条文草案の適用可能性はゼロではない。
(112) 手続的義務の不履行をめぐる過去の国際紛争の多くは，その義務の前提条件となる越境環境リスクの有無・程度をめぐる，関係国間の見解の対立に起因する。前掲注65。エスポ条約の事案（前掲注71）でも，まずこの点が問題となり，一方当事国の要請による審査手続の後，不遵守手続が適用された。Koyano, *supra* note 71, pp.304-305.
(113) ILCの第二読で，Raoは環境条約の遵守確保に関する先行研究等を参照しつつ，本条文草案の遵守確保の問題は主題の範疇外とした。*supra* note 48. なお，本条文草案について環境条約におけるような遵守の確保を図るとすれば，合同委員会の設置を想定する一般的な二国間又は地域的な環境協力協定との組合せにおいて，本条文草案を運用する方法があるだろう。
(114) エスポ条約の事実審査の先例は，これらの問題が顕在化する可能性を如実に示している。前掲注71。
(115) 手続的義務をめぐるこれらの問題の難しさについて，M. Koyano, "Effective Implementation of International Environmental Agreements: Learning Lessons from

第 2 部　1990 年代以降における国際法委員会の具体的成果

　ところで，以上述べた機能と限界は，エスポ条約等，既に類似の手続的義務を定める条約が存在する欧州・北米地域の国家間関係と，それらの先例が稀にしか存在しないそれ以外の地域のそれ[116]とでは，同一ではないだろう。すなわち，越境損害防止条文草案第 18 条のゆえに，前者では，本条文草案は既存の条約との関係で法的意義は限られるものの，事実上「追加的」規制となりうる，つまり既存の規制を強化するものとして作用する可能性がある。その典型は前述したように予防の概念の読み込みであり[117]，また，防止を事実上重視する既存の手続のゆえに，関係国間の協議でも，利益衡量を求める本条文草案が損害防止において消極的に作用することは考えにくいからである。他方で，後者では本条文草案が適用される余地は大きく，また，既存の土台がなく，そもそも防止措置の実施のみならず手続的義務の国内実施においてすら能力や資源に欠ける国家が多いなかで[118]，現実の適用では，前述した消極的な側面が前面に現れる可能性も高いだろう。ただし，国家が予防の概念を組み込んだリスク評価義務を負うことの規範的意味は，過小評価するべきではない。例えば海洋環境等，特定部門に関する既存の条約上の類似義務の不履行が国際裁判において争われる場合には，関連規定の解釈に際して積極的な機能を発揮する余地もあるだろう。

　そして以上のことは，越境損害防止条文草案が，最終的に条約ではなく法的拘束力のない文書となる場合には，異なってくる。ここでは，個別の国家間関係において直接的に作用する程度は相対的に低いだろうし，とりわけ非欧州・北米諸国間関係では，積極的な形で機能することは余り期待できないだろう。ただし，越境危険活動をめぐる関係国間の紛争が国際裁判で争われるときには，

---

　　the Danube Delta Conflict," in T. Komori & K. Wellens（eds.），*Public Interest Rules of International Law: Towards Effective Implementation*, Ashgate, 2009, pp. 259-288；拙稿「前掲論文」（注 71）。
(116)　欧州・北米以外の地域における先例は，海洋環境の保全及び国際水路の利用に限られるが，現実には，能力欠如等の問題により相対的に十分機能していないとされる。また，それら地域も包摂する先例として生物多様性条約もあるが，その現実の実践は未知である。
(117)　例えばエスポ条約の適用事例では，予防の概念を読み込んだ解釈も現れており（前掲注 71），本条文草案の受容が，同条約の予防的な解釈の一般的な確立を事実上促すことは十分にありうる。
(118)　拙稿「前掲論文」（注 71）。

〔児矢野マリ〕　　　　　　　　　　　　　　　第11章　越境損害防止

裁判所が関連条約の解釈・適用において本条文草案を考慮することもありうる[119]。本条文草案にそった国家実行が蓄積していけば，なおさらである。

最後に，以上のことの前提として，いかなる形式であれ，そもそも本条文草案を国家がそのまま受容するか否かという問題がある。この点につき，適用可能な既存の類似条約との関係を前提に，国家が本条文草案の「二律背反的な」性格をどう捉えるかに注目したい。

6　おわりに

ILC越境損害防止条文草案は，一見すると，既存の法規則と先行する条約等の関連国際文書や判例に留意しつつ，限りなく国際法の「法典化」に近い形で手堅くまとめられた草案のように見える。けれども，慎重に分析してみると，理論的に不明瞭であったり，実践上の含意が不明確であったりする点もあり，現実に機能を発揮するためには，本論で述べたように幾つかの課題もある。

その背後には，liabilityといういささか不明瞭な主題の下で，20年以上の長期にわたり紆余曲折を経ながら起草作業が進行した，という事情があるのはいうまでもない。けれども同時に，越境危険活動の多様性を前提に，幅広く実践的な要請に応えうる具体的内容をもった一般文書を作成することの難しさも物語っている。また，越境環境損害を念頭におき，一般的な実践性と国家による受容可能性とを追求しつつ国際環境法に範を求めて起草すれば，全体としてそのような文書とならざるを得なかった面もある。その背後には，実践的な要請から理論的検討は後回しにさまざまな概念が先行しがちな国際環境法の功罪もある。そして，そこには開発か環境かという根本問題がある。

けれども，最終的にいかなる形であれ，越境危険活動一般に適用されうる本

---

[119]　なお，MOX工場事件（国連海洋法条約に基づく仲裁手続）とウルグアイ河パルプ工場事件で，当事国は相手国の義務違反の主張を強化するべく本条文草案を引用した。前者について，*Memorial of Ireland, in the dispute concerning the MOX Plant, international movements of radioactive materials, and the protection of the marine environment of the Irish Sea, Ireland v. United Kingdom*, Vol. I, 26 July 2002, p.105, pp.149-152. 後者について，*Mémoire de la République Argentine, Uines de Pâte à Papier sur le Fleuve Urguay (Argentine/Uruguay)*, Livre 1, 15 Janvier 2007, p. 139. 前者は手続的理由で本案判決に至らず，後者につきICJはその主張を容れなかった。但し，将来の事案では，状況次第では国際裁判所が国家実行の一つとして本条文草案の規定内容に着目する可能性はある。

変革期の国際法委員会

第2部　1990年代以降における国際法委員会の具体的成果

条文草案が採択されたことは，近年ますます懸念される越境損害の防止の観点からは，大変大きな意味をもつ。また，国際環境法の発展全体に対する影響も注目される。国家実行への受容も含めて，今後の展開が期待される。

［追記］
筆者が本稿を脱稿した後に開催された国連総会第65会期（2010年）においては，越境損害防止条文草案に関する最終的な決定は行われず，先送りされた。

第12章　危険活動から生じる越境被害の際の損失配分に関する諸原則

柴田明穂

1　はじめに
2　損失配分原則の規範構造
3　損失配分原則の理論的基盤と課題
4　おわりに

1　はじめに

　本章は，2006年にILCにより採択され，同年国連総会決議61/36によりテイクノートされた「危険活動から生じる越境被害の際の損失配分に関する諸原則(Principles on the allocation of loss in the case of transboundary harm arising out of hazardous activities)」（以下，損失配分原則）を考察対象とする。損失配分原則は，1978年からILCにおいて審議されていた「国際法上禁止されていない行為から生じる侵害的結果に関する国際ライアビリティ」につき，これを防止の側面と国際ライアビリティの側面に分けるとの1997年の重要な決定[1]に基づき，後者の側面につき「危険活動から生じる越境被害による損失の際の国際ライアビリティ」の副題の下，インドのRaoを特別報告者として2002年から審議されてきたものの成果である。防止の側面に関わるILCの成果である「危険活動から生じる越境被害の防止に関する条文」（以下，防止条文，第11章参照）と共に，これら国際ライアビリティに関する2文書の最終的な取扱いは，まだ決定されていない。

---

[1]　山田中正ILC委員の言葉を借りれば，"breakthrough", Statement by Mr. Yamada, Provisional Summary Record of the 2807th Meeting(1 June 2004), U.N.Doc. A/CN. 4 /SR.2807(2004), p.24. 周知のとおり，山田委員は，1997年に設置された作業部会議長に選出され，この重要な決定を導くのにご尽力された。*YbILC 1997, Vol. II, Pt. 2*, p.59.

第2部　1990年代以降における国際法委員会の具体的成果

2　損失配分原則の規範構造

(1)　対　　象

損失配分原則は，国際法によって禁止されていない危険活動から生じる越境損害に適用される（原則1適用範囲）。「危険活動」とは，「重大な越境被害を生じさせる危険性を伴う活動」である（原則2用語の使用(c)危険活動）。これら危険性を有する活動とは，具体的には，「重大な越境被害を生じさせる高い蓋然性という意味での危険性ないしは壊滅的な越境被害を生じさせる低い蓋然性という意味での危険性」を有する活動である（防止条文第2条(a)）。越境損害を結果として発生させた活動 (harmful activities) 全般を対象にすべきであるとの意見もあったが[2]，ILC は，防止条文とその適用範囲を整合させるという形式的理由により，この限定を維持した[3]。「越境損害」も，防止条文で言う「越境被害」とほぼ同様に[4]，起源国以外の国の領域内ないしはその管轄もしくは管理下の場所にある人，財産及び環境に対する損害を指す（原則2(e)越境損害）。従って，国の管轄を越える区域で発生した損害は，防止条文同様に対象になっていない[5]。また，防止条文同様，越境損害は，「活動の物理的な結果としての越境被害」（防止条文第1条）が発生した場合を対象としている[6]。

損失配分原則の対象となる「損害」とは，人，財産及び環境に対する重大な

---

[2]　北欧諸国を代表したスウェーデンのコメント。*YbILC 1997, Vol. II, Pt. 1*, p. 5.

[3]　*First report on the legal regime for allocation of loss in case of transboundary harm arising out of hazardous activities*, by Mr. P. S. Rao, Special Rapporteur, U.N.Doc. A/CN. 4 /531(2003)〔hereinafter Rao First Report (2003)〕, p. 14(para. 27-28). Draft principles on the allocation of loss in the case of transboundary harm arising out of hazardous activities: Text of the draft principles and commentaries thereto, *ILC Report 2006*, U.N.Doc. A/61/10(2006)〔hereinafter *2006 Text and Commentary*〕, pp. 117-118(commentary to Principle 1, para. 4). 損失配分原則案と注釈の抄訳については，臼杵知史「『危険活動から生じる越境損害に関する損失配分』の原則案」『同志社法学』第60巻6号（2009年）1頁以下参照。

[4]　被害 (harm) が現実に発生したのが損害 (damage) であるとされる。*2006 Text and Commentary*, p.120(commentary to Principle 1, para.11). Damage と harm の本来あるべき法的な意味の違いについては，Karl Zemanek, "State Responsibility and Liability," in W. Lang, H. Neuhold, and K. Zemanek eds., *Environmental Protection and International Law*(Graham & Trotman, 1991), pp.189-190.

[5]　*2006 Text and Commentary*, p.112(general comment, para. 7).

損害である（原則2(a)損害）。損害には，伝統的な損害である(i)人の死亡もしくは身体の傷害，(ii)財産（文化的遺産の一部を構成する財産を含む）の滅失もしくは損傷に加えて，(iii)環境悪化による損失もしくは損害，(iv)財産もしくは環境（天然資源を含む）を修復する（reinstatement）ための合理的な措置の費用，そして(v)合理的な対応措置の費用が含まれる。対応措置（response measures）の定義はないが，損害の効果を軽減し，可能であればその影響を取り除く適切な措置であり，起源国国内で実施する浄化及び復原措置（clean-up and restoration measures）のみならず，越境損害にならないよう損害の地理的範囲を封じ込める措置も含むとされる[7]。(iii)から(v)は環境損害の包括的な定義を試みたとされ[8]，本原則の進歩的性格を現していると同時に，被害者補償と環境保護とを同時に扱うことにより，後述するいくつかの課題を提起する。

損失配分原則は，損失配分という概念の中に，関連するも基盤を異にする2つの制度を内包させているように思う。具体的には，以下に述べる被害者補償制度と環境損害責任制度である。

(2) 被害者補償制度の骨格

ILC損失配分原則が包括する制度の1つが，原則3の(a)に規定された目的に対応し，主に原則4と原則6で構成される被害者補償制度である。原則3(a)は，本原則の1つの目的として，越境損害の被害者（victims）に対し迅速かつ十分な金銭補償を確保することを挙げる。危険活動から生じる越境被害に責任を有しない無垢な被害者（innocent victim）が被る損失がそのままにされずに，迅速かつ十分な補償を得られるようにすべきであるとの観念は，責任を負う主体を中心に検討していたBarbozaから，ライアビリティを「損失配分」と捉え直すRaoが特別報告者になって，特に重要な地位を与えられた[9]。被害者の定義（原則2

---

[6] *2006 Text and Commentary*, pp.117-118(commentary to Principle 1, para.4). 物理的結果たる越境損害の概念については，Prevention of Transboundary Harm from Hazardous Activities: Text of the Draft Articles with Commentaries thereto, *ILC Report 2001*, A/56/10(2001), p.151(commentary to Article 1, paras. 16-17).

[7] *2006 Text and Commentary*, pp.166-167(commentary to Principle 6, para.1).

[8] *Id.*, pp.127-128(commentary to Principle 2, para.11).

[9] *ILC Report 2002*, U.N.Doc. A/57/10(2002), p.225(para.450). *ILC Report 2003*, U.N.Doc. A/58/10(2003), p.108(para.169).

(f))は，2006年起草委員会により追加され，「損害を被った自然人，法人又は国家」であるとされる。国家は特に，環境損害の被害者になり得ることが想定されている。また，被害者の定義は，訴えの利益とも関連しており，損害を実際に被った者のみならず，国内法上公的信託の保全者等として指定されているような者も含むとされる[10]。

起源国，すなわちその領域内もしくは管轄・管理下で危険活動が行われていた国家（原則2(d)）は，越境損害の被害者に迅速かつ十分な金銭補償が利用可能となるように確保する全ての必要な措置を取るべき（should）とされる（原則4第1項）。起源国は必ずしも自ら補償を支払う必要はない。原則4第2項は，第1項で要請される必要な措置の「第1番目の重要な措置」として，事業者もしくは，適当な場合にはその他の人ないし実体に責任を課す措置を含むと規定する[11]。「事業者（operator）」とは，越境損害を引き起こす事故が発生した時点で危険活動を指揮ないし管理している者である（原則2(g)）。Raoの第2報告書は，代替案として，危険活動の事業者に民事責任を明確に課す規定を候補に挙げており[12]，これを支持する政府意見もあったが[13]，2004年作業部会及びILCはそれを採用しなかった。原則4第2項は，事業者等の責任に関し，過失の証明を要求すべきではないと規定するが，原則3と合致する範囲において上限額などの制限や免責事由などの例外を定めることは排除されていない。2004年の注釈では本項で規定する厳格責任は「国際法の漸進的発達である」としていたが[14]，2006年最終版の注釈ではこれが削除されており，危険活動に起因する越境損害についてより積極的に厳格責任を承認する記述になっている[15]。原則4第3項は，保険などの財政的保証を事業者等に要求する措置，第4項は，適当な場合には，国内レベルでの産業界による基金設立を要求する措置も含まれる

---

[10] *2006 Text and Commentary*, p.130, p.137(commentary to Principle 2, para.14, para.30).

[11] *Id.*, p.152, p.154(commentary to Principle 4, para.3, para.10).

[12] *Second report on the legal regime for the allocation of loss in case of transboundary harm arising out of hazardous activities*, by P. S. Rao, Special Rapporteur, U.N.Doc. A/CN. 4 /540(2004)[hereinafter Rao Second Report(2004)], p.25(Alternative B).

[13] *Topical summary of the discussion held in the Sixth Committee of the General Assembly during its fifty-ninth session*, U.N.Doc. A/CN.4/549/Add.1(2005), p.19(para.82).

[14] *ILC Report 2004*, U.N.Doc. A/59/10(2004), p.199(para.14).

[15] *2006 Text and Commentary*, p.156(commentary to Principle 4, paras.13-14).

〔柴田明穂〕 第12章 危険活動から生じる越境被害の際の損失配分に関する諸原則

べきと規定する。そして以上の措置によっても十分な補償が提供できない場合には，第5項により，起源国は，追加的な資金源が提供されうるように確保すべきであるとされる。

　国際的及び国内的救済に関する原則6は，原則4で定められた目的を実現し実施するのに必要な最低限の手続的基準を定める[16]。1項から3項が主に国内手続，4項が国際手続，そして5項が国際・国内両方の手続に関わりうる関連情報へのアクセスについて定める。Alan Boyleは，本原則第1項が義務規定（shall）になり，危険活動に起因する越境損害に関する国際基準を設定する中核的な原則であり，損失配分原則の最も重要な貢献であると指摘する[17]。

　原則6第1項は，自国領域内ないし管轄・管理下にある危険活動に起因する越境損害が発生した場合に，国内の司法及び行政機関に必要な管轄権と権限が与えられ，それら機関において迅速，十分かつ実効的な救済が利用可能であることを確保する国家一般に課される義務を定める。第2項は，その具体策の1つとして，越境損害の被害者は起源国における救済へのアクセスを持つべき（should）こと，そしてその救済へのアクセスは，同じ事故から生じた損害を被った被害者であって起源国領域内に居るものが利用可能なそれと迅速性，十分性そして実効性において不利でないことを定める。本項が義務規定ではない理由として，内外人無差別の原則が，手続面では国家実行上認められ始めているが，補償レベルなどの実体面ではまだ合意ができていないとされる[18]。第3項は，起源国で利用可能なもの以外の救済を求める被害者の権利は害されないと規定する。原則6は，抵触法上の問題を解決しておらず，被害者は，その請求を追求するのに最も適していると考える場に救済を求めることができる。以上に加えて，国家は一般に，迅速で最小限の費用による国際的な請求解決手続への訴えを定めることができる（原則6第4項）。最後に，国家は一般に，以上の救済の追求に関連する情報への適当なアクセスを保証すべきとされる（原則6第5項）。

---

[16] *Id.*, p.172(commentary to Principle 6, para. 1).

[17] Alan Boyle, "Chapter 10: Liability for Injurious Consequences of Acts Not Prohibited by International Law," in James Crawford, Alain Pellet and Simon Olleson eds., *The Law of International Responsibility* (Oxford U.P., 2010), p.99 and p.101.

[18] *2006 Text and Commentary*, pp.174-175(commentary to Principle 6, paras. 5-6).

第 2 部　1990 年代以降における国際法委員会の具体的成果

(3)　環境損害責任制度の骨格

　損失配分原則の二重の目的 (two-folds purpose)[19]を反映して，被害者補償とは独立して，「越境損害が生じた際に，特に，環境に対する損害の軽減とその復原と修復に関連して環境を保全し保護すること」（原則3(b)）が目的条項に明記されたのは，2006年起草委員会における審議の結果である。当初 Rao は，「被害者の補償と環境の保護」というタイトルの下，損失配分原則の「主要な」目的が被害者の補償であるとする第1項とは別に，越境環境損害が補償されることを確保することも目的の1つであると第2項で規定していた[20]。2004年起草委員会は，本原則の目的が補償を提供することであると強調して，目的条項を1文に統合し，環境への損害を含む越境損害の被害者に対する迅速かつ十分な補償を確保することが目的であると規定した[21]。2004年原則案は，環境損害も迅速で十分な金銭補償を要求する民事的請求の対象になりうるとし，請求者は，金銭的補償に加えて，復原及び対応措置に要した費用の償還も補償の中に含めることができるとしていた[22]。これに対し2006年起草委員会の原則案は，環境の保全と保護に与えられる「重要な位置づけ」を認め，人や財産に対する損害との関連においてのみならず，「環境そのものがもつそれ自身の価値を保護すべき」ことを認める国際社会の近年の関心を強調している[23]。

　ILCの損失配分原則における環境損害責任制度は主に，第1に，対象となる環境損害の定義（原則2(a)及び(b)），第2に，環境に関する利害関係者として国家等が「被害者」になり得ることを認めて（上記被害者の定義参照），原則4及び6を通じて環境損害に対する金銭補償を確保する手続，そして第3に，原則5で規定される詳細かつ義務的な対応措置制度で構成される。2004年原則案が第2の金銭補償を重視していたのに対し，2006年最終案が第3の対応措置の要素をより前面に出してきたことは，目的条項が二分割されたことの必然的な帰結である。2006年最終案は，環境保全と保護が本原則の目的であることと，損害を軽減し，環境を可能な限り当初の状態に復原ないし修復する義務，すなわち原

---

[19]　*Id.*, p.140(commentary to Principle 3, para. 1).
[20]　Rao Second Report(2004), p.23.
[21]　*ILC Report 2004*, U.N.Doc.A/59/10(2004), p.155, p.185(commentary to Principle 3, para.1).
[22]　*Id.*, p.192(commentary to Principle 3, para.14).
[23]　*2006 Text and Commentary*, p.142(commentary to Principle 3, para. 6).

則5の内容とが関連していることを認める[24]。また，対応措置の内容として，2004年案では緊急事態において住民等を避難させる国家の役割等が例としてまず挙がっていたのに対し[25]，2006年最終案では，浄化措置，復原措置，損害の地理的範囲を封じ込める措置などがまず挙がっている[26]。これらの対応措置が，人や財産に対する越境損害をも防止し，軽減し，場合によっては「修復」し得ることは否定できないが，原則5が対処しようとしている主な対象が，越境環境損害であることは明らかである。

　原則5は，上述した越境損害が生じる可能性がある事故発生時に，起源国に以下の義務を課す。影響を受けた国ないし影響を受ける可能性がある国（States affected or likely to be affected）[27]（以下，被影響国）に対する通報義務（同原則(a)）と，適切な対応措置が取られることを確保する義務（同(b)）である。対応措置確保義務は，事業者の適切な関与の下に実施され，いかなる対応措置が適切かは，利用可能な最善の科学的情報と技術に依拠すべきとされる。留意すべきは，第1に，これら義務が起源国に課されていること，第2に，これら義務が相当注意義務であること[28]，そして第3に，Alan Boyle も評価しているとおり[29]，2004年の奨励規定（should）から義務規定（shall）に修文されたことである。原則5(c)は，適切な場合には，起源国は，越境損害の効果を軽減し，可能であれば除去するために，被影響国と協議し協力すべき（should）と規定する。原則5(d)は，反対に，被影響国に義務を課す。事故について通報を受けた被影響国は，越境損害の効果を軽減し，可能であれば除去する実施可能な全ての措置を取ることを義務づけられる（shall）。原則5(e)は，起源国及び被影響国両方に対し，適切な場合には，相互に受諾可能な条件にて国際機構や他の国から支援を求めるべきである（should）と規定する。

---

[24] Id.
[25] ILC Report 2004, U.N.Doc. A/59/10(2004), p.207(commentary to Principle 5, para. 2).
[26] 2006 Text and Commentary, p.167(commentary to Principle 5, para. 1).
[27] 防止条文第2条(e)は「影響を受ける可能性のある国（State likely to be affected）」を「その領域内またはその管轄・管理下にあるその他の場所において重大な越境損害の危険性が存在する国または国々」と定義している。「影響を受けた国（States affected）」の定義は，防止条文にも損失配分原則にもない。
[28] 2006 Text and Commentary, p.167(commentary to Principle 5, paras. 2-3).
[29] Boyle(2010), supra note 17, p.99.

第2部　1990年代以降における国際法委員会の具体的成果

ILCが定める環境損害責任制度において特記すべきは,「近年締結された国際ライアビリティ条約において既に顕著になってきた傾向を基礎にしつつ,環境そのものを保護する国際法の更なる発展の可能性に門を開く[30]」ために,環境損害に関する広範な定義を採用したことであろう。具体的には,第1に,既に広く条約実行上認められている環境修復措置及び対応措置に要した費用(原則2(a)(iv)及び(v)),第2に,環境の利用から得られる利益(観光収入や漁業収入)の環境悪化による損失のようないわゆる純粋経済損失(pure economic loss)(同(iii))に加えて,第3に,その利用に関わらない環境の価値の損失(loss of non-use value)をも,原則2(a)(iii)でいう「環境の悪化による損失もしくは損害」に含めようとしている点である[31]。政府コメントの中には,金銭的算定が難しい,訴えの利益が確立できないとの批判があったことはRao自身も十分承知した上で,国際法の漸進的発展を目指して本原則を規定したことがわかる[32]。越境環境損害に対処する損失配分制度の焦点が,原則4や原則6で規定される被害者への補償よりも,原則5で規定する対応措置にあるならば,これら批判は必ずしも的を射ているものではないとも言えよう。

(4)　法的性質

ILCが提案している損失配分原則は,その性質上,一般的かつ残余的な制度である。それゆえ,本原則は非拘束的な宣言として起草されている[33]。第1に,本原則は,上述した危険活動一般に適用されうるが,危険活動の性質が異なれば,それに対応する制度も異なる可能性が認められ,特定の分野・種類の危険活動に適用される具体的な合意成立が奨励されている(原則7第1項)。第2に,危険活動に起因する損害に対する対応は,異なる国内法制度の下で多様な選択

---

[30]　*2006 Text and Commentary*, pp.127-128(commentary to Principle 2, para.11).

[31]　*2006 Text and Commentary*, pp.127-132(commentary to Principle 2, paras. 11-13, 15, 17-18). Boyle (2010), *supra* note 17, p.103.

[32]　*Third report on the legal regime for the allocation of loss in case of transboundary harm arising out of hazardous activities*, by P. S. Rao, Special Rapporteur, U.N.Doc. A/CN. 4/566(2006)[hereinafter Rao Third Report(2006)], p.5, pp.10-11. Statement by Rao, Special Rapporteur, Provisional Summary Record of the 2872th Meeting(9 May 2006), U.N.Doc. A/CN. 4/SR.2872 (2006), p.5.

[33]　*2006 Text and Commentary*, p.111, p.113 (general comment, para.7, para.11).

ないしアプローチがあり得る。本原則は,「必要な」(原則4第1項)「適切な」(原則5(b))措置という表現を使って国家の裁量を認めているだけでなく,その国内実施も奨励的 (should) であるにすぎない (原則8第1項)。第3に,それゆえ,本原則は,関連国内法の調和を要求するものでもない[34]。

従って,ILCが提案している損失配分原則が定める制度は,その全体としては国家が従うべき義務的な法制度ではく,諸国家の行動を導く指針としての勧告的制度である[35]。しかし,損失配分原則全体についてのこの法的評価は,必ずしも,原則に規定された個別の条文が一般国際法に基づいて義務的でありえることを否定しない。また,今後国連総会等での審議を踏まえて,内容的な修正をもなした上で,損失配分原則が全体として法的拘束力ある法制度に転化されていく可能性も排除されていない。

3 損失配分原則の理論的基盤と課題

(1) なぜ損失配分か:ライアビリティ概念との関係

2003年に提出されたRao特別報告者の第1報告書のタイトルは,それまで副題にあった国際ライアビリティの語を削除し,「危険活動から生じる越境損害の際の損失配分のための法的制度 (legal regime for allocation of loss)」とされた。1997年作業部会は,副題の再検討の余地を残しており[36],タイトルが修正されたことそのこと自体は問題ではない。問題は,この副題変更にいかなる実質的意義が込められているかである。損失配分という概念を採用した理由として,Raoは以下のように言う。「国際ライアビリティ制度を創設することよりも損失配分に焦点をあてることは,この分野に関する生成しつつある考え方,すなわち,越境損害の被害者に対してより衡平で迅速な補償制度を提供すべきであるとの考え方に合致していると思われる。伝統的な不法行為法や民事責任制度

---

[34] *Id.*, p.113(general comment, paras.11-12).

[35] *ILC Report 2006*, U.N.Doc. A/61/10(2006), p.105(para.63). 2006年の起草委員会案は,本原則案を「指針として (as guidelines)」採択することを国連総会に勧告していたが,一部委員からILC規程第23条との整合性といった形式論を根拠に修正動議が出され,結局,「決議において(in a resolution)」採択するとの表現になった。Provisional Summary Record of the 2910th Meeting(8 August 2006), U.N.Doc. A/CN. 4 /SR.2910 (2006), pp. 8 - 9 .

[36] *YbILC 1997*, Vol. II, Pt. 2, p. 59 (para.167).

第2部　1990年代以降における国際法委員会の具体的成果

が直面した困難及び限界に鑑み，1996年作業部会は，提案される補償制度の基礎として，私法上の救済や厳格ないし絶対責任から距離を置いたより柔軟なアプローチを，既に検討し始めていた。[37]」また委員からの質問に対しては，本主題の対象事項を国家責任における賠償（reparation）と峻別し，民事責任における補償（compensation）との法的連関を乗り越えるために使っているとも述べた[38]。

この理由づけは，ライアビリティの語によって示唆されうる法的含意，すなわち国家責任法上の賠償はもちろんのこと，民事責任や厳格・絶対責任などと距離を置くべきだという積極的な意味合いが，損失配分の概念に込められていることがわかる。周知のとおり，国際法上，ライアビリティの語は様々に使われてきた。1972年ストックホルム人間環境宣言原則21でいう領域国の責任（responsibility）と原則22でいうライアビリティと補償（liability and compensation）に始まり[39]，国際違法行為の結果生じる賠償義務（reparation）の一部をも含め金銭賠償義務全般を指す立場[40]，責任を負う主体に応じて責任とライアビリティを使い分ける国際法学会（IDI）の立場[41]，そしてつい最近まで続いた損害に対する金銭補償義務を指す条約実行がある[42]。

他方で，ILC は，国家責任の概念を，国際法の一次規則に違反した結果生じる，二次規則の総体と捉え（本書第7章，8章），しかも，損害の発生は，国家責任の独立した成立要件ではないとした[43]。ILC におけるライアビリティの語は，

---

[37] Rao First Report(2003), p.17(para.38).

[38] Statement by Rao, Special Rapportuer, *YbILC 2003, Vol. I*, p.102(para.64).

[39] Louis B. Sohn, "The Stockholm Declaration on the Human Environment," *Harvard International Law Journal*, Vol.14(1973), pp.485-502.

[40] P.M. Dupuy, "International Liability for Transfrontier Pollution," in Michael Bothe ed., *Trends in Environmental Policy and Law*(Erich Schmidt Verlag, 1980), p.364.

[41] Responsibility and Liability under International Law for Environmental Damage, Resolution adopted at Strasbourg Session, *Annuaire de l'Institute de droit international (1997)*, Vol.67, Tome Ⅱ, pp.486-513.

[42] 1963年原子力損害民事責任ウィーン条約，1969年油汚染損害民事責任条約，1972年宇宙物体損害国際責任条約，1999年有害廃棄物の越境移動を規制するバーゼル条約の下の責任と補償に関する議定書など参照。

[43] 国家責任条文第2条及びコメンタリー参照。James Crawford, *The International Law Commission's Article on State Responsibility: Introduction, Text and Commentaries* (Cambridge UP, 2002), pp. 81-85(para. 9).

〔柴田明穂〕　第12章　危険活動から生じる越境被害の際の損失配分に関する諸原則

当初より，この違法行為責任（responsibility for internationally wrongful acts）とは概念的に区別される，危険性責任（liability for risk）[44]として提示される必要があった[45]。国家責任と概念的に区別される国際ライアビリティは，従って，①二次規則ではなく一次規則に位置づけられること，②対象活動の合法・違法それ自体ではなく当該活動の帰結に焦点を当てていること，そして③防止義務が果たされていたにも拘わらず発生した損害に焦点を当てていること[46]，言い換えれば，国際違法行為の帰結たる賠償としての金銭賠償とは異なる，損害に対する責任であるとされる[47]。この抽象レベルにおける国家責任と国際ライアビリティの概念的区別自体が，学説上批判に晒されてきたことは周知のとおりである[48]。

　国際ライアビリティ概念の具体化は，3人の特別報告者の間でもかなりの差異があった。最初の特別報告者であったニュージーランドの Quentin-Baxter は，損害を発生させる危険性のある活動から生じる越境損害を回避し，最小化し，そして賠償するまでの一連のプロセスの中で，関係国間で利益衡量をして交渉を行う手続を定めようとした[49]。Q.-Baxter の後任として1985年に特別

[44]　リスク（risk）は，望ましくない事象が発生する確率ないし期待損失と定義され，危険そのものとは異なる。リスクの訳語として，「危険」ではなく，危険が発現する可能性・蓋然性という意味を込めて「危険性」を当てるのは1つの方法であると思われる。高村ゆかり「国際環境法におけるリスクと予防原則」『思想』第963号（2004年）60頁。

[45]　*YbILC 1973, Vol. II*, p. 169(paras. 38-39). 山本草二『国際法における危険責任主義』（東京大学出版会，1982年）。

[46]　*2006 Text and Commentary*, pp.118-120(commentary to Principle 1, paras. 5, 6 and 8).

[47]　もっとも Barboza 特別報告者は，1996年まで賠償（reparation）の語を使用していたが，同年の作業部会による検討の結果，国家責任の文脈での賠償と国際ライアビリティの文脈での責任（liability）を峻別することになった。*YbILC 1996, Vol. II*, p.100, p.112 (commentary to Article 5 : Liability, para. 2).

[48]　M. B. Akehurst, "International Liability for Injurious Consequences Arising out of Acts not Prohibited by International Law," *Netherlands Yearbook of International Law*, Vol.16(1985), p.3. Alan Boyle, "State Responsibility and International Liability for Injurious Consequences of Acts not Prohibited by International Law: A Necessary Distinction?" *International and Comparative Law Quarterly*, Vol.39(1990), p.1. 安藤仁介「国家責任に関する国際法委員会の法典化作業とその問題点」『国際法外交雑誌』第93巻3・4合併号（1994年）53-56頁。

[49]　臼杵知史「越境損害に関する国際協力義務──国連国際法委員会におけるQ・バクスターの構想について」『北大法学論叢』第40巻1号(1989年) 1頁以下。

第2部　1990年代以降における国際法委員会の具体的成果

報告者に任命されたアルゼンチンのBarbozaは，他国の権利利益を害しうる危険性を伴う活動を許可する領域国の厳格責任を，より強く打ち出した[50]。もっとも，その後の審議を経て，Barboza最後の第12報告書（1996年）では，補償責任を負う主体が起源国から事業者へと，つまり国家補償責任から民事補償責任へと焦点が移った[51]。

これに対してRaoが主張した損失配分概念では，まず，本主題が想定する状況において，必ず事業者に全ての責任が負わされるものではないとされる[52]。つまり，事業者の民事厳格責任は，本主題への第一義的な対応方法であるも，唯一の方法ではない。事業者に加えて，保険会社による保険制度，業界による基金制度なども有用であることが認められるからである[53]。また，国家も，自国領域内・管轄下の危険活動から生じる損害に関する国家の防止義務とその違反から生じる国家責任とは別に，状況に応じて，被害者が十分な補償を得られないような場合に一定の役割・義務を負う場合がある。ただ，それを領域国の法的な残余的義務であるとすることには未だに国家の抵抗があり，せいぜい補完的な資金制度への国家その他の主体による拠出として位置づけられるべきと言う[54]。このように，Raoが想定していた損失配分の概念は，ある条件を満たした場合に，一義的にある主体のある特定の責任が発生するような制度ではなく，複数存在する国際的及び国内的な責任制度を，具体的な事象に合わせて適切に組み合わせて構築・適用するコンセプトを念頭に置いていたと考えられる[55]。

2004年Rao第2報告書を受けて設置された作業部会は，原則案のタイトルを「損失配分」にした理由として，本原則案が国家の協力を定めていることを

---

(50) Boyle(1990), *supra* note 48, p.6. 薬師寺公夫「越境損害と国家の国際適法行為責任」『国際法外交雑誌』第93巻3・4合併号（1994年）116頁。

(51) Twelfth Report on International Liability by Mr. Barboza, *YbILC 1996, Vol. II, Pt.1*, p.29.

(52) Statement of Rao, Special Rapporteur, Provisional Summary Record of the 2805th Meeting(27 May 2004), U.N.Doc. A/CN.4/SR.2805(2004), p.16.

(53) Report of the Working Group, *ILC Report 2002*, U.N.Doc. A/57/10(2002), p.226 (para.452).

(54) Rao Second Report(2004), pp.17-18(para.36 (9)).

(55) Report of the Working Group, *ILC Report 2002*, U.N.Doc. A/57/10(2002), p.226 (para.455).

〔柴田明穂〕第12章　危険活動から生じる越境被害の際の損失配分に関する諸原則

示すためであり，国家は，いかなる制度の組み合せが迅速かつ十分な補償に資するかを自由に決定できると説明した(56)。最終的に採択された損失配分原則4も，上述したとおり，例示的な補償措置を定めるに過ぎず，ある特定の金銭補償の方法を義務づけるものではない。「異なるアクターの配分割合を事前に決定したり，国家に割り当てられるべき役割を精確に特定することは必要ないと考えられた。……特定の状況や条件に応じて，どの選択肢を採用するかの国家の自由こそが，本原則案の中心的なテーゼなのである。(57)」

以上のような「柔軟なアプローチ」を表現する言葉として，ライアビリティに替えて損失配分の概念が意識的に採用されたことが分かる。ILC委員でもあるAlain Pelletが示唆するように(58)，ソフトな責任をも含意しうる英語のliabilityの語に対して，そのようなニュアンスのない仏語のresponsibilitéと訳されるライアビリティの概念で，本原則案の主旨を表現するのが難しかったということも，損失配分（Répartition des pertes）の概念を使用することになった背景的理由かもしれない。

(2)　損失配分原則の射程：防止，対応措置との関係

上述したとおり，損失配分原則の適用範囲は，防止条文のそれと一致している。そのことは一方で，損失配分の概念と防止の概念，そして規範的制度としての損失配分原則と防止条文の関係をどう理解するかという問題を惹起する。ILCのこの問題に対する解は歯切れが悪い。というのも1997年に防止の側面とライアビリティの側面を分離した際には，両概念は「関連するが峻別される」とされた(59)。しかし，国連総会は両者の相互関係に留意するよう指示し(60)，ILCもこの相互関係を認めつつ(61)，それ以上の積極的な説明を行っていない。ILC

---

(56)　Statement of Rodriguez Cedeno(Chairman of the Drafting Committee), *L'Annuaire CDI 2004, Vol. I*, p.343(para. 1), p.347(para.14).

(57)　*2006 Text and Commentary*, p.112(general comment, para. 9), p.166(commentary to Principle 4, para.39).

(58)　Alain Pellet, "Chapter 1 : The Definition of Responsibility in International Law," in Crawford et al. eds., *The Law of International Responsibility, supra* note 17, p.11.

(59)　*YbILC 1997, Vol. II, Pt. 2*, p.59(para.165).

(60)　U.N.Doc. A/Res/56/82(2001), para.3.

(61)　*2006 Text and Commentary*, p.116(commentary to Principle 1, para. 1).

第 2 部　1990 年代以降における国際法委員会の具体的成果

は，規範的制度としての損失配分原則は防止条文で規定される防止措置が十分に履行されていたにも拘わらず，事故によりまたは当初想定されなかったような状況において越境損害が発生する場合を前提にしていると言う[62]。また，ILC は，損失配分原則に基づき例えば事業者に第一義的な責任を課すような場合であっても，国家は防止条文に基づく防止措置を講ずる義務からは一切解放されないことを強調する。他方で，起源国の防止義務違反があり国家責任が発生しつつも，必ずしも対象の危険活動が禁止されない場合もありえ[63]，その場合の両制度の適用関係は必ずしも明らかではない。例えば，Alan Boyle は，両制度は併存して適用されることになるが，国内的救済を定める損失配分原則の適用を，国家責任に基づく国家間請求に前置させるべきではないかと主張する[64]。この主張は，他方で，事業者の民事責任により国家の国際責任を弱めることになるのではないかという，Ian Brownlie の懸念を想起させる[65]。

対応措置に関する原則 5 は，「越境損害を生じさせるもしくはその可能性がある危険活動に関わる事故が発生した」場合を対象にしている。つまり対応措置は，損害発生前の事態をも対象にしうる。まず，ILC は，損失配分原則で規定される対応措置が，防止条文で規定される防止措置，就中，緊急事態に関する第 16 条（即応態勢）と第 17 条（通告）の延長線上にあることを認めている。しかも，原則 5 (b) は，「予防原則の適用と直接的に関連する」と言う[66]。一部 ILC 委員は，対応措置義務をライアビリティ概念に含めることに疑問を呈していたが[67]，委員会は，理論的にも実際的にも，対応措置は損害，特に環境損害に関連する費用に関わるとしてこれを正当化した[68]。事実，民事責任に関するいくつ

---

[62]　*Id.*, pp.119-120 (commentary to Principle 1, paras. 7-8).
[63]　Statement by Mr. Gaja, *YbILC 2002*, Vol. I, p.215 (para. 29). *2006 Text and Commentary*, pp.118-119 (commentary to Principle 1, para. 6).
[64]　Boyle (2010), *supra* note 17, pp.99-100.
[65]　Statement of Mr. Brownlie, Provisional Summary Record of the 2807th Meeting (1 June 2004), A/CN. 4 /SR.2807 (2004), p.14.
[66]　*2006 Text and Commentary*, p.112 (general commentary, para. 7) and pp.168-169 (commentary to Principle 5, paras. 4-6).
[67]　Statement by Mr. Matheson, Provisional Summary Record of the 2807th Meeting (1 June 2004), U.N.Doc.A/CN. 4 /SR.2807 (2004), p.5.
[68]　Statement of Rodriguez Cedeno, Chairman of the Drafting Committee, *L'Annuaire CDI 2004*, Vol. I, p.347 (para.15).

〔柴田明穂〕第12章　危険活動から生じる越境被害の際の損失配分に関する諸原則

かの条約は，重大かつ急迫した損害のおそれを生じさせる事故に対応する「防止措置（preventive measures）」に要した費用を，損害の対象に含めている[69]。しかし，防止措置それ自体をとることを条約上の義務としては規定していない[70]。事故発生時に損害を防止し，軽減し，封じ込めるために取られる措置を，「対応措置」と言い換えて，ライアビリティ制度の一部として，しかも金銭補償義務とは独立した義務として規定するのは，2003年国連欧州経済委員会の下で成立したキエフ議定書[71]以降の比較的新しい条約実行である。

この5年ぐらいの環境損害に対するライアビリティ制度の顕著な国際的展開として，事業者に対応措置義務を課すことをライアビリティの中核的内容として規定する条約実行が挙げられる。2004年欧州連合（EU）環境損害の防止と救済に関する環境責任指令がその嚆矢であると言われる[72]が，2005年南極環境保護議定書の環境上の緊急事態に対する責任に関する附属書Ⅵ（以下，南極環境責任附属書）がその一部において[73]，そして2010年バイオセーフティに関するカルタヘナ議定書の責任と救済に関する名古屋・クアラルンプール補足議定書（以下，LMO起因損害責任補足議定書）が全面的に，ライアビリティに関するいわゆる行政的アプローチを採用している[74]。ただ，これらEU指令や条約実行においては，汚染者負担原則（polluter pays principle）を表向き堅持して，明確に事業

---

(69) 油汚染民事責任条約第1条6項(a)，7項，8項。バーゼル条約責任と補償に関する議定書第2条2項(c)，(e)，(h)。

(70) バーゼル条約責任と補償に関する議定書第6条は，慎重に，防止措置一般をとる義務を課すことを回避し，損害軽減措置を取る義務のみに言及する。

(71) Article 6, Protocol on Civil Liability and Compensation for Damage caused by the Transboundary Effects of Industrial Accidents on Transboundary Waters to the 1992 Convention on the Protection and Use of Transboundary Watercourses and International Lakes and to the 1992 Convention on the Transboundary Effects of Industrial Accidents, *reproduced in* H. Descamps, R. Slabbinck and H. Bocken, *International Documents on Environmental Liability*(Springer, 2008), p.267.

(72) 藤井麻衣「EU環境ライアビリティ指令における『行政的アプローチ』——その国際法への示唆」『国際協力論集（神戸大学）』第17巻2号（2009年）137頁以下。同指令の内容については，大塚直「環境損害に対する責任」『ジュリスト』第1372号（2009年）42頁以下。

(73) Akiho Shibata, "How to Design an International Liability Regime for Public Spaces: The Case of the Antarctic Environment," in T. Komori and K. Wellens eds., *Public Interest Rules of International Law: Towards Effective Implementation*(Ashgate, 2009), pp.363-369.

変革期の国際法委員会

者に対し対応措置義務を課すよう要求されているのに対し，損失配分原則においては，事業者と共に起源国，更には被影響国にも対応措置義務を講じることが求められている点が大きく異なる。損失配分原則5(b)項は，「起源国は，事業者の適切な関与と共に，適切な対応措置がとられることを確保しなければならない」と規定し，同(d)項は，被影響国は「越境損害の効果を軽減し，可能であれば除去する実施可能な全ての措置を取らなければならない」と規定する。後者の被影響国が取る措置の中に対応措置が含まれることはILCの注釈からも明らかである[75]。原則5(b)項については，当初のRao案が事業者に対応措置義務を課すことを想定していたのに対し，2004年作業部会案はこれを起源国の義務として構成し，注釈で起源国と事業者が同等の責任を負うと解説していた[76]。2006年最終案では，国家によって取られるいかなる措置も事業者の役割を二義的なもの又は残余的なものと見なすべきではなく，事業者は事故発生時にできるだけ迅速に対応措置を実施する「第一義的な責任を有する」と記述した[77]。ILC内の議論が流動的であったことを示唆する。

(3) 一般国際法上の基礎

ILCが提案した損失配分原則は，指針であり全体として法的拘束力を有するものではない。他方で，各原則の審議及びその起草においては，義務規定（shall）と奨励規定（should）が慎重に選別されており，ここからこれら原則・条文の背後にある一般国際法上の基礎の有無ないしその内容についても推し量ることできると考える。

(a) 被害者補償原則

損失配分原則の前文第5項，原則3(a)，原則4及び関連する注釈が明らかにするとおり[78]，危険活動から生じる越境被害に責任を有しない無垢な被害者が

---

[74] 柴田明穂「採択目前！LMO起因生物多様性損害に関する責任補足議定書成立の意義と課題」『L&T』第49号（2010年）30-31頁。

[75] *2006 Text and Commentary*, pp.170-171(commentary to Principle 5, para.10).

[76] *ILC Report 2004*, U.N.Doc. A/59/10(2004), p.209(commentary to Principle 5, para. 6).

[77] *2006 Text and Commentary*, p.169(commentary to Principle 5, para. 8).

[78] *Id.*, p.111(General Commentary, para. 3), p.141(commentary to Principle 3, para. 2), p.151(commentary to Principle 4, para. 1 : "principle"に言及).

〔柴田明穂〕第12章　危険活動から生じる越境被害の際の損失配分に関する諸原則

被る損失がそのままにされずに，迅速かつ十分な補償を得られるようにすべきであるとの「原則」が，ILC 提案の基礎にあることは疑いない。審議中には，国家の防止義務に加えて損失配分原則を起草する意義として，被害者個人が未だに救済されない可能性がある中で，損失配分原則案を貫く最も重要な観念として「無垢な被害者を補償する必要性」を挙げる委員，政府もいた[79]。

　しかしながら，被害者補償原則が一般国際法上の原則になっているかについては，ILC は慎重に明言を避けている。原則3の注釈において ILC は，被害者に対する責任と救済の考え方がストックホルム宣言原則 22 やリオ宣言原則 13 で謳われていることを指摘しつつ，「これら諸宣言に規定された原則は，法的拘束力ある義務を生じさせることは意図されていないが，国際社会の願望と選好 (aspirations and preferences) を示している」と言う。また，越境損害を契機とする迅速かつ十分な補償支払いの「基本原則」が，トレイル溶鉱所事件にまで遡ることができるとしその慣習法上の地位をも示唆するが，その言及については慎重に，「被害者補償」ではなく「越境損害補償」の語が採用されている[80]。トレイル溶鉱所事件は，起源国の責任を認める領域管理責任原則を支持する先例ではあっても，必ずしも被害者自身が補償されるべきであるという被害者補償原則を支持するものではない。ILC 内においても，私的活動起因の越境損害につき，国家が被害者への補償を確保する一般的義務があるとの考え方に現時点でコンセンサスはないとの発言があった[81]。そしてなによりも，Alain Pellet も指摘しているとおり[82]，原則3(a)の被害者補償原則を具体化する原則4第1項が，shall ではなく should で規定されたのは，被害者補償原則それ自体の一般国際法上の地位が未だに不確定であることを物語っているのである。

(b) 汚染者負担原則

　ILC の損失配分原則前文第1項は，いわゆる汚染者負担原則[83]を定めるリオ

---

[79] Statement by Mr. Koskenniemi, *YbILC 2003*, Vol. I, p. 95, and Provisional Summary Record of the 2807th Meeting(1 June 2004), U.N.Doc. A/CN. 4 /SR 2807 (2004), pp.21-22. Comment by the Netherlands, *Comments and observations received from Governments*, U.N.Doc. A/CN. 4 /562(2006), p. 5 .

[80] *2006 Text and Commentary*, pp. 152-153(commentary to Principle 4, para. 6).

[81] Statement of Mr. Matheson, Provisional Summary Record of the 2873rd Meeting(10 May 2006), U.N.Doc. A/CN. 4 /SR.2873(2006), p. 5 .

[82] Pellet, *supra* note 58, p.11.

第 2 部　1990 年代以降における国際法委員会の具体的成果

宣言原則 16 を「再確認」し，その注釈においても，汚染者負担原則は「本原則案を基底する本質的な構成要素である」と言う[84]。また，原則 4 に関わる注釈において，汚染者負担原則が厳格責任制度構築の根拠になっている条約実行を挙げ，同原則を支持するとされる国内裁判例や学説も挙げられている。注釈は，他方で，汚染者負担原則の限界を指摘したり，その慣習国際法上の地位に疑問を呈する学説にも言及している[85]。このように，ILC が提案した損失配分原則を「基底する」汚染者負担原則は，一般国際法上の原則の地位を得ているものとしては提示されていない[86]。

ライアビリティに替えて損失配分の概念にて本原則を提示しようとした Rao 提案は，責任を負う主体との関係で，当初より，汚染者負担原則から逸脱しているのではないかとの批判がなされていた[87]。これに対する Rao の返答は，「汚染者負担原則だけに焦点を絞るのであれば，事業者のライアビリティを定めて終了すればよい」[88]が，それが委員会の希望とは思えないと言い，原則 4 第 2 項は，「事業者，そして適切な場合にはその他の者ないし主体」に責任を課しうることを認めているのである。既に述べたように，原則 4 第 3 項は保険会社による負担（保険料支払いという形で事業者も一定の負担をしているが），同 4 項は関連業界全体での基金設立，そして同 5 項は追加的な資金源が提供できるようにする起源国の役割にも触れており，汚染者負担原則は貫徹されていない。政府コメントも，事業者だけが責任を負うことを前提としない ILC 案を支持するものがあった[89]。原則 4 で定める金銭補償制度のみならず，原則 5 で定める対応

---

(83)　*See generally* OECD, *The Polluter Pays Principle: Definition, Analysis, and Implementation*(Paris，1975). 松井芳郎『国際環境法の基本原則』（東信堂，2010 年）308-313 頁。

(84)　*2006 Text and Commentary*, p. 115(commentary to Preamble, para. 2).

(85)　*Id*., pp.144-147(commentary to Principle 4, paras.11-15).

(86)　Rao 第 3 報告書も「汚染者負担原則が一般国際法上の原則になったとは言えない」と明言している。Rao Third Report(2006), p.19(para.27).

(87)　Statement by Ms. Escarameia, Provisional Summary Record of the 2805th Meeting (27 May 2004), p.8. *Topical summary*, U.N.Doc. A/CN. 4 /549/Add. 1 (2005), *supra* note 13, p.20（para.84).

(88)　Statement by Mr. Rao, Special Rapporteur, Provisional Summary Record of the 2805th meeting（27 May 2004), p.16.

(89)　Comment by USA, *Comments and observations*, U.N.Doc. A/CN. 4 /562(2006), *supra* note 79, p. 7 .

〔柴田明穂〕第12章　危険活動から生じる越境被害の際の損失配分に関する諸原則

措置制度についても，事業者が十分な手段をもたないような場合には起源国が対応措置をとらなければならないとの意見があり[90]，上述したように，越境環境損害を念頭においた対応措置確保義務は，事業者ではなく基本的に起源国に課されることになった。

　汚染者負担原則の適用に困難をもたらしているもう1つの要因は，責任を負うべき汚染者をどのように定義して「事業者」として同定するかである。損失配分原則における「事業者」とは，越境損害を引き起こす事故が発生した時点で危険活動を指揮ないし管理している者である（原則2(g)）。国際法上，事業者の一般的定義は存在しないが，この原則案では，対象物を誰が利用，管理，指示していたかという事実認定を基礎として機能的に事業者を定義することが提案されている。「指揮（command）」とは，手段を使用・管理することができる能力を言い，「管理（control）」とは，管理し，指示し，規制し，統括ないし監督する権力ないし権限を言う[91]。しかし，損失配分原則の「現実に根底にある原則というのは，『事業者』が常に責任を負うということではなく，事故時にリスクを最も実効的に管理することができる当事者，もしくは金銭補償を提供できる能力がある当事者が，第一義的に責任を負うということである。[92]」前者の「リスクを管理している者」は，実効的な防止，封じ込め措置等を取れる者という意味で，主に環境損害に関する原則5の対応措置制度を念頭に，後者の「補償能力がある者」は，主に原則4で定める被害者補償制度を念頭において記述されているものと解釈できるが，この「根底にある原則」は，明らかに汚染者負担原則と齟齬を来しうる。

　事業者特定という側面において汚染者負担原則の適用が困難であるのは，危険活動一般を扱う損失配分原則のみならず，具体的な活動を対象にするライアビリティ制度構築に関する条約実行においても同じである。LMO起因損害責任補足議定書第2条2項(c)「事業者」の定義がその一例である[93]。

(c)　領域管理責任原則

　すでに指摘されているとおり[94]，最初の特別報告者Q.-Baxterは，領域管理

---

[90]　Statement by Mr. Gaja, Provisional Summary Record of the 2807th Meeting (1 June 2004), U.N.Doc. A/CN. 4/SR.2807 (2004), p.18.

[91]　*2006 Text and Commentary*, pp. 138-140 (commentary to Principle 2, paras.31-33).

[92]　*Id.*, p.155 (commentary to Principle 4, para.10).

責任原則に基づき利益衡量論や国際協力義務を導き出し，その一部として損害を当事者間で衡平に配分すべき義務があると主張した。ILC における国際ライアビリティ審議の方向性を大きく転換した 1996 年作業部会案も，防止義務のみならずライアビリティが，国際法上確立している領域管理責任原則にその基礎を置くと明言していた[95]。最終的に採択された損失配分原則 3「目的」に関わる注釈でも，「領域管理責任」の語は使われていないものの，Q.-Baxter の作業を引用し，トレイル溶鉱所事件，コルフ海峡事件，そしてストックホルム宣言原則 21 に言及することにより[96]，被害者補償制度が国際法上の領域管理責任原則に基礎づけられることが示唆されている。危険活動より生じうる越境損害に対処する国際ライアビリティをめぐるこれまでの議論が，汚染者負担原則に基づく賠償責任の私人化と内部化を求める動きと，国家の注意義務の厳格化並びに国家自身による補償義務の強化を求める動きとの対立の中で展開してきたこと[97]を想起すれば，上述した汚染者負担原則の適用に慎重な ILC の態度は，逆に，領域管理責任原則に基づく起源国の義務の強化という形で補われる必要があることも，理論的には示唆されうる。

実際，原則 5(a)と(b)で規定された起源国の通報義務と対応措置確保義務は，明らかに領域管理責任原則に基礎づけられている。まず，損害発生を防止し，その効果を軽減し，封じ込め，そして必要ならば復原措置を講じるような対応措置を確保する起源国の義務は，領域管理責任原則に基礎づけられる防止条文第 16 条（緊急事態即応態勢）と第 17 条（緊急事態の通報）を補完するものであると

---

[93] LMO 起因損害責任補足議定書は，越境移動された改変された生物 (LMO) に起因する生物多様性損害に対し，対応措置をもって対処する義務を事業者に課している。そこでの事業者は，「改変された生物を直接又は間接に管理する者で，適当な場合かつ国内法により定められる場合には，以下の者を含む。許認可保持者，改変された生物を上市した者，開発者，生産者，輸出を通告した者，輸出者，輸入者，運送者又は供給者。」と定義されている。Nagoya-Kuala Lumpur Supplementary Protocol on Liability and Redress to the Cartagena Protocol on Biosafety, Annex to Decision BS-V/11, UNEP/CBD/BS/COP-MOP/ 5 /17(2010), pp.66-75. 補足議定書の和訳については，柴田明穂「名古屋・クアラルンプール補足議定書の成立」『L & T』第 51 号（2011 年）参照。

[94] 臼杵・前掲論文（注49）8-22 頁。

[95] *YbILC, 1996, Vol. II, Pt. 2*, p.103(para. 2), pp.111-116(commentary to Article 5: Liability).

[96] *2006 Text and Commentary*, p.141（commentary to Principle 3, paras. 2 - 3）.

[97] 薬師寺・前掲論文（注50）106 頁。

〔柴田明穂〕第12章 危険活動から生じる越境被害の際の損失配分に関する諸原則

位置づけられている。更に，対応措置はそれを超えて，最新のリスクに関する知識と損害に対処するために利用可能な技術的・財政的手段を活用して，損害発生に対処することを起源国に求めている。加えて，起源国は，損害が生じるおそれのある事故が発生した場合には，予防的アプローチを適用して，損害の拡散を防ぐため対応措置を即座に実施しなければならない。この予防的対応措置も，「自国管轄下の活動が越境損害を発生させないように国家は確保しなければならない原則」，つまり領域管理責任原則に基礎づけられている[98]。このように基礎づけられる原則5が，危険活動を実施していた事業者に対応措置義務を直接課すのではなく，その危険活動を許可していた領域国・管轄国に，相当注意義務としての対応措置確保義務を課すものとして構成されたことも，理解できるのである。

以上のようにILCは，危険活動を許可している起源国に，一般国際法上の領域管理責任原則を根拠に，当該危険活動を原因とする越境損害に対して適切な対応措置がとられるよう確保する義務を課した。確かに，原則5(b)は対応措置が実際に誰によって取られるかにつき起源国の裁量を認めている。しかし，何らかの理由で適切な対応措置が事業者によって取られず損害が拡大したような場合，起源国の相当注意欠如というクッションを置きつつも，対応措置が取られなかったことによる義務違反は，起源国の国家責任を生じさせることになる。こうした「国家の役割の強調」による対応は，しかしながら政府コメントでは反論もあり[99]，また上述したとおり最近の条約実行においても必ずしも取り入れられていない。このように領域管理責任原則に基づく起源国の対応措置確保義務が，国際実行において支持されているかは，別途検討が必要であろう。

原則5(d)に定める被影響国による一定の対応措置実施義務は，2004年草案には存在せず，2006年起草委員会案にて初めて規定されたものである。2006年案の注釈によると[100]，起源国から通告があったことを前提としつつも，被影響国は，自国が晒された損害を軽減するために全ての適切で合理的な措置を講じる義務があるとされ，越境損害を防止ないし軽減するため自国領域内で対応措

---

[98] *2006 Text and Commentary*, pp.168-169(commentary to Principle 5, paras. 4-6).
[99] *Topical summary*, U.N.Doc. A/CN. 4 /549/Add.1(2005), *supra* note 13, p.16(paras. 66-67).
[100] *2006 Text and Commentart*, pp.170-171(commentary to Principle 5, para.10).

置をとらなければならないとされる。その根拠としてILCは,唯一,ガブチコボ・ナジュマロシュ事件ICJ判決を挙げる。但し,同判決が,原則5(d)でいう被影響国による対応措置実施の義務が一般国際法上存在することを示す直接的な根拠にならないことは,注釈自身が認めている。また,そのような対応措置が「公益」のために不可欠であるとも言うが,詳細は述べられていない。越境損害の起源国のみならず被影響国を含む関係国にも義務を課す考え方は,Q.-Baxterの領域管理責任原則を根拠とする国際協力義務の考え方を想起させるが[101],彼も,具体的な対応措置実施義務を被影響国に課すことまで主張していた訳ではない。

(d) 実効的な国内救済提供原則

Rao第3報告書は,政府コメントを要約する形で,以下のように言う。「国家は,自国領域内において越境損害を生じさせる危険性のある活動を許しつつ,越境損害を生じさせる事故が発生した場合に適切な救済と補償を保証する国内法を定めておかないということは,国際法上,最早許されない。[102]」この考え方が,原則6第1項に定める越境損害の際に迅速,十分かつ実効的な救済が利用可能であることを確保する国家の義務の基礎にあることは間違いない。原則6第1項は,奨励規定であった2004年草案[103]から修正されて,起源国に限定しない国家一般を名宛国とし,その内容を被害者補償ではなく,国内の司法・行政機関が必要な権限を有し,実効的な国内救済制度一般を確立する義務とすることにより,義務規定に格上げされたのである。問題は,実効的国内救済を確保する義務を根拠づけるRaoの言う「国際法」の内容である。

注釈は,1982年世界自然憲章第23原則やリオ宣言原則10,1996年国際法協会(ILA)国際河川における越境損害の際の私法上の救済に関する条文などを引用している[104]。たとえば,リオ宣言原則10は,「環境問題は,それぞれのレベルで関心のあるすべての市民が参加することにより最も適切に扱われる。国内レベルにおいては,(中略)救済及び補償 (redress and remedy) を含む私法上及び

---

(101) 臼杵・前掲論文(注49)参照。
(102) Rao Third Report(2006), p.5(para.(f)).
(103) *ILC Report 2004*, U.N.Doc. A/59/10(2004), pp.210-212(commentary to Principle 6, paras. 1-5).
(104) *2006 Text and Commentary*, pp.173-174(commentary to Principle 6, para. 3).

〔柴田明穂〕　第12章　危険活動から生じる越境被害の際の損失配分に関する諸原則

行政上の手続に対する実効的なアクセスが提供されなければならない。」と規定する。Alan Boyle は、これら国際文書が注目されるのは、単なる形式的な救済手続への無差別アクセスのみならず、実体的な基準である実効的な救済を提供すべきことを規定していることであると言う[105]。Boyle は、汚染ないしその他の損害についてその市民に十分な救済を与えないことは、場合によっては、生命、健康、財産に対する権利と自由を侵害しうることになると言い、これら人権規定も、実効的な救済に関する最低限の国際的基準の追加的な根拠を提供するとも言う。ILC 損失配分原則 6 第 1 項は、こうした国際実行に基礎づけられつつ、義務規定に格上げされたと考えられる。同時に、同項は、越境環境損害時に実効的な国内救済を提供すべきとする原則の一般国際法上の地位を更に強化する証拠になるといえる。原則 6 第 1 項は、「この中核的な原則が、このような一般的な内容にて具現化される初めての機会なのである。」[106]

4　おわりに

1978 年より始まった「国際法上禁止されていない行為から生じる侵害的結果に関する国際ライアビリティ」に関する ILC の作業は、1997 年の山田中正・作業部会議長の尽力による「防止」と「ライアビリティ」への分割、2003 年の Rao 特別報告者による「ライアビリティ」の「損失配分」への衣替えなど、いくつかの作業政策上の機転により、2006 年にようやく 1 つの区切りを迎えることができた。国家間で交渉・採択される条約ほどではないにしても、ILC における起草作業は、理論的整合性ないし国際法的妥当性だけを基準に遂行されるものではないし、また評価されるものでもない。しかしながら、本稿が明らかにしたのは、国際ライアビリティをめぐる国際法理論上の諸課題が極めて多様かつ複雑であったにも拘わらず、ILC が最終的に採択した損失配分原則は、最新の国際実行や学説をも取り込み、生成途上であると断りつつも一般国際法上の原則に謙虚に基礎づけようとした努力の成果である、ということである。各条文の実定国際法上の地位は、別途、最新の国際実行に照らして評価されなければならないが、ILC が採択した損失配分原則は、全体として見ればバランスのと

---

[105] Alan Boyle, "Globalizing Environmental Liability: The Interplay of National and International Law," *Journal of Environmental Law*, Vol.17, No.1(2005), p.10.
[106] *Id.*, p.18.

れた一般的規範制度を提示していると考える。

　特に，環境保護に対する近年の国際社会の高い関心を反映して，環境そのもの (environment *per se*) の法的価値を認め，その損害に対しては，金銭補償で対処するというこれまでの考え方に替えて，実効的な対応措置にて対処するという新たな考え方を基礎として制度構築したことは，ライアビリティをめぐる過去の ILC 内及び学説・条約実行上の「対立」「桎梏」を乗り越える1つのきっかけを提供しているように思う。対応措置義務を，主に事業者に課すという最近の条約実行の考え方は，ILC 案でも必ずしも否定されていない。原則6第1項が義務化する越境損害に対する実効的な国内「救済」制度の内容として，環境損害については，原則5で義務化されている実効的な対応措置も含まれると理解することができれば，両原則及びその基礎にある一般国際法上の諸原則にて構成される越境環境損害ライアビリティ制度の一般国際法的枠組が見えてくるようにも思われる。その一般国際法の枠内において，危険活動の種類や特徴に具体的に対応する個別条約・制度では，対応措置義務が課される「事業者」の同定とそれを国内法において確保する義務を負う国の同定が，重要課題になると思われる。

第13章　国際水路の非航行的利用における「衡平原則」の現代的展開

山　本　　良

1　はじめに
2　国際河川法における衡平原則の定位
3　国際水路の非航行的利用における衡平原則の現代的展開
4　おわりに

1　はじめに

　国連総会は，1997年5月21日に，国際水路の非航行的利用の法に関する条約（以下，「国際水路非航行的利用条約」）を採択した。本条約は，国際法委員会が1994年の第46会期において採択した条文草案を，総会決議49/52に基づき1996年および97年の2度にわたり，全体作業部会（a Working Group of the Whole）として開催された第6委員会において推敲（elaborate）（同決議第3パラグラフ）した結果採択されたものである。同作業部会では，山田中正大使が議長として多大な貢献をなされた。本条約は本稿執筆時点では未発効であるが，国際法委員会が長年にわたって従事してきた国際水路の非航行的利用に関する法の法典化がこうしたかたちで成就したことは，大いに意義深いといえよう。のみならず，本条約は以下のような点で注目される。

　第一に，国際河川の非航行的利用に関しては，関係国家間の個別的合意が大きな役割を占めてきた。その結果，この分野に関しては法の分断化（fragmentation）が指摘され[1]，慣習国際法の存在自体に対しても疑問が投げかけられてきた[2]。これに対して，国際水路非航行的利用条約は，河川の非航行的利用に

---

[1]　Tanzi, A. and Acari, M., *The United Nations Convention on the Law of International Watercourses*, 2001, pp. 24-26.
[2]　Bruhács, J., *The Law of Non-Navigational Uses of International Watercourses*, 1993, p. 72.

第2部　1990年代以降における国際法委員会の具体的成果

関して戦間期に国際連盟の下で作成された条約以来初の普遍的条約である。したがって，本条約がこうした一般法不在の法状況に対して，ただちに代替的な役割を果たすとまではいえないものの，いままで万国国際法学会や国際法協会等の民間学術団体の手により作成されてきた法典案にかわって，今後は重要な引照基準として参照されるようになることは想像に難くない[3]。この点は，例えば国際司法裁判所が，ガブチコボ・ナジュマロシュ計画事件判決[4]において本条約の意義を認めたことや，ウルグアイ河岸パルプ工場事件において双方当事者が本条約の関連規定を援用したこと[5]にも示されている。

第二に，直接の言及は最終的には回避されたが，本条約は国際河川を「共有天然資源」（shared natural resources）として把握する認識に基づいている[6]。その結果，従来国際河川に関する主要な議論の対象であった上流国と下流国の利害の調整という問題にとどまらず，本条約においては河川の開発，保全，管理，保護，将来世代のための最適かつ持続可能な利用の促進とそのための国際協力に関して非常に詳細な規定が設けられた。こうした点は，国際水路に関する法の現代的展開を反映したものであるといえよう。また，これらの点こそが，1966年に国際法協会が作成したヘルシンキ規則[7]等のような伝統的規則の定式化とは大きく異なる点であるといえよう。

最後に，以上の点に関連するが，国際河川の非航行的利用に関しては，いかなるかたちで関係沿河国間に河川の「衡平な利用」を実現すべきかということこそが従来の問題の核心とされてきた。また，そのコインの裏面として，他国

---

[3] 条約に規定されている規則の多くが，慣習国際法の一部を構成していることは疑いない，という指摘もある（McCaffrey, S. C., "Water Scarcity: Institutional and Legal Responses" in *The Scarcity of Water* (Brans, E.H.P. *et al.* eds.), 1997, p.56）。

[4] Case concerning the Gabčíkovo-Nagymaros Project, *ICJ Reports*, 1997, pp. 56, 80.

[5] Mémoire de la République Argentine, pp.120, 127-128 *et seq., available at* http://www.icj-cij.org./docket/files/135/15425.pdf.;Counter-memorial of Uruguay, pp.282-283 *et seq. available at* http://www.icj-cij.org./docket/files/135/15427.pdf

[6] 国際河川非航行的利用条約の法典化において，かかる考え方をはじめに展開したのは，2人目の特別報告者であるシュウェーベルであった（see, Schwebel S. M., "Second Report on the Law of Non-Navigational Uses of International Watercourses", *YBILC*, (1980), Vol.II, Part 1, ＜以下"Schwebel II"＞, pp.185-198）。

[7] International Law Association, Report of the Fifty-Second Coference, 1966, pp. 484-532.

に対して「重大な害」を生じさせない義務が要請されてきた[8]。こうした問題は，今日でもその重要性を失ったわけではなく，国際水路非航行的利用条約はかかる問題に対して「手続的に」衡平を実現すべく詳細に規定した。これに加えて，今日ではこうした衡平原則は，単に関係水路国間の利害調整にとどまらず，国際社会の共通な利益の実現に資する性格を模索するものであることが指摘されている[9]。もとより，国際水路非航行的利用条約は，前文で述べるとおり枠組条約（a framework convention）として採択され，関係水路国間の個別合意が優先されるべきことを前提としている。そのため，仮にこうした性格を認めることが出来るとしても，その実際の影響は限定的であるともいえるが，それでもかかる傾向は現代国際法の新たな潮流として注目に値すると考えられる。

以上のような前提的な問題意識に基づき，本稿は伝統的な国際河川法における衡平原則が，いかなるかたちで現代的に変容を遂げてきたか，またそのありうべき限界は奈辺に存在するのかを検討しようとするものである[10]。

---

[8] McCaffrey, S. C., *The Law of International Watercourses* (2nd ed.), 2007, p.436.

[9] 例えば，奥脇直也教授は，現代国際法が国際社会の目的を達成するために必要な限度で国家の領域の使用のあり方を制限したり，有効に管理したりしていることを指摘し，「国際河川の非航行利用に関する衡平原則の導入などもこうした新たな方向への合意」であると理解できると述べている（小寺彰ほか編著『講義国際法（第2版）』2010年，23頁）。もっとも，国際協力を論じた別の箇所では，「国際法が…国際社会の利益を実現するために負担を分有することを国家に求めるようになっている」と述べて内戦と一時的避難民や難民の受け入れの例に言及するが，国際河川の非航行的利用に対する言及は慎重に回避されている（同上32頁）。

[10] なお，ここで「国際水路」（international watercourses）という文言に関して若干説明しておく。国際水路とは，いうまでもなく「国際河川」（international rivers）よりも広汎な概念である。国際水路非航行的利用条約第2条(a)および(b)によれば，それは「地表水および地下水であって物理的関連性により統一体をなし」，「その一部が複数の国に所在するもの」ということになる。国際法委員会が採択した条文草案第2条(b)に付された注釈によれば，地下水には河川，湖，帯水層，氷河，貯水池，運河を含む（Para. (4) of the Commentary to Article 2, "Report of the International Law Commission on the Work of its forty-sixth Session", *YBILC*, (1994), Vol. II, Part 2, p.90 ）。

国際河川の利用に関しては，航行利用が歴史的に先行したことはいうまでもないが，非航行的利用に関してこうしたより広い文言が採用されるに至ったのは，例えば国際法的な観点からは，非航行的利用に関して河川と湖を区別する理由が存在しない（Bruhács, *supra* note 2, p.25）ことや汚染（およびその防止）という観点からは河川だけに注目するのではなく包括的なアプローチが適切であること等を背景としているといってよい。国際法委員会は，法典化当初より，この文言を用いてきた（但し，「予備的研究」を開始

第 2 部　1990 年代以降における国際法委員会の具体的成果

2　国際河川法における衡平原則の定位

(1)　国際河川の非航行的利用に関する理論的基盤

　国際河川の非航行的利用に関する沿河国の主張は，伝統的に 4 つの立場に類型化されてきた。さらに，それらは個別国家による国際河川の非航行的利用に関するもの (「個別的アプローチ」) と，沿河国の集団による利用に関するもの (「集団的アプローチ」) に大別することが出来る。また，これらの立場は必ずしもクロ

> することが望ましいとの認識の下に事務総長に報告の準備を要請した 1959 年の総会決議 1401 (XIV) では「国際河川」と「国際水路」の文言が互換的に用いられている。また，1974 年に発表された事務総長報告は「国際河川の利用と使用に関する法的問題」(A/5409) と題されている)。
> 　もっとも，国際水路の定義は，実は難しい問題である。国際法委員会は，法典化の初期の時点で国際法協会や万国国際法学会の草案が前提とし，当時一般化しつつあった包括的な性格をもつ「流水域」(drainage basin) 概念を採用しようとしたが，この試みは諸国のコンセンサスを得ることが出来ず挫折した。流水域自体は個別国家の領域内に所在するにも拘わらず，これに対して領域の他の部分とは異なる規則を適用しようとすることは，非常に敏感な問題をはらむものだったからである (cf., Tanzi and Acari, supra note 1, pp. 56-57)。そのため，国際水路の適用範囲の問題を，法典化のはじめの段階で結論づけることは回避すべきであるとの提案がなされ (Kearney, R. D., "First Report on the Non-Navigational Uses of International Watercourses", YBILC, (1976), Vol Ⅱ, Part 1, p. 185)，国際法委員会もこの提案を諒とした ("Report of the Commission to the General Assembly on the Work of its twenty-eighth Session", YBILC, (1976), Vol Ⅱ, Part 2, p.162)。こうした経緯から，2 人目の特別報告者であったシュウェーベルは，将来的な決定を予断することなく「国際水路」という文言を暫定的に用いると述べた (Schwebel Ⅱ, p.168)。同様に，マッカフリーも，この立場を引き継いで作業を進めることを提案し (McCaffrey, S. C., "Second Report on the Law of Non-Navigational Use of International Watercourse", YBILC, (1986), Vol Ⅱ, Part 1, <以下，"McCaffery Ⅱ">, p. 99)，翌年国際法委員会が第 2 条から第 7 条までの条文草案を採択した際にこの立場は引き続き了承された ("Report of the Commission on the Work of its thirty-nineth Session", YBILC, (1987), vol Ⅱ, Part 2, p.25, fn. 83)。
> 　包括的な性格をもつ概念として国際水路という文言が正式に採用されたのは，1991 年に第 1 読草案が採択された時点においてであった ("Report of the Commission on the Work of its forty-third Session", YBILC, (1991), vol Ⅱ, Part 2, pp.63-66 ; see also, McCaffrey, S. C., "Seventh Report on the Law of Non-Navigational Use of International Watercourse", YBILC, (1991), Vol Ⅱ, Part 1, pp. 49-64)。しかし，結局，国際水路という概念は，流水域概念と機能的には同一であるとも指摘されている (MacCaffrey, supra note 8, p.37)。なお，本稿では，歴史的検討を行う際などの文脈に応じて「国際河川」という文言を使用する場合もあることを，あらかじめお断りしておく。

〔山本　良〕　　第13章　国際水路の非航行的利用における「衡平原則」の現代的展開

ノロジカルに登場したものではなく，特定の立場が特定の国家によって一貫して主張されたというわけでもない。そこで，以下では伝統的な国際河川法（international fluvial law）における衡平原則の機能を理解するにあたって必要な限りで，こうした立場を検討する[11]。

(a) 個別的アプローチ
(i) 絶対的領域主権論

国際法上，国家は自国領域内を流れる河川の利用に関しては絶対的な権力を有しており，他の沿河国（特に下流国）の河川の利用を考慮することなく，自由に河川を用いることが出来るとする立場である。この立場が示されたのは学説的には19世紀前半にさかのぼるが[12]，実際の国家の主張としては，リオ・グランデ川の利用をめぐる米・メキシコ間紛争に関して1895年に米国司法長官ハーモン（Harmon）により示されたのがはじめてである。それゆえ，ハーモン主義と称されることもある。

しかし，この立場は，場合によっては両刃の剣として機能しかねない。すなわち，複数国家を貫流する連続河川（successive rivers）の場合，自らが上流国である場合はこうした立場は自国に有利にはたらくことが期待される。しかし，地理的状況によって当該国家が下流国に位置づけられることもある場合には，この立場は逆に自らに対して不利に働くことになる[13]。ハーモン主義を表明した他ならぬ米国自身が，後にカナダとの紛争においてそれを撤回したのは，まさしくこの点を例証している。そのため，こうした立場がその後もおりにふれて他の諸国によって主張されることがあったとしても，それが河川の利用に関する慣習国際法規則としての性格をもっていたか否かに関しては疑問が提起されている[14]。

---

[11] 以下の論述に関しては，Berber, F.J., *Rivers in International Law*, 1959, pp.11-40；McCaffrey, *supra* note 8，pp.111-170；月川倉夫「国際河川流域の汚染防止」『国際法外交雑誌』77巻6号（1979年）42-80頁；井上秀典「国際水環境紛争における衡平な利用原則の検討」『人間環境論集』（法政大学）6巻1号（2005年），41-52頁；パトリシア・バーニー／アラン・ボイル『国際環境法』，2007年336-343頁，等を全般的に参照。

[12] Berber, *ibid.*, p.15 はクリューバー（Kluber）をあげる。但し，この主張は，国際河川の非航行的利用が行われるようになる以前のものである（McCaffrey, *supra* note 8, p.122）。

[13] Tanzi and Acari, *supra* note 1, p. 13, fn. 57.

[14] McCaffery Ⅱ, pp.105-110.

変革期の国際法委員会

結局のところ，ハーモン主義は国際河川法ではなく，一般国際法上の主権論に基礎をおいた議論であって[15]，その趣旨は，河川の利用問題に関して国際法規則が欠缺している場合は，米国は問題とされている事業に自由に従事できる，ということを述べようとしただけであると指摘されている[16]。

(ii) 絶対的領土保全論

絶対的領域主権論の対極に位置づけられるのが，絶対的領土保全論である。この立場は，国家は河川が自然な流れをたどることを認めなければならず，他の沿河国を害するようなかたちで河川の水を引水してはならないという。したがって，連続河川に関して，上流国は下流国への河川の自然な流れに影響を与えることをしてはならないことになる。それには，例えば河川の流量や水質の変化だけでなく，ダム建設によって行われる季節に応じた河川の流量の変化の規律も含まれる。また，上流国が仮にこうした事業を開始しようとするのであれば，あらかじめ下流国の同意を取り付ける必要があるということになる[17]。それゆえ，この立場は，下流国に対して一種の「拒否権」を付与するものであり，多くの場合下流国により援用されるものである。

実際に，この立場が主張された例としては，ラヌー湖事件におけるスペインの主張がよく知られている。すなわち，同国は，スペイン・仏間の事前の合意が取り付けられていないのであれば，仏はバイヨンヌ条約の関連規定に違反することなしに，ラヌー湖の水利用のための事業を遂行することはできないと主張した[18]。しかし，これに対する仲裁裁判所の判断は，関係国間に事前の合意があるときに限り国家は国際河川の水力を使用しうるという規則は，慣習国際法規則としてはもちろん，法の一般原則としても確立しているとはいえないというものだった[19]。

絶対的領土保全論は，歴史的に国際法学の碩学により主張されてきたとされる。しかし，例えばマックス・フーバー（Max Huber）は，国家が国際河川の自然

---

[15] 同主義が依拠するのは，スクーナ船エクスチェンジ号事件である（*ibid.*, p. 106)。
[16] Lipper, J., "Equitable Utilization" in *The Law of International Drainage Basins* (Garretson, A.H. *et al.* eds.) 1967, p. 22.
[17] McCaffrey, *supra* note 8, pp.126-127.
[18] Award of 16 November 1957 by an arbitral tribunal in the Lake Lanoux case（cit. in *YBILC*（1974），Vol Ⅱ, Part. 2, p.195)．
[19] *Ibid.*, p.197.

な流れを尊重すべきことを述べる一方で、近隣沿河国の本質的利益を害さない国家の行為は受忍されなければならないとも述べている[20]。こうした主張を考慮すると、国際河川の利用に関して絶対的領土保全論の立場を示したとされる立場であっても、それは実際には後世の学説的整理に負うものである場合が少なくなく、もともとの主張は河川の衡平な利用と通底し、次に述べる制限主権論とむしろ両立するものだった[21]ことがわかる。

(iii) 制限主権論

こうして、現在もっとも有力な立場は、国家の自国領域に対する主権は、他の諸国に重大な害を及ぼさないように使用しなければならないという義務により「制限」されているというものである。この立場の理論的基礎は、「自己のものを使用するに、他人のものを害せざるごとくにこれをなすべし」(*sic utere ut alienum non laedas*) という法諺である[22]。この立場を国際河川の非航行的利用に関して適用すると、国家は他の沿河国に被害を与えるようなかたちで自国領域内の国際河川を使用したり使用を許容してはならないことを意味する。すなわち、河川の水量および水質がすべての沿河国の需要を満たすほど十分であれば問題は生じないが、実際にはそうした状況は必ずしも期待できない。その結果、沿河国間に「使用の抵触」が生じうるが、個別の合意が存在しない場合にかかる抵触の調整原理として衡平が要請されてきた[23]。ここに、制限主権論と河川の「衡平な使用」の論理内在的に結びついているということが出来るのである。

こうした制限主権論は、絶対的領域主権論と絶対的領土保全論の折衷的性格をもつものといって良いが、必ずしも両説の対立の克服をもくろんで近年になって登場したという訳ではない。ノイマイヤー(Neumeyer)によれば、そのもともとの淵源は、神聖ローマ帝国の領邦間の慣行にさかのぼるという[24]。また、最初の制限主権論の主張は、ミューズ川の使用に関して1862年にオランダ

---

[20] Berber, *supra* note 11, pp.19-20.
[21] McCaffrey, *supra* note 8, p.146.
[22] McCaffrey II, p.131.
[23] Schwebel S. M., "Third Report on the Law of Non-Navigational Uses of International Watercourses", *YBILC* (1982), Vol II, Part 1, <以下"Schwebel III">, para.41.
[24] Neumeyer, K., "Ein Beitrag zum internationalen Wasserrecht" in *Festschrift fur Georg Cohn*, 1915, p.143 (cit. in Berber, *supra* note 11, p.28).

第 2 部　1990 年代以降における国際法委員会の具体的成果

がベルギーに対して外交的に申し入れた文書であるとされている[25]。もとより，何をもって「衡平」とすべきかに関しては多くの議論が蓄積されてきたが，こうした沿河国間に河川の衡平な使用を実現すべきであるという立場は，19世紀以降学説および学術団体の決議等において圧倒的に支持されてきた[26]。また，国際判例においても認められてきた[27]。なお，さきほど「絶対的領域主権論」にふれた際に取り上げたリオ・グランデ川をめぐる米・メキシコ間紛争を解決したほかならぬ1906年条約自体が，「灌漑目的のためのリオ・グランデ川の水の衡平な分配に関する条約」という表題をもち，その前文は「衡平な分配」にふれていたことが挿話的に注目される。

(b)　集団的アプローチ

複数国家が同一の国際河川を航行や非航行的に利用することに伴い，当該沿河国間には一定の結びつきが形成されるということができる。常設国際司法裁判所が，オーデル川の国際委員会に関する事件判決の傍論において述べた「利益共同」(a community of interest)[28]という文言は，まさしくその点を表現している。その結果，国際河川の非航行的利用に関しても，個別国家ではなく，諸国家の集団による利用に着目し，理論化を試みる立場が存在してきた。もっとも，こうした立場は上記3つの立場と比較すると，必ずしも明確ではない。それは，論者によりこうした立場の具体例としてあげられるものが非常に多岐にわたっており，概念的な一義性を確立するには至っていないように思われるからである。そこで，以下ではこの立場をさらに2つに類型化して，説明を試みることにする。

(i)　共同財産論 (common property)

複数の国家を貫流する国際河川は，当該沿河国の共同財産であるという立場である。この立場は，歴史的に古くから主張されてきた。その嚆矢は，プラトンにまでさかのぼり，グロティウスもこの立場を支持しているという[29]。実際

---

[25]　Lipper, *supra* note 16, p.25.
[26]　McCaffrey, *supra* note 8, p.147.
[27]　McCaffrey II, pp.113-122.
[28]　"Territorial Jurisdiction of the International Commission of the River Oder", *PCIJ, Ser. A*, No. 23, p. 27. 但し，同判決の該当部分は，オーデル川の航行に関して述べられたものである。
[29]　McCaffrey, *supra* note 8, p.148.

の国家の実行としては，例えば1792年の仏国内法などがこの立場がとっている。

　この立場の支持者は，河川が共同財産であるがゆえに，国家は他の国の河川の水利用の権利を奪うことはできず，上流国が河川を転流し下流国の使用を妨げるようなことは認められないという[30]。したがって，この点に注目すれば，共同財産論は先ほど取りあげた絶対的領土保全論に近似するといえるが，この立場の意義は，むしろ複数国家による河川の所有という主張にあると考えるべきであろう[31]。また，18-19世紀の国家慣行では国際河川は共同の財産であるとの言及が見られたが，20世紀になってからは「利益共同」にとってかわられたと指摘されるように[32]，かつて自然法的な立場から主張されたこの立場は観念的な色彩を伴うものであったといえよう。しかし，複数国家による国際河川の非航行的利用を根拠づける立場の核心は，むしろ以下の共同管理論にあるといってよい。

　(ii)　共同管理論

　複数国家が国際河川を利用することによって諸国家間には一定の結びつきが形成されるが，単なる観念的な諸国家の結びつきにとどまらず，国際河川に関してより積極的な共同管理を実現していこうとする立場である。例えば，発電目的等のダム建設のために理想的な地理的位置が，かかる利用にあまり関心のない流域国の領域に所在している場合，国際河川を政治的に分断する国境とは独立して当該国際河川の開発，管理，保全等をおこなっていこうとする立場である[33]。したがって，かかる河川の合理的利用という目的のために，しばしば

---

[30]　もっとも，こうした主張の根拠は20世紀初頭の学説であって (*cf.*, Farnham, H. R., *The Law of Waters and Water Rights*, 1904)，その後の学説も同書への依拠によっている (*cf.*, Berber, *supra* note 11, pp.22-23; 月川・前掲論文68-69頁)。

[31]　この点を捉えて批判を提起したのが，マックス・フーバーである。彼によれば，共同所有という概念は，国家主権に対する制限を伴うがゆえに国際法上認められないという。したがって，国際河川の沿河国の権利は，共同所有ではなく，単に河川に対する近接に基づくものであるという (Berber, *op. cit.*, p.25)。

[32]　McCaffrey, *supra* note 8, p.152. なお，国際河川が共同財産であるという考え方は，暗黙裏に国境河川を念頭において述べられたものであり，連続河川に関しては，合意を前提としてかかる立場を応用することが出来るという指摘がある (Berber, *loc. cit.*)。合意を前提とする共同財産論は，つまるところ国際河川の共同管理に他ならない。

[33]　Lipper, *supra* note 16, pp. 38-39.

第2部　1990年代以降における国際法委員会の具体的成果

国際制度の創設を伴うものである。常設国際司法裁判所が述べた「利益共同」を現代的に発展させた，究極の形態であるといえよう[34]。

国際河川の共同管理の仕組の形成は関係沿河国間の合意を前提としており，特定の非航行的利用が争点となる場合に，利害の調整が成し遂げられることが期待されているといえる。その結果，むしろ問題の焦点は，当該河川の最大利用を模索するのか，後述するように最適利用を求めるのかに移行すると考えられる。いずれにせよ，この立場を論じる論者が衡平にふれることは，むしろ稀である[35]。

(2) 伝統的国際河川法における衡平原則

(a) 衡平原則の性格

以上，国際河川に非航行的利用に関して主張されてきた代表的な立場の検討を簡潔に行った。このうち，衡平原則は制限主権論と論理的に結びついていることが明らかにされた。かかる衡平原則は，国家の領域使用の管理責任のコロラリーであるといえる。すなわち，国家は自国領域を排他的かつ包括的に支配するが，他方で自国領域における自らの活動や自国民の活動が他国の環境や自国の管轄外の領域を害さないようにする義務を負っている。この点は，人間環境宣言（1972年）（第21原則）やリオ宣言（1992年）（第2原則）などにおいて繰り返し認められてきた。この原則を国際河川法に応用すると，すべての沿河国は自国領域内の河川を使用する権利を有するが，他方で他の沿河国の同等の権利も尊重しなければならない。ここに，沿河国間の河川の使用の衝突を調整する原理として，衡平原則が機能すべきことが期待されてきたのがわかる。

こうした衡平原則は，河川を共有する複数沿河国に対して，主として水の配分を規律する原理として働いてきた[36]。衡平原則の存在およびその基本的な内

---

[34] "community-of-interest approach"（McCaffrey, *supra* note 8, p.152），「共同の管理」（ボイル／バーニー，前掲書，340-342頁）「流域の統合管理」（井上・前掲論文43-44頁）も同趣旨であるといってよい。

[35] 但し，マッカフリーは，利益共同論と制限主権論は対立するものではなく，前者は後者をむしろ補強するものであるという。その理由は，利益共同という文言は，制限主権論と比較した場合により概念的に明晰であること，国際水路の一体性から生じる規範的帰結をより正確に表現していること，集団的・共同行動を含意していることによる（McCaffrey, *supra* note 8, pp.164-165）。

[36] *Ibid.*, p. 385.

容は，河川をめぐる州相互間の紛争に関する米国国内裁判所の判例に多くを負うとされるが，それらは紛争の争点が水の分配にあったこと鮮やかに浮き彫りにしている[37]。

もっとも，衡平原則それ自体は，河川の使用をめぐる紛争を解決し得ないことも確かである。なぜならば，かかる原則は，関係沿河国のいずれからの主張も正当化する機能を果たすからである。換言すれば，衡平原則は，確固とした規範的内容をもつのではなく，政治的妥協をうながすためのオープンエンドな枠組でしかないのである[38]。その結果，いかにして衡平を実現すべきかは一般化可能性に乏しく，個々の事例を具体的に検討する以外に方法はない。そのため，かかる原則の規範的性格に対しては疑問も提起されてきたのである[39]。また，国際法協会が採択したヘルシンキ規則（特に第Ⅴ条2項）や国際水路非航行的利用条約の6条2項に列挙された「関連要素および事情」は，かかる衡平原則の適用を可能な限り透明化しようとする一連の試みであったといえよう。

(b)　「他国に対する害」を生じさせない義務（"no-harm" obligation）

衡平原則と不可分の一体をなしているのが，河川の使用により他国に対して害を及ぼさない義務である。この義務は，衡平原則とは異なり，消極的な観点から国際河川の非航行的利用にあたり使用の衝突を調整しようとするものである。例えば，上流国のダム建設等により河川の流量に変化が生じる場合，他の沿河国，とりわけ下流国の灌漑などの非航行的利用に対して害が及ぶことが予想される。もっとも，この場合，害を及ぼすことはまったく認められず，いかなるものでも害はすべて禁止されるというわけではない。禁止されるのは事実としての害ではなく，下流国の河川の非航行的利用に関する法的に保護された利益に対する害である。言い換えれば，一定の水準を上回る不合理な害が禁止されるのである。しかし，何をもって「一定の水準」とすべきかを予め規定す

---

(37) McCaffrey Ⅱ，pp.129-130; McCaffrey, *supra* note 8，pp.244-251.

(38) Nollkaemper, A., "The Contribution of the International Law Commission to International Water Law : Does it Reverse the Flight from Substance? ", 27 *NYIL* (1996), pp. 45-46. なお，同論文によれば，かかる衡平原則の紛争解決能力の欠如が，国連総会が国際法委員会に対してこの分野に関する法の漸進的発達を開始するようにうながした理由であるという。

(39) Ruiz-Fabri, H., "Règles coutumières générales et droit international fluvial", 36 *AFDI* (1990), pp.819 ff.

るのは困難であるため,「他国に対する害」を生じさせない義務は,必然的に柔軟な性格をもつ。そこで,いかなるものであれば禁止される害に該当するかという点をめぐり,「敷居」を設定することが模索されてきた。「甚大な」(serious)「重大な」(significant)「実質的な」(substantial)「相当な」(appreciable) という文言をめぐって議論が繰り返されてきたのは,この点を例証するものである[40]。いずれにせよ,伝統的な国際河川法における衡平原則,およびそれと表裏をなす他国に対する害を生じさせない義務の機能は,河川の水量の合理的な配分を中心として,河川を共有する諸国家の共存をいかにして達成するかという点に主眼があったといって良い。それは,国際河川をめぐる当時の国際関係の状況を反映したものだったといってよいであろう。

3 国際水路の非航行的利用における衡平原則の現代的展開

(1) 河川の非航行的利用に関する国際協力の推進要因

国際河川の非航行的利用に関しては,関係沿河国の間にいかなるかたちで河川の水を合理的に配分するかということこそが,伝統的に問題の焦点であった。衡平原則は,その解答にほかならない。また,こうした問題は,国際河川概念が,地下水を含むより包括的な国際水路概念により代替されるようになっても,依然としてその意義を失ったわけではない[41]。もっとも,かかる衡平原則は,伝統的な役割にとどまらず,今日では関係国家間の国際協力を積極的に推し進める機能をもつ場合があることも指摘されるようになっている。その全般的な背景としては,国際法の構造的な変化[42]を指摘することが出来るが,本稿との関連で特に指摘できるのは以下の二つの要因である。

(a) 世界的な水資源の枯渇

---

[40] Sachariew, K., "The Definition of the Thresholds of Tolerance for Transboundary Environmental Injury under International Law", 37 *NILR* (1990), pp.193 ff; なお,この問題に関連する貴重な邦語文献としては,繁田泰宏「『国際水路の衡平利用原則』と越境汚染損害防止義務との関係に関する一考察 (一) および (二・完)」『法学論叢』135 巻 6 号 (1994 年) 19-43 頁,137 巻 3 号 (1995 年) 42-62 頁。

[41] 小寺彰教授は,「共存の国際法」から「協力の国際法」への転換を論じる際に,現代国際法においても共存の国際法がなくなったわけではなく,両者は併存していると指摘されているが (『パラダイム国際法』,8 頁),この指摘を国際河川に適用すればこのようにいうことが出来る。

[42] Friedmann, W., *The Changing Structure of International Law*, 1964.

〔山本　良〕　第13章　国際水路の非航行的利用における「衡平原則」の現代的展開

　第1に指摘されるのは，世界的な水資源の枯渇である。すなわち，地球上の水資源の総体は，増加したり減少したりはせず，数億年前から恒常的な量を保っている，といわれる。つまり，水は主として海洋から大気中に蒸発し，降水により地表に戻る。地表に戻った降水は，小川に流れ込み，小川は河川に合流し，やがて大海に注ぐ。また，降水のなかには，大地にしみこみ，長期間を経て地表水になるものもある。こうして，地球上の水資源は不断の循環を形成しているが，その総量は基本的に変わらない，という。

　しかし，一人あたり真水量は近年特に著しく減少傾向にある。その原因は，経済開発にともない一人あたり水使用量が増大したこと，および人口増加にある[43]。こうして，日本では必ずしも十分に認識されていないものの，世界的には水問題は今後ますます重要性をますことが確実な問題である。国連総会は，リオ宣言のアジェンダ21の第18章に依拠しつつ，決議47/193（1993年）を採択して，毎年3月22日を「世界水の日」(World Day for Water) と定めた。1977年には，国連世界水会議を開催した。また，1996年に設立された世界水会議 (World Water Council) のようなNGOが国際会議を主催し，その評価は別としても，一定の影響力を行使している。このほか，社会権規約委員会も，2003年に「水に対する権利」（一般的意見 No. 15）を採択した[44]。これらは国際水路の非航行的利用だけに関わるわけではないが，こうした文書が採択されること自体が水問題が世界的な課題となっている状況を裏書するものといえよう[45]。その結果，水路を共有する諸国家は，自らのために個別的かつ一方的に水資源を確保するよりも，必然的に関係国家と協力を模索するようになってきたのである。

(b)　「共有天然資源」(shared natural resources) 概念の登場

　もう一つ注目されるのは，共有天然資源概念が提起され，次第に定着してきたことである。この概念は，未だ概念的な不明確性を完全に払拭したとはいえないものの，地理的に隣接した諸国が共同の権利を行使するような資源をいう。具体的には，国際水路の他に，閉鎖海・半閉鎖海，大気流域，森林，保存地域，

---

[43]　McCaffrey, *supra* note 8, pp. 4-8.
[44]　E/C.12/2002/11
[45]　アナン事務総長によれば，1990年では6％だが，2025年には，地球上の全人口の35％が水欠乏の状況におかれる，という (Commission on Sustainable Development, Freshwater Resources, Report of Secretary-General (E/CN.17/1994/ 4, 22 April 1994), cit. in McCaffrey, *supra* note 7, p.22)

第2部　1990年代以降における国際法委員会の具体的成果

移動性の種のように広汎に捉えられることもあるが[46]、国際法委員会の場では、越境帯水層や天然ガス、石油などがその典型である[47]。

　国際水路非航行的利用条約の法典化において、この概念を始めて提起したのはシュウェーベルであった。シュウェーベルは、第2報告書において、水は共有天然資源の原型（archetype）であるとの認識を示す。その上で、共有天然資源概念はある意味では国際協力と同じくらい古くから存在するものの、それが具体的に主張されるようになったのは比較的最近であるとの理解の下に、かかる概念が国際社会において一定の定着をみせていることを述べる[48]。シュウェーベルの次に特別報告者に就任したエヴェンセン（Evensen）は、国際水路体系およびその水は共有天然資源であると規定する条文草案を提出し、国際協力の必要性と義務を展開したが[49]、必ずしも賛同を得ることはできなかった。資源の「共有」なる文言は、領域主権を蚕食するかのような印象を引きおこすため、かかる概念を受け入れることは国家にとって気乗りのしないことだったからだといえよう。その結果、翌年の報告書では共有天然資源に対する直接の言及は回避された。

　こうした経緯にも拘わらず、国際水路非航行的利用条約に規定された「衡平な利用」の背後には、共有天然資源概念が所在するといってよい。この条約では、国際水路の衡平かつ合理的な利用、開発、保護に関して水路国の衡平な参加が規定されているが（5条）、かかる水路国の協力的・集団的行動は、共有天然資源概念を前提として初めて可能だからである。いわば、共有天然資源という文言に直接言及することなしに、その内容を別のかたちで取り込んだといえよう[50]。かくして共有天然資源概念は、国際水路の非航行的利用に関して水路国が負う実体的義務とかかる義務を達成するための手続的義務をつなぐ触媒であ

---

[46]　ボイル／バーニー・前掲書179頁。

[47]　*Cf*., Chusei Yamada, "Forth Report ofn Shared Natural Resoureses: Transboundary Groundwaters", A/CN. 4/580; なお、本書第14章参照。

[48]　Schwebel Ⅱ, pp.180-198.

[49]　Evensen, J.,"First Report on the Law of the Non-Navigational Uses of International Watercourses", *YBILC* (1983), Vol Ⅱ, Part 1,＜以下"Evensen Ⅰ"＞, pp.169-171.

[50]　See, Summary Record of the Meeting of the Twenty-eighth Session in *YBILC* (1986), Vol Ⅰ, 1986, pp. 219, 240 *et seq*.; Tanzi, A., "The UN Convention on Interantional Watercourses as a Framework for the Avoidance and Settlement of Waterlaw Disputes", 11 *Leiden Journal of International Law*, (1998), pp.459-460.

ると指摘されているのである[51]。

以上，二つの背景を指摘したが，次節では，国際水路非航行的利用条約の具体的な検討を行うことにする。

(2) 国際水路非航行的利用条約における衡平原則の検討
(a) 国際水路非航行的利用条約の概要

国際水路非航行的利用条約において，衡平原則がいかなる現代的展開をみせているかを検討する前に，本稿の文脈上必要な限りでごく簡単にこの条約を概観しておくことにする。本条約は，全7部，37条，および当事者が紛争を仲裁に付託することに合意したときに使用される手続に関して規定した付属書からなる。しかるに，その中心は，国際水路の衡平かつ合理的な利用を規定した第5条，衡平かつ合理的な利用に関連する要素を列挙した6条，および重大な害を生じさせない義務を規定した第7条を含む第Ⅱ部「一般原則」にある。この点は，特に第5条を中心として後ほど検討する。

また，本条約の第Ⅲ部は，計画措置（「国際水路に関する新たなプロジェクトおよび計画，ならびに既存の使用の変更」の趣旨）に関する通告，協議，交渉に費やされている。すなわち，水路国が国際水路において計画措置を実施または許可し，それが他の水路国に対して重大な悪影響を与えるときには，他の水路国に対して通告をおこなうべきことを規定した（第12条）。これに対して，被通告国は，別段の合意があるときを除き，6ヶ月以内に（被通告国の要請によりさらに6ヵ月延長可能）回答すべきものとした。この間，通告国は，被通告国の許可なしに計画措置を実施してはならず，またその許可をしてはならない。

被通告国が，当該計画措置が本条約第6条および第7条と両立しないと回答するときは，通告国および被通告国は協議を行い，必要な場合には事態の衡平な解決のために交渉を行わなければならない。この場合にも，通告国は被通告国の要請があるときは，原則として6ヶ月間計画措置の実施またはその許可を差し控えなければならない。なお，水路国が，他の水路国が重大な悪影響を与える計画を実施しようとしていると信じるに足る合理的理由があるにも拘わらず通告が行われないときは，当該計画措置を実施しようとしている水路国に対

---

[51] Tanzi and Acari, *supra* note 1, pp.99-103.

して通告を要請することが出来る（第18条）。以上のような一連の規定は，越境EIAエスポー条約などの近年の類似の文書にならったものである[52]。

最後に，第Ⅵ部，第33条において，紛争解決について詳細に規定した。すなわち，本条約の解釈適用をめぐり紛争が生じたときは，紛争当事者間に適用可能な合意が存在するときを除き，以下のような規定に従って平和的手段による紛争解決が求められている（1項）。すなわち，いずれかの関係当事国の要請のときから6ヵ月以内に交渉によって紛争が解決されないときは，いずれかの紛争当事国の要請により当該紛争は公平な事実調査に付される（3項）。事実調査委員会は，双方の紛争当事国が1名ずつ指名する委員，および中立国の国籍をもつ者であって議長を務める委員1名の合計3名から構成される（4項）。議長について紛争当事国が3ヶ月以内に合意できないときは，いずれかの紛争当事国は国連事務総長に対して議長の指名を要請することができる（5項）。なお，事実調査委員会の報告は勧告にとどまるが，紛争当事国はこれを「誠実に考慮」すべきものとされている（8項）。

以上概観したように，国際水路非航行的利用条約は，関係水路国間の利害調整に関して充実した仕組を設けたということができる。たしかに，事実調査委員会は司法機関ではなく，その報告は法的拘束力を欠くが，かかる義務的事実調査の仕組が条約にビルト・インされていることは特筆に値しよう。この点が，衡平使用に関連する要素に関しては国際水路非航行的利用条約よりもさらに詳細な項目をあげながらも，紛争解決に関しては乏しい規定しかもたないヘルシンキ規則と比較して，大いに評価に値するということができるであろう。しかし，国際水路非航行的利用条約における衡平原則の現代的機能という観点から特に注目されるのは，むしろ次の点にある。

(b)　国際水路非航行的利用条約における衡平原則の現代的変容

国際水路非航行的利用条約は，第5条1項前半において水路国が国際水路を衡平かつ合理的に使用すべきことを規定し，後半でその点を具体化している。すなわち，水路国は，「関係する水路国の利益を考慮しつつ」「水路の適切な保護と両立する利用およびそこから生ずる便益を最適 (optimal) かつ持続可能な (sustainable) ものとするように水路を利用」し，開発を行わなければならないと

---

[52]　McCaffery, *supra* note 8, p. 472, fn. 33.

されている。

　この規定は，国際法委員会採択の条文に対して若干の修正を加えたものである。すなわち，全体作業部会において，かなりの数の国家が，国際法員会採択条文は国際環境法の現代的展開を反映すべきであるとした主張した結果[53]，「関係する水路国の利益を考慮しつつ」および「持続可能な」という文言が付加されて現行のような規定となった。この修正により，衡平かつ合理的な利用の目標が国際水路の最適かつ持続可能な利用であることが一層明確化されることになったと指摘されるが[54]，条文の趣旨は国際法委員会採択条文と基本的にかわっていない[55]。そこで，第5条の草案に付された注釈を見ると，最適な利用とは，「『最大』利用」("maximum" use) や，「最も技術的に効率的な利用」，「最も金銭的に価値のある利用」ではなく，まして短期的な便益を目的とするものの長期的な損失は度外視するようなものでもない。それは，すべての水路国に対して可能な限り最大の便益をもたらすものであり，各水路国の損失や必要に対して対応不能であるというような状況を極小化しつつ，それらの諸国すべての必要に対して可能な限り大きな満足を達成することを意味している[56]，という。つまり，衡平利用の目標として，最適な利用が実現されなければならないとされているのである。

　国際環境法における資源の「最適な」利用という考えは，必ずしも新奇な概念というわけではない。その嚆矢は，1972年のストックホルム人間環境宣言にさかのぼる。もっとも，当初は最適な利用と最大の利用は必ずしも明確に峻別されて用いられたわけではなかった[57]。

　国際水路非航行的利用条約の法典化において，最適利用という概念をはじめて提示したのはシュウェーベルである。シュウェーベルは，その第3報告書に

---

[53] McCaffery, S. C. and Sinjela, M., "The 1997 United Nations Convention on International Watercourse", 92 *AJIL* (1998), p. 99.

[54] Tanzi and Acari, *supra* note 1, p.104.

[55] それゆえ，国際法委員会採択条文に対するかかる修正は，「十分な用心により」(*ex abundante cautera*) 行われたとものと指摘されている（McCaffery and Sinjela, *supra* note 53, p.99)。

[56] Para. (3) of the Commentary to Article 5, "Report of the International Law Commission on the Work of its forty-sixth Session", *supra* note 9, p.97.

[57] Hafner, G., "The Optimum Utilization Principle and the Non-Navigational Uses of Drainage Basins", 45 *Austrian Journal of Public International Law* (1993), pp.130-132.

おいて,「衡平な参加」と題された第6条を提示した。同条第1項は,「国際水路システムの水は,当該システムを構成する国家の適切な保護および管理に従って,当該水の最適な利用を達成するように,衡平な基礎に基づいて開発および使用されなければならない」と規定するが,その注釈の中で次のように述べている。すなわち,水の使用に関する国家の権利は,当該水路システムの保護および管理によって限定されており,国家が行う河川の規律および管理には,水力発電や灌漑等の伝統的使用だけでなく,洪水防止や,干ばつの緩和等の高度に重要な河川の利用にしばしば資するものがあるという。しかし,特に注目されるのは,河川の保護に関して述べる以下のような点である。すなわち,国家による河川の保護には,水質や,環境,安全保障,水関連疾患および管理等に関するものが含まれ,それらは本来であれば国際水路システムを構成する国家に許容されているような水の利用を制限する措置を含むことがある。そして,国際水路システムの水に依存する人々の福祉や当該地域の社会経済的発展,そしていうまでもなく海洋環境の保護が,かかる一定の保護措置に対して優越的な地位を付与することがある,という[58]。こうした立場は,シュウェーベルの後任の特別報告者であるエヴェンセンにも引き継がれた[59]。そこでは,特に関係諸国の協力が重視されている。

　つまり,最適な利用とは,さまざまな水路国によって遂行されるすべての使用から生じる便益全体を包括するものであり,それは伝統的な個々の沿河国による河川の最大利用の合計とはもはや質的に異なる。例えば,ある論者によれば,国際水路の利用を欲するもののその人口の少なさゆえに当該水路の利用から生じる便益が1億ドルに満たないミニ国家と,当該水路の利用から10億ドルの便益をあげることが期待できる大国による利用のいずれかが優先されるべきかという問題に関して,最大利用の観点からは大国による使用が優先される。なぜならば,便益の合計がより多額になるからである。しかし,最適利用の観点からは,ミニ国家による国際水路の使用が優先される。なぜならば,最大利用は便益の合計自体は多額であっても,ミニ国家による当該水路の利用の犠牲

---

(58) Schwebel Ⅲ, pp. 85-86.
(59) Evensen Ⅰ, pp. 170-171 ; Evensen, J., "Second Report on the Law of the Non-navigational Uses of International Watercourses", *YBILC* (1984), Vol Ⅱ, Part 1, p.111.

〔山本　良〕　第13章　国際水路の非航行的利用における「衡平原則」の現代的展開

の上に成立しているからである[60]。

　そして，最適な利用は個々の国家の権利ではなく，個々の国家による水路の使用が対立的なときにそれらの調整をおこなう際の基礎をなす拘束的な目標であり，水路の利用に関する個別国家の裁量に対する法的に拘束力をもつ制限であると述べられている[61]。ひと言でいえば，国際水路に関する伝統的な衡平使用原則に対して，国際水路に関する法の現代的展開における衡平原則は個別国家の水路利用の権利に対して公益的観点から課された制限（public interest limitations）[62]であるということができよう。

　このような考え方は，国際法委員会採択条文においてすでに明らかであったが，全体作業部下において前述のように「関係する水路国の利益を考慮しつつ」というフレーズが付加されたことにより，一層明確化された。つまり，この文言を伝統的な衡平利用に内在するような原則を単に反復したものと解釈するのであればその意義は非常に希薄なものとならざるを得ないが，仮に意義あるものとするのであれば，それは国際水路国により構成される諸国家の集団全体の便益を考慮することを意図していると解されなければならないからである[63]。さらに，そこで追加された「持続可能な」という文言も，国際水路の利用に関して課せられた公益的観点からの制限であるということができる。この文言の存在により，持続可能ではない国際水路の利用は，もはや「衡平」ではないと評価されることになったからである。全体作業部会におけるこうした修正は，まさしく国際水路法の現代的展開を反映した結果であったということが出来よ

---

[60] Hafner, *supra* n.57, p.132. 経済学の概念を用いれば，国際水路の非航行的利用に関して「パレート最適」を実現することである。但し，ハフナー自身は，こうした最適利用の実現は実際には困難であることを指摘している（*ibid*., pp. 133-136）。

[61] *Ibid*., p. 132. もっとも，最適な利用は水路国に課せられた義務ではなく，水路国が目指すべき目標であるという指摘もある（Hey, E., "Sustainable Use of Shared Water Resources: the Need for a Paradigmatic Shift in International Watercourses Law" in Blake, G.H. *et al*. eds., *The Peaceful Management of Transboundary Resources*, 1995, p. 141）。

[62] Tanzi and Acari, *supra* note 1, p.104. なお，かかる概念は，もともと米国国内の水法（water law）において提起されてきたものである（Tarlock, A.D., "Current Trend in United States Water Law and Policy: Private Property Rights, Public Interst Limitations and the Creation of Markets" in Blake, G.H. *et al*., *supra* n. 61, pp. 183 ff.）。

[63] Tanzi and Acari, *supra* note 1, p.108.

う。
　もとより，かかる衡平原則は，実体的側面および手続的側面において問題がない訳ではない。前者に関して，関係水路国間に最適利用を実現するために衡平原則を適用することは，実際には容易ではないことが推測される。その理由は，現実には水路国の関係はより複雑であって，先に言及した例のような単純な状況を想定することは困難であるからにほかならない。例えば，国際水路による発電から生じる便益と他の国において灌漑から生じるそれを比較することは容易ではない。また，すでに実行されている水利用と将来の利用との関係を如何に調整するかという問題もある。すなわち，既存の水利用に対して一種の既得権としての位置づけが与えられるとした場合，最適利用の実現は困難に逢着する。そうした位置づけが与えられないとした場合，新たな水利用の実現のために既存の水利用が排除されるときに行われるべき補償の問題を如何に処理するかという難問も生じる[64]。
　このような問題状況への対処としては，最適利用を手続的に実現するための仕組を整えることが重要であろう。それは，例えば常設的な性格の機関の設立による協力の仕組を関係水路国間に設けることが考えられる。しかし，こうした側面に関して，国際水路非航行的利用条約は関係水路国間に必要と考えられる共同の機構あるいは委員会の設置を「検討することが出来る」と定めるだけで，十分とはいえない。この点は，類似の他の条約と比較しても，見劣りがするように感じられよう[65]。それゆえ，アドホックな性格のものではなく，より常設性の高い機関による円滑なコミュニケーションを前提することによって，個別国家の水路利用の権利に対して公益的観点から課された制限としての衡平が適切に機能する基盤を整備することが出来るといえるであろう。

4　おわりに

　以上検討してきたように，国際水路非航行的利用条約における衡平原則は，伝統的な沿河国間の調整原理としての機能を越え，個別水路国の水路利用に関

---

[64]　Hafner, *supra* n.57, pp.137-140.
[65]　例えば，越境水路条約（1992年）は，関係国間において，越境汚染その他の影響を防止し削減しかつ規制するための合意を結ぶこと，および共同機関を設立することを義務づけている（ボイル／バーニー・前掲書342頁）。

〔山本　良〕　第13章　国際水路の非航行的利用における「衡平原則」の現代的展開

する権利を公益的観点から限定する機能に転換してきている。かかる転換は，いうまでもなく国際水路の非航行的利用が個別国家によるものから複数国家によるものへ転換し，それに伴い生じた法の現代的展開を反映したものである。もとより，国際水路非航行的利用条約は枠組条約として作成されており，個別国家相互間の合意に対してただちに優越するものではない。同条約3条は，国際水路国間の既存の合意の変更を求めるものでもないことを明記している。しかし，今後相当な期間にわたり，同条約が国際水路に関する事実上の一般法としての役割を果たすことは疑いなく，かかる条約が個別国家間の合意に対していかなる作用を及ぼしていくかを一層注意深くみていくことが求められるのである。

第14章　共有天然資源
——地下水に関する条文草案の概要と評価——

岩 石 順 子

1　はじめに
2　地下水をめぐる国際法
3　越境帯水層条文草案の概要
4　越境帯水層条文草案の評価
5　おわりに

1　はじめに

　近年，水資源の汚染や枯渇といった問題への関心が高まっている。地球上の水の約97％は海水，約2％は雪氷や永久凍土に閉じ込められ，淡水は約1％に過ぎない。人口増加・工業化・灌漑農業等によって水資源の利用は増加し，河川や湖沼の水量及び水質に多大な影響を与えている。森林伐採と都市化で降雨を受け止める土地が減少したことにより，雨水は利用されないまま洪水となって海に流れ込む。

　こうした状況のなか，水資源の需要の急増を支えたのが地下水である。淡水のうち表層水として存在しているのはごくわずかであり，約98％は地下水として存在している。電動で汲み上げる技術ができたことにより，これまでは手つかずであった深い地下からも水が汲み上げられるようになり，地下水が利用しやすくなった。しかし，今，この地下水の汲み上げが急激に増大したことにより，地下水の汚染や枯渇の危険も，認識されるようになってきている。

　国際法委員会（以下，ILC）は，2008年の第60会期の本会議において，この地下水の保護の問題について規定する「越境帯水層に関する条文草案」(以下，越境帯水層条文草案）を採択した[1]。これは2002年の第54会期においてILCの作業計画に加えられた「共有天然資源」の議題[2]の下で，作業が行われていたものである。

　ILCは，国際水路の非航行的利用に関する条約（以下，国際水路非航行的利用条

約）を採択する第6委員会内における作業部会で議長を務めた山田中正委員を，「共有天然資源」の特別報告者として任命した⑶。山田委員は，同年にディスカッションペーパーを提出し，議題が採用された背景から越境地下水・石油・天然ガスを扱うことが適当であるとし，その経緯と緊急性に鑑みて越境地下水から作業を行う考えを示した⑷。翌年の2003年より第一から第五までの報告書⑸が提出されて2008年の第二読条文草案の採択に至り，近年ILCで条文草案の形に結実したものとしては短期間に成果をみたものである⑹。

本稿では，まずこれまで国際法が地下水の保護に関していかなる規律をしていたかを確認した上で，越境帯水層条文草案の概要を紹介し，草案への現時点における指摘を整理して，草案の評価と今後の展望を示すこととする。

2　地下水をめぐる国際法

国境を越えて流れる河川や国境上に存在する湖などの表層水については，他国との間で利害対立が表面化する場面が多く，古くから条約による取り決めがなされてきた。航行による移動手段を確保するため，また後には，非航行利用に伴う水量の変化や汚染の発生から生じ得る問題に対処するため，国際河川をめぐっては20世紀後半以降，共同管理のための制度が整備されてきた。

⑴　Draft articles on the Law of Transboundary Aquifers, with commentaries, in International Law Commission, Report on the work of its sixtieth session (A/63/10). 国連総会は同年の第63会期において，条文草案の今後の扱いについて検討するため，総会第66会期（2011年）の議題に加えることを決定した（A/RES/63/124）。

⑵　International Law Commission, Report on the work of its fifty-forth session (A/57/10 and Corr. 1), paras.517 and 518.

⑶　*Ibid.*

⑷　ILC (LIV) /IC/SNR/WP. 1

⑸　それぞれの文書記号は，第一報告書（A/CN. 4 /533 and Add. 1），第二報告書（A/CN. 4 /539 and Add. 1），第三報告書（A/CN. 4 /551 and Add. 1），第四報告書（A/CN. 4 /580），第五報告書（A/CN. 4 /591）。

⑹　水問題の現状と地下水の性質に詳しく言及しながら本草案の作業を山田委員が紹介したものとして，山田中正「講演：国際法の法典化―越境地下水条約を中心に」『西南学院大学論集』第40巻3・4合併号（2008年）1-15頁。また，ILC60周年を記念して開催された講演会において，本草案への評価についての講演が行われ，作業に携わった委員達によるコメントが述べられたものとして，George Nolte (ed.), *Peace through International Law: the Role of the International Law Commission (A Colloquium at the Occasion of its Sixtieth Anniversary)*, 2009, pp.125-175.

〔岩石順子〕　　　　　　　　　　　　　　　　第 14 章　共有天然資源

　しかし，淡水の殆どが地下水の形で存在するのに対し，これまで地下水については他国との間で規律するものとして関心が払われてはおらず，地下水について特に言及する条約や地下水自体を主たる対象とした条約は少なかった。また，地殻の変動により地中に閉じ込められるなどの理由で，現在ではほぼ新たに水が補給されることもなく河川や泉として地表に表出することもない地下水（化石水，confined water や fossil water といわれる）については，さらに国家間の条約の対象とはなってこなかった。

　その理由としては，そもそも近年になるまで地中を研究する技術の限界から，地下水と表層水の関連についての科学的知見が少なかったことや，地下水がまさにその「見えていないという性質」から国家の目に入ってこなかったという実際的な点が指摘されている[7]。また，さらに重要な理由として，領域主権の絶対性から，国家は，領土の下に存在する水についても絶対的な主権を持つことが否定されるとは，考えてこなかったであろうということが指摘されている[8]。

　国際法上の規律の対象として地下水資源が認識されるようになったのは，水循環において国際河川や湖沼との関連を持つことから，それらの保護及び管理のために水循環のシステム自体を対象としなければならないと考えられるようになったからである。二国又は複数国間での国際河川等の表層水に関する条約において，保護の対象を広く流水域（drainage area）や水系（watercourse system）に規定する実行が見られる。このような概念が用いられている場合には，明示的に地下水への言及がなくても条約の対象になっていると一般に考えられている[9]。また，国際水路非航行的利用条約は，条約の対象である水路（watercourse）を「地表水及び地下水であって，物理的関連性により単一体をなし，通

---

[7] Stephen C. McCaffrey, *The Law of International Watercourses*, Second Edition, 2007, pp.484-485.

[8] *Ibid*.

[9] *Ibid*., pp.485-488; Gerhard Loibl, "Groundwater Resources: A Need for International Legal Regulation?", *Austrian Review of International and European Law*, Vol. 5 , 2000, pp.91-106. こうした地下水の概念も含む形で規定される条約も含め，地下水に関する国際文書等をまとめているものとして，Stefano Burchi and Kerstin Mechlem, *Groundwater in International Law: Compilation of Treaties and Other Legal Instruments (FAO Legislative Study 86)*, 2005.

変革期の国際法委員会

常は共通の流出点に到達する水系」と定義しており，表層水と関連を持つ地下水を明示的に対象に含めている。これらの条約の実行から，水資源の衡平利用の原則や重大な害を発生させないよう防止する義務など，表層水に関する基本的な規則で地下水にも適用可能なものについては，地下水に関する一般国際法規則ともなっていると指摘されている[10]。ただ，こうした条約は何れも，表層水に関係する範囲で地下水を対象とするものである。表層水との関連をほぼ持たない地下水があることや，地下水が汚染された場合にはその回復が表層水よりも困難であることなど，地下水資源の特殊性に考慮した規定ではない。

　地下水資源に関して特化した規定を持っているものではないが，あらゆる表層水も地下水も含め集水域全体を基礎として統合的な水資源の保護を目的としているのが，国連欧州経済委員会（UNECE）において採択された「越境水路および国際湖水の保護及び利用に関する条約（以下，ヘルシンキ条約）」（1992 年）及び「水と健康に関する議定書」（1999 年）である[11]。ヘルシンキ条約では，健全かつ合理的な水資源の管理・保存及び環境の保護を目的とした利用の確保，越境表層水及び地下水の合理的かつ衡平な利用の確保，越境して影響を引き起こすおそれのある汚染の防止や軽減，生態系の保全について適切な措置をとることの義務付け，その際に，予防原則・汚染者負担の原則・将来世代の必要性の確保を指導原理とするように規定している。その上で，特定の集水域に関連する国家間で二国間又は多数国間条約を締結し，ヘルシンキ条約に従った協力の枠組を設定して，情報交換・共同研究開発・非常事態に関する警告等を行うよう義務付けている。議定書は，越境性の有無に関わりなく淡水資源をより統合的に管理することを目的としており，上記の指導原理に加えて，帯水層も含む集水域全体を基礎とした統合的アプローチ・領域管理責任原則・水に関する情報へのアクセスや政策決定への公衆参加・水資源の価値を最大限に受諾可能かつ持続可能とする利用など，さらに進んだ内容も含む原則及びアプローチによって

---

[10] Julio Barberis, *International Groundwater Resources Law (FAO Legislative Study 40)*, 1986, pp.38-57; Matz-Lück, " The Benefits of Positivism: the ILC's Contribution to the Peaceful Sharing of Transboundary Grounswater", Nolte (ed.), *supra* note 6, pp.132-134.

[11] Convention on the Protection and Use of Transboundary Watercourses and International Lakes (Helsinki, 17 March 1992) and its Protocol on Water and Health (London, 17 June 1999)

〔岩石順子〕　　　　　　　　　　　　　　　　　　第14章　共有天然資源

措置をとることを求めている。

　地下水資源を主たる対象とした一般条約はないが，一般レベルにおいて地下水に関して特別な規則を提案しているのは，国際法協会（以下，ILA）によるレポートである。1966年に「国際河川の水の利用に関するヘルシンキ規則（以下，ヘルシンキ規則）」[12]を採択していたILAは，1986年に「国際的な地下水に関するソウル規則（以下，ソウル規則）」[13]を採択している。このソウル規則自体は，各国が領域に対する権利義務を行使するにあたり地下水が各国との関連を持つことを念頭におくことや，現在適用可能な国際法に従い地下水の汚染を防止することといった，新たに何かの義務を設定するというよりも，現在国家が負う義務の履行にあたり地下水の特殊性への配慮を求める規定に留まるものである。2004年にILAは環境保護の観点からヘルシンキ規則に替わるルールとして「国際水資源に関するベルリン規則（以下，ベルリン規則）」[14]を採択し，その第8章に地下水の規定を置いており，これがソウル規則に替わるものとなる。

　ベルリン規則の第8章は，表層水との関連を持つものも持たないものも，また，越境するものもしないものも含めて，地下水を蓄える地層である帯水層の全てを対象としている。表層水と連動した（conjunctively）地下水の管理（第37条），予防的アプローチに従い地下水及び帯水層の持続可能な利用を確保する計画（第38条），地下水の状況や工業・農業活動による影響など地下水及び帯水層の管理に必要な情報の収集（第39条），補給状況を考慮に入れた持続可能性原則に基づく管理（第40条），帯水層の汚染を防止するためにあらゆる措置をとる義務（第41条）などが，義務付けられている。また，帯水層が国際的な集水域（international drainage basin）の一部となる表層水に関連をもっている場合，又は，表層水との関連に関わらず帯水層が二国以上の国をまたいで存在する場合には，共有水資源に関する規則が同様に適用されるとし，可能かつ適切な限り関係国が当該帯水層を一体として管理すること，情報やデータの交換に協力すること，他の関係国に重大な（significant）害を生じさせない義務と帯水層を保護する義務とに配慮しつつ衡平な利用を確保するために国際的な協力及び管理を行うこ

---

[12]　The Helsinki Rules on the Uses of the Waters of International Rivers （London, ILA, 1967）

[13]　The Seoul Rules on International Groundwaters （Seoul, ILA, 1986）

[14]　The Berlin Rules on Water Resources （Berlin, ILA, 2004）

第2部　1990年代以降における国際法委員会の具体的成果

となどが，義務付けられている（第42条）。

　地域レベルでも地下水を主たる対象としているものは殆どなく，条約又は条約によらずに管理制度を設定しているものが僅かに存在する程度である。その一つが，ヌビア帯水層システムに関する管理制度である。このヌビア帯水層は北東アフリカの東サハラ地帯の地下に存在し，チャド・エジプト・リビア・スーダンの4カ国にまたがっている巨大な帯水層で，現在では新しい水の補給を受けない化石水を擁している。70年代初めから関係国は研究開発を共同で行うことが利益になると考え，1992年にはそのための共同機関を設置し，情報収集や水資源開発計画の形成などを行っている。さらに2000年には，情報共有及びモニタリングについて関係国間で合意を結んでいる[15]。

　また，南米にはグアラニ帯水層システムという上質の帯水層があり，アルゼンチン・ブラジル・パラグアイ・ウルグアイをまたいでいる。世銀や米州機構などの支援を受けて，環境保護と持続可能な管理のための仕組みを構築しているところであり，2010年に共同管理のための条約締結に至ったところである[16]。

　フランスとスイスをまたぐジュネーブ帯水層については，1977年に上部サヴォワ市とジュネーブ市との間で地方自治体レベルでの取り決めがなされ，共同管理が行われている。これは他に例を見ないもので，自然の降雨による補給のみでは帯水層の水位が低くなってきたため，両国の協力により，河川から帯水層へ浸透する補給地域に水を引くことで，人工的に補給を行う仕組みを設定したものである[17]。

　ILCにおける共有帯水層条文草案作成の作業は，このように条約等による実行がさほど積み重なっていない状況において，地下水における一般レベルでのルール作りを行うという，慣習法を法典化する機関であるILCとしては些か特殊な様相を呈していた。

　そもそも，共有天然資源という議題の下で地下水がILCの検討課題に加えられたのは，表層水と関連を持たない地下水が国際水路非航行的利用条約の適用から外されていることに端を発する[18]。こうした「閉じられた地下水（confined

---

[15]　A/CN. 4 /533/Add. 1 ; A/CN. 4 /539/Add. 1 , paras. 3 - 8 .
[16]　*Ibid*., paras. 9 -11.
[17]　*Ibid*., paras.12-16.
[18]　経緯については，A/CN. 4 /533, paras.12-17; McCaffrey, *supra* note 7, p. 499.

324

〔岩石順子〕　　　　　　　　　　　　　　　第14章　共有天然資源

groundwater)」をも国際水路非航行的利用条約の対象に含めるか否かは、同条約の起草作業の終盤に特別報告者となっていたRosenstock委員により提起された。Rosenstockは、この「閉じられた地下水」を含めても水資源管理の仕組み全体の大勢には影響がなく、条約中の原則や規範は同様に適用可能であるから、対象に含めるのが適当であるとの考えを示した[19]。しかし、ILCは作業の終盤にあたって、これまで全く検討をしてこなかった「閉じられた地下水」を適用対象に含めることは適当と考えず、国際水路非航行的利用条約の草案を採択する際に、「閉じられた越境地下水に関する決議」[20]を採択するに留めた。決議は、適切である場合には草案中の原則を越境地下水の規律の際にも指針とするよう、国家に推奨するものである。

　その後、Rosenstockは、2000年のILC第52回会期において「国家の共有天然資源」を将来の作業計画に加え、かかる議題の下で「水、とりわけ閉じられた地下水と、石油や天然ガスのように同様に単一の地質学的構造」に焦点を当てるよう提案し[21]、これが後に検討課題に採用されたのである。

　このような経緯から議題となった地下水についての法典化作業とは、漸進的発達の要素を入れることが認められるにしても、水資源に適用されてきた基本的な規則がどこまで適用可能であるかという観点から出発することになる。越境帯水層条文草案は、限られた実行しかない中で、単にかかる基本的規則を限定していくにとどまらずに、いかに地下水の特殊性に鑑みてその保護に資する積極的な条文提案にできるか、試みられたものであったといえよう。

3　越境帯水層条文草案の概要

　越境帯水層条文草案は、前文及び全19ヶ条からなる。以下では、本条文草案の概要を、コメンタリーにより条文の意図を補い、また、特に国際水路非航行的利用条約との相違点を指摘しつつ紹介する。

　19ヶ条の条文は、第1部「序」、第2部「一般原則」、第3部「保護、保全及

---

[19] Rosenstock's First and Second reports, A/CN.4/451, para.11, and A/CN.4/462, paras. 2-11.

[20] Resolution on Confined Transboundary Groundwater (which is appeared in the Yearbook of the International Law Commission, 1994, vol.II, Part Two, p.135.)

[21] Report of the International Law Commission on the work of its fifty-second session (A/55/10), p. 314.

第2部　1990年代以降における国際法委員会の具体的成果

び管理」，第4部「雑則」からなる。この枠組み自体は，国際水路非航行的利用条約に大枠では沿っている。

　前文は，最終的に第2読草案をまとめる際に，起草委員会が付け加えたものである[22]。前文では，地下水は人類の生命維持において重要な資源であること，また，地下水を蓄える帯水層は汚染への耐性が低いことを確認している。国際文書に関しては，天然資源に対する恒久主権に関する決議に言及するとともに，リオ宣言及びアジェンダ21に言及している。

　第1部「序」は，第1条「範囲」と第2条「定義」からなる。

　第1条は，越境帯水層又は帯水層系の利用，それらに影響を与えるその他の活動，それらを保護・保全・管理する措置に対して，条文草案が適用されると規定している。適用対象を，当初予定された「地下水（groundwater）」ではなく帯水層（aquifer）にしているのは，この専門用語を用いる方が科学的に正確であり，法律家のみならず条文草案を実際に用いる科学者や行政官のために曖昧さを排除するとの配慮からである。また，この条文案は，全ての越境帯水層又は帯水層系に適用され，国際水路に関連があるか否かをとわないこととしている。先にも述べたように，国際水路非航行的利用条約はその第2条(a)項において，国際水路と関連する地下水については適用範囲としており，この越境帯水層条文草案との重複が生じるため，調整が必要とされている。

　第2条は，条文草案中に使われる「帯水層（aquifer）」，「帯水層系（aquifer system）」，「越境帯水層（transboundary aquifer）」，「越境帯水層系（transboundary aquifer system）」，「帯水層国（aquifer states）」，「越境帯水層又は帯水層系の利用（utilization）」，「涵養される帯水層（recharging aquifer）」，「涵養地帯（recharge zone）」，「流出地帯（discharge zone）」の各語について定義している。

　本条によれば，条文草案において「帯水層」とは，透水性の低い地層の下にあり，透水性が高く水を蓄える地層と，当該地層の飽和帯[23]に存在する水のこととを意味する。「帯水層系」とは，水文学上，関連のある二つ以上の帯水層の

---

[22]　これまでILCが採択してきた条文は，委員会において採択される条文草案の時点では，通常，前文は付されていない。その例外が，危険な活動から生じる越境損害についての負担の分配に関する原則案と防止に関する条文案，それから，この帯水層条文草案であり，何れも部分的な前文がILC自身により提案されている。

[23]　地層のうち地下水で満たされており水圧を受けている部分を飽和帯という。

〔岩石順子〕　　　　　　　　　　　　　　　　第14章　共有天然資源

連なりを意味する。また,「越境帯水層」及び「越境帯水層系」とは,帯水層又は帯水層系の一部が他の国に存在するものをいい,「帯水層国」とは,越境帯水層又は越境帯水層系の一部が領域に存在する国のことをいう。

　越境帯水層又は帯水層系の「利用 (utilization)」は,利用 (uses) よりも広い概念として用いられており,帯水層に含まれる水自体を用いること以外に,帯水層に含まれる鉱物を用いることや,地熱発電のために地層を用いることなど,帯水層に影響を与え得る活動を広く含めることを目的としている。「涵養される帯水層」とは,現在,無視し得ない量[24]の水が,新たに地層に補給される帯水層のことをいう。「涵養地帯」とは,雨水を受ける場と,雨水が溢れ土に浸透する場とからなり,帯水層へ水を運ぶ地帯のことをいう。「流出地帯」とは,河川,湖,オアシス,湿地,海洋など,帯水層からの水が流出する地帯のことをいう。

　第2部「一般原則」は,越境帯水層又は帯水層系の利用に関する帯水層国の権利及び義務について規定しており,第3条「帯水層国の主権」,第4条「衡平かつ合理的な利用」,第5条「衡平かつ合理的な利用に関連する要素」,第6条「重大な害を生じさせない義務」,第7条「一般的協力義務」,第8条「データ及び情報の定期的な交換」,第9条「二国間及び地域的な合意及び制度」からなる。

　まず第3条は,帯水層国が越境帯水層又は帯水層系の自国内に存在する部分に対して主権を有することを規定している。当初この規定は特別報告者による報告書にはなく,自国領域内の天然資源に対する主権を考慮に入れるよう主張した国々の意見を受けて,ILCでの作業部会における検討の結果,加えられたものである。

　第4条は,帯水層国が「衡平かつ合理的な利用の原則」に従って帯水層又は帯水層系を利用することを義務付けた上で,いかなる利用の仕方がかかる原則に合致するかを具体的に示している。そこにあげられているのは,①関係する他の帯水層国が得る利益を衡平かつ合理的に増加すること,②帯水層に含まれる水の利用に関し長期的利益の最大化を目指すこと,③現在及び将来の必要性と代替的な水資源を考慮に入れて包括的な利用計画を個別又は共同で設定すること,④補給可能な帯水層については効果的な機能の継続を妨げないこと,の

---

[24]　コメンタリーは,無視し得ない (non-negligible) とは相対的な概念ではあり,帯水層の規模等によって判断されるとしている。

4点である。国際水路非航行的利用条約は同様の原則を規定しているが，このような具体的な利用の仕方を示すのではなく，国際水路の「最適かつ持続的な利用」に合致する仕方で，水路国が国際水路を用い開発するよう規定する。帯水層条文草案では，帯水層が涵養されるか否かに関わらず多かれ少なかれ限りのある資源であるとの認識に立ち，「持続可能な利用」ではなく「長期的利益の最大化」をはかるよう規定している。

第5条の第1項は，「衡平かつ合理的な利用」のために考慮に入れなければならない関連項目を列挙している。その関連項目として挙げられているのは，①帯水層に依存している人口，②現在及び将来における社会的・経済的・その他のニーズ，③帯水層の自然の特徴，④帯水層の構成と涵養に対する寄与，⑤現在及び潜在的利用，⑥他の関係国に与える実際の及び潜在的影響，⑦代替の可能性，⑧帯水層の発展・保護・保全とその措置にかかるコスト，⑨関係する生態系に対する当該帯水層の役割，の9点であり，概ね国際水路非航行的利用条約で列挙された項目を踏襲している。同2項では，これらの項目の優先順位は個々の帯水層の特性によって個別に判断されるとしつつ，とりわけ基本的な人類のニーズ (vital human needs) に考慮を払うよう義務付けている。

第6条は，帯水層国の「重大な害 (significant harm) を生じさせない義務」を規定し，帯水層の利用又は帯水層に影響を与えうるその他の活動によって，他の帯水層国又は領域内に流出地帯が存在する他国に対して，重大な害が生じることを防止するため，全ての適切な措置をとらなければならないとする。この義務は，国際水路非航行的利用条約の第7条に対応しているものであるが，①帯水層の利用以外の活動によって帯水層の汚染が生じることを視野に入れ，帯水層の利用自体以外の活動を射程に加えていること，②害が発生した場合にとることとして，害を与えた国との協議及び害の削減又は緩和の措置についてのみ規定し，国際水路非航行的利用条約に規定のある補償の問題には触れていない点が，異なっている。ここで，補償の問題について触れていないのは，国家責任に関する国際法規則やライアビリティーに関する国際法規則によって規律される問題であり，本条文草案で異なる扱いを必要とはしていないとの判断からである。生じさせてはならない害のレベルとしては，国際水路非航行的利用条約と同じく「重大な害 (significant harm)」を採用しており，より低いレベルの害をも対象にすべきと一部の国や論者からの指摘もある。コメンタリーでは，

「この重大な (significant)」という程度については，「測定可能 (detectable)」よりは重度であり「深刻な (serious)」又は「相当な (substantial)」よりは軽度である程度としつつ，このレベルは，特定の帯水層の脆弱性を含め個々のケースにおける事実を考慮にいれて判断されるものであり，相対的な概念であるとしている。

　第7条は，帯水層国間の協力義務を規定している。帯水層国は，衡平かつ合理的な利用と帯水層の適切な保護のため，主権平等，領土保全，持続可能な発展，相互利益及び信義誠実を基礎にして，協力しなければならないとし，そのため，帯水層国は協力のジョイントメカニズムを設置すべきであると規定している。この規定は，国際水路非航行的利用条約の第8条に対応しているが，①国際水路非航行的利用条約が国際水路の「最適な利用」を確保するよう規定するのに比し，本条文草案では「衡平かつ合理的な利用」としている点，②「持続可能な発展」を基礎とする要因に加えている点，③ジョイントメカニズムの設置についてより強い文言で推奨している点が異なっている。

　第8条は，帯水層国間のデータ及び情報の交換を義務付けている。本条は基本的に国際水路非航行的利用条約の第9条に対応しているが，現時点において帯水層に関するデータが不足していることから，第2項に，帯水層に関する知識が不足している場合に，現在の実行と基準とを考慮に入れてより完全なデータ及び情報を収集できるよう最善の努力を行うよう，帯水層国に義務づけている点が異なる。

　第9条は，二国間又は地域間で帯水層に関する合意やアレンジを行うことを推奨している。越境帯水層の管理に関する問題を，関連する帯水層国のグループに任せるという形は，国連海洋法条約での原則を基礎にしたものである。この条文は，国際水路非航行的利用条約の第3条に対応しているが，国際水路非航行的利用条約では二国間又は地域間の合意を行うこともできる (may) と規定しているところ，より強い文言を用いているところが異なっている。また，国際水路に関しては既に多くの条約が結ばれている一方，越境帯水層に関する国家間の集団的な仕組みは初期段階にあるため，合意だけではなくアレンジという弱い形も含めている。

　第3部「保護，保全及び管理」は，第10条「生態系の保護及び保全」，第11条「涵養及び流出地帯」，第12条「汚染の防止，軽減及び制御」，第13条「モ

ニタリング」,第14条「管理」,第15条「計画された活動」の6ヶ条からなり,帯水層を管理し汚染を防止するための仕組みについて規定している。

まず,第10条「生態系の保護及び保全」は,帯水層国に生態系の保護及び保全のための適切な措置をとるよう義務付けている。生態系の保護義務は,帯水層国に生態系が害を受けることから保護するよう義務付けるものであり,生態系の保全義務とは,害されていない状態にある淡水の生態系を,可能な限り自然な状態を保持するように取り扱うことを義務付けるものである。この2つの義務は,水の生態系が生命維持装置としての能力を継続して保つことを目的としている。本条は,国連海洋法条約第192条や国際水路非航行的利用条約第20条と同様の義務を規定するものである。

次に,第11条は,帯水層の涵養地帯と流出地帯に関する規定であり,帯水層国に,領域内に存在するこれらの地帯を特定し,有害な影響を防止及び最小化するため適切な措置をとることを義務付けるとともに,帯水層国以外でこれらの地域が存在する国に,帯水層国との協力を義務付けるものである。このような規定は国際水路非航行的利用条約には見られない。地下水の専門家は,帯水層の機能のために涵養地帯及び流出地帯も保護及び保存する重要性を指摘している。本条文草案では,帯水層の定義自体には涵養地帯及び流出地帯は対象としていないため,別途,かかる地帯の規制に関する条文を要するとして,設けられた条文である。帯水層に汚染物質が混入することを防止するため,涵養地帯において措置をとることは非常に重要であり,涵養地帯を保護する義務は第12条の文脈とあわせて読まれるものである。涵養と流出のプロセスの重要性に鑑みて,涵養地帯と流出地帯が存在する非帯水層国にも帯水層国との協力が要請されている。なお,この点に関して,帯水層国自身の協力義務については,第7条の一般的な協力義務でカバーされているとしている。

第12条は,帯水層国に,個別又は共同で,帯水層の汚染を防止,削減,規制することを義務付けている。また,その際には,予防的アプローチをとることを義務付けている。この,防止・削減・規制という文言は,国連海洋法条約の第195条・第196条及び国際水路非航行的利用条約第21条に用いられているものである。本条は,帯水層に含まれる水の質に関する規定であり,帯水層の利用に関する一般原則を規定した第4条及び第6条の特別な適用に関する規定として設けられている。予防原則ではなく予防的アプローチとの文言を用いて

〔岩石順子〕　　　　　　　　　　　　　　　　第14章　共有天然資源

いることについては，予防的アプローチの方がより論争的にならない文言である一方で，実際の適用に当たっては類似の結果を導くものであること，幾つかの地域条約では予防原則の文言が用いられているが，普遍条約のレベルでは異なる文言が用いられているからであるとしている。

　第13条はモニタリングに関する規定で，帯水層国に帯水層のモニタリングを行うこと，また，可能な場合には関連する他の帯水層国と共同で，若しくは，適切な場合には権限ある国際組織と協力して，モニタリングを行うことを義務付けている。また，その際に，「合意された又は調和された基準及び方法（agreed or harmonized standards and methodology）」を用いることを義務付けている。

　モニタリングに関する規定は国際水路非航行的利用条約には含まれていないが，第14条に義務付ける帯水層の適切な管理のために不可欠であるとして規定されている。モニタリングには，帯水層の状態だけではなく，揚水や人工的な涵養等の帯水層の利用についても，行われる必要があるとする。帯水層に関する情報やデータを集めるだけでは不十分であり，そうした情報やデータの集め方や目的や評価手法に対する一致がなければ意味を持たないとの考えから，モニタリングにあたっては，各国が合意した又は調和的な基準及び方法を用いることをも義務付けている。

　第14条は，帯水層国に，帯水層の適切な管理のための計画を設定し実行するよう，義務付けている。また，他の帯水層国の要請がある場合には当該管理についての協議を行うこと，適切である場合には共同管理のメカニズムを設定することが，義務付けられている。一方では帯水層国が有する自国領域内の帯水層に対する主権があり，もう一方では帯水層国間には協力義務があることに鑑みて，管理のために自身の計画を設定する義務と，管理について他の帯水層国と協議を行う義務とを課しているものである。

　第15条は，帯水層に影響を与えうる活動の影響評価に関する規定である。まず，自国領域内において計画された活動が帯水層に影響を与え，それによって他国に重大な回復しがたい影響を与え得ると信じるに足る合理的な理由がある場合には，当該領域国（帯水層国に限らない）に，実際的な範囲において（as far as practicable），当該活動の与え得る影響を測定することを義務付けている。そして，当該活動を実施又は実施を許可する前に，与え得る影響について判断するために必要な環境影響評価を含めた入手可能な技術的データ及び情報を，他

国に時間的余裕をもって通告（notify）することを義務付ける。両国間において与え得る影響についての見解が一致しない場合には，事態の衡平な解決に至るよう，協議または交渉に入ることを義務付ける。また，必要であれば，両国は影響を評価するために独立した事実調査機関を用いることができるとしている。

国際水路非航行的利用条約は，影響を与え得るような活動を計画する場合について，9条にわたり詳細な規定を設けているが，本条文案は，帯水層に関する国家実行は少ないことから，最低限に留めて規定されているものである。帯水層に影響を与える活動は帯水層の利用に留まらないため，本条文は，帯水層国に限らずにかかる活動を計画する国に義務付けている。通告した国と通告された国との間で活動が与え得る影響につき見解の一致しなかった場合には，協議又は交渉を行うことが義務付けられているが，通告に対する回答のない場合や更に見解が一致しなかった場合については，規定されていない。

第4部「雑則」は，第16条「発展途上国との技術的協力」，第17条「緊急事態」，第18条「武力紛争時における保護」，第19条「国の防衛又は安全保障に不可欠なデータ及び情報」からなる。

第16条は，締約国に，帯水層の保護のため，直接又は権限ある国際機関を通じて，開発途上国と科学的・教育的・技術的・法的その他の協力（cooperation）を推進するよう，義務付けている。本条文は，国連海洋法条約第202条の開発途上国に対する科学的及び技術的援助（assistance）に関する規定を元にしているが，そうした援助の過程は開発途上国と先進国との双方によるものであるため，援助ではなく協力の用語を用いることが適切とされているものである。

第17条の緊急事態とは，自然又は人間の活動から突然に生じ帯水層へ影響する事態，または，帯水層国又は他の国に深刻な害（serious harm）を生じさせる急迫の危険がある事態のことをいう。領域内において緊急事態が生じた国は，遅滞なく影響を受けうる国と権限ある国際組織に事態発生を通報（notify）し，影響を受けうる国又は適切な場合には権限ある国際組織と協力して，緊急事態からの害を防止・緩和・削減するため必要な全ての実際的な措置をとるよう義務付けられている。また，帯水層国には，緊急事態が基本的な人類の必要に危険を生じさせる場合，第4条及び第6条に関わらず当該必要性を満たすに要する措置をとることができるとするとともに，締約国には緊急事態となった他国に科学的・技術的その他の協力を提供するよう義務付けている。

〔岩石順子〕　　　　　　　　　　　　　　　　　　　第14章　共有天然資源

　本条文は，国際水路非航行的利用条約第28条を元にしているが，緊急事態においては第4条及び第6条の義務から逸脱することを認めた規定は独自のものである。地震や洪水等の急な自然災害が生じた場合，帯水層へ海水が浸入したり地層が破壊されることが考えられるが，淡水を急速に保護するため，第4条及び第6条の義務を満たさない形で帯水層からの揚水を認める必要性がありうるとの考慮からである。
　第18条は，帯水層及び関連する施設等は，国際及び非国際武力紛争に適用される国際法の原則及び規則に合致する保護を受け，当該原則及び規則に違反するよう用いられてはならないと規定する。本条文は，国際水路非航行的利用条約第29条と同様の規定であり，新たな義務を設定するものではなく，確認規定としておかれたものである。
　第19条は，条文案は締約国に対して，国の防衛及び安全保障に不可欠なデータ又は情報を提供するよう義務付けるものではないと確認しつつ，可能な限り多くの情報を提供するとの観点で他国と協力するよう義務付けている。本条文は，国際水路非航行的利用条約第31条と同様の規定である。

4　越境帯水層条文草案の評価

　越境帯水層条文草案はILCで採択されてから間がなく，その意義や影響，また，今後の条文化の見通しについては，まだ時間を置いて評価していかなければならないだろう。以下では，同草案の規定に対し，現時点において，特に問題が指摘されている点について整理しておくこととする[25]。

(1)　定義と射程範囲

　越境帯水層条文草案について多く論点として指摘されるのは，定義と射程範囲である。同草案では，上記3．に確認したとおり，まず本草案は「地下水」ではなく「帯水層」を主たる対象に据え，「帯水層」とは水を蓄える地層自体と

---
[25]　各国による評価については，特に帯水層条文草案の第一読草案に対するコメント（A/CN. 4/595 and A/CN. 4/595/Add. 1．コメントを提出している国は次のとおり：オーストリア，ブラジル，カナダ，コロンビア，キューバ，チェコ，フィンランド，ドイツ，ハンガリー，イラク，イスラエル，オランダ，ポーランド，ポルトガル，サウジ・アラビア，韓国，セルビア（ただ，セルビアのコメントは，検討の結果付け加えるコメントはないというもの），トルコ，スイス，アメリカ）を参照。

第 2 部　1990 年代以降における国際法委員会の具体的成果

そこに含まれる水のことであるとし⁽²⁶⁾，条約の規律対象を「越境帯水層」の利用と影響を与え得る活動としている。また，帯水層の利用に関する一般的な義務を負うのは「帯水層国」であるが，「帯水層国」とは領域内に帯水層が存在する国のことであるとしている。このような定義づけと射程範囲の定め方に対して，一つには，全ての地下水の利用やそれに影響を与え得る活動を規律するものとはならず，望ましくない欠落が生じていることが指摘され，またもう一つには，国際水路非航行的利用条約の射程範囲に含まれるものとの重複が指摘されている。

まず，第一の点に関して，同草案が「越境」帯水層のみを対象としており，一国内に存在する帯水層は除外されていることを問題視する見解がある⁽²⁷⁾。このような条文案は，淡水の保護に関する近年の条約や国際文書が一国内の資源をも対象に含めていることに反し，淡水保護よりも利害関係国の権利義務の設定に重きを置くものであるという⁽²⁸⁾。また，実際的な観点から，帯水層が越境しているか否かを確認することは困難な場合のあることが指摘されている⁽²⁹⁾。

また，水の涵養地帯と流出地帯の保護についても条約の中で規定されていることは多くが評価しているものの，涵養地帯と流出地帯は「帯水層」の概念自体には含まれていないため，涵養地帯と流出地帯を持つ国であっても「帯水層」が領域内に無い国については「帯水層国」とならない。そのことにより，かかる国は「帯水層国」が持つ一般的な義務を負わないこととなることについての指摘⁽³⁰⁾，また，かかる国は「帯水層国」が持つ帯水層への権利を持たないのに対して，帯水層へ影響を与え得る活動については一方的に義務を課されていることは，バランスを欠くのではないかとの指摘がある⁽³¹⁾。

---

(26)　先に紹介したヘルシンキ条約では「帯水層」と「地下水」の文言を規定内容に応じて両方用いている。

(27)　Kerstin Mechlem, "The ILC's Draft Articles on Transboundary Aquifers", *Leiden Journal of International Law*, Vol. 22, 2009, p. 809; Flavia Loures and Joseph Dellapenna, "Forthcoming Developments in International Groundwater Law: Proposals for the Way Ahead", *Water Environment 21*, 2007, August, pp.60-61. なお Mechlem は FAO の法務官であり，特別報告者である山田委員の作業を支援した UNESCO の専門家グループに関わっている。

(28)　Mechlem, *supra* note 27. 但しこの点は ILC に与えられた委任事項が "Shared" Natural Resources であったことに起因していることは認識している。

(29)　*Ibid.*

〔岩石順子〕　　　　　　　　　　　　　　　　第14章　共有天然資源

　水文学的な観点からは，「地下水」ではなく「帯水層」の保護に重点を置いて規定が作成されたことを評価する見解が多い[32]。しかし，国際水路非航行的利用条約やこれまでの国際的な文書との関係から，こうしたアプローチを批判する見解も述べるMcCaffreyは，条文草案は本来の中身である水よりも地層構造を優先するかのような規定ぶりであり，「国際的な帯水層に含まれる『水』」自体を規律することを考えたILAのソウル規則を参考にするべきであったと指摘している[33]。

　上の指摘は第二の点に関係する。McCaffreyは，地下水に関する作業は議定書等の形で国際水路非航行的利用条約を中心とする体系の中に位置づけられるべきと考えており，越境帯水層条文草案が国際水路非航行的利用条約で既に対象としている地下水についても射程範囲に加えていることを問題視している[34]。

　確かに，議題採択の経緯に鑑みると，「共有天然資源」の議題の下で作業することが当初想定されていたのは，国際水路非航行的利用条約の対象から外れた「表層水と関連を持たない地下水」であったと考えられる。しかし，特別報告者の山田委員はその対象の問題を提起し，第2報告書において「表層水と関連を持たない地下水」に限定することをやめ，表層水と関連を持つものも持たないものも合わせて「越境帯水層」を対象とする方針を示した[35]。それは，殆ど表層水と関連を持たず新たな水の補給を受けない帯水層であっても，ほんの僅かに補給を受けている場合があり，このような帯水層については国際水路非航行的利用条約の適用を受けることとなるとも考えられる。このような結論は不合

---

(30) Loures and Dellapenna, *supra* note 27, p.61; Gabriel E.Eckstein, "Commentary on the U.N. International Law Commission's Draft Articles on the Law of Transboundary Aquifers", *Colorado Journal of International Environmental Law and Policy*, Vol.18, 2007, pp.548-549. Eckstein はこのような効果が結果として生じるのは報告者の意図したところにも反すると指摘している。なお Eckstein は特別報告者である山田委員の作業を支援した UNESCO による専門家グループに関わっている。

(31) Loures and Dellapenna, *supra* note 27, p.61.

(32) Eckstein, *supra* note 30, p.551.

(33) Stephen C.McCaffrey, "The International Law Commission Adopts Draft Articles on Transboundary Aquifers", *American Journal of International Law*, Vol.103, 2009, pp.282-283.

(34) *Ibid.*, pp.283-284.

(35) A/CN.4/539, paras.10-15.

理であり，境目を区別することは困難だからである。ILC はこうした特別報告者の方針を採用し，その後は対象を「表層水と関連を持たない地下水」に限定せずに作業を行った。

　結果として，国際水路非航行的利用条約との間に重複関係があることは，先にも見たとおり ILC 自身も認めるところである。条文草案を評価した論者の中には，重複する対象については調整する規定がないため，特別法優位規則に基づいて帯水層条文草案の方が適用されることになるであろうと指摘する者もある[36]。しかし，この点については，特別報告者の第 5 報告書において，第 20 条「他の国際条約及び国際合意との関係」として，国際水路非航行的利用条約については帯水層条文草案と合致する範囲において適用するとの規定が提案されたのに対し，最終的に起草委員会はこれを削除して，国際水路非航行的利用条約との関係整理の必要性を条文草案のコメンタリーに言及するに留めていることにも注意が必要であり[37]，ILC としては立場を保留している。

　また，国際水路非航行的利用条約との関係の整理は，両者の規律の対象が異なることから，結果としてより複雑になっていることが指摘されている。国際水路非航行的利用条約は水路が国際性を持つ場合を対象とするのに対し，帯水層条文草案は「帯水層」が越境性を持つ場合を対象としている。そのことから，例えば，帯水層が一国内にある場合は帯水層条文草案の対象から外れるものとなるが，この帯水層が国境となる河川などの表層水に繋がっている場合には国際水路非航行的利用条約の対象となってくるように，国際水路非航行的利用条約が対象とする地下水の全てを帯水層条文草案は包含するものではない。問題となっている地下水が，両方の規律の対象となっているか，一方の規律の対象であってそれはどちらの対象であるのか，又は何れの対象にもなっていないかを判断するには，問題となる帯水層が越境しているのか否か等の事実を確認する必要があり，地中の科学的探査が決定的な役割を持つこととなる。

　以上見てきたとおり，条文草案の射程範囲については，とりわけ地下水保護の観点から又は国際水路非航行的利用条約等との整合性の観点から，問題点も指摘される。しかしながら，こうした問題点は，「共有」天然資源という議題の

---

[36] Mechlem, *supra* note 27, p.819.
[37] McCaffrey, *supra* note 33, pp.284-285.

下における作業であることと，地下水に限定された作業であることから生じた限界といえるだろう。議題の設定上，国境を越えない資源について規定を設けることは，その枠を超えるものであった。また，地下水資源の状態については表層水との関連の有無を含めて未だに明らかではないことが多い中で，条文草案の作業は，各国に地下水資源を保護する義務を負わせて具体的な措置を取る義務を課す規定を作成しなければならなかった。そのため，表層水と関連を持たない地下水に限定することは困難であったし，また，地中で移動する水自体に主眼をおくのではなく，水を蓄える地層に主眼をおいて「帯水層」を保護対象としたのは，地層や水を受ける土壌自体の保護が水資源の保護において重要であるという水文学的見地からのみならず，具体的な措置の義務付けという観点にも基づくものといえる。

　なお，上記の諸点に関して，総会第6委員会での各国の意見には同様の指摘をするものはない。各国の見解では，国際水路非航行的利用条約の対象にならなかった化石水に留まらずに越境地下水の全体を対象としたことや，ヘルシンキ条約でも用いられている帯水層の概念を用いたことは，特に問題とされていないか，肯定的に評価されている。その上で，むしろ国際水路非航行的利用条約に沿った形で規定されるよりも，地下水の特殊性に鑑みて，領域主権を強調する側と汚染に対する脆弱性を強調する側との双方から，同条約とは異なった規定が必要であると主張する見解が多い。

(2) 主権原則

　条文草案の中でもとりわけ地下水の保護を重視する立場から批判的に指摘されるのが，領域内における帯水層へ各国が主権を有すると定めた第3条である。McCaffreyは，これは条文草案が水資源自体ではなく地層に対象の主眼をおいていることに起因するもので，水のように移動する共有資源と主権という概念とは本来相容れないものであるとし，こうした主権概念の明記は，国際水路非航行的利用条約には規定がなく判例の傾向とも一致しておらず，後退するものと評価している[38]。

　しかしながら，この議題の作業において，総会第6委員会では繰り返しこの点を明記するよう求める国が複数あり，国家実行がそもそも少ない中で，こうした国々の反応を無視することはILCによる作業の正当性に疑問を与えるも

のとなろう⁽³⁹⁾。また，確かに地下水資源は移動しているものの，国内的な実行においても，土地の所有者がその地から地下水を汲み上げて利用する権利を認めてきたように，地上の権利と切り離して扱われてきてはおらず，その共有性を認める規定を国際平面において実現することはこれもまた困難である⁽⁴⁰⁾。

また，第3条は同時に，後段で「国際法と本草案の条項に従い」主権を行使するよう規定しており，帯水層を領域に持つ国として当該領域の使用に伴う義務を持つことも示唆される⁽⁴¹⁾。この規定は絶対的主権を主張する「ハーモン主義」への後退というものではなく，領域国の主権と地下水資源の保護とのバランスを保つために置かれた規定であり，条文全体の中で評価されるべきといえよう⁽⁴²⁾。

(3) 衡平利用の原則と重大な害の防止原則

基本的な原則に関しては，まず衡平かつ合理的な利用の原則について，「持続可能性」ではなく「長期的利益の最大化」をはかることとした点に議論があり，現在も補給を受ける地下水についても区別することなく規定しているのに批判

---

(38) McCaffrey, *supra* note 33, pp.285-292. また国内で表層水と地下水の取扱いが異なることが紛争に繋がっていることに言及し，主権原則の削除が適切と述べるものとして，Margaret J. Vick, "International Water Law and Sovereignty: A Discussion of the ILC Draft Articles on the Law of Transboundary Aquifers", *Pacific McGeorge Global Business and Development Law Journal*, Vol.21, 2008, pp.191-221.

(39) McCaffrey は実際にはコメンタリーが指摘するほど「多くの」国がこうした主張をしたわけではないと指摘する（McCaffrey, *supra* note 33, pp.289-290）。しかし，地下水に関する各国の実行が少なく，総会の中でもそれほど多くの国がこの作業に明確な指示をしてはいない中で，既にこの問題に高い関心と利害とを持つ国々が述べた意見は，単純にその数の観点から「多く」はないと評価できるものではない。国連総会第6委員会での各国の反応については以下参照。主権への言及を支持する意見に加えて，天然資源に対する恒久主権に関する決議にも明示するよう繰り返し主張されていることが分かる。Topical summary of the discussion held in the Sixth Committee of the General Assembly during its sixty session, prepared by the Secretariat (A/CN. 4 /549), paras. 43 and 46; Topical summary of the discussion held in the Sixth Committee of the General Assembly during its sixty-first session, prepared by the Secretariat (A/CN. 4 /560), paras. 20-22; A/CN. 4 /577, para.10; Topical summary of the discussion held in the Sixth Committee of the General Assembly during its sixty-second session, prepared by the Secretariat (A/CN. 4 /588), para.75.

(40) Mechlem, *supra* note 27, p.811.

〔岩石順子〕　　　　　　　　　　　　　　　　　第14章　共有天然資源

的な見解がある一方で[43]、現在も補給を受ける地下水についても取水量によっては再生不可能な資源となり得る性質を捉えているものと評価する見解もある[44]。また、「長期的利益の最大化」を判断する権限の所在が明確になっていないことから、「利益」には様々な性質があり、各国による評価が異なることが考えられるとの指摘もある[45]。

また、同原則の適用において考慮される要素について、特に人類の不可欠な必要（vital human needs）が重視されるとしたことについて、より進んだ規定を求める立場からは、水資源への「権利（rights）」とするべきであったと批判的な指摘がある[46]。

重大な害の発生を防止する義務については、最終的に害の程度を国際水路非航行的利用条約と同様に「重大な」害としているが、起草作業の過程において、とりわけ新たな補給を受けない帯水層については害の程度のハードルを下げて、より軽微な害の発生をも防止する義務を規定するべきか検討され、議論のあった規定である。これについては、衡平利用の原則と重大な害の発生防止義務との優先関係について、何らかの害が生じる場合にも衡平利用の原則は満たしうる余地があることが示唆される点に批判もある[47]。他方で、実際にはコメンタリーにいうように、相対的で柔軟性のある文言であるとの理解も示されている。また、同義務違反の責任については、特別な規定を置かずに一般国際法規則によるとしていることから、適法行為責任に関するILCの成果物と同様の基準としたことは、結果として統一をもたせるという観点から評価する見解もある[48]。

---

[41] 「国際法に従い」（in accordance with international law）の部分は第二読草案が採択される最終段階で挿入された。この文言は、第一読草案へのコメントの中でブラジルとイスラエルが領域主権の絶対性の観点から「国際法に従い」を導入するように述べており（A/CN. 4/595, paras. 90 and 92. なおブラジルは「国際法」が示す内容として続けて「とりわけ天然資源に対する恒久主権に関する決議」を明示するよう求めている。）主権性を強調する側から解釈することも可能である一方で、論者が指摘するように環境保護の観点から解釈することも可能である（Eckstein, *supra* note 30, p.561）。

[42] オーストリアはこうした観点から支持できるとしている（A/CN. 4/595, para.89）。

[43] Mechlem, *supra* note 27, p.812.

[44] Eckstein, *supra* note 30, p.565.

[45] オーストリアの指摘（A/CN. 4/595, para.97）。

[46] Mechlem, *supra* note 27, p.813.

[47] Mechlem, *supra* note 27, pp.814-815. コメントを出した国の中では、コロンビア、フィンランド、イスラエルが指摘している（A/CN. 4/595, paras.133, 135 and 137）。

(4) 保護・保全・管理の仕組み

保護・保全・管理の仕組みを定める第3部に関しては，帯水層に影響を与えうる活動について他国への通告を義務付ける第15条について，国際水路非航行的利用条約に比してごく簡単な規定のみとなっており，他国との協議によって最終的に合意が得られなかった場合に活動の実施が妨げられていないと解される点を，批判的に評価する見解がある[49]。そうした見解によれば，これは近年の条約での実行にも合致していないとし，例としてヘルシンキ条約や環境影響評価に関するエスポー条約が挙げられているが，これらの条約での規定はとりわけ進歩的なものと一般には評価されている。各国によるコメントの中では，国際水路非航行的利用条約よりも簡単な規定に留めたことを支持する意見，むしろ最終的に合意が得られなかった場合には活動が妨げられていない点を明確にしておくべきとする意見が出されている[50]。

5 おわりに

以上に見てきたとおり，2008年に採択された帯水層条文草案は，地下水の利用と保護に関して初めて一般レベルでの条文を提案したものであり，地下水の汚染や枯渇の問題が今後一層深刻となるであろうところ，その意義は大きい。今後，条約として採択されるかについてはまだ未確定であるが，特定の帯水層に関して国家間での交渉や取り決めが行われる場合に，本条文に含まれる基本的な規則は，指針の役割を持つことが予想される。

先に紹介した，2010年にアルゼンチン・ブラジル・パラグアイ・ウルグアイの間で締結されたグアラニ帯水層に関する条約[51]では，前文に本条文草案へ言及し，合理的かつ持続可能な基準に基づく水資源の利用，合理的・持続可能・衡平な利用による水資源の保護及び保全の推進，重大な害を防止するために必要な全ての措置をとる義務，情報等の交換義務，計画された活動が重大な害を与える可能性のある場合に関係国へ通告し協議及び交渉を行う義務[52]などを規

---

[48] Mechlem, *supra* note 27, p.814.
[49] *Ibid.*, pp.817-819.
[50] ブラジル，オランダ，トルコの指摘（A/CN. 4 /595, paras.182, 187 and 188）。
[51] Acuerdo sobre el Acuífero Guaraní（San Juan, 2010）
[52] ここでは，協議及び交渉の間，活動の開始を控える期間を6カ月と明確に規定している。

〔岩石順子〕　　　　　　　　　　　　　　第14章　共有天然資源

定している。

　確かに，地下水の保護を重視する観点からは，不十分なものに留まることが指摘される規定も多い。しかし，慣習法の法典化を担うILCとして，とりわけ地下水の特殊性を考慮して特別の規定を持つような条約等の実行が殆ど無い現時点において，各国家が受け入れ可能で実際に利用可能な条文を提案する必要があったことに留意しなければならない[53]。そうした制約がありつつも，地下水の専門家による協力を得て地下水の性質に考慮しつつ，適用される基本的な枠組みを提示したことは，地下水の国際的保護の第一歩と評価できるだろう。

　最後に，議題「共有天然資源」の他に扱うこととしていた石油と天然ガスについてのその後の経緯に触れておきたい。共有天然資源の特別報告者に任命された山田委員は，地下水・石油・天然ガスを同時に扱うのではなくステップ・バイ・ステップ方式でまず地下水から始めることを提案し作業を行ってきた[54]。越境帯水層に関する条文案の第一読作業を終えた時点で，今後の取扱いを検討するため，共有天然資源の作業部会は山田委員に石油と天然ガスに関する予備的検討を行うよう非公式に要請し，山田委員は第四報告書の中で地下水に関す

---

[53] 特別報告者の山田委員自身もこうした点を指摘している（Chusei Yamada, "Comment: The ILC's Contribution to the Peaceful Sharing of Transboundary Groundwater", Nolte (ed.), supra note 6, pp.173-175）。本草案の作成過程において慣習法性への疑義がほぼ見られなかったのは，地下水にも適用可能と考えられる水資源に関する一般的な規則についてはある程度一致した見解があったこともあるが，各国の意見を十分取り入れた形で結果として利用され得る成果物を目指したことにあるだろう。上のグアラニ帯水層に関する条約では，前文で天然資源に関する恒久主権決議に言及するとともに，各国の領域内に存在する帯水層への主権が規定されている。グアラニ帯水層の面積の多くが領域内に存在するブラジルは，帯水層条文草案の作業過程において，繰り返し国連総会第6委員会で発言し，領域主権への明記，天然資源に関する恒久主権決議の明記，議題shared natural resources の transboundary natural resources への変更を要求した。特定の帯水層に関する条約を締結する際に，こうした一般レベルで示される条文案が与える影響を認識していたものとみられ，ILCによる作業と第6委員会でのフィードバックとの過程で作成されるこうした条文提案での，国家の役割の重要性につき改めて考えさせられるものである。なお，越境帯水層条文草案が，sharedの語を用いずにtransboundaryの語を採用したことは，国家を神経質にする表現を排除しつつ，実質はほぼ変わらないものであるとの評価が見られる（Juha Rainne, "The Work of the International Law Commission on Shared Natural Resources: The Pursuit of Competence and Relevance", *Nordic Journal of International Law*, Vol.75, 2006, pp. 333-337）。

[54] A/CN.4/533, para.4.

第2部　1990年代以降における国際法委員会の具体的成果

る作業との関係について考えを示した[55]。

　山田委員は，石油と天然ガスの作業に対する各国の意見[56]，石油と天然ガスの地中における構造や採掘から生じる危険等につき整理し，その地質構造は化石水とほぼ同じであり，化石水に関する規則が関連し得る点もあるだろうとする。しかしながら，資源としての代替性の有無や市場取引の対象としての価値の違い，また，地下水が汚染の対象となる側であるのに対して石油や天然ガスは原因となる側であるという想定される環境問題の違いなどから，帯水層の作業は独立して扱うべきとの考えを示し，この考えはILCにおいても第6委員会においても支持された[57]。

　ILCは帯水層に関する条文化の作業を，石油や天然ガスとは独立して完了することとし，同時に，石油と天然ガスの作業の今後について検討するため，総会を通じて各国に質問表を配布した[58]。山田委員は，2009年のILC第61会期において「石油と天然ガスに関するペーパー」を提出して，この時点で既に提出されていた質問表への回答と第6委員会での意見を検討し，石油と天然ガスについて作業を行うべきか否かについて決定する前に，更に検討をすべきとした[59]。

　2010年のILC第62会期において，2009年の山田委員の辞任に伴う空席補充選挙で委員となっていた村瀬信也委員は「石油及び天然ガスの将来の作業の妥当性」についてのペーパーを提出した[60]。この中で村瀬委員は，質問表への総回答を整理しILCの作業に馴染むための要素を述べた上で，石油及び天然ガス

---

[55]　A/CN.4/580
[56]　この時点で，各国の意見は分かれており，地下水の作業を第二読まで完了してから続いて石油及び天然ガスの作業を行うべき，地下水の作業を完了してから石油及び天然ガスの作業についてはその必要性から再検討するべき，地下水の作業を完了する前に石油及び天然ガスの作業を行い第二読で共通する規則の形にまとめるべきとの考えがあった（*Ibid.*）。
[57]　A/CN.4/591, paras. 4-6．
[58]　質問表の内容は，近隣国との間に石油及び天然ガスの採掘や開発についての合意やアレンジメントがあるか，ある場合には配分や協力に関する特定の原則や，汚染の防止及び管理に関する合意や実行があるか，また，ILCによる石油及び天然ガスについての検討の有益性についての意見などを求めるものであった。質問表についてはPaper on Oil and Gas（A/CN.4/608, para. 5），各国の回答はA/CN.4/607 and A/CN.4/633参照。
[59]　Paper on Oil and Gas（A/CN.4/608）
[60]　Feasibility of Future Work on Oil and Gas（A/CN.4/621）

342

の作業を継続しない決定をすることが適当との考えを示した。作業部会はこれを支持してILCに検討を継続しないよう勧告をしており(61)，今後，石油及び天然ガスについての作業は行われない見通しである。

---

(61) Report of the International Law Commission on the work of its sixty-second session (A/65/10), para. 384.

＊本議題の特別報告者を務められた山田中正大使は，その報告書作成の作業のため，UNESCO等の海外の専門家への協力を要請されるのと同時に，国内において共有天然資源研究会を開いて国内の国際法学者の知見を仰がれた。筆者は途中より同研究会に参加を許され，山田大使と研究会の先生方（中谷和弘先生，河野真理子先生，児矢野マリ先生，中井伊都子先生，繁田泰宏先生，森肇志先生，岩月直樹先生，萬歳寛之先生，鶴田順先生）に，お教えを頂いた。また，本稿執筆にあたっては，山田大使に目を通して頂き貴重なご意見を頂いた。末筆ながら，ここに深く感謝を記すことをお許し頂きたい。当然ながら本稿の内容に関する責任は筆者にのみ帰する。

第15章 「条約の留保」に関するガイドラインについての一考察
——人権条約の実施機関の実行をめぐって——

坂 元 茂 樹

1 はじめに	4 ILC と条約実施機関の協議
2 人権条約の実施機関の実行	5 おわりに
3 ILC における作業

1 はじめに

　2010年8月,国際法委員会(以下,ILC と略称)は,条約の留保に関するガイドラインの第一読をようやく終了した。ILC は,特別報告者であるアラン・ペレ (Alan Pellet) 委員の任期が終わる 2011 年 8 月までに第二読を終了する予定であるが,第一読の段階ですでに 119 にも及ぶガイドラインが提案,採択されている。1969 年に採択された条約法に関するウィーン条約が,定義に関する第 2 条 1 項(d)の規定を除けば,留保に関して第 19 条から第 23 条という 5 ヵ条の条文から構成されていることと比較すると,詳細を極めた内容になっている。本小論でその全体像の評価を行うことは困難であるが,1995 年の第 47 会期に第一報告書が提出されてから,第一読の終了まで足かけ 16 年も要しており,留保が国際法の中でも最も困難な問題の一つであることを差し引いても,作業効率という面では ILC はその批判を免れ得ないであろう。

　ILC の委員を務めているガヤ (Giorgio Gaja) 委員が,かつて"unruly treaty reservation"と嘆いたほど,条約法条約の留保規則の存在にもかかわらず,留保に関する各国の実行が混迷を深めていたことはたしかである[1]。周知のように,条約法条約は,留保の許容性につき留保と条約目的との両立性という両立性の基準を採用している (第19条(c))。しかし,(1)条約の趣旨及び目的の内容,

---

[1] Giorgio Gaja, "Unruly treaty reservation", *International Law at the Time of its Codification- Essays in Honour of Robert Ago*, Milano, 1987, pp. 307-330.

(2)留保国が行った留保の内容,(3)こうした留保が条約の趣旨及び目的と両立するか否か,の三点が各当事国の個別的判断に委ねられる体制をとっており,各国の解釈に齟齬が生じる可能性がある[2]。ときには,ある国にとって,留保国の「許容されない留保」が他の当事国の受諾によって成立したかのように見えることもある。こうしたことも手伝って,留保の有効性について,許容性学派(permissibility school)と対抗力学派(opposability school)の対立が生じている[3]。このほか,解釈宣言やそれに対する異議の効果,人権条約の留保に対する人権条約の実施機関(monitoring body)の判定権の行使など,条約法条約の簡潔な規則のみでは十分に対応できない実行が生じていることはたしかである。特に,最後の問題は,条約法条約の留保規則の根幹に関わる問題を提起している。なぜなら,条約法条約第20条5項が規定する12カ月ルールに基づけば,「留保国」と「みなし受諾国」との間にいったん有効に成立したはずの留保を,後に実施機関の判断のみで無効とするからである[4]。条約法条約の留保規則の根底にある同意原則を覆す事態を招いているといえる。こうした実施機関の実行が,

---

[2] 小川芳彦教授は,日本が外交会議で提案した集団的判定制度を支持するという観点から,「『制度による保障』ではなくて『良識による保障』がどの程度有効であるか,また各国がどれだけ濫用への誘惑に負けないでおれるかは疑問と言わねばならない」と批判していた。小川芳彦「条約法法典化に関する若干の問題」国際法外交雑誌78巻1・2号53頁(1979年)。もっとも,実際に集団的判定制度を導入した人種差別撤廃条約第20条2項—「留保は,締約国の少なくとも三分の二が異議を申し立てる場合には,両立しないもの又は抑制的なものとみなされる」—の規定にかかわらず,その許容性に疑問のある留保の存在にもかかわらず,条約の目的と両立しないとされた例は多くない。

[3] この問題については多数の論考が発表されているが,代表的なものを挙げれば,Jean Kyongun Koh, "Reservation to Multilateral Treaties: How International Law Doctrine Reflect World Vision?", *Harvard International Law Journal*, Vol. 23 (1982), pp. 71-110, D. W. Bowett, "Reservations to Non-restricted Multilateral Treaties", *British Yearbook of International Law*, Vol. 48 (1976-1977), pp. 67-92, J. M. Ruda, "Reservations to Treaties", *Recueil des Cours*, Tome 146 (1975-Ⅲ), Catharine Redgwell, "Universality or Integrity?: Some Reflection on Reservation to General Multilateral Treaties", *BYIL*, Vol. 64 (1993), p. 243-282. 日本の文献としては,中野徹也「条約法条約における留保の『有効性』の決定について(1),(2・完)」関西大学法学論集48巻6号202-254頁(1997年),49巻1号72-97頁(1998年)参照,梅田徹「条約の留保の有効性をめぐる学派対立—permissibility school と opposability school—」麗澤大学紀要64巻13-17頁(1997年),鶴田順「多数国間条約留保制度における受諾及び異議の効果」本郷法政紀要10号309-357頁(1997年),拙稿「条約の留保制度に関する一考察—同意の役割をめぐって」坂元茂樹『条約法の理論と実際』(2004年・東信堂)37-70頁参照。

〔坂元茂樹〕　第15章　「条約の留保」に関するガイドラインについての一考察

ペレ委員が，いみじくも「条約法条約の留保制度は，"flexible"という語より"consensual"という語によって特徴づけられる[5]」と述べた制度に対する大きな挑戦であることは，間違いない。実際，国連総会第50会期中の第六委員会の討議においても，米国やスペインなどをはじめとする各国の関心を集めたのは，人権条約に対する留保の問題であった[6]。

　もちろんこの動きの背後には，条約法条約の留保制度が条約義務の相互性という前提から出発しているのに対して，人権条約の留保に対する条約実施機関の実行は，人権条約における条約義務の相互性それ自体に疑問を投げかけているという事実がある。実際，第二次世界大戦後の最初の人権条約ともいえるジェノサイド条約の法的性格について，国際司法裁判所（以下，ICJと略称）は，「明らかにこの条約は，純粋に人道的で啓蒙的な目的のために採択された。ジェノサイド条約の目的は，ある特定の人的集団の存在自体を保護することにある一方で，道徳のもっとも根本的な原則を確認し支持することなのだから，そうした二元的性格をこれ以上有している条約を想像することは，実際にはかなり困難である。そのような条約において，締約国はみずからの利益をまったく有しない。すべての締約国は一つの利益，すなわちジェノサイド条約の存在意義である高い目的の達成という共通の利益を有するにすぎない。したがって，この種の条約においては，国家に対する個別の利益または不利益，あるいは，契約における権利と義務との完全な均衡の維持を語ることはできない[7]」と述べていた。留保制度の根幹にある条約義務の相互性という考え方が，少なくともジェノサイド条約には存在しないとの立場をICJは採用したのである。ジェノサイド条約は，単純に当事国同士の関係に分解され得ないような目的や利益

---

(4) 条約法条約第20条5項は，「条約に別段の定めがない限り，いずれかの国が，留保の通告を受けた後12箇月の期間が満了する日又は条約に拘束されることについての同意が表明する日のいずれか遅い日までに，留保に対し異議を申し立てなかった場合には，留保は，当該国により受諾されたものとみなす」と規定している。

(5) First Report on the Law and Practice relating to Reservations to Treaties, A/CN. 4/470, p. 31, para. 61.

(6) 他には，レバノン代表やスリランカ代表の発言がある。詳しくは，Cf. Second Report on Reservations to Treaties, A/CN. 4/477 & Corr. 1 & 2 and Add. 1 & Corr. 1-4, p. 7, note 22, para. 23. Extract from *the Yearbook of the International Law Commission*, 1996, Vol. II(1)).

(7) *ICJ Reports 1951*, p. 23.

を有している多数国間条約だというのである。換言すれば，ジェノサイド条約という人権条約には義務の相互性が成立しないというのである。

　こうした考え方は人権条約の実施機関にも受け継がれ，ヨーロッパ人権裁判所は，ヨーロッパ人権条約には，「古典的な範疇に入る国際条約とは異なり，単なる締約国間の相互的な約束以上のものが含まれている[8]」と述べ，米州人権裁判所も，「人権条約を締結するにあたって，国家は，他国との関係においてではなく，公益のために，みずからの管轄の下にあるすべての個人に対してさまざまな義務を負っている[9]」と述べた。たしかに，人権条約はその領域又はその管轄の下にあるすべての個人に無差別に適用することを意図しており，他の当事国の態度が条約上の義務に影響を与えるわけではないという意味では，義務の相互性は成立しない[10]。当事国による留保やそれに対する他の当事国による異議という制度になじまず，特に異議国は，みずからの異議によって留保国の国民に対する条約上の義務を免れることができないという側面がある[11]。

　人権条約のもう一つの特徴は，人権条約では義務が履行されているかどうかを国家の相互監視に委ねるのではなく，条約義務の実施を監視するための実施機関を設け，国家報告制度や個人通報制度の手続において，これらの機関に監視を委ねる体制がとられていることである。実際，人種差別撤廃条約第20条2項は，「この条約により設置する機関の活動を抑制するような効果を有する

---

[8] Eur. Court. H. R., Case of Ireland v. the United Kingdom, Judgement of 18 January 1978, Series A, No. 25, p. 90, para. 239.

[9] I/A Court H. R., The Effect of Reservation on the Entry into Force of the American Convention on Human Rights (Arts. 74 and 75), Advisory Opinion OC-2/82 of September 24 1982, Series A No. 2, para. 29. 薬師寺公夫「人権条約に付された留保の取り扱い―人権条約実施機関の対応の仕方を中心として―」国際法外交雑誌83巻4号94頁（1984年），中野徹也「人権諸条約に対する留保―条約法の適用可能性とその限界―」関西大学法学論集50巻3号51頁（2000年）。

[10] 枚挙にいとまはないが，さしあたり，Cf. Massimo Coccia, "Reservations to Multilateral Treaties on Human Rights", California Western International Law Journal, Vol. 15 (1985), p. 38, Susan Marks,"Reservations Unhinged: The Belilos Case before the European Court of Human Rights", International and Comparative Law Quarterly, Vol. 39 (1990), p. 320.

[11] もっとも，アンベール教授（P. -H. Imbert）の指摘にあるように，国家通報制度に関する自由権規約第41条の規定のようにその基礎を相互主義に置いている規定がないわけではない。P. -H. Imbert,"Reservations and Human Rights Convention", Human Rights Review, Vol. VI, No. 1 (1981), p. 36.

〔坂元茂樹〕　第15章　「条約の留保」に関するガイドラインについての一考察

留保は，認められない」と規定しているが，カッセーゼ（Antonio Cassese）教授によれば，人権条約の義務の非相互性という特徴が伝統的な国家間による履行監視を機能不全としているので，代わって，条約の実施機関が設立されており，そのため，その活動を妨げるような留保が禁止されているのだと説明する[12]。自由権規約委員会も，1994年11月2日の一般的意見 No.24 (52)の中で，「規約の条文の要件を解釈する委員会の権限を否定する留保はまた，当該条約の趣旨および目的に反することになろう[13]」との見解を示している。

なお，自由権規約委員会は，この一般的意見 No.24 (52)で，「人権条約，特に自由権規約は，国家間の相互的義務を規定したものではない。それらの条約は，個人に対する権利付与に関するものである。国家間の相互性の原則が入り込む余地はなく，……伝統的な留保規則の適用は不適切である[14]」と明言した。さらに前述したように，条約法条約における両立性の基準の適用にあたっては，留保と条約の趣旨および目的との両立性を判断するのはもっぱら当該条約の当事国が想定されているが，自由権規約委員会はこれとは異なる立場を採用している。すなわち，「人権条約の特殊な性格ゆえに，留保と規約の趣旨及び目的との両立性は客観的に確立されなければならず，委員会はこうした作業を行うのにとりわけ適当な立場にある[15]」との立場を採用している。人権条約の当事国ではなく，実施機関たる委員会が留保の許容性を判定するというのである。

ILCが条約法条約の草案を完成したのは1966年であるが，奇しくもこの年に国際人権規約が採択されている。つまり，人権条約の実施機関による条約の留保に関する実行を反映できない時代的背景の中で，現行の留保規則は制定されたことになる。当然のことながら，現行の留保規則と人権条約の実施機関による実行には，ある種の緊張関係が生じている。本小論は，ILCによる条約の留保に関するガイドラインがこの問題にどのように回答したかを探るものである。もっとも，条約法条約の起草者が広義の人権条約をまったく念頭に置いていなかったわけではなく，条約の重大な違反に関する第60条5項には，「人道

---

[12] Antonio Cassese, "A New Reservation Clause (Article 20 of the United Nations Convention on the Elimination of All Forms of Racial Discrimination)", *Recueil D'Etudes de Droit International en Hommage à Paul Guggenheim*, 1968, p. 269.
[13] CCPR/C/21/Rev. 1/Add. 6, General Comment No. 24, para. 11.
[14] *Ibid.*, para. 17.
[15] *Ibid.*, para. 18.

的性格を有する条約に定める身体の保護 (human person) に関する規定」につき，復仇を禁止する規定を置いていることを付言しておこう。

なお，ペレは，その第1報告書において，当初の「条約の留保に関する法と実行」という表題は学術的すぎるとして，「条約の留保」という表題に変更することを提案し，多くの委員の賛同を得た。同時に，その作業の最終形態につき，(1)条約法条約の規定の欠缺を埋める規定を設けた「留保に関する条約」の作成，(2)条約法条約を補足する議定書の作成，(3)国および国際機関の実行のためのガイドラインの作成という三つの選択肢があると提案した。ペレ自身は，人権条約の実施機関による実行を十分に認識し，将来の条約（特に人権条約）のための留保に関するモデル条項の作成が有益であると述べていた。この第1報告書の審議において，発言を行った多くの委員は，現行の条約法条約の留保規則は維持すべきであり，条約法条約の議論を再燃させるべきではないと述べるとともに，ガイドラインの作成を強く主張した。なかでも，山田中正大使は，「条約法条約の規則は有効に機能しており，それに基づき多くの実行が発展している現在，この規則にチャレンジすべきではなく，現行の規則の上に新たな建設を行うべきである」との指摘を行うとともに，「検討が進展するまで作業の最終的形態の決定を待つことが賢明である[16]」との指摘を行った。こうした示唆に富む指摘を受けて，ペレは，その第2報告書においてコメンタリーを添えたガイドラインの作成を目指すことを明言し，同時に，条約法条約等における留保規定の維持も確認された[17]。その結果，第50会期 (1998年) に提出された第3報告書以降，コメンタリーを付した「実行ガイド (Guide to Practice)」と必要に応じてモデル条項を作成する作業に着手することになった[18]。本小論は，ILCのこうしたガイドラインが人権条約の留保に対する実施機関の実行をどのように取り込んだのかを探るものである。

---

[16] *Yearbook of International Law Commission*, 1995, Vol. I, A/CN. 4/SER. A/1995, 2407th meeting, p. 192, paras. 24-25.
[17] Second Report on Reservations to Treaties, *supra* note 6, p. 43, para. 2 and p. 46.
[18] なお，第1報告書の審議において，条約法条約等における留保規定の維持も併せて確認された。山田中正「国連国際法委員会第48会期の審議概要」国際法外交雑誌96巻3号166頁 (1997年)。

2　人権条約の実施機関の実行

ILCの作業の検討に入る前に、まずは、こうした人権条約の実施機関の留保に関する実行を概観してみよう[19]。

(1)　ベリロス事件

人権条約が当事国の管轄の下にある個人の利益のために締結されたものであり、国家の義務の相互性を前提とする通常の条約と異なる性格をもつことから、人権条約に対して、従来の留保規則が適用されるかどうかについて議論が生じた。具体的には、人権条約に付された留保の許容性や解釈宣言の性質決定についての最終的判定権を、条約の実施機関に認めるかどうかという問題である。この問題は、1988年4月29日、ヨーロッパ人権裁判所のベリロス事件判決において取り上げられた。本判決は、多数国間条約に付された留保を無効とした最初の事例として注目される[20]。

事件は、ローザンヌに居住するスイス市民であるベリロス（Marlene Belilos）夫人が、無許可デモに参加したことで警察一般規則に違反したとして、ローザンヌ警察委員会により罰金を科せられたことに端を発する。ローザンヌが属するヴォー州では、軽微な犯罪の訴追及び刑の言渡しの責任を1名の専門的行政職員又は上級警察職員に委任しうる法（1969年法）が制定され、ローザンヌには罰金を科す権限が付与された警察委員会が置かれていた。ベリロスは、同委員

---

[19]　米州人権裁判所も、「米州人権条約の効力発生に留保が及ぼす効果」についての勧告的意見の中で、条約法条約の留保に関する規則第20条につき検討し、「条約法条約第20条4項は、締約国相互の利益のために相互主義的な取引を条約の目的とするような伝統的な多数国間条約の必要性を反映しているが、米州人権条約はそうした条約ではない。（米州人権条約）第75条が条約法条約に言及していることにより、留保を伴う批准の効力発生を他国が受諾しているかどうかに委ねる条約法条約第20条4項を適用しなければならないと結論するのは明らかに不合理である。米州人権条約に対する留保は、条約法条約第20条1項により規律されるのであり、他のいずれかの当事国による受諾を要しない」と述べている。必ずしも、留保の許容性が真正面から取り上げられた事例ではないので、本稿の検討対象からは外している。I/A Court H. R., *supra* note 9, paras. 28-35 and para. 38. 詳しくは、薬師寺・前掲注(9)33頁、中野・前掲注(9)58-62頁参照。

[20]　本事件の詳しい内容については、薬師寺公夫「人権条約に付された解釈宣言の無効」立命館法学210号（1990年）参照。

第 2 部　1990 年代以降における国際法委員会の具体的成果

会の管轄権を争ったが，その主張は退けられ，120 スイスフランの罰金と訴訟費用として 22 スイスフランの支払が命じられた。これを受けてベリロスは，刑事破毀法廷に控訴し，先の決定は法律で設置された独立のかつ公平な裁判所によって審理を受ける権利を規定するヨーロッパ人権条約第 6 条と両立しないと主張した。しかし，同刑事破毀法廷は，公正な裁判はスイス法上十分に保障されており，スイスが行った解釈宣言（「スイス連邦評議会は，第 6 条 1 項にいう公正な裁判の保障とは，……該当者の刑事上の罪の決定に関する公の当局の行為又は決定に対する司法機関による最終的統制を確保することを専ら意図したものと考える」）は，ヨーロッパ人権条約第 6 条に違反するものではないとして，この申立を棄却した。ベリロスは，連邦裁判所に上告したが，1982 年 11 月 2 日，これを棄却する判決が下された。

　1983 年 3 月 24 日，ベリロスはヨーロッパ人権委員会に請願を行い，法及び事実の双方の問題を決定できる十分な管轄権をもつ，条約第 6 条 1 項の意味における独立のかつ公平な裁判所で審理を受けなかったとの苦情を申し立てた。委員会は，1985 年 7 月 8 日，この申立を受理可能と宣言するとともに，翌 1986 年 5 月 7 日の報告書において，条約第 6 条 1 項の違反があったとの意見を全会一致で採択した。申立人による最終申立は，①申立人が条約第 6 条 1 項違反の犠牲者であることを公式に宣言すること，②スイスが申立人に科した罰金を取り消すこと，③スイスは，罰金を科すこととなる訴訟手続では，警察委員会が今後事実の最終認定を行う権限をもたないことを確保し，1969 年法を改正するためのすべての必要な措置をとること，及び④訴訟費用の支払を求めた。これに対して，スイス政府は，まず申立の受理可能性につき，本申立は，スイスが条約第 6 条 1 項の下で引き受けた国際約束と両立しないので，裁判所は本件の本案を審理する管轄権をもたないとの先決的抗弁を行った。また本案につき，第 6 条 1 項に関するスイスの解釈宣言は有効に受諾された留保の法的効果を生ぜしめ，したがって当該規定の違反は何ら存在しないと主張した。本事件の最大の争点は，①スイスの解釈宣言が果たして留保にあたるかどうか，②仮に留保だとして，ヨーロッパ人権条約第 64 条（現第 57 条）が禁止する一般的性格の留保にあたるかどうか，であった。

　ヨーロッパ人権裁判所は，スイス政府が，当該宣言は「条件付き」解釈宣言であり，条約法条約第 2 条 1 項(d)の意味における留保の性質をもち，スイスの

〔坂元茂樹〕　第15章　「条約の留保」に関するガイドラインについての一考察

批准書に含まれた留保と解釈宣言が通知されたとき，欧州審議会事務総長及び他の当事国から何らのコメントもなかったことをもって，当該宣言が黙示的に受諾されたとの主張を行ったのに対して，この分析に同意しないとして，被寄託者及び当事国の沈黙は，条約機関から独自の評価を行う権限を奪うものではないと判示した[21]。裁判所は，解釈宣言の法的性質を確定するためには，その実体的内容を決定しなければならないとして，留保の場合と同様に，〔一般的性格の留保を禁止する〕第64条の文脈に照らして検討することとした[22]。条約第64条の下での留保又は適当な場合には解釈宣言の有効性を決定する裁判所の権限は，本件において争われていない。したがって，裁判所は，スイスによる宣言が条約第64条の要件を満たしているか否かを確認しなければならない，とした[23]。

　第64条の「一般的性格の留保」とは，あまりにも曖昧で又は広い文言で表現され，その正確な意味及び範囲を決定することができない留保をいうとされる。裁判所は，第64条1項は精密さと明確さを要求しているとし，スイスの宣言の文言は留保が一般的性格のものであってはならないとの規則に違反する。その結果，それは無効と判示されなければならない。同時に，スイス政府も自らそうみなしているように，宣言の有効性に関わりなく条約に拘束されることは疑いがない。さらにスイス政府は，裁判所の当該宣言の有効性を決定する権限を承認していた。したがって，同政府の先決的抗弁は認められないと判示した[24]。

　申立人は，条約第6条1項違反の被害者であるし，ローザンヌ警察委員会は「独立のかつ公平な裁判所」ではなく，さらに，ヴォー州裁判所の刑事破毀法廷も連邦裁判所も，行政機関である警察委員会による事実認定を再審査できないので，十分に広範な「司法機関による最終的統制」を与えていないと主張した。人権裁判所の判例法によれば，「裁判所」はその司法機能によって特徴づけられる。警察委員会は，ヴォー州法で司法機能を付与されたが，同委員会の委員は他の部局に戻れる上級公務員であり警察組織の一員である。かかる状況で，申立人が同委員会の独立性と公正性に疑問を抱くのは正当であり，同委員会は第

---

[21]　ECHR Ser. A, No. 132, paras. 38-47.
[22]　*Ibid.*, para. 49.
[23]　*Ibid.*, paras. 50-51.
[24]　*Ibid.*, paras. 55-60.

6条1項の要件を満たしていない。刑事破毀法廷の管轄権も第6条1項の適用上十分ではない。また連邦裁判所は，その権限が州裁判所の決定に恣意性がなかったことを確保することに限定されており，事実問題を再検討しなかった。したがって，警察委員会の段階でみられた欠陥を事後的に救済することは不可能であったとし，第6条1項の違反を認定した[25]。

このように本判決は，留保と解釈宣言の区別の基準として，条約法条約第2条1項(d)の留保の定義，すなわち「条約の特定の規定の自国への適用上その法的効果を排除し又は変更することを意図して行う声明」という法的効果説を採用した。こうした立場は，すでに1982年のテメルタシュ事件でヨーロッパ人権委員会によってもとられていた。同委員会は，「人権条約により拘束されることへの同意の条件として提示され，かつ条約規定の法的効果を排除又は変更しようと意図される場合，かかる宣言は何と呼ばれようと留保に該当する[26]」との意見を述べていた[27]。なお，日本は国際人権規約の批准に際して，「解釈宣言とは，規定に内包されている解釈の幅の中で自国がとる解釈を明確に確認し記録にとどめておく意義をもつ[28]」と定義しているが，こうした解釈宣言の法的効果，とりわけ他の当事国に及ぼす国際的効果についてははっきりしない。

すでに1982年のテメルタシュ事件で人権委員会は，ヨーロッパの人権公序の集団的保障の必要性と条約の実施機関の存在を根拠に，判定権が実施機関にあるとの意見を表明していたが，本判決は，ヨーロッパ人権裁判所がかかる判定権をもつことを確認した初めての判決である。その後も，同裁判所は，ロイジドウ事件（1995年）で，こうした判定権を行使し，個人の申立権や裁判所の管

---

[25] *Ibid.*, paras. 61-73.

[26] *European Human Rights Reports*, Vol. V, (1983), p. 431, para. 68.

[27] こうした区別は，国連海洋法条約でも採用され，同条約では留保は禁止しながらも解釈宣言を許している（第309条，第310条）。しかし，具体的事例において，両者をその法的効果の点から一義的に区別することはきわめて困難である。たとえば，ルーマニアは，「沿岸国の安全の利益を守る措置（領海における外国軍艦の通航に関する国内法令を制定する権利を含む。）をとる沿岸国の権利を再確認する」との解釈宣言を行ったが，ドイツは「この条約のいずれの規定も，いずれかの特殊なカテゴリーの外国船舶の無害通航を事前の同意又は通告に依存させる権限を沿岸国に与えているとみなすことはできない」として，これに異議を唱えている。Cf. *Multilateral Treaties Deposited with the Secretary-General, Status as at 31 Dec. 1994*, pp. 862-70.

[28] 第87回国会衆議院外務委員会議録第7号，8-9頁参照。

〔坂元茂樹〕　第 15 章　「条約の留保」に関するガイドラインについての一考察

轄権を受諾する宣言に付されたトルコの留保を無効とした。この他，ウェバー事件（1990年）やコレール事件（1993年）においても，ヨーロッパ人権裁判所は同様の権限を行使しており，同裁判所が留保の有効性の判定権限を有することは判例上確立しているといえよう[29]。

たしかに人権条約には他の条約にはみられない特徴がある。前述したように，人権条約の目的と両立しない留保が行われた場合，異議申立国は，異議によって留保国の国民に対するみずからの条約上の義務を免れることはできないし，また条約関係を認めないとの異議が制裁として機能するわけでもない。ICJ が述べたように，「この種の条約では，国家の固有の利益や不利益又は権利と義務との間の完全な契約上の均衡について語ることができない[30]」という義務の非相互性という特徴がある。

前述のペレの指摘にあるように，人権条約の実施機関により無効とされた留保の効果は，かかる無効な留保を伴った批准書又は加入書までを無効とするのかどうかという問題が残る。換言すれば，留保の無効の認定は条約に拘束されることへの国家の同意をも無効にするかという問題である。ヨーロッパ人権裁判所は，ベリロス事件あるいはロイジドウ事件のいずれにおいても，留保の無効は条約の批准や受諾宣言の有効性には影響を与えないとの立場を採用した。前者ではスイス政府の同意が確認されていたので問題はないが，そうでなければ，留保を否定された上で当事国となることを求められる結果となり，条約法が基礎を置く同意原則が損なわれるという問題が残ることになる。このベリロス事件判決の影響を受けて，自由権規約委員会も，やがて留保の有効性の判定権者たりうるとの考えを表明するに至った。

(2)　一般的意見 No.24 [52]

自由権規約委員会が，留保問題に関する一般的意見を作成する段階で，自由権規約の当事国127カ国中，46カ国が150の留保を行っていた[31]。自由権規約委員会は，留保は規約の効果的な実施を妨げるとして，政府報告書審査の度ご

---

[29]　鶴田順「人権条約に付された留保をめぐる争いが示唆するもの」社会科学研究54巻5号112頁（2003年）。
[30]　*ICJ Reports*, 1951, pp. 21-24.
[31]　CCPR/C/21/Rev. 1/Add. 6, General Comment No. 24, para. 1.

第2部　1990年代以降における国際法委員会の具体的成果

とに留保の撤回を当事国に求めている。規約はすべての人が人として有する本質的権利を法的に表現したものであり，原則として，当事国はすべての義務を受け入れることが望ましいというのである。女子差別撤廃条約と異なり，自由権規約には留保規定が存在しない[32]。なお，その一般的意見 No. 24 [52]で，自由権規約委員会は，条約法条約における留保の定義に沿って議論を進めているが，留保の異議の役割については異なる態度を採用した[33]。すなわち，「留保の定義，そして特段の規定がない場合に，趣旨及び目的に基準の適用を規定するのは条約法条約である。しかし，委員会は，留保に関する国家の異議の役割についてのその規定が人権条約に対する留保を取り扱うのは適当でないと信ずる。かかる条約，とりわけ自由権規約は，国家間の相互的義務の交換によって組み立てられてはいない。かかる条約は個人に対して権利を付与することに関わっている。国家間の相互性の原則が機能する余地はない。留保に関する伝統的な規則の実施が自由権規約にとってきわめて不適当なので，諸国はしばしば留保に対する異議又はその必要性になんらの法的利益も見出さないのである」（17項）とし，「必然的に，特定の留保が規約の趣旨及び目的と両立するかどうかを決定するのは委員会となる。人権条約の特殊な性格ゆえに，留保と規約の趣旨及び目的との両立性は客観的に確立されなければならず，委員会はこうした作業を行うのにとりわけ適当な立場にある」（18項）というのである[34]。山田大使が，かつて政府委員として，「一国が行いました留保，それが認められるか認められないかということは，その条約の締約国の，何と申しますか，条約社会と

---

[32] 女子差別撤廃条約第28条2項は，「この条約の趣旨及び目的と両立しない留保は，認められない」との規定を置いている。女子差別撤廃条約に対する留保の実態については，国際女性の地位協会編『コンメンタール　女性差別撤廃条約』（2010年・尚学社）446-454頁（谷口洋幸担当）参照。クラークによれば，1989年の時点で，条約の実体規定に対する当事国による留保の割合は，女子差別撤廃条約が22%，自由権規約が29.2%，社会権規約が21.2%であり，女子差別撤廃条約に対する留保の割合が突出しているわけではない。Belinda Clerk, "The Vienna Convention Reservations Regime and the Convention on Discrimination against Women", *American Journal of International Law*, Vol. 85 (1991), p. 283. なお，個人通報に関する女子差別撤廃条約の議定書第17条は，「この議定書に対してはいかなる留保も許されない」との規定を置いている。また，定期的訪問制度を定めた拷問禁止条約選択議定書第30条の同様の規定を置いている。

[33] CCPR/C/21/Rev. 1/Add. 6, *supra* note 16, paras. 3-4.

[34] *Ibid*., paras. 17-18.

356

〔坂元茂樹〕　第15章 「条約の留保」に関するガイドラインについての一考察

申しますか，その国々が判断する[35]」と述べた，条約法条約の留保規則とは異なる制度を採用しようというのである。この意見が成立した背景には，起草にあたったヒギンズ（Rosalyn Higgins）委員の「人権条約の分野では，国家は互いに留保の監視ができていないというのが実状である。委員会が規約に付された留保一般の問題を取り上げないのであれば，他に誰がこの問題を取り上げるのか[36]」という認識に支えられていたといえよう。

　人権条約の特殊性を強調し，本来，勧告的権限しかもたない自由権規約委員会に留保の許容性に関する判定権を認めさせようとするこの一般的意見に対しては，英・米・仏などが反対意見を提出し，仮に締約国が判定するのが適当でないとしても，そのことからただちに規約に定めていない権限を委員会がもつことにはならないし，留保問題の処理は最終的には当事国全体で決定すべきであると反論した。実際，英国政府は，人権条約といえども，条約という形態を取る限り，「規約の実体規定でさえ，実際には，二国間の相互の約束のネットワークを創設するものである[37]」として，義務の相互性は排除されていないとの見解を表明した。しかし，実際に，委員会は，トリニダード・トバゴからの個人通報事例に関して，同国の選択議定書第1条に対する「委員会は，死刑宣告を受けた受刑者の通報を受理し及び検討する権限を有しない」との留保を無効と判断し，死刑囚からの通報を受理した（1999年のロウル・ケネディー事件）。この決定後，これを不満とするトリニダード・トバゴは選択議定書を廃棄した[38]。

　以上のように，人権条約の実施機関の実行は，条約が定める人権基準の確立と条約の一体性の確保という各条約機関に共通な任務の性質と自発的に相互引

---

(35) 第87回衆議院外務委員会議録第4号2頁。

(36) *Official Records of the Human Rights Committee 1991/1992*, Vol. I, p. 355, para. 67. 併せて, Cf. Rosalyn Higgins, "Human Rights: Some Questions of Integrity", *The Modern Law Review*, Vol. 52 (1989), pp. 11-17.

(37) "Observation by the United Kingdom on General Comment No. 24 (52) relating to reservations", *Human Rights Law Journal*, Vol. 16, No. 10-12 (1995), pp. 424-425, para. 5.

(38) ちなみに自由権規約委員会は，トリニダード・トバゴの選択議定書の脱退が効力を発生する前に通報がなされたとして，本案の審理を行い，トリダード・トバゴの第6条1項，7条，9条3項，10条1項，14条3項(c)，5項，14条1項および3項(d)の違反を認定した。Rawle Kennedy v. Trinidad and Tobago, Communication No. 845/1998, CCPR/C/74/D/845/1998, para. 8.

照を行う実行も手伝って、比較的に統一されているといえる。どの実施機関もみずからの条約に対する留保の撤回を当事国に求めるとともに、国による留保の表明は厳格に制限されるべきだとの立場を採用している。次に、条約の実施機関のこうした統一的な実行を受けて、ILCがこの問題にどのように回答したかを検討してみよう。

3　ILCにおける作業

ペレは、その第1報告書において、条約法条約の留保規則が抱える主要な問題として、(a)「条約の趣旨および目的との両立」の正確な意味は何か、(b)許容されない留保は、それ自体無効となるか。留保が無効とされた場合には、締結行為も無効となるか、(c)国は、他国が行った許容されない留保を受諾することができるか、(d)留保が無効とされた場合には、当該留保を行った国は、他の留保を行うか又は条約から脱退することができるか（この点については、いかなる機関が留保を無効と決め得るかも問題となる）、(e)二国間条約における留保を検討する意味があるか、(f)留保に該当する「解釈宣言」には、留保に適用される法的規制が適用されるのか、(g)「純粋な」解釈宣言の法的効果は何か。(h)解釈宣言は、いかなる法的規制を受けるか、(i)複数の国が統合することによって新たな承継国ができる場合には、留保は承継されるか、(k)慣習法を法典化した条項にも留保を付することができるのか。できるとすれば、そのような留保の効果はいかなるものか、を掲げた[39]。そして、人権条約に対する留保の実行につき、次のような認識を示していた。

ペレは、「一般的留保制度は、極端に柔軟であるけれども、もっぱら相互性の考え方に基づいている。この考え方を人権の分野に移入することは困難である[40]」との基本認識を示した上で、「人権条約は履行監視制度を含んでおり、これらの実施機関が留保の有効性を判定する権限を有するかどうかが問題となる。ヨーロッパ人権委員会とヨーロッパ人権裁判所は、1950年のローマ条約から生じる『客観的義務』を根拠に、この点についてのみずからの権限を認めた。同様に、自由権規約委員会は、一般的意見No.24 (52)で、『必然的に、特定の留保が

---

[39]　First Report, *supra* note 5, p. 57, para. 124.
[40]　*Ibid.*, p. 63, para. 138.

〔坂元茂樹〕　第15章　「条約の留保」に関するガイドラインについての一考察

規約の趣旨及び留保と両立するかどうかを判定するのは委員会となる。その一つの理由としては，委員会がみずからの職務を果たす上で，その判定は避けられない作業であるからである』と考えた[41]」と述べ，人権条約の実施機関の実行をみずからの作業の視野に入れていることを明らかにする。そして，このことから次のような問題が生ずることを指摘した。すなわち，「無効と宣言された留保は，留保国による条約への参加にどのような効果を及ぼすのかという問題である。ヨーロッパ人権裁判所は，ベリロス事件で，留保国は『疑いもなく』，ヨーロッパ人権条約の当事国に留まるとの見解を採用した[42]」。

いうまでもなく，普遍的人権条約においては，留保の問題は国家報告制度と個人通報制度（ヨーロッパ人権条約の場合は個人の請願）という二つの局面において生じる。後者については，受理可能性の観点から，実施機関のみが判断権を行使することになる。しかし，ILCは当初，実施機関のこうした態度に否定的であったといえよう。第49会期（1997年）の審議において，ローゼンストック委員は，留保の有効性を判断するのは実施機関ではなく国家であるとの1976年の国連法務部の権威的見解[43]を簡単に放棄しているとして，国家のみが留保の許容性を判定する権限を有しており，自由権規約委員会にはかかる権限はないとの意見を表明した[44]。他の委員（カバチ[45]，カテカ[46]，賀委員[47]）もこれに同調した。これに対し，クロフォード委員は，条約は条約機関に留保と異議に関する特別の判定権限を与えていないし，留保や異議の表明が国家の問題であることは事実であるとした上で，条約機関は条約の下で国家の義務を監視する役割を負っており，条約義務の履行を監視するのに必要な限りで，留保の許容性について意見を述べることは妨げられないとして，これを否定した賀委員の見解は行き過ぎであるとした[48]。このクロフォード委員の見解に，アド委員は同調

---

[41]　*Ibid.*, pp. 63-64, para. 140.
[42]　*Ibid.*, p. 64, para. 141.
[43]　United Nations, *Juridical Yearbook 1976* (Sales No. E78. V5), p. 221.
[44]　*Yearbook of International Law Commission*, 1997, Vol. I, A/CN. 4/SER. A/1997, 2501st meeting, p. 196, para. 53.
[45]　*Ibid.*, 2502nd meeting, p. 200, para. 19.
[46]　*Ibid.*, 2502nd meeting, p. 200, para. 20.
[47]　*Ibid.*, 2502nd meeting, p. 199, para. 12.
[48]　*Ibid.*, 2502nd meeting, p. 199, para. 15.

第 2 部　1990 年代以降における国際法委員会の具体的成果

し[49]。また，デュガード委員は実施機関の黙示の権限という観点から[50]，実施機関が留保の許容性について意見を述べることは可能であるとした。ただし，実施機関の権限はそれ以上には及ばないとの指摘が他の委員から多くなされた。さらに，シンマ委員はヨーロッパ人権裁判所など地域的機関の実行に ILC が介入すべきではないとの見解を表明し[51]，この点についてはベヌーナ委員も同調した[52]。

　人権条約に対する留保については，ペレの第 2 報告書の第 2 章「条約の留保に関する法制度の統一性又は多様性」において 80 頁を超える分析が行われている。ペレはまず，一口に人権条約といっても，国際人権規約やヨーロッパ人権条約のような生活のほとんどすべての領域を規律するような人権条約もあれば，ジェノサイド条約や人種差別撤廃条約のような単一の権利を保護する条約もあり，両者は同列に論じられないとの認識を示した[53]。その上で，人権条約のような規範的条約（normative treaties）[54]に条約法条約の留保制度が適用されるかという問題について，(1)条約の趣旨および目的と両立する留保が許容されていること，(2)受諾と拒否による当事国の自由が完全に確保されていること，(3)各条約は留保を制限あるいは禁止することが可能であり，留保を付す権利は残余的なものであるとの三つの要素を挙げ，規範的条約を含むすべての条約に留保制度は適用可能であるとの考えを示している[55]。ペレのこの言明は，かつ

---

[49]　*Ibid*., 2502nd meeting, p. 200, para. 18.

[50]　*Ibid*., 2502nd meeting, p. 202, para. 43.

[51]　*Ibid*., 2502nd meeting, p. 201, para. 32.

[52]　*Ibid*., 2502nd meeting, p. 202, para. 42. 本会期の委員会の審議の全体像については，山田中正「国連国際法委員会第 49 会期の審議概要」国際法外交雑誌 97 巻 2 号 76 頁参照（1998 年）。

[53]　Second Report, *supra* note 6, p. 55, para. 82. 山田中正「国連国際法委員会第 48 会期の審議概要」96 巻 3 号 167 頁（1997 年）。

[54]　フィッツモーリス（G. G. Fitzmaurice）によれば，「規範的条約」とは，「社会的，人道的又は立法的種類の条約をいい，行動原則を規定したり，行為基準を設定したり，あるいは新たな法規則を創設するような条約」であるとし，「絶対的なものとして機能し，他の当事国に対する相対的なものとして機能しない」という。G. G. Fitzmaurice, "Reservations to Multilateral Conventions", *International and Comparative Law Quarterly*, Vol. 2, Pt. 1 (1953), pp. 13, n. 23 and p. 15. なお，ペレは，「規範的条約」として人権条約のみならず，環境条約や軍縮条約を挙げている。Second Report, *ibid*., p. 55, para. 79 and p. 56, para. 87.

[55]　*Ibid*., pp. 55-57, paras. 82-88.

〔坂元茂樹〕　　第15章　「条約の留保」に関するガイドラインについての一考察

てゴルソング（Heribert Golsong）が主張した，条約法条約の留保制度は，本来契約的性質を有する条約にのみ適用されるのであり，締約国に客観的性質を有する義務を課す人権条約には適用されないとの立場は採用しないということを意味する[56]。たしかに，欧州人権裁判所は，ベリロス事件において，条約法条約の留保の定義に依拠してスイスの解釈宣言の法的性質を留保と性質決定しており，自由権規約委員会も条約法条約が採用する両立性の基準を基礎に，留保の許容性を判定するという限りにおいて，条約法条約の規則に依拠していることは間違いない。要は，条約法条約が採用する当事国の判定権と委員会の判定権の関係をどのようなものと見るかである。英米仏のように，留保問題の処理は最終的には当事国全体で決定すべきであるとして，原則的立場にとどまるかどうかである。

　この点について，ペレは，第2章第2節の結論として，「ウィーン条約法制度」は一般に適用可能であるとする。その上で，第3節で「一般的留保制度の履行（「ウィーン条約法制度」の人権条約に対する適用）」と題して，第1項の「条約の趣旨および目的という基本的基準」に引き続き，第2項の「留保制度の履行を監視する機関」で，A. 実施機関による留保の許容性の決定，B. 実施機関による認定の帰結を検討し，第3節の結論として「監視するメカニズムの共存」と題して，他の当事国による監視と紛争処理制度という伝統的なシステムに加えて，人権条約に定められている実施機関による第2の監視システムが生まれていることを指摘する[57]。そして，この実施機関の役割に対して二つの対立する考え方があることを指摘する。一つは，諸国や国連の法務部長などが採用する，留保の許容性を判定するのは国家だという伝統的な立場である。もう一つは，条約の実施機関は留保の許容性を判定できるばかりではなく，拘束的な決定権限をもつという考え方である。ペレは，このいずれの立場も正しくなく，真実はその中間にあるとする。実施機関はその条約の履行を監視する任務を果たすのに必要な場合は，締約国が付した留保の許容性を評価できるが，その認定の法的効果は条約が実施機関に与えた権限の範囲を超えることはできないというのである。もっとも，実施機関による監視システムも両立性の基準によって留保

---

[56]　*Proceedings of the 4th International Colloquy about the European Convention on Human Rights*, 1976, pp. 271-272.
[57]　山田・前掲注[53] 167-168 頁。

の許容性を判断しており，伝統的なシステムと矛盾しないとする。そして結論として，個別の必要性は各条約の留保規定によって対処可能であり，「ウィーン条約法制度」の枠組みで処理できるとする[58]。なお，第2章は，その結論として，「人権条約を含む規範的な多数国間条約に対する留保に関する国際法委員会の決議案」なる，10項目の提言を付している。その中で，「ウィーン条約法制度の柔軟性ゆえに，この制度は条約の目的又は性質がいかなるものであれ，すべての条約の要求を充たしており，条約規定の一体性と条約参加の普遍性の確保という二つの目的の間に満足できる均衡を見いだしている」(2項)とし，「これらの目的はまた，人権条約の分野を含む，規範的多数国間条約に対する留保の場合にも適用され，したがってウィーン条約に規定する一般規則はこれらの条約に対する留保に十分に適用可能である」(3項)と述べられている。そして実施機関の機能については，「実施機関が留保の許容性について行使しうるコントロールは締約国によるコントロールという伝統的な方式を排除しない」(5項)との考えが示されている[59]。この第2報告書の審議は，時間の関係から，次の第49会期に行われることになった。

　第49会期で，ウィーン条約制度は規範的条約を含むすべての多数国間条約に適用されるというペレの考えに対して，人権条約の特殊性を指摘し，条約関係を二国間関係に分解するウィーン条約制度は機能しないと述べる一部の委員(シンマ，デュガード，クロフォード)もあったが，多くの委員はこれを支持した。留保に関する実施機関の役割については，自由権規約には決定権限が規定されていないので，実施機関が留保の許容性を判定する地域的機関の実行を規約に引き移すことはできないとの意見が大勢を占めた。こうした議論を反映するかのように，先の決議の5項については，「実施機関は，みずからに与えられた機能を遂行するために，特に，国家による留保の許容性(admissibility)について論評しかつ勧告する権限を有する」(5項)と述べるにとどめ，「実施機関の権限は，ウィーン条約の諸規定に従う締約国によるコントロールを排除し，それに影響を与えるものではない」(6項)とされた。さらに，「委員会は，国家が留保の許容性を評価し又は決定する権限を実施機関に付与しようとする場合には，特に

---

[58] 山田中正「国連国際法委員会第49会期の審議概要」国際法外交雑誌97巻2号74頁 (1998年)。

[59] Second Report, *supra* note 6, p. 83.

〔坂元茂樹〕　第15章　「条約の留保」に関するガイドラインについての一考察

人権条約を含む規範的条約に特別の条項を含ませることを提案する」(7項) とともに,「留保を取り扱うその権能の行使にあたって, 実施機関によってなされた認定の法的効果は, その一般的監視機能の履行のために与えられた権能を超えることはできない」(8項) とした上で,「上記の結論は, 地域的機関が発展させてきた実行や規則を害するものではない」(12項) と結論したのである[60]。

このように委員会が採用した結論は, ウィーン条約制度を維持すべきだという考慮も手伝って, 条約法条約の留保制度の基底をなす同意原則を維持するというものである。この点は, ペレの報告書の随所に現れている。彼は, 自由権規約委員会が, 規約が個人の権利を保護することを意図していることに着目し, 国際人権規約は「立法的 (legislative)」条約であり留保は受け入れられないとの前提に立っていることを批判し, 人権条約といえども条約であり, 個人の権利はかかる条約に拘束されることについての国家の同意に由来しており, 同意に基礎をおく留保制度が適用されるとの立場を採用した[61]。

特別報告者は, 第54会期において, 国又は国際機関によって付された留保が「条約の実施を監視する機関によって非許容と判定された留保の撤回」に関するガイドライン案2.5.4, 2.5.X 及び2.5.11bisを提出した。案2.5.4は,「留保が関連する条約の実施を監視する機関によって留保が非許容と判定されたという事実は, 当該留保の撤回を意味しない。こうした認定の後, 留保国又は国際機関はこれに従って行動しなければならない。両者は, 留保を撤回することによって, その義務を果しうる[62]」という内容であった。案2.5Xは, 最後の一文に「全部又は一部」を挿入したものである。案2.5.11bisは,「留保が関連する条約の実施を監視する機関によって留保が非許容と判定された場合, 留保国又は国際機関はその認定に従って一部留保を撤回することによってその義務を果しうる[63]」と規定した[64]。これに対して, 委員会では, 案2.5.4の「こうした

---

(60) *Yearbook of the International Law Commission*, 1997, Vol. II, Part 2, A/CN. 4/SER. A/1997/Add. 1 (Part 2), p. 57.
(61) Second Report, *supra* note 6, pp. 64-65, paras. 146-147.
(62) Seventh Report on Reservations to Treaties, A/CN, 4/526/Add.2, extract from the *Yearbook of the International Law Commission*, 2002, Vol. II, Part 2, p. 17, n. 35.
(63) *Ibid.*, p. 19, n. 50.
(64) 詳しい提案説明については, Cf. *Yearbook of the International Law Commission*, 2002, Vol. I, 2734th meeting, pp. 154-156, paras. 10-20.

第 2 部　1990 年代以降における国際法委員会の具体的成果

認定の後，留保国又は国際機関はこれに従って行動しなければならない。両者は，留保を撤回することによって，その義務を果しうる」という規定に批判が集中した。ローゼンストック委員は，国は実施機関の勧告に従う義務はないとして，これに反対した[65]。ブラウンリー委員も，実施機関による拘束的ではないが権威的決定は，留保国にみずからの立場を再検討する道徳的義務を与えるにすぎないとして，これに反対した[66]。山田委員は留保を非許容とする ICJ の判決でさえ，留保国に拘束力をもつわけでないことに注意を喚起し，条約法条約の制度の下では留保の許容性を判断するのは国家であるので，ガイドライン案 2.5.4，そして 2.5.X の 2 項に反対を表明した[67]。また，ガヤ委員は，実施機関による非許容との認定とこうした認定の効果は区別されなければならないと主張した。留保の撤回のみが唯一の答ではないというのである。許容されない部分を削除するという修正の方法もあると指摘した。それゆえ非許容の認定は決して留保の撤回を意味せず，留保国に留保の撤回を要求する効果をもつか，あるいは撤回すべきという勧告の効果をもつにすぎないとして，これに反対した[68]。コスケニエミ委員は，留保が許容されないと判断されたとしても，ただちに留保が無効になるわけではなく，また撤回されたとみなされることがないのは自明の理であり，ガイドライン案 2.5.4 と 2.5.X は不要であるとの指摘を行った[69]。結局，2.5.11bis を含めこれらの案については起草委員会に付託されないことになった[70]。

これを受けて，第 55 会期で，特別報告者は，「留保に関する対話 (reservation dialogue)」との考えを提起した。留保に対する異議には，表明と撤回のみでなく，その中間の手続として留保国と留保の撤回を求める相手国との対話があるというのである。さらに第 57 会期に提出された第 10 報告書において，特別報告者は，一定のカテゴリーに属する条約又は条約規定に関する留保は特定の問題を発生させることから，類型化した上で検討することが有益であるとして，

---

[65]　*Ibid.*, 2735th meeting, p.157, para.15.
[66]　*Ibid.*, 2736th meeting, p.166, para.30.
[67]　*Ibid.*, 2737th meeting, p.171, paras.4-5.
[68]　*Ibid.*, 2736th meeting, p.166, para.28 and 2753rd meeting, p.156, para.1.
[69]　*Ibid.*, 2737th meeting, pp.175-176, para.45.
[70]　山田中正「国連国際法委員会第 54 会期の審議概要」国際法外交雑誌 101 巻 4 号 63 頁 (2002 年)。

〔坂元茂樹〕　第15章　「条約の留保」に関するガイドラインについての一考察

一般的な人権条約に対する留保を他の5つのカテゴリーとともに取り上げるとの考えを示した(71)。この第10報告書の追加が第58会期に提出され，特別報告者はその追加2において，留保の有効性を評価する権限を有する主体および非有効とされた留保の帰結についてのガイドライン案を示した。案3.2.1は，「条約によって設置された実施機関の権限」と題して，「条約が条約の適用を監視する機関を設立する場合には，当該機関は，みずからに委ねられた職務を果たすにあたって，国又は国際機関によって表明された留保の有効性を評価する権限をもつ。この権限の行使にあたって，こうした機関によってなされた認定は，その一般的監視の役割から生ずるのと同じ法的効果をもつ(72)」と規定した。また「国及び国際機関と実施機関との協力」と題する案3.2.3では，「条約の適用を監視する機関を設立する条約に対して留保を表明した国及び国際機関は，こうした機関と協力し，みずからが表明した留保の有効性に関する当該機関の評価を十分に評価することを要求される。当該機関が決定権限を付与されている場合には，留保表明国又は機関は，当該機関の決定に効果を与えることが義務づけられる（ただし，当該機関がその権限の範囲内で行動していることを条件とする）(73)」と規定し，実施機関の決定に対し，留保を付した国又は国際機関は，その決定を履行するか，又はその勧告を十分考慮しなければならないとした。これらの条文は，条約法条約の規定や現行の国家実行からやや離れるところもあるが，国家から独立した専門家からなるILCの任務として，これらと調和する中間点を見つける必要があるとの考慮から起草委員会に送られた(74)。

そして最終的に，第62会期において，次のようなガイドラインを採択した。まず，「留保の許容性の評価」と題するガイドライン3.2では，「次のものは，それぞれの権限の範囲内で，国又は国際機関によって表明された条約に対する

---

(71) 人権条約以外の他のカテゴリーの留保として挙げられたのは，①紛争解決条項及び条約実施のモニタリング条項に対する留保，②国内法の適用に関する留保，③曖昧かつ一般的な留保，④慣習規範であるような条約規定に対する留保，および⑤強行規範を定める規定に対する留保である。山田中正「国連国際法委員会第57会期の審議概要」国際法外交雑誌104巻4号133頁（2005年）。

(72) Tenth Report on Reservations to Treaties, A/CN.4/558/Add.2, p.14, para.171.

(73) Ibid., p.16, para.179.

(74) 山田中正「国連国際法委員会第58会期の審議概要」国際法外交雑誌105巻4号167-170頁（2006年）。

留保の許容性を評価できる。すなわち，締約国又は締約機関，紛争解決機関，条約実施機関[75]」と規定した。「留保の許容性を評価する条約実施機関の権限」と題するガイドライン3.2.1は，「条約実施機関は，みずからに委ねられた職務を果たすにあたって，国又は国際機関によって表明された留保の許容性を評価できる。この権限の行使にあたって，こうした機関によって表明された結論は，その監視の役割から生ずるのと同じ法的効果をもつ[76]」と規定した。そして，「留保の許容性を評価する条約実施機関の権限の特定」と題するガイドライン3.2.2は，「条約の適用を監視する権限を機関に与えるとき，国又は国際機関は，適当な場合には，留保の許容性を評価するこうした機関の権限の性格及び限界を特定すべきである。既存の実施機関については，同様の目的をもつ措置を採択できる[77]」と規定した。さらに，「国及び国際機関と実施機関との協力」と題するガイドライン3.2.3で，「条約の適用を監視する機関を設立する条約に対して留保を表明した国又は国際機関は，こうした機関と協力し，みずからが表明した留保の許容性に関する実施機関の評価に十分な考慮を払うべきである[78]」と規定した。

　こうした作業を経て，ILCは，ガイドライン案4.2.7で，「成立した留保の効果の相互主義的適用」と題して，「留保は，留保成立相手国に関しては，留保国との関係において留保国と同じ限度で条約関係の内容を変更する。ただし，相互主義的適用が留保の性質や内容上不可能な場合，留保に係る条約上の義務が留保国に対して個別に負われているものでない場合又は条約の趣旨及び目的若しくは留保に係る義務の性質上相互主義的適用が排除される場合は，この限りでない[79]」と規定し，相互主義的適用が排除される人権条約に配慮した。また，許容性を充たした留保については，ガイドライン案4.3.9で，「有効な留保を付した国が当該留保の利益を受けることなく条約に拘束されない権利」と題して，「許容性の条件を充たす留保を付した国は，当該留保の利益を受けることなく

---

[75] *Report of the International Law Commission, Sixty-second session, General Assembly*, A/65/10, p.59.
[76] *Ibid.*, p.60.
[77] *Ibid.*, p.60.
[78] *Ibid.*, p.60.
[79] *Official Records of the General Assembly, Sixty-fifth Session, Supplement No. 10* (A/65/10), p.18, n.34.

〔坂元茂樹〕　第15章　「条約の留保」に関するガイドラインについての一考察

すべての条約規定を遵守するように拘束されることはない[80]」との立場を採用した。なお，ガイドライン案4.5.1は，「許容性と有効性の条件を充たさない留保は無効である[81]」と規定し，ガイドライン案4.5.3で「有効性をもたない留保が付された場合には，別段の意図が確認されない限り，留保に関わりなく，条約は留保国に適用される[82]」との考え方が示された。

4　ILCと条約実施機関の協議

2006年12月4日の国連総会決議61/34を受けて，2007年5月15日と16日の両日，ILCと人権条約の実施機関の協議が行われた[83]。ILCからはブラウンリー（Ian Brownlie）委員が，実施機関からは自由権規約委員会のロドリー（Nigel Rodley）委員が共同議長となって協議を行った。これは，ILC規程第25条1項の「委員会は，必要と考えるときには，国際連合の機関の権限に属するいずれの事項についても，これらの機関と協議することができる」という条文に沿った試みである。この協議において，ILC側からはペレ委員が「条約に対して留保を表明する権利の法典化」について，キャンディオッティ（Enrique Candioti）委員が「人権条約に対する留保の無効性の根拠」について，ガヤ委員が「人権条約に対する留保の無効の帰結」について報告を行い，条約実施機関からは人権の促進と保護に関する小委員会のハンプソン（Françoise Hampson）委員が「問題の主要な側面」について，人種差別撤廃委員会のシシリアーノ（Alexandre Sicilianos）委員が「人権条約に対する留保の有効性の評価」について報告を行った[84]。

1999年に小委員会決議1998/113「人権条約に対する留保」に関するワーキングペーパーをまとめたハンプソンは，その報告において，①条約の趣旨および目的と両立しない留保は無効であり，他の当事国に留保を受諾するという選択肢がないということ，②許容されない留保には異議に関する規定である条約法条約第20条から第23条は適用されないこと，③留保の「有効性」又は「実効

---

(80)　*Ibid.*, p.21, n.45.
(81)　*Ibid.*, p.22, n.50.
(82)　*Ibid.*, p.22, n.52.
(83)　A/RES/61/34, para. 16.
(84)　Meeting with Human Rights Bodies (15 and 16 May 2007), ILC (LIX) /RT/CPR. 1, 26 July 2007, p. 4, para. 10.

第 2 部　1990 年代以降における国際法委員会の具体的成果

性」は他の当事国の受諾や異議に左右されるのではなく客観的基準に基づくこと、④人権条約に対する留保に適用可能な特別の制度が存在しないこと、についてはコンセンサスがあると述べた[85]。彼女が許容性学派の立場に立っていることは明らかである。その上で、実施機関が留保と条約目的の両立性を決定する権限をもつとしても、既判事項たりうる判決を下す権限をもつ司法機関と法的拘束力のない勧告又は見解を与えるにすぎない準司法機関があるとの区別を行った。彼女によれば、残された問題は、条約の目的と両立しないという宣言がもつ効果だというのである[86]。シシリアーノ委員は、ペレの第 10 報告書で ILC が採用した、人権条約の実施機関が、留保が条約の趣旨および目的と両立するかどうかの判定権を持つというガイドライン案を支持した[87]。ところで、ILC が最終的にこうした結論に到達したことは、決して不思議ではない。なぜなら、ILC 自身、条約法条約草案を準備した段階で、両立性の基準という原則の採用にあたって留保の許容性の判定を各当事国の判断に委ねざるを得ない理由として、「困難は、この原則が適用されるべき過程で、とりわけ常時条約を解釈する権限を付与された裁判所又はその他の機関が存在しないときに生じる[88]」との認識を示していたわけで、その任務遂行にあたって当該人権条約の解釈権限を有する実施機関が存在する以上、その判定を尊重することが条約法条約の基本的枠組みから大きく外れるとは考えられないからである。

　ILC 側からは、まず特別報告者であるペレが条約法法典化の歴史と 1996 年に開始されたガイドラインの作業について説明を行った[89]。また、ガヤ委員は、ハンプソン委員の見解に賛意を表明しながらも、たとえ無効な留保であっても留保制度に服しており、実行においては他の当事国によって受諾され得ると一般的にみなされていることを指摘した。同時に、条約の実施機関が無効な留保

---

[85]　Cf. Reservations to human rights treaties, Working paper submitted by Ms. Françoise Hampson pursuant to Sub-Committee decision 1998/113. E/CN. 4/Sub. 2/1999/28, pp. 1-33.

[86]　Meeting with Human Rights Bodies., pp. 5-6, paras. 13-15.

[87]　*Ibid.*, p. 6, para. 17. なお、シシリアーノ委員は、管轄権に対する留保と実体規定に対する留保は区別されるべきだとして、コンゴ領域に関する武装活動事件における 2006 年 2 月 3 日の ICJ 判決に注意を喚起した。*Ibid.*, para. 20.

[88]　*Yearbook of International Law Commission*, 1966, Vol. II, p. 205, para. 10. 小川芳彦「国際法委員会条約法草案のコメンタリー(二)」法と政治 19 巻 3 号 116 頁（1968 年）

[89]　Meeting with Human Rights Bodies, pp. 4-5, paras. 11-12.

を分離し，当該留保国を当事国として扱うアプローチを採用したことを肯定的に捉え，こうした「寛容な」アプローチをとるべきだとの見解を述べた[90]。

一般的討議に移って，①人権条約の特別の性質，②「有効性」という用語の使用，③無効の根拠，④無効の評価，および⑤無効の効果について双方の委員から意見が述べられた。双方の意見の隔たりがこの協議によってすべて解消されたわけでもないし，そのように簡単に解消できる問題でもない。ただし，合意点がまったく見いだされなかったわけではない。人権条約が特別の性質を有するとしても，それに対しても条約法条約が適用され続けることについては両者の間には異論はなかった。人権条約の実施機関も人権条約に対する留保を規律する別個のレジームの必要性を主張したわけではなかった[91]。ということは，ILCが行っているガイドラインの作成という方法にも，またガイドラインが示しているこの主題に関する内容についてもおおむね実施機関の側からの支持を得られたという結論になる。

もっとも，先に紹介したガイドライン3.2.2.について，自由権規約委員会の議長の岩沢雄司委員はILCの委員長に，2010年7月20日，書簡を送り，懸念を表明した。まず第一文については，「こうした勧告は，将来，条約がこうした規定を有していなければ，条約によって設立された実施機関は，留保の許容性を評価する権限を有しない」との主張に使用される可能性があるということ，また，ガイドラインのコメンタリーによれば，「適当な場合には」という表現は，「ガイドラインの純粋に勧告的な性質を強調するものである」と説明されるが，十分に明確ではない，としてこれを批判した。そして，第一文から「適当な場合には」という文言を削除し，「すべきである（should）」を「できる（may）」に変更するよう提案した。さらに第二文についても，この規定は既存の実施機関の職務の縮減に導くとして，削除を提案した[92]。こうした実施機関の見解が，ILCの作業にどのように反映されるかは第二読の結果を待つしかない。

5 おわりに

女子差別撤廃委員会は，2010年10月に開催された第57会期において，「女

---

[90] *Ibid.*, pp. 7-8, paras. 21-24.
[91] *Ibid.*, pp. 8-9, paras. 26-27.
[92] Letter of Chairperson of the Human Rights Committee dated on 20 July 2010.

子差別撤廃条約第2条に基づく締約国の核心的義務に関する一般的勧告28」を採択した。その中で，留保の問題を取り上げ，「委員会は，第2条は条約に基づく締約国の義務のまさに核心（very essence of the obligations of States）であると考える。それゆえ委員会は，第2条又は同条の各項に対する留保は，原則として，条約の趣旨及び目的と両立せず，かくして第28条2項に従って許容されない（impermissible）と考える」（41項）と述べた[93]。

かつて「無数に穴の空いたチーズ」と揶揄されたように，女子差別撤廃条約には，多数の国が留保を行っている。その中には，「イスラム法と憲法に反しない条約の部分を承認する」（モーリタニア）とか，「条約がイスラム法に抵触する場合，条約を遵守する義務を負わない」（サウジアラビア），さらには「ブルネイ憲法および国教であるイスラムの信仰・原理に反する条約の諸規定を留保する」（ブルネイ）とか，「イスラム法およびオマーンで施行されている法律の規定に合致しないものを留保する」（オマーン）のように，留保の対象条文を特定しない一般的留保を行っている国がある[94]。これに加えて，本条約の最も重要な規定である第2条全体に具体的理由を示さずに留保している国として，エジプト，モロッコ，バングラデッシュなどのイスラム国家がある[95]。この問題の重要性は早い段階から委員会によって認識されており，委員会は早くも1987年の一般的勧告4で条約の趣旨および目的と両立しないと思われる相当数の留保に懸念を表明するとともに[96]，1992年の一般的勧告20では，世界人権会議に向けた取組みとして，留保の再検討を促していた[97]。

周知のように，女子差別撤廃条約第28条2項は両立性の基準を採用しているが，留保と条約目的との両立性の判定は条約の当事国に委ねている。締約国の差別撤廃義務に関する第2条についても，条約上は留保禁止の対象になって

---

[93] たしかに，第2条は，①男女平等原則の憲法等への明記とその実現，②差別撤廃のための立法等の措置，③女性の権利の司法機関及び公の当局等による保護，④私人間の差別禁止のための適当な措置，⑤女性に対する差別的な既存の法律，規則，慣習，慣行の修正・廃止のための適当な措置，⑥差別的な刑罰規定の廃止を定めている。詳しくは，国際女性の地位協会・前掲注(25)101-126頁（建石真公子担当）参照。

[94] 2006年加入時に行われた先のブルネイやオマーンの留保には，英国，オーストリア，フィンランドなど西欧諸国や北欧諸国から多数の異議が唱えられている。

[95] この問題の重要性については，伊藤哲郎「女子差別撤廃条約における留保問題」レファレンス平成15年7月号14-15頁参照。

[96] General Recommendation No. 4（6th session, 1987）.

〔坂元茂樹〕　第15章　「条約の留保」に関するガイドラインについての一考察

いない。委員会は，今回，第2条は核心的義務であると「解釈」した上で，(a)号から(g)号の各号に対する留保は，女子差別撤廃条約の趣旨及び目的と両立せず，許容されない留保という判定を初めて示したことになる[98]。さらに委員会は，「締約国が第2条又は同条の各項に対して留保を行っているとの事実は，国際法に基づく他の義務を遵守する必要性を免除しない。その義務の中には，当該締約国が批准又は加入している他の人権条約に基づく義務及び女性に対する差別の撤廃に関する慣習法上の国際人権法に基づく義務を含むものとする。ある締約国による女子差別撤廃条約の諸規定に対する留保と当該締約国が批准又は加入している他の人権条約に基づく類似の義務との間に矛盾が存在する場合には，当該締約国は，留保を撤回するために，当該留保を見直すべきである」(42項)と述べている[99]。この42項の記述が，その前提として，ガイドライン4.1の，「留保は，許容性の条件を充たし，所定の形式・手続に従って付され，他の締約国が受諾した場合に成立する」との立場をとっていることはたしかであるし，女子差別撤廃委員会による「締約国が第2条又は同条の各項に対して留保を行っているとの事実は，国際法に基づく他の義務を遵守する必要性を免除しない」との記述は，ガイドライン4.5.3の，「有効性をもたない留保が付された場合には，別段の意図が確認されない限り，留保に関わりなく，条約は留保国に適用される」に照応している。この他にも，ILCのガイドラインの作業の

---

[97] General Recommendation No. 20 (11th session, 1992). 世界人権会議は1993年のウィーン宣言第I部の26で「すべての国ができるだけ留保を行わないことが奨励される」と宣言した。なお女子差別撤廃委員会は，締約国が留保に関する現状を検討し，留保を付す理由となっている差別的な国内法について必要な手続をとるよう提案している。*Report of the Committee on the Elimination of Discrimination against Women, 13th Session, General Assembly Official Records, 49th Session, Supplement No. 38* (A/49/38), para. 47.

[98] ケルゼンは法的擬制を分類して，法理論上の擬制と法実践上の擬制に分け，後者には立法者の擬制と法適用者の擬制が含まれると説明する。女子差別撤廃委員会の一般的意見28は，まさしく実施機関の解釈によって留保禁止規定を「立法」した，法実践上の擬制に見える。H. Kelsen, "Zur Theories der juristischen Fiktionen," Annalen der Philosophie und philosophischen Kritik, Bd. 1 (1919), S. 630 ff. 外交的保護権につき法の擬制の問題を取り上げるものとして，山下朋子「外交的保護の法的擬制―国内法から国際法への『変型理論』に関する一考察」神戸法学雑誌第60巻1号(2011年)掲載予定。

[99] General Recommendation No. 28 on the Core Obligations of States Parties under Article 2 of the Convention on the Elimination of All Forms of Discrimination against Women, CEDAW/C/2010/47/GC. 2, p. 10, paras. 41-42.

影響を見つけることは可能である。委員会は，第2条に対する留保は許容されないと踏み込んだものの，無効とは述べていない。前述した「留保に関する対話（reservation dialogue）」の考え方に沿っているように思われる。最終的に留保の撤回に至るかどうかはともかく，委員会としては今回の判定を踏まえ，こうした留保を行っている国の政府報告書審査に臨むことになる[100]。

　ひるがえって考えてみれば，多数国間条約の生成とともに発展した留保という制度は，多数国間での利害の調整が不可欠となった分野で条約による規制を各国が選択しながら，多様な社会的，経済的，文化的背景を抱える当事国の立場を考慮して留保を許容し，留保国と留保受諾国との間で，換言すれば，その二国間で個別に利害調整を許す制度と捉えることができる。しかし，人権条約は，当事国の侵害から個人の基本的人権を保護することを目的とし，そこに掲げられた「権利の普遍性」を強調して，条約の履行を報告制度等によって監視するための実施機関を有し，留保の妥当性について定期的に見解を述べる実行を重ねている条約である。人権条約は，人権の国際的スタンダードの設定という目的を有し，こうした条約への各国の加入はその実現のために国内法を積極的に調整することを各国に求めており，国内法を理由に留保を許すことを本来念頭に置いていない。条約がめざす普遍的な価値の実現に向けて各国の行動を一致させるためには，条約の目的たる中核的な義務をすべての当事国が等しく引き受けることを期待する条約類型なのである。

　元来，留保制度は，条約の中核的な義務は受け入れるものの，その国の特殊な事情から周辺的義務を受諾できない国を条約の外に置くことなく，留保を認めることで条約への参加を促す制度である。しかし，条約法条約の留保規則によれば，仮に中核的な義務への留保禁止規定がなければ，個々の国家の判断により義務の中核性と周辺性が「条約の趣旨及び目的」を基準として判断されることになる。その判断いかんによっては，条約の中核的義務が適用上排除され条約の価値そのものが歪められる事態が想定される。そのことから人権条約の場合には，実施機関が留保の許容性の判定機関として機能したいという欲求が

---

[100] これは，1978年の人種差別撤廃委員会の，「委員会は締約国による留保を検討しなければならないが，それ以外を行う権限はない。留保は認められないという委員会の決定は，たとえ全会一致であってもいかなる法的効果ももたない」との見解に通じるものがある。

〔坂元茂樹〕　　第15章　「条約の留保」に関するガイドラインについての一考察

生じる。各国の手に条約目的と留保との「両立性」の判定権が握られたままでは，条約がめざす普遍的価値の実現がきわめて困難になるというのである。しかし，実施機関が依拠するこの両立性の基準は，その前提としての留保の定義とともに，条約法条約が定める留保規則に存在する。その留保規則の根幹にあるのは同意原則である[101]。

　すでにみたように，ILCと人権条約機関の委員との協議においても，人権条約に特有な留保制度を望む声はなかった。既存の条約法条約の留保規則に「実行ガイド」としていかに実施機関の実行を整合的に盛り込むかということが焦点である。留保の歴史を振り返ってみると，留保規則の形成の節目ごとに人権条約の問題が絡んできており，その意味で人権条約と留保規則は「不即不離の関係」にあるといえよう。人権条約は留保の一般規則の形成に大きな影響を与えながら，決してそこにとどまることなく，新たな規則の形成を促そうとしている。今回のILCのガイドラインの作業は，そうした動きに真正面から向き合い，条約法条約の留保規則という枠組みの中で，それに精一杯応えようとしている作業として評価できるように思われる。

---

[101]　詳しくは，拙稿「人権条約と留保規則―国連国際法委員会の最近の作業を中心に―」国際人権9号32-33頁（1998年）。

第16章 武力紛争の条約に及ぼす影響に関する国際法委員会条文案の検討

真 山   全

1 はじめに
2 適用対象条約の範囲と武力紛争の定義
3 武力紛争の影響
4 武力紛争による条約の終了等の通告とその効果
5 武力行使の合法性判断に由来する問題
6 おわりに

1 はじめに

　戦争や武力紛争が発生すると，そこで行われる敵対行為のために，特にその当事国間における条約適用に困難が生じる。事実としての武力紛争の他に法上の戦争があった時代では，まさにそれによって戦時という平時とは異なる法的な状態が出現すると観念されていた。そのことを前提にして，かかる特別の法的状態そのもの，又はそれに伴い生じる敵対行為という通常では許容されない行為の条約適用に及ぼす影響が議論された[1]。

　20世紀半に武力行使違法化が完成すると，法上の戦争を観念することができなくなるから，通説的に述べるならば，国家間に実質的意味における軍隊を用いての暴力行為の応酬が生じるのであれば，それは事実状態として認識されるもの，すなわち今日では広く武力紛争と呼ばれるものに過ぎなくなる。そのように事実として武力紛争を捉えるとしても，それが武力紛争の当事国間の条約関係にいかなる範囲で影響を及ぼすのかの問題が勿論なお存在する[2]。そこでは，単に事実状態の影響なのであるから，法上の戦争状態のあった時代よりも

---
(1) 一又正雄「戦争と條約の効力(一)」『國際法外交雑誌』第42巻10号 (1943年) 679頁; 石本泰雄「いわゆる『事實上の戦争』について」横田喜三郎先生還暦記念『現代國際法の課題』(有斐閣, 1958年) 292頁．

条約関係の法的継続性を重視すべきであるのか，事実状態とはいえ異常の状態であることについて変わりはないのであるから，法的継続性の要請を後退させるべきであるのかが問われる[3]。

　武力行使違法化は，さらに，武力を違法に行使した国に対する条約の適用関係における差別的取扱いの問題をも伴う。また，差別的取扱いを行う主体が合法的武力行使国のみであるのか武力紛争非当事国も含むのかも論点になる。法上の戦争の時代における本件問題の検討においても，やはり敵対行為等の事実の影響を条約の性格や条約当事国の意図を考慮しながら判断していたのであれば，武力紛争という事実的状況の条約に及ぼす影響に関する現在の検討と結局のところ実質的には類似した議論ということになるが，この差別的取扱いという論点は，以前には考えられなかったものである。

　さらに，武力紛争の条約に及ぼす影響の問題は，主に国家間のそれを念頭において議論されてきた。それは，法上の戦争が交戦団体承認のある場合を除いて国家間の戦争であったからであり，しかも同一条約の当事国であるような敵国との条約適用関係こそが実際上問題となりえたからである。もっとも，通常とは異なる事実状態の発生という点は，国際的と非国際的の武力紛争も同じであるといえ，このことから非国際的武力紛争の場合についても検討する価値があるかもしれない。

　武力紛争の条約に及ぼす影響の問題は，近年もいくらかの機会で検討されてきた。例えば，ウイーン条約法条約の起草過程や1985年の万国国際法学会での本件問題審議[4]がそれである。国連国際法委員会（ILC）もその第52会期審議（2000年）において，長期作業計画に関する作業部会勧告に基づき「武力紛争が条約に及ぼす影響」を新たな検討主題とすることを確認した[5]。ILCは，第56

---

[2] 坂元茂樹「武力紛争が条約に及ぼす効果(一)——国際法学会ヘルシンキ決議（1985年）の批判的検討」『関西大学法学論集』第41巻4号（1991年）29頁; 村瀬信也「武力紛争における環境保護」同他編『武力紛争の国際法』（東信堂，2004年〔2006年〕）647-649頁。

[3] 法上の戦争が存在した時代には，その発生によって平時の一切の関係が断絶して，条約関係も消滅するというような劇的な消滅主義的効果が生じると常に考えられていたわけではない。平時戦時二元論的世界にあっても，戦争から受ける影響は条約によって異なるとの認識があった。信夫淳平『戦時國際法講義』第1巻（丸善，1941年）774頁; Lord McNair, *The Law of Treaties*, Oxford UP, 1961, p.695. してみると，武力行使違法化後の武力紛争の条約に与える影響の議論は，かつての議論と本質的な相違があるのかという疑問も生じる。

〔真山　全〕　第16章　武力紛争の条約に及ぼす影響に関する国際法委員会条文案の検討

会期（2004年）でブラウンリー委員（英）を本件主題の特別報告者に指名した。同委員は，翌年の第57会期に関係の全条文案を含む第1報告書を提出し[6]，また事務局も国家実行等を記したメモランダムを2005年に完成させた[7]。その後，第58会期（2006年）の第2報告書（第1条から第7条），第59会期（2007年）提出の第3報告書（第1条から第14条）の審議を経て[8]，第60会期（2008年）には特別報告者の第4報告書が提出され[9]，起草委員会で第1読が終わり，同年，ILC本会議で第1読条文案とそのコメンタリーが採択されている[10]。また，2008年8月にブラウンリー委員がILC委員を辞任したため，第61会期（2009年）にカフリッシュ委員（スイス）が新たに特別報告者に任命された。第62会期（2010年）に同委員は，各国の見解を踏まえて第1読条文案に若干の修正を施した第1報告書を提示した[11]。本稿では，「武力紛争の条約に及ぼす影響」第1読条文案をその構成に沿いつつ検討する。

2　適用対象条約の範囲と武力紛争の定義

(1)　条文案の適用範囲

武力紛争の条約に及ぼす影響についてまず想定されるのは，武力紛争の敵対する当事国の双方に適用される条約に与える影響である。しかし，第1読条文案第1条は，この条文案が条約当事国の「少なくとも一が武力紛争当事国である場合の国の間の条約に関する武力紛争の影響」に関するものであるとしている。第1読条文案コメンタリーによれば，本条は，通常想定される上記の場合の他に，国際的武力紛争当事国である条約当事国と当該武力紛争の非当事国で

---

(4)　1985年ヘルシンキ会期で決議「武力紛争の条約に与える影響（The Effects of Armed Conflict on Treaties）」が採択された。*Annuaire de l'Institute de droit international, 1985*（Helsinki），Vol.61-II，p.278.

(5)　*Official Records of the General Assembly, Fifty-fifth Session, Supplement No. 10*, A/55/10, paras.726-729.

(6)　A/CN.4/552

(7)　A/CN.4/550 and Corr.1.

(8)　A/CN.4/570 and Corr.1，A/CN.4/578.

(9)　A/CN.4/589.

(10)　A/63/10, pp.83-135；山田中正「国連国際法委員会第60会期の審議概要」『国際法外交雑誌』第107巻4号（2009年）538頁。

(11)　A/CN.4/627 and Add.1.

第2部　1990年代以降における国際法委員会の具体的成果

ある条約当事国の関係，及び「国内的 (internal) 武力紛争」の発生国である条約当事国と他の条約当事国の関係も想定したとしている[12]。

条約当事国双方が武力紛争当事国で相互に敵対していれば，通常の条約関係の維持が困難になろうが[13]，本条では，武力紛争が条約当事国の一方にしか影響を与えてない場合を含んでいる。この二種のそれぞれで条約の運用停止等を求めることになる事情は異なるはずであるが，本条約案は，これらの区別をしていない。このことは，少なくとも一方の条約当事国に生じた武力紛争という特別の事情がそのような事情のない他方の条約当事国に対する条約の停止等の要求の原因たりうることを示すから，武力紛争のもたらす事実的な影響を相応に重視し，その意味では相互的関係における法的な継続性や安定性を確保する要請を後退させたともいえよう。また，条約当事国の双方に影響する国際的武力紛争であっても，当該武力紛争がその双方の間に存在しているのではなく，この両者が共同して交戦している場合も本条想定事態に含まれる[14]。本条文案は，この場合も条文上他と区別していない[15]。

(2)　武力紛争の定義

第1読条文案第2条は，「本条文案の適用上」の定義であることを断りつつ，条約法条約第2条1項(a)の転用である「条約」定義規定の他，「武力紛争」の定義を置く。本条文案の適用範囲に関する最重要の問題は，武力紛争の定義をどのように扱うかである。本条は，「『武力紛争 (armed conflict)』は，武力紛争の当

---

[12] A/63/10, p.88, para.2. なお，先の特別報告者ブラウンリー委員は，非国際的武力紛争も想定することに消極的であった。A/60/10, p.51, para.135.

[13] 例えば，立法条約の存続性について1948年に米国務省法律顧問が「‥‥この種の条約に与える戦争の影響は，敵対する交戦国間についてその実施を終了するか又は停止することに限られ，別段の見解を採る特別の理由のない限り，共同交戦国の間，交戦国と中立国の間，及び中立国の間にあっては効力を維持する」と述べたことが知られている。米国務省グロス (E.A.Gross) 法律顧問書簡, *reproduced in* A/63/10, pp.116-117, para. 51; *see also*, Richard Rank, "Modern War and the Validity of Treaties, A Comparative Study," *Cornell Law Quarterly*, Vol.38, 1952-1953, pp.321, 343-344.

[14] *See*, A/CN.4/627, p.11, para.39. なお，国際機構も当事者になれる条約については，本条は，何らの言及もしていない。

[15] こうした取扱いの維持が妥当かは，疑問が呈されており，非国際的武力紛争の場合には運用停止に限定することなども検討されよう。A/CN.4/627/Add.1, pp.13-14, para.162.

〔真山　全〕　第16章　武力紛争の条約に及ぼす影響に関する国際法委員会条文案の検討

事国のいずれか若しくは全部による公式の戦争宣言（declaration of war）又は他の宣言の有無にかかわらず，その性格又は範囲（nature or extent）からして，武力紛争の当事国の間の若しくは武力紛争の当事国と第三国の間の条約の適用に影響を与えうる武力行動（armed operations）を伴う戦争状態又は紛争（a state of war or a conflict）をいう」としている。ここでいう武力紛争も条約当事国の一方のみが当事国となっている武力紛争を含んでおり，非国際的武力紛争を排除していない。

　万国国際法学会決議第1条と類似の構造を持つ本条では，戦争状態と武力紛争の双方が規定されており，さらに，条約適用に影響するような性格や範囲をそれらが持つことが求められている。コメンタリーには「武力による活動（armed actions）」を伴わない「戦争状態」も含むことが望ましいとされたとあり[16]，このため「武力行動」を伴うとする本条の節は「戦争状態」の語を修飾しないという解釈もありえるかもしれない。しかし，そうすると，同節内にあるいずれの国の間にある条約が関係するかに関する箇所も同様に戦争状態にかからなくなり，不合理である。このため同節は，戦争状態の語も修飾すると解する方が妥当である。

　そうすると，本条とコメンタリーは，必ずしも整合的ではなくなるが，この背景にある論点は，戦争状態の認識である。武力による活動の一切ない場合をも包含するというのであれば，平時戦時の二元的構成時代の説明と異ならなくなる。この意味における戦争状態をも想定するのであれば，それは，武力行使違法化と理論上整合せず，また，事実において武力による活動の一切ないような戦争状態が条約の適用関係に何故に影響するかが議論される必要がある[17]。

　もっとも，コメンタリーは武力による活動のない状態を想定するとはいいながら，ハーグ戦時文化財保護条約第18条に言及しつつ，その例として「武力抵抗（armed resistance）」を受けない占領や封鎖を挙げている[18]。しかし，戦闘その他の敵対行為（hostilities）の形態をとった抵抗があろうとなかろうと軍隊を用いての占領や封鎖がそれ自体敵対行為であって，事実的な状態をいう武力紛

---

[16]　A/63/10, p.91, para.6.
[17]　スイスは，混乱を生じるため，戦争状態の文言の削除を求めている。A/CN. 4 /622, p. 9．
[18]　A/63/10, p.91, paras.6-7.

争であることは明らかである。従って、無抵抗での占領等を入れるために戦争状態に敢えて言及する必要は全くない。また、これを軍事的な行動のない戦争状態と観念したために、平時戦時の二元論的構成と実質的に変わらない部分を残すと解される可能性を結果として残し、武力行使違法化状況と整合しなくなったとも思われる。

事実上の戦争であるところの武力紛争に関しては、全ての武力紛争では必ずしもなく、その「性格又は範囲」が条約の適用関係に影響するか否かを判断基準とし、コメンタリーではそれは烈度基準を含むとされている[19]。しかし、烈度基準等は直接的には述べられていないのであって、条約の終了等という深刻な結果を招来する可能性のある本条約案の想定する武力紛争とは何であるかという論点に関わる基準が明示されていない。

人を殺傷しても一定の条件を満たせば一切の法的責任から免れるという重大な帰結を承認する武力紛争法関係条約ですらも、いつそうなるかを示す規定、つまり武力紛争の具体的定義規定を持たない。ましてや条約法分野にある本条文案にそのような定義規定を置くことは無理であるともいえる[20]。本条約案は、その「性格と範囲」から条約適用に影響する武力紛争を想定するが、その定義を武力紛争法のいう解釈次第であるとすることも考えられる。これによって、武力紛争法と条約法という文脈の相違により武力紛争の意義が様々になることも避けられる[21]。他方、本条文案の目的に限定したいくらかの具体的な要素を特に「性格又は範囲」との関係で追加した定義を追求する方策もありうる[22]。つまりは、ジュネーヴ諸条約等の武力紛争法関係条約の適用される事態が生じれば、それは自動的に本条約案のいう武力紛争であるとしてよいかの問題を判断しなければならないのである。

第1条と本条(b)で条約の一方当事国のみが武力紛争当事国である場合を排除せず、従って、非国際的武力紛争も読み込めるようにしたのは、本条文案の特徴の一で、一国内の事態であっても条約の履行に困難が生じることがあること

---

[19] Ibid., p.91, para.5.
[20] 米は、本条約案にあってもジュネーヴ諸条約共通第2条や同第3条に言及するにとどめるべきという。A/CN.4/622, p.10; see also, A/60/10, p.53, para.140.
[21] 武力紛争法関係条約の目的と本条文案の目的は同一ではないから、それぞれの武力紛争の定義が異なってもよい。しかし、スイスは目的によって定義が相違することは危険であると指摘している。A/CN.4/622, p.9.

の承認である。しかし、非国際的武力紛争は、条約法条約第 73 条によって条約法条約の想定から外されることとなる「国の間の敵対行為 (hostilities between States)」ではないのであるから、条約法条約により処理すべきという見解がむしろ妥当であろう[23]。なお、カフリッシュ第 1 報告書は、「『武力紛争』とは、国家間において軍隊 (armed force) にうったえる事態か、又は、政府当局と組織された武装集団の間において継続的に軍隊にうったえる事態をいう」とし、非国際的武力紛争については、継続性要件を設定して国家間条約関係にも影響しうる性格のものに限定しようとしているように思われる[24]。

3　武力紛争の影響

(1)　条約終了等の判断基準に関する条文の構成

第 3 条から第 5 条は、第 1 読条文案の中核的部分を構成し、条約関係の継続性を重視する立場から起草されている。第 3 条は、「非自動的終了又は停止 (Non-automatic termination or suspension)」の見出しの下で、武力紛争発生は、「(a) 武力紛争の当事国の間、(b)武力紛争の当事国と第三国の間」における「条約の

---

[22]　ジュネーヴ諸条約第 2 追加議定書第 1 条 1 項式に一定の具体的要件を設定する方式もあったと考えられる。但し、同追加議定書のいう武力紛争の範囲は、ジュネーヴ諸条約共通第 2 条や同共通第 3 条の想定する武力紛争よりも狭く、従って烈度等の高いものである。本条文案がいう武力紛争は、ジュネーヴ諸条約の共通第 2 条や第 3 条の想定事態と同じものであろうが、これらについては条約上の定義はない。そこで、赤十字国際委員会ジュネーヴ諸条約コメンタリーの共通第 2 条の箇所に倣った武力紛争の意義を本条文案コメンタリーに挿入するの案もある。村瀬信也委員 ILC 第 62 会期発言 ("Comments on the Effect of Armed Conflict on Treaties," Cluster #1, Draft Articles 1 and 2, 26 May 2010, p.3, on file with author.)。

[23]　A/61/10, p.386, para.193; A/62/10, p.158, para.282; ibid., p.160, para.287. この場合には、事情の根本的変化や後発的履行不能の援用により処理することになるのであろう。ところで、条約法条約第 73 条で除外された事態が本条文案の適用対象になるが、第 1 読条文案第 1 条コメンタリーにおいて、「国の間」の敵対行為の影響ではなく、「国の間」の条約への敵対行為の影響から生じた問題について予断を下さないと第 73 条を誤って解釈しているので (A/63/10, p.88, para.1)、非国際的武力紛争も本条文案の適用に入ることになってしまったのではないかとの指摘もある。ポーランドのコメント。A/CN.4/622, p.5.

[24]　A/CN.4/627, p.8, para.30. 国家とその外に策源地を持つ非国家的集団が闘争する武力紛争もその主体の非対等性から非国際的武力紛争と認識できるという見解もある。一国内に生じる武力紛争も本条のいう武力紛争になるのであれば、この種の武力紛争が本条文案のいう定義から除外される理由はなくなる。See, A/61/10, p.387, para.194.

運用を必ずしも (necessarily) 終了又は停止させるものではない」との立場を示す。本条は，万国国際法学会決議第2条と同趣旨であるが，決議にあっては，武力紛争当事国間に適用される条約のみが対象である。また，決議は，「当然には (ipso facto)」終了又は停止しないとなっており，ブラウンリー第1報告書もこの文言を使用していた[25]。

第4条「条約の終了，脱退又は停止と判断される指針 (indica)」では，条約の終了等の判断に際しては，「(a)条約法に関するウイーン条約第31条及び第32条，並びに(b)武力紛争の性格と範囲，条約に対する武力紛争の影響，条約の主題，及び条約の当事国数」を参照すると定められた。

続く第5条「条約の主題 (subject matter) からの推論よりする条約の運用」では，「その主題からして，武力紛争の間にもその全部又は一部を継続して適用することを示している条約の場合には，武力紛争の発生はそれ自体 (as such) でそれらの条約の適用に影響しない」という。さらに本条のいう条約に該当するものの例示的一覧表が条文案附属書「第5条案に言及される条約カテゴリーの例示的リスト (Indicative list of categories of treaties referred to in draft article 5)」として添付されている。そこでは，「(a)武力紛争法に関する条約（国際人道法に関する条約を含む）[26]，(b)恒久的なレジーム若しくは地位又は関連する恒久的な権利を宣言し，創出するか又は規律する条約（陸上及び海洋境界を画定するか又は変更する条約を含む），(c)友好通商航海条約及び私権に関する類似の合意，(d)人権保護のための条約，(e)環境保護に関する条約，(f)国際水路並びに関連の施設及び設備に関する条約，(g)帯水層並びに関連の施設及び設備に関する条約，(h)多数国間立法条約，(i)平和的手段（調停，仲介，仲裁及び国際司法裁判所への付託を含む）による国家間紛争解決に関する条約，(j)商事仲裁に関する条約，(k)外交関係に関する条約，(l)領事関係に関する条約」の12種が挙げられている。

(2) 自動的終了等の否定

第3条が条約の非終了等の推定 (presumption) を一般的に定めたのかが争われる。推定であるならば，条約適用継続が原則であり，終了等の場合には特段

---

[25] A/CN.4/522, p.10.
[26] 本表(a)は，国際人道法が武力紛争法の一部であるとしている。

〔真山　全〕　第16章　武力紛争の条約に及ぼす影響に関する国際法委員会条文案の検討

の説明が要求される。しかし，第4条は，終了等の判断基準を記し，第5条は，条約主題からする推定を述べるのみであるから，それらと併せ解するならば，本条文案における原則規定である第3条は，条約適用関係の非終了等を原則的地位に置いたとは直ちにはいえないように思われる。コメンタリーも，第3条が「法的安定性と継続性の基本原則を確立する」ものであり，それが非終了等の「推定を確立するの方向に向けた法的立場に遷移した」といいながら，武力紛争の発生と「安定性の原則を両立させることは容易ではない」との表現にとどまっている[27]。カフリッシュ第1報告書も終了等を原則とするに否定的であり，そのため，当初のブラウンリー案と同様，「当然には (ipso facto)」終了しないとの文言を提案している[28]。従って，第3条と他の継続推定関連規定は，原則と例外の関係にはないことになる。

(3)　終了等の判断指針

終了等の判断においては，条約法条約における解釈に関する規則，及び武力紛争の性格や範囲その他を参照することが第4条の(a)及び(b)で求められる。本条の判断指針に従い，条約の終了等が個別に判断されるのであるから，終了等が原則とはやはり断言できないであろう。また，基準という用語の使用が避けられ，指針 (indica) とされている。これも本条言及の二つの事項が確立した基準ではないことを含意している[29]。

第4条(a)が言及する条約法条約第31条及び第32条は，それぞれ条約解釈に関する一般的規則と補足的な手段に関する規定である。これらを参照して武力紛争における条約の終了等がなしうるかが個別の条約について示される必要がある。条約法条約のこれらの規定には合意の要素を含む文脈に言及があることからも，条約の終了等が可能であるかの判断において条約当事国の意図の要素が排除されないことを意味し，そのためにブラウンリー第1報告書のように条約当事国の意図に明文で言及する必要はないとされている[30]。

第4条(b)は，第2条(b)で既に触れられた武力紛争の「性格とその範囲」の他，

---

[27]　A/63/10, p.93, para.1.
[28]　A/CN.4/627, pp.10-11, para.38. See also, Hersch Lauterpacht, ed., *Oppenheim's International Law*, Vol.2, *Disputes, War and Neutrality*, Longman, 1948, p.302.
[29]　A/63/10, p.95, para.3.

第2部　1990年代以降における国際法委員会の具体的成果

「武力紛争の条約に与える影響」、「条約の主題」及び「条約の当事国数」を指針としている。つまり、条約当事国の意図よりは相対的には客観的といえる条約主題といった基準から、武力紛争の事態にあっても適用の継続が推定されるものを選定するのである。なお、武力紛争の合法性は、本条における評価要素とはされていない。

これについては、第2条でいう武力紛争の定義がそもそも「条約の適用に影響を与えうる」性格と範囲のものとされていることから、第4条(b)で再び「武力紛争の条約に与える影響」が指針となるのは循環論法であるとの批判がありうる[31]。もっとも、本条文案の想定する武力紛争、従って、全ての武力紛争ではなく一定の武力紛争のうちで、その発生後の烈度の増大等を第4条(b)がさらに読み込むという意味であるのであれば、循環的性格を薄めることができるかもしれない[32]。

コメンタリーでは本条のいう「武力紛争の影響」について、条約の当事国間で生じる武力紛争の当該条約に対する影響と、武力紛争の当事国とその非当事国の間の条約に与える当該の武力紛争の影響は同一ではない旨あるが[33]、これは蓋し当然である。武力紛争当事国とその非当事国は、いわゆる平時関係にあるのであって、その相互の間に当該の武力紛争で発生する敵対行為その他の影響は直接には生じないからである。

---

(30)　ブラウンリー第1報告書第4条では、国の意図が強調されていた。A/CN.4/552, pp. 11ff.; A/60/10, p.57, para.149. カフリッシュ第1報告書第4条(a)は、「条約法に関するウイーン条約の第31条及び第32条の適用から導かれる条約締約国の意図」とし、条約当事国の意図の語が復活している。A/CN.4/627, p.12, para.44 and p.14, para.51. 条約当事国の意図の強調は、武力紛争という事態の出現を想定しなかったという、事情変更を援用するに近いかたちでの条約終了等を容易にすると考えられる。いわゆる意思主義と事情変更の関係について、坂元・前掲注(2)(一)、39、45頁、同(二)(同第43巻5号(1994年))、54頁を見よ。

(31)　オーストリアの批判。A/C.6/63/SR.16, para.36.

(32)　A/CN.4/627, p.13, para.45. カフリッシュ第1報告書第4条(b)は「武力紛争の性格、範囲、烈度、及び期間、武力紛争の当該の条約に与える影響、並びに当該の条約の締約国数」と定め、循環論法批判に応えて武力紛争の影響評価の基準を追加している。A/CN.4/627, p.14, para.51.

(33)　A/63/10, p.95, para.6.

〔真山　全〕　第16章　武力紛争の条約に及ぼす影響に関する国際法委員会条文案の検討

(4) 適用継続が推定される条約

第4条(b)言及の「条約の主題」は，第5条で繰り返され，さらにこの第5条附属書として継続適用推定のなされる条約主題別リストがある。それは，ユス・コーゲンスのようないわば各種分野横断的に存在しうる規範や，条約を継続して適用せしめるその他の抽象的要素を導き出す目的からする列挙ではない[34]。抽象的要素は，既に第4条で提示されており，第5条と同条に関する付属リストは，その具体化のため条約主題に依拠した基準を提示する[35]。なお，第3条が武力紛争時の条約の終了等の非自動性をいうとはいえ，終了等の非自動性が推定されるという立場をとったとは断言されていなかった。従って，第5条で特定の主題の条約の継続性の推定を置くことは，第3条の単なる繰り返しではないことになる。

ブラウンリー第1報告書第7条は，条約の「趣旨及び目的」を基準としてそこから武力紛争時の継続的適用可能性を判断するとし，そのような基準から継続的に適用される条約カテゴリーの一覧を同一条文内に有していた[36]。第1読条文案第5条では，そのようなリストは，条文本体から外され条文案付属書に移され，より補助的な機能しか付与されないことになった。それは，条約カテゴリーが一定の客観的基準を提示するように見えるが，特定の条約がこれらのカテゴリーの一に該当するか否かの判断の困難性の他，同一カテゴリー内の条約であっても，条約によってその当事国の意思が相違する場合があるからである[37]。条約カテゴリー一覧が例示的であって且つ推定機能を持つにすぎないとはいえ，こうしてそれが条文本体から除かれたことは，客観的基準設定の困難性を示していると同時に，個別条約の特性と条約当事国の意思がより重視されるべきとされたことのあらわれであるといえるかもしれない[38]。

条約カテゴリーからの判断については，条約主題毎に異なる要素を考慮する必要がある。従って，諸カテゴリーの内の一を挙げて全体を評することは避けなければならない。しかし，敢えて一例を挙げれば，環境保護に関する条約の

---

[34] 例えば印は，継続的適用を可能とする要素の抽出が必要である旨のコメントをしている。A/C. 6/63/SR.17, para.47.
[35] A/CN. 4/627, p.16, para.56.
[36] A/60/10, pp.63-64, para.167.
[37] 米のコメント。A/C. 6/60/SR.20, para.34.

第 2 部　1990 年代以降における国際法委員会の具体的成果

継続性についてコメンタリーは，個々の条約の事情からする個別的判断の他ないことを示唆している。すなわち，環境保護条約の適用対象と規定振りが多様であることを指摘したのち，核兵器の合法性に関する国際司法裁判所勧告的意見に言及するが，それは武力紛争時の環境保護義務は肯定してもそれが環境保護条約の効果としてそうなるとは明言していない箇所である[39]。コメンタリーは，さらに，こうしたことが「環境条約が武力紛争の場合に適用されるという推定 (presumption) を採ることについて一般的で間接的な支持を与える」といいつつも，同勧告的意見手続で提出された書面が示すように「この特定の法的問題についてコンセンサスは存在しない」と総括している[40]。つまり，条約の武力紛争の影響による当然の終了という立場は確かに否定され，これについてコンセンサスがあるであろうが[41]，継続適用推定のかかるとされる条約カテゴリーについても，例えば環境保護条約であれば個別的な要素を継続性判断の際に重視している。これは，一般的規則の不存在と同じである[42]。

(5)　条約適用に関する合意の効果

武力紛争の存在は，その当事国の条約その他の合意を他国と取り結ぶ権能に

---

[38]　カフリッシュ第 1 報告書は，別添附属書を維持しつつも，第 5 条(2)の条文内で，継続的適用推定条約の具体例を挙げて，「武力紛争法及び国際人道法に関する条約，人権の保護に関する条約，国際刑事司法に関する条約，並びに陸上の境界若しくは海洋の境界及び限界を画定するか又は変更する条約を含む恒久的な制度若しくは地位又は関連する恒久的な権利を宣言，創出又は規律する条約」は，武力紛争の事態において存続する旨記している。A/CN. 4 /627, pp.19-20, para.70.

[39]　このような評価に関しては，A/CN. 4 /550, p.40, para.63 及び A/63/10, p.111, para. 36 を参照せよ。

[40]　Ibid., p.111, para.36.

[41]　吉田脩「武力紛争と環境保護──国際法の視座から」永野秀雄＝岡松暁子編『環境と法　国際法と諸外国法制の論点』(三和書籍，2010 年) 76, 78-79 頁。

[42]　ここでは，武力紛争時に適用があるか否かが問題である。一般法と特別法の問題は，適用が可能な複数の条約の関係で生じる。従って，人権に関する条約と武力紛争法関係条約が，例えば生命に対する権利について一般法と特別法の関係であるというのであれば，それは，当該の人権関係条約も武力紛争において適用されることが前提である。特別法については，核兵器の合法性に関する国際司法裁判所勧告的意見で言及されたことから，ILC においてもそれに触れるべきとの指摘が生じ，2007 年のブラウンリー第 3 報告書第 6 条 bis で出現した。しかし，ブラウンリー委員は，本条文案で特別法に触れることは，「厳密にいえば，余計である」と述べている。A/CN. 4 /578, p.11, para.31.

386

〔真山　全〕　第16章　武力紛争の条約に及ぼす影響に関する国際法委員会条文案の検討

影響を与えない。このことは争いのないところであり，第1読条文案も第6条（武力紛争中の条約の締結）1項で「武力紛争の発生は，条約法に関するウイーン条約に基づき条約を締結する当該の紛争の当事国の権能に影響を与えない。」としている。また同条2項は，「武力紛争の事態において，国は，それらの間に適用されうる条約の終了又は停止を含む合法的な合意を締結することができる。」と述べて，条約の終了等の特段の合意をなしうることをいう。第7条（条約の適用に関する明示的規定）は，「条約が明示的（expressly）にそのように規定している場合には，条約は，武力紛争の事態においても引き続き適用される。」とし，原則的規定第3条に対する特則的規定となっている。いずれも国の意思と合意が武力紛争の存在にもかかわらず中心的な意味を持つことを念のため定める規定である[43]。

　第6条1項に関しては，条約法条約に基づかない条約締結が排除されるという反対解釈が行われる可能性がある。このため，停戦合意のような簡略手続による条約の有効性に疑念が生じないことを確保する規定が必要である。

　第6条2項では，条約自体に終了等についての特別規定がある場合には，当該終了規定自体が武力紛争時に効力を持つかと，そうであるとして本条文案が許容するかたちで終了等ができるかがさらに問題になりうる。但し，第6条2項は，条約当事国間の合意がある場合であって，その合意を与えた国の間のみでの終了等あるから，その限りで問題はない。ところで，1949年ジュネーヴ諸条約などの武力紛争法関連条約は，脱退通告の後の一定期間の条約効力存続や，脱退通告の効力発生を武力紛争の終了や条約保護対象者の送還等の終了まで延期させる規定を持つものが多い。第6条2項のみに従えば，条約当事国の合意でジュネーヴ諸条約脱退発効規定の適用も武力紛争当事国の間で合意によって排除できることになる。また，第7条のいうような条約明文規定による適用継続も，合意によって当該合意を与えた国の間で排除可能である。

　かかる合意は，第6条2項では条約終了等の「合法的な合意（lawful agreements）」でなければならないとされている。このような制限が何故に必要であるかは明白ではない[44]。条約規定は，それがユス・コーゲンスを含む慣習法を

---

[43]　カフリッシュ第1報告書も実質的に同じである。A/CN.4/627, p.22, para.76.
[44]　ブラウンリー委員の説明については，A/60/10, p.61, para.161を見よ。

変革期の国際法委員会　　　　　　　　　　　　　　　　　　　　　　　　　387

表現していれば，その部分は条約の終了等で影響を受けないから，その終了合意があっても他の国際法上の義務履行に影響を与えることはない。この点は，第9条によって確認されている。従って，実質的には慣習法化していない規定について問題となる。そのような非慣習法規定を終了させるために，条約の特段の制限の他に合法的なる条件充足が必要であることは理解しにくい。カルフィッシュ第1報告書は，ジュネーヴ諸条約のような条約の運用を合意で停止することが懸念されたためであるという[45]。しかし，ジュネーヴ諸条約も，それがいう特別協定によっても同諸条約設定の権利の制限ができないとはいえ，条約としては合意でその運用を停止させることは当然ありうることであり，そのような合意を阻止できる法的理由は見いだしがたい。

4 武力紛争による条約の終了等の通告とその効果

(1) 終了等の通告

第1読条文案の第8条から第12条は，終了等の通告とその効果に関連する規定であり，条約法条約関連規定を踏襲している。ここでの問題は，武力紛争の存在を理由とする終了等という特殊性をどの程度反映させるかである。

第8条（終了，脱退又は停止の通告）は，条約法条約第65条に依拠するもので，「1．武力紛争に従事する国でそれが当事国である条約を停止し若しくはそこからの脱退を意図するか，又は当該の条約の運用の停止を意図する国は，そのような意思を当該の条約の他の当事国又はその寄託国に通告（notify）する。2．この通告は，他の当事国のその受領により効力を生じる。3．前二項は，当事国が，条約の定める条件又は国際法の適用可能な規則に基づき，当該の条約の終了，それからの脱退又はその運用の停止に異議を申し立てる当事国の権利に影響を与えない。」と定める[46]。

第3条は，武力紛争時の条約の終了等を原則とはしないので，第8条で終了等のための通告要件を設定することは妥当である。しかし，その性格上適用継続がもともと困難である条約も手続的には通告をしかも武力紛争の最中になすことを要することになる。

---

[45] A/CN. 4 /627, p.21, paras.74-75.
[46] 規定内容からして本条見出しは，終了等の「通告」ではなく，終了等の「意思の通告」とすべきである。

〔真山　全〕　第16章　武力紛争の条約に及ぼす影響に関する国際法委員会条文案の検討

条約法条約第65条のような平和的紛争処理手段に武力紛争時にはうったえにくいという事情から[47]、本条では、終了等を行う条約当事国の通告と他の条約当事国の異議申し立てのみが規定されており、そこから発生するであろう紛争の処理方法には触れていない。また、異議の効果は本条のみからは不明である。しかし、本条文案自身が第5条附属の一覧表(i)で平和的紛争処理に関する条約を適用継続が推定される条約中に含めているのであるから、武力紛争の存在を理由とする第8条からの平和的処理手段排除は、第5条の立場と矛盾する。なお、カフリッシュ第1報告書は、具体的な紛争処理手続規定を第8条に挿入すべきであるとしている[48]。

(2)　終了等の効果に関する他の規定

本条文案は、条約義務から離れる根拠を武力紛争の存在が与える場合があると述べるものである。かかる重大な効果を武力紛争が持ちうるのであれば、条約以外により同一義務が課せられていても、そこからも同じ理由で離脱できそうであるが、本条文案第9条（条約との関係を離れた国際法に基づいて課される義務）で「武力紛争の結果としての条約の終了若しくはそこからの脱退、又はその運用停止は、条約に規定されている義務 (obligation) のうち条約との関係を離れても国際法に基づいて課されるような義務についての国の履行の責務 (duty) に何ら影響を及ぼすものではない。」[49]と定められている。他に淵源を持つ義務に本条文案が何らの影響も与えないのは当然である。

---

[47]　A/63/10, p.126, para.1. 条約法条約第65条1項は、「条約の有効性の否認、条約の終了、条約からの脱退若しくは条約の運用停止の根拠を援用する場合」の通告にも適用されるが、武力紛争の場合におけるその適用可能性は、否定的に解される。*Yearbook of the International Law Commision*, 1966, Vol.II, p.267; A/CN. 4 /589, p. 4, para. 7; *ibid.*, pp.13-14, paras.25-28. 条約の終了等についていわゆる網羅主義をその第42条でとった条約法条約は、そのためもあって第73条で敵対行為発生の場合を留保しているのである。Anthony Aust, *Modern Treaty Law and Practice*, 2nd ed., Cambridge UP, 2007, p.308. 本条文案が発効した際には、条約法条約との効力関係の問題は、深刻な問題にはならないであろう。また、この処理は、異議申立の権利に関し他の国際法規則の適用に影響しない旨規定する条文案本条3項で行うことも可能かもしれない。

[48]　カフリッシュ第1報告書第8条案には、異議申立期間や国連憲章第33条手続への言及などがある。A/CN. 4 /627, pp.26-27, para.96.

[49]　カフリッシュ第1報告書も本条文言を維持する。A/CN. 4 /627, p.27, para.97.

第 2 部　1990 年代以降における国際法委員会の具体的成果

　条約の終了等は，本条文案第 10 条（条約規定の可分性）では，原則として条約全体についてなされるとされ，「武力紛争の結果としての条約の終了，そこからの脱退又は運用停止は，条約が別段の定めをしていないか又は当事国が別段の合意をしていない限り，次の場合を除いて，条約全体についてなされる。(a)条約が，その適用上，条約の他の部分から分離可能な条項を有する。(b)当該条項の受諾が条約全体に拘束されることについての他の当事国の同意の不可欠の基礎を成すものではなかったことが，条約自体から明らかであるいか又は他の方法によって確認される。及び，(c)条約の他の部分を引き続き実施することとしても不当（unjust）ではない。」(50)と規定する。本条は，条約法条約第 44 条 1 項から 3 項の方針を踏襲しており，「分離可能」や「不当」の文言解釈において特別の理解はありうるとしても，少なくとも文言上は武力紛争の存在による終了等の特殊性の反映はない。

　条約の終了等を主張できない場合についての第 11 条は，「条約の終了，そこからの脱退又は運用の停止の権利（right）の喪失」という終了等の「権利」性を承認するかのようなタイトルが与えられている。その下で同条は，条約法条約第 45 条に依拠し，「国は，次の場合には，武力紛争の結果として条約の終了，そこからの脱退又は運用停止をすることはできない。(a)条約が効力を有するか若しくは引き続き運用されることが明示的に合意されているか，又は，(b)国の行為からして，条約の継続的運用又は効力の維持を黙認したとみなされるとき。」と規定している(51)。

　本条(a)の合意が条約が武力紛争中にも存続する旨の合意であるのか，「常に遵守する」といった一般的な存続規定の類かは明確ではない。しかし，武力紛争を念頭に置かない後者のような規定も(a)が想定しているというのであれば，本条文案のような検討を行う意義を相当程度損なうことになる。(b)の黙認に関しては，予測可能性の限界というべき問題がある(52)。武力紛争当事国は霧中航行をしているようなもので，武力紛争の性格と範囲の変化を予測することは難

---

(50)　カフリッシュ第 1 報告書も同じである。Ibid., p.28, para.102.
(51)　カフリッシュ第 1 報告書は，終了の権利性の問題があることから，第 11 条見出しを「条約の終了，そこからの脱退又は適用の停止の権利〔選択権〕の喪失」に変更している。Ibid., p.30, paras.107-108.
(52)　中国の指摘。A/C. 6 /63/SR.17, para.56, A/CN. 4 /622.

しい。従って、そのような要素の変化前の黙認とみなされる行為により、当該武力紛争終了まで条約の適用を維持するべきこととなるのは不合理である。他方、予測可能性の限界を承認すれば、条約の終了等に関する評価が同一武力紛争中に二転三転することも想定しなければならなくなり、法的安定性はますます損なわれる。

(3) 他の終了等の原因

条約法条約との関係は、いくつかの本条約案条文で問題となりうるが、条約法条約第54条から第62条の「条約の終了及び運用停止」原因関連規定の適用は、本条文案により害されない旨第1読条文案第18条で定められている。すなわち、「本条文案は、特に (inter alia)、次の結果としての条約の終了、脱退又は停止を害するものではない。(a)当事国の合意、(b)重大な違反 (material breach)、(c)後発的履行不能、又は(d)事情の根本的な変化」とされているのである。コメンタリーでは、本条挿入の意図を「武力紛争の発生が、終了、脱退又は停止の他の原因を排除する特別法を生じさせるというありうる推論を避ける」と述べている[53]。結局、第11条を含む本条文案の適用からは条約の終了等がなしえなくとも、別個の根拠をなお援用できるのである。しかし、それが、武力紛争との関係での条約の終了等の原因はなお本条文案で排他的に扱われているということを意味しているのか否かは文言上明確ではないが、重大な違反などへの言及があることから、武力紛争との関係においてもなお本条文案以外の根拠による終了等を認めていると解するのが妥当である。すると、条約の継続的適用について黙認したと第11条(b)からされながら、本条文案に触れられていない条約法条約列挙のような原因により終了を要求するということが生じうることになる。本条文案が条約法条約に対する特別法でもないとすると、これをどのように判断すべきかの問題が残る[54]。

---

[53] A/63/10, p.134, para.2. カフリッシュ第1報告書では列挙原因冒頭に「条約の規定」を置いたこと及び「本条文案は、国際法の下で認められた他の原因による終了、脱退又は運用停止を害するものではない」という一般的表現振りの規定を選択肢として設けたことの他に変更はない。A/CN.4/627/Add.1, p.10, para.150.

[54] See A/CN.4/627, p.29, para.106.

第 2 部　1990 年代以降における国際法委員会の具体的成果

(4)　条約の運用再開と復活

　条約の再開は，その運用についてのみ第 12 条（停止された条約の再開）において「武力紛争の結果として停止していた条約の運用の再開は，条文案第 4 条にいう指標に基づいて決定される。」と規定され，第 1 読条文案コメンタリーは，運用再開の時期は，事案ごとに判断されると述べている[55]。運用停止の場合には，第 4 条のいう根拠の他に通告が必要であったが，運用再開は第 4 条規定の要素だけにより，通告等の手続的な定めはない。従って，武力紛争の終了が運用再開を直ちにはもたらさない可能性が残り，また，逆に，武力紛争の性格と範囲という外的状況の変化のみで武力紛争中の条約運用再開が可能となり，それ以降の運用停止は条約違反を自動的に構成することにもなる。

　第 12 条と別に，第 1 読条文案は，第 18 条（武力紛争後の条約関係の復活）を置き，「本条文案は，武力紛争の結果として終了し又は運用を停止した条約の復活（revival）を当該の紛争の後に合意に基づいて定める武力紛争当事国の権利を害するものではない。」と定めている。この第 18 条は第 12 条との比較においてより一般的な規定である。このため，カルフィッシュ第 1 報告書は，第 18 条の規定を第 12 条のそれに先行させた上，両者を同一条文にとりこんでいる[56]。

5　武力行使の合法性判断に由来する問題

(1)　戦争と武力行使の違法化の効果

　本条文案の第 3 条から第 5 条は，武力紛争という事実の条約適用への影響に関わるものである。本条文案には，さらに武力行使違法化の一つの帰結としての武力紛争当事国に対する差別的取扱いに関する規定がある。

　条約法の分野での差別的措置導入について特別報告者ブラウンリー委員は，慎重な立場をとっており，2005 年のその第 1 報告書では，国際法からする「武力紛争の当事国の行為の合法性（legality）」評価は，条約終了等に影響しないという見解をとっていた[57]。しかし，採択された第 1 読条文案には，第 13 条（個

---

[55]　A/63/10, p.130, para2.
[56]　カフリッシュ第 1 報告書第 12 条は，「1．武力紛争の後に，当事国は，合意によって，武力紛争の結果として終了又は停止していた条約の復活を定めることができる。2．武力紛争の結果として運用停止をしていた条約の適用の再開は，条文案第 4 条にいう指標に基づいて決定される。」と規定する。A/CN.4/627, p.31, para.114.
[57]　A/CN.4/552, p.40, para.122.

〔真 山　全〕　第16章　武力紛争の条約に及ぼす影響に関する国際法委員会条文案の検討

別的又は集団的の自衛権行使の条約に与える影響）と第15条（侵略国に対する利益付与の禁止）という武力紛争当事国への差別的取扱いを認める規定が設けられた。第14条（安全保障理事会の決定）は，それを制度的に担保する国連の集団的安全保障体制との関係を規定している。この三箇条と類似の規定は，万国国際法学会決議にもあった[58]。第16条（中立法から生じる権利及び義務）は，違法化と集団安全保障体制の下における武力紛争非当事国の地位に関係する。

　自衛権行使国と侵略国の認定が安保理事会によって集権的になされることが期待できない状態でかかる差別的規定を導入することの評価が最大の問題である。違法化の理論的帰結ではあっても，実効的認定制度を欠く状態でこうした差別的取扱いをしかも条約適用の領域において個別の国がなすのであれば，武力紛争当事国間だけではなく，それと武力紛争非当事国との間の条約関係の継続性と安定性に大きな影響が生じる。

(2)　自衛権行使国による条約運用停止

　第1読条文案第13条は，「国際連合憲章に基づく個別的又は集団的の自衛権を行使する国は，その権利の行使と両立しない条約の運用の全部又は一部を停止する権利を有する。」とし，武力紛争の一方当事国に運用停止の権利を与える[59]。但し，運用停止は自衛権行使と両立しない条約に限定されるから，復仇等の目的では停止できず，また，運用停止の範囲は，必要性と均衡性の自衛権行使二要件とも整合的でなければならない。なお，第8条の通告要件は，本条による運用停止にも適用されるのであろう。

　本条から武力紛争法（国際人道法）関係条約の運用停止が可能となるかの問題が生じる。本条文案第5条は，条約主題から継続的に適用される条約のあることをいい，武力紛争法関連条約は同条附属表の筆頭にある。これらの条約が終了や停止を想定されていない種類のものであることは明らかである。また，第7条は，武力紛争中の適用を明記する条約は終了等の対象外であるとしている。

---

(58)　同決議第7条，第8条及び第9条。
(59)　カフリッシュ第1報告書第13条は，「国際連合憲章に基づく個別的又は集団的の自衛権を行使する国は，当該の国が締約国である条約であって，その権利の行使と両立しない条約の運用の全部又は一部を第5条の規定に従い停止する権利を有する。」となっている。A/CN. 4/627/Add. 1, p. 4, para. 127.

このため，第13条がいう条約からこれらの継続的適用が推定されているか又は明示されているものは除かれると解するのが自然である。しかし，文言上は，いかなる条約でも含まれると読める[60]。そうであるとすると，武力紛争法関連条約適用は自衛権行使を通常は全然妨げないとはいえ，核兵器に関する国際司法裁判所勧告的意見に関する一解釈のように，自衛権行使の特別の状態では武力紛争法関連条約の適用を排除できると解される危険が発生する[61]。

さらに，武力紛争非当事国である条約当事国との関係で自衛権行使を理由に条約運用停止が可能かの問題が別個にある。自衛権行使国が敵国以外の第三国に影響する措置をとりうるかは，海上捕獲等との関係で議論がある。自衛権を根拠に措置をとりうるという実行があることに加え，違法な武力行使を行う武力紛争当事国を援助する武力紛争非当事国は，違法行為を支援するという違法行為をなしているという説明もできるかもしれず，従って，当該非当事国との関係での自衛権行使国による条約運用停止も考えられることになってしまう。

(3) 侵略国に対する差別的取扱い

自衛権行使国の条約運用停止権規定と対になるのが第15条（侵略国に対する利益付与の禁止）である。同条は，「国際連合憲章及び国際連合総会決議第3314号の意味における侵略を行った国は，その効果が当該の国の利益となる場合には，武力紛争の結果として条約を終了し，そこから脱退し，又は運用を停止することができない。」と規定している[62]。本条は，国連憲章と総会決議第3314号のいう侵略をいうが，その認定方法には触れられていない。このことから本条適用において困難な事態が生じることは容易に想像できる。

さらに，侵略以外の違法な武力行使に伴う武力紛争の事態は，本条の想定外となり，そのような違法な武力を行使した国に対する差別的取扱いは許容されなくなる。その範囲では自衛権行使国もその敵国も本条約案適用において平等となる。しかし，第13条にあっては，侵略犠牲国による自衛権行使に伴う条約運用停止に限っておらず，自衛権行使国でありさえすればよかった。従って，

---

[60] 墺のコメント。A/CN.4/622/Add.1, p.7.
[61] 米の類似のコメントについては，A/CN.4/622, p.22 を見よ。
[62] カフリッシュ第1報告書第15条は，「国際連合憲章第2条4項に違反して武力を行使した国」を侵略国に加え選択肢として併記する。A/CN.4/627/Add.1, p.7, para.140.

自衛権で対応が許される違法な武力行使の場合に，かかる武力行使国への利益付与を本条で禁止するほうが第13条との整合性は高い。他方でカルフィッシュ第1報告書が選択肢として提示するような「国際連合憲章第2条4項に違反して武力を行使した国」という最低基準とすると，自衛権による反撃が許容されない程度の武力行使をなす国への差別的措置の容認という，自衛権行使国と侵略国の組み合わせの場合とは逆の意味における不均衡が生じる。

いずれの組み合わせも立法論としてはかまわないとはいえようが，武力行使の違法性の程度がいかなるものであれば条約適用における差別的取扱いを許容するか，あるいは全くかかる取扱いをしないのかに関する認識の一致を出発点として論理的一貫性を追求しなければならない[63]。

(4) 安保理事会の決定

第14条（安全保障理事会の決定）は，「本条文案は，国際連合憲章第7章の規定に基づく安全保障理事会の決定の法的効果を害するものではない。」とし[64]，本条文案の他の規定によっては条約の終了等が許容されない場合でも，安保理事会決議実施に必要な範囲でそのような措置が国に認められることを確認する。しかし，いずれの条約が安保理事会決議と抵触するかについては，当該決議に明示されていなければ，国の判断に第一次的には委ねられるのであろう。

もっとも，国連憲章第103条からして，憲章に基づく義務は，他の国際協定に基づく義務に優先し，憲章第25条からくる義務もそれに含まれると解されるから，本条のいうところは，実質的には国連憲章第103条に包含される。

本条でも第13条と同様の問題がある。武力紛争法関係条約上の義務と安保理事会決議からの義務の衝突の場合の処理である。これらは，それぞれ人道と，国際社会の平和と安全という価値を達成するための義務であるが，本条により後者の価値が優先され，前者の価値を追求する条約も安保理事会決議実施に必要な範囲で運用停止が可能になる。

---

[63] 差別的取扱いを受けるに至る違法性の程度を設定すると，それ以下の程度の違法な武力行使では，本条文案上の差別的取扱いをうけることはなくなるが，本条文案以外の対抗措置等の枠組みによる措置は別にもちろん考えられる。

[64] 万国国際法学会決議第8条は，侵略行為認定等に関する行動についての安保理事会決議に従う国による決議と両立しない条約の終了又は運用停止を許容する旨規定していた。

第 2 部　1990 年代以降における国際法委員会の具体的成果

(5)　中立法との関係

　武力行使違法化により中立法は大きな影響を受けたが，第 16 条 (中立法から生じる権利及び義務) は，「本条文案は，中立法 (the laws of neutrality) から生じる国の権利及び義務を害するものではない。」[65]として中立法適用の場合の本条文案との効力関係を述べている。本条文案の他の規定からして特定条約の終了や運用停止が認められなくとも，本条によって，条約と慣習法からなる中立法の要求があれば，当該特定条約の運用停止等が可能になる。但し，第 14 条との関係でいえば，安保理事会決定と中立法関係条約上の義務が抵触するときは前者が優位するが，これは国連憲章第 103 条の故である。

　中立法は，本条文案では武力紛争法の一部とは観念されていないようであり，カフリッシュ第 1 報告書も，第 5 条附属表筆頭の武力紛争法関連条約には含まれていないという解釈をとっているように思われる[66]。このように，武力紛争での適用をその本来的目的とする武力紛争法と中立法のそれぞれの関連条約の扱いが本条文案で相違している。なお，本条文案で適用継続が推定される武力紛争法関係条約と中立法の間には，自衛権行使や安保理事会決定の場合とは異なり，内容上の抵触が生じることはない。

　中立法には，いつそれが適用されるかの問題がある。法上の戦争が中立法適用の前提条件であるとするなら，法上の戦争のない現在においては本条の意味はなくなる。従って本条は，中立法適用を排除できる安保理事会決定がない場合には，事実上の戦争である武力紛争で中立法が適用されうることを示している。しかし，中立法の適用が完全に任意的なものであるのか，又は，戦争や武力行使の違法化からの影響を受けずに適用が義務的になる部分も残存しているかは学説上もはっきりしない。いずれにしても本条は，武力紛争非当事国が中立法適用を選択するのであれば，あるいは，少なくともその一部の適用がいずれの武力紛争非当事国にとっても義務的であるのであれば，本条文案が中立法適用を害しないことを確認する妥当な規定である。なお，本条は，中立法に関するものであるから，第 13 条と第 15 条の場合と同じく，国際的武力紛争にのみ適用される[67]。

---

[65]　カフリッシュ第 1 報告書も同じ。Ibid., p. 9, para. 147.
[66]　Ibid.

〔真山　全〕　第16章　武力紛争の条約に及ぼす影響に関する国際法委員会条文案の検討

武力紛争非当事国のとりうる立場でありながら本条文案で欠落しているのは，武力紛争非当事国がその個別的判断により，一方の武力紛争当事国に対し差別的態度をとって中立法を用いず，その当事国との関係で条約の終了や運用終了の措置にでる場合である。戦争や武力行使の違法化から第13条や第15条が導かれるのであれば，武力紛争非当事国による差別的措置も許容されるべきともいえるが，差別的措置のそこまでの拡大について本条文案上は触れられていない。

6　おわりに

本条文案の適用のためには，武力紛争の存在が示されなければならない。武力紛争定義規定の作成は，武力紛争法関連条約ですらその具体的な定義規定を持たないことからも示されるように困難である。本条約案ではこれに直接触れずに，他の国際法規則にゆだねるか，又は，本条文案の目的のために定義規定作成を継続するかを判断しなければならない。この選択は，武力紛争法のいう武力紛争の範囲と本条文案のそれを一致させる必要があるかという基本的な問題にかかわる。

また，本条約案は，非国際的武力紛争のような武力紛争の影響が一方条約当事国にのみ生じる場合をその適用範囲に組み込んでいる。武力紛争により国に異常の事態が生じていることは，国際的と非国際的の武力紛争で異ならない。しかし，条約の相手方当事国との間で生じた国際的武力紛争は，相互間の信頼を一時的にせよ消滅させるが故に条約適用継続の問題が必然的に生じるが，非国際的の場合には一方条約当事者のいわば身内の事情にとどまる。規定振りからして国際的武力紛争の当事国と非当事国の関係や共同交戦国間の関係も本条文案の適用に含まれてくるが，条約の適用への影響の観点からそれぞれ異なるこれらをまとめて単一の原理で処理するのは妥当ではない。

いわゆる消滅主義がもはやほとんど支持されていないことから，本条文案では，武力紛争によって条約は必ずしも終了しないという規定が置かれている。これを出発点とすることに異論はないと思われる。こうして法的安定性の維持

---

(67)　本条適用範囲には，正統政府又は外国政府による交戦団体承認のある一国内の武力紛争も含まれる。

をそれが追求すべきものと定め，その上で，条約当事国の意思以外の継続適用の判断基準の客観化を試み，継続適用推定条約カテゴリー提示のような類型化を本条文案は試みている。しかし，条約継続適用を原則として確立していない以上，類型化による推定にも限界があるといわなければならず，結局は，条約当事国の意思次第となり，これは原則の不存在と同じである。

本条約案は，武力行使の合法性評価を条約の終了等に結びつけ，差別的取扱いを認めている。武力紛争の条約への影響は，武力紛争当事国のいずれにも同じかたちで出現するとは限らなくなったのである。武力行使違法化の帰結は，条約法分野にも当然及ぶべきともいえるが，武力紛争の合法性評価が個別国家により個々になされるのであれば，条約関係を著しく不安定なものにすることに間違いない。本条文案適用のための武力紛争の定義問題は，この種の条約作成の上で必然的に生じる困難であるが，差別的規定導入可否は，本条文案の文脈ではいわば政策的問題であるから，この問題を回避することは可能である。武力紛争の事実的な影響に局限してその条約への影響問題を扱い，特に本質的重要性を帯びる武力紛争定義規定及び継続適用の判断基準に関する規定を引き続き検討すべきである。

第17章　国家の一方的宣言

中谷和弘

1　はじめに
2　「一方的宣言に関する指針」と
　コメンタリーの内容
3　国家実行をめぐって
4　省　　察
5　おわりに

1　はじめに

　国連国際法委員会（ILC）は，約10年間にわたる「国家の一方的行為」（Unilateral Acts of States）の検討の最終成果として，2006年に「法的義務を生じうる国の一方的宣言に適用される指導原則」とそのコメンタリー（Guiding Principles applicable to unilateral declarations of States capable of creating legal obligations, with commentaries thereto[1]）同指導原則は，以下，「一方的宣言に関する指針」乃至「本指針」と略記）を採択した。ILCの作業は，何を検討対象とするかという入口の段階から混乱し，また特別報告者Rodríguez Cedeñoが多少とも安易に条約法とのアナロジーにより検討をスタートしたこと等もあって，結局，「一方的宣言に関する指針」は，一方的行為をめぐる非常に複雑な諸問題について一定程度明確化することには資したものの，諸国家が行う多様な一方的行為の解釈・適用に際して十分に有用な指針を提示したとは言い難い。もっとも，この分野での国際法の法典化と漸進的発達に多少なりとも貢献をしたこと自体は否定できないであろう。

　本稿においては，2において「一方的宣言に関する指針」の内容について紹介した後，3において，ILCでの検討の過程で得られた重要な副産物（一方的行為に関する質問状に対する諸国家からの回答及び国家実行をまとめた特別報告者の第8報告書）について概観する。その上で4においてILCの作業を振り返り，同指針を

---

[1] A/61/10, pp. 367-381.

第 2 部　1990 年代以降における国際法委員会の具体的成果

評価することとしたい[2]。

2　「一方的宣言に関する指針」とコメンタリーの内容

「一方的宣言に関する指針」は，次の通りである[3]。

「国際法委員会は，

国がその一方的行動によって国際的に拘束される場合があることに留意し，

国を法的に拘束することができる行動は，他の国が合理的に依拠できる公式の宣言または単なる非公式の行動（場合によっては沈黙を含む。）の形を取り得ることに留意し，

国による一方的行動が特定の形態においてその国を拘束するかどうかは，当該事案の状況によることにも留意し，

国の一方的行動から生ずる法的効果が，当該国が表明した意図の結果であるのか，その行動が国際法の他の主体に生じさせた期待によるのかは，実際において，しばしば確定が困難であることにも留意して，

狭義の一方的行為，つまり国際法上義務を生じさせる意図をもって国により表明される公式の宣言の形を取る一方的行為のみに関係する次の指導原則を採択する。

1　公表され，かつ，拘束される意図を表明する宣言は，法的義務を生ずる効果を

---

[2]　筆者は，1990 年代に一方的行為についてやや詳しく検討する機会があった。拙稿「言葉による一方的行為の国際法上の評価(1)～（3・完）」『国家学会雑誌』105 巻 1・2 号（1992 年）1-61 頁，106 巻 3・4 号（1993 年）69-124 頁，111 巻 1・2 号（1998 年）1-59 頁。同論文においては一方的行為をめぐる学説を一通りフォローしており，本稿では紙幅の制約もあるため，学説への言及は必要最小限にとどめたい（ここ 10 年あまりも，一方的行為についてのまとまった論考は少数にとどまっている）。なお，ILC における「国家の一方的行為」の審議内容については，山田中正「国連国際法委員会第 50 会期の審議概要」『国際法外交雑誌』97 巻 6 号（1999 年）68-72 頁，同「国連国際法委員会第 51 会期の審議概要」『国際法外交雑誌』98 巻 6 号（2000 年）88-90 頁，同「国連国際法委員会第 52 会期の審議概要」『国際法外交雑誌』99 巻 6 号（2001 年）86-87 頁，同「国連国際法委員会第 53 会期の審議概要」『国際法外交雑誌』100 巻 6 号（2002 年）76-77 頁，同「国連国際法委員会第 54 会期の審議概要」『国際法外交雑誌』101 巻 4 号（2003 年）70-71 頁，同「国連国際法委員会第 55 会期の審議概要」『国際法外交雑誌』102 巻 4 号（2004 年）135-137 頁，同「国連国際法委員会第 56 会期の審議概要」『国際法外交雑誌』103 巻 4 号（2005 年）156-157 頁，同「国連国際法委員会第 57 会期の審議概要」『国際法外交雑誌』104 巻 4 号（2006 年）130-132 頁，同「国連国際法委員会第 58 会期の審議概要」『国際法外交雑誌』105 巻 4 号（2007 年）170-171 頁，参照。

[3]　邦語訳は奥脇直也編集代表『国際条約集 2010 年版』（有斐閣）134-135 頁による。

有することがある。この要件が満たされる場合，当該宣言の拘束的性質は信義誠実に基づくものであり，関係国は，宣言を考慮に入れ，それを信頼することができ，当該義務が尊重されることを要求する権利を有する。
2　国は，一方的宣言を通じて法的義務を負う能力を有する。
3　当該宣言の法的効果を決定するためには，宣言の内容，宣言がなされたすべての事実状況および宣言が引き起こした反応を考慮する必要がある。
4　一方的宣言は，それを行う権能を付与された機関によってなされた場合にのみ，国際的に国を拘束する。国家元首，政府の長および外務大臣は，その職務の性質により当該宣言を表明する権限を有する。特定分野において国を代表する他の者は，宣言を通じて，自らの権限に属する分野において国を拘束することができる。
5　一方的宣言は，口頭または書面により表明することができる。
6　一方的宣言は，国際共同体全体，一国もしくは複数国，または国以外の実体に対して行うことができる。
7　一方的宣言は，明確で特定された文言で述べられる場合にのみ，宣言国に対して義務を生ずる。当該宣言から生ずる義務の範囲に関して疑義がある場合には，当該義務は制限的に解釈されなければならない。当該義務の内容を解釈するに際しては，宣言がなされた文脈および状況とともに，とくに宣言の文言に最大の重点が置かれるものとする。
8　一般国際法の強行規範に抵触する一方的宣言は無効である。
9　ある国の一方的宣言からは，他の国に義務は生じない。ただし，他の国または関係国は，当該宣言を明確に受諾した範囲において当該一方的宣言との関係で義務を負うことはあり得る。
10　宣言を行った国に対して法的義務を生ずる一方的宣言は，恣意的に撤回することはできない。撤回が恣意的であるか否かを評価する際には，次の諸点を考慮すべきである。(i)撤回に関連する宣言の特定の文言，(ii)義務の名宛人が当該義務を信頼した程度，(iii)事情の根本的変化の程度。」

コメンタリーの要点は，次の通りである。

[指針1]　(1)狭義の一方的行為を定義しそれが何に依拠するかを示すことを目指した指針1の文言は，国際司法裁判所（ICJ）「核実験事件」判決（1974年）に沿ったものである。(2)検討した諸事例[4]の大半は本原則を実際に説明している。E（フランスの大気圏内核実験中止宣言），D（エジプトによるスエズ運河自由通航保証宣

第2部　1990年代以降における国際法委員会の具体的成果

言）及びC（ヨルダンによる西岸地区放棄）は，自らを拘束する意図を示している。H（デンマークとの二国間会談でなされた東部グリーンランドに関するノルウェーのイーレン外相の宣言）やA（ベネズエラによるLos Monjes諸島領有に異議を唱えない旨のコロンビアの宣言）は二国間関係にのみ関わるものである（指針6参照）。

［指針2］条約法条約6条（いずれの国も，条約を締結する能力を有する）と同様，いずれの国も，本指針で示された条件の下で一方的に法的義務を負う行為を通じて自国を拘束することができ，このような国家の権能はICJの諸判決でも確認されている。

［指針3］(1)指針3の文言もICJ「核実験事件」判決等に基づくものである。(2)とりわけ，J（国連職員の特権免除に関するスイスのステートメント），D（エジプトによるスエズ運河自由通航保証宣言）及びC（ヨルダンによる西岸地区放棄）においては，宣言がなされた文脈及び状況を勘案することが特に重要である。(3)事例のいくつかは，一方的行為の法的範囲の評価にあたっての他国の反応（なされた約束や主張された権利を認識する，問題となっているコミットメントの拘束的性質に反対乃至異議を唱えるといった反応）が重要であることを示している。

［指針4］(1)指針4もまた，常設国際司法裁判所（PCIJ）及びICJの一貫した判例に沿うものである。ICJ「コンゴ領軍事活動事件」管轄権・受理可能性判決（2006年）では，「国家元首，政府の長及び外務大臣は，単に機能（自国の名において国際的な約束の価値を有する一方的行為を遂行することを含む）を行使するという事実のみによって，国家を代表するとみなされることは，一貫した判例に従い，国際法上十分確立した規則である」と判示した。(2)国家実行は，法的義務を創設する一方的宣言が，しばしば国家元首や外務大臣によって，国家を拘束する彼らの権限の有無を問題にすることなく，なされてきたことを示す。C.の西岸を放棄する旨のヨルダン国王のステートメントは，ヨルダン憲法上は権限踰越だという評価もあるが，事後の国内的行為によって確認された。A.のベネズエラによるLos Manjes諸島領有に異議を唱えない旨のコロンビア外相による宣言は，国内法上，外相にはそのような権限はないものの，コロンビアは国

---

(4)　3（国家実行をめぐって）でふれるように，ILCが検討した11の事例（A〜K）は，特別報告者の第8報告書（2005年，A/CN.4/557）にまとめられている。

際レベルでは宣言の有効性に異議を唱えなかった。(3)ICJ「コンゴ領軍事活動事件」管轄権・受理可能性判決では、「特定分野において国家を代表する他の者は、自らの権限に属する問題に関しては自らのステートメントによって国家を拘束する権限を有しうる」旨、判示した。

　［指針5］(1)一方的宣言の形式はその有効性や法的効果に影響を与えないことは、ICJ「寺院事件」判決や「核実験事件」判決においても認められ、一般的に受け入れられている。(2)国家実行は国家による一方的宣言がとりうる多様な形式を示している。書面による宣言が多いが、C（ヨルダンによる西岸地区放棄）やH（イーレン宣言）のように、口頭のステートメントによって自国を拘束することも珍しくはない。(3)E（フランスの大気圏内核実験中止宣言）は同様の一般的目的を有する一連の宣言からなるが、個々の宣言は単独では国家を拘束するものではなかったかもしれない。ICJ「核実験事件」判決は、フランスによる個々の宣言には拘泥せず、まとめて総体を構成するものとしてとらえた。

　［指針6］(1)検討した事案の中には、A（ベネズエラ宛のコロンビアの外交通牒）、B（ウルグアイへのワクチンの供給に関するキューバの宣言）、F（トルクメニスタン及びアゼルバイジャンに対するロシアによる抗議）及びH（イーレン宣言）のように、相手国を唯一の名宛人とする一方的宣言もある。(2)他方、D（エジプトの宣言）、I（トルーマン宣言）、E（フランスの大気圏内核実験中止宣言）のように、国際社会全体に宛てられた対世的な宣言もある。C（ヨルダンによるイスラエル及びPLOに対する西岸地区放棄）は当事者のみならず国際社会全体にも宛てられた宣言である。

　［指針7］(1)ICJ「核実験事件」判決及び「コンゴ領軍事活動事件」判決では、一方的宣言は明確かつ特定された文言で述べられた場合のみ宣言国に対して法的義務を創出する効果を有しうる旨、判示した。(2)一方的宣言の法的範囲に関して疑いがある場合には、ICJ「核実験事件」判決において判示されたように、宣言は制限的に解釈されなければならない。解釈者はとりわけ一方的宣言が特定の名宛人を有していない場合には、一方的宣言の法的効果の決定に際して大いに注意を払わなければならない（ICJ「ブルキナファソ・マリ国境紛争事件」判決（1986年））。(3)ICJ「スペイン・カナダ漁業管轄権事件」判決（1998年）において「条約法条約の諸規定は、ICJの管轄権の一方的受諾の独自の性格と両立する限

度においてのみ，類推的に適用される」旨，判示した。同判決及び条約法条約31条1項のアナロジーから，優先的に考慮されるのは一方的宣言の文言（行為者の意図を最もよく反映する）である。追加的に，「一方的行為の実行者の意図を評価するためには，行為がなされたあらゆる状況を勘案しなければならず」（ICJ「ブルキナファソ・マリ国境紛争事件」判決)，ここでは条約法条約31条2項のアナロジーが適用される。

［指針8］国際法の強行規範に反する一方的行為の無効は，条約法条約53条のアナロジーに由来する。

［指針9］(1)国際法上，国家は他国に対して義務はを当該他国の同意なしに課すことはできない。条約法では条約法条約34条がその旨を規定するが，この原則が一方的宣言に適用されるべきではないという理由はない。(2) I（トルーマン宣言）は厳密には他の諸国によって受諾されなかったが，他の諸国も同様の要求や宣言を行い，その内容は大陸棚条約2条に取り入れられた。それゆえ，それは一般的に承認され，短期間で国際法の新規範に至る慣習プロセスの出発点となった。

［指針10］(1)ICJ「核実験事件」判決では，「フランスのステートメントから生じる一方的約束は，再考の恣意的権能に黙示的に依拠したものであったと解釈されてはならない」とした。しかしながら，このことは恣意的な撤回・修正のみを排除したものであって，一方的行為を終了するいかなる権限をも排除したものではない。(2)一方的行為はある特定の状況においては撤回又は修正されうる。ILCは，撤回が恣意的であるか否かを決定する際に考慮すべき基準を提示した。(3)宣言自体において宣言国が宣言を終了できるとしている場合や，名宛人が宣言を善意で信頼して不利に立場を変更したり損害を蒙るに至った場合も同様である。一方的宣言はまた，条約法条約62条おいて規定された慣習法規の意味と範囲における事情の根本的変更の後にも取り消しうる。

3　国家実行をめぐって

　ILCの作業の過程では，国連事務総長は諸政府に2回わたって質問状を送付して回答を求め，まとめられた回答は事務総長報告書として公表されている[5]。また，特別報告者第8報告書[6]（2005年）では，集められた一方的行為に関する国家実行の検討がなされている。

　これらの国家実行は，指針の作成に際して重要な参考となったことはいうまでもない。包括的な国家実行とはほど遠い[7]ものの，第1次の質問状に対しては欧州の主要国のいくつかが回答したこともあり，また第8報告書では一方的行為に関する主要な事例のいくつかが検討されていることもあって，一方的行為の検討にあたって無視することのできない有用な素材を提供しているといえるため，以下，これらについて概観しておきたい。

　まず，諸政府に対する第1次の質問状は次のようなものであった。

　「質問1　政府は条約法に関する1969年のウィーン条約の規則が必要な変更を加えて一方的行為に適用されうると考えるか。
　質問2　誰が国家を代表して一方的行為によって国際的に国家を拘束する行動をする権限を有するか。
　質問3　一方的行為は次のいかなる形式に服するか，(a)書面によるステートメント，(b)口頭によるステートメント，(c)行為が発せられた文脈，(d)個々の，共同の又は協同の行為。
　質問4　一方的行為の種類及びありうべき内容
　質問5　行為はどのような法的効果を達成しようとしているか。
　質問6　国家が，国際平面において自国自身の一方的行為に対して，また他国の一方的行為に対して，付与する重要性，有用性及び価値は何か。
　質問7　どのような解釈規則が一方的行為に対して適用されるか。

---
(5)　A/CN.4/511（2000）及びA/CN.4/524（2002）
(6)　A/CN.4/557（2005）
(7)　第1次の質問状への回答は12カ国（アルゼンチン，オーストリア，エルサルバドル，フィンランド，グルジア，ドイツ，イスラエル，イタリア，ルクセンブルグ，オランダ，スウェーデン，英国），第2次の質問状への回答は3カ国（エストニア，ポルトガル，英国）にとどまり，また，第8報告書において検討された一方的行為の事例は11にとどまる。

第 2 部　1990 年代以降における国際法委員会の具体的成果

　　質問 8　一方的行為の期間
　　質問 9　一方的行為のありうべき撤回可能性」

　各質問への回答に先立ち 8 カ国（オーストリア，フィンランド，ドイツ，イタリア，ルクセンブルグ，オランダ，スウェーデン，英国）から全般的コメントがなされたが，これらは総じて言えば，英国の見解に代表されるように，一方的行為には多様な類型のものがあるため一律にあてはまる回答は出来ない，さらに回答は具体的な事実状況にも左右される，という批判的なものであった。なお，オランダが ILC が国際組織の一方的行為についても将来検討することを提案しているのが注目される。

　質問 1 に対する主要な回答は次の通りである。条約法条約を過度に強調しているが，同条約の諸規定は必要な変更を加えれば一方的行為に適用できるというものではない。ILC としては，特定のタイプの一方的行為に関連する有用な特定の問題があるかどうかを検討した方がよい（英国）。条約法条約 31 条 - 33 条の解釈原則は一方的行為に適用されうるが，一方的行為の性質に鑑みると同条約の他の諸規定は適用されない（イタリア）。条約の締結・解釈・適用・終了に関する条約法条約の規定は必要な変更を加えて部分的には一方的行為に適用されうる（オランダ）。条約法条約の諸規定が必要な変更を加えればすべてのカテゴリーの一方的行為に自動的に適用できるわけではない。ICJ「核実験事件」判決が示した一方的行為に関して国家を代表する権限を有する者の範囲は，条約法条約 7 条 2 項(a)の範囲よりも広い。ICJ は一方的行為の行為の解釈にあたり客観的な条約解釈の規則（条約法条約 31，32 条に基づく）の下で許容されているよりも主観的な要素に解釈上の重要性を付与している（オーストリア）。条約法条約は，国家を拘束する権限，一方的行為から生じる義務の遵守，国内法との関係，義務の適用，一方的行為の解釈，第三国に対する効果，無効，履行不能，事情の根本的な変化（留保付でだが），ユス・コーゲンス，無効・終了・停止の結果には有用なガイドになるが，条約の締結及び発効（6，7 条を除く）はあまり関係なく，また，たとえ類似点があるとしても撤回・終了・停止に関する規定の準用には大いに注意を払うべきである（スウェーデン）。

　質問 2 に対する主要な回答は次の通りである。条約締結権限に関する高度に形式主義的な条約法条約 7 条の規定（元首，政府の長，外務大臣，外交使節団の長等以

[中谷和弘]　　　　　　　　　　　　　　　　第17章　国家の一方的宣言

外の者は全権委任状を要する）とは異なり，一方的行為の場合には，職務上，宣言を発する権限を有すると考えられるすべての者は国家を拘束する権限を有するとみなされうるが，抗議に関しては別である（オランダ）。条約法条約7条2項の規定は完全に適用される（フィンランド）。国家の国際的行動の存在を決定するために必要な確実性と明確性を担保するため，国家元首・政府の長・外務大臣以外の者については個々にアプローチする必要がある（アルゼンチン）。ある官吏が一方的行為を通じて国家を拘束する権限を有するか否かの決定には非常に厳格なアプローチが採用されるべきであり，イスラエルの実行では，閣僚や高位の官吏は一方的法律行為によって国家を拘束するためには特定かつ明示的な許可を必要とする（イスラエル）。

　質問3に対する主要な回答は次の通りである。書面によるステートメントも口頭によるステートメントも曖昧ではないことが必要である。ICJ「核実験事件」判決は「拘束的であるためには，約束は公になされ拘束される意図をもってなされなければならない」と判示したが，同事件は対世的な約束に関するものであり，他方，単一の名宛国に対して秘密裏になされる約束や抗議も存在する。一方的宣言が公表されることはその拘束的性質にとって決定的ではない。国際組織の加盟国によるステートメントの場合，他の加盟国にかわって行動することもある（オランダ）。一方的行為の法的効果を決定するのに重要なのは行為の形式ではなく宣言国の意図であり，行為の形式は宣言国の意図を解釈するのに必要な限りにおいて重要となるにすぎない（イスラエル）。行為の内容が明確・正確であり，国家の意図が明らかであれば特定の形式は必要ない。換言すれば，一方的行為の名宛人は意図の表明を承知していなければならない（アルゼンチン）。一方的行為は明示的でなければならないが，例外的に承認と放棄に関しては黙示的にもなしうる（エルサルバドル）。

　質問4に対する主要な回答は次の通りである。一方的行為は，(a)法的状況の援用の可能性に言及する一方的行為（承認，抗議，放棄），(b)法的義務を創出する一方的行為（約束），(c)主権的権利の行使に必要な一方的行為（領海・大陸棚の境界画定，国籍の帰属，船舶の登録，戦争・中立の宣言）に分類される（イタリア）。ICJ強制管轄受諾宣言は本報告書では一方的行為の定義から除外されているが，独自のカテゴリーを構成する。特別報告者はリオ宣言などのソフトローを除外しているようだが，これらは共同の又は協同の行為として考えられるべきである（オ

変革期の国際法委員会　　　　　　　　　　　　　　　　　　　　　　　　　　　407

第2部　1990年代以降における国際法委員会の具体的成果

ランダ)。

　質問5に対する主要な回答は次の通りである。直接の法的効果を達成する一方的行為もあれば、行為国の真の意図にかかわらず期待を創出するものもある。一方的行為の効果は条約の効果とは類似し得ない。正当な期待は保護されるべきであるが、新たなカテゴリーの協定を創出するほどではない(イタリア)。条約上の義務と一方的行為から生じる権利又は義務のヒエラルキーの問題に関しては、条約上の義務が優位する又は一方的宣言は条約と合致するよう解釈されると考えるべきである(オランダ)。一方的行為(特に約束)は行為国を拘束するが、最重要のファクターは真の意図それ自体ではなくその表明及び行為の誠実な解釈である。一方的行為を行う国家は意図・予見せざる結果から保護されるべきであるが、他の当事者の正当な利益も勘案しなければならない。この側面は一方的行為の解釈にもあてはまる(スウェーデン)。一方的行為は宣言国の意図にかかわりなく期待を創出した場合にも拘束的となる(フィンランド)。

　質問6に対する主要な回答は次の通りである。一方的行為には条約と同じ拘束的な価値や効果を付与することはできない(イタリア)。条約があまりにも厄介な場合や直接に交渉するのが政治的に困難な場合において一方的行為は便利である(スウェーデン)。国家の一方的行為の大半は政治的性質を有し、法的効果を創出せず、その重要性と有用性は主に政治的側面から評価される。法的義務を負う旨の明確かつ明瞭な意図が存在する場合にのみ、自国及び他国の一方的行為に法的重要性が付与される(イスラエル)。一方的行為と黙認・禁反言の比較をすることが問題の明確化にとって有用である(アルゼンチン)。日常の外交における意思を表明するのに柔軟な手段である。国家は少なくとも相互主義の原則に基づき他国の一方的行為を尊重すべきである(グルジア)。

　質問7に対する主要な回答は次の通りである。ICJは、「スペイン・カナダ漁業管轄権事件」判決(1998年)に鑑みると、一方的宣言の行為の解釈にあたり客観的な条約解釈の規則の下で許容されているよりも主観的要素に解釈上の重要性を付与しているが、この主観的要素がどの程度考慮され、またこの理由づけが他のカテゴリーの一方的行為にもその程度適用されるかは不明確である(オーストリア)。厳格な解釈基準を採用しないと、一方的行為を規律する法体制の実効性を損なうばかりか一方的行為に意図せざる法的帰結を付与しようとすることによって国家を耐え難い立場におくことになってしまう(イスラエル)。

〔中谷和弘〕　　　　　　　　　　　　　第17章　国家の一方的宣言

　ICJ「核実験事件」判決において「国家が将来の行動の自由を制限する宣言を行う場合には，制限的な解釈がなされるべきである」と判示したのは，PCIJ「ローチュス号事件」判決における「主権に対する制限は推定されない」という判示のコロラリーである。一方的行為の解釈にあたって重要なことは，行為がなされた文脈が解釈を決定しうるということと，ICJ「アングロ・イラニアン石油事件」判決で判示されたように行為は既存の法と合致する（反しない）ような効果を創出するように解釈しなければならないということである（アルゼンチン）。

　質問8に対する主要な回答は次の通りである。文脈及び目的によるため，期間を特定することはできない（イタリア）。条約法条約の諸規定が類推適用される。一方的行為の有効性の期間に限度はないが，廃絶の結果として又は二国間条約にとってかわられた場合には適用されなくなる。政府の変更は，明示的に破棄されない限り行為の有効性には影響を与えない。時限や特定時点で適用されなくなるとの条件を含む場合には，有効性の期間は制約されうる（オランダ）。一方的約束の期間は，義務の性質，一方的行為の特定の内容，事案の状況によって決定されるが，後発的履行不能や事情の根本的な変化といった特別な事態の結果として，一方的約束の効果は終了する（イスラエル）。

　質問9に対する主要な回答は次の通りである。ICJ「核実験事件」判決が示したフォーミュラに従う（イタリア，フィンランド）。ILCは一方的行為に関する事情の根本的な変化の適用と援用の問題につき検討すべきである（オランダ）。各事案の状況を勘案しなければならない（例えば承認は国家が存在しなくなったといった事由がない限り撤回できない）。一方的行為から生じた義務は，事後の条約（条約法条約58, 59条のアナロジー），後発的履行不能，事情の根本的な変化によって影響される。一方的行為の淵源において対価の要素はなくても，当該行為から生じる法的関係においてしばしば相互主義の要素はある。国家が約束を撤回することは，他の主体がこの約束を悪用する場合には，不合理ではない。同様の考慮は修正についても適用される。一方的行為は，錯誤，詐欺，腐敗，強制，武力の行使又はユス・コーゲンスの場合には無効となりうると解することが合理的である。条約法条約は無効援用ができる条約と無効な条約とを区別しているが，（第2報告書で示された）草案7条では一方的行為につきそのような区別がなされていない（スウェーデン）。一方的行為の実行者は恣意的なレビュー権限は持たず，それゆえ約束や放棄等を自由に取り消すことはできない。抗議は取り

第2部　1990年代以降における国際法委員会の具体的成果

消しうる（アルゼンチン）。取消の権利を制限する義務を負う約束でない限り，取消の可能性は認められる。信義則ゆえに取消前に合理的な通知がなされるべきかどうか検討する価値がある（イスラエル）。

これらの回答につきコメントすることは控えるが，英国が非常に慎重な姿勢をとり個々の回答を控えた背景には，「一方的行為には多様な類型のものがあるため一律にあてはまる回答は出来ない，さらに回答は具体的な事実状況にも左右される」という英国自身の公式回答で示された考え方の他に，自国の言動が個々の回答によって縛られたり不利に評価されたりする可能性を懸念したためと思われる。

次に，諸政府に対する第2次の質問状は次のようなものであった。

「質問1　国家は次の1又は2以上のカテゴリーに属すると考えられる宣言又は他の同様な国家の意思の表明を作成したか：約束，承認，放棄又は抗議。回答がイエスである場合，当該実行の諸要素を提供して頂けるか。
　質問2　国家は他の一方的行為を信頼したか，あるいは他国の一方的行為が法的効果を生ずると考えたか。回答がイエスである場合，当該実行の諸要素を提供して頂けるか。
　質問3　上記質問に関連する一方的行為の法的効果の存在又は解釈についての実行の諸要素を提供して頂けるか。」

全般的なコメントとして，英国は，前回の質問状に対する全般的コメントを繰り返した。ポルトガルは，特別報告者が示した一方的行為の定義（法的効果を生じる意図をもってある国家により他国又は国際組織に対してなされた明確な意思の表明であって，名宛者たる国家又は国際組織に知られているもの）には賛同するが，国家の意図ではなく国際法こそが法的な力を規定することを強調したいとした。各質問に対するポルトガル及びエストニアの回答は，自国の言動を例示するにとどまるものであった。

特別報告者による第8報告書では，次の12の一方的行為に関する事例が検討されている[8]。

---

[8]　いうまでもなく，E. は ICJ「核実験事件」判決，H. は PCIJ「東部グリーンランド事件判決」，K. は ICJ「寺院事件」判決に直接関わるものであり，また I. は ICJ「北海大陸棚事件」判決に密接に関わるものであって，報告書の中でも判決の主要部分は引用されているが，重複乃至冗長となるためここでは判決の引用は控える。

〔中谷和弘〕　　　　　　　　　　　　　第17章　国家の一方的宣言

　A．コロンビア外相からの1952年11月22日の通牒（Los Monjes諸島に対するベネズエラの主権に異議を唱えない旨の通牒。1991年にコロンビア国家評議会は同通牒の無効を宣言した）

　B．ウルグアイへのワクチン供給に関するキューバ外相の宣言（ウルグアイによるワクチン購入希望に対して、キューバは2002年に対価は放棄するとして贈与する旨を宣言。ウルグアイは商取引であるとして贈与を固辞した。ウルグアイ中央銀行はその分キューバの債務を削減した。キューバ中央銀行は債務削減分はないと認識し、両国の主張は平行線をたどった）

　C．ヨルダンによる西岸地区の請求権の放棄（1988年、ヨルダン国王が西岸地区の請求権を放棄。ヨルダン憲法では領土の移転に関するいかなる行為も禁止しているが、ヨルダンはその後も放棄した西岸地区につき請求をしなかった）

　D．1957年4月24日のエジプトの宣言（エジプト政府がスエズ運河の自由通航を保証するコンスタンチノープル条約を尊重する旨を対世的に宣言し、国連条約集に登録した）

　E．南太平洋における核実験の停止に関するフランス政府によるステートメント（1974年の大統領、外相、国防相らによる一連の発言や通牒。オーストラリアは、ICJにおいてフランス大統領のステートメントは拘束力ある約束と解することはできないとした）

　F．ロシアによるトルクメニスタン及びアゼルバイジャンに対する抗議（ロシアは、トルクメニスタンによるカスピ海の一部を自国の領海とする主張に対して1994年に、アゼルバイジャンによる同様の主張に対して1995年に、国連海洋法条約に服する水域ではないとして抗議した）

　G．核兵器国によるステートメント（1995年の英米仏中ロによる、非核兵器国には核兵器を使用しない（核兵器国への侵略その他の攻撃の場合は除く）旨の消極的安全保障宣言）

　H．1919年7月22日のイーレン宣言（グリーンランドに対するデンマークの主権に関して異議を唱えない旨のノルウェー外相の発言）

　I．1945年9月28日のトルーマン宣言（米国大統領による大陸棚の天然資源に対する管轄権行使と衡平な原則に基づく境界画定の主張）

　J．国連及びその職員に関するステートメント（他の国際機関に付与しているのと同じ特権免除を国連に付与する旨のスイスのカントンの評議員、連邦政治部長、連邦評議会による1946年乃至1955年のステートメント）

　K．プレア・ビヘア寺院事件に関するタイ及びカンボジアの行動（タイの一連の行動につき、ICJは、禁反言や黙認の法理に依拠して判示した）

変革期の国際法委員会

第 2 部　1990 年代以降における国際法委員会の具体的成果

　第 8 報告書では，これらの事例の検討から一方的行為に関して引き出される結論を次のように指摘する（報告者の結論は，体系的且つ明確にまとめられた記述とはほど遠いため，筆者なりに適宜，箇条書の形で次のように整理してみる）。

　① 形式は重要ではないが，行為者の意図を決定するのに際して役割を果たし得る。非公式の文脈でなされた口頭によるステートメントは国際機関でなされた口頭によるステートメントや外交通牒ほど明確ではない。

　② 名宛人は，他国，国際社会，まだ国家にはなっていない実体，国際組織と様々である。条約法条約 6 条の条約締結権限に関する規定は一方的行為に関する法制度にも移転可能である。

　③ 宣言は H，A，D や I のように単一の行為からなるものもあれば，E や J のように共同して全般的な内容を生じる一連の宣言からなるものもある。

　④ 外交通牒（A，F），宣言（E，G），大統領令(I)，公の演説(C)，コミュニケ(J) など行為形式は多様である。

　⑤ 一方的行為の形成を規律する規則は条約法条約の規則よりも柔軟であるべきだが，一方的行為の解釈に関する規則はより厳格だと考えられる。

　⑥ 一方的宣言の中には G のように厳密には法的性格を有しないものもある。これは行為国及び名宛国が法的拘束力を有する宣言と考えることで一致していないという事実に基づく。

　⑦ C においては，ヨルダンの事後の行為によって無効の可能性が排除されたといえる。

　⑧ 一方的行為が法的効果を生じる時点を決定することは容易ではない。

　⑨ F においては，ロシアは沈黙しているとトルクメニスタン及びアゼルバイジャンによる要求を黙認したとされる可能性があったため抗議せざるを得なかったともいえる。

　⑩ 「核実験事件」判決において判示されたように，法的効果を創出しない明確な意図があっても，宣言を取り巻く状況ゆえ名宛国が善意で「宣言国は当該宣言によって拘束される」と結論づけることを許容する場合がある。

　⑪ 修正・取消に関しては，検討した事例の大半においてその内容は維持された。

　これらの国家実行について 3 点のみ付言しておきたい。

　第 1 に，一方的行為の分類（4（省察）及び注 12 参照）との関連では，A，D，

〔中谷和弘〕　　　　　　　　　　　　第17章　国家の一方的宣言

E，G，H[9]，Jが一方的約束に関する国家実行，BとCが放棄に関する国家実行，Fが（一方的要求に対する）抗議に関する国家実行，Iが一方的要求に関する国家実行，Kが沈黙（抗議の不存在）に関する国家実行である。

　第2に，これまであまり知られておらず且つルール作成の上で参考になるものという意味で特に注目すべき国家実行は，A，B，Cである。Aは，イーレン宣言を彷彿とさせるが，40年近くを経過してから当該一方的約束を無効と宣言することの法的効果が，撤回可能性や時効との関連で問題となりうる事案である。Bは，放棄の意思表明を名宛国が拒否した場合，当該放棄の法的効果はどうなるかという事案である。Cは，国内法上瑕疵を有する放棄が放棄国の沈黙により瑕疵が治癒された事案である。

　第3に，本報告書ではGを非拘束的（政治的）な一方的約束として把握しているようである。

4　省　察

　ここでは，ILCにおける作業の問題点を簡単に指摘した後，本指針を評価することにしたい。

　まず，作業における問題点について指摘する[10]。

　第1に，当初は一方的行為一般を対象にするということで検討が開始されたはずが，最終成果である指針において対象となったのは一方的宣言にとどまった。ここでいう一方的宣言には，一方的約束の他，放棄や承認[11]は基本的に含まれうると解されるが，抗議や通告や一方的要求は含まれない[12]。このことは一方的行為の多様性と複雑性ゆえ統一したルールを作成することが非常に困難であるということに鑑みるとやむを得ない選択であったのかもしれない。しか

---

(9) 但し，H.のイーレン宣言は，一方的約束ではなく合意の一部分だと解する方が妥当である。この点に関して，拙稿「東部グリーンランド事件」杉原高嶺・酒井啓亘編『国際法基本判例50』（三省堂，2010年）4頁参照。

(10) この点につき，Christian Tomuschat, Unilateral Acts under International Law, *Droit et Culture:Mélanges en l'honneur de Doyen Yadh Ben Achour*（2008），pp. 1488-1493参照。

(11) 但し，国家承認及び政府承認については，国家・政府という実体の存在と他の国際法主体（諸国家）からの認知とのギャップという承認一般には現れない特有の問題に対する考慮が必要となるため，ここでいう一方的宣言には基本的には含まれないと解するのが合理的であろう。

第2部　1990年代以降における国際法委員会の具体的成果

しながら，各種の一方的行為に共通するルールと各類型毎の一方的行為に特有のルールとを分けて(13)，各々につきルールを作成するというアプローチも可能であったと思われる。

　第2に，自律的行為（法的効果が条約や慣習国際法によって既に決定されているのではなく，自国の意思によって決定される一方的行為）のみを検討の対象にするのか，非自律的行為（法的効果が条約や慣習国際法によって既に決定されている行為。例えば，ICJ強制管轄受諾宣言）も対象とするのかにつき，特別報告者の見解は揺れ動き，委員の見解も分かれ，本指針においても明確とはなっていないという問題が残った(14)。

　第3に，特別報告者Rodríguez-Cedeñoは，基本的に条約法条約のアナロジーで一方的行為についてのルールが作成できるとの立場をとり，やや過度に条約法条約に依拠しようとした。そのため，特別報告者の議論は時として現実とは無関係の抽象論に陥ることになり，他の委員から批判を受けた(15)。このようなアプローチではなく，経験主義的に現実の問題を分析するアプローチも可能であったのであり(16)，後者のアプローチを採用すべきであったと思われる。ワーキンググループによる2003年の勧告(17)に従い，3．でふれた国家実行が集められ，第8報告書にまとめられたが，このような作業は検討のより早い段階においてなされるべきであった。

---

(12)　一方的行為の分類については，前掲（注2）拙稿(2)(3)『国家学会雑誌』106巻3・4号69-124号，111巻1・2号1-49頁では，①外的要因を主因として，これに対する否定的な意思表明が「抗議（protest）」，肯定的な意思表明が「承認（recognition）」，②専ら内的な要因に関する意思表明のうち，自国が今後ある義務を負うことを認める旨の意思表明が「一方的約束（unilateral promise）」，自国が現時点においてある権利・権原を有している又は今後ある権利・権原を有する旨の意思表明が「一方的要求（unilateral claim）」，自国が有してきた権利・権原を今後手放す旨の意思表明が「放棄（renunciation）」，③自国に関わる何らかの事柄を他国に正式に知らしめる「通告（notification）」に分類した上で，各々の法的効果について検討を加えた。

(13)　前掲（注2）拙稿(1)『国家学会雑誌』105巻1・2号18-61頁ではこのようなアプローチを採用し，各類型の一方的行為に共通する問題として「一方的行為の有効性の諸条件」があるとして，主体の範囲画定，客体の範囲画定，表明手段，内容その他の要件に分けて検討を加え，その上で各類型毎の一方的行為の法的効果について検討を加えた。

(14)　Tomuschat, *supra note 10*, p.1491.

(15)　Tomuschat, *supra note 10*, pp.1491-1492.

(16)　Tomuschat, *supra note 10*, p.1491.

(17)　A/CN.4/L.646, p.3

〔中谷和弘〕　　　　　　　　　　　第17章　国家の一方的宣言

　第4に，検討の最終成果は条文案ではなく指針であって条約化は断念されたが，これは指針が後述するように多くの曖昧な点を残している点からも，国家実行による裏づけが十分ではない点からも，そして何よりも諸国家が条約化を全く望んでいないという点からも，妥当な選択であった。もっとも，ILCの本検討作業自体が無意味であったとは思われない。本指針自体は，法的拘束力のないものであるが，一方的約束を中心とした一方的宣言についての国際法ルールの明確化に貢献したことは事実であり，国家間関係の法的安定性に資するとともに，国家機関に対して軽率な言動を慎むように警告する機能も果たしうるものである。

　次に，指針の評価を述べることにしたい。指針は，諸国家，国際組織，国際・国内裁判所等が現実の様々な場面において援用・参照するに際して，実際に「役にたつ」明確な基準を示すものでなければならない。この観点から評価すると，以下の理由から，指針の実際上の有用性には一定の限界があると言わざるを得ない。

　第1に，指針の実質的内容は，基本的にICJ「核実験事件」判決に依拠している。「権威」としてのICJ判決に沿った指針を作成すること自体は自然であるものの，同判決に関して提起された様々な問題点（特に，信頼要件をどう勘案するか，撤回可能性をどう考えるか）について指針が十分に明確な方針を示したとは言い難い。信頼要件をどう勘案するかしないかは単純な問題ではないが[18]，少なくとも一方的約束が名宛国に反射的不利益をもたらす場合には，信頼の欠如を名宛国が当該一方的約束の拘束力否認の根拠として援用する可能性を認めるべきであり，そのような援用可能性を指針においても取り入れることが望まれた[19]。なお，信頼要件は指針10において恣意性の判断要素としてとりこまれているが，この点については，下記（第5）を参照。

　第2に，国家を拘束する一方的宣言を行う権限を有する者の範囲が明確には示されていない。指針4においては，「一方的宣言は，それを行う権能を付与された機関によってなされた場合にのみ，国際的に国を拘束する。国家元首，政府の長および外務大臣は，その職務の性質により当該宣言を表明する権限を有

---

[18]　この問題に関する私見は，前掲（注2）拙稿(2)『国家学会雑誌』106巻3・4号101－106頁参照。
[19]　前掲（注2）拙稿(2)『国家学会雑誌』106巻3・4号106頁。

する。特定分野において国を代表する他の者は，宣言を通じて，自らの権限に属する分野において国を拘束することができる。」と規定した。外相以外の閣僚は自らの権限に属する分野においてのみ自国を拘束することができるとのルールは妥当なものであるが，同指針においては，あわせて例えば次のような点においては条約法の安易なアナロジーはきかない旨を明示したほうがよかったのではないだろうか。即ち，①一方的行為の場合には，名宛国による信頼の合理性を根拠として，政党幹部や王族等の特定のカテゴリーの私人による意思表明については，たとえこれらの者が国家から権限を付与されていなくても国家の行為とみなす可能性が存在する（この点では条約法のルールよりも広い）反面，②通常の私人による意思表明の場合には，国家から権限を付与されている場合を除く他，国家の行為とみなされる余地はない（この点では条約法のルールよりも狭い）という点である[20]。なお，指針4に関してTomuschatは，指針4と条約法条約7条を比較して，一方的宣言の場合には全権委任状の提出といった機構上の保障なしにいきなり自国を拘束する約束をなしうるという危険性を指摘するが，現実にはこれより良い定式化は無理だろうと述べている[21]。妥当な見解である。

第3に，法的拘束力を有する一方的約束と法的拘束力を有しない政治的な宣言との具体的区分[22]の基準に関しては，指針1では，「公表され，かつ，拘束される意図を表明する宣言は，法的義務を生じる効果を有することがある」と規定するにとどまるが，法的効果に関しては，指針3において，「当該宣言の法的効果を決定するためには，宣言の内容，宣言がなされたすべての事実状況および宣言が引き起こした反応を考慮する必要がある」と規定する。さらに，解釈基準に関しては，指針7において，「一方的宣言は，明確で特定された文言で述べられる場合にのみ，宣言国に対して義務を生ずる。当該宣言から生ずる義務の範囲に関して疑義がある場合には，当該義務は制限的に解釈されなければな

---

[20] 前掲（注2）拙稿(1)『国家学会雑誌』105巻1・2号31頁。
[21] Tomuschat, *supra note 10*, p.1503.
[22] この点に関して，Lyndenは，特別報告者は「その定義上，法的効果を生じうる法律行為とその結果に法的効果が付与される政治的行為とを明確に区別しなかった」と指摘する。Jean d'Aspremont Lynden, Les travaux de la Commission du droit international relatifs aux actes unilateraux des États, *Revue général de droit international public*, vol. 109 （2005），p.170.

らない。当該義務の内容を解釈するに際しては、宣言がなされた文脈および状況とともに、とくに宣言の文言に最大の重点が置かれるものとする」と規定する。指針3において事実状況や他国の反応を重視した点や指針7において「明確で特定された文言で述べられた」宣言であるだけで法的義務を生じうる点や制限的解釈を採用している点は、条約法条約の条約解釈に関するルールとは乖離していると指摘される[23]。一方的宣言の解釈基準については後述するが、「明確で特定された文言で述べられた」宣言であるか否かの判断は現実には容易ではない場合が少なくなかろう（例えば、shall ではなく will という用語を用いる宣言は拘束力なしと推定されるのであろうか）[24]。さらに、一方的宣言の大半は法的拘束力を有しない政治的な宣言であるという外交の現実に鑑みるのであれば、このような法的拘束力を有しない政治的な宣言の法的効果についても指針の中で何らかの言及がなされることが望ましかったが[25]、これは望蜀の感なのかもしれない。

　第4に、（第3とも関連するが）一方的宣言の解釈について。ICJ「核実験事件」判決では、「国家がそれによって自国の行動の自由が制限される宣言を行う場合には、制限的解釈が求められる」と判示している[26]。特別報告者第4報告書（2001）及び第5報告書（2002）では、「チリ・アルゼンチン境界画定事件」仲裁判決（1994）において、「条約にも一方的行為にも仲裁判決にも国際組織の決議にも用いられる解釈の一般規則があり、用語の自然かつ通常の意味、文脈及び実効性がそれに該当する」旨、判示されたことを指摘した[27]上で、条約法条約の解釈基準をどこまで準用できるかという観点からの考察を行い、すべての一方

---

[23] Tomuschat, *supra note 10*, p.1502-1503.
[24] ICJ「ナミビア事件」勧告的意見において示された安保理決議の拘束力の有無に関する基準（安保理決議の拘束力の有無は、解釈されるべき決議の文言、決議に至る討論、援用される憲章の条項、安保理決議の法的帰結を認定するのに役立つあらゆる事情に照らしてケース・バイ・ケースに決定されるべきであると判示した。*ICJ Reports 1971*, p.43）が、国家の宣言の拘束力の有無の基準を考える際に参考になるかどうかは、非常に興味深い課題である。
[25] 条約と非拘束的合意の関係とパラレルな関係がどこまで「拘束力を有する一方的宣言」と「拘束力を有しない一方的宣言」の関係にあてはまるか否かもまた、非常に興味深い課題である。
[26] *ICJ Reports 1974*, p.267.
[27] A/CN.4/519, p.28

的行為にあてはまる解釈基準として、次の条文案を提示した[28]。
「Article A　解釈に関する一般的な規則
 1．一方的行為は、文脈によりかつ行為国の意図に照らして与えられる用語の通常の意味に従い、誠実に解釈するものとする。
 2．一方的行為の解釈上、文脈というときは、テキストの他に、その前文及び付属書書も含める。
 3．文脈とともに、行為の適用につき後にされた実行及び行為国と名宛国の間の関係に適用される国際法の関連規則を考慮する。
Article B　解釈の補足的な手段
Article A の適用から生じる意味を確認するため又は同条に従った解釈が(a)曖昧乃至不明瞭な意味を残す若しくは(b)明らかに矛盾乃至不合理な結果に至る場合に意味を決定するため、［準備作業及び］行為の形成の際の事情を含む解釈の補足的な手段に依拠することができる。」

　特別報告者は、①何よりも文言解釈に依拠する点では一方的行為の解釈は条約解釈と同じである、②趣旨・目的への依拠は条約特有のものであるため、一方的行為の解釈に際しては趣旨・目的は考慮しない、③準備作業については、一方では行為国の意図が重要ゆえより重視すべきとの意見が、他方では一方的行為の場合には政府部内でのやりとりを含むゆえアクセスできないから勘案すべきではないとの意見が示されたため、第5報告書では括弧（［　］）で括る、とした[29]。

　結局、指針7において、「宣言がなされた文脈および状況とともに、とくに宣言の文言に最大の重点が置かれるものとする」としたことは、折衷的ではあるが現実的な基準を示したといえよう。既に述べた名宛国の信頼要件との関連では、準備作業への過度の依拠は、それにアクセスできない名宛国の信頼利益を損なうことになりかねないため、避けるべきであろう。また、確認的な文言ではあるが、「誠実に解釈するものとする」（条約法条約31条1項）という文言、つまり good faith への言及を、（指針1のみならず）一方的宣言の解釈に関するこの指

---

[28]　A/CN.4/519, pp.35-36; A/CN.4/525/Add.1, p.14. ここでは後者を訳出した（原文では Article (a), Article (b) と(a),(b)の両方が登場して混乱しやすいため、Article A, Article B と表記した）。
[29]　A/CN.4/525/Add.1, pp.12-14.

針7においても挿入することが望ましかったと思われる。

　第5に、撤回可能性について。ICJは、「核実験事件」判決において、「これらのステートメントから生じる一方的約定は、再考の恣意的権能 (arbitral power of reconsideration) に黙示的に依拠してなされたものであるとは解釈されえないと裁判所は判示する」と述べている[30]。指針10では、「宣言を行った国に対して法的義務を生ずる一方的宣言は、恣意的に撤回することはできない。撤回が恣意的であるか否かを評価する際には、次の諸点を考慮すべきである。(i)撤回に関連する宣言の特定の文言、(ii)義務の名宛人が当該義務を信頼した程度、(iii)事情の根本的変化の程度」と規定する。一般に条約でさえ一定の正当事由がある場合（条約法条約第5部第3節）には終了や運用停止が可能であることとの均衡からも、合意の要素がない一方的約束においても、少なくとも同様の状況においては撤回が可能と考えることが合理的であろう。恣意性の判断基準を明記した点もルールの明確化に資するものである。もっとも、恣意性の有無という宣言国の主観的要因の評価基準の中に、名宛国の信頼の程度や事情の根本的変化の程度といった外部的な要因を位置づけている点には異論もありえよう。また、(ii)の表現では、名宛国が過度に当該一方的約束を信頼してしまった場合には、宣言国による撤回は恣意的とみなされかねないため、そのような誤解が生じないよう文言を工夫する必要があったと思われる。

　第6に、指針1において「公表され」(publicly made) という要件があり、これはICJ「核実験事件」判決で示された基準[31]をそのまま導入したものであるが、同判決に関しては、たとえ公表されなくても当該宣言が名宛国に伝達されれば条件は満たされるとの妥当な指摘[32]がある。それゆえ、「公表され又は適切に伝達され」(publicly made or duly communicated) といった文言を採用したほうがより適切であったと解せられる。

---

(30)　*ICJ Reports 1974*, p.270.
(31)　*ICJ Reports 1974, p.263* では、「この種の約定は、公表され (if given publicly)、拘束される意図を持ってなされる場合には、たとえ国際交渉の文脈においてなされなくても、拘束的である」と判示する。
(32)　Eric Suy and Nicolas Angelet, Promise, para.14, in *Max Pranck Encyclopedia of Public International Law* (2009) available at ＜http://www.mpepil.com＞ は、イーレン宣言のような単に二国間関係に関わるステートメントにつき、たとえ公表されなくても二国間で伝達されれば拘束的となりうる旨、指摘する。

第2部　1990年代以降における国際法委員会の具体的成果

　第7に，停止条件付乃至解除条件付の一方的約束は，当該停止条件が成就した又は当該解除条件が成就しない限りにおいて有効である旨を指針中に明記したほうが，指針の有用性により資したものと思われる[33]。

　第8に，ICJ強制管轄受諾宣言については，その有効性の範囲や解釈をめぐってしばしば現実に問題となるが，一方的宣言の一般的ルールによっては規律されず，ICJ判例の蓄積もあるため，その旨がわかるように条文の中で明記するのがよかったと思われる。

　第9に，望蜀の感を述べるのであれば，一方的宣言に関してはさらに次のような主題についても国際法ルールの明確化が望まれる。①抗議とその不存在の国際法上の効果。特に，抗議の不存在に関連して，沈黙（silence）と黙認（acquiescence）の関係や禁反言（estoppel）に関して，現実の外交の場面や国際・国内裁判において有用となりうるようなより明確な基準を示すことが望まれる。沈黙と黙認の関係については，ICJ「寺院事件」判決において示された「抗議をなすべきであり，抗議が可能な場合に，沈黙した者は黙認した者とみなす」（*Qui tacet consentire videtur si loqui debuisset ac potuisset*）[34]　という基準のより具体的な要件と射程範囲が指針において提示されたならば，国家間関係の法的安定性に資するものとなったであろう。同様に，禁反言についても，若干のICJ判決で言及はされているものの，その要件や射程範囲は明確に示されたとは言い難

---

[33]　このような「条件付の一方的約束」に該当するか，あるいは「条件付の非拘束的（政治的）な一方的約束」に該当するかが宣言発出の時点で問題となりえた最近の例として，鳩山首相が2009年9月22日に国連気候変動首脳級会合での演説において，温室効果ガスの削減目標について次のように約束したことが挙げられる。「1990年比で言えば2020年までに25％削減をめざします。(Japan will aim to reduce its emissions by 25% by 2020.) ……すべての主要国の参加による意欲的な目標の合意が，我が国の国際社会への約束の『前提』となります。(The commitment of Japan to the world is premised on agreement on ambitious targets by all the major economies.)」will aim という文言からも選挙時のマニフェストに掲げた政権公約をそのまま述べただけという背景からも，この宣言は，国際法上は非拘束的（政治的）な一方的約束と解するのが妥当であり，また約束の「前提」は停止条件と解することができよう。なお，その後，締約国会議が「留意」すると決定したコペンハーゲン合意第4項に基づいて，日本は2010年1月26日に首相演説と同趣旨の中期目標を記した口上書を国連気候変動枠組条約事務局宛に提出した。EU，米国，カナダ，オーストラリア，ロシア等が提出した中期目標にも条件が付されている。

[34]　*ICJ Reports 1962*, p.23.

420

く，この点についても明確な指針が望まれる。②一方的要求はどのような要件を満たせば対抗力を有することになるかについての明確な基準の提示が望まれる。③一方的宣言はそもそも国際法上の法源になりうるか，なりうるとすればどのような要件を満たせばなりうるかについての明確な基準の提示が望まれる。④第1次質問状への回答の中でオランダが指摘しているように，国際組織の一方的行為についても明確な基準の提示が望まれる。これらの主題につき本格的にとりくむのに最も適した権威ある機関は，やはりILCであろう。

5　おわりに

　外交の現実との関連で指摘すべきことは，一方的約束を行う肝心の主体である大統領，首相，外相の大半が，自らの発言（一方的約束）が法的拘束力を生じうることに一般に無自覚であり，「核実験事件」判決も「一方的行為に関する指針」も了知していないということである。政府高官の多くが国際法に無知であること自体はなんら驚くべきことではないが，自らの発言が国際法上，自国を拘束する可能性についてはおよそ考えていない点で，彼（女）等の感覚とルールのギャップは国際法の他のいかなる主題よりも大きい点には留意する必要があろう。それゆえ彼（女）等に本指針を了知させることは，「失言」ゆえに国益を大きく損ねたり国家間関係を徒に混乱させたりすることを予防する観点から，非常に重要である。

　他方，国内法曹はこの一方的宣言という主題を十分了知しているであろうか。若干の国内判決を見る限り，多少とも心もとないと言わざる得ず[35]，国内法曹への国際法教育においても本指針に十分配慮することが重要であろう。

---

[35]　この点につき，拙稿「ロースクール国際法第1回　国内法曹も国際法を知っておこう」『法学教室』331号（2008年4月号）157-161頁参照。

第18章　国際法の「断片化」

宮野洋一

1　国際法の「分断化/断片化」現象
2　国際法委員会「国際法の断片化」報告書の概要と特徴
3　国際法委員会による「国際法の断片化」報告書——評価

1　国際法の「分断化/断片化」現象

(1)　起　源？

　国連の国際法委員会が2002年に正式にその課題としてとりあげた「Fragmentation of International Law」の問題は，日本語の表現としては，分断化，分極化[1]，断片化，分裂化，部分化などとも訳しうるが，さしあたりまずは「分断化」としてみよう。さて，この国際法の分断化とは，ここで厳密な定義を避けてごく一般的なイメージでいえば，国際法がその統一性を損なわれている状況を指すといってよい。国際法の分断化の問題は，そのような意味では，かつて19世紀にヨーロッパ国際法が非ヨーロッパ世界へ拡大をはじめ，「普遍化」の途をたどり始めた時にその種をまかれていたともいえる。歴史的には，それ以前から，ヨーロッパ国際秩序以外に，朝貢システムに基づく中華国際秩序，ダールル・イスラームとダールル・ハルプの世界の区別を基調とするイスラーム世界秩序などが並存していたからである。また，19世紀末から20世紀初期のラ米諸国による米州国際法の主張や，戦間期のナチス・ドイツや帝国日本によるいわゆる広域国際秩序構想，さらに冷戦期のソビエト国際法と西側国際法の並存なども，それぞれに対応する国際法を想起するならば，国際法の分断化状態と称することが可能であるように思われる。まさに「分断化された」世

---

[1]　山田中正「国際法の分極化」『国際問題』No.592（2010年6月）1-5頁。

界とその法のイメージである。

　しかし20世紀末から21世紀にかけて改めて問題とされるようになってきた国際法のフラグメンテーションは、そうした意味での分断化とは異なる意味があり、独自の要因があると考えられる。そのような要因は20世紀も終わりに近付いたころから徐々に認識されるようになり、その後短期間に急激に色々な形で問題が浮上し一挙に議論が広まったという印象である。そして、このあらたな時点での問題の本質は、後に述べるような理由から「分断化」ではなく「断片化」とよぶ方がふさわしいように思われる。各断片が、個別の体系性をもつタイプに限れば「分極化」という訳語も捨て難いのではあるが、以下では問題を「断片化」とよび直した上で、まずいくつかの象徴的な事例と著作を例示的にとりあげてその問題認識の流れの一端を簡単に跡づけてみたい。

(2)　断片化の事例と学界での関心

　まず後に国際法委員会の「国際法の断片化」検討作業でもとりあげられることになる「自己完結的レジーム」[2]が注目される[3]。周知のようにこの概念は、在テヘラン米国大使館員人質事件における1980年の本案判決で、イランの行為の正当性を否定する根拠として国際司法裁判所が議論した[4]のがはじまりであった。それによれば、外交関係法（ウィーン外交関係条約）は、外交職員等の違法な活動に対する防護及び制裁に必要な手段をあらかじめ具備した自己完結的レジーム（制度）を構成しており、そこに規定された手段を利用しないでイランのとった行為は正当化されないというものであった。初めて登場したこの概念については、おそらくこの時点では外交関係法という自前の紛争処理手続をも

---

[2]　自己完結的制度については山本良「国際法上の「自己完結的制度」に関する一考察」『国際法外交雑誌』93(2),(1994年)158-193頁；同「自己完結型紛争処理の機能と限界」『宮城教育大学紀要』33,(1998年)29-40頁参照。

[3]　もっともここでまず自己完結的制度の議論に言及するのは、後にそれが国際法の断片化現象を象徴的に表すひとつのキーワードになってゆくからであり、かならずしもそれが議論の唯一の発端であるということではない。より一般的な形での国際法の統一性の問題について扱ったものとしては、たとえば次のようなものがある。I. Brownlie, "Problems Concerning the Unity of International Law", in *Le droit international à l' heure de sa codification, Etudes en l'honneur de Roberto Ago*, Vol.1, (Milan：Giuffrè, 1987), pp. 156ff.

[4]　United States Diplomatic and Consular Staff in Teheran, *ICJ Reports* (1980), at.38.

〔宮野洋一〕　　　　　　　　　　　　　　　　　　　第18章　国際法の「断片化」

つ個別条約制度の問題が意識された程度であったと思われる。

　1985年に，後に国際法委員会における「国際法の断片化」研究部会の最初の議長に就任するジンマ（B.Simma）がこのテーマについてものした論文[5]では，より一般的に，そのような自己完結的制度が他にもあるかどうか，また，それが国際違法行為に対する一般国際法上の法的措置に対していかなる影響を持つかが検討され，その10年後の1995年にオランダ国際法年鑑が25周年の特別企画として「第二次規範の多様化と国際法の統一性」[6]をテーマとして設定するきっかけとなったという[7]。ここでいう第二次規範とは法哲学者ハート（H.L.A.Hart）[8]のいう意味，すなわち，個々の行為者に対して義務を付加する行為規範としての第一次規範に対し，この第一次規範の裁定，変更，承認に関わる規範を意味するものとして使われている。自己完結的制度は，特に裁定についての第二次規範を備えたものと理解される。そして，この特集号では具体的に，外交関係法，武力紛争法，人権法，環境法，GATT法（ちょうどまだWTOに切り替わる前の時点である），それにEC法の制度が取り上げられた。

　これ以降，国際法の統一性／分裂にかかわるテーマを掲げた国際的なシンポジウムが続々と開催されその成果が出版されるようになる。例えば，1996年に「国際法における調和と矛盾」[9]という会議がチュニジアの首都チュニスで開催され，1999年には「国際裁判所の拡散」[10]についての会議がニューヨーク

---

[5]　B. Simma, "Self-contained Regimes", *Netherlands Yearbook of International Law*, Vol. XVI, (1985), pp.111-136.

[6]　1994 *Netherlands Yearbook of International Law* Vol.XXV.（出版は1995），本特集号は単行書としても出版された。Barnhoorn,L.A.N.M.,& K.Wellens（eds.）, *Diversity in Secondary Rules and the Unity of International Law*（M.Nijhoff,1995）；特に総論的論文として K.Wellens, "Diversity in Secondary Rules and the Unity of International Law: Some Reflections on Current Trends", Barnhoorn,L.A.N.M.,& K.Wellens, *ibid*.pp. 3-37.

[7]　1994 *Netherlands Y. I. L.* Vol.XXV.（1995），Preface.

[8]　H.L.A.Hart, *The Concept of Law*（Oxford, Clarendon Pr.,1960）；邦訳 H.L.A.ハート（矢崎光圀監訳）『法の概念』（みすず書房，1976年）。ハートは法体系を「ルールの体系」としてとらえ，「一次的ルール」（primary rule）と「二次的ルール」（secondary rule）からなる二重の自己参照的な法体系として提示している。一次的ルールは行為規範であり，二次的ルールは「裁定のルール」「変更のルール」「承認のルール」の三種からなる。この存在により全体がひとつの法体系として機能しうるという理解であり，法の断片化が問題である所以を説明できるひとつの立場となっている。寺谷広司「断片化問題への応答としての個人基底的立憲主義」『世界法年報』28号（2009年）42頁以下，56-57頁参照。

変革期の国際法委員会　　　　　　　　　　　　　　　　　　　　　　　　　　*425*

第 2 部　1990 年代以降における国際法委員会の具体的成果

(NYU) で，2001 年には「国際組織の拡散」[11]に関する会議がライデンで，さらに 2004 年には「多様化か不協和音か？：国際法の新たな規範の源」[12]と題する会議がアナーバー（ミシガン大学）で，といった具合である[13]。

　こうして学界での関心が高まってゆくのと相前後して，国際裁判の実際において注目を集めた代表的な事件のひとつが 1999 年の旧ユーゴ国際刑事裁判所タジッチ事件での上訴審の判断[14]であった。私人の行為がいかなる場合に国家の行為と見なされるかについて，1986 年の ICJ ニカラグア事件判決が，資金，装備，訓練等が提供されたというだけでは足りず，当該行為の実行を指示する具体的な支配命令関係の存在が必要であるとして「実効的支配（effective control）」基準を採用していたのに対し，旧ユーゴ国際刑事裁判所（ICTY）上訴裁判部は，タジッチ事件判決において，個人の場合と武装集団の場合とを区別し，後者については，国家の「全般的支配（overall control）」の下で行動していれば，個々の行為について具体的な指揮・命令がなくても，すべて当該国家の行為とみなされるという，ICJ の解釈よりもより低い程度の支配で足るという解釈をとった。同一の法規則について，ICJ と ICTY という 2 つの裁判所で異なった

---

(9)　R. Ben Achour & S. Laghmani (eds.), *Harmonie et contradictions en droit international, Rencontres internationals de la faculté de sciences juridiques, politiques et socials de Tunis*, (Paris:Pedone,1996).

(10)　"Symposium: The Proliferation of International Tribunals: Piecing together the Puzzle", *New York University Journal of International Law and Politics*, Vol.31 (1999) pp.679-993.

(11)　N.M.Blokker & H.G.Schermers, *Proliferation of International Organizations: Legal Issues* (Kluwer Law Int'l, 2001).

(12)　"Symposium: Diversity or Cacophony? : New Sources of Norms in International Law", *Michigan Journal of International Law*, Vol.25. No.4 (2004).

(13)　ほかにも Kiel 大学シュッキング国際法研究所でのシンポジウム Zimmermann,A. & R.Hofmann (eds.), *Unity and Diversity in International Law* (Duncker & Humbolt, 2005) や Palma におけるセミナー Huesa-Vinaixa & K.Wellens (eds.),*L'influence des sources sur l'unité et la fragmentation du droit international*, (Bruxelles, Bruylant, 2006) などがあり，日本でも 2008 年に世界法学会が年次大会の統一テーマとして「国際法規範の統合原理――その可能性の模索」をとりあげた（『世界法年報』28 号（2009 年）所収）。

(14)　*Tadic Case*,ICTY,Case No.IT-94-1-T-A, Appeals Chamber,Prosecutor V.Dusko Tadic, Judgement 15 July 1999, para.122.；松田竹男「タジッチ事件」松井（編）『判例国際法（第 2 版）』（東信堂，2006 年）362 頁；寺谷・前掲註(8) 43 頁も参照。

〔宮野洋一〕　　　　　　　　　　　　　　　第18章　国際法の「断片化」

解釈適用がなされたのである。

　こうした状況は国際裁判機関の増加にともなう国際法の断片化として受けとめられ，特にそれまで国際法の権威的解釈をある意味で独占的に行ってきた感の強い国際司法裁判所の側に危機感をよびおこし，時の国際司法裁判所所長が，国連総会への年次報告の機会に，このような国際裁判機関の拡散によって，国際法の統一性が危機に瀕している，と詳細な演説[15]をなすにいたった。

　次に，人権法の分野で注目されたケースとして，人権条約に対する「留保」（制限）の取り扱いをめぐるものがある。代表的なものは，ヨーロッパ人権裁判所のブリロ（ベイロス）事件（1988年）とロワジドウ事件（1995年）であるが[16]，前者では，スイスの付した解釈宣言は無効としつつも，条約の批准自体は有効と

---

[15]　« The proliferation of international judicial bodies: The outlook for the international legal order» Speech by H.E.Judge G.Guillaume, President of the International Court of Justice, to the General Assembly of the United Nations, 30 Oct. 2001, available at < http://www.icj-cij.org/court/index.php?pr=85&pt= 3 &p1= 1 &p2= 3 &p3= 1 > ; 前任の Schwebel 所長も簡単にではあるが前年にすでに同様の懸念を表明していた。Address by Stephen M. Schwebel, President of the I.C.J. to the General Asembly of the United Nations, 26 October 1999, available at
< http://www.icj-cij.org/court/index.php?pr=87&pt= 3 &p1= 1 &p2= 3 &p3= 1 >
; 断片化問題とそこでの国際裁判所の役割についてはデュピュイ（P.M.Dupuy）の以下の論文も参照。P.M. Dupuy, " The Danger of Fragmentation or Unification of the International Legal System and the International Court of Justice", *New York University Journal of International Law and Politics*, Vol.31（1999）pp.791-807; また，彼の，国際法の統一性を擁護する姿勢が強く表れたものとして ditto," L' unité de l' ordre juridique international", *Recueil des Cours de l' Academie de Droit Internatuonal*, Tome. 297. (2002); および," A Doctrinal Debate in the Globalisation Era: On the "Fragmentation" of International Law" *European Journal of Legal Studies*, Vol. 1 . Issue 1 (2007) available at < http://www.ejls.eu/ 1 / 4 UK.htm >も参照。

　これに対し断片化の積極的な面に目をむけるものとして以下を参照。Simma, B., "Fragmentation in a Positive Light ", *Michigan Journal of International Law*（2004）Vol. 25.No. 4 , pp.845-848. なお, Simma,B.," Universality of International Law from the perspective of a Practitoner", *Select Proceedings of the European Society of International Law*, H.R.Fabri ed.,vol. 2 2006（Cambridge Univ.Pr., 2010）pp. 1 - も参照。賛否両論につき, Hafner, G.," Pros and Cons Ensuing from Fragmentation of International Law" *Michigan Journal of International Law*（2004）Vol. 25.No. 4 . pp. 849-864.

[16]　Beliros Case,1988 April 4 , European Court of Human Rights, Series A.No.132,; Loizidou V. Turkey（preliminary objections）23 March 1995,European Court of Human Rights, Series A.No.310.

して，両者の「分離」を認めた。後者でも基本的に同一の立場が継承され，トルコの留保が無効とされたが，その理由として「締約国が選択条項への同意に制約を加えられるということは……ヨーロッパ公序の憲法的文書である本条約の実効性を弱めることになる」（§75）と，ヨーロッパ人権条約の特別な地位が強調されていた。このように，人権条約の特殊性を根拠に条約実施機関が許容性を判断する権限を自らに認め，また，無効な留保と条約に拘束されることへの合意との「可分性」を認める傾向は，米州人権裁判所や，「市民的及び政治的権利に関する国際規約」の履行を担う自由権規約委員会の一般的意見（ジェネラル・コメント）24（1994年：人権条約では相互性の原則が機能しないことを強調）等でも共通してみられるようになったが，それはこれまでの国際司法裁判所の判断とは大きく異なるものであった[17]。これらのケースと，最初にあげたタジッチ事件のようなケースは，個別分野毎の紛争処理機関の増殖によって，同一の国際法規範について下される解釈が分裂するという危惧すべき可能性がある，というタイプの断片化問題が表出した例ということができる。

　また，時あたかも先述した「第二次規範の多様化と国際法の統一性」シンポジウムが開催されたのと同じ1995年は，GATTがWTOに生まれ変わった年でもあった。WTOは，特にその第二次規範としての紛争処理の法（制度）として，ネガティブ・コンセンサス制度の採用による実質的な強制管轄権の確立，判断を出すまでのタイムリミットが決められていること，また判断にあたる小委員会の上に上級委員会をおいた二審制の採用，などにより非常に強力な独自の紛争処理の仕組みを備えることとなった。こうしてWTOは，たちまちの内に，国際社会では他に例をみないほどの数の紛争処理をこなすようになった。こうした事情に加え，国家が行う経済以外のさまざまな政策措置が通商活動に影響を与えることが多々あることから，それらの措置（例えば環境保護や人権保護のためにとられる通商制限措置）がWTO法違反としてWTOに持ち込まれる事例が生じ，自由貿易という価値とそれ以外の価値が衝突するいわゆる「貿易＆…」問題が注目をあびるようになってきた。この問題は，時にはそれぞれの価値を

---

[17] 吉原司「国際紛争処理機関の並存に関する一考察」『関西大学法学論集』53巻2号（2003年）131-173頁；阿部浩己「人権条約に付された留保の無効」『国際法判例百選』（有斐閣，2001）122-123頁；安藤仁介「人権関係条約に対する留保の一考察——規約人権委員会のジェネラル・コメントを中心に」『法学論叢』140巻1-2号（1996年）1-22頁。

〔宮野洋一〕　　　　　　　　　　　　　第18章　国際法の「断片化」

担う条約レジーム（例えば多数国間環境条約レジームと WTO レジーム）同士の衝突という形をとることもあり，機能的に個別条約レジームに分散した，まさに国際法の断片化が問題として認識されることにつながった。ここでみられるのは，異なる分野の実体規範ないしレジーム間の衝突というタイプの断片化問題ということができる。

　さらに，海洋法の分野で注目された代表的な例として，MOX 工場事件[18]と南まぐろ事件[19]をあげることができる。前者は，英国の核の再処理工場の稼働の違法性をめぐって英国とアイルランドの間で争われたケースであるが，同一の事件が，北東大西洋海洋環境保護条約（OSPAR 条約）の仲裁裁判，国連海洋法条約の仲裁パネル，国際海洋法裁判所，ヨーロッパ共同体裁判所という4つのフォーラムに係属して争われた。後者は，みなみまぐろ保存条約のもとで，資源量の評価をめぐる対立が激化し，同条約下の保存委員会が機能不全に陥り，正確な資源量を科学的に把握するために日本が独自に始めた調査漁獲をめぐって，日本がオーストラリアとニュージーランドから訴えられたケースである。事件は，最終的には，国連海洋法条約上のフォーラムとみなみまぐろ保存条約上の紛争処理手続といずれが管轄権を有するか，というかたちをとった。これらの場合は，いずれもフォーラムの競合という意味での断片化が顕在化した事例であった。後者については，さらに，異種の分野ではなく，同種の問題を扱う条約（この場合，国連海洋法条約とみまみぐろ保存条約）でありながら，紛争処理機関が異なることにより，それに関する紛争処理にあたって適用される法規にずれがある場合に，利用しようとする手続に合わせて切り取られた紛争全体の一部のみに焦点があてられ，本来その紛争の解決にあたって勘案されるべき規

---

[18]　The MOX Plant Case (The Ospar Arbitration) (Ireland. v. U.K.) (Permanent Court of Arbitration., 2003) transcript of proceedings, June 13, 2003, available at ＜http://www.pca-cpa.org/showpage.asp?pag id=1158＞; ECJ, Case C-459/03, 30 May 2006.
　　この事件については以下も参照。Koskenniemi, M., "*International Law: Constitutionalism, Managerialism and the Ethos of Legal Education*", *European Journal of Legal Studies*, Vol. 1. Issue. 1 (2007) available at ＜http://www.ejls.eu/1/3 UK.htm＞

[19]　山田中正, *supra* note (1) は，断片化（山田は「分極化」と表現する）問題の観点から，自身裁判官として関与したこの事件を簡潔に論じている。栗林忠男「みなみまぐろ事件仲裁裁判判決の評価——紛争解決システムの多様化の中で」『国際法外交雑誌』100巻3号（2001）146-174頁も参照。

第 2 部　1990 年代以降における国際法委員会の具体的成果

範が参照されない、という問題が生じていた。その意味でそれは、実質的なレベルでは、同種の分野の実体規範の衝突というタイプといえるかもしれない[20]。

(3)　小括——2 つの増殖

　国連の国際法委員会は、国連総会に立法権を与える案が潰えた後、国際法の法典化と漸進的発達を担うものとして誕生した。そこでの作業の結果として、基本的な国際法、国際社会の法的インフラともいうべきいくつかの一般国際法が、多数国間条約として生み出されていった。条約法条約、外交関係条約・領事関係条約、そして国家責任条約（案）などがその代表的なものである。こうして一般国際法としての性格の強い多数国間条約が徐々に整備される一方、20 世紀後半以降から 21 世紀はじめにかけての国際法の状況を特徴づける現象として、2 つの面での増殖がみられた。

　第 1 に、個別の問題領域毎に、多くの多数国間条約が作られてきたことがあげられる[21]。国際的な人権保護のための諸条約、海洋 4 条約を経て包括的となった国連海洋法条約、地球環境に関わる諸条約、GATT を経て強化された WTO などはそのごく代表的なものである。これらの中にはある程度普遍的な広がりをもったものから、地域的に限定されたものまで様々なものがあり、国際法の規律範囲を複雑に拡大してきた。これが特定分野毎の実定国際法の増加というひとつめの増殖である。

　こうした実定国際法の増加は、実体ルールの増加というだけにとどまらなかった。これら多数国間条約の多くが、それぞれの条約目的の実施のためにさまざまな新しい制度を導入したのである。それはそれぞれの問題に応じて、一般的な国際法制度では必ずしも調達できない実施のための工夫が必要であったからであるが、中には自前の裁判所やそれに類似する手続と制度をもつものも現れた[22]。その評価は、新しい海洋法条約に合わせて国際司法裁判所の利用だけでなく独自の海洋法裁判所が必要か、という議論に典型的にみられる様に、

---

[20]　西村弓「海洋紛争と国際裁判」『国際問題』No.597（2010 年 12 月）21 頁以下、30-31 頁註(10)参照。もっとも西村自身は同事件について、そのようなずれは生じないと解しているようである。この点、山田中正, *supra* note (1) p. 2 の見解とは異なる。

[21]　かなり早い時期に国際立法条約の増加に伴いその抵触の問題を論じていたものとして Jemks, W., "The Conflict of Law-Making Treaties", 30 *British Year Book of International Law*（1953）pp.401-453 がある。

430

新しい問題には新しい制度（裁判所など）が必要かという形で争われた。また，通商の分野でWTOが，純粋に裁判制度といえるかは別にして独自の強力な紛争処理制度を備えるなどしている。こうした個別分野毎の自前の制度の増殖も，また国際法に関わる重要な増殖といえる[23]。

　これら2つの増殖の特徴は，機能的あるいは地域的なまとまり毎に，実体既定と手続規定・紛争処理制度のセット（レジーム）をもたらしたことである。それらは，必ずしも常に，かつ全面的にというわけではないが，すでにいくつかの具体例をみてきたように，ある場合には一般国際法上の手続の適用を排除し，またある場合には一般国際法上のルールについて独自の解釈を示し，場合によっては，いわば一般国際法から離れた一定の独自の小宇宙を，あるいは異なるレジーム毎に独立性の高い小宇宙を構成しているかのようである。それは，それ以前の歴史的な国際法の状況が，大きな意味で全体が2ないしそれ以上の部分にマクロ的に「分断」されているといえるとすれば，それに比して，現在の国際法は，より細かく，機能的・地域的な部分（断片）に分かれているという意味で，「断片化」しているというのがふさわしい状況のように思われる[24]。「断片（化）」という表現はまた，それら相互が，必ずしもマクロな「分断」状況のように常に全面的に対立しているわけでもないという状況を表現するのに適切であるように思われる。

---

[22] Charney, J.," Is International Law Threatened by Multiple Tribunals? ", *Recueil des Cours* Tome.271（1998）p.101 ff.；宮野洋一「国際紛争処理制度の多様化と紛争処理概念の変容」『国際法外交雑誌』97巻2号（1998年）1-33頁；Romano, C.," The Proliferation of International Judicial Bodies: The Pieces of Puzzzle", *New York University Journal of International Law & Politics*, 31-4（1999）pp.709-752.；宮野洋一「国際法学と紛争処理の体系」国際法学会（編）『日本と国際法の100年第9巻・紛争の解決』（三省堂,2001年）特に37-46頁；山形英郎「国際裁判所の多様化」『国際法外交雑誌』104巻4号（2006年）37-62頁。

[23] 国際法の断片化現象は，こうした国際的制度の紛争解決フォーラムの増殖・多様化によるよりも，外交の質的変化（国内で利害の対立する事項について国家意思の統一を確保することが難しい中での交渉を迫られる）と連動して拡大する面があるという鋭い指摘について，奥脇直也「現代国際法と国際裁判の機能」『法学教室』No.281（2004年2月）29-37頁，35-36頁参照。

第 2 部　1990 年代以降における国際法委員会の具体的成果

2　報告書——作成経緯と概要

(1)　国際法委員会での作業経緯

さて，前述のような現実の国際法の断片化現象の増加と，それをふまえた専門的関心が高まる中，「国際法の断片化」というテーマは，第 52 会期（2000 年）にハフナー（G.Hafner）委員によって提出された，断片化のもたらす危険性を強調する内容の，実現可能性評価報告書（feasibility report）[25]の検討をふまえて，第 54 会期（2002 年）に作業計画に加えられることとなった。直ちに研究グループが設置されジンマ（B.Simma）委員が委員長に任命されたが，第 55 会期（2003 年）にはジンマ委員が ICJ 裁判官への選出（2003 年 2 月 6 日着任）により委員会を抜けたため，新たにコスケニエミ（M.Koskenniemi）委員が研究グループの委員長に任命され，以後，56 会期，57 会期と作業グループの作業状況について報告と議論が行われてきた。本件についての作業は全体会ではなく作業グループ内でクローズドでなされることが多かった。作業の最終会期となった第 58 会期（2006 年）には，委員長取り纏めによる研究報告書［以下，研究報告書］[26]と研究グループが採択した 42 項目に渡る結論を主内容とする報告書［以下，結論報告書］[27]が提出検討された。その後，両報告書は，国際法委員会本会議で採択された後，国連総会で留意（take note）され，かなり短期間の作業年数で委員会の作業は幕を閉じた[28]。

---

[24]　国際政治学者のイアン・クラークが，20 世紀の国際関係は「Globalization and Fragmentation」の時代であったという著書を著している。両者は，政治・社会・経済・技術・文化の多様な変化を指すことばとして使われているが，Globalization とは地球大での相互作用が密で高度なものであること(時期)を指し，これに対し Fragmentation は，その逆に，政治的な決裂と（rupture）と分裂（disintegration）にみまわれている状況（時期）を指すものとして使われている。こうしたマクロなレベルでつかわれる Fragmentation はまさに「分断」という訳語をあてるのがふさわしいように思われる。Clark, Ian, *Globalization and Fragmentation : International Relations in the Twentieth Century* (Oxford Univ. Pr., 1997).pp.1-2。同書を発展させたものと著者クラークのいう別の著書を翻訳した滝田賢治が，その訳書のまえがきでこのクラークの前著を『グローバリゼーションと分断化』と訳しているのはけだし，本稿での語感と一致するもののように思われる。クラーク（滝田訳）『グローバリゼーションと国際関係理論:グレート・ディヴァイドを超えて』（中央大学出版部，2010 年）p.vii.

[25]　Hafner, G., "Risks Ensuing from Fragmentation of International Law" (A/55/10, Supplement 2000) pp.321-339 [Feasibility Study].

〔宮野洋一〕　　　　　　　　　　　　　　　　　第 18 章　国際法の「断片化」

(2)　国際法委員会の「報告書」の概要

　まず「結論報告書」の概要を整理すると，全体は，まず序と背景説明があり，次に一般項目と 5 つの具体的問題項目に分けられて，それぞれ結論が箇条書き的に説明されるという構造になっている。5 つの項目は①基本（国際法はひとつの法体系をなし，規範相互の抵触は条約法条約および調和の原則にのっとって解決すべし），②特別法優先の原則，③特別制度（自己完結的レジーム），③体系的統合，④相前後する条約の抵触，⑤国際法の階層性，から構成されている。

　これに対して，「研究報告書」は，「結論報告書」を条約草案になぞなえるなら，そのコメンタリー的位置づけになろうが，まず序があり，ついで，断片化現象について，その背景と，そこで如何なる抵触が問題とされるのか，本研究のアプローチなどが説明される。次に，①特別法と一般法の抵触，として特別法優先の原則と自己完結的（特別）制度，さらに，地域主義，②相前後する条約の抵触，③重要度による関係性（国連憲章 103 条，ユス・コーゲンス，対世的義務），④体系的統合と条約法条約第 31 条 3 項 c についての研究があり，最後に一般的結論でしめくくられる。みられるように，カバーする内容はおおまかには同じであるが，その検討の順番に「結論報告書」とはズレがみられるなど，草案とコメンタリーというような密接な関連性がいまひとつ感じられない状態である。

---

(26)　Koskenniemi, M. (finalized by), *Fragmentation of International Law: Difficulties Arising from the Diversification and Expansion of International Law / Report of the Study Group of the International Law Commision* (A/CN. 4 /L.682 , 13 April 2006)［以下「研究報告書」として言及］．

　　なお，国連の公式出版物としてではないが，本報告書ならびに結論報告書に関連文献表/資料一覧表（研究部会が使用したもの）を付したものが Koskenniemi の所属するヘルシンキ大学の研究所から出版されている。Koskenniemi, M. (finalized by), *Fragmentation of International Law: Difficulties Arising from the Diversification and Expansion of International Law / Report of the Study Group of the International Law Commision* (Helsinki: The Erik Castren Institute Research Reports 21/2007): a reproduction of the report with a Bibliography.

(27)　*Fragmentation of International Law: Difficulties Arising from the Diversification and Expansion of International Law* (A/CN. 4 /L.702, 18 July 2006) Conclusion of the Study Group［以下「結論報告書」として言及］．

(28)　UN General Assembly ,Res.61/34 of 4 December 2006.;各会期の審議概要については，山田中正大使取り纏めの「国連国際法委員会審議概要（各会期毎）」（本課題に実質的に関わる第 54 会期から第 58 会期については，それぞれ『国際法外交雑誌』101 巻〜105 巻の各 4 号に掲載）参照．

第 2 部　1990 年代以降における国際法委員会の具体的成果

本報告書についてはいまだ邦訳はなく，本報告書の性格を判断するために必要と考えられるので，以下では特に，一応委員会の最終目標であったはずの「結論報告書」をとりあげ，まずは，資料的にその内容を紹介することにする。

　(a)　「結論報告書」の出発点：基本認識[29]

　①　グロバライゼーションと機能的分化・断片化現象　過去半世紀の間に，もはや国際的な法規律がおよばない領域はないくらい国際法の規律対象が拡大してきた。問題はこの拡大が，諸国家の地域的あるいは機能的なまとまり毎に，全体が調整されることなく行われてきたことである。焦点は特定の問題の解決にあり，一般的，法的な規律の達成ではなかった。すなわちそこでは，社会の一部が特殊化しそれと共にその部分の自立化がすすむという，社会学でいうところの「機能的分化」(functional differentiation) 現象が生じている。グローバライゼイションのよく知られたパラドックスは，それが社会生活の均一化を世界的に推し進める一方で，断片化 (fragmentation)，すなわち特殊化し相対的に自立的となった社会の行動と構造の領域を生じさせるということである。

　このような断片化は特殊で相対的に自立的な規則，法制度，法実務の世界を伴うことから法的にも重要性を持ってきた。かつては「一般国際法」が規律していると思われてきたところが，「通商法」「人権法」「環境法」「海洋法」「ヨーロッパ法」，さらには「投資法」「国際難民法」等々といったさらに専門的な，それぞれが独自の原則と制度をもつシステムが作用する場となってきたのである。

　このように断片化の重要性はもはや疑うべくもないが，この現象をどう評価するかについては立場が分かれる。一方の立場は，この現象を，一般国際法の衰退，管轄権の衝突，法廷漁り，法的安定性の喪失というように非常に批判的に見る。他方の立場は，これを，国際的な法的活動の増加に伴って自然に生じる基本的に技術的な問題であって，技術的な合理化と調整によって対処できると見る。この断片化という問題の意味を評価し，望むらくは，この問題に対処するために国際法委員会は 2002 年に研究部会を立ち上げたのである。

　②　問題の限定と定式化

　以上のように断片化の問題に対する基本的認識を述べたあと，報告書はより実際的に問題を取りあつかうためにいくつかの点を整理している。まず断片化

---

[29]　結論報告書 *supra* note (27) pp. 3-7.

〔宮野洋一〕　　　　　　　　　　　　　　　　　　　　　　　　第18章　国際法の「断片化」

の提起する，制度的な問題と実質的な問題という2つの問題のうち，前者は検討の対象外とし，後者の検討に専念するという決断を行う。ここでなされている区別を，よりわかりやすく表現するなら各種の国際裁判所ないし条約履行機関が増殖（proliferation）し，しかもそれら相互の間に何らかの階層的な関係・秩序もないという問題が前者の制度的問題である。これに対し，それらの機関が，同種の問題に関し，共通の法的ルールに対し異なる判断を下し，解釈の，ひいては国際法の規範内容の統一性が失われかねない，というのが後者の実質的問題ということの意味であろう。このように，前者は，国際法規範を適用する様々な制度の管轄と相互の階層的な関係に関わる問題であるが，制度の管轄権の問題は当該制度自身が最もよく扱いうるとしてこれを退けたのである。

　こうして委員会が扱う問題は後者に絞られたわけであるが，この実質的な問題を，報告書はここでは以下のように描写する。すなわちそれは，国際法が，それぞれがお互いとさらに一般法からの相対的な独立を主張する高度に専門化した「函」に分散したという問題であって，この専門分化の実質的な効果は何であり，それぞれの「函」の関係はどのように理解すべきかという問題である。より正確にいえば，複数のレジームの中の規範が抵触する場合には，どのように対処すれば良いか，という問題である。

　また，委員会は断片化には正負両方の側面があることも認識している[30]。それは一方で規範や原則，ルールの体系，制度の慣行などにおける抵触を生じる危険性をもつ。他方で，それは，多元的な世界の要請に応えるべく，国際法的な法活動が発達し拡大してきたことの反映でもある。断片化は問題も生じさせるが，全く新奇な問題というわけではなく，また，これまでにも生じ得た規範の衝突問題を国際法の専門家が処理するのに使ってきた技術で処理できないような性質のものでもない，というのが委員会の基本認識であり，出発点であった。

　③　断片化問題検討の意義と視点
　国際法委員会が断片化の問題をとりあげる理由は，次のように説明される。

---

[30]　2000年に提出されたハフナー委員の報告書（*supra* note (25)）では「国際法の断片化から生じる危険性」というタイトルであったが，負の側面ばかりが強調されるという理由で，研究グループが結成された時点で，後の報告書のタイトルにもなる「国際法の断片化：国際法の多様化と拡大から生じる困難」に課題の表記が変更された。

第2部　1990年代以降における国際法委員会の具体的成果

すなわち，いわゆる「自己完結的レジーム」や地理的・機能的に限定された条約システムの出現が，国際法の一貫性に対して問題を生じさせているからである。環境法，通商法，人権法，国際刑事法といったそれぞれのレジーム（規範の複合体）はそれぞれ新たな技術的機能的要請に応えようと生じてきたものであり，それぞれが，独自の原則と専門性，そして，必ずしも隣接する専門分野の価値観と一致しない独自の「価値観」（ethos）をもっている。

　新たな規範やレジームは，まさにそれまでの一般法が規定していたところから逸脱するような方向に発展することが多い。そしてその様な逸脱が一般化し，頻発するようになると国際法の統一性が害される。そのような逸脱は決して，法技術的な「過ち」として立ち現れるのでないことを確認しておくことが重要である。逸脱は，多元的な国際社会におけるさまざまなアクターの異なる選好や目的追求の反映である。特定の状況や問題状況において関連すると思われる諸利益や価値の間の経験上の違いを明確にできない法は，全く受け入れられない。しかし，もし断片化が「自然な」展開だとしたら，そこには常に，真反対の，これに対抗するそれもまた自然な流れが存在する。例えば，一般国際法は，条約法条約や慣習国際法，それに「文明国が認めた法の一般原則」を通じて発展し続けている。多くの条約が一般国際法を反映し，逆に，条約の規定が一般国際法に取り入れられるという事実は，国際法システムの活力と相乗作用，法自身に内在する一貫性を求める力の反映である。

　次に，国際法委員会による断片化問題に関する作業を正当化する理由は，次のように説明される。断片化が必然だとしても，それを法専門家的に評価し処理するための何らかの枠組みを持つことが望ましいからである。その枠組みは条約法条約によって提供されている。実際問題として，全ての新しいレジームを結びつけているのは，それらが皆，拘束力を主張し，それが条約法条約によって規律されると，関係アクターによって了解されていることにある。このことは，こうした発展に対して既に条約法条約が統一のための枠組みを用意していることを意味する。かつて条約法条約を準備した機関として，国際法委員会は国際法の断片化をそのような観点から分析するための特権的な地位にある。

　この作業をすすめるために，研究部会は，国際法規範や原則の間の緊張関係や衝突を扱うために伝統的な法が有している豊富な技術を検討することが有益だと判断した。これらの技術に共通しているのは，具体的な紛争において抵触

436

〔宮野洋一〕　　　　　　　　　　　　　　　　　　第18章　国際法の「断片化」

しているルールや原則を如何に適用するかを決定するために，それらの間の有意義な関係の確立をめざそうとしていることである。以下の結論は，法的ルールや原則間の現実のあるいはあり得べき衝突を処理する際に，考慮すべき諸原則をまとめたものである。

　以上にみられるように，ILC による作業は，国際法の断片化問題に対処するために，条約法条約という法技術的・専門的枠組みを再整理することをめざしているものといえる。

　(b)　「結論報告書」の結論部分の内容
　①　基本（i～iv）[31]
　(i)　「国際法はひとつの法体系（a legal system）を構成し，従ってその諸規範は相互に関係を有する」：　（ある）国際法の規則と原則（すなわち国際法規範）は他の規則及び原則と関係を持って作用し，従ってそれらに照らして解釈されなければならない。ひとつの法体系である以上国際法はランダムな規範の集合ではなく，それらの間には意味をもった関係性がある。規範の間には階層性，一般性／特殊性の程度の差，規範の有効性の時間的前後関係がある。
　(ii)　「規範が不可両立の抵触関係にある場合には条約法条約に則って解決すべし」：　具体的状況において複数の規範が有効で適用可能な場合，それらの規範の間の正確な関係を決定する必要が生じる。そのような関係としては解釈関係（relationships of interpretation）と抵触関係（relationships of conflict）の場合がある。前者はある規範が他の規範の解釈を支援（明確化，改正，修正など）する場合で，この場合規範は共同して適用される。後者は，関係規範が両立しない決定をそれぞれ指示する場合で，いずれかの選択を要する。
　(iii)　複数の規範の相互関係を決定するには条約法条約（特に条約解釈に関する第31条から33条）に則り，あるいはそれらを類推することにより，当該諸規範を解釈すべし。
　(iv)　「調和の原則」：　ひとつの問題に複数の規範が関わる場合には，可能な限り各義務が両立するよう解釈されなければならないという原則は一般に承認されている。
　②　「特別法は一般法を破る（lex specialis derogat legi generali）という法格言」

---

[31]　以下(i)(ii)…等の数字は結論報告書における各結論番号(1)(2)…に対応している。

(ⅴ〜ⅹ)

(ⅴ) 特別法優先の原則： この原則は国際法上一般に認められた解釈と牴触解決のためのテクニックである。2つ以上の規範が同一の主題に関わる場合には、より特殊な規範が優先される。それは、同一の条約内の規定の間、複数の条約の規定間、条約と非条約的基準の間、2つの非条約的基準の間で生じうる。この場合規範の法源が何であるか（条約か、慣習国際法か、法の一般原則か）は、いずれがより特別かの決定的な基準にはならない。但し、実行上は、条約が他の法源に対して特別法とされることが多い。

(ⅵ) 文脈： 特別法優先の法格言と、他の解釈規則等との関係は一概には決定され得ない。規範が特別法か後法か、いずれが考慮されるべきかは文脈によって決まる。

(ⅶ) この原則の根拠： 特別法が一般法に優先されるのは、特別法はより具体的であるだけに、それが適用される文脈の固有の諸要素を、一般法よりもよりよく考慮にいれていることが多いという根拠に基づいている。その適用によって、より衡平な結果がもたらされることが多く、法主体の意図もよりよく反映される。

(ⅷ) この原則の機能： 国際法の殆どの規範は任意法であるので、特別法によって、一般法を適用し、明確化し、修正し、改訂し、または排除することが可能である。

(ⅸ) 特別法の一般法に対する影響： 特別法の適用は通常は一般法の関連規則の廃止を意味しない。一般法は引き続き効力を有し、調和の原則（前掲ⅳ）に従って、関連する特別法の解釈適用に方向性を与え、特別法の適用がない場合にはそっくり適用される。

(ⅹ) ある種の類型の一般法： 一定のタイプの一般法は特別法によって破ることはできない。強行規範は後述（ⅹⅹⅹⅱ, ⅹⅹⅹⅲ, ⅹl, ⅹlⅰ）のように明らかに逸脱できない。これ以外にも、特別法優先の原則が適用されずに一般法が適用されるべき理由となる考慮がはたらく場合がある。すなわち、㋐一般法の形式や性質、あるいは存在する場合には当事国の意図によって、一般法の優先が推定される場合、㋑特別法の適用が一般法の目的を阻害する場合、㋒第三国たる受益国が特別法によって利益を損なわれるとき、㋓一般法によって確立されている権利義務のバランスが特別法によって崩れるとき、である。

〔宮野洋一〕　　　　　　　　　　　　　　第18章　国際法の「断片化」

③　特別制度／レジーム（「自己完結的, self-contained」レジーム）[32]（ⅹⅰ～ⅹⅵ）

(ⅹⅰ)　特別制度（「自己完結的レジーム」）は特別法である。特定の主題に関するルールと原則の集合は特別制度（「自己完結的レジーム」）を構成する場合があり，特別法として適用される。そのような特別制度は関連規則の運用のための仕組みを自前で備えていることが多い。

(ⅹⅱ)　特別制度には3種類のタイプがある。(ア)特定の一次規範違反に対して，特定の二次規範により対応が規定されているタイプ（国家責任に関する条文草案第55条が主として想定するケース）。(イ)特別な主題に関して，権利義務を含む特別な規則群によって形成されるタイプ。地理的主題（特定河川の保護など）や実質的主題（特定兵器の規制など）に関するものが例。単独または複数の条約，あるいは条約と後の慣行や慣習国際法とよって形成される場合がある。(ウ)一定の問題を規律する規則や原則の全体をひとくくりに総称して「特別制度」というタイプ。「海洋法」「人道法」「人権法」「環境法」「通商法」などがその例である。解釈のためには，これらの制度はそれぞれひとつの全体として扱われることが多い。

(ⅹⅲ)　特別制度の効果。特別制度が「特別」である所以は，しばしばそれらを構成する諸規範が統一的な目標と目的とを表明していることにあるので，解釈適用にあたっては，その目標と目的を可能な限り反映するようにしなければならない。

(ⅹⅳ)　特別法一般と同じ条件（前掲(ⅷ)(ⅹ)参照）の下で特別制度は一般法に優先する。

(ⅹⅴ)　欠缺補充——特別法における一般法の役割①：　特別法とはまさに定義上一般法より射程の狭いものであるので，特別法による規律のない事項が生じる場合がある。その場合には一般法が適用され空白を埋める。

---

[32]　括弧内に表現されている自己完結的制度は，もともと以下の結論(ⅹⅱ)のあげる3つのタイプのうちもっぱら(イ)のタイプを想定して議論されてきたところ，ここではそれ以外のタイプも含めた全体のタイトルとして，ややはぎれの悪い表現になっているものと思われる。尚，国際法委員会の仏語版報告書ではRégimes autonomies (spéciaux) と表記されている。
　自己完結的制度に関する文献としてはB. Simma,& D. Pulkowski, "Of Planets and the Universe: Self-contained Regimes in International Law", *European Journal of International Law,* Vol.17. no. 3 (2006), pp.483-530. および既に挙げたSimma 論文（*supra* note 5）ならびに山本良論文（*supra* note 2）など参照。

第 2 部　1990 年代以降における国際法委員会の具体的成果

（xvi）　特別法失敗の場合の補完−特別法における一般法の役割②：　特別制度が（一部当事国による執拗な不遵守，廃止 desuetude，制度にとって欠かせない当事国の脱退，などにより）機能を果たせなくなった場合には関連の一般法が適用される。

④　体系的統合（systemic integration）：条約法条約第 31 条(3)項(c)　(xvii〜xxiii）　(33)

（xvii）　体系的統合：　条約法条約の枠組みの中で同条約第 31 条 3 項(c)は（前記(ii)で述べた）「解釈の関係」に適用される手段を提供している。それによれば解釈者は「当事国の間の関係において適用される国際法の関連規則」を考慮しなければならないとされるが，これは「体系的統合」という目標を体現している。体系的統合は，条約はその主題が何であれ，国際法体系の産物であり，従ってその運用はこの事実に基礎を置かれるべきことを要請する。

（xviii）　体系への統合としての解釈：　体系的統合の要請はあらゆる条約解釈を規律するが，関連するその他の側面は条約法条約第 31 条および 32 条に規定されている。それらの規定は，解釈の際に，条約規定の性質によって特定の要素が種々の度合いで関連性をもってくる法的理由付けの過程について規定している。多くの場合解釈の問題は当該条約の中で解決可能であるが，当該条約外の実質的法源（他の条約，慣習国際法，法の一般原則）が関係をもってくる場合がある。

（xix）　体系的統合の適用：　ある条約が他の合意との関係で作用する場合，体系的統合という目標はその前提として肯定的にも否定的にも働く。㋐条約自身が何ら明確に決着をつけていない全ての点に関しては，当事国は慣習国際法と法の一般原則を参照しなければならない。㋑条約義務の受諾に際し締約国は国際法の一般に認められた諸原則に反する意図をもたないと推定される。

（xx）　慣習国際法及び法の一般原則の適用：条約法条約第 31 条 3 項(c)の下で慣習国際法と法の一般原則は，特に以下の場合に条約の解釈に関連してくる。㋐条約規定が不明確か開かれた構造の場合，㋑条約で用いられている用語が慣習国際法ないし法の一般原則上確立された意味をもつ場合，㋒条約上は適用法

---

(33)　松井芳郎「条約解釈における統合の原理──条約法条約 31 条 3 (c)を中心に」坂元茂樹（編）『国際立法の最前線（藤田久一先生古稀記念)』（有信堂，2009 年）101-135 頁参照。

規がなく，上記(xix)(ア)に照らし，問題の解決のためには国際法の他の部分で発達したルールを参照する必要がある場合。

(xxi) 他の条約規定の適用： 条約法条約第31条3項(c)はまた，一貫した意味を引き出すために他の条約規定の参照も求める。それが必要になるのは，当該条約の当事国が他の条約の当事国でもあって，その他の条約の条項が慣習国際法化したり，慣習国際法を表明したり，あるいは，解釈の対象となっている条約の目標と目的や特定の用語に関する締約国の共通了解の証拠を提供するような場合である。

(xxii) 時際性： 国際法は動的な法体系である。条約解釈にあたり条約締結時の国際法のみを参照すべきか，その後の変化をも考慮すべきかが規定される場合がある。さらに，条約の解釈は，特に慣習国際法や法の一般原則における後の展開を考慮する必要がある。

(xxiii) 開かれた，あるいは生成途上の概念の解釈： 当該条約以降にできた国際法のルールは，特にその条約で用いられている概念が，開かれたもの，あるいは生成途上にあるものである場合には，解釈の際に考慮されるべきである。そのような場合とは，(ア)用いられている概念が，後の技術的，経済的，または法的発展を考慮に入れることを示唆する場合，(イ)その概念がさらなる漸進的発展の義務を締約国に課している場合，(ウ)概念が非常に一般的な性質のものであるか，変化する状況を考慮に入れなければならないような一般的な用語で表現されている場合である。

⑤ 相前後する条約間の抵触（xxiv～xxx） [34]

(xxiv) 「後法は前法を破る（*Lex Posterior derogate legi priori*）」（条約法条約第30条） 同一主題に関する後の条約と先行する条約の全締約国が一致する場合に適用される一般原則である。

(xxv) 「後方優先」原則の限界：「後法優先」原則は，例えば，後法と前法の締約国が完全に一致しない場合には自動的には適用されえない。その場合，2つの両立しない条約の当事国は，それぞれの条約の当事国との間でそれぞれの

---

[34] 邦語文献としては薬師寺公夫「同一の事項に関する相前後する条約の適用(1)」『立命館国際研究』6巻4号（1994年）38-57頁（(2)は未完/未刊の由である）及び井出真也「条約法条約第30条の意義と限界についての一考察——いわゆる「同一の事項に関する相前後する条約の適用」という問題について」『立命館法学』（2001年）(5)1392-1465頁参照。

第2部　1990年代以降における国際法委員会の具体的成果

条約に拘束される（条約法条約第30条(4)項）。両条約上の義務を果たせない場合には，関係当事国が別途合意しない限りいずれかの条約義務に違反する危険を冒すことになり，またその結果，違反した条約の終了または停止という結果もあり得る（条約法条約第60条）。両立しない条約のいずれを遵守すべきか，またいずれの条約の違反が国家責任を生ぜしめるかは，一般的ルールによっては答えることができない。

　(xxvi)　上記の解決に際し考慮すべき事項①　当該条約規定が同じ「レジーム」に属するか，異なる「レジーム」に属するかの区別

　(xxvii)　考慮すべき事項②　後法優先の推定は，当該条項ないし他の法的文書の性質，あるいは当該条項の趣旨と目的から推測される締約国の意図により排除され得る。ただし特別法優先の推定に関する上記(x)の制約はここでも働く。

　(xxviii)　レジーム内及びレジームを超えた紛争の解決：通常，当該条約の締約国間の交渉により解決されるべきであるが，それができない場合には，他の紛争解決手段に訴えるべきである。同一のレジーム内の規定間の抵触の場合には，そのレジーム固有の手続に訴えることが適当であるが，紛争が同じレジームに属するのでない条約の条項に関するものである場合には，選択する紛争解決手段の独立性に注意を払うべきである。

　(xxix)　一部の締約国同士（inter se）の修正合意：多数国条約の一部の締約国同士で，もとの条約を修正する合意をなすことがある。それは当該条約の目的の一層実効的な実現のためにより実効的で踏み込んだ措置をとることを約すためになされることが多いのであるが，一定の条件（条約法条約第41条(1)項(b)）の下で認められる。

　(xxx)　抵触条項設置のすすめ：他の条約との抵触が予想される条約を締結する際には，そのような条約との関係を，適当な抵触条項を設けることによって解決すべきである。その際以下の点を考慮すべきである。(ア)第三国の権利に影響を与えないこと，(イ)可能な限り明確で具体的であること。特に，条約のどの条項についてのものかを特定し，条約の趣旨目的を害さないこと，(ウ)適当な場合には紛争解決手段と関連づけられるべきこと。

　⑥　国際法における階層性：強行規範，対世的義務，国連憲章第103条（xxxi～xlii）

　(xxxi)　国際法規範間の階層性：　国際法の主要法源（条約，慣習国際法，文明国

442

〔宮野洋一〕　　　　　　　　　　　　　　第18章　国際法の「断片化」

が認めた法の一般原則）の間にそれ自体としては階層性はなく，また国際法と国内法のシステム上の相違から，国内法の類推で国際法の階層性を考えるのは適切ではない。しかし，国際法の中にも「基本的」「人道の基本的考慮」「国際法の不可侵の原則」といった表現でしめされるような特別な重要性に鑑み高次のあるいは特別な地位を認められているルールがある。その効力は文脈や法的文書の性格などにより決まってくる。

（xxxii）　強行規範（*Jus Cogens*）――ルールの中身の重要性とその優位性の普遍的承認によって認められる階層性

（xxxiii）　強行規範の具体例：　最もよくあげられる例は，侵略，奴隷および奴隷貿易，ジェノサイド，人種差別，アパルトヘイト，拷問をそれぞれ禁止する規範であり，国際人道法の基本原則や自決原則もあげられる。他の規範も，いかなる逸脱も許されない規範として，国により構成される国際社会全体が受入れかつ認める場合には強行規範となり得る。

（xxxiv）　国連憲章第103条－条約規定により認められた階層性：　条約規定により他の規範に対する上位性が認められた例として，国連憲章上の義務が，憲章第103条により優先性を与えられている。

（xxxv）　憲章103条の射程：　同条は憲章上の諸規定だけでなく，安保理のような国連機関の拘束力ある決定にも及ぶ。憲章のいくつかの規定の性質，憲章の憲法的性質および，諸国と国連諸機関により確立された慣行として，憲章上の義務はそれに反する慣習国際法に優先する。

（xxxvi）　国連憲章の地位：　国連憲章はその規範特に原則と目的の基本的性格と普遍的承認により特別な地位を認められている。

（xxxvii）　対世的義務（*Obligations erga omnes*）――国際共同体全体に対する義務を規定するルール：　義務の中にはその適用の射程の普遍性によって特別の地位を占めるものがある。すなわち，国家が国際共同体全体に対して負う対世的義務である。

（xxxviii）　強行規範と対世的義務の関係：　強行規範に由来する義務は同時に対世的義務でもある。しかし逆は必ずしも真ではない。あらゆる対世的義務が強行規範に由来するわけではない。例えば「基本的人権に関する原則とルール」やグローバル・コモンズ（例えば月およびその他の天体，深海底など）に関する義務はそうである。

変革期の国際法委員会

(xxxix) 対世的義務概念の様々な理解： 対世的義務概念は，上記 (xxxvii) と異なる意味で使われることもある。例えば，ある多数国間条約内で，ある国が他の全ての締約国に対して負う義務 (obligation *erga omnes* partes) や，第三者的受益国としての非締約国に対して負う義務。また，領域的地位が全ての国に対して対抗できるという意味で対世的とされる例も多い（例えば大陸棚，漁業水域，あるいは国境確定条約など）。

(xl) 強行規範と国連憲章上の義務の関係： 国連憲章は諸国家により普遍的に承認されているので，強行規範との抵触は考えにくい。いずれにせよ憲章第24条2項によれば，安全保障理事会は国連の目的及び原則に従って行動するものとされており，そこには後に強行規範として扱われるようになった諸規範も含まれる。

(xli) 強行規範の作用・効果と憲章第103条： 強行規範に抵触するルールは事実上無効となる。憲章第103条と抵触するルールは，この抵触の程度において適用できなくなる。

(xlii) 階層性と調和の原則： 階層的に上位の規範と下位の規範が抵触する場合には，後者は可能な限り前者に適合するように解釈されるべきであるが，それが不可能な場合には前者が後者に優先される。

以上が「結論報告書」の内容である。

3 国際法委員会による「国際法の断片化」報告書——評価[35]

(1) 断片化問題への応答

冒頭に紹介したような国際法の断片化問題に対し，以上のような国際法委員会 (ILC) による対応の試み（処方箋）は，それでは，どのようなものと位置づけることができるであろうか。ここでは，実証的にその評価を行う準備はないので，断片化のタイプ毎に，どのように問題の解決をはかろうとしているのか，いわば問題への応答というものを簡単に整理しておくことにしたい[36]。

---

[35] ILCの作業にさきがけてこの課題の実現性報告書を準備したハフナー自身による評価として，Buffard, I. & G. Hafner, "Risque et Fragmentation en droit international", *L'Observateur des Nations Unies*, vol. 22, (2007-1), pp. 29-56. at 54-56.; および，Symposium: Post-ILC Debate on Fragmentation of International Law, *Finnish Yearbook of International Law*, Vol. XVII (2006), pp. 1-159. も参照。

[宮野洋一]

まず、同一の国際法規範の解釈が、解釈機関・フォーラムによって異なりその結果国際法の統一性が害されかねないというタイプの断片化についてはどうであろうか。このような問題は法の解釈機関が階層性をもって関係づけられている国内社会の場合には、最終的には最高位の裁判所によって解消されるが、国際社会の場合には、そのような階層性は存在しない。EU 裁判所の制度にならった形で、そのような場合には、各解釈機関が、国際司法裁判所 (ICJ) にその規範の解釈について勧告的意見を求めることを原則化すべきだ（階層化の試み）という ICJ の所長たちによる提案[37]は、ILC の採用するところではなかった（上記2(2)(a)②。制度的な問題の除外）。もとよりこのアプローチは、仮に採用されていたとしても、国際社会の状況からいってあまり有効性をもたないことが予想される。実際、たとえば、国際労働機関 (ILO) は、そのような制度をすでに1946年から採用しているが、政治的な環境からこれまで利用されたことはないとされる[38]。それでは ILC はどのように応えているのか。報告書での ILC の立場は条約法条約のルールにのっとって解決をはかるべし、ということであり、そのために、国際法の統一的体系性を強調しつつ、体系的統合をはじめ、解釈の際に考慮すべき要素がチェック・リストとしてまとめられている。

次に、いまひとつの、異なるレジーム間の義務の衝突というタイプの断片化問題についてはどうであろうか。「抵触条項設置のすすめ」（結論xxx）といった立法的対処の提言もあるが、全体としてはやはり体系的統合の考え方を中心とした、解釈による調整、ということであろう。しかしそれが有効に働くには各

---

[36] 報告書の処方箋が実践的にどの程度有効であるのか、あるいは現実妥当性をもっているのかについての見極めには、詳細な実証的検証が必要となるであろう。この点に関する検討としては、たとえば、柴田明穂は、多数国間環境条約に関して、ILC 報告書の特別制度に関する結論を「最終的には条約法が支配する」という立場だと要約し、環境条約にみられる不遵守手続がこれに挑戦するかの如く展開していると見て、それをめぐる実行と学説を素材に ILC 報告書特にその「特別制度」に関する主張の是非を実証的に検討し、慎重な限定と留保つきながら、ILC の結論が支持されるとしている。柴田明穂「環境条約不遵守手続の帰結と条約法」『国際法外交雑誌』107 巻 3 号（2008 年）1-21 頁。

[37] Gillaume , Schwebell ,*supra* note [15]

[38] Maupain,F., " The Settlement of Disputes within the International Labour Office", 2 *Journal of International Economic Law*（1999）p. 291.; Koskenniemi, M. & Leino, Palivi, " Fragmentaion of International Law?: Postmodern Anxieties", 15 *Leiden J. I. L.* (2002) ,pp. 553-580. at. p. 562. note (37) .

レジームにおける紛争処理フォーラムでの適用法規として，一般国際法や他のレジームの国際法が参照できなければならないという前提条件が満たされていることが必要となってくる[39]。

(2) 本報告書の最終形式がもつ意味－国際法実務の担い手の拡散現象

第58会期に提出された研究グループによる2つの報告書 (Report) は，256頁におよぶ大部な研究（A/CN.4/L.682）と，研究グループ全体による結論をまとめたもの（A/CN.4/L.702）に分かれている。前者は，もともと研究グループの委員の間で分担して準備された個別テーマの研究をベースに，コスケニエミ委員長により取り纏められた（finalized by）と記されている。後者は研究委員会での膨大な議論をもとに42項目に渡ってまとめられた結論からなり，研究グループのメンバー全体による集合的産物だとされている[40]。

国際法委員会における成果は，通常，条約草案の形をとり，場合によっては草案に対するコメンタリーも付される[41]。しかし，今回の報告書はいずれもそのような形式をとっていない。実質的内容からいえば，後者の結論報告書は，

---

[39] WTOにおける適用法の議論に関し，Pauwelyn, Joost, *Conflict of Norms in Public International Law : How WTO Law relates to other Rules of International Law*（Cambridge Univ.Pr.,2003）及び，平覚「WTO紛争解決手続における適用法——多数国間環境協定は適用法になりうるか」『大阪市立大法学雑誌』54巻1号（2007年）161-197頁参照。さらに，髙島忠義「貿易レジームと環境レジームの交錯——機能的な分立から緩やかな統合へ」『国際法外交雑誌』107巻2号（2008年）41-71頁などの議論も参照。また，前出のVan DammeがWTO上級委員会による条約解釈の検討を行っている。Isabelle Van Damme, *Treaty interpretation by the WTO Appellate Body*（Oxford Univ.Pr., 2009）

[40] 結論報告書p.5。

[41] もっとも最近では主題の性質から，ガイドラインの形をとる例があらわれた。おそらくその最初のものは本報告書と同じ会期で採択された「一方的行為」(2006年) で，やや状況を異にするが，その後「条約の留保」についても2010年にガイドラインが作成された。ハフナーによれば，これより先に条約法に関してガイドラインを出した例が2件あるという。ひとつは1950年に，国連総会の諮問により，当時条約法条約の報告者を勤めていたブライアリー（J.L.Brierly）が，多数国間条約の留保に関して作成したもの（A/CN.4/L.14）で，多数国間条約の寄託者としての国連事務総長の実務の参考のために求められたものであった。同報告は委員会での議論の後採択されて委員会の報告書にも掲載されたという。いまひとつは，1962年に，これも総会の諮問によって作成されたもので，国際連盟主催で作成された一般的な多数国間条約への新興国の参加の問題についてであった由である。(Hafner *supra* note [25], pp.336-7)。ただこの2件はやや特殊な例というべきであり，その後のガイダンス・タイプの報告とは性質を異にするように思われる。

実際に国際法規範同士の抵触が生じた際の解釈上のガイドライン[42]であり，前者の研究報告書は，それに対するコメンタリー的なものと見ることもできる。ただしもとより逐条的なそれではなく，すでにみたように，全体の構成（順序）なども必ずしも両者の間で統一的に整序されていない。同じく最終成果文書が条約草案ではない「条約に対する留保」の検討が，最終的に，ガイドライン（guide to practice）と，逐条的にその意味を一層明確にするコメンタリーと銘打ってまとめられようとしているのに比べてもその差が際だつ。

　このような形式の選択と両報告書の微妙な関係性は何をもの語っているのであろうか。それはなによりも，国際法の断片化というテーマの性格がいかに特殊であるか，ということであろう。この点，国際法委員会自身も「このテーマは特殊である」と認めていた。如何なる意味において特殊であるのかについて，委員会自身の説明はみあたらないが，ひとつの背景として，国際法実務/実践の担い手の拡散現象を考えることができるかも知れない。ヴァン・ダーム（Van Damme, I.）の指摘するように，現代の国際法実務は，かならずしも国際法の専門家によって担われているわけではなく，国際法の常識が共有されていない人々も多く関わっている[43]。国際法はもはや一般国際法によって訓練された古典的な国際法専門家の独占するところではなく，今や，国内でも地域国際関係レベルでも，さらに国際レベルでも，均質とはいえない法律家が国際法を実践している。あるものは一般国際法を忘れるほど専門化し，またあるものはそもそも国際法のイロハすら心得ておらず，また分野によっては，法律家ではなく国際関係の専門家が国際法を実践しているといった具合である，というのである。

　これと共通する指摘として，デュピュイ（P.M. Dupuy）は，国際法についての

---

[42]　ただし報告書自体の表題ではガイドラインとうたわれていない。審議の過程では，問題の解決のための道具となる考え方を示す（道具箱アプローチ）（第54会期）とか，成果文書はガイドラインとなる（第57会期）とかいわれていたにもかかわらず，最終文書ではあくまで研究部会の結論とのみ表記されている。ただ，結論報告書は，結論を述べる際に「法的ルールや原則間の現実のあるいはあり得べき衝突を処理する際に，考慮すべき諸原則をまとめたもの」と説明している。結論報告書 p. 7，及び p. 2 も参照。

[43]　Van Damme, I.," Some Observations about the ILC Study Group Report on the Fragmentation of Internatioal Law", *Finnish Yearbook of International Law*, Vol. XVII, 2006, p.21ff. at 23.

第 2 部　1990 年代以降における国際法委員会の具体的成果

しっかりした素養をもたない狭く専門化した「専門家」の中には，彼・彼女らの働く新たに設立された組織にとっての，一般国際法，たとえば条約義務違反に関する国際責任についての規則との法的関連性や意味を必ずしも考慮しない人たちがおり，さらに，そのような偏った見方が「自己完結的制度」に対する誤った見方によって増強されている場合がある，と指摘する[44]。また，人権を自律した特殊な専門分野とする「人権特殊主義」(Human Rightism/ Droit-de-l'hommisme) [45]者が存在すると指摘するペレ (Pellet, A.) の議論もほぼ同じ理解にたつものであろう。また，必ずしも同じレベルであてはまるとはいえないであろうが，WTO の場合，その「パネリストの多くはジュネーブ駐在の外交官であり，貿易の専門家ではあっても，人権，労働，環境，海洋法その他国際法一般の専門家では必ずしもない」[46]。

このような国際法実務・解釈者の担い手の拡散を前提にして，いわば彼・彼女らにもわかりやすい形で，国際法解釈に関する国際法の基本をわかりやすい形で再述したのが，この「結論報告書」なのだ，という理解である。だから，国際法の専門家にとってはほぼ常識的な内容になっているのであり，それは解釈に対する国際法規則を新たに創出したわけではさらさらなく，条約草案でもないし，ガイドラインというのもおおげさだ，というので，「結論」という名称にとどめた，ということになるのであろう。

この考え方の延長線上で，例えば，自己完結的制度の表現が，「研究報告書」では「Self-contained (special) Regimes」となっているのが「結論報告書」で

---

[44] P.M. Dupuy, "The Danger of Fragmentation or Unification of the International Legal System", *supra* note [15], at797.；この点に関連し，ブラウンリー (I.Brownlie)（当時 ILC 委員）も，分断化問題に関する ILC とフランス国際法学会との意見交換会の場で，法的素養をもたずに国際関係や国際法（例えば人権）を学ぶ人々が増えているという背景の中で，例えば人権法専門家が，彼らだけが人権法を語り得るという独占的態度が登場していると同趣旨の見解を述べていた（国連国際法委員会第 55 会期における上記意見交換会での発言。筆者の傍聴メモによる）。

[45] A. Pellet, "'Human Rightism' and International Law", 10 *Italian Yearbook of International Law* (2000), pp. 3-16; original speech version in French, see Pellet, A., "'Droit-de-l'hommisme' et droit international", available at < http://untreaty.un.org/ ilc /sessions/ 52/french/amado.pdf >

[46] 岩沢雄司「WTO 法と非 WTO 法の交錯」『ジュリスト』1254 号（2003 年 10 月 15 日）p. 23。

〔宮野洋一〕

は「Special (self-contained) regimes」と逆転しているのは、「Self-contained Regime」という表現が国際法専門家の間でのいわば専門的ジャーゴンであって、非国際法専門家にとっては馴染みが薄く、従って、より一般向けの「結論報告書」では、一般的な用語である「Special Regimes」が選ばれたという風に理解するのは、いささかうがちすぎであろうか。

いずれにせよ、以上のように本報告書は、新たに国際法実践に関わるようになった非国際法専門家に対する「教育的意味 educational value」[47]「啓蒙的機能」をもつものとして解することによって、その性格を理解することができるように思われる。ILCの研究部会が示したものは、抵触問題に解釈手法的に対処するための便宜なチェック・リストではあっても、少なくとも古典的な国際法専門家にとってはとりたてて新規な内容ではない。しかし他のタイプの解釈者達にとってはそうではない。ILC報告書が示したのは、条約法の基本概念はまだ有効で発展もしていることに改めて注意を喚起し、国際法の様々な専門分野においても条約法の基本的な問題については「国際法」的な思考[48]に立ち返るべきことを強調したものである、といってよいであろう。もっとも、そのように国際法実践の担い手が多様化しているとしても、その実践が、委員会などの合議体でおこなわれ、かつ、その構成メンバーに国際法専門家が含まれている場合には、それによって国際法全般の観点からの考慮がある程度担保されることを期待できるであろうことは、バランスのために指摘しておくべきであろう。

(3) 報告書の選択——検討されなかった課題と処方箋

法典化[49]可能な問題あるいは「法典化」の本質をめぐって：ひとくちに法典化といっても、少なくとも2つの異なる性質の法典化理解が存在する。代表的なものは大陸法的理解による法典化と英米法的な理解による法典化である。前者はフランスのナポレオン法典に代表されるようなものであり、その本質は法の統一であり、そのためには法典化によって確立される法の実質的中身についてあらかじめ決断・決定がなければならない。これに対して後者は、いわゆる

---

[47] Van Damme, *supra* note [43] pp.22-23.
[48] Ibid.
[49] 一般的には、村瀬信也「国際法委員会における立法過程の諸問題」（初出1986年）村瀬『国際立法』（東信堂、2002年）213-247頁および、松井芳郎「法典化——現代における意義と課題」『法学教室』No.281（2004年2月）11-15頁参照。

第2部　1990年代以降における国際法委員会の具体的成果

リステイトメントであり，すでに十分なルールの素材の蓄積のあるものを法典という形に整序するというタイプである[50]。そしてILCの文脈で法典化という場合にはそれはこ後者の意味で使われてきた。

コスケニエミは，ILCにおける「一方的行為」の審議の際に，このテーマに関して法典化することの適切性に疑問を呈し，一方的行為の英語表現「unilateral act」をもじって，それはあたかも（神話の中の存在でしかない）「『unicorn』を探し求めるようなものだ」と述べたことがある[51]が，あるいは自身議長を勤めることになった「国際法の断片化」についても同様に感じていたかもしれない。すなわちそれは，断片に分かれてしまうもともとの「統一された国際法 unification」があった，という発想を前提とする[52]が，そのような普遍性（の存在）こそ，コスケニエミがポストモダン的苦悩の中で常に問題としてきたものであったからである[53]。

リステイトメント型法典化を主たる任務とする国際法委員会が，その任務の制約の中で賢明にもとりあげなかった，あるいはとりあげることができなかった，国際法の断片化の，より政治的な側面は，増殖した分野別の国際制度（紛争処理機関も含む）の棲み分け・相互関係の調整の問題と共に，解釈の究極の前提となる価値選択の問題でもある。

そのような課題への取り組みとしては，まず立憲主義的アプローチ（constitutionalisation）をあげることができる[54]。様々なヴァリエーションがあるが，基本的には国際法秩序を階層的な法秩序として再構成することによって抵触問題を解決しようとするものである。それは，たとえば，国際法秩序の統合のために，国際法規の一般性と公共性を基礎づける正当化事由を探求する[55]にせよ，

---

(50)　Brierly, J. "The Codification of International Law", *Michigan Law Review*, Vol. 47 (1948) pp. 2-10, reproduced in his, *The Basis of Obligation in International Law and other papers* (Oxford：Clarendon Pr., 1958) pp. 338-347.

(51)　国連国際法委員会第55会期での発言。筆者の傍聴記録メモによる。

(52)　国際法を統一性をもったものとして語る言説の問題性について論じるものとして，たとえば Prost, M., "Discours sur le Fondement, l'Unité et la Fragmentation du Droit international: à propos d'une Utopie Paresseuse", *Revue Belge de Droit International*, Vol. XXXLX (2006) pp. 621-670. 参照。

(53)　Koskenniemi, M. & Leino, Palivi, *supra* note (37) pp. 556-562. (Into Postmodernity?)

(54)　小森光夫「第2章　法源」(2-15「国際法規の抵触に伴う国際法秩序の断片化と解釈問題」) 小寺・岩沢・森田（編）『講義国際法（第2版）』（有斐閣, 2010年）68-71頁。

〔宮野洋一〕　　　　　　　　　　　　　第18章　国際法の「断片化」

人権法と人道法の交錯に関して「個人基底的な立憲主義」を構想する[56]にせよ，あるいは世界法の可能性の契機をさぐる[57]にせよ，もはや条約の蓄積もふくめた国家慣行を基礎におこなう法典化として，あるいは，問題への単なる法技術的対処としては，よく行い得るものではなく，価値選択をいかに合意し，いかに客観化・正当化あるいは説得的にしてゆくかという，実践的緊張感をはらんだ営みとしてしか果たし得ない課題だといわざるを得ないであろう。

　他方で，法秩序の統一性という発想そのものを放棄し，断片化した法の間で「調整」を成立させる仕組みを追求するというアプローチ（法の統一ではなく「レジームの両立可能性」normative regime compatibility）をとる論者もいる[58]。そこで想定されている対象たる Global Law の内容が，いわば国際関係におけるプライベート・レジーム[59]を中心とするものであるように見受けられ，ILC で取り上げられた断片化問題の対象とはズレがある。その限りでは，ここでの問題の直接的処方箋とは位置づけられないであろうが，「楽観的な『国際法の憲法化』論に対抗する理論枠組み」[60]，という発想の面では一定の意味はありえよう。

　コスケニエミは，国際法委員会委員としての経験を契機として，国際立法を

---

(55)　小森光夫「国際法秩序の断片化問題と統合への理論課題」『世界法年報』28号（2009年）3-41頁。

(56)　寺谷広司「断片化問題への応答としての個人基底的立憲主義」*supra* note (8)。

(57)　藤田久一「国際法から「世界法」へ——フラグメンテーションと統合の問題性」『世界法年報』28号（2009年）129-151頁。

(58)　Fischer-Lescano, A. & G. Teubner, "Regime-Collisions: The Vain Search for Legal Unity in the Fragmentation of Global Law", 25 *Michigan Journal of International Law* (2003-4), p.999-1046.；Fischer-Lescano, A. & G. Teubner, *Regime-Kollisionen: Zur Fragmentiering des globalren Rechts*, (Frankfurt am Main : Suhrkamp, 2006)；もともとの発想は法社会学のエーリッヒの生ける法に由来するもののようである。Teubner, G., "'Global Bukowina': Legal Pluralism in the World Society", in Teubner (ed.), *Global Law Without A State* (Dartmouth, 1997) pp. 3-28. なお，戒能通弘「G. トイプナーの法思想——「多元的社会（polycontextual society）」の構想——」『同志社法学』293号/vol. 55-2（2003），35-75頁も参照。

　これに対し，このミシガン大のシンポジウムに参加していた Simma は，わざわざ，彼らの議論は決して主流派のそれではないとコメントしている。Simma, B., "Fragmentation in a Positive Light" *supra* note (15) p.847.

(59)　山本吉宣「「私」の公共空間-プライベート・レジーム試論」同『国際レジームとガバナンス』（有斐閣, 2008年）341-372頁。

(60)　憲法学者の石川健治による評価。石川「『国際憲法』再論——憲法の国際化と国際法の憲法化の間」『ジュリスト』1387号（2009年10月15日）24頁以下，30-31頁。

第 2 部　1990 年代以降における国際法委員会の具体的成果

考える意味を考察しているが，その中で彼は，今日，国際立法に対して課されている 3 つの挑戦として，非公式化，断片化，帝国化を挙げる。このうち「非形式化」とは，立法条約とされるほとんどの多数国間条約が，明確な基準ではなく広範な基準及び手続きを定める傾向にあることを指す。典型例としては，当該条約の規定する唯一実質的基準である「衡平的かつ合理的な利用」が，考慮すべき諸要素の例示的なリストによって示されている 1997 年の国際水路非航行的利用条約や，京都議定書，法的な紛争処理手続の代わりに不遵守手続が採用される例などがあげられている。「断片化」はまさに本稿で論じてきたものであり，「帝国化」とは，国際法は一定の価値を体現すべきであるという主張・言説を指す。こうした，従来の法典化理解，伝統的法典化像に対する今日的挑戦に応えるためには，もはや国内法のアナロジーを捨て，あらたな多元的法秩序形成へむけてこれを構想すべき「基本構造変革の時期 constitutional moment」[61]が到来したと考えるべきだと結論づけている[62]。ILC 委員という立場で条約法中心の法技術的報告書をまとめたのとは違う顔が，そこにはのぞいている。まさにその顔が向けられているものこそ，ILC が充分に対処しきれなかった，断片化現象が引き続き提起し続ける問題ということになるであろう。

---

[61]　「憲法的モーメント」が到来した，と訳してしまうと，立憲主義的アプローチに限定してしまうおそれがあるが，コスケニエミが，そのアプローチに組するのかは明らかではない。

[62]　Koskenniemi, M., "International Legislation Today: Limits and Possibilities", *Wisconsin International Law Journal* Vol. 23 No. 1 (2005) pp. 61-92. at 65. & 77-88. See also Koskenniemi, M., "The Fate of Public International Law: Between Technique and Politics", 70 (1) *Modern Law Review* (2007) pp. 1-30.

第19章　国連国家免除条約の起草過程及び条約内容の特徴
——法典化及び漸進的発達との関連で——

薬師寺公夫

1　はじめに
2　国連国家免除条約の起草過程の手続的特徴
3　国連国家免除条約の内容的特徴
4　むすびにかえて

1　はじめに

　2004年12月2日，国際連合第59回総会は，決議59/38において，「国及びその財産の裁判権免除に関する国際連合条約」(以下国連国家免除条約と略す)を採択した。日本も2007年1月11日に同条約に署名し，2009年6月10日に国会承認を終え，内閣は2010年5月11日に同条約の受諾を決定し受諾書を国連に寄託した。条約の効力発生には今暫く時間を要するであろうが，日本は，同条約の国内実施を睨んで「外国等に対する民事裁判権に関する法律」(以下外国民事裁判権法と略す)を2009年4月17日に成立させ，2010年4月1日より施行した。日本では同条約の内容が国内法規則として他国に先駆けて実施されることになる。

　国連国際法委員会（以下ILCと略す）が関与した他の国際法法典化作業と比較した場合に，国連国家免除条約の起草過程にはいくつかの特色がある。

　第1は，日本の積極的関与である。ILCの条約草案第2読では故小木曽本雄大使が特別報告者を務め，次いで山田中正大使が1999年ILC作業部会の報告者及び2002年以降の第6委員会アドホック委員会の商業取引基準に関する調整役を務めた。さらに起草過程の各重要局面において，日本政府が条約のとりまとめに与えた影響は少なくない。

第2部　1990年代以降における国際法委員会の具体的成果

第2に，同条約は，ILCにおける条文草案起草と外交会議による条約採択という通例の手続を踏まなかった点でユニークな「法典化」の事例といってよい。第1にILCは1991年最終草案の若干の条文につき1999年に第6委員会（法律委員会）の要請を受けて再度作業部会で検討を行った。第2に国連総会はILCが要請した全権代表者による外交会議ではなく国連総会第6委員会で草案の審議を行い，2004年に同総会において条約を採択した。

第3に，同条約は，国家免除に関する理論及び国家実行の大きな変動期に起草作業が進められた。この主題は1949年の暫定法典化対象リストの中に掲げられていたが，起草作業が始まったのは1978年からである。当時は絶対免除主義と制限免除主義が理論上も国家実行上も激しく対立していた。しかしILC草案が採択された1991年までに，絶対免除主義の牙城であったソ連・東欧諸国の社会主義体制は崩壊し，移行経済諸国及び発展途上諸国を含む多数の国が制限免除主義の採用へと方針の転換させ始めていた。21世紀にはいると，市場経済のグローバル化の急速な展開の下で，この傾向は加速度化した。この事情の下，一時は調整不可能とも思われた1991年草案の5つの主要対立点について妥協がはかられ，制限免除主義を基調とした国連国家免除条約が採択されるに至った。26年にわたる長期の起草作業もさることながら，急速に発達する多様な国家実行を条約規則の中にどこまで取り込み，他方で将来の規則の一層の発達を阻害しないような保障をどのように条約で表現するかが大きな争点の一つとなった「法典化」作業であった。

さて，この国連国家免除条約の起草過程については，既にいくつかの論文[1]が詳しくふれており，山田中正大使自身，起草経緯の主要な特徴点を資料としてまとめておられる[2]。そこで本稿では，この条約の起草過程を「国際立法」という視点で見た場合の手続的特徴と，条約の規定内容を国家免除規則の「法典化及び漸進的発達」という視点で見た場合の内容的特徴とについて，若干の検討を行うこととしたい。以下では，2でまず国連国家免除条約起草過程の手

---

[1] See Gerhard Hafner & Ulrike Köhler, The United Nations Convention on Jurisdictional Immunities of States and Their Property, *Netherlands Yearbook of International Law* (*NYIL*), Vol.XXXV (2004), pp.3-49; David P. Stewart, The UN Convention on Jurisdictional Immunities of States and Their Property, *American Journal of International Law* (*AJIL*), Vol.99 (2005), pp.194-211.

〔薬師寺公夫〕　第19章　国連国家免除条約の起草過程及び条約内容の特徴

続的特徴点を概観し，3で国連国家免除条約の若干の条文に焦点を当ててその規定内容の特徴点を検討してみたいと思う。これらを踏まえて最後に，国連国家免除条約が国際裁判及び国内裁判にどのように影響を及ぼし又は及ぼしうるかについて簡単にふれておきたいと思う。

2　国連国家免除条約の起草過程の手続的特徴

(1)　国際法の法典化及び漸進的発達に関するILC及び国連総会の機能

　国連憲章第13条1項(a)に従い，国連総会は「国際法の漸進的発達及び法典化を奨励する」ために「研究を発議し，及び勧告をする」任務を負っている。国連憲章を起草した諸国は，国連総会が国際法規則を多数決で制定する立法権限までもつことを望まず，上記の限定的な権限のみを総会に付与した[3]。もっとも，多数決又はコンセンサスによって総会が一般多数国間条約を起草し，あるいは，総会決議によって慣習国際法の内容を宣言することを妨げられるわけではない。

　国際法の漸進的発達及び法典化をはかるために総会は，1947年にその補助機関としてILCを設立した。ただし国際法の漸進的発達及び法典化は，ILCに固有の任務ではない。憲章第13条1項(a)に関する国連の実行集によれば，ILC以外にも宇宙空間平和利用委員会及び国連国際商取引法委員会（UNCITRAL）といった恒常的な委員会，さらに，友好関係宣言特別委員会等のような特別又は臨時の委員会が，国際法の漸進的発達及び法典化作業に関与してきたほか，憲

---

(2)　山田中正「国連国家免除条約」国際法外交雑誌第105巻第4号（平成19年1月）213－243頁。山田大使は，当初自国の国内法及び国内法廷での制限免除主義の採用を念頭に置いてILC条文草案に反対していた英米諸国も，制限免除主義に移行する国家の増大の中で外国法廷で自国が被告になるケースが増え，法的安定性を確保するために自国国内法の手当が必要になったとしても条約作成をする方が望ましいという考えに方向転換したことを指摘されている（同，214頁）。また国家免除の主題に関するILC各会期における審議の概要は，『国際法外交雑誌』第79巻第1号，第80巻第2号，第81巻第2号，第82巻第3号，第83巻第2号，第84巻第1号，第85巻第1号，第86巻第1号，第87巻第1号，第88巻第6号，第90巻第2号，第91巻第4号に掲載されている。

(3)　UN Website, International Commission > Introduction > Origin and background > Drafting and implementation of Article 13, paragraph 1, available at <http://www.un.org/law/ilc/index.htm>, lastly visited on 31 October 2010 (All the following citations of websites are those visited lastly on the same date).

第2部　1990年代以降における国際法委員会の具体的成果

章上の根拠は必ずしも第13条1項(a)に置かれていないが，国連人権委員会，ILO及びIMO等の国連の専門諸機関，WTO, IAEA等も国際法の漸進的発達及び法典化に多大の貢献をしてきた[4]。それにも拘わらず，国際法の重要な基本的諸原則に関する「国際立法」が，ILCを中心に法典化条約の起草という形式を採って進められてきたことは紛れもない事実である。

周知のように，ILC規程は，国際法の「漸進的発達」と「法典化」の定義を便宜的に区別する。国際法の「漸進的発達」とは，「未だ国際法によって規律されていない主題，又は，法が諸国の実行に未だ十分には発達していない主題に関して条約草案を準備する」ことを意味し，他方，国際法の「法典化」とは「既に広範囲な国家実行，先例及び学説が存在する分野において国際法の規則のより厳密な定式化及び体系化を行う」ことを意味する（第15条）[5]。この区別は規程上，各手続の違いにも反映されている。すなわち，漸進的発達の場合，主題の選択は総会又はその他の機関が行い，ILCは選択された主題につき，報告者を任命して草案を検討し，草案を注釈(comment)，関連資料，諸国が提出した情報とともに公表して加盟国の意見を求めた後，この意見を考慮して最終草案を審議・採択し，勧告を付して総会に提案する（第16-第17条）[6]。漸進的発達の場合は，国際条約の採択のみが想定されている[7]。他方，法典化の場合，適切な主題を選択して総会に勧告するのは基本的にILCであり，先例，条約，学説などの検討に基づき註解(commentary)を付した条文草案を準備するのもILCである（第18条-第20条）[8]。検討した草案を説明(explanations)，関連資料，諸国からの情報とともに公表して諸国の意見を求め，この意見を考慮して最終草案を審議・採択した後，勧告を付して総会に提案する点は（第21条-第22条）[9]，漸

---

[4] Repertory of Practice of United Nations Organs (*Repertory*), Supplement No. 3 (1959-1966), Vol. 2, Article 13 (1) (a), paras. 10-20, available at <http://www.un.org/law/repertory>; Yearbook of the ILC (*ILC Yb.*), 1979, Vol. II (Part One), p. 187, para. 10.

[5] Available at <http://untreaty.un.org/ilc/texts/instruments/english/statute/statute e.pdf>

[6] *Ibid*.

[7] 規程第15条参照。UN Website, International Commission > Introduction > Organization, programme and methods of work > Methods of work, available at *supra* note 3.

[8] *Supra* note 5.

456

〔薬師寺公夫〕　　第19章　国連国家免除条約の起草過程及び条約内容の特徴

進的発達の場合と変わらないが，ILC が総会になしうる勧告の選択肢は広い。すなわち ILC 規程によれば，ILC は，(a)報告が既に公表されたので何らの行動もとらない，(b)決議によって報告に留意 (take note) するか又は報告を採択する，(c)条約締結のために加盟国に草案を勧告する，(d)条約締結のための会議を招集する，という4つの方法の中からいずれかを選択でき，他方総会は，草案を再検討又は再起草するように ILC に要請することができることになっている（第23条）[10]。法典化を行う場合には，条約作成をめざした1930年のハーグ法典編纂会議の失敗の経験から，条約採択以外にリステートメントの方法による法典化の余地を残したものとされる[11]。

しかし実際には ILC 規程の二分法は維持できなかった。ILC は，早くもその初期の実行において，国家実行が十分に発達しているといえるかどうかだけでなく，一般に承認された国際法の原則に基づいて採択した規定であったとしてもなお，漸進的発達の部類に入るような形で起草されたか否かについて ILC 内に意見の対立が生じたため，漸進的発達と法典化とを明確な形で区別することはしばしば困難であり，ILC 規程に定めるような区別は実際には機能しないことを認めざるを得なかった[12]。そこで ILC は，「法典化及び漸進的発達」を一体のものとみなし，定式化すべき国際法規則の実定法 (lex lata) の要素とあるべき法 (lex ferenda) の要素の双方を含める必要を考慮して，規程第16条から第23条に定める諸要素を織り交ぜた統合的手続 (a consolidated procedure) に従って条文草案を起草する方法を採用するようになった[13]。この統合的手続の下で ILC は，主題に関する検討を大きく3段階に分けた。まず準備段階では作業計

---

(9) *Ibid.*

(10) *Ibid.*

(11) *Repertory*, Supplement No. 3, Vol. 2, Article 13 (1) (a), *supra* note 4, para.78. 実際には，これ以外にも草案を含む報告の採択（大陸棚及び漁業），宣言の形態での草案の採択（国家承継に伴う人の国籍），後日条約締結会議の開催を検討することを付した草案のテーク・ノート（国家責任）などが報告されている。UN Website, International Commission > Organization, programme and methods of work > Methods of work, available at *supra* note 3.

(12) See *Repertory* (1945-1954), Vol. 1, paras.47-59; Supplement No. 1 (1954-1955), Vol. 1, paras.16-18; Supplement No. 3 (1959-1966), Vol. 1, paras.72-81.

(13) *ILC Yb.*, 1979, Vol. II (Part One), p.189, para.16 & pp.194-195, para.34; *ILC Yb.*, 1996, Vol. II (Part Two), p.86, para.157.

第2部　1990年代以降における国際法委員会の具体的成果

画,特別報告者の任命,関連資料の収集等を行い,次いで第2段階で特別報告者の提案する条文草案の第1読を行い,最後に諸国及び国際機関が提出した所見に照らして暫定条文草案の第2読を行う[14]。第1読及び第2読を通じて条文案起草に重要な役割を果たすILCの起草委員会(非公開)は,1958年以降は純粋に起草上の問題だけでなく全体委員会で原則点について対立が生じたような実質問題についても議論して条文案を作成することが認められてきている[15]。ILCが採択する条文草案には註解(commentary)が付されるが,ILCによれば,この註解の主要な役割は,委員会の条文が現行の法をどの程度反映し,必要な場合にはどの程度法を発展させたかを読み手が理解できるように,適切な中心的決定,学説及び国家実行にもふれながら,しかし最終条文それ自体について説明することにある[16]。したがってILCは,起草委員会が最終条文に関して重要な決定をした場合には,それに関する註解が付されなければならず,ILCが註解を承認して初めて条文草案が最終的に採択されことになるという[17]。

　通常,採択されたILC条文草案を註解とともに第6委員会に提出すればILCの作業は完了する。しかし,ILCの条文草案を受諾するか否かを決定するのは第6委員会及び加盟国の政策的判断であり,条文草案が条約形式を採ることをILCが勧告した場合であっても,単に草案を確認するだけに留めるか,条約採択のために作業部会若しくは準備会議に予備的な検討をさせるか,それとも直ちに外交会議を開催するか又は国連総会自らが条約として採択するかを選択するのは第6委員会の裁量事項である[18]。ILCは,条約起草をより円滑にするための1方法として,規程第23条に定めるように,草案を再検討又は再起草のためにILCに再送付する手続をより有効に利用すべきだと示唆している[19]。総会が,ILCの条約締結勧告を拒否し,第23条に基づいて条文草案の再検討を求めた先例に仲裁裁判手続に関する条文草案がある。このときは結局ILCが法的拘束力のないモデル規則に切り替えて再提案し,このモデル規則が総会で留意(take note)された[20]。ILCは,国家免除条約草案については第23条の適用事

---

[14]　*ILC Yb.*, 1979, Vol.II (Part One), p.195, para.35.
[15]　*ILC Yb.*, 1996, Vol.II (Part Two), p.93, para.212.
[16]　*Ibid.*, p.92, para.198.
[17]　*Ibid.*, p.92, para.199.
[18]　*Ibid.*, p.90, paras.182-183.
[19]　*Ibid.*, p.90, para.183.

〔薬師寺公夫〕　第19章　国連国家免除条約の起草過程及び条約内容の特徴

例とは明示していないが，総会がILC草案に係る主要実体問題についてあらためて意見を提出するように求めた事例として紹介している[21]。

　以上が示すように，国際法の法典化と漸進的発達は明確に区別できるものではない。しかもILCの報告が指摘するように，「国際レベルでは，法典化と漸進的発達は継続的プロセスである。さらに国際法の発展のペースは，現在では急速であ（る）」[22]。とすれば，選択した主題に関する国際法規則を統合的手続によって法典化と漸進的発達の双方の要素を兼ね備える形で条約規則にまとめてみても，その規則自体が更に発達する可能性を常に帯びることになる。1977年にILCの作業部会で検討準備に着手し2004年の条約採択まで27年を要した国連国家免除条約は，絶えざる国家実行の発展のプロセスの中で，国家免除に関する国際法規則の法典化及び漸進的発達をどのように反映し，一層の発達にどのような可能性を残しているのか。

(2)　国連国家免除条約の起草過程の手続的特徴

　ILCにおける国家免除条文草案の起草は，当初より「法典化及び漸進的発達のために機の熟した慣習的及び発展的な一群の国際法規則を体系的に扱う」[23]ことが目指され，ILC規程第16条から第21条に定める法典化と漸進的発達に関する双方の手続に従って第1読及び第2読が行われ，1991年に最終条文草案が採択された[24]。そこでILCは，1991年7月4日に規程第23条に従って，同草案を検討するための全権代表者会議を開催し条約を締結するように国連総会に勧告した[25]。ここまでの手続は他の主題の場合とそれほど大きく異なるわけではない。しかし，国連総会は，1991年から2004年まで，中断期間も含めれば実に13年の長期にわたって第6委員会及びアドホック委員会での審議を重ね

---

(20)　*ILC Yb.*, 1979, Vol. II (Part One), p.205, para.80.
(21)　UN Website, International Commission ＞ Introduction ＞ Organization, programme and methods of work ＞ Methods of work & its note [119], available at *supra* note 3.
(22)　*ILC Yb.*, 1996, Vol. II (Part Two), p.88, para.170.
(23)　See eg. Preliminary report by Sompong Sucharitkul, *ILC Yb.*, 1979, Vol. II (Part One), p.328, para.1.
(24)　*ILC Yb.*, 1991, Vol. II (Part Two), p.12, para.19.
(25)　*Ibid.*, p.13, para.25.

第 2 部　1990 年代以降における国際法委員会の具体的成果

(第 6 委員会作業部会での 2 年にわたる審議，第 6 委員会での 1 年の非公式協議，4 年間の実質審議中断の後，第 6 委員会作業部会での 2 年にわたる審議，さらに国家免除アドホック委員会での 3 年にわたる審議など)，最後は国連総会自らが条約として採択した。このような複雑な経過を辿って条約として採択された主題は，国家免除以外に例を見ない。ILC 草案の総会での審議過程には次のような特徴が看取できる。

(a) 5 つの実体的問題をめぐる対立と第 6 委員会における調整の頓挫

第 1 に，国家免除に関する ILC 草案については，いくつかの条文につき諸国の見解が大きく異なったため，全権代表者会議開催の決定をする前に，総会第 6 委員会の下で主要な 5 つの実体問題につき大多数の国が受け容れうる条文案を調整することが必要になった。これが条約採択作業の難航した最大の原因であり，一時は棚上げ状態で審議打ち切りとなる危険さえあったといっても過言ではないだろう。

1991 年の総会第 6 委員会においては，全権代表者会議の早期開催による条約作成を支持する意見 (ブラジル, グアテマラ, インド, ナイジェリア, バーレン, チュニジア, インドネシア, エジプト等) も少なからずあったが，商業的取引 (commercial transaction) の決定基準に関して性質基準のみを主張する英米等と目的基準の維持を主張する発展途上諸国 (マダガスカル, インド, バーレン, カメルーン, アルジェリア等) の意見の対立をはじめ，いくつかの条文 (雇用契約，国家企業，強制的措置等) をめぐって諸国の見解が鋭く対立した。そこで，まずは ILC 草案に関する意見を各国に求め，全権代表者会議開催の前に，多数の国が受け容れ可能な条文をさらに詰める作業部会を設置すべきだというメキシコ提案が多数 (米国, ウルグアイ, ベルギー, イタリア, 英国, スリランカ, ブルガリア, アルゼンチン等) の支持を得た[26]。結局総会は，ILC 草案の実体的な問題の審議とともに条約締結のための国際会議を 1994 年以降に開催することを審議するため第 6 委員会内に開放的な作業部会を設置することを決議した[27]。

作業部会はカレロ・ロドリゲスを議長として 1992 年と 1993 年の計 2 度設置され，主要な実体的問題が何かを確認し，それら (国家及び商業的取引の定義，商業性の決定基準，国家と国家企業の関係，雇用契約，強制的措置からの免除) について妥協案を検討し，さらに 1994 年には同議長の下に非公式協議を開催し妥協案作成を模索したが，結局多数の国にとって受容可能な条文案に到達することはできず，議長による「妥協のための基礎 (possible basis for a compromise)」を提示できたに

〔薬師寺公夫〕　　第19章　国連国家免除条約の起草過程及び条約内容の特徴

とどまった⁽²⁸⁾。

　デッドロックに直面した第6委員会は，実質3年にわたる審議中断期間（各国の熟慮期間）を設定せざるをえなかった。1994年の第6委員会には，一方で，実体的問題の検討とともに全権代表者会議の開催については（ただし日時の決定は1996年に先送り）決定しておこうとするブラジル等10カ国案（後にロシアが加わる）と，他方で，熟考期間の後1998年に実体的問題の検討を再開するよう求める英国等6カ国案（後にオーストリアが加わる）が提案されるという事態に立ち至ったが，結局，実体的問題の検討を1997年に再開し，同年又は翌年に外交会議の段取り（日時を含む）を決めるとする議長妥協案を採択することでなんとか事態は収拾された⁽²⁹⁾。6カ国案の支持国（英国，米国，ドイツ，カナダ，オーストリア等）は，取引の商業性の決定基準，強制措置の対象財産，国家企業と国の関係といった根本問題について未だ重要な意見の不一致がある以上，合意の見込みのない外交会議を開催してみても，会議が失敗するか又は批准されない条約を採

---

(26) See UN Docs. A/C. 6/46/SR.22-SR.23, SR.25, SR.27, SR.31-SR.32, SR.34, SR.36-SR.37 & SR.44. 全権代表者会議を支持する理由としては，作業部会では小国の意見が十分反映されない，国家免除条文草案は技術的・専門的要素が強いからILC草案に関する意見の相違部分は全権代表者会議で十分調整できるという意見が表明され，他方，作業部会を支持する理由には，商業的取引の定義，国家企業，強制措置など原則の部分につき受け容れ不可能な規定がある上，法と国家実行が急速に転換しつつある状況下で拙速を避けるべきである（米国，英国等），社会主義経済から市場経済に急速に移行しておりかつて支持していた分離財産（segregated property），商業的活動への目的基準の適用等は廃止されつつあるのでILC案には再検討が必要である（ポーランド，ブルガリア等），近年ILCで条文草案が採択されても批准されないという好ましくない傾向がある（ベルギー等）といった諸点があげられた。作業部会に変えて政府法律専門家の会合（イラン），期間を1年に限定した政府代表者の協調努力（オーストリア）などの意見も表明されていた。

(27) A/Res.46/55.

(28) See UN Docs. A/C. 6/47/L.10; A/C. 6/48/L. 4; A/48/616; A/C. 6/49/L. 2. 主要問題以外にも，条文草案の不遡及，航空機及び宇宙物体，紛争解決手続，外国軍隊の免除，財政事項について議論があった。この間も実体的問題の調整案を急がせるためにも全権代表会議の開催日を明確に決定すべきだという見解と，実体的問題について合意がないまま国際会議を開いても会議は失敗するし，仮に条約を締結しても諸国は批准しないから合意できる規定案を作成することが先決だとする見解が表明された。

(29) See UN Docs. A/C. 6/49/L.14; A/C. 6/49/L.20; A/C. 6/49/L.25; A/49/744. 議長案の提示により前2案は撤回された。第6委員会の決議案勧告は本会議で総会決議A/RES/49/61として採択された。

第2部 1990年代以降における国際法委員会の具体的成果

択するかに終わるだけで, ILCの法典化作業の権威を失墜させるような選択は賢明とはいえず, 他方3年の審議を経てなお妥協困難な問題につきこれ以上非公式協議を続けてみても見解の対立を調整できる見込みが立たないから, 数年の熟慮期間を設けて制限免除主義に基づく国家実行が一層進展してから実体的問題を処理すべきだという立場であったが, 米国のように商業性の決定基準につき性質基準を唯一の基準としないような条約案の受容はありえないとする強硬な態度を表明する国もあった[30]。既に制限免除主義に基づく国内法を制定・実施していた諸国は, これと異なる内容の義務を国際条約で設定することに強い抵抗感を抱いていたことが覗われる。これに対し10カ国案支持国(ロシア, フランス, ブラジル, インド等)は, 条文草案は既に均衡のとれた内容を有しており, 重要な相違点は非公式協議ではなく政治的妥協を行う権限をもった全権代表者会議の場で打開すべきであり, また既存の国内法が存在する国は, 条約批准をしないか又は留保を付すという選択肢が可能であるから, 国家免除に関する国内法をもたない国が必要としている国家免除条約の採択を妨げるべきではないと主張した[31]。議長案は, 膠着状態に陥ったILC草案の審議に3年の冷却期間を設定した後, 実体的問題の検討を再開する点で6カ国案支持国に配慮する半面, 国際会議の開催を確認し, その日程を冷却期間明けに決定するという方向性を示したものといえる。しかし1997年の第6委員会においても上記のような意見対立に大きな変化は見られず, 委員会は1999年に作業部会を設置する目的で1998年に国家免除を第6委員会の議題とすることをかろうじて採択できたにとどまった[32]。

---

[30] See UN Docs. A/C. 6/49/SR.32 & A/C. 6/49/SR.33.

[31] *Ibid*.

[32] See UN Docs. A/C. 6/52/SR.26 & SR.32; A/52/645; A/RES/52/151. リオグループを代表してパラグアイは1999年の外交会議開催を主張したのに対し, 米国はいくつかの国が立場を実質的に再考しなければ商業的取引, 強制的措置でのコンセンサスの可能性はないとして外交会議開催は将来決定すべきと主張した。商業的取引の決定基準につき米国は専ら性質基準を主張し, 他方中国は公目的の取引に裁判権行使すべきでないと主張した。ただし米国も私人が合意した場合の例外は認めるとの発言をし, オーストリアも性質説を基礎に私人に予見可能なものにつき例外を認めるという妥協の道を示唆した。なお日本は, 時間を更に要するようなILCへの問題の再送には反対するとの見解を表明した。

(b) 総会のILCに対するコメント要請と総会第6委員会での審議の再開

　事態打開の契機は，日本が提案した1998年の総会決議53/98から始まったと思われる。同決議は，1999年に最近の国家実行と立法を考慮して未解決の実体的問題を検討するために第6委員会の下に開放的な作業部会を再度設置するとともに，ILCに1999年8月末までにこの未解決問題に関する予備的コメントを提出するように要請した[33]。この異例のILCへの要請こそ国家免除条約起草過程の第2の手続的特徴であるが，第6委員会での議論を見る限り，日本提案の趣旨は，ILC規程第23条適用の先例（仲裁裁判規則）に即したILC条文草案の再起草要請というよりは，あくまで第6委員会の作業部会の補助作業として，最近の国家実行の発展に照らして条文草案に対するコメント（改訂条文の提案を含む）を提出するようILCに求めたものだったと思われる[34]。第6委員会では米国を除き作業部会の設置に反対する意見はなかったが，ILCのコメントを求める点については少し意見が分かれた。米国は規程第23条適用の先例により近い形で特定の問題を再検討するよう第6委員会がILCに指示するか又はILCによる自発的再検討を経た後に第6委員会の作業部会を設けて条文案を審議することが望ましいと考え，他方英国は作業部会での検討を前置し，もしILCに検討を要請するとすれば特定の問題に限って1会期以上の検討を認めるべきだという考えを示し，さらにフランス及びギリシャはILCに追加的コメントを求める必要はなく，もし要請するとしても問題を特定すべきで，外交会議を犠牲にしてはならないと主張していた[35]。この状況下での日本の決議案は，未解決の実体的問題に焦点をあてかつ第6委員会による審議を補助する目的で1991年以降の国内立法・国内判例等に関するILCの専門的分析とそれに基づく提案をILCに求めることによって，第6委員会における政府代表間での審議膠着状態を打開することを狙ったものだったと思われる[36]。

　要請を受けたILCは山田委員を調整役として非公式協議を行った結果，予備的コメントを作成する作業部会を設置し，ハフナー委員を部会長とし，報告者に山田委員を選出した[37]。作業部会は，1994年非公式協議の議長の結論で確認

---

[33] See UN Docs. A/53/629 & A/RES/53/98.
[34] See UN Doc. A/C. 6/53/SR.23, para. 4.
[35] See *ibid.*, paras. 9, 12, 15, 18, 19 & 21.
[36] See UN Doc. A/C. 6/53/SR.35, paras. 7-8.

第 2 部　1990 年代以降における国際法委員会の具体的成果

された 5 つの未解決問題に焦点を当てて検討し，各問題に関する ILC 草案以降の展開，最近の国内判例の要約，各問題に対する可能な解決方法についての作業部会の提案 (suggestions) を記載したコメントを作成した[38]。同時に作業部会は，国家免除に関連する最近の実行から強行規範に違反する行為に関する免除問題を扱った説明書を附属書として報告に付した[39]。もっとも，5 つの実体的問題の調整は容易なことではなかった。例えば，商業性の決定について，ILC 作業部会は，7 つの選択肢を示しつつ，性質基準説と目的基準説の理論的対立が示すほど国家実行が完全に乖離しているわけではなくまた性質基準を採用する国でも単純に性質だけで商業性が決定されているわけでもないとして，現下の状況においては決定基準に関する特定の規定を設けないことが最適だとする提案を行った[40]。また強制的措置については，判決前の仮差押え等の措置と判決の執行措置とを区別して各場合の選択肢を示したが，それ以外に自発的判決履行のための猶予期間 (grace period) を設ける案，強制的措置に関する規定を条約案から削除し諸国の国家実行の発達に委ねる案を示唆するなど，調整案を絞り込むことはできなかった[41]。

ILC 作業部会の報告を受けた第 6 委員会は，ハフナー代表（墺）を作業部会の長として，1999 年と 2000 年の 2 会期にわたり 5 つの実体的問題を中心に条文草案に関する審議を続けた。検討作業は ILC 作業部会の提案を軸に進められた。1999 年の会期では，附属書で提示された強行規範違反の行為は条約草案の規律対象としないという点では合意があったものの，5 つの実体的問題のいずれについても大きな進展は見られず，総会は 2000 年にも作業部会の議論を継続するよう決議するにとどまった[42]。ILC との関係については，作業部会の一般的意見として，ILC は条文草案を起草し報告書を作成したことでその任務を十分に果たしたので，今や起草努力を継続する責任は総会にあり，極めて特殊

---

[37]　*ILC Yb.*, 1999, Vol. I (Part One), p.22, para.41 & *ILC Yb.*, 1999, Vol. II (Part Two), p.154, paras. 1 - 2.
[38]　*Ibid.*, p.155, paras. 7 - 8. 各問題に関する具体的記述は，see *ibid.*, pp.155-171.
[39]　*Ibid.*, p.155, para. 9. 説明書の内容は，see *ibid.*, pp. 171-172.
[40]　*ILC Yb.*, 1999, Vol. II (Part Two), p.162, paras.59-60.
[41]　*Ibid.*, p.171, paras.126-128.
[42]　See UN Doc. A/C. 6 /54/L.12, A/C. 6 /54/SR.30 & SR.36, A/54/607, A/RES/54/101.

な任務がない限り問題を再びILCに送付することはないことが了解された[43]。もっとも,同年の第6委員会では条文草案が最終的に採るべき文書形式をめぐって議論があり(後述),モデル法を支持する国の中にはILCの条文草案をモデル法に適合するように再起草を求めるべきだという意見(英国,ドイツ,南ア)もあった[44]。ILC規程第23条にいう総会による再検討又は再起草の要請が,どのような範囲の要請又は諮問を含むのかは定かでない。第23条の適用の先例とされる仲裁裁判規則の場合,総会がモデル規則に適合するような規定形式にILC草案を改めるよう求めたというよりは,国家の同意を超えるような野心的な仲裁裁判に関するILC草案の内容自体の再検討を求めて草案をILCに差し戻したといった方がよい。今回のコメント要請は,これとはやや異なり,第6委員会の作業を補助するため,特定問題に限定してILC草案採択以降の国家実行の発展に照らして条文改訂を含む解決方法について専門的意見を徴するために,ILCに諮問したという性格が強い。この種の要請も,第23条に定める再検討に該当するといえるか否かは別として,法典化及び漸進的発達に係る作業過程における第6委員会とILCとの間の新しいタイプの協力形態の先例となりうるのかもしれない。

さて2000年の第6委員会作業部会においては,ハフナー議長から各実体的問題に関して代替案も含む3次の非公式調整案が提示され,これを基に審議が行われた[45]。その結果,国の定義,国家企業と国家の関係,雇用契約については一定の調整が進み,なお重大な意見の相違が残るのは商業性の基準及び強制的措置の2つというところまで議論に一定の進展が見られた[46]。作業部会では,条文草案の最終形式が何になるにせよ,その国際文書を準備することを主たる任務とするより正式な機関であるアドホック委員会又は準備委員会を立ち上げる時期が来たという意見を多数の代表が表明する状況が生じた[47]。しかし同様になお多数の代表が実体的な意見の相違が基本的かつ中心的問題につき残っており,それらの問題に関する法と国家実行がまだ変化しているため合意を得る

---

[43] UN Doc. A/C.6/54/L.12, p.5, para.29 & A/C.6/54/SR.30, p.8, para.42.
[44] UN Doc. A/C.6/54/SR.36, p.3, paras.14 & 17, p.5, para.30.
[45] See UN Doc. A/C.6/55/WGJIS/WP.1, WP.2, WP.2/Add.1 & WP.3 & A/C.6/55/L.12.
[46] See UN Doc. A/C.6/55/L.12, A/C.6/55/SR.30 & SR.31.
[47] UN Doc. A/C.6/55/L.12, pp.22-23, para.84.

第2部　1990年代以降における国際法委員会の具体的成果

ことが困難であって，合意がなければ公式な機関の設置は時期早尚だと主張した[48]。ドイツ等13カ国（最終的には34カ国）は一般に受け容れることのできる文書（条約か法的拘束力のない文書かを明示せず）を作成するために合意の範囲を強固にし，未解決の問題を解決するための国家免除アドホック委員会を設置し2002年に会合する旨の決議案を提出し，これが採択された[49]。こうして国家免除条約案はいよいよ条約採択に向けての最終的局面に入った。

(c) 多数国間条約かモデル法かをめぐる論争

実体的問題の解決とともに，1999年及び2000年の第6委員会では条約草案の最終形式の問題が議論された。ILCが総会に勧告したのは全権代表者会議による条約の締結であり，総会も1994年に条約採択のためにとにかく外交会議を開催することだけは決議していた。しかし第6委員会において条約締結に反対しモデル法にすべきだという意見がいくつかの国から主張され，条約かモデル法かをめぐる論争が生じた。これが条約起草過程の第3の特徴である。

条約締結を支持した諸国（メキシコ，コロンビア等リオグループ諸国，キューバ，チェコ，スロバキア，ウクライナ，日本，フランス等）は，条約こそ国内法及び国内判例の拡散を制御し，関係規則に必要とされる統一性，法的安定性，一貫性及び明確性という要素をもたらすことができるという見解をとった[50]。これに対しモデル法を支持した諸国（英国，ドイツ，オランダ，南ア等）は，解決すべき実体的問題に関する諸国の見解の相違とデッドロックを考慮すればモデル法の方が現実的であり，モデル法は条約を望む諸国と主権免除に関して国際的な法的規制は必要でないと考える諸国とを妥協させ，国内の立法府及び司法機関に対して指針を提供することができるほか，慣習法を反映する機能も果たすから法典化の第2次的な手段とみなす必要はないとする見解をとった[51]。条約締結を支持する国（ウクライナ，フランス等）は，モデル法では国際社会は国家免除につき効果的法典化に失敗したとみなすだろうし，法的拘束力のないモデル法では十分な法的重みをもたず法的性質も不確実なため国によって適用の仕方が不統一になると主張したが，若干の国（ウクライナ等）は米・英等諸国が条約採択に強く抵抗す

---

[48]　Ibid., p.23, para.85.
[49]　UN Doc.A/55/607 & A/RES/55/150.
[50]　UN Doc.A/C.6/54/L.12, p.2, para.7.
[51]　Ibid., paras.8-9.

〔薬師寺公夫〕　第19章　国連国家免除条約の起草過程及び条約内容の特徴

る場合には暫定的にのみモデル法を採択し，後に条約を締結する 2 段階方式も受け容れる用意があることを示唆した[52]。

確かに前述の仲裁裁判規則の例に従えば，モデル規則は，1968年の総会決議が確認したように，国が条約又はコンプロミーの中で採用しなければ法的拘束力を有しないという了解の下に，諸国に活用の注意喚起 (brings to the attention) がなされたに過ぎないものであって，勧告以上の法的効力を有しない[53]。最近では国家責任条文のように条約として採択されなくても，関連国際法規を宣言したものという意味合いを込めて総会の留意 (take note) 決議がなされる場合があるが，その法的意義は必ずしも明確ではない。グローバリゼーションの進展とともに国内裁判所で国を相手取った私人の訴訟がますます増加する傾向の中で，国家免除の問題を専ら各国の国内法及び国内裁判所の自由な判断に委ねていては，結局国家にも私人にも利益とならないという考え方が，次第に第 6 委員会の大多数の国家代表に共有されるようになった。しかし，条約かモデル法かをめぐる論争の最終的決着は，アドホック委員会における実質的な問題に対するコンセンサスの成立を待たなければならなかった。

(d)　実体的問題に対するコンセンサスの成立と総会による条約採択

国家免除アドホック委員会は，総会（第 6 委員会）の下に国連と専門機関のすべての加盟国に開放される形で設置された。同委員会は，ハフナー代表を議長として 2002 年 2 月，2003 年 2 月，2004 年 3 月の計 3 回の会期を設けて審議を行い，終に 2003 年の会期で実体的問題に解決案を見出し，さらに条文草案全体の第 2 読を終了した。そこで本条約起草過程の第 4 の特徴となるが，総会は，外交会議を開くことなく総会において内容が新たにされた ILC 草案を国連国家免除条約として採択することを決定し，アドホック委員会に前文と最終条項の起草を要請した。前文と最終規定の完成をまって，総会は 2004 年 12 月 2 日本会議において国家免除条約を採択した。

ILC 条文草案に基づいて総会自身が条約採択した直近の先例は，国際水路の

---

[52]　Ibid., p. 3, paras.10-11, see also A/C. 6 /54/SR.36, p. 4, para.23, p. 5, para.26, A/C. 6 /55/SR.31, p. 5, para.21.
[53]　UNGA-Thirtieth Session Res.1262 (XIII), available at <http://daccess-dds-ny.un.org/doc/RESOLUTION/GEN/NR0/747/06/IMG/NR074706. pdf? OpenElement>, see also ILC Yb., 1958, Vol. II, pp.80-83, paras.10-21.

第2部　1990年代以降における国際法委員会の具体的成果

非航行的利用の法に関する条約である。しかし，このときはILC自身が総会又は全権代表者会議による条約の作成を勧告しており，1994年の総会は，国連憲章第13条1項(a)に基づく総会の役割に鑑みて，枠組条約作成のために1996年の総会第6委員会を国連及び専門機関のすべての加盟国に開放された全体作業部会（Working Group of the Whole）の形態で開催することを決議した[54]。しかも「作業方法及び手続」と題する総会決議の附属書は，全体作業部会が直ちに各条審議に入り，審議した条文を全体作業部会が設置する起草委員会でさらに検討し，起草委員会案を受けて全体作業部会が条文ごとに一般的合意（general agreement）又は総会手続規則に従って採択することを定めた[55]。作業が1会期で完了できなかったため，総会は1997年にも全体作業部会を開催することを決議したが，新たな「作業方法及び手続」は全体作業部会に対して前文及び最終規定を含む条約案作成の作業を完了した際には第6委員会を経ることなくこれを直接総会に提案するよう要請した[56]。これを受けて，1997年の総会は全体作業部会から送付された決議案（附属書に国際水路の非航行的利用の法に関する条約案を含めたもの）を採択した[57]。

これに対し，なお実体的問題で諸国の意見を調整しなければならなかった国家免除条約の場合には，総会がアドホック委員会を設置し，この委員会の下に全体作業部会（Working Group of the Whole）が設置された。アドホック委員会の全体作業部会は，2002年会期の第1段階で5つの未解決問題をまず審議し，その後第2段階で1991年以降初めてILC草案の残りの全条文に関する第2読を実施した[58]。その結果，全体作業部会は未解決の問題の多くにつき妥協案を見出し，国家免除改訂草案の作成に成功した。同改訂草案は，商業性の決定基準，国家企業及び雇用契約に関して各2つの代替案と判決前の強制的措置に関するXY条について最終判断を残すところまで条約案の一本化を詰めたものであった[59]。これを受けて，アドホック委員会は，残る未解決問題を解決するために最後の機会を与えるよう第6委員会に求め，第6委員会及び総会本会議は，合

---

[54]　UN Doc. A/RES/49/52.
[55]　*Ibid.*, Annex.
[56]　UN Doc. A/RES/51/206 and Annex.
[57]　UN Doc. A/RES/51/229 and Annex.
[58]　UN Doc. A/57/22, pp. 1-2, paras. 9-10.
[59]　*Ibid.*, p. 2, paras. 11-12 & pp. 3-13.

意の範囲を固め未解決問題を解決する「最後の試み」を行うために2003年にアドホック委員会を開催することを決定した[60]。2003年のアドホック委員会は，全体作業部会の下に商業性の決定基準を検討する非公式協議部会（山田代表が調整役）と国家企業，雇用契約，刑事事項の除外，他の協定との関係を検討する非公式協議部会（ブリス代表（豪）が調整役）を設置するとともに，財産所有権，知的財産，仲裁合意，判決前の強制措置，文書の形式については全体作業部会が直接検討することとした[61]。審議の結果，全体作業部会は未解決の問題のすべてにつき妥協を成立させ，全体会議で，国家免除条文草案と若干の規定に関する6点の了解事項（understandings）を付した報告書をコンセンサスで採択した[62]。そこでアドホック委員会は，総会に草案の形式について決定するよう勧告し，もし条約とする場合には前文と最終規定が必要である旨を指摘した[63]。勧告を受けた総会第6委員会は，日本等25カ国（後に30カ国）の提案に基づき，国家免除に関する条約締結に関して広範囲な支持があることに留意し，アドホック委員会が既に採択した国家免除条約案につき前文と最終規定を採択するために2004年にアドホック委員会を開催する決議案を採択し，これが本会議でも認められた[64]。2004年3月最後のアドホック委員会が開催され，同委員会は条約条文と了解事項との関係並びに前文と最終規定について，ハフナー議長及び各国代表からの提案を審議し，前文及び最終規定を採択するとともに，刑事手続の

---

[60] Ibid., p. 2, para.13, A/C. 6/57/L.21; A/57/561; A/C. 6/57/SR.18, SR.19, SR.22, SR.25; A/RES/57/16. この段階では最終形式を条約とすることを支持する国が多数を占めた（日本，ポルトガル，モロッコ等は場合により2段階方式も採りうることを表明）。以前にモデル法を主張していたドイツが条約を支持し，モデル法を支持するオーストラリアが条約でも受入可能と表明するようになり，中国も条約支持の立場を明確に表明した。内容についても英国が解決の兆しが見えてきたことにふれ，制限免除主義を前提とする米国が外交・領事任務遂行に対する法廷地国の行き過ぎた介入に言及し，最終形式は内容に関する結果次第だと発言する等諸国代表の態度にも変化が生じてきていた。

[61] UN Doc. A/58/22, p. 2, paras. 8－9.

[62] Ibid., p. 2, paras.10-11 & pp. 4-15.

[63] Ibid., p. 2, para.12.

[64] See UN Doc. A/C. 6/58/L.20; A/58/512, A/C. 6/58/SR.12, SR.13, SR.20; A/RES/58/74. 第6委員会では，イタリアがEUを代表して条約とすることを支持し，オーストラリア，南ア，インド等も条約支持を明確に表明した。なお非拘束的文書が望ましいとした米国も，もし条約として採択する場合には前文と最終規定に注意深い表現を用いるべきだと主張した。また中国は条文案と了解事項の法的扱いは別にすべきだと主張した。

問題は本条約案の対象外であることを総会決議で再確認することとした[65]。国連総会は，2004年12月2日，第6委員会の勧告を受けて，1977年のILC小委員会での予備的検討作業以来実に27年に及んだ困難な審議を終え，国家免除条約を採択することに成功した[66]。

国際刑事裁判所規程の例のように国際法の法典化及び漸進的発達を促進する多数国間条約を採択するために全権代表者会議が開催されることは今後も引き続きあるだろう。しかし主題ごとに外交会議を開催することが常に容易だというわけではない。国内法及び国家実行の大きな転換期にあって長期の困難な調整を要した国家免除のような主題について，国連総会又は第6委員会の下に国連及び専門機関の加盟国すべてに開放されたアドホック委員会ないし全体作業部会を設置して，必要ならばILCにも協力要請をしながら，多数国間条約を練り上げるという方式は，今後一層注目してよい方式といえるかもしれない。しかし，その場合も主題の重要性と実際的必要性に対する共有された認識が諸国にあってこそ，既存の国内法又は国内判例の束縛を乗り越えてもなお国際法規則のより大きな統一を希求する合意に到達することができること，その共有認識を深めるために主導的役割を担った少なからぬ国，委員の努力があったことをあらためて認識しておきたい。国家免除条約の成立は，すべての国が自国の満足するような条約内容に到達したから条約締結に合意したのではなく，これ以上国家実行が分裂・断片化するよりは一定の統一性を保持する方が国際社会の長期的利益に資すると考えて妥協の道を決断したことの所産といってよいであろう。

3　国連国家免除条約の内容的特徴

(1)　国家免除条約と慣習国際法規則の適用

国際法の法典化及び漸進的発達をめざすいかなる条約も，国家実行と法的信念が絶えず発展し続ける慣習法規則との緊張関係から自由ではありえない。前述のように，規律対象となった主題に関する規定内容のどこまでが慣習法規則の法典化でどこからが漸進的発達に属するかということを識別すること自体が

---

[65]　UN Doc. A/59/22, pp. 3-4, paras. 9-14 & pp. 5-24.
[66]　See UN Doc. A/C.6/59/L.16; A/C.6/59/SR.13, SR.14, SR.21, SR.25; A/59/508; A/RES/59/38.

〔薬師寺公夫〕　　第 19 章　国連国家免除条約の起草過程及び条約内容の特徴

相当困難であり，国家免除条文草案も最初から双方の要素を併せもつ国際文書として起草されたものである。そこで，この章では，国家免除条約の内容面に着目して，本条約と慣習法規則との関係についてどのような議論がなされどのような了解に至ったのかをまず先に概観することにする。その上で，5つの事項（不動産，商業的取引と国家企業，雇用契約，不法行為，強制的措置）に焦点を宛てて，条約規則の内容的特徴について検討してみたい。

(a) 国家免除条約によって影響されない特権及び免除

その前にこの条約の規律対象と，この条約によって影響を受けないとされている特権免除，及び他の国家免除条約との関係について一言ふれておきたい。

第1に，前述したようにこの条約は刑事手続からの国の免除は規律対象としていない。このほかこの条約は，ILC第1読草案にあった財政事項に関する条文（租税，賦課金等法廷地国の法令に基づき負うことのある財政的義務に関する手続からの免除，第16条[67]）を削除している。これは，この条文が法廷地国と外国の2国家間の国家関係を扱っており，私人が外国国家を相手取って訴訟を起こす場合の外国国家の免除を扱う条約で，この問題を扱うのは適当でないという意見があったためILCでの第2読時に削除したものであるが，この種の規定をもつ国内法を害するものではない[68]。同様に，第1読草案の国有化に関する条文（財産等の国有化措置の域外的効力に関して生じうる問題につき予断するものではないという規定，第20条）も，域外的効力の問題は条約の規律事項ではないし，国有化はたった1箇条で扱える問題ではない等の意見があり，第2読時に条約案から削除された[69]。削除された条文が扱っていた問題は，国家免除条約の規律対象外となったため，引き続き国内法又は関連条約若しくは慣習国際法の規則によって規律されることになろう。

第2に，条約第3条は，この条約によって影響を受けない特権及び免除として，外交使節団，領事機関，国際機関に対する使節団等の国家機関及びこれらに所属する人の特権・免除を定めた国際法（外交関係条約・領事関係条約等の条約及

---

[67] *ILC Yb.*, 1986, Vol. II (Part Two), p.11. See also *ILC Yb.*, 1984, Vol. II (Part Two), pp.69–70, paras. (1)–(6) of the Commentary on Article 17.

[68] *ILC Yb.*, 1991, Vol. II (Part Two), pp.35–36, para. (12) of the Commentary on Article 10. See also *ILC Yb.*, 1991, Vol. I, pp.84–85.

[69] *ILC Yb.*, 1986, Vol. II (Part Two), p.17; *ILC Yb.*, 1990, Vol. II (Part One), p.17; *ILC Yb.*, 1990, Vol. II (Part Two), p.39, paras.214–215.

第2部　1990年代以降における国際法委員会の具体的成果

び慣習国際法）に基づきこれらの機関及び人が享受する特権・免除，並びに，国家元首に国際法上人的に付与される特権・免除に影響を及ぼさない旨の規定を置く。政府の長及び外務大臣の特権・免除にも言及すべきだという議論もILC内にはあったが，免除享受者を網羅的に列挙することは困難であるし，免除の根拠と範囲に関する問題を生じさせるということで条文上これらの人の免除は明記されなかった。ただし，ベルギー逮捕状事件ICJ判決が示唆するように慣習国際法上外務大臣等国家元首以外の人が人的に享受する人的特権・免除についても国家免除条約は影響を与えるものではない[70]。ところで第3条は，これらの特権・免除と並べて，この条約は国が所有し運航する航空機又は宇宙物体に関して国が国際法上享受する特権・免除にも影響しない旨を定める。しかし，前2者に比べて国の航空機及び宇宙物体に付与される特権・免除につき定まった慣習国際法規が確認されているとは言い難く，1991年のILC草案第16条の註解も，この条では航空機及び宇宙物体の問題を扱っておらずこれらに適用されない旨を断っていたが，総会第6委員会で航空機及び宇宙物体に関する規定を設けるべきだという主張もあったため，国家免除条約第3条に除外規定を置くことになったものと思われる[71]。

多少問題になるのは軍事活動に関する免除である。国家免除条約には明示の規定がないが，2004年の第6委員会でハフナー議長は，軍事活動（military activities）がこの条約で規律されるかどうかの問題にふれ，「軍事活動は条約に含まれないという一般的了解が常に支配的であった」述べ，条約規定により規律されない事項については慣習国際法が引き続き規律すると述べた前文に注意を促した[72]。条約を採択した総会決議（A/RES/59/38）前文は，この議長の声明に考慮を払っている（taking into account）。欧州国家免除条約第31条には，外国駐

---

[70] *ILC Yb.*, 1991, Vol. II (Part Two), p. 22, paras. (6)–(7) of the Commentary on Article 3. See also Hazel Fox, *The Law of State Immunity*, 2nd ed., 2008, pp. 403-405.

[71] *ILC Yb.*, 1991, Vol. II (Part Two), p. 53, para. 17; *ILC Yb.*, 1991, Vol. I, pp. 270-272; UN Doc. A/C. 6/47/L.10, para.35; A/C. 6/48/L. 4, paras.85-86; A/57/22, p. 9, note 3; A/58/22, Article 3, para. 3; A/C. 6/59/SR.13, para.37. なおフォックスは，ILC草案第16条（船舶）註解の18項から20項について記載しているが，これは註解の案にはあった項目であるが議論の末削除されたので，ILCの註解には存在しない。Hazel Fox, *supra* note 70, p.405.

[72] UN Doc. A/C. 6/59/SR.13, para.36.

〔薬師寺公夫〕　　第 19 章　国連国家免除条約の起草過程及び条約内容の特徴

留軍の行為から生じる免除問題が一般には NATO 軍地位協定のような特別協定によって規律されることに留意して，欧州条約の規定は駐留軍の作為・不作為について国が享受する特権・免除には影響しない旨を定めた規定が置かれているが[73]，このような規定は ILC 草案にはなかった。ILC 草案は，例えば，国が所有し又は運航する船舶の免除例外に関する規定は軍艦及び海軍補助艦には適用されないこと（第 16 条），強制的措置に関して国により政府の非商業的目的以外のために使用されている財産とみなされない財産の中には軍事的性質の財産又は軍事的目的のために使用され又は使用が意図されている財産が含まれること（第 19 条 1 項(b)）を定めて軍事的性質の又は軍事的目的に使用される国家財産には引き続き免除が与えられることを規定する半面，不法行為に関する条文の註解には，この条文草案は武力紛争を含む事態（situations involving armed conflicts）には適用しないという説明を付して軍事的性質を有する一定の事態は条約の規律対象外であることを示す[74]。ILC での第 2 読の際に駐留軍に関する除外規定を草案第 4 条に加えるよう求める政府提案もあったが，当時の小木曽特別報告者は駐留軍の特権・免除は慣習国際法ではなく特別協定で規律すべきものであるからこの種の条文を置くことは適当でないとしていた[75]。しかし 1993 年の日本の覚書は，駐留軍の免除は軍隊構成員の免除，刑事管轄権からの免除及び軍隊派遣国の免除の側面が相互に結びついており，派遣国と受入国の間の管轄権行使に関して微妙なバランスの上に成立しているので，従来のように派遣国と受入国で二国間的に処理すべきであり，この条文草案から統一的に除外すべきだという意見を述べた[76]。こうした意見を踏まえて上記のようなアドホック委員会議長見解が示されたものと思われるが，刑事手続の除外のように総会決議による確認でもなく，また，航空機及び宇宙物体に関する第 3 条の

---

[73] Andrew Dickinson, Rae Lindsay & James Loonam, *State Immunity: Selected Materials and Commentary*, 2004, p.21 & p.64.
[74] *ILC Yb.*, 1991, Vol. II（Part Two），p.46, para.(10) of the Commentary on Article 12.
[75] *ILC YB.*, 1989, Vol. II（Part Two），p.103, para.446.
[76] UN Doc. A/48/464, p. 4. See also, A/C. 6 /48/SR.29, paras.75-78; A/C. 6 /48/L. 4，para.91; A/C. 6 /49/L. 2，para.14. ドイツは，2002 年の第 6 委員会の議論で第 12 条（不法行為）への保険リスク基準の適用を主張した際に，軍事的行為（military action）については免除が肯定されるべきであるとして対応する規定を条約に入れるよう求めた。UN Doc. A/C. 6 /57/SR.18, para.28.

第2部　1990年代以降における国際法委員会の具体的成果

ような除外条項を設けるのでもなく，議長声明と総会決議前文による議長声明への留意のみによってこの問題を処理した理由は起草文書を見るだけでは明らかにならない。議長声明の性質についてはウィーン条約法条約第31条2項(b)でいう文脈に含みうるか，それとも第6委員会でノルウェー代表がふれたようにILCの註解及びアドホック委員会の報告と同様に第32条でいう解釈の補足的手段にあたるのか，また「軍事的活動」全般を除外する一般的了解が果たして存在したのかなどをめぐって議論があり，これらにつき否定的な見解も表明されている[77]。軍事的性質を有する財産及び活動に関連するものであっても軍事的目的の商業的取引のように一定の範疇のものはこの条約の規律対象内に入るものがあると思われる反面，武力紛争中の戦闘行為及び駐留軍の演習活動に関連した国の免除のように国連国家免除条約の規律対象から除外することが黙示的に合意されていたと思われるものがある。しかし議長声明のいう「軍事的活動」がどこまでの範囲の活動を含むのかという解釈問題は残されていると思われる。

　もっとも日本に関していえば，前述の日本提案は在日米軍の作為・不作為から生ずる主に不法行為訴訟を念頭に置いて，この場合の米国が享受する免除問題を2国間の特殊な問題として協定で処理するために国家免除条約の対象から除外することが目的であった。周知のように，横田基地夜間飛行差止等請求事件最高裁判決は，在日米軍地位協定第18条5項を合衆国に対する我が国の裁判権の放棄を定めた条項とみなした東京高裁判決をしりぞけて，この規定は民

---

[77] Andrew Dickinson, Status of Forces under the UN Convention on State Immunity, *ICLQ*, Vol.55, pp.427-435. ディッキンソンによれば，総会決議の事実説明部分で議長声明に留意した程度では当該声明は条約法条約第31条2項(b)にいう文脈にはならず，解釈の補足的手段にとどまる。彼は，いくつかの留意点を条件とするが（例えば特別協定及びその背景となる前提的事実には従う等），第5条の免除原則をはじめ条約に定める規則が原則として軍事的活動にも適用されるという見解をとる（ただし第12条の不法行為条項は武力紛争に関する事態，戦争犯罪又は軍事活動については適用がないと主張できる可能性があることを一応認める）。フォックスは，ILCの第12条に関する註解が述べるように，第12条は賠償責任の制限又は別個の紛争解決を定めた二国間協定等に定める別段の規則に従うことを認めているほか，現時点でいえることは武力紛争に関する手続は除外され及び軍事的性質の財産は強制措置から免除されるということまでで，特別協定がない場合に駐留軍があらゆる点で国連条約から除外されているかは疑わしいとする。See also Hazel Fox, *supra* note 70, pp.406-408.

事裁判権免除に関する国際慣習法を前提として合衆国軍隊による不法行為から生ずる請求の処理に関する特別制度を創設したものであり，民事裁判権からの国の免除を定めたものと解すべきではないと述べた後，免除の根拠が「今日においても，外国国家の主権的行為については，民事裁判権が免除される旨の国際慣習法の存在を引き続き肯認することができる」点にあるとした[78]。これを受けて外国民事裁判権法第3条は，在日米軍の軍事的活動（訓練を含む）に関する裁判権免除の問題が引き続き日米地位協定及び慣習国際法により規律されるという解釈を採用している[79]。したがって，同法の下では，在日米軍の行為に起因する不法行為に関連した免除問題は，前記最高裁判例に即して引き続き慣習国際法によって処理される可能性が強い。

第3に，国家免除条約第26条は，国家免除に関係する現行 (existing) の国際合意により締約国が有している権利及び義務に影響を及ぼすものではない旨の規定を置き，欧州国家免除条約等の締約国も現行の権利・義務関係を維持したままこの条約の締約国になることができるように工夫している。もっともフォックスによれば欧州国家免除条約締約国の殆どが，2006年の2回の非公式会合において，国連免除条約の批准に向けて準備を進めており，国連条約が欧州条約に優先するという考え方をとったとされる[80]。

以上のように国連国家免除条約自体又は他の方法で同条約の規律対象から除外されることが明示又は黙示されている場合は，関連する協定又は慣習国際法の規則に従って問題を処理すればよいことになるが，次節に見るように国連国家免除条約の規則が適用される事項なのかそれとも慣習国際法規則の規律に委ねられた事項なのかについて解釈が必要になる場合がある。

(b) 　国家免除条約と慣習国際法規則との関係

国家免除条約前文には，「この条約により規律されない問題については，引き続き国際慣習法の諸規則により規律されることを確認〔する〕」という法典化条約にはよく入れられる文言が置かれている。この規定は，国連条約の当事国に対して「この条約により規律されない問題」については引き続き慣習国際法の

---

[78] 民集56巻4号，731頁。高裁判決は同801-803頁参照。
[79] 第171回国会参議院法務委員会議録第9号（平成21年4月16日）9頁。飛澤知行『逐条解説・対外国民事裁判権法―わが国の主権免除法制について』2009年，17頁参照。
[80] Hazel Fox, *supra* note 70, p.382.

第 2 部　1990 年代以降における国際法委員会の具体的成果

規則の適用を許容するが，条約で規律した事項については，特別法は一般法を破るという原則に従ってこの条約の規定が優先することを認めるものでもあろう。ところが，国家免除については，前述したように国内法，国内判例その他の国家実行の大きな変動期にあったことから，国家免除条文草案で扱う事項についても単純に条約規定に従うのではなく，絶えず発展する慣習国際法規にも従うべきだという見解があった。そのため国家免除に関する条約と慣習国際法の関係が起草過程における特殊な争点となった。

ILC 第 1 読草案は，第 6 条で国家及びその財産はこの条約草案の規定とともに「関連する一般国際法の規則」に従って他の国の裁判所の管轄権から免除されると規定していた[81]。「関連する一般国際法に従って」という文言にはブラケットが付されていたが，それには ILC 註解によれば要旨次のような理由があった。

　若干の委員から免除に関する規則は草案の規定だけでなく将来の国際法の発展にも従うべきだという意見が述べられ，「関連する一般国際法の規則」という文言が提案された。同時に，この文言は諸国の司法的，行政的及び立法的実行に基礎を置く慣習国際法規則をも意味するものである。この草案の規定によって国家実行の将来の発展が凍結又は抑制されないことが不可欠だとみなされた。若干の委員は，この文言の追加は不必要だが許容できると考え，他の委員は絶対必要だと考えた。しかし，若干の委員は，将来の当事国に対して効力を有する厳密な免除例外を欠いている状況の下では，免除の例外に関する一般国際法に言及すれば草案全体を台無しにしてしまうと考えた。最終的に委員会は，妥協の精神で諸国の注意を喚起し意見を求めるために，ブラケットに入れた形で一般国際法の規則を規定することにした。[82]

未だ最終的形式が条約になるか否か定かでない段階での議論ということもあるが，国家の免除は，条文草案の規定とともに慣習国際法の規則にも従って付与されるというのが「一般国際法の規則に従って」という文言の趣旨である。そうすると条文草案に書かれた規則は，常に相対的な意味しか持たなくなるおそれがある。確かに国家実行の大きな転換期にあって未だ規則の定着の行方が

---

[81]　*ILC Yb.*, 1986, Vol. II (Part Two), p.16.

[82]　*Ibid.*, p.16, para. (3) of the Commentary on article 6.

〔薬師寺公夫〕　第19章　国連国家免除条約の起草過程及び条約内容の特徴

定かでないという領域では，国家免除規則につき起草時点の国家実行のみを一般国際法の規則とみなすべきでも，そうした規則を固定化すべきでもないという議論には一理あるだろう。しかし，例えば1958年の領海条約，公海条約及び大陸棚条約に定められていた海洋法の諸規則が国連海洋法条約に定める諸規則に取って代わられたように，条約が作成されたとしてもそれによって新しい規則の形成が妨げられるわけではない。この点では「一般国際法の規則に従って」という文言が入ろうと入るまいと国家免除に関する将来の慣習国際法の発展が妨げられることにはならないだろう。1999年にILC作業部会は，第6委員会に対する報告書の附属書の中で，強行規範の性格を有する人権に違反する不法行為の場合の国家免除について，国内判例及び国内立法を含む国家実行に注意を喚起した。第6委員会作業部会は，この問題は検討中の国家免除条文草案には適合しないとして条文草案では取り扱わないことにしたが，その理由の1つは法典化作業には未だ機が熟していないということであった[83]。しかし，国際法上の強行規範に違反する国の行為については民事裁判権からの免除は認められないという新しい規則が今後形成される可能性は残されている。だからといって「一般国際法の規則に従って」という文言を残すのがいいかというとそうではない。

　この文言を残すか削除するかについては，第2読においても議論があった。しかし，この文言は免除の例外を不当に拡大するような一方的解釈を許容するという懸念が若干の委員から表明され，ILCは，この条文草案に基づき与えられる免除及びその例外は一般国際法には影響しないし国家実行の将来の発達を妨げるものではないと考えて，最終的にこの文言を削除することを決定した[84]。草案が条約形式をとることになっても，条約は締約国間にのみ適用され，免除を一般原則と定める第5条の原則もあくまで国家免除条文草案の原則に過ぎず，条文草案に定めた諸規定がどの程度既存の国際法規則を法典化したかを予断するものではないという了解に基づいてである[85]。なお小木曽特別報告者は，第2読の際に「関連する一般国際法の規則」という文言を削除する代わりに，「この条約に明示的に規定されていない問題については一般国際法の規則が引き続

---

[83]　UN Doc. A/C.6/54/L.12, p. 7, para.47.
[84]　*ILC Yb.*, 1991, Vol. II (Part Two), p.23, para.(3) of the Commentary on article 5.
[85]　*Ibid*.

き規律することを確認する」という文言を前文に入れることを提案していた[86]。

以上の経緯を辿って，条約第5条から「関連する一般国際法の規則」に従ってという文言は削除され，代わりに前文に「この条約により規律されない問題」については引き続き「国際慣習法の諸規則」が規律するという確認が入れられた。しかしこれで問題が片付いたわけではない。例えば国家による重大な人権侵害の場合の民事裁判権からの免除の問題は，「この条約により規律されない問題」といえるのだろうか。これを，国際法上の強行規範に違反する国の行為については民事裁判権からの免除は認められないという新しい免除規則の問題と捉えるならば，確かに「この条約により規律されない問題」だということができるだろう。しかし，採択された国連国家免除条約でも，外国国家が法廷地国内で重大な人権侵害行為を行った場合は，民事裁判権からの免除は既に認められていない。しかし外国によって外国領域内で行われる不法行為はこの免除例外から一般的に除外されることが国家免除条約第12条に定められているから，この問題は既にこの条約により規律されていると捉えることも可能であろう。その解釈に立てば，同条約第12条で免除例外とされていないものについては条約第5条の一般原則に基づき免除原則が適用されるということになろう。要するに「この条約により規律されない問題」自体が解釈の対象となりうる。

これとの関連で，条約第3部のタイトルの名称に関する論争にも一言ふれておく必要があろう。第1読草案にはブラケット付きで免除の「制限」「例外」という2つの選択肢が置かれていた[87]。国の主権的権限の行使に対して免除が認められることには一般的合意があったが，それを超えると学説，判例，国内立法が未だ分裂しているグレイゾーンが存在し，学説も，免除は法廷地国の領域主権の例外だから各場合に証明される必要があるという見解，免除は国際法の一般原則であるが絶対的ではないという見解，さらに免除に関して原則と例外が存在するのではなく両者は一体であるという見解に分かれているという状況の下で，ILCは，免除を援用できない訴訟類型を特定した諸条文によって本質的に制約されるところの免除の基本原則という妥協的定式を条文草案第5条に採り入れることによって，微妙なバランスを維持しようとした[88]。第3章のタ

---

[86] *ILC Yb.*, 1990, Vol. II (Part One), pp. 9-10, paragraph (2) of the Comments on article 6.

[87] *ILC Yb.*, 1986, Vol. II (Part Two), p.16.

〔薬師寺公夫〕　第19章　国連国家免除条約の起草過程及び条約内容の特徴

イトルも，「制限」又は「例外」という文言を使わずニュートラルと考えられた「免除が援用できない訴訟手続」という文言を採用することで，現在の国際法はこの章に定める領域では免除を認めていないという考え方と，免除は国際法の原則でありその例外は国の明示の同意がなければならないという考え方を妥協させた[89]。免除が適用される行為と適用されない行為の区別は，従来国家の二重の人格，二重の資格，主権的行為と業務管理的行為，国家行為の公的性質と私的性質，商業的行為と非商業的行為といった諸要素に基づいて区別がされてきたが，ILC の註解は，関連する状況と国家実行を考慮しつつ実際性を基礎として (pragmatic basis) 両者を区別することを決定したと述べている[90]。

しかし，このように実際的見地にたって調整を経た ILC 草案も，2で述べたように，国の定義，商業性の決定基準，国家企業と国の関係，雇用契約及び強制的措置に関する5つの実体的問題につき，諸国の一層の妥協と合意に基づく修正を必要とした。それらの具体的内容のいくつかは次節で検討するが，一言でいえば，これらの問題に関して最終的に採択された条文は，1991年以降の国家実行及び国内判例を踏まえつつも，それらに未だ一致が見られない状況の下で，諸国代表の相当重大な妥協と外交的決断によって実現した合意点を表現したものといってよいであろう。条約採択の総会決議前文が認めるように，国家免除法に関する統一性と明確性 (uniformity and clarity) を維持するためには，各国の自由な実行によってこれ以上免除に関する国家実行が分散化するのを防ぐことが重要であるという大多数の諸国の認識が，難航に難航を重ねたこの条約を最終的に締結へと導いた導引だったといっても過言ではないだろう。それでは，国連国家免除条約は，国家免除規則に関する国際法規則の法典化と漸進的発達という点から見て，どのような内容的特徴を有しているのかを若干の条文を例示しながら考察してみたい。

(2) 国家免除条約と免除規則の法典化及び漸進的発達

スタインベルガーは，今日の一般国際法は，外国に対する訴訟請求が主権的

---

[88] *ILC Yb.*, 1991, Vol. II (Part Two), p.23, paras (2) & (3) of the Commentary on article 5.
[89] *Ibid.*, p.33, para. (1) of the Commentary on Part III.
[90] *Ibid.*, p.33, para. (3) of the Commentary on Part III.

第2部　1990年代以降における国際法委員会の具体的成果

行為に基づいているか又は外国の公的目的に使用される財産に対して執行が求められる限りにおいて，法廷地国に対して裁判権から免除を与えるように要求するが，これを超える場合，すなわち，外国の業務管理的行為又は業務管理的な財産について免除を与えるか否かについては，法廷地国は自由に決定することができ，免除を与える義務はないという[91]。ILC も主権的権限の行使という国の行為のコア部分について外国に裁判権免除を認めなければならないという点で諸国の国家実行は一致するが，これを超えるグレイゾーンでは諸国の国家実行は一致していないという認識の下に，裁判権免除が認められない範囲を具体的に条文草案で定めるという方法を採用した。このように世界の大勢を占めるようになったとされるいわゆる制限免除主義の立場に立てば，諸国は，外国のすべての行為又は財産ではなく主権的権限の行使とみなされる外国の行為又は主権的もしくは公的目的に使用される外国の財産についてのみ民事裁判権からの免除を認める義務を負うから，免除が与えられなければならない最低限の主権的行為の範囲及び国家財産の範囲を確定することがこの分野での狭義の国際法の法典化作業の役割ということになるであろう。しかし実際の ILC 及び国連総会第6委員会での起草作業を通じて諸国が合意に達した国連国家免除条約は，同条約に定める制限に従うことを条件とはするが外国国家及びその財産に民事裁判権からの免除を認める義務を基本原則として締約国に課した。しかも条約に定める制限は必ずしも主権的行為か業務管理的行為かという二分法に従って設定されてはいないから，外国の主権的行為であっても免除を認める義務を負わないもの，反対に外国の主権的行為とはいえないものでも免除を認めなければならない義務を課したものが存在しうる。周知のように，ILC が本案に関して裁判権免除を援用できないと定めたものは，商業的取引，雇用契約，人身及び財産損害，財産の所有・占有・使用，知的及び工業所有権，会社等への参加，国が所有又は運航する船舶，仲裁合意に係る訴訟の場合である。これらの規定に見られる裁判権免除の否定は主権的行為及び業務管理的行為の二分法には則っていないが慣習国際法に基づき又は一般的国家慣行において従来より免除が否定されてきたものもある。そこで残された本稿の部分では，紙数の

---

[91] Helmut Steinberger, State Immunity, Max Plank Institute, *Encyclopedia of International Law*, Vol.IV (2000), p.619.

関係上，不動産，商業的取引，雇用契約，不法行為の特定の側面に絞って，国家免除規則の法典化及び漸進的発達という視点から見た一定の特徴点と課題を検討してみたい。ILC は，強制措置からの免除についても諸国が採用すべき条約規則を設定したが，これについてはまた別の機会に検討を譲りたいと思う。

(a) 不動産訴訟における免除否定の範囲

国連国家免除条約第 13 条(a)は，いずれの国も「法廷地国にある不動産に関する自国の権利若しくは利益，自国による当該不動産の占有若しくは使用又は当該不動産に関する自国の利益から若しくは自国による当該不動産の占有若しくは使用から生ずる自国の義務」の決定に関する裁判手続においては，管轄権を有する他の国の裁判所の裁判権からの免除を援用することができないと定める。この条項は，1991 年の ILC 草案第 13 条(a)と同一であり，その基本内容は，第 1 読草案第 15 条 1 項(a)[92]以来変わっていない。

周知のように，法廷地国にある不動産に関する訴訟において外国が民事裁判権免除を享受できないことは，絶対免除主義の下でも一般に認められてきた。わが国でも，1928 年の中華民国に対する約束手形金請求為替訴訟（松山）事件大審院決定が，外国は「不動産に関する訴訟等特別理由の存するものを除き」民事訴訟に関しては裁判権に服せざるを原則とすると判示[93]して以来，裁判所は，絶対免除主義の下でも不動産に関する訴訟は国家免除原則の例外としてきた。1972 年の欧州国家免除条約第 9 条，1976 年の米国外国主権免除法第 1605 条(a)(4)，1978 年の英国国家免除法など国連国家免除法の起草過程に影響を与えた国内法[94]も一致して免除を否定する。したがって，ILC の註解も，ILC 条文草案第 13 条(a)に定める免除否定は，司法上及び政府の実行においていかなる重大な反対もみられなかったと述べ，特に不動産に関しては一般に受け容れられた不動産所在地国法の適用可能性及び不動産所在地国裁判所の排他的管轄権の圧倒性のためにいかなる論争も生じていないと説明した[95]。フォックスも，不動

---

[92] *ILCYb.*, 1983, Vo. II (Part Two), p.36.

[93] 中華民国に対する約束手形金請求為替訴訟（松山）事件, 大審院決定, 1928（昭 3）年 12 月 28 日大審院民事判例集 7 巻 12 号 1135 頁。

[94] Andrew Dickinson, Rae Lindsay & James Loonam, *supra* note 73, p.47, pp.263-264, p.375.

[95] *ILC Yb.*, 1991, Vol. II (Part Two), p. 46, para. (2) & p. 47, para. (3) of the Commentary on article 13.

産の場合には問題の権利が商業活動に関係するか否かに拘わらず，免除否定の根拠は，国家財産の所在地並びに当該財産を規制する権限の所在地及び管轄権が法廷地国の管轄権と密接に結びつくという事実にあり，絶対免除主義か制限免除主義かに関係なく，アンスチチュの1891年ハンブルグ決議以来もっとも初期から広く認められている免除例外だと指摘する[96]。したがって，不動産関連訴訟に関する国連国家免除条約第13条(a)の規定は，慣習国際法規則を法典化したものと性格づけてよいだろう。

しかし，この規定が認める免除否定の範囲についてはこれまでの学説及び国家実行にも差違が認められ，法廷地国にある「不動産に関する自国の権利若しくは利益」，「自国による当該不動産の占有若しくは使用」又は「当該不動産に関する自国の利益から若しくは自国による当該不動産の占有若しくは使用から生ずる自国の義務」に何が含まれるかについての国家実行は統一性を欠く。第13条(a)に定める規則は，免除否定の範囲について法の漸進的発達の要素を入れて1つの方向性を定めたといえよう。端的に言えば，①免除が否定される不動産訴訟とは，不動産に直接関係する訴訟のみをいうのか，それとも不動産に間接的に関係する訴訟をも含むのかという争点について，第13条(a)は基本的に後者の考え方を採用し，②免除否定は大使館の土地・建物等国の主権的行為のために使用される不動産にも適用されるか否かという争点について，第13条(a)は不動産の使用目的に関係なく免除否定を貫いたと思われる。

第1の点について，例えば欧州国家免除条約及び英国国家免除法は，不動産に関する訴訟という概念の中には，不動産に対する抵当権，不動産の賃貸借に係る債権・債務，不動産から生じる所有者の責任に係る訴訟などが含まれるという広い解釈を採用している[97]。これに対し米国外国国家免除法は，不動産に関する訴訟とは土地の所有権又は占有に直接影響を与える請求を意味し，土地の所有権又は支配に影響しない賃借料の請求訴訟はこの概念から除外する[98]。日本の下級裁判所の判決例も，松山事件の後，「不動産を直接目的とする権利関係の訴訟」という表現を用いて，民事裁判権行使の対象を狭めてきた。例えば，飯沼ほか対国事件東京地裁判決は端的に，「不動産所在地国に裁判権を専属さ

---

[96] Hazel Fox, *supra* note 70, pp.589 & 590.
[97] Andrew Dickinson, Rae Lindsay & James Loonam, *supra* note 73, p.47 and p.373.
[98] *Ibid.*, p.263.

〔薬師寺公夫〕　第 19 章　国連国家免除条約の起草過程及び条約内容の特徴

せるという要請は領土主権に由来するものであり，権利関係の内容が不動産を直接に支配するという点（物権的請求権）が領土主権の右要請と結びつくものだからである。したがって，不動産賃借権に基づく請求のような不動産を間接目的とする債権的請求権に関する訴訟は不動産所在地国の裁判権に専属しない」と判示した(99)。スタインベルガーも述べるように，たとえ不動産賃借権に基づく請求が第 13 条(a)に定める免除否定に該当しないとしても，それは別個の業務管理的行為として免除が否定されるから(100)，実際の事件の処理においては免除否定の根拠条文が異なるだけで結論は異ならないかもしれない。そうだとしても第 13 条(a)の適用範囲の問題は重要である。この点第 13 条(a)の註解は，欧州国家免除条約を引用しつつ，同条項が「いかなる権利又は利益」という表現を用いたのは，国がいずれかの法制度の下で保持することのあるどのような権利又は利益をもそこに含ませることを意味するものと説明することで(101)，不動産訴訟の範囲を広く解していることを示唆する。

　第 2 の点についても国家実行は異なる。例えば英国国家免除法第 16 条 1 項(b)は，不動産訴訟における免除例外規定（第 6 条 1 項）が外交使節使用財産に関する訴訟には適用されないと明記する(102)。日本でも，土地明渡請求事件の 2002 年横浜地裁判決のように，「（上瀬谷）基地における米軍の駐留及び活動が，その目的及び行為の性質上，主権的行為であることに疑問の余地はない」から「我が国の民事裁判権は及ばない」と判示した例があり，また建築認定処分取消等請求事件の 2007 年東京地裁判決のように，外交関係条約 31 条 1 項(a)からの類推により「外国国家の所有に係る不動産のうち使節団の目的のために現に使用されているものに関する訴訟は，法廷地国内に所在する不動産に関する訴訟

---

(99)　借地権賠償請求事件，東京地裁判決，1960（昭 35）年 9 月 19 日下級民集 11 巻 1938 頁。最近の建築認定処分取消等請求事件の東京地裁判決も，同様の論拠にたって「法廷地国の裁判権に服するものとされる法廷地国内に所在する不動産に関する訴訟とは，外国国家の所有に係る不動産を直接目的とする権利関係の訴訟をいうものと解するのが相当である」と判示する。建築認定処分取消等請求事件，東京地裁判決，2007（平 19）年 6 月 29 日，LEX/DB[25421081]，判決の第 3 当裁判所の判断の争点 4(1)ア（わが国の裁判権が及ぶか）の(4)イ(ア)。

(100)　Helmut Steinberger, *supra* note 91, p. 624.

(101)　*ILC Yb.*, 1991, Vol. II (Part Two), p. 47, para. (4) of the Commentary on article 13.

(102)　ただし賃貸借契約に係る訴訟など財産の使用は第 16 条 1 (b)の対象外という。Andrew Dickinson, Rae Lindsay & James Loonam, *supra* note 73, p. 414 and 418.

から除外される」が「現に使節団の目的のために使用されている不動産以外のものに係る訴訟については，裁判権免除の対象とはならない」という解釈を採った判決がある[103]。これに対し，米国対外関係法リステートメント及びフォックスによれば，ドイツ及び米国では外交的任務を妨げ又は外交使節団公館の占有を損なう場合を除き，外交使節団の財産の所有権，賃貸借権，地役権等に係る訴訟には免除否定が適用される[104]。国家実行が異なる中，国連国家免除条約は，強制的措置からの免除を除き，免除について国家財産が国の主権的目的特に外交目的に使用されるか否かによって区別を設けていない。確かに同条約第13条(a)の註解は，外交使節団の財産に関して国が国際法上享受する特権免除を害しない（同条約第3条）よう注意喚起する。しかし，ウィーン外交関係条約には，外交使節のために使用される不動産に関する訴訟において派遣国が享受する免除について直接定めた規定は存在しない[105]。したがって，外交関係条約の外交公館の不可侵等に関する規定に反しない限り，第13条(a)は，関係する国の不動産が外交使節の不動産又は他の主権的目的に使用される不動産であっても，本案に関する限り外国の免除を否定しているといえる。日本は，外国民事裁判権法第11条1項の制定に際して，この条約解釈に基づいて，外国が在本邦公館として使用している不動産の賃料を支払わない場合には不動産の権利利益等に関する裁判手続として本項により日本の裁判権から免除されない旨を確認した[106]。在日米軍基地に係る不動産問題については軍事活動例外から国連国家免除条約第13条(a)及び外国民事裁判権法第11条1項の規律対象事項に該当するかという解釈問題が残るが，外国民事裁判権法第11条1項によって日本では，日本に所在する不動産をめぐる訴訟では当該不動産が主権的目的に使用される不動産であるか否かに関係なく外国は裁判権免除を認められない

---

(103) 土地明渡請求事件，横浜地裁判決，2002（平14）年8月29日判時1816号118頁。建築認定処分取消等請求事件，東京地裁判決，前掲注99。判決の第3当裁判所の判断の争点4(1)ア（わが国の裁判権が及ぶか）の(4)イ(ｱ)及び(ｲ)。

(104) The American Law Institute, *Restatement of the Law Third: The Foreign Relations Law of the United States*, Vo. 1 (1986), p.412, Comments (b); Hazel Fox, *supra* note 70, pp.595.

(105) Eileen Denza, *Diplomatic Law: Commentary on the Vienna Convention on Diplomatic Relations* (3rd ed., 2008), pp.153-156.

(106) 第171回国会衆議院法務委員会会議録第5号（平成21年4月7日）7頁。飛澤知行・前掲書（前掲注79）57頁。

ということになる。もっとも米国のスチュワートは外交使節の財産については ILC の注意喚起に留意しており[107]、国連国家免除条約第 13 条(a)に定める規則によって諸国の国家実行が統一されるか否かについてはなお今後の観察が必要であろう。

(b) 商業的取引訴訟における取引の商業的性質の決定と免除の否定

　国連国家免除条約第 10 条 1 項は、「いずれの国も、自国以外の国の自然人又は法人との間で商業的取引 (commercial transaction) を行う場合において、適用のある国際私法の規則に基づき他の国の裁判所が当該商業的取引に関する紛争について管轄権を有するときは、当該商業的取引から生じた裁判手続において、当該他の国の裁判所の裁判権からの免除を援用することができない」と定める。この規定の内容は 1991 年 ILC 条文草案第 10 条 1 項と基本的に同じである。シュロイヤーは、商業的取引が主権的行為 (acta jure imperii) に対比される国の業務管理的行為 (acta jure gestionis) 概念の中心部分であるとともに、国は利潤を追求する商業活動分野で国家免除を享有すべきでないとする広範なコンセンサスが存在する分野でもあるという[108]。フォックスも、国は、商業的取引に従事するとき、独立主権国家としてではなく通商者として行動するから商業的活動について免除は認められないと述べるとともに、行為の商業的性質が最初期の国家免除例外の定式化（1891 年のアンスチチュ決議における商業的又は工業的企業に関する免除否定条項等）をもたらしたと指摘する[109]。このように国家免除の商業的例外は、制限免除主義の最も中心的構成要素として古くから認められていたものといってよい。1991 年の ILC 条文草案第 10 条に関する ILC の註解も、国際・国内の裁判実行、国内立法、2 国間の条約実行、多数国間条約及び法典化作業の検討の結果、既存の国家実行に基づいて商業的取引の分野において裁判権免除の厳密な範囲を決定することは容易ではないが、商業的活動については国家免除が認められないという考え方の先例はこれらの法源中に見出すことができると述べて上記第 10 条 1 項の規則を採用した[110]。1991 年以降絶対免除主

---

[107] David Stewart, *supra* note 1, p.203, note 53.
[108] Christoph Schreuer, *State Immunity: Some Recent Developments*, 1988, p.10.
[109] Hazel Fox, *supra* note 70, pp.511-512.
[110] *ILC Yb.*, 1991, Vol. II (Part Two), p.47, para. (24) of the Commentary on article 10. なお第 1 読草案第 12 条 1 は黙示の同意論を採用していたが、91 年条文草案は各立場を損なうことのないように同意を示唆する文言は削除した。

第2部　1990年代以降における国際法委員会の具体的成果

義の強力な支持国であったソ連・東欧諸国で政治経済体制が根本的に転換し，市場経済のグローバル化が進行する過程で，移行経済諸国及びアジア・アフリカ諸国の中でも制限免除主義に移行する国が増えた。松山事件大審院決定以来絶対免除主義を判例としてきた日本も，終に2006年の貸金請求事件最高裁判決で判例変更を行った。同判決要旨2は，「外国国家の行為が，その性質上，私人でも行うことが可能な商業取引である場合には，その行為は，目的のいかんにかかわらず，外国国家が我が国の民事裁判権に服することを特段の事情がない限り免除されない私法的ないし業務管理的な行為にあたる」[111]と述べる。この判例変更の背景には，かつては絶対免除主義を内容とする国際慣習法が存在していたが，国家の活動範囲の拡大等に伴い，国家の行為を主権的行為とそれ以外の私法的ないし業務管理的行為に区分し，後者についてまで民事裁判権を免除するのは相当でないとする制限免除主義が徐々に広がり，現在では多くの国においてこの考え方に基づいて民事裁判権免除の範囲が制限されるようになってきていることに加えて，国連国家免除条約も制限免除主義を採用している事情を考慮すれば，今日においては外国国家が業務管理的行為についてまで法廷地国の民事裁判権から免除される旨の国際慣習法はもはや存在しない[112]，という最高裁の認識がある。このように見れば，商業的取引に関して国家免除を否定する国連条約第10条1項に定める規則は，現在では慣習国際法規則を反映したものとみなして問題ないだろう。

　しかしある契約，取引又は活動が免除の認められない「商業的取引」に該当するか否かを判断するための統一的な国際法規則は，国連条約によっても未だ形成することはできていない。この点につき，同条約第2条1項(c)は「商業的取引」の概念を，「物品の販売又は役務の提供のための商業的な契約又は取引」，「貸付けその他の金融的な性質を有する取引に係る契約（そのような貸付け又は取引についての保証又はてん補に係る義務を含む。）」，「商業的，工業的，通商的又は職業的な性質を有するその他の契約又は取引。ただし，人の雇用契約を含まない」と定義することによって，この概念が物品の売買，役務の調達，金銭の貸借に関する契約又は取引を中軸要素としつつも，より広くその他の商業的，工業的，

---

[111]　貸金請求事件，最高裁第2小法廷判決，2006（平18）年7月21日民集60巻6号2542頁。
[112]　同2544-2545頁。

通商的又は職業的契約又は取引を包含することを規則化した。商業的取引がこれらの契約又は取引から構成されることは既に第1読草案採択時にはILCのコンセンサスとなっており[113]、その後一貫してこの定義が維持された。もっとも第1読草案時には、これらの契約又は取引を示す概念として「商業的契約」を使用していたが、商業的契約より商業的取引の方が商事交渉等の非契約的活動を含む広い意味を有するということで第2読の際に「商業的取引」に改めている[114]。国連国家免除条約第2条1項(c)による「商業的取引」の定義によって国家免除が否定される契約又は取引の種類がより具体的に規定されたが、これによっても「商業的取引」の解釈を国内法上さらに詰める必要が出てくることは否めない。例えば、わが国の外国民事裁判権法第8条は、商業的取引を「民事又は商事に係る物品の売買、役務の調達、金銭の貸借その他の事項についての契約又は取引」と定義して、民事にも言及することによって必ずしも営利性や事業性を備えていることを要件としないことを明確にした[115]。

「商業的取引」に関連して最後まで紛糾したのは、契約又は取引の商業性をいかなる基準によって決定するかという問題であり、議論は契約又は取引の性質のみによって決定すべきか目的をも考慮するとすべきかをめぐって争われた。1991年ILC条文草案は、1983年の第1読草案とほぼ同じく、「契約又は取引の性質を主として考慮すべきものとする」としつつも「契約当事国の慣行により契約若しくは取引の目的がその契約若しくは取引の非商業的な性質を決定することに関係する場合には、当該契約又は取引の目的も考慮すべきものとする」（傍線筆者）と定めていた[116]。しかし国連条約第2条2項は、「その契約又は取引の性質を主として考慮すべきものとする」とした後、「契約又は取引の当事者間でその契約若しくは取引の目的も考慮すべきことについて合意した場合又は法

---

(113) *ILC Yb.*, 1983, Vol. II (Part Two), pp.34-35, paras. (1)-(4) of the Commentary on article 2.
(114) *ILC Yb.*, 1991, Vol. II (Part Two), p.19, para. ⑳ of the Commentary on article 2.
(115) 飛澤知行・前掲書（前掲注79）34-35頁。この経緯については、法制審議会主権免除法制部会「主権免除法制の整備に関する要項試案(1)」4-5頁；「主権免除法制の整備に関する要綱案第1次案」3-4頁；「主権免除法制の整備に関する要綱案第2次案」3頁；第1回会議議事録、12-17頁；第4回会議議事録、8-17頁；第5回会議議事録、4-8頁；第6回会議議事録、3頁参照。
(116) *ILC Yb.*, 1983, Vol. II (Part Two), p.35; *ILC Yb.*, 1991, Vol. II (Part Two), p.14.

廷地国の慣行により契約若しくは取引の目的がその契約若しくは取引の非商業的な性質を決定することに関係する場合には，当該契約又は取引の目的も考慮すべきものとする」（傍線筆者）と修正することによって，諸国の深刻な意見対立を何とか妥協させることに成功した。ILC の中には行為目的に言及することに反対する委員もいたが，多数意見は，性質及び目的の二重基準を用いることで，国の防衛のための武器の調達，海軍基地の建設，住民のための食糧の供給，疫病蔓延と闘うための医薬品の確保など公的な目的を理由としてある種の契約又は取引について非商業的性質を有すると主張できる機会を国に与えるべきであり，これによって特に発展途上国に十分な保護を提供することになり，また，行為の性質は有益だがあらゆる場合において決定的な基準とはいえないので目的基準も無視し得ない，と考えた[117]。もちろん最終的に商業性を判定するのは法廷地国裁判所とされていたが，2 で述べたように，第 6 委員会では，行為性質基準のみを支持する英米等諸国と目的基準の維持を主張する発展途上諸国（マダガスカル，インド，バーレン，カメルーン，アルジェリア等）の主張が鋭く対立し，1999 年の ILC 作業部会のコメントは 7 つの選択肢の中から第 2 条 2 項の削除を提案し，行為性質又は行為目的への言及がなくてもアンスチチュ 1991 年条文草案が示した要素のいくつかが免除の付与又は否定を決定する際に国内裁判所に有益な基準を提供するという結論に至っていた[118]。2002 年国連総会第 6 委員会の国家免除アドホック委員会作業部会には，1991 年 ILC 条文草案第 2 条 2 項（選択肢 A 案）と 1999 年 ILC 作業部会が示唆した第 2 条 2 項削除案（選択肢 B 案）とが提示されたが決着がつかず，2003 年山田日本代表が調整役となった非公式協議部会で調整した結果，最終的に上記国連条約第 2 条 2 項のテキストが合意された[119]。契約又は取引の性質を主として考慮すべきだが，目的については当事者間の合意又は法廷地国で目的を考慮する慣行がある場合のみ考慮すべきものと定める第 2 条 2 項の規則は，会議最終版の政治的決断と妥協の産物といってよい。この規則であれば，米国のように行為性質のみに基づいて契

---

[117] *ILC Yb.*, 1983, Vol. II (Part Two), pp.35-36, paras. (2)-(3) of the Commentary on article 3; *ILC Yb.*, 1991, Vol. II (Part Two), p.20, paras. (26)-(27) of the Commentary on article 2(2).

[118] *ILC Yb.*, 1999, Vol. II (Part Two), p.162, paras.59-60.

[119] UN Doc., A/57/22, pp. 3-4 and A/58/22, p. 4.

〔薬師寺公夫〕　第19章　国連国家免除条約の起草過程及び条約内容の特徴

約又は取引の性質を決定したい法廷地国は、自国の国内法規定をいささかも修正する必要はない。中国代表が、ILC条文草案に比べ目的に対する比重が弱い上、目的基準を併用する国と性質基準のみを採用する国の間で不公平を生じると不満を述べていた[120]ように、第2条2項の規則はすべての国が満足をもって妥協に応じたものではない。もっとも米国代表自身、米国が支持する条約のエッセンスは国が商業的資格で市場で行動するときは私人と同じ裁判権に服すべきだという点にあり、商業的取引「から生じる」裁判権は性質が商業的な行為に及ぶだけであって公的又は主権的性質の行為にまでは及ばないことを強調していた[121]から、必ずしも契約又は取引という私人が行いうる行為をもって性質が商業的とは考えていないふしが見られ、外交機関と立法府又は司法府のアプローチが厳密に一致しているわけでは必ずしもないように見える。

以上のような経緯で、商業的取引の商業性を決定する基準については、最低限契約又は取引の性質を主として考慮すべきだという規則が条約規則として提示されたことになる。しかし、実際に問題となる契約又は取引についてこの基準に基づいて免除の有無が決定されるようになるかといえば、問題はそれほど簡単ではないようにも思える。ILCの1999年作業部会が行為の性質又は基準にのみ言及することに躊躇した1つの理由は、1991年以降の裁判例を見れば、行為の動機、行為の文脈等単純に行為の目的又は性質に分類できない諸要素を検討して免除の有無を決定した事例が少なからず存在することにあった[122]。フォックスも、請求を生じさせる事件が政府権限の特定的な行使によって引き起こされる場合には行為目的基準も行為性質基準も基準として一般的すぎると批判し、同じく行為の性質を見る場合にも取引の締結時、事後の履行時又は違反の発生時又は訴訟手続時における請求に直接関連する行為は何か（当初旅行契約又は貨物運送契約に基づく商業的取引が入国拒否又は外国資産の凍結といった後の政府行為に服する場合や反対に航空機の違法な押収といった当初政府権限の行使が押収した航空機の民間航空機への組込みといった商業活動に転化する場合がある）という問題を検討する必要があることを力説する[123]。これはわが国の裁判所についてもいえるこ

---

(120) UN Doc., A/C.6/59/SR.13, p.8, para.48.
(121) *Ibid.*, p.10, para.64.
(122) *ILC Yb.*, 1999, Vol.II（Part Two）, pp.160-161, paras.45-55.
(123) Hazel Fox, *supra* note 70, pp.515-518.

とであろう。前述の貸金請求事件の最高裁判決は，判決要旨1において「外国国家は，主権的行為以外の私法的ないし業務管理的な行為については，我が国による民事裁判権の行使が当該外国国家の主権を侵害するおそれがあるなど特段の事情がない限り，我が国の民事裁判権に服することを免除されない」(傍線筆者)(124)とした。しかも同判決は，この事件で原告がパキスタン (同国国防相代理人であるマイクロ社) との間に行ったコンピューター売買契約や売買代金債務を消費貸借の目的とする準消費貸借契約の締結行為が「その性質上，私人でも行うことが可能な商業取引であるから，その目的のいかんにかかわらず，私法的ないし業務管理的な行為に当たるべきである」(125)と述べている。つまり，最高裁は，目的基準を排して性質基準のみによって本件の売買契約及び準消費貸借契約を商業取引であり業務管理的行為に当たると性格づけているのである。それにも拘わらず，判決は「特段の事情がない限り，本件訴訟について我が国の民事裁判権から免除されない」と述べて，性質上商業取引であっても「外国国家の主権を侵害するおそれがあるなど特段の事情」があれば免除が認められるという立場を採るのである。最高裁調査官による本件判例評釈によれば，本判決は「外国国家の行為が商業取引に当たるか否かを判断する基準としては，行為性質基準説を採用することを明らかにしたものである」が，「商業的性質を有する契約に基づく請求であっても，例えば，売買契約に基づいて引き渡した軍備品の返還請求や，大使館の土地や建物の明渡請求など，請求の内容によっては，外国国家の主権的活動を阻害する可能性もある」からアメリカ合衆国における利益衡量的アプローチや訴訟目的基準説の指摘を参考にして，「特段の事情」がない限りという留保を付したことが認められる(126)。ちなみに本件訴訟で原告が主張したのは金銭支払いであったからパキスタンの主権的活動を阻害するような特段の事情は認められないというのが同調査官の意見であった(127)。本判決は，2009年の外国民事裁判権法制定及び2010年の日本の国連国家免除条約受諾書寄託に先立つものであるが，外国民事裁判権法第8条の起草時に，

---

(124) 貸金請求事件，最高裁第2小法廷判決 (前掲注111) 2542頁及び2545頁。
(125) 同2546頁。
(126) 三木葉子「外国国家の私法的ないし業務管理的な行為と民事裁判権の免除その他」法曹界『最高裁判所判例解説 民事篇 平成18年度 (下)』[36] 902-905頁。
(127) 同906頁。

〔薬師寺公夫〕　第19章　国連国家免除条約の起草過程及び条約内容の特徴

国連国家免除条約第2条2項に対応する「商業的取引」の判断基準についてどう規定するかが問題になった。同法の起草過程によれば、性質基準だけに言及すれば「特段の事情」を認めるべき例外的場合を読み込めず、例外的場合をすべて書き込むことは困難であるから、第8条には商業的取引とだけ書いてその判断基準を解釈に委ねれば裁判官は貸金請求事件最高裁の解釈に即して考えていくだろうという了解の下に第8条が確定されたという経緯が読み取れる[128]。このように見れば、商業的取引の商業性の決定は、必ずしも行為性質基準のみによって決定されるわけではなく、一見商業的性質を帯びる契約又は取引であっても請求内容やそれを生じさせた原因行為等を見ることによって商業的取引における免除否定の原則に例外が認められる事例が生まれてくる可能性も将来いくつかあるであろう。商業的取引分野での国家免除否定とその例外については、まだまだ国家実行を通じて各種事例が蓄積されることになると想像される。

(c)　解雇に関する雇用契約訴訟と免除の有無

国連国家免除条約第11条1項は、「いずれの国も、自国と個人との間の雇用契約であって、他の国において全部又は一部が行われ、又は行われるべき労働に係るものに関する裁判手続において、それについて管轄権を有する当該他の国の裁判所の裁判権からの免除を援用することができない」と定める。1984年の第1読草案第13条に対するILCの註解は、雇用契約が国家免除例外として取り上げられるようになるのは比較的最近のことだと述べており、フォックスも、2004年の国連国家免除条約採択以前の国家実行は統一的でなかったと指摘する[129]。その意味では国連条約第11条に定める規則は、慣習国際法規則の法典化というよりも、国内裁判所の先例、関連する条約規定及び国内法規定を参照しつつ国際法の漸進的発達を図った規定と考えることができる。ILCによれば雇用契約は商業的契約と異なり二国の法体系が特異な形で競合するとされる。すなわち、雇用国は、職員の選任、採用及び任命につき自国の行政法を適用し、並びに、職員に対する職務上の監督権を行使するために内部行政規則の適用及

---

[128]　第171回国会衆議院法務委員会会議録第5号（平成21年4月7日）5頁。法制審議会主権免除法制部会、第6回会議議事録、3頁参照。

[129]　*ILC Yb.*, 1984, Vol. II (Part Two), p.64, para. (1) of the Commentary on article 13; Hazel Fox, *supra* note 70, pp.551.

び妨げられない任免権の行使に利害関係を有し，他方，法廷地国は，社会保障規定の実施を含む国内労働力保護のための公共政策の実施，国内労働者の医療保険，最低賃金，有給休暇，雇用契約の終了等に関する労働法制の実施に利害関係を有しており，法廷地国の管轄権の根拠は，雇用契約の締結地又は雇用契約上の役務の履行地としての法廷地国の雇用に対する密接な領域的連関にあるとされる[130]。したがって，第11条は，自国法を適用する外国雇用国の利益と労働法を適用し一定の事項に排他的管轄権を確保する法廷地国の利益との間の微妙なバランスを保つことを追求しており[131]，その結果雇用契約紛争においては免除を認めないことを原則としつつ（第11条1項），免除を認めなければならない場合を列挙する（第11条2項）という特異な条文構造を採用した。第11条1項に定める免除の否定は賃金の不支払い，労働条件に違反する行為など原則として雇用契約紛争の全般に及ぶが，第11条2項に列挙された特定の場合，すなわち(a)被用者が政府権限の行使として特定の任務を遂行するために採用されている場合，(b)被用者が外交官，領事官等である場合，(c)裁判手続の対象となる事項が個人の採用，雇用契約の更新又は復職に係るものである場合，(d)裁判手続の対象となる事項が個人の解雇又は雇用契約の終了に係るものであり，かつ雇用主の国の元首等が当該裁判手続が当該国の安全保障上の利益を害し得るものだと認める場合，(e)裁判手続が開始された時点で被用者が雇用主である国の国民である場合，(f)雇用国と被用者の間に書面による別段の合意がある場合には，国連条約の締約国は雇用国に免除を与える義務を負う。紙幅の関係上以下では，国家の任免権における裁量又は安全保障上の利益等を理由とする採用，並びに，雇用の更新，解雇又は雇用契約の終了の場合の外国雇用国の法廷地国裁判権からの免除の問題のみを取り上げる。

　国の安全又は国の公務員任命権限を阻害しないことを理由とする国家免除の付与について，国連条約第11条2項は2重3重の配慮を行っている。まず第11条2項(a)は，個人が雇用国の安全及び外交上の秘密等当該国の重大な利益に関する事項に係る任務を遂行するために雇用されている場合，具体的には大使の私設秘書，暗号通信員，通訳官等が想定されている。国家に雇用される者は

---

[130] ILC Yb., 1991, Vol. II (Part Two), p.42, paras. (3)-(4) of the Commentary on article 11.

[131] Ibid., p.42, para. (5) of the Commentary on article 11.

〔薬師寺公夫〕　　第19章　国連国家免除条約の起草過程及び条約内容の特徴

何らかの形で「政府の権限の行使と関連する役務」(第1読草案)に従事するから免除を与える場合が広くなりすぎるという意見があり，1991年ILC条文草案は「政府の権限の行使と密接に関係する任務」(傍線筆者)を遂行するという表現に代えたが，第6委員会で「密接に関係する」という表現では曖昧すぎるという意見が出されたため1999年のILC作業部会はこの文言の削除と，この範疇には特に外交官・領事官等が含まれる旨を提案した[132]。これを受けて2002年の主権免除アドホック委員会は「政府の権限の行使としての特定の任務」(傍線筆者)を遂行するために雇用されたという表現に改めたが，外交使節及び領事機関の職員の範囲については外交使節団・領事機関等の「職員」とする案(2項(a)bis，選択肢A)と外交官・領事官等とする案(2項(a)bis，選択肢B)が対立した。外交使節団及び領事機関等の職員の雇用契約に関する紛争が多発したことから，外交機密保護のためにこれらの職員に係る雇用契約紛争に関しては派遣国に一律に免除を与えるべきだという考えもあったようであるが，これでは雇用契約紛争における免除の制限という原則の趣旨が損なわれてしまうので，さすがにこの考え方は採用されなかった[133]。以上は特定の範疇の任務のために雇用された人に着目して雇用国に免除を認めるものである。

　これに対し，第11条2項(c)は特定の請求内容に着目して雇用国に免除を与える。すなわち「裁判手続の対象となる事項」が「個人の採用，雇用契約の更新又は復職に係る」場合には被用者が政府権限の行使を遂行するために雇用されたか否かを問わず一律に雇用国に免除を与える。1991年ILC条文草案の註解によれば，個人を職員の地位に任用するか否かについての雇用国の裁量権の行使については免除を認めるのが国家慣行であり，第11条2項(b)(国連条約第11条2項(c)は1991年条文草案では第11条2項(b))はこれを確認したものであって，実際の任命の場合，雇用国による監督又は紀律上の調査の結果なされた「解雇」又は「罷免」の場合，並びに，被用者が雇用の更新又は雇用期間前の雇用終了に対して復職を求める場合をカバーする規定であるが，ただし請求内容が採用，

---

[132] *Ibid.*, pp. 42-43, para. (9) of the Commentary on article 11; *ILC Yb.*, 1999, Vol. Ⅱ (Part Two), p. 166-167, paras. 104-105.

[133] 日本，メキシコ，ギリシャ，ポルトガル，南ア等の諸代表が外交使節・領事機関等の職員一般の雇用紛争に関して免除を認めることには反対した。UN Doc., A/C. 6 /57/SR. 18, p. 3, para. 15, p. 5, para. 35, p. 6, para. 47, p. 7, para. 53, p. 8, para. 63. 明確に賛成したのはオーストラリア代表であった。*Ibid.*, p. 8, para. 60.

第2部　1990年代以降における国際法委員会の具体的成果

雇用の更新又は復職を求めるものに限定されており、「違法な解雇」又は採用若しくは雇用更新義務の違反に対して補償又は損害賠償を求めて法廷地国の手続に訴えることを妨げるものではない、とされる[134]。つまり職員の任免につき雇用の強制を求めるような採用、雇用の更新又は復職を直接の請求内容とする訴訟については雇用国の免除が認められるが、これらの請求を生じさせた原因行為としては不当な不採用、雇用更新の拒絶、雇用期間満了前の雇用終了さらに解雇又は罷免など、採用、雇用更新又は復職の訴えをもたらす各種の要因が想定されており、こうした要因に対して損害賠償請求のみを行う場合には雇用国に免除は認められないというのである。

ところが2003年の主権免除アドホック委員会は、国連条約第11条2項(d)に定める場合を新たに追加した。起草過程が詳らかではないため、この規定の趣旨については解釈が分かれる可能性がある。というのはこの規定は第11条2項(c)と同じく「裁判手続の対象となる事項」に着目するが、第11条2項(c)の場合は現実の採用、雇用更新又は復職という請求内容が想定されているのに対して、第11条2項(d)の場合解雇又は雇用の終了を請求内容とするということはありえない。したがって、「裁判手続の対象となる事項が個人の解雇又は雇用契約の終了に係る場合」という規定を解雇又は雇用の終了を原因とする裁判手続と読むか、解雇又は雇用終了の違法無効又は地位の確認を請求内容とする訴訟と読むかが問われることになろう。前者の解釈を採れば、第11条2項(c)自体が既に解雇等を原因とする復職請求の訴えを含んでいるので、第11条2項(d)の存在意義は、第11条2項(c)では免除を認められない解雇その他の雇用契約の終了に対する損害賠償請求訴訟においても、国家元首等が雇用国の「安全保障上の利益を害し得る」と認める場合には、雇用国に免除を認めるということになろう。すなわち2003年の国家免除アドホック委員会において、被用者が外交機関・領事機関等の職員である場合の雇用契約紛争においては、すべての場合に派遣国に免除を与えるという提案を斥けた代償として、復職又は地位の確認の訴訟だけでなく訴訟進行自体が国の安全保障上の利益を害するような裁判手続についてはたとえ不当解雇を理由に単に損害賠償のみを求める訴訟で

---

[134] *ILC Yb.*, 1991, Vol. II (Part Two), pp. 43-44, para. (10) of the Commentary on article 11. 特に国家実行については註解の注の146に掲げられた事例を参照。

あっても派遣国に免除を認めるためにこの条項が急遽入れられた可能性がある。しかし、「国の安全保障上の利益を害し得る」と個別に認めうるケースは、裁判手続の対象が何も解雇又は雇用契約の終了に係る場合には限られないから、なぜ解雇又は雇用契約の終了の場合に限定するのか十分説明できない。裁判の進行自体が国の安全保障上の利益を害しうる場合は他の雇用契約紛争でも想定できるが、それらの場合は、現在の規定では派遣国に免除が認められないことになろう。他方こうした解釈に対し、第11条2項(d)の場合も第11条2項(c)と同様に「裁判手続の対象となる事項」という文言は裁判における請求内容を指すと解釈し、個人の解雇又は雇用契約終了の無効又は地位の確認に係るものと読み替える場合には次のような解釈をとりうる。第11条2項(c)は専ら採用、雇用契約の更新等雇用の開始に係るものであって、この場合は国家に任用の広範な裁量権が認められるからすべての裁判手続に一律に免除が認められるが、有効な雇用関係が成立した後の解雇又は雇用契約の終了に係る訴訟の場合は、第11条2項(c)の場合より厳しく、国家元首等が「国の安全保障上の利益を害し得る」と認める場合にのみ免除が認められるという解釈である。この解釈を採れば第11条2項(c)と同様、解雇等を原因とする損害賠償請求を求める訴訟には国家の免除は当然に認められない。しかしこの解釈では第11条2項(c)が復職を求める訴訟を含んでおり、その原因が解雇その他の雇用契約の終了の場合も含んでいることが十分に説明できない。いずれにしても第11条2項の(c)と(d)は、うまく整合性がとれないのである。このように第11条2項(d)をめぐって異なる解釈が成立する余地が残されている。この点欧州人権裁判所フォガティ事件の影響もあってか、米国代表は、第11条に基づく外交使節及び領事機関の内部事項に対する接受国管轄権の行使について、派遣国の公的又は主権的行為に及ぶべきではないという懸念を表明した[135]。裁判の進行過程から国家の外交秘密や安全を保護するという必要が強調されれば、前者のような解釈をとる国が増えるかもしれない。

この点について、わが国の外国民事裁判権法第9条2項は、3号で「個人の採用又は再雇用の契約の成否に関する訴え又は申立て（いずれも損害の賠償を求めるものを除く。）」を扱い、雇用の開始の場合には外国等に広い裁量権があるという理由で雇用国に無条件に裁判免除を認める規定を置く。他方、4号では「解雇その他の労働契約の終了の効力に関する訴え又は申立て（いずれも損害の賠

第2部　1990年代以降における国際法委員会の具体的成果

償を求めるものを除く）」を扱い，既存の雇用関係を終了させる場合には，労働者保護の見地をより重視して外国等の裁量に一定の制約を加えるため，元首等が国の安全保障上の利益を害すると認めた場合にのみ雇用国に裁判権免除を認める[136]。しかも3号では国連条約第11条2項(c)にあった復職を規定しておらず，3号と4号はともに請求の内容ではなく，請求の理由あるいは請求の原因に基づく分類がされていると解説される[137]。しかもいずれの場合にも損害賠償を求める請求を免除の対象から外しているのが特徴である。外国民事裁判権法の起草過程では「金銭の給付を目的とするもの」という文言か「損害の賠償を求めるもの」という文言かの選択が問われたが，前者を採用しなかったのは，この文言を使用すると地位確認等の裁判において外国等が裁判権から免除される場合でも当該外国等が就労を拒否している期間の賃金支払請求を認容する判決を出すことが可能となり，当該外国に現実に雇用を強制する効果があるため裁判権免除の趣旨が失われかねないと考えられたことによる[138]。これに関連して解雇無効確認等請求事件の2008年最高裁判決は，米国ジョージア州港湾局の日本事務所職員として雇用され解雇された者が雇用契約上の権利を有する地位にあることの確認及び解雇後の賃金の支払いを求めて提起した訴訟につき，同事務所に厚生年金保険等が適用され，その業務内容が同州港湾施設等の宣伝等であり，財政上の理由による同事務所閉鎖が解雇理由とされていた等の事実関係の下では，同人の解雇は私法的ないし業務管理的行為に当たるところ，原

---

(135) UN Doc., A/C.6/59/SR.13, p.8, para.64. フォガティ事件では，駐英米国大使館勤務（CIAの海外放送部門に勤務）を解雇されたフォガティがセクシャル・ハラスメントを受けたとして損害賠償を請求して英国裁判所に認容され（米国は免除を主張せず，賠償金支払いに同意），後に性差別禁止法を根拠に復職又は再雇用請求をしたが英国国家免除法第16条1項を理由とする米国の免除の主張が英国裁判所で認められた。この事件は欧州人権裁判所第6条の裁判を受ける権利の侵害に該当しないかとして欧州人権裁判所に訴えられたが，同裁判所は第6条違反はないと判示した。See Fogarty v. The United Kingdom, European Court of Human Rights, Judgment (Grand Chamber), 21 Nov. 2001, *Reports of Judgment and Decsions of the European Court of Human Rights* (2001-XI), pp.161-175.

(136) 法制審議会主権免除法制部会「主権免除法制の整備に関する要項試案(2)」3-4頁；「主権免除法制の整備に関する要綱案第1次案」5-6頁；「主権免除法制の整備に関する要綱案第2次案」4頁。飛澤知行・前掲書（前掲注79）46-47頁。

(137) 法制審議会主権免除法制部会，第2回会議議事録5頁（飛澤幹事）。

(138) 法制審議会主権免除法制部会「主権免除法制の整備に関する要綱案第1次案」6頁。

審は同州港湾局の事務所閉鎖の必要性や財政状況等について審理することが主権侵害にあたると指摘するが，わが国が民事裁判権を行使することが被上告人による主権的権能の行使を侵害するおそれがある特段の事情とはいえないから，同州がわが国の民事裁判権から免除されるとした原審判断には違法があると判示した[139]。本件で国連国家免除条約第 11 条 2 項の(c)及び(d)を解釈した最高裁は，条約第 11 条 2 項(c)は雇用関係を開始する場合に関する規定であり，そこにいう「個人の復職に係るもの」とは文字どおり個人をその職務に復帰させることに関するものであって現実の就労を法的に強制するものでない上告人の本件請求はこれに当たらないとし，解雇が無効であることを理由に雇用契約上の権利を有する地位にあることの確認及び解雇後の賃金の支払いを求める本件請求は同条 2 項(d)の場合に該当すると解すべきであり，この場合は元首等が当該裁判手続が国の安全保障上の利益を害し得ると認める場合に限り裁判権の免除が認められると解した[140]。匿名の最高裁調査官の解説によれば，外国民事裁判権法が施行された後は免除の問題は同法の規定の解釈適用によって解決されるから本件の判決はそれまでの間の法理を示したにとどまるが，「同法の規定を参照している点で，少なくとも解雇紛争については今後もその関係規定の解釈に影響を与えると考えられる」[141]と指摘される。もっとも，外国民事裁判権法第 9 条 2 項 4 号の下では，前述のように，解雇以降の賃金の支払いを求める請求は事実上外国に採用を強制するのと同様の効果があるため裁判権免除を認めるのが相当だという解釈がされるから，本件判決のいうように解雇後の賃金の支払いを求める訴訟につき免除が認められないことになるかは疑問である。日本の外国民事裁判権法第 9 条 2 項及び日本の司法機関がそれにつき採用し又は今後展開する解釈は，国連条約第 11 条 2 項の整合的解釈の 1 例に過ぎず，条項間に齟齬を残す第 11 条 2 項の解釈についてはなお諸国の間で異なる解釈がなされる可能性があり，今後の実行の展開を検討していく必要があろう。

　以上のような状況から窺われるように，国連条約第 11 条は，雇用契約紛争につき免除否定を原則としつつ，雇用国の現実のニーズを斟酌して法廷地国が外

---

[139] 解雇無効確認等請求事件，最高裁判所第 2 小法廷判決，2008（平 20）年 10 月 16 日民集 63 巻 8 号 1799 及び 1807 頁。
[140] 同 1806-1807 頁。
[141] 判例時報 2064 号 155 頁。

第 2 部　1990 年代以降における国際法委員会の具体的成果

国に免除を付与しなければならない場合を特定した新しい規則を設定することによって諸国の実行に一定の指針を示した。しかし，その実施については第 11 条の原則と例外の関係を含めて，今後の解釈・適用に待たなければならない論点がいくつかあるように思われる。

(d)　不法行為訴訟における免除の否定の範囲

国連国家免除条約第 12 条は，「いずれの国も，人の死亡若しくは身体の傷害又は有体財産の損傷若しくは滅失が自国の攻めに帰するとされる作為又は不作為によって生じた場合において，当該作為又は不作為の全部または一部が他の国の領域内で行われ，かつ，当該作為又は不作為を行った者が当該作為又は不作為を行った時点において当該他の国の領域内に所在していたときは，当該人の死亡若しくは身体の傷害又は有体財産の損傷若しくは滅失に対する金銭によるてん補に関する裁判手続において，それについて管轄権を有する当該他の国の裁判所の裁判権からの免除を援用することができない」と定める。

この規定は 1991 年 ILC 条文草案と同じであり，規定の仕方を別とすれば 1984 年の第 1 読草案からその基本内容は変わっていない[142]。もっとも，国の不法行為に関する訴訟につき国家免除を認めないという規則の導入に関しては，ILC の初期の議論において，特に絶対免除主義の立場をとる社会主義諸国の委員から強い反対があった。その理由は，そもそも慣習国際法規則というだけの国家実行が存在しない上国内法の内容も国により分かれている，不法行為に関する紛争及び賠償問題は外交的経路で友好的に解決すべきである，自動車事故は保険で処理でき強制保険制度を適用すればよい，レテリエ事件のような外国での暗殺行為は国際法違反の行為であり国家間で処理すべき問題である，外交関係条約第 31 条に定める外交官の免除より国家の免除の方が制限されるのは主客転倒だ，というものであった[143]。実際，特別報告者ソンポンの第 5 報告書

---

[142]　*ILC Yb.*, 1991, Vol. II (Part Two), p.44; *ILC Yb.*, 1984, Vol. II (Part Two), p.66.
[143]　*ILC Yb.*, 1983, Vol. I, pp.80-81, paras.40-44 (Ushakov), p.82, paras. 6-12 (Flitan), p.83, paras.15-19 (Koroma), p.84, paras. 22-25 (Ni), p.85, paras. 27-29 (Rodriguez). ニーは中国企業の製造した花火を使用して身体に傷害が生じたことが原因で米国で生じた訴訟にふれ，事件は恩恵による見舞金を含めて友好的に処理されたが，使用者に使用上の過失がある場合まで何でも訴訟を可能とするのは問題があり，外交的経路で十分処理できると述べ，ウシャコフは軍艦が領海内で汚染を引き起こした場合にも外交的に処理すべき問題だとした。

は，1970年代における欧州国家免除条約の採択及び英国，米国をはじめとする国家免除に関する国内法の制定以前には，外国の不法行為について管轄権を行使した国家実行は殆ど存在していないことを認めたが，これらの条約及び国内法の成立以降，レテリエ事件米国裁判所の判決等法廷地国領域内で引き起こされた外国の不法行為に対しては国家免除を否定する傾向が生まれており，国による不法行為の被害者を救済する必要並びに不法行為地国の裁判所が便宜法廷（forum conveniens）であることを考慮すれば，国家免除の不法行為例外を条文草案に導入すべきだという見地から提案されたものであった[144]。条文も欧州国家免除条約第11条を下敷きにしていた。その意味では，国家免除の不法行為例外は，ILCでの第1読段階では慣習国際法規の法典化としてではなく漸進的発達として提案されたものだったといえる。しかも商業的取引の場合と異なり，身体又は財産への物的損害が法廷地国の領域内で生じれば当該行為が外国国家機関の主権的行為であっても免除が否定される[145]（例えばレテリエ事件）ことが提案されており，第6委員会においても，保険でカバーできる危険に対象を限定すべきだという意見を含め反対意見が強かった[146]。そこで特別報告者も，一時は，外国が法廷地国内で航空・鉄道・道路・水路による乗客及び貨物の運送に従事している場合には，それから生じた不法行為訴訟に関して法廷地国の管轄権に同意したものとみなされるとする旨の条文に修正することを提案したが[147]，ILCは第1読草案で国家免除条約第12条とほぼ同内容の条文案（第13条）を採択した。第1読草案第13条についてはソ連，東ドイツ等が削除を主張し，反対にオーストラリア，西ドイツ，タイ等が越境損害にも適用対象を広げるよう提案し，ILC委員の意見は引き続き対立したままの状況下で，第2読の特別報告者小木曽は，免除否定を越境的不法行為にも広げること，反対に第13条の適用対象を主要には輸送手段の事故から生じた賠償に限定することの双方を考慮したが，委員の多数意見に鑑み第1読草案の内容を維持することとした[148]。1990年これらを踏まえ起草委員会が「金銭的」という文言の追加等い

---

[144] Fifth report by Sompong Sucharitkul, *ILC Yb.*, 1983, Vol. II (Part One), pp.39-45, paras. 66-99.

[145] *Ibid.*, p.39, para.65. See also Christoph Schreuer, *supra* note 108, pp. 47-51.

[146] Sixth report by Sompong Sucharitkul, *ILC Yb.*, 1984, Vol. II (Part One), p.14, para.36.

[147] *Ibid.*, p.11, note 27.

くつか字句の修正をした後,中国,インド,ソ連(この年にソ連崩壊)等の委員が自らの意見を維持するが採択に反対しないという妥協が成立し,1991年にはILC草案第12条として採択された[149]。なお国家免除アドホック委員会によるILC条文草案の第2読の際にも,第6委員会においてドイツ代表が国の責任に一定の制限を設けるべきで保険でカバーされる危険という基準が有効な基準だという意見を述べていた[150]。

　国連条約第12条は,以上のように諸国の見解が未だ分かれた状態の下でILC条文草案に新しく導入され,その内容が修正を受けることなく国連条約規定として採択されたものである。したがって,起草当時の意見の相違を反映して,不法行為に関する免除例外の規則化にあたっては,免除否定の適用範囲をできる限り制限するさまざまの条件規定が付されている。そこで不法行為訴訟においては国家免除が認められる場合と認められない場合との区別をめぐって解釈がなお分かれる可能性を残している。というのは免除否定の目的は,身体・財産に物的損害を受けた個人に不法行為地国での救済手段を与えることにあるが,免除否定の根拠は,法廷地国内で生じた加害行為(作為又は不作為)に適用されるべき法及び最も便宜的な法廷は不法行為地法及び不法行為地の裁判所であり,外国の裁判所は非便宜法廷であるから国に免除が認められると被害者は救済手段を失うという点に求められているからである[151]。すなわち国の不法行為からの個人の救済に重点が置かれれば免除の範囲は狭められ,他方,免除否定の根拠が不法行為地としての便宜性に求められるとすれば法廷地国の裁判管轄権と密接に結びつく事案のみが免除否定の対象となることになろう。これに加えて,制限免除主義を採用してきた国の中には,主権的行為と業務管理的な行為を区分して前者には免除を認めてきたという国があり,この実行との整合性の問題を抱えることになろう。実際,第12条の免除例外の適用範囲に関してはさまざまの制約が付されている。第1に,被害は身体又は財産に対す

---

(148) Prelimnary report by Motoo Ogiso, *ILC Yb.*, 1988, Vol. II (Part One), p.111, paras. 134-143; Third report by Motoo Ogiso, *ILC Yb.*, 1990, Vol. II (Part One), p.14, paras. (1)-(3); *ILC Yb.*, 1990, Vol. II (Part Two), pp.35-36, paras. 187-191.

(149) *ILC Yb.*, 1990, Vol. I, p.314-315, paras. 74-80 (drafting committee); *ILC Yb.*, 1991, Vol. I, p.72, paras.26-30.

(150) UN Doc., A/C. 6 /57/SR.18, p. 4 , para.28.

(151) *ILC Yb.*, 1991, Vol. II (Part Two), p.44, para. (3) of the Commentary on article 12.

る物理的侵害に限定され名誉等の侵害は除外され，第 2 に，侵害はその全部又は一部が法廷地国内で生じなければならず，しかも第 3 に不法行為を行った者が不法行為時に法廷地国に所在していなければならず，越境的な不法行為（爆発物，花火，危険物の輸出，国境を挟んだ銃撃，越境汚染等）が除外され，さらに第 4 に，請求は金銭的請求に関するもののみが対象となり差止め，原状回復の請求がなされる場合は免除否定の対象とはされていない[152]（これに加え前述したように軍事的活動が第 12 条の対象外とされる）。条文の構造上は，これらの条件のいずれかを欠く場合には，条約第 5 条の国家免除原則が適用されることになろう。免除例外に対する以上のようなさまざまの制約は，法廷地国の事項的裁判管轄権から自動的に派生する制約では必ずしもなく，外国が被告であることを理由とした政策的な制約だと思われる。要するに第 12 条は，元々は法廷地国において輸送手段に起因する事故から生じた身体又は財産の物理的侵害という保険でカバーできる危険を主要な適用対象として作成された規則である。

　しかし ILC の註解によれば，上記の条件の範囲内では，暴行，財産に対する悪意ある損壊行為，放火，暗殺を含む殺人をもカバーする広範な規定であり[153]，しかも別段の合意がある場合を除いて，不法行為を生じさせる活動の性質すなわち原因行為が主権的行為か業務管理的行為かに関係なく適用される規定だとされる[154]。しかし，この解説には批判がないわけではない。例えば，米国代表は，第 12 条が拷問禁止等の被害者に救済を与える義務を定めた条約義務等国際法の新しい展開については問題を未解決のまま残していることに加え，不法行為は時間的に試された主権的行為と業務管理的行為の区別に従って解釈適用されるべきであり，国際法上のこの区別を無視して管轄権を拡大することは国際法の原則に違反するとまで主張したのである[155]。日本の外国民事裁判権法制定以前の最高裁判例でも基本的にはこれと類似する考え方が採られていた。例えば，制限免除主義への移行を示唆したとされる 2002 年の横田基地夜間飛行差止等請求事件最高裁判決は，業務管理的行為については免除の範囲を制限

---

[152] Ibid., pp.45-46, paras.(5)-(10) of the Commentary on article 12.
[153] Ibid., p.45, para.(4) of the Commentary on article 12.
[154] Ibid., p.45, para.(8) of the Commentary on article 12.
[155] UN Doc., A/C.6/59/SR.13, p.8, para.63. See also Helmut Steinberger, *supra* note 91, p.626-627（claims based on tortious conduct）.

しようとする諸外国の国家実行が積み重ねられてきている状況下においても，「外国国家の主権的行為については，民事裁判権が免除される旨の国際慣習法の存在を引き続き肯認することができるというべきである。本件差止請求及び損害賠償請求の対象である合衆国軍隊の航空機の横田基地における夜間離着陸は，我が国に駐留する合衆国軍隊の公的活動そのものであり，その活動の目的ないし行為の性質上，主権的行為であることは明らかであって，国際慣習法上，民事裁判権が免除されることに疑問の余地はない」と判示した[156]。同様に英国国境検問所の英国兵士がアイルランド領域内で行った不法行為に関する 2001 年欧州人権裁判所マッケリニ事件判決も，「主権的行為によりなされた不法行為訴訟においては免除が認められるという判断を行うのは独りアイルランドだけだとか，この免除を付与することで同国は現在受け入れられている国際基準を逸脱しているとはいえない」と判示している[157]。両判決とも軍隊の主権的行為に関連するものだから国連条約第 12 条の対象外とされる活動といってよいが，慣習国際法又は国際基準に従えば国の主権的行為にあたる不法行為については免除を認める義務があるという立場をとっているといえよう。このように国連条約第 12 条とは異なり慣習国際法に基づき国の主権的行為にあたる不法行為については引き続き免除が認められるという規則を採用する国はなお存在し続ける。もっともマッケリニ判決は 12 対 5 の多数決によるもので，少数意見の中には，カフリッシュ，カバル・バレト，ヴァジッチ共同反対意見のように，主要な国家免除法，欧州条約及び ILC 条文草案等を総合的に勘案すれば ILC 条文草案第 12 条は当時の法を反映したものであり，そうでなくても本件のような場合に外国に免除を与える義務はなかったとする見解も既に存在していたのである[158]。わが国の場合，外国民事裁判権法第 10 条が国連条約第 12 条を国内法化しており，その際に本条は，外国等の行為が「主権的行為であるか私法的ないし業務管理的な行為であるかを問わず，適用される」という了解に基づいており[159]，在日米軍の不法行為を除けば原則として主権的行為に当たる

---

(156) 横田基地夜間飛行差止等請求事件，最高裁第 2 小法廷判決，2001（平 14）年 4 月 12 日民集 56 巻 4 号 731-732 頁。

(157) *McElhinney v. Ireland* (31253/96), European Court of Human Rights, Judgment (Grand Chamber), 21 Nov, 2001, *Reports of Judgment and Decisions of the European Court of Human Reports* (2001-XI), pp.46-47, para.38.

(158) *Ibid*., pp.51-54.

不法行為一般について外国に免除を認めないという扱いになろう。

4　むすびにかえて

　国家免除は早くも 1949 年の暫定法典化対象リストにおいて法典化に適した対象とされていたが，ILC の作業が開始されたのは，東西冷戦の緩和と南北間の経済交流の拡大を背景に，欧州国家免除条約の採択並びに英国及び米国をはじめいくつかの諸国で制限免除主義に基づく国内法制定が進んだ 1977 年の準備作業からであった。しかし ILC が 2 読の作業を終えるにはそれから 14 年を要し，絶対免除主義を堅持してきたソ連・東欧の社会主義体制が崩壊した直後の 1991 年に ILC 条文草案が完成した。制限免除主義を基調としているとはいえ，なお旧社会主義国及び発展途上諸国の主張をいくつかの部分で採りいれていた ILC 条文草案は，既に先行的に制限免除主義に基づく国内法を制定していた英米等いくつかの先進市場経済諸国によって受け容れるところとならず，第 6 委員会では，グローバリゼーションの進展を背景に移行経済諸国及び A・A 諸国における制限免除主義の実行がより深く浸透するまで冷却期間も置きつつ，国家の定義，商業的取引の商業性の決定基準，国家企業に関連した国家の責任と免除の相互関係，雇用契約紛争における免除と非免除の範囲，強制的措置からの免除など 5 つの実体問題についてさらに制限免除主義を徹底させる試みがなされた。この結果制限免除主義を主導してきた英米諸国が各国の制限免除主義の採用によって雇用契約紛争等において逆に海外で国家免除を否定されるケースが増大し，自国の主権的行為については免除を維持する必要が生じるなど防御を迫られる現象も見られるようになった。一定の相互主義の均衡ともいえる状況の出現と，2000 年代になると何よりもグローバリゼーションの進展による地球規模での国際取引の拡大が個別国家による無規律な国家実行の形成ではなく商業的取引に予見可能性を与えるようなより明確な統一的基準を求めるようになっていた。この状況下遂に第 6 委員会において諸国の政治的決断によって 5 つの主要問題に妥協がはかられ，2004 年に国連国家免除条約が採択された。足掛け 28 年に及ぶ長期の国際「法典化」作業ではあったが，制限免除主義に基づく「法典化」の機がある意味で熟したといえるのかもしれない。

---

(159)　飛澤知行・前掲書（前掲注 79）52 頁。

第2部　1990年代以降における国際法委員会の具体的成果

　さて貸金請求権事件の日本の最高裁判決も指摘するように国連国家免除条約は，制限免除主義を採用した条約である。従来制限免除主義を採用してきた多くの諸国では，免除か非免除かの区別は，国家の行為を主権的行為と業務管理的行為に区別することによって，前者には国家免除を認め後者にはこれを否定するという形で，まずは国内裁判の個別事例を通じて先例が積み重ねられてきた。しかし，主権的行為と業務管理的行為の区分という抽象的基準では免除及び非免除の境界領域について十分な予見可能性を欠いており，経済取引や国際交流の急速な進展に対応するいっそう明確な基準が必要だという認識から，欧州国家免除条約並びに英国及び米国の主権又は外国国家免除法にならった非免除のケースを列挙したより普遍的な条文草案がめざされた。国連国家免除条約は，第5条で国家免除を基本原則に設定するが，国家の明示又は黙示の同意がある場合（第7～9条）に加えて8種類の紛争につき国の免除を認めず，それらの紛争が非免除又はその例外として免除となる範囲及び要件を具体的に定め，さらに国家財産の強制措置からの免除及び非免除についても具体的な規定を設けた。3で見たように，これらの規定は次のような性格をもつ。

　第1に，不動産又は商業的取引のように絶対免除主義の下でも非免除が認められ又は制限免除主義のもっとも典型的な例として多数の国家実行が集積しつつあった分野では国連条約の関係条文の規定は，これらの国家実行を反映したILC規程にいう狭義の法典化と呼べる規定だといってよいかもしれない。しかし他方では，例えば雇用契約にしても不法行為にしても少なくとも第1読の段階では，これらの紛争における国家の免除又は非免除についての国家実行は未だごく限られた事例があるに過ぎなかった。8種類の非免除に関する諸条項及び強制措置に関する規定は，その相当部分が国際法の漸進的発達の部類に属す規定だと言って過言ではないだろう。ILCの1991年註解も商業的取引については国内法規定に加えて豊富な国内判例を例示するが，他の諸条項については制限免除主義を示す国内判例はそれほど多くなく，上記5つの実体問題については1999年のILC作業部会の方で91年以降の国家実行の発展が一定程度認識できるぐらいである。

　しかし第2にILCは，国家実行の将来的展開の方向性を示すため，数少ない先例とともに，関係する紛争において非免除が望ましい正当化根拠を註解の中で力説した。国家又は国家財産というだけで免除を認めていた絶対免除主義と

異なり，制限免除主義の下では免除を肯定又は否定する際に国家の主権的活動を妨げない又は免除若しくは非免除によって守られ若しくは失われる国の利益と比較衡量される価値又は利益が問題となる。この点，主権的行為と業務管理的行為という国家の行為の伝統的かつ単純な二分論は商業的取引の非免除を正当化する根拠としては合理的なものであるが，すべての非免除の場合に妥当する論拠では必ずしもなくなってきている。

　商業的取引の場合にも，取引又は契約の相手方である私人の保護，取引の安全，あるいは，私的自治又は当事者の平等を保障することが取引のスムーズな発展を保障するという考え方に基づいて国の免除が否定された。また，取引又は契約の商業的性質の決定基準については，行為性質説と行為目的説に関する従来の論争にも規定されて，国連条約第2条2項はごく例外的な場合に目的が考慮される余地を残したが，基本的には専ら取引・契約の性質に従って決定されることを定めた。しかし日本の貸金請求事件最高裁判決が判示したように，もっぱら性質基準に従って取引等の商業性を決定しても，なお請求目的等により外国の主権行為を妨げる「特段の事情」が認められる場合には，免除が復活するという実行が残る余地が残されている。他方，不動産の非免除は，不動産に対する不動産所在地国の領域主権にその根拠が求められているから，領域主権との関係で，不動産を直接の目的とする訴訟か否かあるいは外国国家の主権的行為を妨げるか否かが問題とされてきた。また不法行為の免除・非免除は国家の不法行為により身体又は財産に侵害を受けた個人の救済の必要性，並びに，不法行為地国の法の適用が実際的であり最適の便宜法廷が不法行為地国裁判所にある点に根拠が求められている。ここでは商業的取引と異なり原因行為が国の主権的行為か否かは区別されないが，この点についてはなお伝統的二分論に依拠して主権的行為から生じた損害賠償請求には免除が適用されるべきだという議論がある。個人の救済を主要な目的とするのか不法行為地国裁判所の優位性を主要な根拠とするのかによっても非免除となる不法行為の範囲が異なりうる。さらに雇用契約の場合，外国の雇用国の主権的行為の保護の要請と受入国の労働・社会保障法制の実施の必要という2国の利益の抵触の中で免除の範囲について微妙な妥協がはかられている。国連条約はこうしたさまざまの利益衡量に関して商業的取引，雇用契約，不動産，不法行為のそれぞれにつき一定の判断基準を示したが，なお条文の解釈適用につき見解の分かれる可能性を残し

ている部分がある。

　第3に，ハフナーが指摘するように，国連条約は国家の主権的行為と業務管理的行為の区分を主要なテーマとする20世紀の制限免除主義に関する広義の「法典化」条約ではあるが，重大な基本的人権の侵害に対する免除の否定といった1999年ILC作業部会が指摘した問題には応えていないという点で革新的テキストとは言えないかもしれない[160]。クウェートでの拷問行為に対する損害賠償請求につき英国裁判所がクウェートに裁判権免除を認めたことが欧州人権条約第6条の裁判を受ける権利の侵害に当たるかが争われたアル・アドサニ事件欧州人権裁判所2001年判決は，ILC1999年報告書に考慮を払いつつも，「拷問禁止の圧倒的重要性に対する認識の深まりに留意しつつも，それだから法廷国外でなされた拷問に関して国家は免除を享有しないという命題が国際法上受け容れられたということが確立しているとは認定しない」と判示した[161]。しかし9対8という僅差のこの判決には，6人の判事の「拷問禁止に関する強行規範と国家免除規則との相互作用により，国家免除という手続的障害は，国家免除規則が階層的に高次の規則に抵触するためにいかなる法的効果も有しないから自動的に取り除かれる」という共同反対意見が付されていた[162]。ここでは免除によって保護すべき国家の権利と個人の裁判を受ける人権の保護という国際法規範同士の抵触という問題が提起されており，しかも強行規範に違反する人権侵害の賠償請求にどのような地位を与えるかという規範の階層性の問題も同時に提起されている。現在の国連条約では多数意見が述べたように法廷地国外の不法行為については非免除規則の適用がなく，その場合第5条の免除原則が適用されるということになるのかもしれない。しかし，法廷地国外であるか否かを問わず国際法の強行規範に違反する不法行為に関する請求については非免除は認められないという新しい規則が生成する可能性がないとはいえない。現在の国連条約は，この条約で規律されていない問題については引き続き一般国際法が規律する旨を前文で規定するが，上記のような問題も国連条約前文が吸

---

[160] Gerhard Hafner & Ulrike Köhler, *supra* note 1, p.48.
[161] Al-Adsani v. The United Kingdom (35763/97), European Court of Human Rights, Judgment (Grand Chamber), Nov.21,2001, *Reports of Judgment and Decisions of the European Court of Human Rights,* (2001-XI), p.103, para.66.
[162] *Ibid.,* p.112, para. 3 .

収する柔軟な構造を国連条約が備えているのかは注視していく必要があろう。

　最後に，国連国家免除条約は，現在11カ国が批准又は受諾しているが（2011年1月末現在），30カ国に達して効力発生するには今しばらく時間が必要であろう。国連条約が採択された際に諸国代表は，この条約が国際法の一層の法典化と漸進的発達に貢献し，国内法に対する強固な基礎を提供するとともに国家実行に調和をもたらすことを期待した[163]。近年ドイツは，ドイツ帝国による国際人道法違反を根拠とするドイツ連邦共和国に対する民事請求を許容し及びドイツの非商業的な国家財産に強制措置を認めたことでイタリアはドイツの裁判権免除に違反したとしてイタリアをICJに提訴した。国連条約の効力発生以前に国内裁判所で扱われた事件で，しかも国連条約の対象外とされている軍事活動から生じた民事請求に関する事件であるため，この事件で不法行為に関係する部分で条約規定が直接援用されることはあるまい。もっとも強制措置についてはドイツ及びイタリアが締約国となっていない国連条約が直接援用されることはないにしても国際法規の内容を検討するうえで参照されることはありうる。これまでも効力発生していない法典化条約がICJによって慣習国際法規の証拠として援用されたことはある。こうしたことも含めて，国連国家免除条約が広義の「法典化」条約としてどのような地位を占めていくかは，今後の国家実行及びICJ等の扱いにかかっているといえよう。

---

[163]　See UN Doc., A/C. 6 /59/SR.13, pp. 7-11. See also, Eileen Denza, The 2005 UN Convention on State Immunity in Perspective, *International and Comparative Law Quarterly*, Vol.55（2006）, pp.395-398; Hazel Fox, In Defence of State Immunity: Why the UN Convention on State Immunity is Important, *ibid.*, pp. 399-406; Richard Gardner, UN Convention on State Immunity: Forum and Function, *ibid.*, pp.407-410; Hazel Fox, *supra* note 70, pp.408-412.

第20章　国際刑事裁判所規程

洪　恵子

1　はじめに
2　1990年までの実行
3　1990年代における飛躍的な進展
4　おわりに

1　はじめに

　本稿は国際刑事裁判所規程に関する国際法委員会の作業を概観し，国際刑事管轄権 (international criminal jurisdiction) の発展に対する国際法委員会の役割を確認し，評価することを目的とする。国際刑事裁判所規程に関する作業は，国際法委員会の設置直後から取り組まれたトピックの一つであり，そもそもは人類の平和と安全に対する罪の法典案 (Code of Crimes (Offences) against the Peace and Security of Mankind) [1] のトピックに付随するものとして構想された[2]。ところが作業を開始して間もなく，停滞期に入り，しかし1990年を境に独自に急速な展開を遂げ，1994年に国際法委員会による国際刑事裁判所規程案（最終草案）が国連総会（総会）に送られたのち，わずかその4年後の1998年にはローマにおける外交会議において，国際刑事裁判所規程が正式な国際条約として締結された (The Rome Statute of the International Criminal Court, 以下，ローマ規程) [3]。さらにその4年後の2002年にローマ規程は必要な批准数を得て発効し，日本も2007年に加入した。2011年1月現在，国際刑事裁判所 (International Criminal

---

[1] 1987年12月7日の決議 (42/151) によって，トピックの名称のなかの英語のOffences は Crimes に変更された。
[2] Arthur Watts, The International Law Commission 1948-1998, Volume Ⅱ (Oxford UP, 1999), p.1448.
[3] 本稿では国際刑事管轄権を行使する国際組織を国際刑事裁判所と呼ぶが，特にローマ規程に基づいて設立された国際刑事裁判所を示す場合は ICC と表記する。

第 2 部　1990 年代以降における国際法委員会の具体的成果

Court, ICC）には 3 カ国（ウガンダ，コンゴ民主共和国，中央アフリカ共和国）が事態（situation）を付託しており，また国連安全保障理事会が非締約国のスーダンの事態を付託している。さらにケニアについて検察官の自己の発意による（proprio motu）捜査が許可されている。2010 年にはローマ会議では未決であった侵略犯罪（Crime of Aggression）に関する定義と ICC が管轄権を行使する条件についても合意が成立した[4]。侵略の問題が国際法委員会の作業を結局およそ 40 年中断させる要因を作ったことを想起すれば，国際刑事管轄権[5]の発展は今，一つの頂点を迎えているといっても過言ではないだろう。このように国際法委員会の作業の中でも，とりわけ国際刑事裁判所規程に関する作業は特筆すべき成功として位置づけられると思われる。

　ところで個人を国際法上の犯罪について処罰するための国際裁判所（国際刑事管轄権）という観念自体は古くから議論されてきたのであるが，実定法上の概念として発展するのは第一次世界大戦後からである[6]。その後，ICC の設立に至るまで，さまざまな提案がなされ，また国家実行の試行錯誤が続いてきた[7]。

---

[4]　2010 年に行われたローマ規程の検討会議については，岡野正敬「国際刑事裁判所ローマ規程検討会議の結果について」国際法外交雑誌第 109 巻第 2 号（2010）74 - 98 頁，竹村仁美「国際刑事裁判所規程検討会議の成果及び今後の課題」法学論集（九州国際大学）第 17 巻第 2 号（2010）1 - 42 頁。

[5]　本稿では国際刑事管轄権（international criminal jurisdiction）は個人に関する国際法上の刑事管轄権を示すものとして理解し，文脈によっては（個人に関する刑事管轄権を持つ国際組織としての）国際刑事裁判所と訳す。なお個人の国際法上の刑事責任を問うためには必ず国際組織である国際刑事裁判所の設置が必要とはいえない。国際法上の規範を国内法が受容して，その国内法を適用して個人を処罰する場合も，国際刑事管轄権が行使されていると見ることもできる（「国際刑事裁判管轄の分担」）。山本草二『国際法』（有斐閣，1994）541 - 542 頁。しかし本稿の検討の対象は国際組織としての国際刑事裁判所であるため，国際刑事管轄権（裁判権）という用語を上記のように狭義に理解し，使用することとする。

[6]　国際的な刑事裁判所を設立しようという考え方自体はそれほど新しいものではなく，論者によっては 1474 年に神聖ローマ帝国の Breisach で行われた Peter Von Hagenbush の裁判が最初の国際的軍事裁判所であるという。しかし正式な国際条約において個人の国際刑事裁判が定められたのは，第一次世界大戦後のヴェルサイユ平和条約が初めてといってよいであろう。M. Cherif Bassiouni, A Draft International Criminal Code and Draft Statute for an International Criminal Tribunal (Nijhoff, 1987), pp. 1-20.

[7]　Benjamin B. Ferencz, International Criminal Court, R. Bernhardt (ed. By), Encyclopedia of Public International Law, 2003, pp. 99-101.

〔洪　恵子〕　　　　　　　　　　　　　　第 20 章　国際刑事裁判所規程

国際組織における法の定立作業に限っても，すでに国際連盟の枠組みの中で国際刑事裁判所の設立に関して議論が行われたことは先行研究に詳しい[8]。ではそうした諸先例に比して国際法委員会の作業にはどのような特徴があったのだろうか。

以下では国際法委員会における国際刑事裁判所規程に関する作業の分岐点となった 1990 年を区切りとして，まず 1990 年までの実行を検討する（2）。次に 1990 年代以降の進展を確認する。その際には特に国際刑事裁判所概念の根本にかかわり，実際の起草過程でも最も大きな対立点であった裁判所の管轄権に関する諸規定案を具体的に紹介する（3）。こうした検討を踏まえて，最後に国際刑事管轄権の発展に対する国際法委員会の役割とその特徴を考察する（4）。

2　1990 年までの実行

(1)　1947 年国連総会決議とニュルンベルグ原則

第二次世界大戦が終了したのち，ドイツおよび日本の戦争指導者に対して国際的な刑事（軍事）裁判が行われた（ドイツについて国際軍事裁判所（International Military Tribunal, IMT）および日本について極東国際軍事裁判所（International Military Tribunal for the Far East, IMTFE）[9]。これらの裁判所は両者とも連合国の「ファシズムの侵略と暴虐に対するリアクション」として構想されたものであり[10]，このことを反映して，特に事項的管轄権の対象とされた犯罪は共通だった。すなわち①平和に対する罪，②戦争犯罪，③人道に対する罪である（ニュルンベルグ裁判所憲章第 6 条，極東国際軍事裁判所条例第 5 条）。しかしとりわけ平和に対する罪，すなわち「侵略戦争または国際条約，協定もしくは保証に違反する戦争の計画，準備，開始もしくは遂行，または以上の行為のいずれかを達成するための共通の計画もしくは共同謀議への関与」[11]については，それ以前の国

---

[8]　山本草二『国際刑事法』（三省堂，1991）96-108 頁。

[9]　国際軍事裁判所の設立根拠は，ドイツについては，1945 年 8 月 8 日に米国・フランス・英国・ソビエト連邦によって締結された「欧州枢軸国の主要戦争犯罪人の訴追と処罰に関する合意」（いわゆるロンドン協定）であり，日本の戦争指導者については，1946 年 1 月 19 日に連合国最高司令官によって発せられた極東国際軍事裁判所憲章（極東国際軍事裁判所条例）を含む極東国際軍事裁判所の設立に関する命令（Proclamation and Charter of the International Tribunal for the Far East）である。

[10]　石本泰雄『国際法の構造転換』（有信堂，1998）139 頁。

第2部　1990年代以降における国際法委員会の具体的成果

際法・国内法でも未知のものであり，事後立法の遡及的な適用であるとの強い批判があった[12]。

このような情勢の中，総会は1946年に決議95(1)を採択して，ニュルンベルグ裁判所憲章と判決によって認識された国際法の諸原則を確認した。その後，国際法の法典化に関する委員会（Committee on the Codification of International Law）にその定式化（すでに国際法上の原則であること自体は総会決議で認められているので，作業はあくまでもそれを定式化すること）を命じたが，国際法委員会が1947年に創設されたので，1947年11月21日の決議（177(II)）によって国際法委員会に対して，(a)ニュルンベルグ裁判所の憲章と判決の中で認識された国際法の原則を定式化すること，(b)人類の平和と安全に対する罪の法典案を準備し，その際に(a)で示された諸原則がどのような位置づけにあるかを明らかにすることを求めたのである。

(a)　ニュルンベルグ原則の定式化

まず(a)ニュルンベルグ裁判所の憲章と判決の中で認識された原則の定式化について，国際法委員会は1949年にその第1会期において予備的考察を行った後，ジャン・スピロプロス（Jean Spiropulos）（ギリシャ）を特別報告者に任命し，翌年には「ニュルンベルグ裁判所の憲章と判決で認識された国際法の諸原則」（Principles of International Law Recognized in the Charter of the Nürnberg Tribunal and in the Judgment of the Tribunal）を総会に報告した。これらは原則（principles）と国際犯罪（crimes）から構成されていた。すなわち①国際法において犯罪を構成する行為を犯した者はそれに対し責任がある，②国内法によって罰則が課せられないということはそれを行った個人に国際法上の責任を免除するものではない，③罪となる行為を行った者は国家元首または国家の責任ある官吏であるという

---

[11]　ニュルンベルグ憲章第6条。ただし極東国際軍事裁判所条例においては侵略戦争の前に「宣戦を布告せる又は布告せざる」という語が挿入されているという違いがある。

[12]　山本・前掲注8，114頁。ただしIMTとIMTFEが *nullum crimen sine lege* 原則に違反したかどうかについては（この原則の国際法上の位置づけの問題も含め）現在もなお決着したとは言えないが，IMTとIMTFEが裁判所として公正さを欠き重大な問題を抱えていたことには一致があるといえる。Antonio Cassese, International Criminal Law, 2nd edition (Oxford UP, 2008), p. 322, Kai Ambos, International Criminal Law at the Crossroads: From Ad Hoc Imposition to a Treaty-Based Universal System, C. Stahn & L. van den Herik (eds.), Future Perspectives on International Criminal Justice (T. M.C. Asser Press, 2010), pp. 161-165.

〔洪　恵子〕

ことによってその責任を免れることはない，④ある者が国家または上官の命令によってそのような行為を行ったとしても，その者に道徳的選択の余地が存した限りは国際法上の責任を免れない，⑤国際法上の犯罪を犯したいかなる人物も事実と法の前に公平な裁判を受ける権利を有する，である[13]。またニュルンベルグ憲章と判決にしたがって国際法上の犯罪を構成すると考えられたのは(i)平和に対する罪　(ii)戦争犯罪　(iii)人道に対する罪であった。なお国際法委員会はこれについてどのような行動がとられるべきかの勧告を総会に対して行わなかった。その後総会はニュルンベルグ原則を各国政府にコメントのために送付し，他方で国際法委員会には人類の平和と安全に対する罪の法典案を作る際にニュルンベルグ原則とそれに対する総会での議論や各国政府の意見を参考にするように求めた[14]。

(b)　人類の平和と安全に対する罪の法典案

前述の 1947 年決議で求められていた(b)人類の平和と安全に対する罪の法典案についても，1949 年に国際法委員会は同じくスピロプロス（Spiropoulos）を特別報告者に任命し，作業を進め，1951 年には人類の平和と安全に対する法典案をコメンタリーとともに総会に提出した。その後この草案は各国政府からのコメントの聴取を経て修正が行われ，1954 年に法典案の最終草案が国際法委員会で採択された。なお国際法委員会は総会へ最終草案を提出する際に，これについてどのような行動がとられるべきかどうかについて勧告を行わなかった。これに対して総会は最終草案は侵略の定義の問題と深くかかわる問題を提起していること，またこれについては特別委員会（Special Committee）に報告を求めていることに留意すると判断した。つまりこの判断によって侵略の定義に関して一定の解決が見られるまで，人類の平和と安全に対する罪の法典案作業は事実上，中断させられることになったのである[15]。

---

[13]　小木曽本雄「国連による人類の平和と安全に対する罪の法典化の作業」『東海法学』9 号 (1993) 49 - 51 頁。なお(i)〜(iii)については共犯も国際法上の犯罪であると定めている（Principle Ⅶ）.

[14]　Arthur Watts, The International Law Commission 1948-1998, Volume Ⅲ (Oxford UP , 1999) , pp. 1657-1658.

[15]　Watts, supra (n. 13), pp. 1669-1670.

(2) 国際刑事管轄権に関する作業

上に見たとおり，1947年総会は国際法委員会に人類の平和と安全に対する罪の法典案を準備するように要請したが，翌年1948年12月9日には決議260B(Ⅲ)を採択して，「集団殺害犯罪（genocide）または条約によってそれに対する管轄権が司法機関に与えられる他の犯罪に関して容疑のかかる人の裁判のために国際的な司法機関を設立することの望ましさ（desirability）と可能性（possibility）を検討すること，またその検討の際に国際司法裁判所の中に刑事法廷を設立する可能に注意を払うように」要請した。そこで国際法委員会は国際刑事管轄権のトピックの作業に関して，1949年6月二人の特別報告者，エミル・サンドストラム（Emil Sandström）（スウェーデン）とリッカルド・アルファロ（Ricardo J. Alfaro）（パナマ）を任命した。彼らの報告書を検討したうえで，1950年の国際法委員会としての結論（報告）を総会へ提出した。特別報告者の報告書からは，この時代，国際刑事管轄権・国際刑事裁判所概念がまだ非常に抽象的に議論されていたことが見てとれるが，二つの報告書に表れている国際刑事裁判所概念は，その後も国際刑事管轄権に関する議論が行われる場合にはほとんど必ずと言ってよいほど繰り返されるいわば原理的問題点を提供していると思われるので，以下，その考え方を紹介しておこう。

(a) 特別報告者サンドストラムの報告

彼は検討の順序として，まず可能性（possibility）の問題から始めている。

特定の国家グループが国連の枠組みの外に国際的な刑事裁判所を設立するというのは可能であるし，その望ましさについてもそれらの国家が考えれば良いことであるので，問題は国際刑事裁判所を国連憲章の枠組みの中で設立する場合である。国連憲章の規定に従えば，国際刑事裁判所を国連の主要機関として設立するためには国連憲章の改正が必要で，他方で補助機関として設立するためには国連憲章の改正は必要ない。何が主要機関で何が補助機関であるかを決定するのは困難だが，国際司法裁判所からの類推を考えれば国際刑事裁判所も主要機関になるべきものとして考察すべきだろう。そうだとすればこれには総会の3分の2の多数と安全保障理事会の常任理事国すべての賛成が必要である。国際刑事裁判所を国際司法裁判所の刑事法廷として設立する場合も憲章の改正が必要であり，同じ多数決のルールが適用され，つまり拒否権の適用がある。さらに国際司法機関の刑事裁判に関する管轄権が加盟国に対してどの程度拘束

力があるのかも考えなければならない。国際裁判所の管轄権を強制的なものにする立法的権限は国連総会には与えられておらず、管轄権は加盟国の受諾にかかっていると考えるべきである[16]。

そのうえで次に望ましさ（desirability）の問題を考えてみると、もちろん二つの世界大戦を経て、そのような要請が存在することは疑いない。しかし国際刑事管轄権の発展の道筋は国内刑事管轄権の発展の過程から類推するべきであり、そうだとすれば、国家の領域内において行使される国家による刑事管轄権の行使は国内社会における長い時間をかけた国家主権の発展があって初めて可能になったことを忘れてはいけない。近代国家における犯罪の鎮圧（repression）とは、(a)何が犯罪であり刑罰であるかを定義する刑法、(b)裁判所での審理と有罪・無罪、刑罰の認定、(c)容疑者を裁判所に出廷させるため、また刑の執行のための組織が存在する、という諸要素からなるプロセスである。これらを国際犯罪について考えてみると、まず何が国際犯罪であるかを定義する法については、国内のように法を立法する機関は国際社会にはないが、条約や慣習法に基づいて確保することができる。次にたとえ国際刑事裁判所が設立されたとしても、国家が犯罪の取り締まりは国家の排他的管轄権内にあると考える場合に、実際の事件について権限を行使できるかどうかは明らかではない。さらに容疑者を裁判所に出頭させる、また判決を執行する活動について考えると、まずこのための国際組織は存在しない。確かに理論上は国連憲章を改正して必要な制度を作ることはできるかもしれないが、どのようにそれを制度化し、また誰が警察官の役割を引き受けるのかといった問題は困難である[17]。

このように考えてくると、国際刑事裁判所を設立することは国連憲章などの規定の改正によって可能ではあるが、そのためには特別多数決が必要であり、安全保障理事会の常任理事国の拒否権の適用もありうる。確かに今日、慣習国際刑事法のルールは存在しているので、その限りで管轄権が存在しているが、それ以外には裁判所の管轄権は条約によって与えられているものについて扱うことに制限されるだろう。さらにこの裁判所の権限は管轄権に同意した国にの

---

[16] Question of International Criminal Jurisdiction, Report by Emil Sandström, Document A/CN. 4 /20, Yearbook of the International Law Commission, Vol. II, 1950, pp.18-20.
[17] Ibid., pp.20-22.

み及ぶ。裁判所への出廷や判決の執行を強制する組織はないし、そのような組織を設立することは困難であるように思われる。したがって国際刑事裁判所の活動は場当たり的にならざるを得ず、また容疑者がいつも確保されるとは限らず、それによって裁判所が恣意的に活動しているという印象を与えるだろう。その結果、抑止効果はほとんどなくあっても疑わしい[18]。

(b) 特別報告者アルファロの報告

彼は国際刑事管轄権に関する学説・国家実行の進展を第一次世界大戦から振り返って詳しく検討し、また国際刑事管轄権が対象とすべき国際法上の犯罪の概念についても検討を行っている。そのうえで、彼は（サンドストラウムとは逆に）望ましさ（desirability）から検討を始めている。

彼は望ましさについては極めて簡潔に答えを出している。つまり自らの報告書で詳しく検討した通り、30年以上にわたって様々な国家実行、研究、提案、勧告、計画、決定などによって国際刑事管轄権という観念が発展してきたことが明らかである。国際刑事管轄権は諸政府、諸機関、諸会議、法律家、政治家、文筆家の熱望の対象であった[19]。

次に可能性（possibility）の問題を検討する。国際刑事裁判所を設立することは可能であり、先例もある。1937年にテロの容疑者の裁判のために構想された国際裁判所を設立する条約もあるし、また第二次世界大戦後の国際軍事裁判所、極東国際軍事裁判所は機能し、その任務を十分に果たした。ところで常設的な国際刑事裁判所の設立に対する反対論として検討に値するのは主権の問題である。確かに国家が自国の刑事裁判権を放棄して、外部の裁判所に自国の国民を引き渡す義務を負うというのは伝統的な主権の原則に反するかもしれない。しかし一定の犯罪は政府や政府の代表の人物によって行われる。それらの人々は自国の裁判所では裁判にかけられないのだから、国際裁判所のみが適切にそれらの国際犯罪を処罰することができる。したがって、平和に対する罪、戦争犯罪、人道に対する罪および集団殺害犯罪に関しては国際裁判所が本質的に不可欠なのである。さらにはそもそも絶対的な主権概念も、国連が発足した今日の

---

[18] Ibid., 22-23.
[19] Question of International Criminal Jurisdiction, Report by Ricardo J. Alfaro, Document A/CN. 4/15, Yearbook of International Law Commission, Vol II, 1950, pp. 1-16.

国際社会では妥当基盤を欠くようになっているのであり，国家の主権は国際法の優位に服するものなのである[20]。

最後に国際司法裁判所に刑事法廷を創設するという案については，これまでも提案されてきた案であるし，国際司法裁判所規程を個人をその管轄権の対象とできるように改正すれば，肯定できる[21]。

(c) 国際法委員会の結論

これらの特別報告者の報告を検討して，国際法委員会では国際刑事裁判所の設立は困難であるという意見と困難であるとしても不可能ではないという意見の対立が見られた。さらに国際法委員会の任務は付託された問題の法的・技術的（専門的）問題を検討することであって，政治的な問題を考える必要はないのではないかといった意見も見られたようである[22]。結局，国際法委員会は賛成8反対1棄権2で，集団殺害犯罪または条約によってそれに対する管轄権が司法機関に与えられる他の犯罪に関して個人を処罰するための国際的な司法機関の設立は望ましい，賛成7反対3棄権1で，そうした国際的な司法機関の設立は可能であるという結論に達した。また国際司法裁判所に新しい刑事法廷を作るという考えは，国際司法裁判所規程の改正をすれば可能であると考えるが，しかし国際法委員会としては勧告しないと結論した[23]。

(d) 総会の対応

国際法委員会の報告を受けた総会は，1950年に国際刑事裁判所を設立する特定の提案を準備する委員会を設置した[24]。その後，1952年にさらに新しい委員会を設立した[25]。しかし1954年に侵略の定義と人類の平和と安全に対する犯罪の法典案に関してさらなる進展がみられるまで問題の検討を延期することを決定した[26]。

---

[20] Ibid., pp.16-17.

[21] Ibid., p.17.

[22] Report of the International Law Commission to the General Assembly, Document A/1316, Yearbook of International Law Commission, Vol. II, 1950, pp. 378-379.

[23] Ibid.

[24] GA Res. 489(v), of 12 December, 1950.

[25] GA Res. 687(IVV), of 5 December 1952.

[26] Watts, supra (n.2), p. 1448.

第2部　1990年代以降における国際法委員会の具体的成果

3　1990年代における飛躍的な進展

(1)　国際法委員会の作業の過程と成果

(a)　国際法委員会の作業の再開

　前章で示した通り，国際刑事管轄権に関する国際法委員会の作業は，人類の平和と安全に対する罪の法典案と同様に，総会における侵略犯罪の定義の採択まで，いわば作業が中断させられていた。侵略の定義は1974年にようやく総会決議として採択されたが，そのことがただちに国際法委員会の国際刑事管轄権に関する作業の再開を意味せず，国際法委員会がこの作業に再び実質的に着手するのは，1990年になってのことである。すなわち，1990年に総会は国際刑事管轄権に関して決議を採択して，国際法委員会に対して人類の平和と安全に対する罪の法典案に関する作業の枠組みの中で，その報告書の中で国際刑事裁判所の設立に関する法的争点をさらに検討することを要請した[27]。これを契機として，国際刑事管轄権に関する国際法委員会の作業は一気に進展することになるのである。

　ところで人類の平和と安全に対する罪の法典化に関する作業は，1981年に再開され，1983年にはドゥドゥ・チアム（Doudou Thiam）を特別報告者に任命して彼によって報告書が国際法委員会に提出されていた。上記の1990年総会決議を受けて，1992年（第44会期）に国際法委員会は特別報告者チアムによる人類の平和と安全に対する罪の法典化草案の第10報告書の検討を行ったが，さらに重要なことは，国際法委員会はこの時点から，特別報告者の報告書の検討，その後の全体会合での審議といった通常の手続きを修正して，総会から付託された問題を検討するための作業部会（Working Group）を設置した。こののち，国際刑事裁判所規程の草案作りの実質的主役はこの作業部会となった[28]。

　さらにもう一つこの時点の国際法委員会の活動で重要であるのは，人類の平和と安全に対する罪の法典案作業との関係について，一つの区切りをつけたことがあげられる。はじめに述べたとおり，そもそも国際刑事管轄権に関する作業は人類の平和と安全に対する法典案作業に付随して登場し，両者は関連付け

---

[27]　GA Res. 45/41, of 28 November 1990, GA Res. 46/45, of 9 December 1991.

[28]　James Crawford, The ILC's Draft Statute for an International Criminal Tribunal, AJIL vol. 88 (1994), p.140-152.

られて歩みを進めてきた。しかし人類の平和と安全に対する罪の法典案作業は早期に決着する見込みはなかった。他方で国際法上の犯罪に関する国際法はこの枠組みを超えて発展しており，その進展をどう考えるかという問題もあった。そこで1992年に国際法委員会は人類の平和と安全に対する罪の法典案作業とは原則として区別された国際刑事裁判所規程草案を作成することができるかどうか，新たな任務（mandate）を総会に求めることにした。これに対して，総会は作業部会の報告に基づいて国際刑事裁判所規程草案の作成を優先して（a matter of priority）進めるようにと決議した[29]。

(b) 国際法委員会における1993年草案・最終草案の採択

1993年（第45会期）において，国連の要請にかんがみ，国際刑事裁判所規程草案に関する審議に優先度が与えられ，作業部会において集中的に審議が行われ，その了承を得た規程草案が提出され，これが総会（第六委員会）へ参考として報告された（1993年草案）。翌年1994年にはこの草案，この草案に対する各国政府より提出されたコメント，総会第六委員会における討議の内容などを基礎として，また優先的に国際刑事裁判所規程の審議が進められた[30]。その結果，国際刑事裁判所規程に関する国際法委員会の最終草案（ILC最終草案）とそのコメンタリーが採択された。国際法委員会は，総会に対して同規程草案を検討し，国際刑事裁判所設立条約を締結するための外交会議を開催するよう勧告した[31]。

(2) 各草案の特徴

この節では1993年草案とILC草案の具体的な条文案を管轄権に関する議論を中心に紹介することにしたい。

(a) 1993年草案[32]

作業部会は草案の審議に際して，次の諸文書を参照した。前会期における作業部会の報告，チアムの人類の平和と安全に対する罪の法典案に関する第11

---

[29] GA Res.47/33, of 25 November 1992.
[30] 議論の詳細について山田中正「国際法委員会第45会期の審議概要」『国際法外交雑誌』92巻第6号（1994年）43-52頁，同「国際法委員会第46会期の審議概要」『国際法外交雑誌』第94巻第2号（1995年）71-106頁。
[31] Document A/49/10, Report of the International Law Commission on the work of its forty-sixth session (2 May-22 July 1994), Yearbook of International Law Commission, Vol. II, pt. 2, 1994, pp. 25-26.

第 2 部　1990 年代以降における国際法委員会の具体的成果

報告書，各国政府からの作業部会報告に対するコメント，総会第六委員会での審議の概要，安保理決議 808 に関する事務総長報告，事務局によって準備された国連または他の公的・私的団体による検討の総括である。1993 年草案は 7 つの部 65 カ条から構成されている。すなわち第一部裁判所（tribunal）[33]の設立と構成，第二部管轄権と適用法規，第三部捜査と訴追の開始，第四部裁判手続き，第五部上訴と再審，第六部国際協力と司法共助，第七部刑罰の執行である。

第二部管轄権と適用法規には，条約によって定義される犯罪のリスト（第 22 条），第 22 条に列挙された犯罪に対する管轄権の国家による受諾（第 23 条），第 22 条に関する裁判所の管轄権（第 24 条），安全保障理事会による裁判所への事件の付託（第 25 条），第 22 条によって含まれない事件における管轄権の国家による特別の受諾（第 26 条），侵略犯罪に関する訴追（charge）（第 27 条），適用法規（第 28 条）の各条文草案が含まれる。まず第 22 条は事項的管轄権の対象を規定する。すなわち(a)集団殺害犯罪，(b) 1949 年ジュネーヴ条約および 1977 年追加第一議定書の重大な違反（grave breaches），(c)航空機の不法奪取，(d)航空機に対する不法行為，(e)アパルトヘイト，(f)外交官保護条約違反の犯罪，(g)人質の奪取，(h)海上の安全に対する不法行為禁止条約違反の犯罪である。次に第 23 条では第 22 条に列挙される犯罪に対する管轄権の国家の受諾について規定しているが，ここでは 3 つの選択肢が提示されている。第一（Alternative A）は締約国は宣言によって，第 22 条に列挙される犯罪の中から国際刑事裁判所の管轄権を認める犯罪を特定して受諾することができるとしている（いわゆる opt-in 方式）。第二（Alternative B）は締約国はもし第 22 条に列挙される諸条約の当事国でもある場合，宣言を行わなければ，国際刑事裁判所の管轄権を受諾しているとみなされる（いわゆる opt-out 方式）。第三（Alternative C）は締約国は宣言によって裁判所の管轄権を受諾するが，特に示さない限り，その宣言は第 22 条に列挙されたすべての犯罪に関するものとみなされる。第一の選択肢は国際刑事裁判所規程の締約国であるということと裁判所の管轄権を認めるということを切り

---

[32] Document a/48/10, Report of the International Law Commission on the work of its forty-fifth session （3 May-23 July 1993）, Report of the Working Group on a Draft Statute for an International Criminal Court, Yearbook of the International Law Commission, Vol. II, pt. 2, 1993, pp.101-132.

[33] 1993 年草案では国際刑事裁判所を Tribunal とし，その中の裁判部を Court と表現していた（第 5 条）。

離して考えているところに特徴がある。つまり国際刑事裁判所が管轄権を行使する場合にはそのための明示的な国家の同意が必要であると考えることになる。これに対して，第二の選択肢は逆に国際刑事裁判所規程の締約国であるということはすなわち国際刑事裁判所の管轄権を認めていると考えているところに特徴がある。第三の選択肢は国際刑事裁判所規程の締約国の立場と国際刑事裁判所の管轄権行使に対する同意を切り離さない点では第二の選択肢に近い。

　次の第24条は，第23条に従って一般的に確立した裁判所の管轄権が具体的事件で行使されるための条件を定めるものである。つまり具体的事件に関して，関係条約で刑事管轄権を認められる国家が国際刑事裁判所の管轄権を受諾していなければならないのである。また，もし被疑者が自分の国籍国又は犯罪実行地の領域に所在する場合は，その国の受諾も必要となる。さらに第25条では安全保障理事会から付託された事件に対して管轄権を持つことを定めている。第26条では第22条に含まれていない犯罪（一般国際法に基づく犯罪・条約に基づいて国内法上の犯罪として処罰される犯罪）に関して，犯罪発生国などの国家による特別な受諾によって国際刑事裁判所の管轄権が発生することを定めている。すでに第22条で国際刑事裁判所の事項的管轄権の対象が定められたように見えるが，しかし実際には条約上の犯罪に限るという立場と一般国際法上の国際犯罪も対象とすべきとする立場の対立が解消しておらず，さらに同じく条約によって定義される犯罪の中にも，航空機の不法奪取のように国際社会の法益を侵害する国際法上の犯罪と国内法上の犯罪であるがその重大性のゆえに抑圧に国際協力を求める条約犯罪（いわゆる suppression treaties にもとづくもの）は区別すべきであり，国際刑事管轄権の対象は前者に限定すべきという主張もあるところ，これらの対立が解消されず，第26条が準備されたようである[34]。第27条では侵略犯罪に関しては安全保障理事会が侵略行為（act of aggression）の認定を行わない限り，被疑者を侵略犯罪について（a crime of or directly related to an act of aggression）訴追する（charge）ことはできないと定めている。最後に第28条の適用法規は裁判所規程，適用可能な条約と一般国際法のルールと諸原則，さらに補助的法源として国内法の適用可能なルールであると定めている。

---

[34] 山田・前掲注30（第45会期）49頁。

第2部　1990年代以降における国際法委員会の具体的成果

(b)　1994年ILC最終草案[35]

　1994年の国際法委員会（第46会期）においても，国際刑事裁判所規程案の審議に優先権が与えられ，作業部会を中心として作業が続けられた。最終的に採択された規程案（ILC最終草案）は前年の1993年国際法委員会草案に幾つかの重要な変更を加えており，全8部，60条及び付属書から構成されている。すなわち第一部裁判所の設立，第二部裁判所の構成と運営，第三部裁判所の管轄権，第四部捜査と訴追，第五部裁判，第六部上訴と再審，第七部国際協力と司法共助，第八部（刑罰の）執行，であり，付属書には第20条(e)の条約によって犯罪とされるものの一覧が記載されている。ここでも第三部裁判所の管轄権の諸規定を中心に紹介する。

　第三部裁判所の管轄権では，まず第20条で裁判所の管轄権内にある犯罪を定める。すなわち(a)集団殺害犯罪，(b)侵略犯罪，(c)武力紛争の際に適用される法規と慣例の著しい違反，(d)人道に対する犯罪，次に条約規定によって定義される犯罪を(e)付属書に列挙される条約規定に従って犯罪とされ，例外的に国際的関心の重大な犯罪を構成するもの，である。次に第21条で管轄権行使の前提（precondition）を定めている。ここでは集団殺害犯罪とその他の対象犯罪を分けて，集団殺害犯罪に対してのみ国際刑事裁判所規程の締約国になることと犯罪に関する管轄権の受諾を区別せずに，規程の締約国になると，当然に集団殺害犯罪に関する国際刑事裁判所の管轄権行使を受諾したものとみなした（第21条1項(a)）。これに対してその他の犯罪については容疑者の身柄を拘束している国又は犯罪実行地の国が国際刑事裁判所の管轄権行使を受諾していることが必要である（同上同項(b)）。また身柄を拘束している国がすでに犯罪人引渡の請求を受けとっていた場合には，請求が拒否されない限り，その請求国の受諾も必要である（同条2項）。さらに第22条では第21条のための管轄権の受諾の方式について定めている。1993年草案では受諾の方式に関して選択肢が残されていたが，1994年最終草案ではopt-in方式が採用されている。すなわち国際刑事裁判所規程の締約国になることと国際刑事裁判所の管轄権を受諾することを分ける考え方をとったのである。ただし，第23条では安全保障理事会から

---

[35]　Document A/49/10, Report of the International Law Commission on the work of its forty-sixth session（2 May-22 July 1994）, Yearbook of International Law Commission, Vol. II, pt. 2, 1994, pp.26-74.

〔洪　恵子〕　　　　　　　　　　　　　第 20 章　国際刑事裁判所規程

付託される場合は，21 条にかかわらず，管轄権を持つとした。第三部の最後の第 24 条は裁判所は付託された事件については自らの管轄権が存在することを立証する義務があると定めた。

　ILC 最終草案の作業部会の議長をつとめたジェームス・クロフォード（James Crawford）委員によれば，1993 年草案からの主たる変更は次の 5 つの点であった。㈦管轄権に関する諸規定を簡素化，明確化したこと，㈤集団殺害犯罪に関しては，例外的に自動的管轄権を与えた（ipso jure jurisdiction），㈹裁判所の機能は，国際社会全体の関心事である最も重大な犯罪にのみ管轄権を行使し，国内刑事司法体制を補完するものであるとした（complementary to），㈢裁判所と安全保障理事会の関係および裁判所と国内刑事司法体制を明確化した，㈪規程草案は国際人権規約の基準に十分に適合すべきであるとした，㈲裁判所の構造の明確化を図り，裁判官の選挙では刑事裁判の経験と国際法の専門的知見とのバランスを図ることとした，㈭裁判官の選任や規則の策定に関して締約国の役割を明確化し，強化したことであった[36]。これらの修正によって，ILC 最終草案が構想した裁判所は次のような特徴を持つことになった。①常設的な裁判所となるが，大規模な基盤を持つ組織ではなく，裁判官は兼職も可能なる，②条約によって設立される裁判所であるが，国連と緊密な協力関係を持つ，③既存の国際法と条約に基づいて国際的性格を持つ重大な（grave）犯罪に関して明確な管轄権を持つ，④集団殺害犯罪の例外を除いて，管轄権の基礎は国家の受諾にある，⑤既存の国際刑事協力の枠組みに統合されて運営され，機能している体制にとって変わることを企図しない。前文にある通り，裁判所は国際社会全体の関心事である最も重大な犯罪にのみ管轄権を行使することを目的としており，国内裁判手続きが利用できない又は機能していない場合に国内刑事司法体制を補完するものである[37]。

　しかしこれらの条文草案は国際法委員会の内部においても，完全に意見の一致を見たというのではなく，審議の過程では様々な意見が表明されていたことも注意すべきである[38]。

---

[36]　James Crawford, The ILC Adopts a Statute for an International Criminal Court, AJIL, vol. 89 (1995), p.409.
[37]　Ibid., p.410.
[38]　山田・前掲注 30（第 46 会期）65 - 106 頁。

第2部　1990年代以降における国際法委員会の具体的成果

(3) 総会の対応とローマ規程の締結

国際法委員会はILC最終草案を作成後,総会に対して,条約締結のための外交会議を開催することを勧告したことはすでにみたが,総会は,国際法委員会の作業を肯定的に評価したものの,すぐに外交会議の開催準備には着手しなかった[39]。その代わりに,総会はまずすべての国連加盟国に対して開かれた臨時委員会(Ad Hoc Committee)を設立した[40]。ここではILC最終草案をもとに主要実体法上及び運営上の問題を審議し,補完性の原則が維持されるとともに,それまでのILC草案には見られない新しい問題点,たとえば締約国と非締約国の関係や刑法総則の問題,さらには検察官の自己の発意による (*proprio motu*) 捜査・訴追権限の検討が行われた[41]。さらに翌年1995年には総会は準備委員会(Preparatory Committee)を設立した[42]。準備委員会は条約締結会議の審議の際に利用される,広く受け入れ可能な条文案を準備する目的で主要な争点の検討を行った。準備委員会は1995年4月,1996年8月,1997年2月,1997年12月,1998年3月,4月に会合を開き,13部116条からなる条文草案を用意した。総会は1997年に1998年にローマで外交会議を開くことに決め,実際に1998年ローマにおいて外交会議が開かれ,国際刑事裁判所規程(ローマ規程)が採択されたのである。

採択されたローマ規程は最終的に13部128条を有する条約となっていた。ILC最終草案のおよそ2倍の規定数であり,量・質的ともにILC最終草案を進化させたものとなっている。管轄権に関しても,事項的管轄権の対象(対象犯罪),管轄権を行使する前提条件,管轄権行使,事態の国家による付託,検察官の自己の発意による捜査の開始,安全保障理事会による付託・訴追の延期,受理許容性の判断など,複数の次元にさらに問題を分けて細かく規定している。ILC最終草案との大きな相違としては,事項的管轄権の対象から条約上の犯罪が外され,集団殺害犯罪,人道に対する犯罪,戦争犯罪,侵略犯罪を対象とすることとし,さらにそれぞれに詳細な規定を置いたことがあげられる(ローマ規

---

[39] William Schabas, The International Criminal Court: A Commentary on the Rome Statute (Oxford UP, 2010), pp.19-21.

[40] GA Res. 49/53, of 9 December, 1994.

[41] Document A/AC.244/2, Summary of the Proceedings of the Ad Hoc Committee During the Period 3-13 April 1995, para. 25.

[42] GA Res. 50/46, of 11 December 1995.

程第6条から第8条)。また集団殺害犯罪に関しても他の犯罪と同様の管轄権行使のルールが適用されることになったことも注目される。さらに管轄権行使の前提条件について，ローマ規程の締約国になることでICCの管轄権行使を受諾することになり（第12条1項），また犯罪発生地または被疑者の国籍国のどちらかの受諾があれば良いと規定することによって（同条2項），関係国家の受諾のない場合にも（非締約国についても）ICCが管轄権を行使できる道を開いたことは特に注目すべきである。なぜならばこのことは国際法委員会の議論でも解消されなかった問題が再度繰り返されたことを示すからである。つまり国際刑事裁判所の管轄権行使について，どの範囲で国家の受諾が必要かという問題は，その根底には一極に(イ)国際法上の犯罪の審理・処罰のために国際刑事裁判所が存在するのであり，国際刑事裁判所の権限は強く認められるべきで国家の受諾は要件とするべきではないという考え方と，他方の極に(ロ)国際刑事裁判所の管轄権は譲渡された管轄権（ceded jurisdiction）であり，国家による受諾は不可欠であるとする考え方という根本的な意見の相違があり，国際法委員会における議論でもこの対立は顕著だった。確かに国際法委員会の最終草案ではout-inという国家の受諾を重視する(ロ)の考え方に沿うルールが採用されたが，ローマ規程の第12条は(イ)の考え方が再度力を増したともいえるのである。この問題は現在でも文脈を変えて議論されており[43]，このことは国際社会において国際刑事裁判所概念がいまなお共通の理解に達していないことを示しているのである。

---

[43] 最近の侵略犯罪に関する改正を巡って，再びICCの管轄権行使の際にどの範囲で国家の受諾が必要かが大きな焦点となっている。侵略犯罪に関する規定の改正は第121条5項にしたがって行われると決められ，この条文によれば，「改正を受諾していない締約国については…当該締約国の国民によって又は当該締約国の領域内において行われたものについて管轄権を行使してはならない」とする。しかしこれに関しては積極解釈と消極解釈の対立があり，前者によれば，規程締約国である侵略行為国が改正を受諾していなくても，侵略行為の犠牲国が改正を受諾している場合，犠牲国の領域内での行為に関してICCの管轄権行使は認められていると解釈するのである。詳しくは真山全「国際刑事裁判所規程検討会議採択の侵略犯罪関連規定—同意要件普遍化による安保理事会からの独立性確保と選別性極大化—」国際法外交雑誌第109巻第4号（2011）近刊。

第 2 部　1990 年代以降における国際法委員会の具体的成果

4　おわりに

　現在のローマ規程の条文を 1994 年の ILC 最終草案と比べるならば，一見したところ，類似性より相違の方が目立つかもしれない。しかし本稿で検討した通り，ICC の設立までの道筋を第二次世界大戦直後まで遡って振り返るならば，国際法委員会の作業なしには ICC の設立は実現できなかった。したがって国際刑事管轄権の発展に関して，国際法委員会がその裁判所規程草案作成を通じて重要な役割を果たしたことは疑いないと言える。そうだとすれば，なぜ国際法委員会はそのような役割を果たすことができたのだろうか。

　まず国際法委員会の作業それ自体が 1990 年代に入って進展したことの原因は何だったのか。国際法委員会の活動のコメンタリーの中で，ワッツ（Arthur Watts）は国際刑事管轄権に関する国際法委員会作業の進展の要因を二つ挙げている。第一は緊急性が必要だという認識を国際社会一般と一致させてともに働いたという点である。これは特にイラクや旧ユーゴスラビア，ルワンダなどで起こったことから，国際犯罪の実行者の処罰が国際社会が解決しなければならない優先的課題となった政治的諸状況の結果だと言ってよいだろう。さらに安全保障理事会が国連憲章第 7 章に基づいて特設法廷（ad hoc tribunals）を設置したことは，以前は手に負えないと思われていた様々な問題の解決への道を開き，国際法委員会が似たような問題を検討する際のガイドとなったと評価している。第二は，国際法委員会の採用した手続である。国際法委員会は通常の特別報告者の任命という実行を避けて，作業部会で問題を検討したし，同様に，「第一読解」草案の採択のあとに最終的な「第二読解」草案を採択するといった通常のパターンを避けた。これらの手続的装置は総会の要請に迅速に対応することを可能にしたという[44]。またクロフォードも，国際刑事管轄権に関する作業の進展の要因に国際情勢の変化を挙げている[45]。このように国際法委員会の作業が進展したのは，何よりもそれを促す政治状況があったこと，具体的には総会の判断（決議）をきっかけとしていたのであり，その後も総会を通じて各国政府の

---

[44]　Watts, supra（n. 2），p.1450. ただしこの手続きは実質的には通常の手続にほぼ相当するということはワッツも，そして ILC 最終草案の策定の際の作業部会の議長であったクロフォードも同様に認めている。

[45]　Crawford, supra（n.36），pp.405-406.

〔洪　恵子〕

支援を得られたことがきわめて重要であったことが分かる。

　次に国際法委員会の活動の特徴はどこにあったのか。国際刑事管轄権の発展の歴史を振り返れば，この問題に関する理論的な関心は少なくともおよそ100年にわたって続いているといえる。他方で，現実に1998年以前に国際的な刑事裁判所が設立されたのは，何か理論的な法的提案があって，それらの実現として行われたのではなくて，何か重大な犯罪が行われたという事態が先にあって，それへの対応として行われたものばかりであった[46]。換言すれば，国際法委員会が委ねられた（特定の事態に結び付けられるのではない，常設的な）国際刑事管轄権に関する作業という任務は，IMTやIMTFEを実質的には先例とはできない作業であり「ほとんどまったく法典化の要素がなく，法の漸進的発展の要素が圧倒的だった」[47]。もとより国際法委員会に求められているのは理論的整合性・体系性を志向する研究者による検討作業と質的には近いともいえ，また国際法の専門家からなる（国際法委員会規程第2条）国際法委員会はそのような機能を果たすことが期待されていると言える。ただし1990年以降の国際法委員会の作業は1949年に任命された特別報告者に委ねられたような一般的・抽象的な課題ではなくて，具体的に国際裁判所の裁判所規程を作成することが求められていたのである[48]。またその作業の過程ではすでに指摘されている通り，安全保障理事会が設置した特設法廷（ユーゴ国際刑事裁判所ICTYやルワンダ国際裁判所ICTR）などの経験が考察の材料として手元にあったことは注目すべきである[49]。こうした様々な要因があってこそ，史上初の常設的な国際刑事裁判所の設立を可能にしたといえよう。

---

[46] これまで提案されてきた国際刑事管轄権の諸類型については，拙稿「グローバリゼーションと刑事司法―補完性の原則からみた国際刑事裁判所（ICC）の意義と限界―」世界法年報第24号（2005）109-139頁，「安全保障理事会による刑事裁判所の設置」村瀬信也編『国連安保理の機能変化』（東信堂，2009）127-147頁。

[47] Crawford, supra (n.28), p. 405.

[48] Crawford, supra (n.36), p.408.

[49] クロフォードは「安全保障理事会がルワンダ裁判所の創設について審議しているときに，総会の第六委員会は国際法委員会の常設的国際刑事裁判所に関する提案を審議していた」と回想している。Ibid., p. 406. ただし安全保障理事会が裁判所を設立したことへのいわば批判として，条約に基づく常設的な機関がより求められたという意味での特設法廷のICCへの影響も留意すべきだろう。拙稿「国際刑事裁判所の常設性の意義と課題」国際人権第19号（2008）36-41頁。

変革期の国際法委員会　　　　　　　　　　　　　　　　　　　　　　　　　527

第2部　1990年代以降における国際法委員会の具体的成果

　国際法委員会は純然たる学術団体ではなく，その作業においては常に政治的機関（総会（第六委員会），各国政府）との対話が行われる。こうした特徴を持つような同種の機関は存在しない。国際社会が今後も法の支配を重要な価値として求めていくならば，さまざまな分野で国際法上のルールの定立が求められるであろう。国際刑事管轄権の発展に対して国際法委員会が果たした役割が十分認識されて，今後も国際立法において重要な役割を果たすことが望ましいといえよう。

第21章　国籍の国家承継

前田直子

1　はじめに
2　国際法委員会における法典化作業の経緯
3　ILC草案における主要条文および起草過程の議論概要
4　ILC条文草案の意義と評価
5　おわりに

1　はじめに

　冷戦の終結後，中東欧の旧社会主義国家の解体から生じた無国籍者の問題は，それに伴う移民・難民の発生，特定の民族集団の分離政策などの現象を通じて，国際社会において重大な認識をもって受け止められた。

　とりわけ欧州では，バルト沿岸国の独立問題，チェコスロヴァキアの解体など，1990年代から無国籍者への喫緊の対応を迫られる事態が生じ，欧州評議会は，特に政治・社会体制の異なる東欧諸国における重大な人権侵害や少数者保護という喫緊の課題に対応するすべを持たなかったため，民主主義，法の支配，人権尊重の強化を軸に，欧州全域における包括的かつ実効的人権保障システムの発展を目的として，中・東欧諸国との協力政策を開始した[1]。その成果は，少数者枠組み条約（1994年），欧州国籍条約（1997年），国家承継に関連する無国籍の防止に関するヨーロッパ評議会条約（2006年）として現れた。後者二つの条約については，無国籍の防止，各国国籍立法の調和，新国家の国籍法レジーム形成を目的として，国籍問題に包括的に取り組む法的文書となった[2]。

　こうした欧州地域の取り組みと時期を同じくして，国連国際法委員会（以下，

---

[1]　小畑郁「欧州審議会の人権保障活動と中・東欧」『外国語研究』（神戸市外国語大学）第32号（1995年）107-122頁。

第 2 部　1990 年代以降における国際法委員会の具体的成果

ILC）においても，中東欧の国家再編の動きの中で生まれた無国籍者の増加問題をうけ，国家承継が国籍に与える影響についての問題が，議題として取り上げられることとなった。ILC の法典化作業の成果であった「国の財産，公文書及び責務についての国家承継に関するウィーン条約」（1983 年）第 6 条は，個人の権利・義務に対する国家承継の影響については何も定めておらず[3]，国家承継という枠組みの中で，すべての権利享受の前提である国籍について定めた新しい法的文書が必要とされた。

1994 年第 46 会期での特別報告者の任命に始まる ILC での実質的な法典化作業は，1999 年に第 2 読を経て上程された「国家承継における自然人の国籍の扱いに関する条文草案」（Text of the draft articles on nationality of natural persons in relation to the succession of States adopted by the Commission）が，同年の第 55 回国連総会において決議の付属（Annex）として採択されたことをもって終了した。

ILC における条文草案の第 1 読作業が一会期で完了するなど，好調に見えた法典化作業であったが，無国籍が重大な人権侵害であるとの人権規範が存在する一方で，国籍付与は国家主権行為であるという伝統的な見解や，国家承継が必ずしも平和裏に行われるものではないという現実が，作業に影響を及ぼしたことは否めない。条文草案が条約案として採択されなかったことや，パッケージの検討主題として予定されていた，「国家承継における法人（legal persons）の国籍の扱いに関する条文草案」に関する作業が，国家の関心を得られず頓挫したこと，そして 2000 年に採択された草案の条約化への道筋が未だたっていないことは，国籍問題を人権規範との関係を軸として扱うことに対する国家の強い抵抗感のあらわれであると解することもできよう。

本稿は，「国家承継における自然人の国籍の扱いに関する条文草案」に関する

---

(2) 国家承継と国籍問題に関する初めての実定法である欧州国籍条約（1997 年）については，川村真理「欧州国籍条約における国家承継と無国籍の防止」『国際協力論集』（神戸大学大学院国際協力研究科）第 7 巻 2 号（2000 年）181-199 頁（川村真理『難民の国際的保護』（現代人文社），（2003 年）178-201 頁再録）。同条約の翻訳および説明報告書をもとにした逐条解説については，奥田安弘・舘田晶子「研究ノート　一九九七年のヨーロッパ国籍条約」『北大法学論集』第 50 巻第 5 号（2000 年）1207-1245 頁。

(3) Vienna Convention on Succession of States in respect of State Property, Archives and Debts1983, *Article 6: Rights and obligations of natural or juridical persons* "Nothing in the present Convention shall be considered as prejudging in any respect any question relating to the rights and obligations of natural or juridical persons".

〔前田直子〕　　　　　　　　　　　　　　第 21 章　国籍の国家承継

法典化作業の経緯（以下，2）および ILC 草案における主要条文および起草過程の議論を概観したうえで（以下，3），その論点を整理し，同草案の意義と評価（以下，4）について考察することを目的とする。

2　国際法委員会における法典化作業の経緯

(1)　1993 年：ILC 第 45 会期および第 48 回国連総会

1993 年第 45 会期において，ILC は，長期計画に関する作業部会の勧告をもとに，国連総会第六委員会の承認が得られれば「国家承継およびその自然人，法人の国籍の国籍に与える影響（State succession and its impact on the nationality of natural and legal persons）」を翌年の ILC 会期の新議題に含めることを決定した。

同年の第 48 回国連総会は，最終的な作業の形態は，予備的研究が総会に提出されたのちに決定するという了解のもと，上記の ILC 決定を総会決議 48/31（1993 年 12 月 9 日採択）[4]によって承認（endorse）した。

(2)　1994 年：ILC 第 46 会期および第 49 回国連総会

ILC は，1994 年第 46 会期[5]において，本主題を明年からの新議題として採択し，バクラフ・ミクルカ（Václav Mikulka）（チェコ）を特別報告者として任命した。これを受けて同年の国連総会は，本主題に関連する国内立法，国内裁判所の判決・決定および外交文書等の情報提出を各国に要請する，総会決議 49/51 を採択した（1994 年 12 月 9 日）[6]。

(3)　1995 年：ILC 第 47 会期

ミクルカ特別報告者は ILC 第 47 会期[7]に第 1 報告書[8]を提出した。同報告

---

[4]　A/RES/48/31, 9 December 1993.
　　関連決議および報告書は，国連ウェブサイトの ILC に関する「Analytical Guide」にて整理されており，ダウンロードが可能である（http://untreaty.un.org/ilc/guide/3_4.htm）。
[5]　山田中正「資料　国際法委員会第四六会期の審議概要」『国際法外交雑誌』第 94 巻第 2 号（1995 年）239 頁。
[6]　A/RES/49/51, 9 December 1994.
[7]　山田中正「資料　国際法委員会第四七会期の審議概要」『国際法外交雑誌』第 95 巻第 2 号（1996 年）217-221 頁。
[8]　A/CN.4/467

書は，国家承継に関する過去のILCの作業成果（1978年条約承継条約，1983年国家財産等承継条約の両国家承継条約草案作成）に触れたのち，その序論において，本主題の特徴として，自然人のみならず法人の国籍がとりあげられる，考察の範囲は国家承継から生ずる国籍の変更の問題である，作業の最終的な成果の形態は委員会における審議が進んだ段階で決定すべきである，との特別報告者の考えを示した。同報告書の主旨は次のとおりである。

国籍は市民的および政治的権利行使の重要な前提[9]であり，近年承継や独立に直面しているいくつかの国（中東欧諸国）が抱える問題をみると，本主題は国家承継という事態における国籍をめぐる規則をより明らかにする試みであり[10]（第1章），自然人と法人の国籍の問題は区別すべきであり，現在の国際情勢に鑑みれば前者が緊急の案件[11]である（第2章）。国籍付与は国内法上の問題ではあるが，その国家裁量は国際法の制約に服する[12]（第3章），実効的国籍原則と人権保護が国家の国籍付与の自由を制約し，前者については，帰化の際の真正結合概念の適用について差があるかが問題であり[13]，後者については，世界人権宣言15条等から国籍剥奪禁止義務あるいは国籍付与義務が導かれるか[14]が問題である（第4章）。国家承継の形態ごとに分析することが有用であり，国家承継条約の草案作成作業においてILCが用いた分類（①領域の一部の承継，②新独立国，③国家の統一及び分離）をここでも援用して検討を行う[15]（第5章）。

(4) 1996年：ILC第48会期

作業部会が，本問題における論点の特定，関連事項の分類および作業計画について検討を行い，その結論に基づき，ILCは国連総会に対して，予備的研究を終了し，「国籍の国家承継」という主題で，次の三点を軸に実質的な研究を進

---

(9) *Ibid., para.*30.
(10) *Ibid., paras.*33-34.
(11) *Ibid., para.*50.
(12) *Ibid., para.*57.
(13) *Ibid., para.*82.
(14) *Ibid., paras.*87-88.
(15) *Ibid.,paras.*90-91. ブラウンリー委員は，自らが国家承継に関する法典化作業に関わった経験から，承継の形態による分類作業の必要性に疑問を呈したが，ミクルカ特別報告者は自らの意見を維持した。

める勧告を行った（総会決議51/160[16]により承認）。

①自然人の国籍問題と法人のそれとは分離し，前者について優先的に扱う

②最終的な結論は予断せずに，自然人の国籍問題に関する作業は，条文とコメンタリーからなる総会の宣言（a declaration）とすべきである

③法人に関する国籍問題の作業をどう進めるかは，自然人の国籍に関する作業を終えたのち，かつ総会によって要請される各国政府のコメント提出を待って決定する

(5) 1997-1999年：ILC第49-51会期および第52-54回国連総会

(a) 自然人の国籍問題

1997年第49会期および1999年第51会期にILCは，特別報告者の報告書，政府からのコメントなどをもとに作業をすすめた[17]。

1997年第49会期では，前文と27条からなる条文草案の第1読を行い，事務総長を通じて政府にコメントを求めることを決定した。これをうけて国連総会は1997年12月15日，決議52/156により，各国政府にコメントを依頼した。

1999年51会期には，委員会は政府のコメントを踏まえて第1読テキストを再検討する作業部会を設置した。作業部会議長の報告書をもとに，前文と26条からなるテキストを起草委員会に送り，起草委員会での検討をもとに，委員会は，国家承継における自然人の国籍に関する草案最終版を採択した。委員会は，総会に対して，宣言の形で同草案を採択するよう勧告した。

第1読テキストは，前文と第1部，第2部に分けられた26条の条文で構成された。第1部（第1-19条）は一般条項，第2部（第20－26条）は特定の形態の国家承継に関する規定であり，四つのセクション（セクション1：領域の一部割譲，セクション2：国家統合，セクション3：国家の分裂，セクション4：領域の一部分離）に分けられた。

(b) 法人の国籍問題

1998年第50会期においてILCは，特別報告者による第4報告書[18]について検討した。特別報告者は，法人の国籍問題の研究についてありうる方向性を検

---

[16] A/RES/51/160, 16 December 1996.
[17] *Yearbook of the ILC,* 1999, vol.II, pp.19-20 (A/54/10).
[18] A/CN. 4/489

討するため作業部会を設置することを提言した。作業部会は，国家承継という問題の枠を超えて法人の国籍問題を扱うか，国家承継の枠内で議論するかという二つの選択肢があるとしたが，各国政府から積極的なコメントが寄せられなかったことから，ILC は，国家は法人の国籍問題について関心がないものと結論づけた。

1999 年第 51 会期において，ILC は，「自然人の国籍の国家承継」条約草案の採択によって，委員会の「国籍の国家承継」に関する作業が終了したとする旨の国連総会への勧告を採択した。

それをうけて，1999 年第 54 回国連総会は，決議 54/112[19]（1999 年 12 月 9 日採択）により，翌 2000 年の第 55 回国連総会において，「自然人の国籍の国家承継」を，その条文草案を「宣言（declaration）」として採択することを念頭に，その議題に加えることを決定した。

(6) 条文草案の採択（2000 年）とその後の進捗状況

国連総会は決議 55/153[20]を採択（2000 年 12 月 12 日）し，宣言としてではなく，決議の Annex として付した条文草案をテーク・ノートするとともに，各国政府に対して条文草案をひろく広報するよう要請した。同時に第 59 回国連総会（2004 年）の議題に本主題を加えることを決定した。

2004 年 12 月 2 日，決議 59/34 において，国連総会は各国政府に条文草案を考慮することを求め，特に国家承継による無国籍者の発生を防止するよう，地域レベルでの一層の推進努力を要請した。また条文草案を条約などの法的文書とすることの妥当性（advisability）について，各国政府からの意見提出を求めるとともに，本主題を第 63 回国連総会の議題に含めることを決定した。

その後，2008 年第 63 回国連総会は決議 63/118[21]を採択し，引き続き各国に対して本主題に関する法的文書作成の妥当性についての意見提出を要請するとともに，2011 年第 66 回国連総会の議題に本主題を含めることを決定した。

---

[19] A/RES/54/112, 9 December 1999.
[20] A/RES/55/153, 12 December 2000.
[21] A/RES/63/118, 11 December 2008.

3　ILC草案における主要条文および起草過程の議論概要

2000年第55回国連総会において採択されたILC条文草案は，前文と26条の規定から構成され，条文については，すべての形態の国家承継に共通して適用される一般規定（第1部：第1条～第19条）と特定の形態の国家承継に適用される規定（第2部：第20条～第26条）に分けられた。前者は国家に課せられる一般的な義務や原則を述べ，後者はそれらの義務が特定の形態の国家承継の状況下において，どのように適用されるかを規定している。

(1) ILC草案の構成

国籍の国家承継に関するILC草案における，条文規定の構成は次のとおりである。

【前文】
【第1部：一般規定】
　第1条（国籍に対する権利），第2条（用語），第3条（適用対象），第4条（無国籍防止），第5条（国籍の推定），第6条（国籍および関連事項に関する国内法令の制定），第7条（効力発生日），第8条（他国に常居所を有する個人），第9条（国籍取得要件としての他国籍の放棄），第10条（他国籍の自発的取得による国籍喪失），第11条（個人の意思の尊重），第12条（家族の統合），第13条（国家承継後に出生した児童），第14条（常居者の地位），第15条（無差別），第16条（国籍事項に関する恣意的決定の禁止），第17条（国籍事項に関する手続），第18条（情報交換，協議，交渉），第19条（他の国）

【第2部：特定の形態の国家承継に関する規定】
　セクション1「領域の一部割譲」：第20条（承継国の国籍付与および先行国の国籍撤回）
　セクション2「国家統合」：第21条（承継国の国籍付与）
　セクション3「国家の分裂」：第22条（承継国の国籍付与），第23条（承継国による選択権の付与）
　セクション4「領域の一部分離」：第24条（承継国の国籍付与），第25条（先行国の国籍撤回），第26条（先行国および承継国による選択権の付与）

第2部　1990年代以降における国際法委員会の具体的成果

(2) 主要条文の内容と起草過程の議論概要

次に，本条文草案において主要な規定内容と，その起草過程での議論概要について整理したい。

(a) 前文

・第2パラグラフでは「国籍は，国際法による制約のもと，主として国内法により決定されることを強調し（*Emphasizing* that nationality is essentially governed by internal law within the limits set by international law）」と述べられ，国籍付与が国家の国内管轄事項であるとの前提にたちつつも，その裁量は無制限ではなく，国際法上の規則に服することが明記された。このパラグラフをめぐっては，特別報告者がILC第49会期に提出した第3報告書[22]の審議において，国籍問題をめぐる国際法と国内法の関係に対する委員間の意見が大きく食い違うことが明らかになった。国籍の認定は国内法の問題であり，国家承継に伴う国籍の問題についても同様である（賀）という意見や，国内法が整備されていない場合には国家承継後の当該地域の国民の地位が不明確になる（ブラウンリー，メレスカヌ，ラオなど）という意見が呈された。また，国際法と国内法の関係という問題よりもむしろILCが議論すべきは，国内法の規則を作成するときに本草案に書かれている原則に従わなくてはならないか否かであると指摘もあった（山田）。

【第1部：一般規定】

(b) 第1条：国籍に対する権利（Right to a nationality）

前文での国際法と国内法の関係についての議論は，第1条の国籍に対する権利の規定についても同様に行われた。草案では，国家承継の日に先行国の国籍を有する者は，「本条文にしたがって（in accordance with the present articles），少なくともいずれか一つの国（at least one of the State）の国籍に対する権利を有する」と規定し，特別報告者第3報告書の案文にはなかった，国際法による制約（in accordance with the present draft articles）が明記された。

国籍に対する権利について，「少なくともいずれか一つの国の国籍」との表現が用いられた点は，第2読作業において議論された。委員間に多国籍の問題には中立的との意見の一致があったものの，右文言は多国籍を容認しているかの

---

[22] A/CN. 4/480&Corr. 1 and Add. 1 &Corr. 1-2, *Yearbook of the ILC*, 1997, vol.II (1).

ような印象がある（賀，カバツィ）と削除を求める意見もあった。しかし第26条の国籍選択権の規定の存在や，各国政府からのコメントでこの文言を支持する意見があったため，最終的には「at least one」の表現を維持したまま採択された[23]。

(c) 第3条：本条文の適用される国家承継の事例

ブラウンリーの提案により挿入された本規定は，第1読時には特定の形態の国家承継への適用規定（第2部）に置かれていたが，先の二つの国家承継条約にも同様の規定が冒頭部分にあることから，本草案でも第3条の位置に移された。しかし草案の対象を「国際法に合致して生じる国家承継（a succession of States occurring in conformity with international law）」に限定することについて，国家承継が国際法上合法的に秩序だった形でなされる方がまれであり，国際法に従って行われたかどうかを判定するのは困難である，本条文草案が扱うべきは人権問題であり，多くの規定は国家承継が合法に行われたかどうかを問わず適用されうるとして，反対する意見も多く出された（シンマ，デュガード，ルカシュク，アド，ガリッキー）[24]。

(d) 第4条：無国籍防止（Prevention of statelessness）

本条では，国家に無国籍防止のためにすべての適切な措置をとる（States concerned shall take all appropriate measures to prevent persons …. from becoming stateless）ことを義務づけており，コメンタリーでは，それは，国籍に対する権利のコロラリーであると述べられている[25]。

1961年無国籍防止条約がその第1条1項で，無国籍になる恐れのある個人に対して国籍付与を義務づけている（a contracting state shall grant its nationality）のに対し，ILC草案の本規定は，無国籍防止のために「すべての適切な措置をとること」を義務づけているにとどまる。前者が結果の義務とすれば，後者は手段の義務を意味し，適切な努力を払っていれば，国家の義務違反は生じないという解釈も可能となる。

---

[23] 山田中正「資料　国際法委員会第五一会期の審議概要」『国際法外交雑誌』第98巻第6号（2000年）822頁。

[24] 山田中正「資料　国際法委員会第四九会期の審議概要」『国際法外交雑誌』第97巻第2号（1998年）174頁。

[25] Commentary of Article 4, (1), *Yearbook of the ILC*, 1999, vol.II, p.27.

(e) 第5条：国籍の推定 (Presumption of nationality)

特別報告者の第3報告書にはなかった規定であるが，起草委員会（特にブラウンリー）により，無国籍の防止，承継国による国籍法制定までの法の空白期間における常居者の保護という観点から，承継国の義務のひとつとして挿入されることとなった[26]。このブラウンリーの提案は，主権変更が生じれば自動的に国籍変更もそれに従うという国際慣習法の存在が前提となっており，それに疑義を呈する委員もあった（パンヴ・チヴンダ）[27]。

しかしなおブラウンリーは国際法上の国籍自動変更原則を主張し，国家承継に伴う国籍付与の空白期間があれば，国内法が国際法上の国籍推定の効果を有するというヴァイスの学説には異を唱え，国際法上の国籍推定規定の必要性を主張した。

(f) 第11条：意思の尊重 (Respect for the will of persons concerned)

本条文では，特に2項の国家の国籍選択権付与義務について，付与の基準を「適切な結合 (appropriate connection)」であるとしている。特別報告者第3報告書では，「真正結合 (genuine link)」という文言が用いられ，何人かの委員からも「適切な」という文言には客観性がないので，これまでに既に用いられている「真正結合 (genuine link)」のほうがよいという意見もあったが，第2部で扱われる国家承継の事例をカバーするには，より広い結合要素を取り込むがことが必要であるとして変更が加えられた。

(g) 第12条　家族の一体性 (Unity of a family)

国家承継による国籍の移動により離散する家族が発生しないよう，すべての適切な措置をとる義務 (shall take all appropriate measures) が国家に課されたが，家族の統合という問題は，ILCが本主題のもと扱うべき事項の範疇を超えている（クロフォード，ブラウンリー），密接な関係がある（シンマ，メレスカヌ），などと委員間の意見は割れたが，最終的に特別報告者の提案が維持された[28]。

(h) 第14条　常居者の地位 (Status of habitual residents)

本条文は，1項において，居住資格のある者（常居者）は国家承継による影響を受けないと規定し，2項において，国家承継により発生した事態を理由に，

---

[26] 山田・資料 (ILC第49会期) (前掲注[24]) 171頁。
[27] A/CN.4/SR.2480, 27 May 1997, p.13.
[28] 山田・資料 (ILC第49会期) (前掲注[24]) 172頁。

常居所を追われることになった者に対して、その後の帰国がかなうようなすべての必要な措置をとること（shall take all necessary measures）を国家に義務づけている。この2項は、次の理由からILC起草委員会で最も議論された規定であった[29]。

特別報告者第3報告書では第10条（Right of residence）として、国家承継の結果、常居所を追われることになった人たちに対し、その不在を理由として、居住権を奪うことを国家に禁ずる規定が置かれていた[30]。規定内容が帰還の権利を含むことから本主題の範囲を超えているという意見（クロフォード）[31]もあったが、国家承継の結果、他国の国民となった者であっても、従前の常居所に留まる権利を保障する義務があるという原則については、委員間に合意が見られた。ただし、自発的に他国国籍を取得した者については、国籍国以外の関係国は、その者に対して常居所を（例えば国籍国に）移転することを要求できる権利がある（シンマ、クロフォード）、人権法の流れからは、国家にそのような権利はない（ルカシュク、エコノミデス、ガリッキー、ハフナー）といったILC内の意見の相違が明白となった[32]。

最終的には、欧州国籍条約と比較して中立的であるとの評価（シンマ）[33]もあり、修文を経て、中立的な表現の規定として削除せず維持された。

---

[29] 山田・資料（ILC第49会期）（前掲注[24]）172頁。

[30] Draft Article 10.1. in the Third Report of the Special Rapporteur: Each State concerned shall take all necessary measures to ensure that the right of residence in its territory of persons concerned who, because of events connected with the succession of States, were forced to leave their habitual residence on the territory of such State, is not affected as a result of such absence. That State shall take all necessary measures to allow such persons to return to their habitual residence.

[31] *Yearbook of the ILC*, 1997, vol.I, para.42 at p.71 and para.69 at p.169.

[32] 特別報告者第3報告書の草案第10条1項（前掲注[30]）が想定していた問題として、旧社会主義政権による没収個人財産の返還問題がある。1980年代後半に、チェコスロヴァキアやハンガリーなどの旧社会主義政権が行った粛正により、国外逃亡せざるをえなかった個人の没収された財産を、後の民主化政権が当該個人に返還することを目的とした国内法（例：チェコスロヴァキア1991年第87号法）を制定した。当該国内法は、請求権者の要件を、チェコスロヴァキアの市民権や永住権取得者に限定したため、帰国が叶わず返還請求ができない個人が、当該要件の差別性による財産権侵害を理由に、国連規約人権委員会や欧州人権裁判所に通報・申立を行った事例が多く存在する。拙稿「時間的管轄における『継続的侵害』概念——規約第26条との関係についての一考察——」『社会システム研究』（京都大学）第6号（2003年）129-143頁。

第 2 部　1990 年代以降における国際法委員会の具体的成果

(i)　第 15 条：無差別原則

第 15 条では，国籍の維持・付与に関し，国家はいかなる理由による差別 (discrimination on any ground) も行ってはならないという無差別原則が規定された。差別事由について ILC は，1961 年無国籍防止条約第 9 条，1969 年人種差別撤廃条約第 5 条，1997 年欧州国籍条約第 5 条 1 項などを検討したが，国家実行における反駁的な解釈を回避するため，性別，宗教，民族，肌の色などという差別理由を列挙・例示する方式は採用せず[34]，一般的禁止を掲げる文言とした。これには，差別禁止規定において従来は明示的にあげられていない犯罪歴の有無が，国籍取得の要件に含められている国家実行について，欧州評議会において議論になっていることが勘案されている[35]。

但し ILC はコメンタリーにおいて，本規定は，コスタリカ憲法帰化規定の修正提案事件に関する米州人権裁判所の勧告的意見[36]でとられた，国籍付与要件の差別性に関するアプローチを参照し，国家が国籍付与対象者の範囲を広げるために，特定の宗教や民族などに対する特恵措置をとることまでもが差別にあたるとは考えていないと述べている[37]。

(j)　第 19 条：他の国

本規定は 1 項において，国家に対し，無国籍者でない限りは自国と「実効的結合 (effective link)」がないものを自国民として扱う義務はないことを定めている。特別報告者第 3 報告書の英語の案文では，ノッテボーム事件[38]にならって「真正結合 (genuine link)」という文言が使われていたが，ILC は第 1 読作業の議論で，ノッテボーム事件判決の正文である仏語版には「*rattachement effectif*[39]」が用いられていること，英語のターミノロジーとして「genuine」でないものは「effective」でもない（ブラウンリー）[40]として，英語規定にも「effective link」

---

[33]　*Yearbook of the ILC*, 1997, vol.I, para. 4 at p.73. 欧州国籍条約 18 条 2 項 b：国家承継の際，常居者に国籍付与・維持を認める義務を関係国家に課している

[34]　Commentary of Article 15, *Yearbook of the ILC*, 1999, vol.II, p.37.

[35]　Commentary of Article 15, (3), *Yearbook of the ILC*, 1999, vol.II, p.37.

[36]　Case concerning Proposed Amendments to the Naturalization Provisions of the Constitution of Costa Rica, Inter-American Court of Human Rights, Advisory Opinion OC-4/84, 19 January 1984, Series A, No. 4, P.94, paras.59-67.

[37]　Commentary of Article 15, (4), *Yearbook of the ILC*, 1999, vol.II, p.37.

[38]　*Nottebohm* case, 6 April 1955, *ICJ Reports*, 1955, p. 4.

[39]　*Ibid.*, 2nd para at p. 23.

〔前田 直子〕　　　　　　　　　　　　　　　　　第21章　国籍の国家承継

を採用した（ただしこれは，ICJがノッテボーム事件判決で累積的に（cumulatively）用いた文言をすべてカバーするという理解のもと採用された[41]，という説明がコメンタリーに付されているので，ILCが，少なくとも第19条の議論において，真正結合と実効的結合という文言の意味に，どれほど特別な差異を見出していたのかは疑問である）。

　2項では，国家承継の関係国が，特定の集団に対して差別的な国籍法を制定したことにより，無国籍となる者が発生する場合に[42]，他国（第三国）が，無国籍防止の観点から国籍を付与することを妨げないと規定している。但しこれは，国籍を付与することに伴う，他国への強制移住を許すものではないとされている[43]。

【第2部：特定の形態の国家承継に関する規定】
　第2部の規定については，国家承継の特定の形態ごとに規定を置く必要があるかという議論がされたが，特別報告者の意向でその方針が維持された後は，規定ぶりの技術的修飾的変更を除き，ILCは，特別報告者第3報告書の提案を，基本的にそのままの内容で採択した。
　(k)　国家承継の形態，新独立国の問題
　特別報告者は国家承継の形態を4つに分類（セクション1：領域の一部割譲，セクション2：国家統合，セクション3：国家の分裂，セクション4：領域の一部分離）したが，それに対し，国家の分裂と一部分離の違いは明確ではなく，両者を分けて規定するのは，ある事例がどちらに分類されるかについて争いが生じる恐れがある（クロフォード）という意見もあった。しかしながら，分裂の場合に先行国家は消滅することになり，国籍もそれに伴って消滅するのに対し，一部分離の場合は先行国は消滅しないため，その国籍は存続するであろうし，両者の区別は可能であるとして，別々の規定を置くことが維持された[44]。
　また二つの国家承継条約が，承継国が非植民地化による新独立国の場合と，国家の分離や結合などその他一般の国家承継とに区別して，別個の規定を定めるという構造をとっていることから，本条文草案についても，非植民地化によ

---

[40]　*Yearbook of the ILC*, 1997, vol.I, para.48 at p.173.
[41]　*Ibid.*, para.49 at p.173.
[42]　Commentary of Article 19, para.(6).
[43]　*Ibid.*, para.(8).
[44]　山田・資料（ILC第49会期）（前掲注(24)）173頁．

る新独立国の問題も，本草案の対象とすべきとの意見があった。それについて，第2部が非植民地化を含めたあらゆる国家承継の事例に適用されるという明示規定をおくか，あるいは，別途セクション5として扱うべきである，という提案（ペレ，カテカ，ティアム，カバツィ，エララビ）があったが，新独立国の問題も国家承継に関する国際法の基本原則によりカバーされるので，別個の規定を置く必要はないという意見（ルカシュク，ローゼンストック）が出されたので，最終的には独立した規定やセクションは作らず，コメンタリーにおいて，非植民地化による新独立国についても対象となる旨言及することとなった[45]。

(1) 「適切な結合」による国籍基準

第2部では横断的に，言語・文化または宗教的結合により，一般国民と異なる分類の国籍下に置かれているマイノリティが承継国内に存在する場合，当該集団（あるいは個人）に対する承継国国籍の付与を可能とする規定が苦心された（セクション3第22条，セクション4第24条：承継国の国籍付与）。その特別な国籍の分類については，特別報告者第3報告書では「secondary nationality」という文言が使用されていたが，第一読の議論において，市民権（citizenship）との違いが不明瞭で，分類すること自体国内法上の問題ではないか（ペレ），用語の定義が必要である（ベヌーナ，賀，ティアム），などの意見が出された。またさらに，この概念は一般的ではないので削除すべき（ブラウンリー），一般的ではないが，欧州，シンガポール，エジプト，シリアなどにみられるので維持すべき（ガリッキー，シンマ，ローゼンストック），との見解の相違もあり，最終的に規定は維持されたが，文言は「have any other appropriate connection」と変更された[46]（ILC草案第22条(b)(ii)，第24条(b)(ii)，第25条2(c)など）。

4 ILC条文草案の意義と評価

最後に，ILC国籍の国家承継条文草案の意義を確認するとともに，国家実行や欧州における国家承継における無国籍防止の取組みを参照しつつ，残された課題を考察したい。

---

[45] Commentary of Article 25 and 26, paras. (1)-(2).
[46] 山田・資料（ILC第49会期）（前掲注(24)）174頁。

〔前田直子〕　　　　　　　　　　　　　　　　　第 21 章　国籍の国家承継

(1)　「国籍の国家承継」に対する国際人権法の視点

　1990 年代以降東西冷戦の終焉により，旧ソ連，旧ユーゴスラビアの消滅に伴う新国家の誕生，東西ドイツの統一，東欧の社会主義国家の解体など，国家承継の問題が急激な展開を見せた。国家承継における国籍問題は，ILC の国家承継条約法典化作業では，ベジャウィ特別報告者が提出した第 1 報告書には含まれていたが，条約承継条約草案に関する後の議論の過程でその項目は消え，国家財産承継条約草案の議論に至っては，検討材料にもされなかった。

　しかし前述の国際情勢の変化が，領域主権変更に伴う国籍問題に対する，新たな国際的な規則の必要性を強く認識させることとなった。個人は，国籍という紐帯によってこそ，国内的にも国際的にも国家からの保護を受けることが可能となり，そこから無国籍防止原則が導かれる。ILC の検討作業では，人権法が個人の国籍事項にも適用可能であり，それは国家と個人の関係への適用にとどまらず，国籍事項に関する国家義務の決定にも有効であるとのアプローチがとられた。国籍規則にはたらきかける国際慣習法，すなわち国籍の国家承継に関する普遍的条約の策定が必要であり，ILC はその草案作成をもって現下の問題解決に貢献できるという期待が込められた。

(a)　国籍に対する権利と無国籍防止義務

　1930 年国籍法抵触条約は，主として国家間の国籍法の抵触問題や，出生時の無国籍防止が主題であった。ハーバード草案は，国籍付与は国家の主権事項であり，領域主権の変更に伴って当該領域下の個人の国籍も自動的に承継国に移転すること，承継国に（優先的な）国籍付与の権限があることを規定した[47]。

　第二次世界大戦以降は，国際人権法の発展とともに，無国籍防止を目的とした国籍に関する国際規則が規定されるようになり，1948 年世界人権宣言第 15 条（国籍の権利）は，個人の国籍に対する権利を謳い，国籍の付与・剥奪は国家の専権事項ではあるが，その裁量は無制限ではなく，一定の国際法上の制約に服するということを示した重要な規定となった。しかしその後，1954 年無国籍者の地位に関する条約，1961 年無国籍防止条約では，国籍に対する権利という文言は直接用いられず，また，世界人権宣言の内容を法的拘束力あるものとした

---

[47]　Ineta Ziemele, *State Continuity and Nationality: The Baltic States and Russia*, Martinus Nijhoff, 2005, pp.194-195.

市民的・政治的権利に関する国際人権規約（1966年）にも，国籍に対する権利規定は見当たらない。起草過程で国家の反発を招き，同規約第24条（児童の権利）3項で，児童の国籍に対する権利が保障されるにとどまっている。他方，地域的人権文書である米州人権条約（1969年）第20条や欧州国籍条約（1997年）第4条 a では，国籍に対する権利が明記されている。

　国際的な人権文書では，無国籍防止の国家義務を規定することで，そのコロラリーとして個人の国籍に対する権利が保障されると理解されている。ただし国籍に対する権利が国際慣習法であるかどうかという点については，ミクルカ特別報告者も「still at the elementary stage」との認識を示している[48]。おおむね各国の国籍法が血統主義（jus sanguinis）と出生地主義（jus soli）のいずれか，あるいは両方の原則を国籍要件としている点では，同種の国家実行が存在していると言える。しかしそれらの原則に法としての拘束性があるという法的信念の形成については，国家間で共通の認識は存在するとは言えない[49]。国家にとって，無国籍防止原則のコロラリーとして，国籍に対する権利の保障は受け入れられても，国籍に対する権利を実際にどのように保障し，適用しなければならないのかについては，なお個別の議論にゆだねられる[50]。それでもなお，本 ILC 条文草案が，国籍に対する権利を第1条で保障し，国籍付与にかかる国家の積極的義務（positive obligation）を規定に盛り込んだことは意義深い。

　(b)　無差別原則の確認

　ILC 草案は，国家承継における国籍の維持，取得あるいは選択権について，いかなる理由に基づく差別（discrimination on any ground）も禁止しているが，承継国の国籍付与要件として，承継国の母語（あるいは公用語）の習得や種族的出身があげられ，それらが一定の制約事項として機能することは，その欠如を理由とした国籍の剥奪が生じない限り，特恵待遇（preferable treatment）として容認されている[51]。

---

[48]　First report on State succession and its impact on the nationality of natural and legal persons, by Mr. Vaclav Mikulka, Special Rapporteur, *Yearbook of the ILC*, 1995, vol.II(I), para.70.

[49]　Jeffly L. Blackmann, State successions and statelessness: The Emerging right to an effective nationality under international law, *Michigan Journal of International Law*, vol.19, 1998, pp.1160-1163. Ziemele, *supra* note 47, pp.199-202.

[50]　Ziemele, *supra* note 47, p.264.

しかし一方で，国際人権法の観点から，制約的な国籍要件を課すことによる特恵待遇が，無差別原則に反するのではないかという疑惑は高まっている[52]。例えば，旧ソ連から「主権回復」を果たしたバルト三国のうち，エストニア，ラトビアは，旧ソ連時代の移住政策により自国領域内にとどまるロシア系住民に対し，新しい国籍取得には両国の母語の習得が必要であるとしている。ロシアはこれに対して反発し，現在はロシア系住民の人権侵害および国籍拒否問題への対応を目的とした，欧州安全協力機構（OSCE）の事務所が両国に開設されるような状況になっている[53]。

現実的には，国家の構成要素である自国民の範囲を決めるのに，何を要件として求めるかは，依然として国家の決定事項として取り扱われることがほとんどであり，国家承継において問題が発生する場合は，関係国間の協定などでその解決が図られることになる。人権法の視点から国籍事項に関するあらゆる差別の禁止原則を規定するならば，国際人権法と国家承継に関する法との関係性をさらに検討する必要があろう。

(2) 実効的結合，常居所，「適切な結合」要件の相関

ILC 草案第 5 条は，承継国領域と実効的結合を有する者には，国家承継が発生した日から承継国の国籍法整備までの時差期間について，当該承継国の国籍が推定されると規定している。国際法による国籍推定は，ILC のアプローチに新しい要素を与えるものであったが，そのぶん激しい議論の対象ともなった[54]。実効的結合の基準については，ILC および第 6 委員会双方で意見の集約に労を要した。先祖の国籍や親戚関係，利害や公的生活の本拠などを含みうる適切な結合（appropriate connection）は，ノッテボーム事件で示された実効的結合より

---

[51] *Ibid.*, p.295.

[52] 無差別原則に対する制約の許容性について，国家承継の形態に着目し，特に新国家の独立の場合には，広い裁量が国家に与えられるという議論もある。Yasuaki Onuma, Nationality and Territorial Change: In Search of the State of the Law, *Yale Journal of World Public Order,* vol. 8, no. 1, 1981, pp. 1-35.

[53] リトアニアについては，リトアニア語とロシア語の差異が小さく，ロシア系少数民族の割合も 10% 程度にとどまり，かつ 1990 年代に迅速な帰化政策をとったことで，後の深刻な無国籍者問題は生じていないとされる。

[54] Ziemele, *supra* note 47, p.213.

も広い概念で捉えられたが、その実効的結合原則自体も曖昧な部分を残しており、結局、何を実効的結合と考え国籍を付与するのかは、依然関係国の決定に依る。

また草案のコメンタリーは、第2部の規定について、承継国による国籍付与、先行国による国籍の撤回、国籍の選択権の問題には、1960年代のフランスなどの国家実行をみれば、特に居住（常居所[55]）要件が重要であるとし、その他適切な結合要件が、承継国内に常居所は有さないが先行国国籍が消滅してしまう個人に対し、承継国の国籍を付与するための重要な基準だとしている[56]。

しかしILCが、国籍付与の対象となる個人を特定し、個別事例の異なる状況を考慮するために、条文草案のなかでいくつか異なる基準を持ち出したことは、実際の適用には混乱を生じさせる恐れもある。また無国籍防止義務の重要性を強調し、実効的結合原則よりも広範な適切な結合原則を取り入れたことは、伝統的な国籍事項に対する国家の保守的な立場を、逆に呼びさますことにつながったかもしれない。

(3)　「無国籍者」の定義

国家承継により発生する無国籍者の定義について、1954年無国籍者の地位に関する条約[57]、2006年欧州国家承継における無国籍防止条約[58]は、法律上の無国籍者（de jure stateless）のみを対象としている[59]。本ILC条文草案は、条約承継条約（1978年）、国家財産等承継条約（1983年）にならって、草案第2条に用語規定をおいているが、ここでは「無国籍者」の定義に触れていない。

1954年および1961年条約の起草者たちは、事実上の無国籍者（de facto stateless）は、国家や社会から自ら離脱した（dissociate）人や難民が含まれると想定

---

[55] First report by Special Rapporteur, *supra* note 48.
[56] Commentary of Part II, para. (2).
[57] Artcle 1. - Definition of the term "stateless person" " For the purpose of this convention, the term "stateless person" means a person who is not considered as a national by any State under the operation of its law".
[58] Article 1.(c)
[59] 通常は、人はどこか必ず地理上の場所で生まれるので、出生国、両親の出生国や国籍国、あるいは居住地など、どこかの国に対してなんらかの繋がりを有しているが、なおそれでも法的に国籍を有さない人（a person who is not considered as a national by any state under the operation of its law）

していたので、それらの人々は1951年難民条約でカバーされると考えていたが、必ずしもそうではない[60]。1954年および1961年条約の適用については、対象を法律上の無国籍に限定したうえで、事実上の無国籍者については、国家が法律上の無国籍者と同じ待遇を保障するよう求める、拘束力のない「勧告」(non-binding recommendation) が採択されている。

けれども逆に、無国籍防止原則により、法律上の無国籍者となることは回避されても、市民権や社会権が大幅に制約される状況におかれ続ければ、事実上の無国籍者になるに等しいという問題もある[61]。法律上の無国籍と事実上の無国籍のグレーゾーンが広がっていて、通常個人はどこかの国籍を有しているとの推定が働くため、法律上の無国籍者だとしても事実上の無国籍者として扱われ、上記の条約の保障を及ばないということもあろう。無国籍による保護を受けるには、法律上の無国籍であるのか、あるいは事実上の無国籍であるのかを、本人も証明しなければならず、国家解体の混乱の中移動してきた人や、定住しない少数民族など、十分な物的証拠をもって証明すること自体難しい場合もある。この点欧州国籍条約は、第8条「証明に関する規則」により、国家承継の結果無国籍となる者について、国籍の付与に必要とされる標準的な証明のための要件を満たすことが合理的でない場合、承継国はそれらの者にかかる要件を満たすことを要求してはならない（同1項）、承継国は、その国籍を付与する前に、国家承継時に当該領域に常居所を有していた者であって国家承継の結果無国籍となる者に、他の国籍を有していないことの証明を求めてはならない（同2項）と定め、「無国籍者」本人による証明のハードルを下げる工夫をはかっている。

(4) ILC草案が対象とする「国家承継」の射程
(a) 国際法上の合法性

ILC草案第3条は、本草案の規定は、国際法、特に「国連憲章に具体化された国際法原則に適合する」国家承継にのみ適用されると規定しているが、国家承

---

[60] Carol A. Batchelor, Stateless and the Problem of Resolving Nationality Status, *International Journal of Refugee Law*, vol.10, 1998, pp.170-174.

[61] Manley Hudson, Report on Nationality, including Stateless, ILC, A/CN. 4/50, 21 February 1952, p.49.

第 2 部　1990 年代以降における国際法委員会の具体的成果

継の合法性の枠組みを持ち込むことに意義はあるのだろうか。ILC のコメンタリーは第 3 条について，先の二つの国家承継条約のアプローチに準じたものであり，ILC には，違法な領域取得の状況において生じる国籍問題について研究することは求められてはいないと述べている[62]。

しかしこの議論は，本草案の適用対象が制約されてしまうのかという問題と，さらに根本的に，国際法原則に適合しない分離独立（secession）などは，「国家承継」とみなされないのかという問題を提起する[63]。後者の問題は，ジェノサイド条約適用事件[64]において，ユーゴがボスニア・ヘルツェゴビナの分離独立には正統性がなく，多国間条約の締約国にはなれないと先決的抗弁で主張したのに対し，ICJ は，分離独立の経緯・状況に拘わらず，ボスニア・ヘルツェゴビナ側にジェノサイド条約締約国としての承継国の地位を認める判断を示した。実際のところ，国際法上の合法性によらず，現実に発生した分離独立の事態には，国家承継の一般的な規則が適用されると言える[65]。勿論，国家承継が国際法上合法ではないとされた場合，当該承継国の承認問題は別途生じるであろうが，国籍付与に関しては，人権保障の観点から無国籍防止原則を貫くならば，国家承継の合法・違法の議論は実質的な意味を持たないと考えられる。

(b)　「特定の形態の国家承継」の分類上の問題点

ヴァイスによれば，領域主権の変更による国籍の自動的な変更が常に起こるとは限らず，最終的には，国籍付与の要件・基準は関係国の国内法規定によるのであり，先行国が消滅する形態の国家承継に適用される規定は，先行国が存在する部分的国家承継に対しても，状況に応じた修正をすれば（mutatis mutandis）適用できるとしている。

ILC 草案は第 2 部で，特定の形態の国家承継を 4 つあげ，それぞれに個別の規定を定める方式を採用した。委員のブラウンリーは，そのような場合分けは

---

[62]　Commentary of Article3, (2).
[63]　Ian Brownlie, *Principles of Public International Law, 7th ed.*, Oxford Univ. Press. 2008, pp. 666-668.
[64]　*Case concerning Application of the Convention on the Prevention and Punishment of the Crime of Genocide,* Preliminary objections, ICJ Report 1996.
[65]　Andreas Zimmermann, Session and the Law of State Succession, in Marcelo G. Kohen ed, *Secession – International Law Perspectives*, Cambridge University Press, 2006, p. 213.

無意味である[66]との意見を今日でも示しているが，ミクルカ特別報告者は，その第1報告書の第V章冒頭において，ブラウンリーの意見に触れつつも，上記のヴァイスの見解が正しいかどうかを明らかにするためにも，国家承継の特定の形態ごとに分類し，個別に適用できる規定内容を検討することが有益だと主張している[67]。また，個別的な検討により，逆にすべての国家承継に共通な国籍問題に光をあてることができると説明した[68]。

　ブラウンリーが主張する領域主権の変更による国籍自動変更原則が，コモン・ロー諸国以外にも常に妥当するかといえば疑問であるが，問題は，承継国はどのような基準で，自国領域に組み込まれた先行国領域内に居住する者に国籍を付与するのか，また先行国が存在している場合にはどのような要件を満たす者が先行国の国籍を維持すると考えられるのか，という二点に尽きるように思われる[69]。そうであれば，すこし粗雑な議論かもしれないが，①先行国が消滅していれば，承継国の国籍付与問題に集約されるし，②先行国が存在していれば，先行国と承継国の間の調整の問題となり，その過程で本人の選択意思が尊重されればよい，という二つの分類で足りたのではないだろうか。

　②の場合，承継国は当該個人との実効的結合（但し，実効的結合の意味するところは様々）を検討して国籍付与の対象者を決定し，先行国は，いまだ先行国領域内に居住している人のほか，承継国領域内に居住している先行国国籍保持者の国籍維持を主張することも可能ではあり，その解決は，本人の選択意思の尊重や，先行国と承継国との協議で調整されるべきものである。

　また①場合も，旧ユーゴの事例では，複数の承継国間での新国籍付与の基準は，居住要件もさることながら，先祖の国籍・出自と関係のある二次国籍（secondary citizenship, secondary nationality）が重視されており，この点はILC草案セクション3（国家の分裂）第22条(b)(i)に反映されている[70]。しかし同様のことは，国家領域の一部分離（セクション4）においても規定されており（第24条(b)），先行国と承継国の国籍付与をめぐる調整の際に考慮される基準・要件は，必ず

---

[66]　Brownlie, *supra* note 63, p.666.
[67]　First report by Special Rapporteur, *supra* note 48, para.90.
[68]　*Ibid*., paras.93-94.
[69]　Zimmermann, *supra* note 65, p.225.
[70]　*Ibid*., p.227.

しも国家承継の形態ごとに特有ではないということである。無国籍防止の観点からは，いずれかの国が国籍を与えればよいともいえるわけで，どの国が最も国籍付与の責任を負おうかは二次的問題であると考えられる。重国籍が禁止されていない以上，先行国と承継国の間の責任配分を意識し，国家承継の特定の形態ごとに規定を置くことの合理性は，さほどなかったのではないかと思われる。

したがって，2006年欧州無国籍防止条約のように，「承継国の責任」and/or「先行国の責任」＋個人の意思の尊重（ILC草案では第11条）＋協議・調整努力（ILC草案では第18条(2)），という四要素によって，個別事例ごとに調整することが可能である。ILC草案の場合分けはむしろ，ある国家承継事例がどの形態に該当するかという前提条件をめぐって，入口論での紛争を招く危険性も孕んでいる。例えばエストニア，ラトビア，リトアニアのバルト三国は，1990年の旧ソ連からの「独立」に際して，1940年の旧ソ連による違法な占領からの主権の回復であると主張し，旧ソ連が締結していた条約の一切の承継を拒否した。また1991年からの一連の旧ユーゴ解体の歴史を参照してみると，個々の「分離」や「独立」の状況が，ILC草案第2部のいずれのセクションに該当するのか，あるいは時間の経過とともに国家承継の形態が変化するなかでの，場合分けされた規定の適用関係など，複雑な問題を生じさせることになろう[71]。

5　おわりに

現在無国籍者と推計される人々は，世界で約1200万人存在するといわれており[72]，無国籍防止は国際社会にとって重要な課題の一つである。ILCにおける作業の中心的関心対象であった中東欧諸国のほかにも，アフリカ，中東，アジア諸国など広範な地域で，大量の無国籍者が発生している[73]。

領域の主権変更に伴う無国籍者の発生は望まれるところではないが，伝統的には国籍の付与は国内管轄事項であり，承継国に積極的な国籍付与義務を課すものではないとされてきた[74]。しかし国内管轄事項の相対性[75]，戦後の人権法

---

[71]　Brownlie, *supra* note 63, p. 668.
[72]　国連難民高等弁務官の推計による（最新のデータについては，http://www.unhcr.org）。
[73]　サダム・フセインによるクルド人の国籍剥奪，ケニアにおけるヌビア人国籍問題，ネパール国内の約80万人にのぼる無国籍者（ミャンマー難民）の存在など。

〔前田直子〕　　　　　　　　　　　　　　　　　　　　第21章　国籍の国家承継

の発展により，国家実行に照らしても，国家承継における無国籍者の防止のために関係国が誠実に協議することは，先行国と承継国が共同して追うべき義務であるとの認識は広がっており[76]，そのことを，普遍的価値を求める条文草案に盛り込む努力を成し遂げたILCの本作業は意義深い。

　ILC草案の作成は，人権規範から導かれる*lex lata*を明らかにし（法典化），あるべき法*lex ferenda*を探る（漸進的発達）というアプローチのもと進められた[77]。その意味で，国籍の国家承継に関する義務を人権の視点から捉え直し，国家が遵守すべきガイドラインを示した点は高く評価されるところである。他方，人権保障という観点から既存の原理原則を確認することに注力し，領域主権に関する法，国籍に関する法そして人権法の調整点を見出し，本主題についての法の漸進的発達の道筋を示すことにはやや慎重であった[78]のではないだろうか。

　国家承継という枠組みの中での国籍問題，無国籍防止は，その重要性について誰しも否定しないが，各国の関心に大きな温度差があるのも事実である。2006年欧州国家承継における無国籍防止条約[79]は，その起草過程に，ミクルカ特別報告者がILC草案作成の経験をもって貢献したことが知られているが，欧

───────

[74]　Daniel P. O'Connell, *State Succession in Municipal Law and International Law*, Cambridge University Press, 1967, p.503.

[75]　*Case concerning Nationality Decrees Issued in Tunis and Morocco*, Advisory Opinion, 1923, P.C.I.J, Series B, No.4, pp.23-24.

[76]　Andreas Zimmermann, State Succession and the Nationality of Natural Persons −Facts and Possible Codification−, in Eisemann and Koskenniemi eds., *State Succession: Codification Tested against the Facts,* Martinus Nijhoff, 2000, pp.659-661.

[77]　Second Report on State succession and its impact on the nationality of natural and legal persons, by Mr. Vaclav Mikulka, Special Rapporteur, *Yearbook of the ILC,* 1996, vol.Ⅱ(Ⅰ), para.177. これに先立つILCでの議論として，クラマーの発言（*Yearbook of the ILC,* 1995, vol.I, para.15 at p.64）.

[78]　Blackmann, *supra* note 49, p.1192.

[79]　欧州国籍条約（1997年）が実質的な規則を含んでいないことから，1997年条約第10条を補強する目的で，採択，署名開放された。同条約テキストおよび説明報告書（explanatory report）の翻訳として，丹羽こずえ・小畑郁共訳「資料　国家承継に関連する無国籍の防止に関するヨーロッパ評議会条約および説明報告書」『法政論集』（名古屋大学），第218号（2007年），267-283頁。
　　第14条（国際的協力）において，国家承継から無国籍が生じることを防止する適切な手段を講じるため，関連する国内法の運用状況についての情報提供など，締約国間での

変革期の国際法委員会　　　　　　　　　　　　　　　　　　　　　　　　　　*551*

州評議会における検討会合の中で，彼自身が国連総会第六委員会でのILC草案の検討作業が実質的に進展しないことに触れ，当面は欧州での進展状況をILCとしても注視したいと述べている[80]。ILC草案が国籍の国家承継に関する普遍的な条約として発展するかどうかには，それを必要とするような国際情勢の今後の変化が，ひとつの鍵となるように思われる。

協力（同1項），およびヨーロッパ評議会や国連難民高等弁務官事務所（UNHCR）との協力（同2項）を義務付けている。とりわけ，この情報共有などの協力義務規定は，国家承継や政治体制の変更により発生する無国籍の難民問題への対処において，難民の血統や居所の証明（identification）が重要であることから，その効果が期待されている（同条約は2009年5月に発効したが，2010年末現在，締約国数は5箇国にとどまっている）。

[80] Council of Europe, Working Party of the Committee of Experts on Nationality (CJ-NA GT), Report of the 25th meeting on 9-11 June 2004, (CJ-NA GT (2004) 10), para. 13 at pp. 5-6.

あとがき
──山田中正大使の偉業──

岡 野 正 敬

　1992年から2009年まで，山田中正大使は国際法委員会委員を務めた。

　山田大使と国際法との最初の接点は，東京大学法学部での横田喜三郎教授の講義であるが，それ以前に次のような話がある。1945年の広島の原爆投下の際，山田大使は広島高等師範学校付属中学科学学級の2年生であったが，当日はたまたま広島市内にいなかったため被曝をのがれた。その後，大阪大学の仁科教授及び東京文理科大学の朝永教授が，原爆被害についての調査のために広島を訪れた。当時，広島高等師範学校付属中学には科学に強い生徒を集めた科学学級があり，2人の高名な科学者はこの学級を訪問した。その際，「核兵器は開発されたが，これを使われないようにコントロールする手段はあるか。」と質問したのが，クラスの生徒であった山田大使である。教授からの回答は，「科学者ではできない。核兵器が使われないようにするためには文科に行かなければならない。外交官にならなければならない。」というものであった。当時山田大使は，既に理科系の大学受験に必要なレベルの数学の知識を備えていたが，これを契機に，文科系に転向し，その後東京大学に入学，外務省に入省することになる。

　大学では国際法に関心はあったものの，横田教授の授業は容易になじめるものではなく，むしろ図書館で読んだ分厚いオッペンハイムの国際法の教科書に親しんだ。外務省入省後，アメリカに留学。羽田から日本航空のプロペラ機でウェーキ島まで9時間，ホノルルまで9時間，サンフランシスコまで9時間，大陸横断をしてワシントンまで9時間という長旅であったが，ワシントンの日本大使館に着くや否や，後に最高裁判事になる中島敏次郎一等書記官により，スワスモア大学のリベラルアーツ学部に行くように申し渡された。800人余りの学生に囲まれ，英語で夢を見るまでに完全な英語環境で研修を行い，1年後にはフレッチャースクールで国際法，国際政治，アメリカ外交を学ぶ。山田大

使の素晴らしい英語力は基本的にこの期間に習得したものである。その後，シアトル総領事館での勤務を経て帰国。1958年から63年までアメリカ局北米課に在籍し，そこで，日米加漁業協定，北太平洋オットセイ条約，日米航空協定という国際法関連業務に取り組んだ。1969年から72年まで条約局国際協定課長，1977年から81年まで条約局の参事官及び審議官を歴任し，駐エジプト大使を務めていた1992年に小木曽本雄委員の後を継いで国際法委員会委員に選出される。

　国際法委員会にかかわる山田大使の実績は多岐にわたる。1994年には全体会議第一副議長，2000年には全体会議議長，2002年には起草委員会議長を務めた。国際河川の非航行利用の法に関する条約では，国際法委員会で作成された条文案を国連で採択する際の国連総会第六委員会の全体委員会議長を務め，国際河川を持たない国の出身という立場を利用して議論を主導し，条約化の成功に大きく貢献した。日本が2010年に締結する見込みである国連国家裁判権免除条約の採択に至る過程では，2003年2月に開催された国連第六委員会アドホック委員会にてコーディネーターを務め，審議過程で大きく意見が対立した国家による商業的行為と非商業的行為とを区別する基準に関する条文案につき，最終的な合意案に近い提案を提示するなどの役割を果たし，この条約の採択のために大きく貢献した。また，2002年には「共有天然資源」に関する特別報告者に任命され，地質学者，水文学者，水法学者等の協力も得て地下水に関する条約草案作成を作成，ILCで採択された。国際法の専門家だけでなく，他の分野の専門家の協力を得て条文草案の作成を進める手法は，ILCの従来の作業手法と比して斬新であったが，各専門分野の最新の知見を十分に踏まえた実務上通用する条文草案を作成するとの観点から重要であり，今後，ILCが専門技術的ないし学際的な法分野につき条文草案を作成する際に参考すべき手法である。

　このような目に見える成果に加え，山田大使は議論が拡散しがちなILCの審議をまとめていく上で，大きな貢献をした。現在，ILC委員は34名いるが，すべての委員が活発に活動しているわけではなく，会議に出席するものの殆ど発言しない委員もいる。他方，活発に発言する委員には往々にして個性が強い人が多く，彼らは自らの主張の正しさを展開するあまり，議論をまとめることに関心を払わない。そのような中，議論をうまくまとめて交通整理をする役割を果たしていたのが山田大使である。冗長な発言は行わない。無駄なことは言わ

〔岡野正敬〕　　　　　　　　　　　　　　あとがき——山田中正大使の偉業

ずポイントに絞った簡潔な発言をする。そのソフトな語り口は，結果的にいずれかの委員の主張を否定してしまうものであっても，正面から敵対的に対抗することがないため，山田大使の発言には皆が穏やかに耳を傾ける。議論が紛糾してどうしようもなくなった場合，多くの委員や事務局が大使に助言を求める。山田大使は単にアドバイスをするのみならず，簡単な論点ペーパーをあっという間に作成し議論を誘導する。全体会議でもめそうな論点については，事前に反対しそうな委員と話をし，会議が円滑に進むように手を打っておく。山田大使がこのような役割を果たすことができたのは，山田大使に対する他の委員及び事務局の尊敬の念と同時に，大使自身のこれまでのILCの議論についての知識の蓄積，そしてILCに適用される国連の主要委員会の手続規則の知識を武器にするマルチ外交の専門家としての職人芸が効を奏したものでもあった。

　山田大使が最初にマルチ外交に接したのは，1956年のシアトル総領事館勤務時である。着任1ヵ月後，日本の国連加盟準備作業を手伝うためニューヨークに3ヵ月あまり出張し，毎朝配られる国連の日程表を見て，代表部員や東京からの出張者を会議毎に割り振る作業をした。また，総会の下に設けられた特別政治委員会の担当も任された。当時はアイゼンハワー大統領が選出された直後であり，アメリカへの敬意を表し大統領就任式の日には国連も休みになる時代であった。さらに外務省には国連を担当する専門の部局はなく，国際法局の前身である条約局が国連加盟を担当している時代でもあった。その後，1966年から2年間，ジュネーヴで国連貿易開発会議（UNCTAD）を担当，1972年から5年間，国連代表部に勤務し，第二委員会や経済社会理事会を担当し，その際に国連の仕組み，委員会の手続規則に習熟した。それ以降も山田大使は国連総会に頻繁に出席し，おそらく国連総会に最も多く出席した日本の外交官であると言えるだろう。そこで得た知見は後にILC，国連第六委員会でいかんなく発揮された。国連の会合は定時に開始されることは少なく10分程度遅れることが多いが，山田大使は，通常議場には10分前に到着している。この点に関し，山田大使は，「マルチの会合は会議だけ出ているのはだめ。国連代表部員が代表部の中にいるようではだめである。常に国連の建物を徘徊し，誰かと接触することが重要である。情報というものはそうでもしないと入ってこない。マルチというのは怖いところで，全く情報を持っていないとますます情報は入ってこない。少しでも情報を持っていると，相手は『こいつはわかっているな』という

ことで自分の持つ情報と交換しようとしてくる。マルチは演説も重要だが，より重要なのは雑談である。」と述べている。「どうせあの人は大した情報を持っていないだろう。」「あの会合からは何も得られないから出席しても仕方がない。」という姿勢では外交官の情報収集は務まらない。労多くして功少なしかもしれないことを前提に「何か得られるかもしれないから会ってみよう」という姿勢で情報収集を行いネットワークを作る。マルチ外交の基本である。山田大使はニューヨークの国連事務局の建物を知り尽くしており，大使に同行した多くの研究者や外交官は様々な展示物の歴史的背景の説明を受けた。日本政府代表部から国連にいくには，代表部のある UN プラザを出て右に行き1番街を歩き約5分で会場に着く。短い距離ではあるが，雨が降りイーストリバーからの風が吹きつけるときには，傘を持っていてもかなり濡れてしまう。そのような時，山田大使は UN プラザを出て左に行き，国連の駐車場の入口から地下の通路を歩く。工事機材が乱雑に積まれた道路の横の細い通路を3分ぐらい歩いたあたり，いくつかある扉の内の一つに国連パスをかざすと中に入ることができる。ドアには「M」と書かれており知る人ぞ知る M 階段である。階段を上がると地下1階にある非公式会合でよく使われる第3会議室の横に出てくる。普通の人はこのような形で国連の議場に現れる術を知らない。

　ILC 委員は学者出身であるべきか役人出身であるべきかについては，国際法委員会規程には定めがない。長期間委員を務めるある国際法学者の委員は，国際法の法典化及び漸進的発達という任務を果たすためには，ILC は国際法学者で構成されるべきであり，本国から指示を受けて動く現役外交官または元外交官は歓迎されるべきでないとの意見を述べることで有名である。その一方では，学者のみに議論を任せていたのでは実用的なプロダクトが出てこないとの批判がある。この点に関し，外交官出身の山田大使は，ILC にとって最も大切なことは法典化作業であり，単なる学者の議論に終わらせてはならないと指摘する。2008年5月にジュネーヴで行われた ILC60周年記念行事の際，山田大使は，「ILC 委員はマンデートに関する共通認識を持つべきである。国際法の法典化は ILC と国連総会の共同の任務であり，両者の間の職務は明確に分担されている。ILC は専門家の集まりであり，そのマンデートは国連総会に対して，現存する慣習国際法を反映した基本文書，特定のテーマについて必要とされる国際法の漸進的発展を反映した基本文書を提供することである。ILC はこのマン

〔岡野正敬〕　　　　　　　　　　　　　あとがき——山田中正大使の偉業

　デートを厳しく守るべきであり，そうでないとクレディビリティーを失うことになる。」と発言している。山田大使がこのような心境に達したのは17年に亘る任期後半になってからのようであり，例えば国際法のフラグメンテーションという課題についての議論は，それ自体は興味深いものの果たしてILCが取り上げるべき課題なのだろうかと批判する。また，ILCがいくら立派な作業を行ったとしても，各国が取り上げなければ第六委員会で店晒しになり日の目を見ないことになるのは自明であるが，これまでのILC委員は職人気質が強いためか，自らのプロダクトの完成度を高めることに集中するあまり，条約草案を国連総会に送ればそれで終わりという人が多い。そのような中で，ILCでの条約草案採択後のプロセスで大きな役割を果たしてきたのが山田大使である。国際河川の非航行利用の条約草案については，ILCで作成された後，国連第六委員会でフォローアップされない状況が続いた。そこで，特別報告者を務めたローゼンストック前委員が山田大使に対して国連で動かすように要請し，様々な働きかけを行った結果，第六委員会で全体委員会が開催され，2年の間，山田大使が議長を務め条約として採択された。主権免除条約についても同様である。ILCでは日本の小木曽委員が草案とりまとめに尽力したが，第六委員会では動きが見られなかった。そこで山田大使が各国政府関係者に働きかけた結果，ブラジルのロドリゲス大使を議長とする作業部会が設置され，ILCの条文草案の問題点を洗い出し，国連加盟国及びILCにいくつかの論点について意見を求めた。ILCにおいても作業部会が作られ，ハフナー委員が議長，山田大使が報告者となり議論が進められ，最終的にはILCの回答をも踏まえ，第六委員会にアドホック委員会が立ち上がり2年間の交渉の末，条約が採択された。アドホック委員会で山田大使はコーディネーターを務めたが，とりわけ最後の論点となった商取引の定義を巡り紛糾する議論を決着させるのに貢献した。一時はこのまま放置されると思われたILC草案が具体的な条約として採択されるに至った時々の舞台裏には，各国関係者に働きかけを行う山田大使の姿があった。
　ちなみに，ILC在任中，日本政府は山田大使にILCの審議の内容に関する訓令や指示を出したことは一切ない。国際法の分野の国際機関において日本人判事や委員が活躍しているが，日本政府の希望はこのような人々が高徳な人格に基づき自らの素養を思う存分に発揮することであり，それが日本の評判につながるという考えである。外交官出身の委員がいると本国政府の指示で動くとい

う批判は，少なくとも日本については的外れである。

　ILCは西欧主導の機関と言われる。委員の数は当初は15名であったが，1956年に21名に，1961年に25名，1981年から34名になっているが，「西欧その他」は8名を占めている。これに対しアジアは隔5ヵ年会期毎に7又は8名である。この委員の数の拡大は，「西欧その他」の割合を減らす方向で行われてきたが，「西欧その他」の委員の数を減らすことは政治的に難しく，結局委員の全体数を拡大する方向で対応してきた。1960年代までをILCの黄金時代と呼ぶことがあるが，この時期は西欧を中心に形成されてきた慣習国際法を，西欧の学者が主導して法典化作業を進めてきた。それが領事条約作成のあたりを契機に途上国の意見が強く反映されるようになる。アジア出身の委員に外交官が多いのは，法典化作業の多くが西欧主導で作成された慣習国際法の法典化作業は自国の国益に反するおそれがあるとの危惧感を有しているためともいえる。山田大使は，これまでの慣習国際法は基本的にはユダヤ・キリスト教文化の国々が自ら都合のいいルールを積み上げてきたが，ILCの活動はそのようなルールの単なる宣明であってはならず，日本自らが国際法形成に能動的に参加していくべきであると主張している。また，法典化作業に世界全体の声が反映されるべきものとの考えから，アジアの委員の増加を歓迎している。同時に，山田大使は，アジア・アフリカ諸国がルールメーキングの過程で議論に積極的に参加せず，後から文句を言う傾向に不満を有している。

　ILC委員の任期は5年であり，国連総会における選挙で選ばれる。国連加盟国が投票を行うが，投票対象は国ではなく個人であり，選挙戦では個人の資質が大きな判断材料となる。とはいっても，通常国連機関のポストの選挙になると，多くの国はニューヨークにおける代表部を通じて総力を挙げて選挙戦を戦う。山田大使は4回の選挙戦において，その広い人脈を最大限に生かし軽快なフットワークで支持要請を行い，いずれも当選を勝ち取った。国連での山田大使は，どのような小国でも自ら相手の代表部の呼び鈴を鳴らし，「よろしく」と頭を下げる。いつのまにか自分でアポイントメントを取り付け，他の者が知らないうちに先方を訪問し，「一票もらってきました」と言って国連代表部に戻ってくる。淡々と行われているように見える選挙活動の裏には，相手国の事情に応じたきめ細かい対応と冷徹な分析がある。相手の顔に一瞬浮かんだ表情を観察し，投票してくれるかどうかを判断し，更なる働きかけの方法を考える。選

〔岡野正敬〕　　　　　　　　　　　　　あとがき――山田中正大使の偉業

挙の基本は,「自ら出向いていって頭を下げること」「個人の選挙は候補者本人が選挙活動を行うこと」「責任をとる人が活動を行い票読みの分析を行うこと」であり,働きかけ相手が知り合いであっても「頼む時には手を抜かないこと」である。山田大使は,とりわけ中小国への要請を重視しこれらの国から多くの支持が寄せられた。

　山田大使は新しい街に着くと常にきょろきょろとあたりを観察する習慣がある。道路標識から街で見かける言葉の由来まで,新たに見る物への好奇心からである。国際会議で新たな人に会う際には,相手がどういう人なのか,なぜこの会議に来ているのかを推測する。山田大使によると,これは情報収集家である外交官としての習性であり,外交官として当然の振る舞いであるという。世界に広がる人脈は電子メールで維持する。ILCの作業を売り込むため,1年先の国際会議のサイドイベントを企画すべく,ユネスコなどの国際機関で実際に戦力となって動いている人々にメールを送る。山田大使にメールを送ると,半日後には必ず返事が来る。両手の人差し指だけを使っての二本打法がとにかく早い。越境地下水についての国際会議では,自ら作成したパワーポイントを駆使する。1931年生まれということを忘れさせる前向きの姿勢であり,大使の前には常に人脈と知識の地平が広がっている。他のILC委員や国連事務局が山田大使に頻繁にメールでアドバイスを求めてくるのも頷ける。

　国際法委員会委員在任中,山田大使は国際法研究者及び若手外務省員を自らのアシスタントとして会期に出席させるのを慣例としていた。これは会議のサブスタンスについて助言を得るというよりも,国際舞台で通用する学者や実務者を育成することを主な目的としたものであった。ILCは国際法の最前線の議論に触れる良い機会であり,生きた国際法に触れる格好の機会である。会議の休憩時には,これらの後輩が他のILC委員と話す機会を持てるよう配慮するとともに,日本が国際連盟を脱退した場所や展示物などジュネーヴの国連本部の建物の内部を,歴史的背景を含め詳しく説明するのを常とした。ジュネーヴ滞在中は車を借りて自ら運転する。大使の運転でジュネーヴ周辺を訪れた研究者も少なくない。このような後輩への面倒見の良さは,多くの後進が感謝を持って痛感するところである。

　山田大使は,日本の国際法研究者の研究水準が非常に高いものであることを認めつつ,国際社会で通用する更に多くの国際法研究者が育つことを期待して

変革期の国際法委員会　　　　　　　　　　　　　　　　　　　　　　559

いる。国内法と異なり国際法は，基本的に国と国との間で使うものであり，相手と同じ土俵に立って議論できるようでなければいけない。それには日本語環境の議論だけでは意味がない。途上国出身の委員がILCの議論の内容が日本国内において日本語で議論されていることに驚き感心する。多くの途上国は植民地であったため，旧宗主国の言葉でしか議論がなされないことが多いのである。ILCの議論が日本語でできる環境にあるということは日本が大国であることの表れであるかもしれないが，逆に日本人にとって国際社会に出ていく上での壁になっているのかもしれない。山田大使は，日本の学界では外国語の文献の研究もかなり進んでいるが，そこでの議論を日本語の環境に置き直し，あえて難しい言葉を用い立派な理論構築を行う反面，実務ではあまり参照できないものが少なくないことを懸念している。国際法研究者にとり，さまざまな外交事象から法的理論を抽出し組み立てること，大きな歴史の流れをくみとることは最も重要な課題ではあるが，それと同時に国際法が実際に使われ発展する舞台である外交実務の場を実際に体験することもまた重要であり，この点を踏まえない議論は実務における有用性はない。より多くの国際法研究者が国際的な交渉の場に参画し，実務者にはない独自の視点で現場の動きをとらえ，実務に役に立つ理論を構築していく，そしてその理論を英語で対外的に発信していくようになってほしいというのが，かねてからの山田大使の強い願いである。

　外交の道具となる予算が軒並み削減される中で，これまで以上に国際舞台で積極的に発信し日本の存在をアピールしていくためには，現場に赴く個人の意志と能力に頼らざるを得ない場面が多くなると思われる。このような厳しい状況にあるのは国際法の分野もまた例外ではないが，山田大使の志を受け継いで，一人でも多くの研究者や外交実務家が，日本の国際法研究及び実務の強さを国際社会に知らしめるべく，常に世界を念頭に置いて研究会での報告や論文の発表，実務における国際法の積極的活用を行うことによって，積極的な対外発信に努めていくことが重要と考える。

山田中正大使ご略歴

1931年4月12日生まれ。
1954年，東京大学法学部卒業
1956年，米国 Fletcher School of Law and Diplomacy 卒業（MA）
現　在，外務省参与（1996年－現在）

職　歴

●外務省（1954年－1995年）
　　在米研修（1954年－1956年）
　　条約局国際協定課長（1969年－1972年）
　　国連代表部（1972年－1977年）
　　条約局審議官（1978年－1981年）
　　在香港・マカオ総領事（1981年－1983年）
　　国連局長（1983年－1985年）
　　査察使（1985年－1986年）
　　軍縮大使（1986年－1989年）
　　駐エジプト大使（1989年－1992年）
　　駐インド大使，駐ブータン大使兼任（1993年－1995年）

●その他
　　早稲田大学法学部特任教授（国際法担当）（1996年－2002年）
　　日本ユネスコ国内委員会委員（1996年－2002年）
　　国連大学理事（1998年－2004年）
　　みなみまぐろ仲裁裁判（豪，ＮＺ対日本）裁判官（1999年－2000年）
　　国連国際法委員会委員（1992年－2009年）
　　　　議長（2000年），共有天然資源特別報告者（2002年－2009年）
　　アジア・アフリカ法律諮問機構（AALCO）日本政府代表（1993年－2007年）
　　　　議長（1994年）
　　国連海洋法条約に基づく仲裁裁判所仲裁人（2000年－現在）
　　国連海洋法条約に基づく調停人（2006年－現在）
　　国際法協会日本支部理事（1997年－現在）

山田中正大使 主要業績

主な著作

「北太平洋オットセイ条約についての一考察――漁業の国際規制」外務省調査月報2巻12号(1961年)

"The Legal Aspects of Nuclear Weapons Proliferation concerning the Former Soviet Union," *Avoidance and Settlement of Arms Control Disputes* Vol. II Arms Control and Disarmament Law (浅田正彦教授と共著), (United Nations, 1994)

"Conditions for South Asian Regional Talks," *Disarmament Topical Papers 20; Transparency in Armament, Regional Dialogue and Disarmament*, (United Nations, 1994)

"The United Nations at its Turning Point-A Japanese Perception" *The United Nations at Age Fifty*, German United Nations Association, (Kluwer Law International, 1995)

"Consolidation and Improvement of Existing Multilateral Disarmament Agreements," *Disarmament Topical Papers 21; Disarmament in the Last Half Century and its Future Prospect*, (United Nations, 1995)

"Peace through Disarmament? Legal Aspect" *International Law on the Eve of the Twenty-first Century; Views from the International Law Commission*, (United Nations, 1997)

"The History of the CTBT and Where It Stands Today" *Asia-Pacific Review* Vol. 44, No.1 Spring/Summer (1997)

"Revitalization of the UN Codification Process of International Law-A Case of the Convention on the Law of the Non-Navigational Uses of International Watercourses" *The Japanese Annual of International Law* No. 40, (1997)

"The Future Role of Nuclear Weapons" *Asian Security in the 21st Century*, The Institute of Defence Studies and Analysis, New Delhi (October 1999)

「みなみまぐろ事件――仲裁判決に寄せて」国際法外交雑誌第100巻第3号(2001年)175-183頁

「『みなみまぐろ』事件仲裁裁判所判決について」（河野真理子教授、松川るい外務事務官との共著）ジュリスト1197号（2001年）

"Priority Application of Successive Treaties Relating to the Same Subject Matter: The Southern Bluefin Tuna Case," in N. Ando et al. (Eds.), *Liber Amicorum Judge Shigeru Oda* (Kluwer Law International, 2002), pp. 763-771

「フォーラム・ショッピングの現象について」横田洋三・山村恒雄編（国際書房、2003年）391-401頁

"Revisiting the International Law Commission's Draft Articles on State Responsibility," in M. Ragazzi (Ed.), *International Responsibility Today*, (Brill, 2005), pp.117-123

"Codification of the Law of Transboundary Groundwaters," *Fifty Years of Asian-African Legal Consultative Organization: Commemorative Essays* (2006)

「国連国家免除条約」（薬師寺公夫・河野真理子・野村恒成・御巫智洋との共著）国際法外交雑誌第105巻第4号（2007年）

"Codification of the Law on Transboundary Aquifers (Groundwaters) by the United Nations"(UN Audiovisual Library, 2010)

"UN Convention on Jurisdictional Immunities of States and Their Property –How the Differences Were Overcome–", *Japanese Yearbook of International Law*, Vol.53（2010）

学会等報告

「南極条約と国連」日本国際法学会（1985年10月）

「国際法委員会の国家責任改訂草案」日本国際法学会（2001年10月）

「国連国家免除条約の成立」国際法協会日本支部（2010年4月）

山田中正大使傘寿記念
変革期の国際法委員会

2011年(平成23年)4月12日　第1版第1刷発行
8569:P592　￥12000E-014:5-1-05-TG5

編　者　村瀬信也　鶴岡公二
発行者　今井　貴　稲葉文子
発行所　株式会社　信　山　社
編集第2部
〒113-0033　東京都文京区本郷 6-2-9-102
Tel 03-3818-1019　Fax 03-3818-0344
henshu@shinzansha.co.jp
東北支店　〒981-0944　宮城県仙台市青葉区子平町 11 番 1 号
笠間才木支店　〒309-1611　茨城県笠間市笠間 515-3
Tel 0296-71-9081　Fax 0296-71-9082
笠間来栖支店　〒309-1625　茨城県笠間市来栖2345-1
Tel 0296-71-0215　Fax 0296-72-5410
出版契約 2011-8569-7-01010　Printed in Japan

©編者, 2011　印刷・製本／亜細亜印刷・渋谷文泉閣
ISBN978-4-7972-8569-7 C3332　分類 329.100-d001 国際法

JCOPY 〈(社)出版者著作権管理機構　委託出版物〉
本書の無断複写は著作法上での例外を除き禁じられています。複写される場合は、そのつど事前に、(社)出版者著作権管理機構(電話03-3513-6969、FAX03-3513-6979、e-mail:info@jcopy.or.jp)の許諾を得てください。

内田久司先生古稀記念論文集
◆国際社会の組織化と法
柳原正治 編

・国際社会の組織化が急速に進行する現状において、旧来の伝統国際法がどのような変容を迫られているか。現代の国際組織、国際社会が直面している問題、また近世・近代における国際法の基本問題などを分析した12論文を収録(1996年刊)。

栗山尚一先生・山田中正先生古稀記念論集
◆国際紛争の多様化と法的処理
島田征夫・杉山晋輔・林司宣 編著

・外交官として日本外交の礎を築き、現在も第一線で活躍している、栗山尚一、山田中正両氏の古稀を記念した論文集。「紛争処理の制度的展開」「現代国際紛争の諸相」の2部構成。国際紛争の解決を多様な観点から論じる(2006年刊)。

林司宣先生古稀祝賀
◆国際法の新展開と課題
島田征夫・古谷修一 編

・国際犯罪の抑圧、世界平和と人権、国際機構と国際協力の3軸を中心に、国際法の最新の論点とその解決策をさぐる。日本を代表する外交官として多大な役割を果たした林司宣の古稀を祝賀する論文集(2009年刊)。

信山社

祖川武夫論文集
◆国際法と戦争違法化
　——その論理構造と歴史性
　　編集代表　小田滋・石本泰雄／編集協力　樋口陽一

・国際法の基礎理論、国際調停の性格、戦争観念の転換と自衛権等に関する論考を収録した、国際法学者・祖川武夫の論文集。祖川逝去の後に書かれた祖川国際法学についての論稿及び弔辞、追悼文等も収録する(2004年刊)。

黒澤満先生退職記念
◆核軍縮不拡散の法と政治
　　浅田正彦・戸﨑洋史　編

・それまでは戦争法に付随して述べられるに過ぎなかった軍縮分野を国際法・安全保障の重要な一分野として確立した黒澤満先生の退職記念論文集。黒澤先生と関係の深い24名の執筆者により、NPT体制や日本を始めとして、欧米・中東諸国の核軍縮・核不拡散・核の平和利用・非核兵器地帯・核によるテロリズム等を法と政治の見地から研究・検討する。第1部総論、第2部核軍縮、第3部核不拡散(2008年刊)。

――――――　信山社　――――――

講座 国際人権法 1　国際人権法学会15周年記念
◆国際人権法と憲法
　編集代表　芹田健太郎・棟居快行・薬師寺公夫・坂元茂樹

講座 国際人権法 2　国際人権法学会15周年記念
◆国際人権規範の形成と展開
　編集代表　芹田健太郎・棟居快行・薬師寺公夫・坂元茂樹

講座 国際人権法 3　国際人権法学会20周年記念
◆国際人権法の国内的適用
　編集代表　芹田健太郎・戸波江二・棟居快行・薬師寺公夫・坂元茂樹

講座 国際人権法 4　国際人権法学会20周年記念
◆国際人権法の国際的適用
　編集代表　芹田健太郎・戸波江二・棟居快行・薬師寺公夫・坂元茂樹

信山社

◆**ヨーロッパ人権裁判所の判例**
　戸波江二・北村泰三・建石真公子・小畑郁・江島晶子 編集代表
・ボーダーレスな人権保障の理論と実際。解説判例80件に加え、概説・資料も充実。来たるべき国際人権法学の最先端

◆**フランスの憲法判例**
　フランス憲法判例研究会 編　辻村みよ子編集代表
・フランス憲法院(1958〜2001年)の重要判例67件を、体系的に整理・配列して理論的に解説。フランス憲法研究の基本文献として最適な一冊

◆**ドイツの憲法判例Ⅰ〔第2版〕**
　ドイツ憲法判例研究会 編　栗城壽夫・戸波江二・根森健 編集代表
・ドイツ憲法判例研究会による、1990年頃までのドイツ憲法判例の研究成果94選を収録。ドイツの主要憲法判例の分析・解説、現代ドイツ公法学者系譜図などの参考資料を付し、ドイツ憲法を概観する

◆**ドイツの憲法判例Ⅱ〔第2版〕**
　ドイツ憲法判例研究会 編　栗城壽夫・戸波江二・石村修 編集代表
・1985〜1995年の75にのぼるドイツ憲法重要判決の解説。好評を博した『ドイツの最新憲法判例』を加筆補正し、新規判例を多数追加

◆**ドイツの憲法判例Ⅲ**
　ドイツ憲法判例研究会 編　栗城壽夫・戸波江二・嶋崎健太郎 編集代表
・1996〜2005年の重要判例86判例を取り上げ、ドイツ憲法解釈と憲法実務を学ぶ。新たに、基本用語集、連邦憲法裁判所関係文献、1〜3通巻目次を掲載

≪好評関連書≫
◇**19世紀ドイツ憲法理論の研究**　栗城壽夫 著
◇**ドイツ憲法集〔第6版〕**　髙田敏・初宿正典 編訳

信山社

現代海洋法の生成と課題
　　林　司宣　著

大量破壊兵器の軍縮論
　　黒澤　満　著

緊急事態と人権
　　初川　満　著

人権条約の現代的展開
　　申　惠丰　著

マイノリティの国際法
　　窪　誠　著

国際公務員法の研究
　　黒神直純　著

国際裁判の動態
　　李　禎之　著

信山社

◇ 広瀬善男 著　国際法選集◇

外交的保護と国家責任の国際法
国家・政府の承認と内戦　上・下
戦後日本の再構築
日本の安全保障と新世界秩序
主権国家と新世界秩序
国連の平和維持活動
力の行使と国際法

― ― ―

国際宇宙法
　ボガート 著／栗林忠男 監訳
地域主義の制度論的研究
　廣部和也 編
国内避難民と国際法
　島田征夫 編著
新航空法講義
　藤田勝利 編

信山社

プラクティスシリーズ
プラクティス国際法講義
柳原正治・森川幸一・兼原敦子 編

ブリッジブックシリーズ
ブリッジブック国際法(第2版)
植木俊哉 編
ブリッジブック国際人権法
芹田健太郎・薬師寺公夫・坂元茂樹 著

国際人権・刑事法概論
尾崎久仁子 著

抗う思想・平和を創る力
阿部浩己 著

信山社